麦读
MyRead

走向上的路　追求正义与智慧

中国民法典评注

始于 2016 年

总编·朱庆育　高圣平

中国民法典评注

规　范　集　注

诉讼时效·期间计算

杨　巍·著

———————— 第 **1** 辑 ————————

中国民主法制出版社

全国百佳图书出版单位

作者简介

杨 巍

武汉大学法学院教授、博士生导师。中南政法学院（今中南财经政法大学）法学学士，武汉大学法学硕士、法学博士。研究领域为时效法、合同法、侵权法等。长期致力于诉讼时效及其周边制度研究，于《法学家》《法学》《法学评论》等专业期刊发表论文30余篇，出版《民法时效制度的理论反思与案例研究》《仲裁时效与诉讼时效衔接研究》等学术专著。

本书受

南京大学文科中长期专项研究资金
北京市天同律师事务所

资　助

法律评注是什么？
（代序）

朱庆育

一

当一名法官被要求依据给定的制定法对个案作出裁判时，专业范畴内，他需要思考的核心问题是，如何正确将抽象的法律规范适用于具体的案件事实，并且保证裁判合乎正义。技术上，这一核心问题可分解为三个小问题：如何准确理解法律规范、如何恰当提取案件事实以及如何为案件事实适配法律规范。此亦法律适用的三步骤，几乎覆盖法律人的全部常规工作。

三项工作各有其困境。

理解与解释法律规范是法律适用者（如法官）与研究者（如法学者）的基本职业内容。不同的是，适用者之理解法律规范，着眼于个案，故难免以管窥豹；研究者致力于得出一般性结论，却又可能忽略具体情境而沦为纸上谈兵。学者之间形成共识本就不易，如果适用者与学者又各行其是，理解法律规范固然举步维艰，裁判之合乎正义亦大概率仅为随机事件，至于以知识共同体为基础的职业共同体，则更是难容乐观。

法律规范以适用为目的，但并非所有法律规范均具相同的可适用性。何种类型的诉讼应以何等性质的法律规范作为裁判依据，须作仔细考量。尤其是，如何依循请求权基础思维甄辨主要规范、辅助规范与防御规范并恰当运用于法律适用各步骤，更是检验法教义学功力的试剂。如果无法通过检验，裁判具有何种程度的科学性，即殊为可疑。

民事诉讼中，呈现案件事实的作业主要由当事人完成。通过原被告的诉辩，法官获得对案件事实的认知。作为事实,须接受证据制度的真伪检验;为了涵摄于规范之下以便得出裁判结论,法官还须对案件事实作适于规范适用的提取。这意味着,唯有对实体规范与程序性证据制度尽皆了然,法官方可游刃于抽象规范与具体案件之间而实现裁判正义。在高度割裂实体法与程序法的我国当下教育体制中,此洵非易事。

问题在于,是否存在某种文献形式可回应上述困境?更确切地说,可一并回应上述困境?

<h1 style="text-align:center">二</h1>

无论何种学科,最基本且最重要的文献形式都是教科书。法学兼具科学与技艺双重特点,教科书亦因此区分原理教科书和案例教科书两类。理想状态下,前者旨在阐述学术原理,构筑学科体系,以彰示其追寻科学的青云之志;后者则以工匠精神展示抽象规范适用于具体案件的技术细节。原理教科书提供得到准确界定的概念及以此为基础的规范解释,但不以个案适用为直接目标,即使出现案例,目的亦非在案例适用本身,而在辅助阐述基本原理。案例教科书同样服务于教学,主要功用在于,以代表性案例为示范,帮助学习者理解基本原理与法律适用过程。显然,受制于学术性与教学性定位,无论原理教科书还是案例教科书,意义均在奠立知识基础,对于理解法律规范及其适用固然有其不可替代的作用,但对于真实的个案法律适用,针对性有所不足。

教科书讲求体系,特定问题的研究难免不便深入,弥补这一缺陷的,是专论与案例研究作品。该文献形式的研究性质高于教学性质,亦不必对基本原理作体系化阐述,有专深之优长,但此亦意味着,专论与专案研究失之于窄,难以应对纷繁多样的各种法律适用状况。

除了较为常规的教科书、专题研究与案例研究,我国尚有一类特别的文献形式,即法条释义。此类文献的最大写法特征在于逐条释义,因而可全面覆盖制定法规范。这一写法决定,法条释义书不以理论框架而以制定法的法条编排为线索展开,此根本区别于原理教科书;同时,释义书注重阐释法条词句的含义,对案例的使用极为有限,故与案例研究亦相去甚远。我国释义书之特别不仅在于写法,更在于所面对的需求。释义书之繁荣与新法颁行密切相关,出版高峰集中于新法颁布之初,随即快速回落,峰谷曲线几乎是直上直下。这表示,释义书基本用来满足新法的第一时间了解之需，其写作出版亦相应以迅捷为第一要义。如今，释义书市场大致形成三类作品，分别由学者、立法机关工作人员与法官尤其是最高人民法院法官撰就。释义书结构内容无定法，唯可依作者身份之不同依稀辨识不同风格。相对而言，学者稍偏于理论，立法机关较多使用立法资料，法官则更关注司法实践中呈现的问题。但整体上，无论理论阐述、立法资料抑或司法实践，均是点到即止，此或与出版的速度要求有关。不过，逐条释义便于查阅，点到即止则风格通俗，释义书因此较之其他文献形式更具普及性，乃至无妨以非职业法律人为目标读者。

由是观之，既有各种文献形式均有其存在的合理性，但亦均对法律适用无法作出全面或针对性的回应。评注试图弥补这一缺憾。

三

在高圣平教授的提议与支持下，《法学家》自2016年第3期起开设"评注"专栏。汉语法学开始以论文的形式引入评注新文体。论文形式的意义在于，既有足够的篇幅从容探索评注的各项细节，亦可借助发表机制实现文章质控。2019年，经辛正郁律师促成，北京市天同律师事务所捐资南京大学设立法典评注基金，并选派律师参与评注撰写，同年，受基金资助的南京大学天同法典评注工作坊投入运行。此后，每篇评注初稿均须进入闭门工作坊接受严苛的批评，文章质控实现常规化与规范化。2020年，周亦杨副编审慨允在《南京大学学报（哲学·人文科学·社会科学）》增设"民法典评注研究"专栏；2021年，解亘教授决定从2022年开始，在其担任主编的《南大法学》开辟"法典评注"专栏。评注发表平台得以进一步拓展。

所探索的评注文体，以德国大型评注为借镜，兼参意日成例，并以逐条注释的形式展开。之所以逐条注释，一是确保覆盖所有制定法的适用问题，二可回应司法裁判须以具体法条为依据的需求。同样是为了回应司法裁判的需求，评注依构成要件与法律效果的结构展开。近年来，请求权基础思维在我国法学教育与司法实践中迅速铺开，为此，评注写作在传统"构成要件—法律效果"框架之下，进而关注请求权基础视野中的规范定性，以便精准定位所涉法条在法律适用网络中所处坐标。

以适用为中心不仅体现于写作结构，更在具体写法。所有构成要件与法律效果的解析，均在法律解释方法论的指引下，形上诉诸基本原理，形下与司法案例相互参照。评注因此兼具教科书、专题研究与案例研究的特点。只不过，评注对于全面性的追求，超过任何一种文献形式。教科书虽亦全面，但重在理论体系之周延，实证规范的解释则不必靡细无遗；评注之全面，系追求法条及其适用情形的全覆盖。在逐条评注中，学者见解尚可取其通说或若干代表性学说，司法案例则力求穷尽一切类型。原则上，法条适用中遇到或可能遇到的所有问题，评注均须给出回应。更进一步，所回应的适用问题并不局限于实体规范涵摄法律事实的三段论演算，程序性的举证分配亦在其列。此意味着，评注既探究规范解释，亦追问规范如何适用于个案，更将法律事实的发现程序纳入观察，也许是唯一有能力全面回应前述法律适用三步骤的文献形式。

但这并不表示，评注可以取代教科书、专题研究或案例研究。

评注以规范的解释与适用为关注点，法律人的教义学技能亦在于此，加之评注全面覆盖规范体系，故可兼具教学功用。今日德国评注高度发达的现状，在一定程度上确实对其教科书的产出有所抑制，甚至有学者断言评注将取代教科书。唯评注较之教科书更在乎反映或促成通说，亦因此更为保守。更重要的是，实务导向下，评注缺乏甚至排斥探究基础理论、建构理论体系的意向，而基础理论系法学生命之源。源头若无活水持续供给，生命终将枯竭。就此而言，评注取代教科书之日，也许即是作为科学的法学宣告死亡之时，此非法学之幸。

专题研究的方向之一是法律适用的精细化，此亦评注尤其是大型评注的追求。不过，专题研究的真正价值在于理论的深化，为教科书建构理论体系提供支持，而评注对此力有不逮。再者，专题研究以或者说应以学术命题为轴心，所有论证皆回归指向命题之证立；评注则以法条为中心，呈发散状铺陈法律适用中的各项问题，并不集中处理某个论题。二者取径正好相反。

至于案例研究，在以个案的规范适用为关注对象方面，与评注旨趣颇为相似。但评注以抽象法条为思考起点，从大前提出发全方位搜索射程内的小前提，系"以法找案"；案例研究则是"以案找法"，从小前提切入寻找适配的大前提。各自起式有所不同。另外，评注的优势在于全面，但缺陷亦在于此。由于全面，评注难以对特定个案专作深入研究，案例研究则恰好致力于此，两种文献因而各擅胜场，互补长短。

如果存在某种可为评注取代的文献形式，也许是法条释义。法条释义与评注有着相同的逐条注释外观，功能则基本为后者所覆盖。实际上，德国早期评注即与我国原生的法条释义颇为相似。在此意义上，评注可称法条释义的升级再造版。但即便如此，我国现实条件下，无论何种类型的释义书，评注均难以取代。基本上，只要第一时间了解新法的市场需求依然旺盛，释义书就有继续存在的广阔空间，且不论全国人大常委会法工委与最高人民法院以官方名义出版新法释义如今已成标准动作，纵是学者，为之投入者亦必大有人在。不过，《民法典》虽然因其巨大影响而令释义书出版的峰谷曲线大幅变缓，但回落趋势毕竟明显。释义书消退之处，也许正是评注登场之时。

四

大型评注非一蹴可就。鉴于立法、司法与学术现状以及撰写经验与能力，本评注项目拟作长期规划。撰写分工上，将《民法典》全部 1260 个条文依规范意义脉络划分为 90 个规范群，以规范群为单元由作者认领。写作进程与发表出版则分四个阶段：第一阶段，经工作坊讨论修改后的评注作品，适于发表者，先行发表于期刊；第二阶段，发表于期刊的评注作品以《中国民法典评注·条文选注》之名结集出版，以"册"计序；第三阶段，规范群评注完成后，符合单独出版条件的，以《中国民法典评注·规范集注》之名出版，以"辑"计序；评注撰写的最终成果呈现于第四阶段，届时，所有条文评注回归法典条序，出版以"卷"计序的《中国民法典评注·体系评注》。虽称四阶段，时间上却未必严格区分，各阶段无妨视其完成程度交替展开。此外，另行出版《中国民法典评注·评注研究》系列丛书，以呼应评注撰写实践。

作此长期规划的基本考虑在于，评注之"完成"固然重要，但"高质"也许更重要——尽管注定只是囿于现实条件的勉力高质，否则无非在众多文献中增加一类名为"评注"的法条释义而已，意义有限，何况评注系汉语法学新文体，如果起势太低，恐将影响评注的功能发挥及其前景。以四阶段推进，既确保作者以最大投入撰写每一篇评注作品，亦在各阶段的发表与出版中，根据立法、司法与学术的变迁以及作者经验能力的增进再作修改，俾使评注在作者能力范围内最大限度趋向高质并与时俱进。

2022 年 6 月 11 日

目　录

导　论

一、诉讼时效的词源和含义

（一）诉讼时效的词源

在罗马法上,有取得时效和消灭时效概念。优士丁尼法中的时效取得或取得时效是两种不同制度的混合:usucapio(时效取得)和 longi temporis praescriptio(长期取得时效)。[1] 消灭时效概念的产生晚于取得时效,裁判官法中的"时效诉讼"以 temporales 或 temporariae 表述;戴帝时代,一般消灭时效为 praescriptio triginta annorum(30 年时效)。欧陆各国受罗马法影响,继受了取得时效和消灭时效概念。在德语中,取得时效为 Ersitzung;消灭时效为 Verjähruang。在法语中,取得时效为 prescription acquisitive;消灭时效为 prescription extinctive。在意大利语中,取得时效为 usucapione;消灭时效为 prescrizione。在西班牙语中,取得时效为 prescripción de acuerdo;消灭时效为 prescripción liberatoria。在英美法系,取得时效为 positive prescription 或 acquisitive prescription;消灭时效(起诉期限)为 negative prescription、extinctive prescription、limitation of action 或 statute of limitation,其中 limitation of action 最为常用。日本民法受欧陆法制影响,以汉语词组"取得时效"和"消灭时效"来指称该两种制度。我国清末修法受日本影响,遂将此两概念引入我国,并在旧中国民法典中成为正式的法律用语。

《民法通则》未采消灭时效概念,而采诉讼时效概念,一般认为是受苏联民法影响的结果。[2]《民法典》施行前,有学者认为诉讼时效概念有欠精准,主张改采

---

〔1〕 参见[意]彼德罗・彭梵得:《罗马法教科书》,黄风译,中国政法大学出版社 1992 年版,第 218 页。
〔2〕 参见佟柔主编:《中国民法学・民法总则》,中国人民公安大学出版社 1990 年版,第 311 页。

"消灭时效"[3]"抗辩时效"[4]或"时效"[5]概念。《民法典》未采纳这些意见,仍然沿用了诉讼时效概念。

(二)诉讼时效的含义

诉讼时效是时效的下位概念。时效是指在一定期间内继续占有或不行使权利,而产生与该事实相应法律效力的制度。[6] 时效由诉讼时效和取得时效两种制度构成。诉讼时效是指权利人在一定期间不行使权利,在该期间届满后义务人获得抗辩权,并可通过行使抗辩权拒绝履行其义务的法律制度。[7] 具体而言,诉讼时效具有以下几层含义:

第一,诉讼时效属于实体法制度。诉讼时效制度规定于《民法通则》和《民法典》,这些法律均属于实体法。诉讼时效的计算和届满,导致实体权利义务关系的变动,而并不影响当事人享有和行使程序法上的权利。虽然义务人行使诉讼时效抗辩权会导致权利人失去法律强制力保护,但是权利人仍可向法院起诉,并由法院对诉讼时效事项作出实体审理。

第二,诉讼时效属于消极时效制度。在大陆法系与英美法系框架下,民事时效分为积极时效(positive prescription)和消极时效(negative prescription)。积极时效是指一段时间的经过导致某种积极事实(如取得某种权利)发生的制度,例如大陆法系的取得时效、英美法系的反向占有(adverse possession)制度[8]。消极时效是指一段时间的经过导致某种消极事实(如权利受到限制、丧失权利等)发生的制度,例如大陆法系的消灭时效、英美法系的起诉期限(limitation of action)制度。在我国法律框架下,诉讼时效届满导致权利人的权利受到限制,即义务人行使抗辩权可阻碍权利的强制执行效力。这显然是一种消极事实而非积极事实,因此诉讼时效属于消极时效。

第三,诉讼时效是救济权的时间限制制度。救济权是与原权利相对的一种权

---

[3] 参见柳经纬:《关于时效制度的若干理论问题》,载《比较法研究》2004 年第 5 期,第 21 页。

[4] 参见葛承书:《民法时效——从实证的角度出发》,法律出版社 2007 年版,第 40—41 页。

[5] 参见梅仲协:《民法要义》,中国政法大学出版社 2004 年版,第 154 页。

[6] 参见施启扬:《民法总则》(修订第 8 版),中国法制出版社 2010 年版,第 326 页。

[7] 参见黄薇主编:《中华人民共和国民法典总则编释义》,法律出版社 2020 年版,第 499 页。

[8] 参见[美]约翰·G.斯普兰克林:《美国财产法精解》(第 2 版),钟书峰译,北京大学出版社 2009 年版,第 71 页。

利,它是因原权利受到侵害而产生的权利。救济权存在之目的是保护原权利,弥补其受到的损害。在原权利被正常行使而未受侵害的场合下,没有适用诉讼时效的必要及可能。当原权利受侵害而产生救济权时,权利人如果未在诉讼时效期间内行使救济权,就有可能因义务人行使抗辩权而阻碍其救济权的实现。

第四,诉讼时效并非仅与"诉讼"有关。诉讼时效概念容易导致一种常见的误解:诉讼时效制度仅与诉讼程序有关,即只有当纠纷进入诉讼程序中,诉讼时效的计算、抗辩及其他规则才有意义。事实上,在诉讼程序之外适用诉讼时效制度仍具意义。体现为:其一,中止事由(如不可抗力)、中断事由(如诉讼外请求)可发生于诉讼程序之外,并产生相应法律效果。其二,诉讼程序启动前行使时效抗辩权亦具效力,其后启动的诉讼程序只是对先前行使抗辩权的争议作出认定。其三,执行程序中,执行时效适用诉讼时效中止、中断等规则[《民事诉讼法》(2021年修正)第246条第1款]。其四,仲裁程序中,也可以适用诉讼时效的规定(《民法典》第198条)。

二、诉讼时效的立法例

(一)三种立法模式

1. 模式一:统一主义

采取该立法模式的代表性国家及地区如表1所示:

表1　统一主义立法模式

国家(地区)	所在民法典位置	具体内容
奥地利	第三编"人法和财产法的共同规定"第四章"消灭时效和取得时效"	"时效"(第1451条)、"取得时效"(第1452—1477条)、"消灭时效"(第1478—1492条、第1502条)、共用规则(第1493—1501条)
西班牙	第四卷"债与合同"第十八集"时效"	第一章"一般规定"、第二章"占有和其他物权的时效"、第三章"诉讼的时效"
日本	第一编"总则"第七章"时效"	第一节"总则"、第二节"取得时效"、第三节"消灭时效"

(续表)

国家(地区)	所在民法典位置	具体内容
越南	第一编"一般规定"第九章"时效"	分为"取得民事权利的时效""免除民事义务的时效""起诉时效""要求解决民事事件的时效"(第154—162条)
阿根廷	第四卷"物权和对人权的共同规定"第三篇"因时间的经过而取得或丧失物权和对人权"第一题"关于物和诉权之时效的一般规定"	第一节"时效的中止"、第二节"时效的中断"、第三节"取得时效"、第四节"消灭时效"

该立法模式具有以下特征:其一,在消灭时效和取得时效之上设置上位概念"时效",并以"时效"或其他类似表述为章(编)名称,将消灭时效和取得时效统一规定于该章(编)之中。其二,"时效"章(编)所在民法典位置大致分为两种情况:一是位于"总则编",例如日本、越南等国;二是位于"取得财产的各种方式"或"人法和财产法的共同规定"等编(卷)。此差异系由各国立法传统所致。其三,设置消灭时效和取得时效共同适用的规则,并单独规定于"通则""总则""一般规定"或专门的条文中。

2. 模式二:分立主义

采取该立法模式的代表性国家及地区如表2所示:

表2 分立主义立法模式

国家(地区)	消灭时效所在民法典位置	取得时效所在民法典位置
法国[9]	第三卷"取得财产的各种方法"第二十编"消灭时效"	第三卷"取得财产的各种方法"第二十一编"占有与取得时效"
德国	第一编"总则"第五章"消灭时效"	第三编"物权法"第二章"关于土地上权利的一般规定"(不动产);第三章第二节第二目"取得时效"(动产)
瑞士	《债法典》第一编"总则"第三章"债的终止"(第127—142条)	第四编"物权法"第十九章"土地所有权"(不动产);第二十章"动产所有权"(动产)
意大利	第六编"权利的保护"第五章"消灭时效和失权"	第三编"所有权"第八章第二节第三分节"时效取得"

---

[9] 旧《法国民法典》采"统一主义",2006年修改后的《法国民法典》采"分立主义"。

（续表）

国家（地区）	消灭时效所在民法典位置	取得时效所在民法典位置
荷兰	第三编"财产法总则"第十一章"诉讼权利"（第306—325条）	第三编"财产法总则"第四章第三节"依据时效的取得与丧失"
葡萄牙	第一卷"总则"第二编第三分编第三章第二节"时效"	第三卷"物法"第一编第六章"取得时效"
俄罗斯	第一编"总则"第五分编第十二章"诉讼时效"	第二编"所有权和其他物权"第十四章"所有权的取得"（第234条）
韩国	第一编"总则"第七章"消灭时效"	第二编"物权"第三章第二节"所有权的取得"（第245—248条）
埃及	第一编"债或对人权"第一分编第五题第三章三、"消灭时效"	第二编"物权"第三分编第一题第二章七、"占有"之"占有的效力：取得时效"
巴西	"总则"第三编"法律事实"第四题第一章"诉讼时效"	"分则"第三编"物权"第三题第二章第一节"时效取得"（不动产）；第三章第一节"时效取得"（动产）
中国台湾地区	第一编"总则"第六章"消灭时效"	第三编"物权"第二章第一节"通则"（第768—772条）
中国澳门地区	第一卷"总则"第二编第三分编第三章第二节"时效"	第三卷"物权"第一编第六章"取得时效"

该立法模式具有以下特征：其一，在消灭时效和取得时效之上未设置上位概念，将其作为两种独立制度分别作出规定。其二，将消灭时效和取得时效规定于民法典不同的编（章）。消灭时效大致分为三种情况：一是规定于"总则"编（卷），多数国家及地区采取该模式；二是规定于"债权"编（卷），例如瑞士、埃及等国采取该模式；三是规定于"权利保护"编（卷），例如意大利、荷兰等国采取该模式。其三，除个别条文外，一般未设置消灭时效和取得时效共同适用的规则。其四，对于取得时效，一般区分动产和不动产规定于不同的章（节）。

3. 模式三：单一主义

该模式不规定取得时效制度，仅规定诉讼时效制度于"总则"部分，1922年《苏俄民法典》采取该模式。其立法理由为：社会主义国家是反对不劳而获的，因此不承认取得时效。而对于传统上的"消灭时效"称谓，应改为"诉讼时效"。因为消灭时效届满，权利人并没有丧失起诉权，只是丧失了胜诉权。[10] 我国受苏联民法影响，《民法通则》和《民法典》即采取该模式。

（二）我国应否规定取得时效

《民法典》施行前，学界对于我国应否规定取得时效存在较大争议。

肯定说理由：其一，取得时效制度具有确定财产归属、定分止争的功能；其二，促进物尽其用，充分发挥财产的利用效率；其三，维护社会秩序和交易安全；其四，有利于证据的收集和判断，及时解决纠纷；其五，对完善我国民法时效制度具有重要意义；其六，取得时效制度并不违反传统道德；其七，我国司法实务表明取得时效有其存在价值。[11]

否定说理由：其一，取得时效存在的理论基础已经丧失；其二，善意取得、不动产登记、占有制度等相关制度使取得时效制度的适用余地极为狭窄；其三，取得时效制度破坏法律秩序、违反公正；其四，取得时效与诉讼时效无法衔接、协调；其五，公有制国家适用取得时效制度存在障碍。[12]

折中说主张在设置取得时效制度的前提下，对该制度的适用给予一定限制，或者弱化该制度的功能。[13]

虽然全国人大常委会法工委 2002 年颁布的"民法草案"规定了取得时效制度，相关学者建议稿也设置了该制度[14]，但《民法典》最终延续《民法通则》的做法，采取了否定说。[15]

---

〔10〕 参见[苏]诺维茨基：《法律行为·诉讼时效》，康宝田译，中国人民大学出版社 1956 年版，第 174 页。

〔11〕 参见王利明：《建立取得时效制度的必要性探讨》，载《甘肃政法学院学报》2002 年第 1 期；尹田：《论物权法规定取得时效的必要性》，载《法学》2005 年第 8 期；孟利民：《取得时效制度存废的价值分析》，载《法律适用》2005 年第 11 期；杨佳红：《我国物权立法应确立时效取得制度》，载《西南民族大学学报（人文社会科学版）》2006 年第 5 期；彭诚信、刘智：《取得时效的实践价值与立法设计》，载《社会科学研究》2007 年第 4 期。

〔12〕 参见李景禧、李连宁：《我国民法需要建立消灭时效制度》，载《中国法学》1985 年第 2 期；甘功仁等：《取得时效制度的适用性研究》，载《现代法学》2002 年第 4 期；马栩生：《取得时效未来论：价值与实证》，载《武汉大学学报（哲学社会科学版）》2005 年第 1 期；吕维刚：《浅论我国〈民法典〉不应建立取得时效制度》，载《学术交流》2008 年第 7 期。

〔13〕 参见祁秀山：《试论建立适合我国情况的取得时效制度》，载《法学研究》1985 年第 1 期；柳经纬：《关于时效制度的若干理论问题》，载《比较法研究》2004 年第 5 期；肖厚国：《取得时效的实践价值》，载《甘肃政法学院学报》2005 年第 4 期。

〔14〕 参见中国民法典立法研究课题组：《中国民法典草案建议稿》（第 2 版），法律出版社 2011 年版，第 54—57 页。

〔15〕 笔者对于我国应否规定取得时效的观点，参见杨巍：《民法时效制度的理论反思与案例研究》，北京大学出版社 2015 年版，第 473—482 页。

三、诉讼时效制度的价值

(一)传统观点

从直观效果来看,诉讼时效制度似乎有悖于民法保护权利的基本理念,因为该制度承认时间经过可导致权利丧失法律保护。这使得解释该制度的价值(正当性)成为一件必要且并不容易的事情。

在大陆法系,对该问题的解释并不统一。一种常见的解释认为,诉讼时效制度的价值包括:节省证据收集的成本;为公共利益服务,即实现法律安定性和确定性。[16] 但也有观点从其他角度对其进行解释,例如" 风险转移(Risikover-lagerung) "[17]"特殊征收(Enteignung) "[18]"加快交易的缔结"[19] 等。对于诉讼时效制度目的是保护义务人、保护权利人抑或其他,存在各种不同解释。[20]

在英美法系,对诉讼时效制度价值的常见解释包括:保护债务人免受年代久远纠纷的困扰。[21] 债权人应尽快提起诉讼,怠于行使权利的人不值得法律保护。[22] 使债务人不用因为担心权利人的行为所带来的风险而陷入长期的困扰。[23] 在证据可能泯灭的情况下,保护债务人免受从前请求的干扰。[24]

我国学界通说"三目的说"认为,诉讼时效制度价值包括三个方面:(1)督促权利人行使权利;(2)作为证据之代用,有利于法院及时正确地处理民事纠纷;(3)维护社会关系的稳定。[25] "三目的说"在很大程度上是受我国台湾地区学界观

〔16〕　Vgl. Helmut Grothe, Kommentar zum §194, in: *Münchener Kommentar zum BGB*, 9. Aufl., München: C. H. Beck, 2021, Rn. 7.

〔17〕　参见[德]迪特尔·梅迪库斯:《德国民法总论》,邵建东译,法律出版社 2001 年版,第 92 页。

〔18〕　参见[奥]海尔姆特·库齐奥:《侵权责任法的基本问题(第一卷)》,朱岩译,北京大学出版社 2017 年版,第 314 页。

〔19〕　参见[德]汉斯·布洛克斯、沃尔夫·迪特里希·瓦尔克:《德国民法总论》(第 41 版),张艳译,中国人民大学出版社 2019 年版,第 295 页。

〔20〕　参见[日]山本敬三:《民法讲义 I 总则》(第 3 版),解亘译,北京大学出版社 2012 年版,第 431—434 页。

〔21〕　See David W. Oughton, John P. Lowry, Robert M. Merkin, *Limitation of actions*, London: LLP, 1998,p. 4.

〔22〕　See Camille Cameron, Elsa Kelly, *Principles and Practice of Civil Procedure inHongKong*, Sweet&MaxwellAsia,2001,p. 91.

〔23〕　See Andrew McGee, *Limitation Periods*, Swee Maxwell Limited,2002,p. 16.

〔24〕　See Richard D. James, *Limitation of actions*, Tolley Publishing Company Ltd,1993,p. 1.

〔25〕　参见王利明:《民法总则研究》(第 3 版),中国人民大学出版社 2018 年版,第 749—750 页;梁慧星:《民法总论》(第 5 版),法律出版社 2017 年版,第 248—249 页;魏振瀛主编:《民法》(第 8 版),北京大学出版社、高等教育出版社 2021 年版,第 206—207 页;马俊驹、余延满:《民法原论》(第 4 版),法律出版社 2010 年版,第 241—242 页。

点影响的结果。[26] 立法机关释义书和最高人民法院释义书基本上采纳了该观点。[27]

（二）新近观点

近年来，学界不乏对"三目的说"的质疑意见。这些意见试图从其他视角解释诉讼时效制度的价值，以修补"三目的说"的弊端。概述如下：

第一种观点"信赖利益保护说"认为，请求权人长期不行使权利，会呈现出该权利不存在的状态，第三人有可能会对义务人的财产状况和经济实力产生错误判断，并基于对权利不存在状态的信赖进行各项民事活动。诉讼时效是保护不特定第三人信赖利益的制度。[28]

第二种观点"权利推定说"认为，对诉讼时效制度价值的既有解释均可归入"权利消减"和"权利推定"两种角度。对诉讼时效制度价值进行理论解释时，没有必要也不可能真正兼顾"权利消减"与"权利推定"两个方面。应将诉讼时效制度理解为一种"权利推定"的制度。[29]

第三种观点"利益衡量说"认为，诉讼时效并非专为保护某一方特定当事人利益的制度，而是在某种基本价值取向框架内衡量各方（权利人、义务人、第三人、社会公共）利益的一种制度，通过这种利益衡量使各方利益得以平衡。[30]

第四种观点"多元抽象价值（安全、效率、公平）说"认为，诉讼时效制度价值是多元的而非单一的。该说主要以安全、效率、公平等抽象概念来论证诉讼时效制度价值，通常并不涉及诉讼时效具体制度的讨论。持该观点的学者均认为各价值之间存在顺序关系，但对于具体顺序则意见不一。[31]

第五种观点"动态价值说"认为，诉讼时效制度价值是动态的，而非静态的；是

---

〔26〕 参见史尚宽：《民法总论》，中国政法大学出版社 2000 年版，第 623—624 页；郑玉波：《民法总则》，中国政法大学出版社 2003 年版，第 489—492 页；王泽鉴：《民法总则》，北京大学出版社 2009 年版，第 410 页。

〔27〕 参见黄薇主编：《中华人民共和国民法典总则编释义》，法律出版社 2020 年版，第 499 页；最高人民法院民法典贯彻实施工作领导小组主编：《中华人民共和国民法典总则编理解与适用（下）》，人民法院出版社 2020 年版，第 946—947 页。

〔28〕 参见王轶：《民法总则之期间立法研究》，载《法学家》2016 年第 5 期，第 153 页。

〔29〕 参见孙鹏：《去除时效制度的反道德性——时效制度存在理由论》，载《现代法学》2010 年第 5 期，第 56—58 页。

〔30〕 参见张雪楳：《诉讼时效审判实务与疑难问题解析——以〈民法总则〉诉讼时效制度及司法解释为核心》，人民法院出版社 2019 年版，第 11—12 页；连光阳：《诉讼时效制度伦理基础之反思与证成》，载麻昌华主编：《私法研究》第 24 卷，法律出版社 2019 年版，第 104—105 页；张家勇：《诉讼时效制度的利益结构分析》，载《社会科学研究》2009 年第 2 期，第 88 页。

〔31〕 参见汪渊智、曹克奇：《论诉讼时效制度的法律价值》，载《晋中学院学报》2009 年第 4 期，第 68—72 页；陈明国：《论诉讼时效价值》，载《西南民族大学学报（人文社会科学版）》2008 年第 10 期，第 201—204 页；黄娅琴、蒋万庚：《时效价值取向之重构》，载《广西大学学报（哲学社会科学版）》2005 年第 6 期，第 56 页。

可变的,而非不变的。诉讼时效制度价值主要受不同历史阶段的法文化与社会需要的影响。我国诉讼时效制度价值,应结合我国现实社会作具体分析。[32]

第六种观点"中心—外围说"认为,现有各学说所采平行根据体系既无法说明各根据间的逻辑关系,也无法统一解释我国诉讼时效各项制度及其实践,应当对诉讼时效根据作"中心—外围"的层次性体系重构。保护义务人是中心或枢纽,督促权利人和维护秩序是其外围或延伸。[33]

第七种观点"合理配置司法资源说"认为,诉讼时效制度的基本价值在于合理配置司法资源。由于司法资源有限性以及民事诉讼高成本等原因,为了使有限的司法资源得到最大化的有效利用并节约诉讼成本,基于立法政策的判断,法律对于时效期间届满的纠纷拒绝提供救济。[34]

---

〔32〕　参见冯恺:《诉讼时效制度研究》,山东人民出版社 2007 年版,第 39—44 页。

〔33〕　参见霍海红:《诉讼时效根据的逻辑体系》,载《法学》2020 年第 6 期,第 46 页。

〔34〕　参见杨巍:《反思与重构:诉讼时效制度价值的理论阐释》,载《法学评论》2012 年第 5 期,第 46—47 页。

第188条第1款

诉讼时效适用对象、诉讼时效期间 *

第188条第1款　向人民法院请求保护民事权利的诉讼时效期间为三年。法律另有规定的,依照其规定。

简　目

---

　　* 本条款以及其他条款下案例搜集情况说明:

　　(1)选取案例遵循以下标准:一是最高人民法院指导案例、公报案例和最高人民法院裁判意见尽量全面搜集;二是对相同案型选取较高级别法院的裁判意见;三是在最高人民法院和高级人民法院无同类案例的前提下,选取中级人民法院和基层人民法院有讨论价值的特殊案型;四是最高人民法院相关刊物(如《人民司法》、《商事审判指导》等)所载案例,优先选取。

　　(2)案例来源:中国裁判文书网;北大法宝案例库;无讼案例库;《人民司法》等纸质载体。

一、规范意旨

(一)规范意义及正当化理由

《民法典》第 188 条(以下简称第 188 条)第 1 款是诉讼时效适用对象和诉讼时效期间的基础规范。本款分为两句:第 1 句规定诉讼时效适用对象和普通诉讼时效期间,其继承了《民法通则》第 135 条对诉讼时效适用对象的表述,但修改了普通诉讼时效期间的规定;第 2 句规定普通诉讼时效期间与特殊诉讼时效期间的关系。本款与《民法总则》第 188 条第 1 款完全相同。 1

诉讼时效适用对象是指直接受诉讼时效限制的权利。第 188 条第 1 款第 1 句中的"向人民法院请求保护民事权利",应解释为诉讼时效适用对象是"请求权"。本句规定诉讼时效针对的对象是为了保护"民事权利"而"请求"的权利,即请求权。被保护的"民事权利"不是诉讼时效适用对象,因为其并不直接受诉讼时效限制。[1] 例如物权、人格权本身并不适用诉讼时效,但当这些支配权受侵害时,受害人为保护其权利而通过诉讼向加害人主张的侵权责任请求权,即为诉讼时效适用对象。 2

诉讼时效适用于请求权的理由在于:其一,从权利属性来看,请求权的实现有赖于权利人对义务人提出作为或不作为的请求,这导致时效期间内义务人陷于久悬不决的状态,而消除此状态正是诉讼时效制度的功能所在。[2] 其二,基于法价值与法技术的双重考量,诉讼时效适用于请求权符合权利行使与秩序、效率之间关系的要求。[3] 其三,大陆法系法律文化渊源和诉讼时效的适用效果,决定了诉讼时效适用于请求权。德国法从罗马法的"actio"提炼出实体权利性质的请求权,使诉讼时效摆脱了程序法性质,也使请求权成为充分发挥其效能的适用对象而沿袭至今。[4] 3

依据立法机关文件及释义书的解释,《民法典》将普通诉讼时效期间由 2 年改为 3 年的理由在于:其一,社会生活深刻变化、交易方式不断创新,导致权利义务关系更趋复杂;[5]其二,中国社会"避讼""厌讼"的文化传统;其三,域外法上诉讼 4

---

[1]　参见杨巍:《诉讼时效适用对象之体系化解读及立法完善——评"民法典·民法总则专家建议稿"第 180、181 条》,载《东方法学》2015 年第 6 期,第 60 页。

[2]　参见朱庆育:《民法总论》(第 2 版),北京大学出版社 2016 年版,第 536 页。

[3]　参见杨代雄:《民法总论专题》,清华大学出版社 2012 年版,第 306—307 页。

[4]　参见冯恺:《诉讼时效制度研究》,山东人民出版社 2007 年版,第 69—73 页。

[5]　参见李建国:《关于〈中华人民共和国民法总则(草案)〉的说明》(2017 年 3 月 8 日在第十二届全国人民代表大会第五次会议上)。

时效期间变短的立法趋势。[6] 对于现行普通诉讼时效期间的设置,学界不乏批评意见,认为"该微调不足以充分发挥诉讼时效制度的体系效用"[7]"有违各国立法通例"[8]。总体而言,我国现行普通诉讼时效期间确实偏短,这导致权利人较易丧失法律保护。[9] 实务中,司法解释和裁判意见多倾向于对时效中止、时效中断予以扩张解释,并尽量作有利于权利人解释。[10] 该现象在一定程度上与修补上述弊端有关。

5　　　依据第 188 条第 1 款第 2 句,法律对特殊诉讼时效期间有规定的,排除适用普通诉讼时效期间。本句主要为商事领域设置特殊诉讼时效期间留下空间。[11]

(二)规范性质

6　　　第 188 条第 1 款属于强制性规范,当事人不得作出与本款内容不同的约定,也不得约定不适用本款。虽然法院不得主动适用诉讼时效的规定(《民法典》第 193 条),但如果当事人援引时效抗辩权,而主张适用的诉讼时效期间类别有误,法院可依法确定应当适用的诉讼时效期间类别。

7　　　第 188 条第 1 款第 2 句具有引致条款的作用,表明某些领域的特殊诉讼时效期间规定,与同款第 1 句构成特别规范与一般规范的关系。本句之"法律"仅指狭义法律,不包括行政法规、规章和司法解释等。《铁路货物运输合同实施细则》第 22 条、《水路货物运输合同实施细则》第 31 条、《工业产品质量责任条例》第 22 条曾对特殊诉讼时效期间作出规定,这些规定与上位法(第 188 条第 1 款第 2 句)抵触,故不再适用。[12]

(三)适用范围

8　　　第 188 条第 1 款适用于民商事领域:第 1 句规定的诉讼时效适用对象和普通诉讼时效期间,适用于法律对某种请求权的诉讼时效未作特别规定的情形;第 2 句适用于法律对特定领域的某种请求权的诉讼时效作出特别规定的情形。

---

〔6〕　参见黄薇主编:《中华人民共和国民法典总则编释义》,法律出版社 2020 年版,第 501—502 页。

〔7〕　参见霍海红:《重思我国普通诉讼时效期间改革》,载《法律科学》2020 年第 1 期,第 111 页。

〔8〕　参见李宇:《民法总则要义:规范释论与判解集注》,法律出版社 2017 年版,第 887 页。

〔9〕　虽然德国 2002 年债法改革将普通时效期间由 30 年改为 3 年,但一方面《德国民法典》仍保留大量情形适用 30 年时效期间,另一方面放宽了当事人订立时效协议的条件。这导致德国法中的 3 年普通时效期间与中国法中的 3 年时效期间的实际适用效果迥异。

〔10〕　参见最高人民法院民事审判第二庭著:《最高人民法院关于民事案件诉讼时效司法解释理解与适用》,人民法院出版社 2015 年版,第 2 页。

〔11〕　参见黄薇主编:《中华人民共和国民法典总则编释义》,法律出版社 2020 年版,第 502 页。

〔12〕　当然,2022 年 5 月 1 日施行的《国务院关于修改和废止部分行政法规的决定》从整体上废止了上述行政法规。

第 188 条第 1 款不适用于刑法、行政法等其他部门法领域。刑法中的追诉时效期限(《刑法》第 87 条)、行政法中的起诉期限(《行政诉讼法》第 45 条、第 46 条)不构成第 188 条第 1 款第 2 句之特殊诉讼时效期间。追诉时效期限、起诉期限与诉讼时效期间在立法目的、届满效力和期间计算等方面存在显著差异,不可混淆。[13]

9

税法领域中,关于追征期的法律规定不构成第 188 条第 1 款第 2 句之特殊诉讼时效期间。纳税人未缴、少缴税款,税务机关要求其补缴税款的,须受追征期的限制。《税收征收管理法》第 52 条(3 年、5 年)和《海关法》第 62 条(1 年、3 年)对此设有明确规定。由于税务机关对纳税人行使的补缴税款"请求权"不是平等主体之间的请求权,而是凭借国家权力实施的管理行为,因此追征期与民商事领域中的诉讼时效性质不同。[14]

10

生效裁判文书确定的请求权不适用第 188 条第 1 款第 1 句之普通诉讼时效期间,而适用《民事诉讼法》(2021 年修正)第 246 条第 1 款关于执行时效(2 年)的规定。简言之,现行法采"二元模式":区分诉讼阶段和执行阶段,分别适用诉讼时效和执行时效。现行法的该做法与各国立法通例差异明显。对于生效裁判文书确定的请求权,大陆法系各国通常仍然适用民法典中的诉讼时效(消灭时效)制度,且适用较长时效期间(如 10 年、30 年),[15]而并未在程序法中规定执行时效。在立法论层面,我国学界对现行法"二元模式"多持批评意见,认为该模式"对生效裁判文书确定的请求权之实体权利属性存在误解"[16]"对执行时效制度的体系定位存在偏差"[17]"无助于缓解执行难的困境"[18]。事实上,虽然现行法仍采取"二元模式"的总体框架,但《民事诉讼法》(2021 年修正)经历数次修改以及《民事诉讼法解释》(2022 年修正)的相关规定已使诉讼时效与执行时效的性质趋同化。两种时效规则在以下方面保持一致:时效届满效力、法院不得主动适用、中止中断规则的适用等。[19]

11

---

〔13〕　参见杨巍:《民法时效制度的理论反思与案例研究》,北京大学出版社 2015 年版,第 66—68 页、第 97—99 页。

〔14〕　参见孙超英:《完善我国海关税收征管时效法律制度之研究》,载《上海海关高等专科学校学报》2004 年第 2 期,第 39—40 页。

〔15〕　参见《德国民法典》第 197 条第 1 款;《瑞士债法典》第 137 条第 2 款;《日本民法典》第 169 条。

〔16〕　参见刘学在:《论执行时效制度之理解误区及其矫正》,载《北方法学》2014 年第 4 期,第 86—87 页。

〔17〕　参见金印:《执行时效的体系地位及其规制方式——民法典编撰背景下执行时效制度的未来》,载《法律科学》2017 年第 5 期,第 91—92 页。

〔18〕　参见霍海红:《执行时效期间的再改革》,载《中国法学》2020 年第 1 期,第 258 页。

〔19〕　参见《民事诉讼法》(2021 年修正)第 246 条;《民事诉讼法解释》(2022 年修正)第 219 条、第 466 条、第 481 条第 1 款;《执行程序解释》(2020 年修正)第 19 条、第 20 条。

二、诉讼时效适用对象:请求权

(一)诉讼时效适用对象之请求权的性质

1. 须为请求权

12　　学界主流意见认为,诉讼时效适用于请求权。[20] 虽然《民法典》未像某些立法专设条文规定诉讼时效适用于请求权,[21]但相关条文体现了对主流意见的采纳:其一,时效届满效力与适用对象关联密切,前者从义务人角度规定时效届满使其获得何种利益(抗辩权? 义务消灭?),后者从权利人角度规定权利人哪些权利(请求权? 支配权?)会因时效届满而减损,故二者实为同一问题的两个观察角度。既然第 192 条对时效届满效力采"抗辩权发生主义",因此该抗辩权导致效力减损的权利只能是请求权。其二,虽然第 196 条正面文义列举不适用诉讼时效的若干类型请求权,但其隐含的含义是,仅"请求权"适用诉讼时效,但须排除本条所列举情形。其三,特殊起算规则(《民法典》第 190 条、第 191 条)、时效中止(《民法典》第 194 条)等规定均采"请求权""请求"等表述,间接证明诉讼时效适用于请求权。

13　　支配权本身不适用诉讼时效,对支配权(绝对权)存续期间有法律规定的,其受该期间限制(如《民法典》第 332 条规定土地承包经营权期限、《专利法》第 42 条规定专利权期限等)。支配权受侵害产生的侵权请求权属于民事责任请求权,适用诉讼时效。

14　　形成权适用除斥期间(《民法典》第 199 条),而不适用诉讼时效。因为对大多数形成权而言,法律规定行使权利的特定形式以及未依要求行使的后果为权利消灭,所以形成权是一种法律预定存续期限的权利。除斥期间在诉讼上无须主张的属性是其作为形成权障碍的基础,而诉讼时效仅为抗辩权产生的基础。[22] 某些形成权必须由形成权人提起诉讼,形成权的效力在判决确定后才发生,此即形成诉权。[23] 对属于形成诉权之撤销权,《民法典》第 147—151 条采"请求"司法机关撤销之表述。这并未改变撤销权性质,故其不适用诉讼时效[《诉讼时效规定》

---

〔20〕　参见朱庆育:《民法总论》(第 2 版),北京大学出版社 2016 年版,第 536 页;马俊驹、余延满:《民法原论》(第 4 版),法律出版社 2010 年版,第 252 页;程啸、陈林:《论诉讼时效客体》,载《法律科学》2000 年第 1 期,第 68 页。

〔21〕　参见《德国民法典》第 194 条第 1 款。

〔22〕　参见申海恩:《私法中的权力:形成权理论之新开展》,北京大学出版社 2011 年版,第 227—228 页。

〔23〕　参见林诚二:《论形成权》,载杨与龄主编:《民法总则争议问题研究》,清华大学出版社 2004 年版,第 61 页。

(2020 年修正)第 5 条第 1 款〕。

抗辩权不适用诉讼时效,因为其仅具防御功能而伴随请求权存在,在请求权 15
有效存续的情形下,抗辩权不因时效届满而消灭。[24] 虽然抗辩权不受诉讼时效
限制,但如果对方已提出请求,抗辩权人应在合理期限内行使抗辩权。[25] 有学者
认为,结合程序法关于答辩期限的规定,在诉讼程序中抗辩权必须在一审言辞辩
论终结前提出,在执行程序中应在法定抗辩期内提出,否则导致失权的后果。[26]

2. 须为实体法之请求权

基于诉讼时效的实体法制度性质,适用诉讼时效的请求权仅限于实体法请求 16
权,包括法定请求权和基于法律行为所生请求权。程序法之诉权不适用诉讼时
效。[27] 实体法请求权不同于诉讼程序中的诉讼请求,后者既可以是前者在诉讼
中的体现,也可以行使支配权、形成权为内容。[28]

3. 债权请求权? 救济性请求权?

在符合前两个条件的前提下,诉讼时效适用对象是债权请求权抑或救济性请 17
求权,学界对此存在分歧。“债权说”(多数说)多援引德国和我国台湾地区学者
论述为依据,[29]认为合同履行请求权(第一次请求权)和债务不履行责任请求权、
侵权请求权(第二次请求权)均适用诉讼时效。[30] “救济权说”(少数说)认为,诉
讼时效适用于救济性请求权,即民事权利(原权利)受到侵害时请求保护的权利
(救济权)。[31] 合同履行请求权属原权利,依当事人意思设置履行期予以限制,不
适用诉讼时效。[32] 笔者赞同“救济权说”,理由在于:诉讼时效适用对象系指诉讼
时效直接限制的权利,而非最终保护的原权利。“债权说”在德国法语境下虽可成
立,但在我国将民事责任请求权规定为独立救济权的前提下,诉讼时效适用对象
主要是各类民事责任请求权。[33] 考虑“诉讼时效适用于债权请求权”已是约定成

〔24〕 参见史尚宽:《民法总论》,中国政法大学出版社 2000 年版,第 633 页。

〔25〕 参见王利明:《民法总则研究》(第 3 版),中国人民大学出版社 2018 年版,第 773 页。

〔26〕 参见尹腊梅:《民事抗辩权研究》(修订版),知识产权出版社 2013 年版,第 295 页。

〔27〕 参见王利明主编:《中国民法典释评·总则编》,中国人民大学出版社 2020 年版,第 509—510
页(高圣平执笔)。

〔28〕 参见最高人民法院民法典贯彻实施工作领导小组主编:《中华人民共和国民法典总则编理解
与适用(下)》,人民法院出版社 2020 年版,第 988—989 页。

〔29〕 参见王利明:《民法总则研究》(第 3 版),中国人民大学出版社 2018 年版,第 766 页。

〔30〕 参见魏振瀛主编:《民法》(第 8 版),北京大学出版社、高等教育出版社 2021 年版,第 209 页;
李永军主编:《民法总论》,中国政法大学出版社 2019 年版,第 398 页(戴孟勇执笔)。

〔31〕 参见郭明瑞:《关于民法总则中时效制度立法的思考》,载《法学论坛》2017 年第 1 期,第 10 页。

〔32〕 参见葛承715:《民法时效——从实证的角度出发》,法律出版社 2007 年版,第 86 页。

〔33〕 参见杨巍:《诉讼时效适用对象之体系化解读及立法完善——评“民法典·民法总则专家建议
稿”第 180、181 条》,载《东方法学》2015 年第 6 期,第 60—64 页。

俗的说法,该表述应解释为:诉讼时效适用对象是债权受到侵害所生救济权(违约请求权)、支配权受到侵害所生救济权(侵权请求权)等。

(二)因不符合上述条件而不适用诉讼时效的常见情形

18　　某种权利是否适用诉讼时效,须经两个层次筛查:一是上述三项基本条件是否具备;二是具备三项条件的前提下,是否存在基于特殊立法目的被排除情形。《民法典》第 196 条系针对第二个层次所作规定,以下梳理第一个层次的常见情形。

1. 提起确认之诉

19　　其一,请求确认物权。《八民纪要》第 24 条规定,利害关系人请求确认物权的归属或内容,不适用诉讼时效。理由在于:(1)该请求权属于程序法权利,系请求公权力介入确认物权归属或内容;(2)如果该请求权适用诉讼时效,难以确定起算点;(3)该请求权没有相对人,无必要适用诉讼时效;(4)该请求权往往是行使物权请求权的前提。[34] 学界解释大多与其类似。[35]

20　　实务中,该请求权不适用诉讼时效的常见情形包括:(1)房产开发纠纷中,请求确认国有土地使用权;[36](2)金融机构并购纠纷中,就未登记在其名下的房屋请求确认物权;[37](3)出卖人的继承人就集体土地上房屋请求确认所有权;[38](4)依据离婚协议约定,请求确认对案涉房屋享有 50% 份额;[39](5)遗产分割前,继承人请求确认遗产共有关系;[40](6)被拆迁房屋共有人请求确认拆迁补偿款的份额;[41](7)实际出资人就抵押房屋请求确认所有权;[42](8)土地承包纠纷中,请求确认承包经营权;[43](9)转让共有房屋份额纠纷中,买受人请求确认房屋所有权份额[44]等。

---

〔34〕 参见杜万华主编:《〈第八次全国法院民事商事审判工作会议(民事部分)纪要〉理解与适用》,人民法院出版社 2017 年版,第 414—415 页。

〔35〕 参见王利明主编:《中国民法典释评·总则编》,中国人民大学出版社 2020 年版,第 509—510 页(高圣平执笔);傅鼎生:《物上请求权的时效性》,载《法学》2007 年第 6 期,第 82 页。相反意见参见耿卓:《追问与解答:对诉讼时效客体的再论述》,载《比较法研究》2008 年第 4 期,第 77 页。

〔36〕 参见最高人民法院(2018)最高法民申 1396 号民事裁定书。

〔37〕 参见最高人民法院(2013)民提字第 134 号民事判决书。

〔38〕 参见最高人民法院(2011)民提字第 123 号民事判决书。

〔39〕 参见湖北省高级人民法院(2020)鄂民申 3403 号民事裁定书。

〔40〕 参见山西省高级人民法院(2020)晋民申 1852 号民事裁定书。

〔41〕 参见浙江省高级人民法院(2019)浙民申 2518 号民事裁定书。

〔42〕 参见河南省高级人民法院(2019)豫民终 788 号民事判决书。

〔43〕 参见吉林省高级人民法院(2019)吉民申 3311 号民事裁定书。

〔44〕 参见湖北省高级人民法院(2015)鄂民申字第 01332 号民事裁定书。

其二,请求确认合同效力。理由在于:(1)该请求权性质为形成权;(2)无效合同立法目的(对违法行为的价值评判)的要求;(3)诉讼时效立法目的的要求(不以积极行使权利为要件)。[45]《最高人民法院公报》案例[46]和司法解释征求意见稿[47]均认为该请求权不适用诉讼时效,学理及实务亦普遍持此意见。

实务中,该请求权不适用诉讼时效的常见情形包括:(1)采矿权纠纷中,原告请求确认探矿权、采矿权转让合同无效;[48](2)买受人同时请求确认合同效力与标的物所有权;[49](3)同时存在合同无效和撤销事由,撤销权除斥期间届满后,原告请求确认合同无效;[50](4)请求确认租赁合同部分无效(租赁期限超过 20年);[51](5)请求确认房屋买卖合同有效[52]等。

合同无效所生返还财产、赔偿损失请求权,是否适用诉讼时效?实务中,一种观点认为,原告诉讼请求是确认合同无效,并请求返还因该合同支付的款项,前者不适用诉讼时效,但后者适用。[53]另一种观点认为,原告请求确认合同无效,并请求被告返还 1.05 亿元及利息,后者属于"由合同无效产生的债务,涉及确认之诉后果的处理",二者均不适用诉讼时效。[54]笔者赞同前者观点,此类请求权应类推适用《诉讼时效规定》(2020 年修正)第 5 条第 2 款。

其三,请求确认股权或者股东资格。最高人民法院答复"〔2001〕民二他字第19 号"(以下简称"2001 答复")指出:"因股权归属产生的纠纷应及时解决……当股权受到他人侵害时,请求法律保护适用普通诉讼时效期间。"依其文义,有两种可能的解释:一是股权确认请求权适用诉讼时效,因为此类诉讼属于"因股权归属产生的纠纷";二是"股权受到他人侵害"所生侵权请求权适用诉讼时效。有实务意见认为应采前者解释,因为股权不同于物权和债权,股权关系不仅涉及当事人,而且还对公司、其他股东、公司债权人等诸多主体产生影响。而且,物权请求权不适用诉讼时效不能类比于股权。[55]

对该请求权是否适用诉讼时效以及如何适用"2001 答复",实务中存在分歧。

21

22

23

24

25

〔45〕 参见最高人民法院民事审判第二庭编著:《最高人民法院关于民事案件诉讼时效司法解释理解与适用》,人民法院出版社 2015 年版,第 147—148 页。

〔46〕 参见最高人民法院(2005)民一终字第 104 号民事判决书;《最高人民法院公报》2006 年第 9 期。

〔47〕 参见《最高人民法院关于无效合同所涉诉讼时效问题的规定(征求意见稿)》第 1 条。

〔48〕 参见最高人民法院(2018)最高法民终 1263 号民事判决书。

〔49〕 参见最高人民法院(2017)最高法民申 3064 号民事裁定书。

〔50〕 参见吉林省高级人民法院(2020)吉民申 1065 号民事裁定书。

〔51〕 参见广东省高级人民法院(2019)粤民申 10746 号民事裁定书。

〔52〕 参见重庆市高级人民法院(2019)渝民申 2045 号民事裁定书。

〔53〕 参见陕西省高级人民法院(2020)陕民申 1045 号民事裁定书。

〔54〕 参见上海市高级人民法院(2020)沪民终 301 号民事判决书。

〔55〕 参见梁展欣主编:《诉讼时效司法实务精义》,人民法院出版社 2010 年版,第 261 页。

肯定说多依据"2001 答复",得出该请求权适用诉讼时效的结论。例如:(1)对他人持有的公司股份,原告请求确认部分由其享有,并予以分割股票及相应收益;[56](2)原告代理人参加股东大会,并在修改的公司章程(变更股份份额)中签字,其后原告请求确认变更前的股权份额;[57](3)上诉人认为其股东身份或股权权益因他人仿冒签名而受到侵害,请求确认其股东资格;[58](4)原告名下股权被擅自转让,原告知情后请求确认其股东资格[59]等。

26　　　　否定说拒绝或回避适用"2001 答复"。例如:(1)依据"新法优于旧法"原则,应适用《诉讼时效规定》,而非"2001 答复",原告请求确认股权不适用诉讼时效;[60](2)原告请求确认其为公司股东(持股 10%)不适用诉讼时效,"2001 答复"系最高人民法院的个案回复,不能作为本案处理的法律依据;[61](3)原告诉讼请求为确认其享有公司 48% 股权,因不属于债权请求权,不适用诉讼时效(未提及"2001 答复");[62](4)原告诉讼请求为确认股东资格,依据的是实体法上形成权,不适用诉讼时效(未提及"2001 答复")[63]等。

27　　　　笔者原则上赞同肯定说。从上述实例来看,原告请求确认股权通常发生于股权被无权处分、无权代理或者侵权的场合。原告主张此类转让合同无效或者由被告承担侵权责任,同时诉请确认其享有股权或股东资格。该情形下的"请求确认股权",类似于买卖合同无效或者侵权责任成立后请求返还财产、恢复原状,其本意是否认悖离权利真实状态之登记效力,并据此作出变更登记。这可能也是"2001 答复"中"股权归属纠纷"以"股权受到他人侵害"为条件的原因。因此,作为合同无效或者侵权责任后果的该请求权似应适用诉讼时效。虽然从理论上而言,在没有合同无效或者侵权的前提下,当事人提起"典型意义"的股权确认之诉不应适用诉讼时效,但实务中少有此类实例。

28　　　　其四,请求确认劳动关系。该请求权既不适用诉讼时效,也不适用劳动争议仲裁时效。理由在于:(1)法律规定劳动争议受案范围的要求;(2)基于民法原理,确认之诉不适用时效;(3)该请求权适用时效存在法律障碍和社会问题隐

---

〔56〕　参见最高人民法院(2010)民二终字第 113 号民事判决书。

〔57〕　参见江西省高级人民法院(2012)赣民二终字第 24 号民事判决书。

〔58〕　参见广西壮族自治区桂林市中级人民法院(2016)桂 03 民终 353 号民事判决书。

〔59〕　参见天津市第二中级人民法院(2015)二中速民终字第 0883 号民事判决书。

〔60〕　参见广东省高级人民法院(2019)粤民申 11647 号民事裁定书。

〔61〕　参见湖南省高级人民法院(2017)湘民申 3477 号民事裁定书。

〔62〕　参见北京市高级人民法院(2016)京民初 49 号民事判决书。

〔63〕　参见甘肃省高级人民法院(2012)甘民二终字第 150 号民事判决书。

患。[64] 实务中,原告请求确认劳动关系有效成立,[65]或者请求确认双方不存在劳动关系,[66]均不适用诉讼时效和仲裁时效。

其五,其他确认之诉不适用诉讼时效的情形包括:(1)请求确认夫妻共同债 **29** 务;[67](2)请求确认专利权;[68](3)请求确认《章程修正案》《董事会决议》成立;[69] (4)请求确认公司决议不成立;[70](5)请求确认集体经济组织成员资格[71]等。

2. 提起形成之诉或者行使形成权

其一,请求撤销合同或者婚姻。撤销权人提起此类形成之诉,不适用诉讼时 **30** 效,而适用除斥期间(边码 14)。合同撤销后,返还财产、赔偿损失请求权属于不当得利请求权、缔约过失责任请求权,适用诉讼时效[《诉讼时效规定》(2020 年修正)第 5 条第 2 款]。

其二,合同解除权。行使解除权的方式包括提起形成之诉和诉讼外行使,二 **31** 者均不适用诉讼时效,而适用除斥期间。[72] 合同解除后,返还原物请求权不适用诉讼时效(《民法典》第 196 条第 2 项),返还价款、赔偿损失等请求权适用诉讼时效。

3. 请求分割共有财产

该权利不适用诉讼时效的理由在于:其一,该权利虽然名义上为"请求",但并 **32** 非请求权,而是形成权;[73]其二,基于共有关系之暂时性,共有人于共有关系存续期间可随时请求分割。[74] 有判决以"分割共有财产请求权是物权请求权"为由认定该情形不适用诉讼时效。[75] 该意见虽结论正确,但理由并不准确。

基于各类财产共有关系请求分割的,均不适用诉讼时效。实务中,该权利不 **33** 适用诉讼时效的常见情形包括:(1)合作开发房地产纠纷中,一方请求确认其对案涉项目超规划建筑面积所享有分配权、要求另一方交付房屋等;[76](2)被继承人

〔64〕　参见栾居沪:《劳动关系确认时效问题探讨》,载《中国劳动》2015 年第 11 期,第 14—16 页。
〔65〕　参见广东省高级人民法院(2020)粤民申 2762 号民事裁定书。
〔66〕　参见山东省高级人民法院(2020)鲁民申 9299 号民事裁定书。
〔67〕　参见最高人民法院(2020)最高法民申 2755 号民事裁定书。
〔68〕　参见最高人民法院(2015)民申字第 1204 号民事裁定书。
〔69〕　参见辽宁省高级人民法院(2018)辽民终 920 号民事判决书。
〔70〕　参见安徽省高级人民法院(2020)皖民申 1309 号民事裁定书。
〔71〕　参见广西壮族自治区高级人民法院(2019)桂民申 5890 号民事裁定书。
〔72〕　参见最高人民法院(2017)最高法民终 954 号民事判决书。
〔73〕　参见陈甦主编:《民法总则评注(下册)》,法律出版社 2017 年版,第 1421 页(周江洪执笔)。
〔74〕　参见陈荣传:《共有物分割请求权是否为形成权?》,载苏永钦主编:《民法物权争议问题研究》,清华大学出版社 2004 年版,第 191 页。
〔75〕　参见海南省海口市中级人民法院(2016)琼 01 民终 1961 号民事判决书。
〔76〕　参见最高人民法院(2019)最高法民申 5714 号民事裁定书。

死亡后,遗产(房产等)一直处于继承人之一占有、使用状态,其他继承人可随时请求分割遗产;[77](3)共有车辆无法实物分割,共有人请求作价补偿;[78](4)合伙人之一请求对合伙盈利进行分配;[79](5)共有房屋拆迁后,共有人请求分割拆迁补偿款[80]等。

34　　　该权利不适用诉讼时效的前提是:共有关系本身不存在分歧,而此前仅处于未分割状态。如果发生共有份额受侵害的情形,由此所生侵权请求权适用诉讼时效。与此相关,以下两项规定值得特别注意:

35　　　其一,《民法典婚姻家庭编解释一》第 84 条规定,当事人依据《民法典》第 1092 条起诉请求再次分割夫妻共同财产的,适用诉讼时效。该情形下,虽然法条用语为"请求再次分割夫妻共同财产",但因其适用于"夫妻一方隐藏、转移、变卖、毁损、挥霍夫妻共同财产,或者伪造夫妻共同债务企图侵占另一方财产"等情形,故原告实为行使侵权请求权,而应适用诉讼时效。如果被告并无上述行为,即使离婚时对某些共有财产未做分割,不因时间经过、身份关系解除而改变共有财产性质。其后一方请求分割该共有财产的,不适用诉讼时效。[81] 请求分割前,无论共有财产是否产生增值,对不适用诉讼时效均无影响。例如,离婚时双方未就夫妻关系存续期间购买的股票进行分割,离婚后一方持有股票并经过数次转化和投资,最终股票大幅增值,另一方请求分割股票收益的,不适用诉讼时效。[82]

36　　　其二,《八民纪要》第 25 条规定,被继承人死亡后遗产未分割,各继承人均未表示放弃继承,视为均已接受继承,遗产属各继承人共同共有;当事人诉请享有继承权、主张分割遗产的,不适用诉讼时效。《继承法》第 8 条曾规定"继承权纠纷"适用诉讼时效。此处"继承权纠纷"应解释为对继承人身份是否适格、是否存在丧失继承权情形、是否存在其他可分得遗产的自然人等事项存在争议,或者继承权受到侵害等情形。《八民纪要》第 25 条规定不适用诉讼时效的情形不包括上述情形。[83] 有最高人民法院裁定认为,虽然本案案由是分割共同财产,但其间存在共有人侵害其他共有人份额的侵权行为(私自捐赠变卖遗产),该侵权请求权适用诉

---

〔77〕 参见浙江省高级人民法院(2020)浙民再 245 号民事判决书。

〔78〕 参见内蒙古自治区高级人民法院(2020)内民申 2067 号民事裁定书。

〔79〕 参见重庆市高级人民法院(2019)渝民申 2303 号民事裁定书。

〔80〕 参见吉林省高级人民法院(2019)吉民申 2601 号民事裁定书。

〔81〕 参见江苏省高级人民法院(2019)苏民终 1485 号民事判决书。

〔82〕 参见湖南省常德市中级人民法院(2013)常民一终字第 102 号民事判决书。该案详细分析参见丁英:《离婚后股票收益分割的范围及诉讼时效》,载《人民司法·案例》2014 年第 18 期,第 22—25 页。

〔83〕 参见杜万华主编:《〈第八次全国法院民事商事审判工作会议(民事部分)纪要〉理解与适用》,人民法院出版社 2017 年版,第 420—421 页。

讼时效。[84]

4. 减价请求权

对于买受人、定作人减价请求权(《民法典》第582条、第781条)的性质,学理 37
上存在形成权与请求权之争。一种观点认为,该权利为形成权而不适用诉讼时
效。[85] 另一种观点认为,该权利属于请求权,应适用诉讼时效。[86] 由于《民法
典》第582条将减价定位为违约责任请求权,且其亦无不适用诉讼时效的特殊理
由,故采后者观点为妥。

5. 继承权

继承权性质并非请求权,故其本身不适用诉讼时效。侵害继承权、侵害遗产 38
所生侵权请求权适用诉讼时效。对继承权本身不存在争议,也不存在侵害继承权
的情形,而是请求确认遗产份额或者请求分割遗产的,不适用诉讼时效(边码36)。

6. 公司清算请求权

公司清算场合下如何适用诉讼时效,实务中分歧较大。[87]《公司法》第183 39
条规定,法定事由具备时公司负有自行清算义务;逾期不清算的,债权人可以申请
法院进行清算。公司的清算义务(债权人角度即为清算请求权)不适用诉讼时效。
理由在于:其一,清算责任属于一种法定责任、行为责任;其二,清算请求权的内容
不是给付财产,而是启动清算程序;其三,解决"植物人公司"的现实需要;其四,符
合清算制度的严格规范股东责任、保护债权人利益的价值取向。[88]

《九民纪要》第16条在继承此前实务主流意见的基础上,规定以下请求权适 40
用诉讼时效:一是公司债权人对公司的债权;二是清算义务人怠于履行清算义务
的,公司债权人对清算义务人的损害赔偿请求权。该规定的本意是,公司债权人
依据《公司法解释(二)》第18条第2款请求股东(清算义务人)承担赔偿责任时,
须受公司债务诉讼时效和该损害赔偿请求权诉讼时效两方面因素的限制。[89] 有

---

〔84〕　参见最高人民法院(2012)民申字第1115号民事裁定书。

〔85〕　参见程啸、陈林:《论诉讼时效客体》,载《法律科学》2000年第1期,第71页。

〔86〕　参见杨巍:《民法时效制度的理论反思与案例研究》,北京大学出版社2015年版,第186页。

〔87〕　相关讨论参见张雪楳:《诉讼时效审判实务与疑难问题解析——以〈民法总则〉诉讼时效制度
及司法解释为核心》,人民法院出版社2019年版,第160—161页。

〔88〕　参见姚蔚薇:《公司清算义务人民事责任诉讼时效问题探析》,载《法律适用》2015年第4期,
第104—105页。

〔89〕　参见最高人民法院民事审判第二庭编著:《〈全国法院民商事审判工作会议纪要〉理解与适
用》,人民法院出版社2019年版,第174—175页。

判决认为,该损害赔偿请求权的性质是侵权请求权,因此应适用诉讼时效。[90]

三、普通诉讼时效期间

（一）普通诉讼时效期间的性质

41　　其一,普通诉讼时效期间是法定期间。我国现行法采取严格的时效法定主义,诉讼时效期间由法律规定,当事人约定无效（《民法典》第 197 条第 1 款）。法律设置的普通诉讼时效期间,体现了立法者对请求权提供公力救济的时间范围。普通诉讼时效期间的长短,是立法者实现诉讼时效制度价值的具体手段之一,故不允许当事人另行约定。

42　　其二,普通诉讼时效期间是可变期间。该性质是指由于普通诉讼时效期间可适用中止、中断和延长规则,故该期间的实际计算结果可以不是 3 年。该性质不应解释为当事人有权协议变更普通诉讼时效期间。普通诉讼时效期间的该性质与诉讼时效制度价值有关。中止事由多为某种客观障碍,该障碍导致权利人不能行使请求权,故该情形下权利人不行使权利不构成"怠于行使权利",而应暂停计算时效期间。中断事由是主张权利或承认义务的各种表现形式,其导致"权利行使的停滞状态"结束,故应重新计算时效期间。延长规则是在特殊场合下对权利人提供的额外救济。

43　　其三,普通诉讼时效期间适用主观起算标准。从各国立法趋势来看,"较短时效期间 + 主观起算标准"似乎正在成为一种潮流,并成为各国时效法的基本框架。[91] 在该模式框架下,法律设置较短普通诉讼时效期间,配以"权利人对行使权利具有某种可认知性"之起算标准,以避免权利人在不知情的情况下丧失救济。我国《民法典》亦采取该模式。

44　　其四,普通诉讼时效期间的计算受最长诉讼时效期间的限制。虽然普通诉讼时效期间的计算可借助中止、中断规则得以延伸,但须受 20 年最长诉讼时效期间的限制（《民法典》第 188 条第 2 款第 3 句）。通常情形下,最长诉讼时效期间届满后普通诉讼时效期间不能再继续计算。仅在特殊情形下,最长诉讼时效期间延长使普通诉讼时效期间得以继续计算。

---

〔90〕　参见上海市第二中级人民法院(2014)沪二中民四(商)再提字第 1 号民事判决书。该案详细分析参见倪知良、李江英:《债权人主张股东就怠于清算承担连带责任应适用诉讼时效》,载《人民司法·案例》2014 年第 18 期,第 48—51 页。

〔91〕　参见[德]莱因哈德·齐默曼:《德国新债法:历史与比较的视角》,韩光明译,法律出版社 2012 年版,第 188 页。

（二）《民法总则》施行前后对适用普通诉讼时效期间的影响[92]

由于《民法总则》已将普通诉讼时效期间改为 3 年,而《民法典》继承了该规　　45
定,因此应当以《民法总则》施行之日（2017 年 10 月 1 日）而非《民法典》施行之日
为"临界点"讨论新旧诉讼时效期间的衔接适用问题。对于该问题,可结合《民法
典时间效力规定》相关规定的精神予以解释。

情形 1:依据《民法总则诉讼时效解释》第 1 条规定,《民法总则》施行后诉讼　　46
时效期间开始计算的,应当适用 3 年诉讼时效期间（以下简称新时效期间）。当事
人主张适用《民法通则》诉讼时效期间（以下简称旧时效期间）规定的,人民法院
不予支持。虽然该司法解释已被废止,但上述规定与《民法典时间效力规定》第 1
条第 1 款的精神相符,故《民法典》施行后仍应采此解释。

情形 2:依据《民法总则诉讼时效解释》第 2 条规定,诉讼时效起算于《民法总　　47
则》施行前,但《民法总则》施行之日旧时效期间尚未届满,当事人主张适用新时效
期间的,人民法院应予支持。该情形下,《民法总则》施行之日义务人尚未获得时
效抗辩权,且时效期间进行状态持续至《民法总则》施行后,因此应适用新时效期
间。[93]　该规定与《民法典时间效力规定》第 1 条第 3 款的精神相符,故《民法典》
施行后仍应采此解释。

情形 3:依据《民法总则诉讼时效解释》第 3 条规定,《民法总则》施行前,旧时　　48
效期间已经届满,当事人主张适用新时效期间的,人民法院不予支持。该情形下,
由于义务人于《民法总则》施行前已经获得时效抗辩权,因此《民法总则》施行后
不能溯及既往地适用新时效期间以否定该抗辩权。该规定与《民法典时间效力规
定》第 1 条第 2 款的精神相符,故《民法典》施行后仍应采此解释。

四、特殊诉讼时效期间

（一）特殊诉讼时效期间的性质

特殊诉讼时效期间是法定期间、可变期间,这与普通诉讼时效期间的性质并　　49
无不同。特殊诉讼时效期间仅是法律对时效期间的特殊规定,适用于该时效期间
的起算、中止、中断等规则未必同时设有特殊规定。如果法律就特殊诉讼时效期
间的此类规则有特殊规定的（如《保险法》第 26 条）,适用该特殊规定;如果没有特
殊规定,仍然适用一般规则。同理,法律就特殊诉讼时效期间的最长诉讼时效期

---

〔92〕　此处仅讨论普通诉讼时效期间的适用情形,特殊诉讼时效期间的适用原理相同。
〔93〕　参见最高人民法院（2021）最高法知民终 1327 号民事判决书。

间有特殊规定的(如《产品质量法》第 45 条第 2 款),适用该特殊规定;如果没有特殊规定,仍然适用 20 年最长诉讼时效期间。此外,相较于域外法而言,我国现行法框架下的特殊诉讼时效期间还具有以下特性:

50　　　　其一,零散性。某些域外法将具有典型意义的特殊诉讼时效期间集中列举规定,[94]这有利于立法目的和适用对象类似的特殊诉讼时效期间规则在适用及解释上的统一。我国《民法典》"诉讼时效"一章未对特殊诉讼时效期间作集中规定,各类特殊诉讼时效期间大多零散地规定于单行法中。

51　　　　其二,多样性。由于特殊诉讼时效期间主要适用于商事领域,基于商事交易"结算迅速性"的需要,该期间应当短于普通诉讼时效期间。[95] 观诸我国现行法框架下的特殊诉讼时效期间,从 90 日(《海商法》第 257 条)至 5 年(《保险法》第 26 条)不等。在 3 年普通诉讼时效期间偏短的前提下,某些特殊诉讼时效期间(如《民法典》第 594 条规定的"4 年"、《保险法》第 26 条规定的"5 年")甚至长于普通诉讼时效期间。这可能会造成民事时效和商事时效在保护程度上的失衡。[96]

52　　　　《民法总则》施行前,某些单行法规定的诉讼时效期间为 2 年,与《民法通则》中普通诉讼时效期间一致。有疑问的是,《民法总则》将普通诉讼时效期间改为 3 年后,上述单行法中的 2 年诉讼时效期间是否构成"真正意义"的特殊诉讼时效期间? 有学者认为,这些单行法中的 2 年诉讼时效期间系对《民法通则》普通诉讼时效期间的重复,因此即使单行法尚未作修改,也应以现行 3 年普通诉讼时效期间取代 2 年期间。[97] 最高人民法院裁判意见多有采此观点的实例。例如 2020 年修正前的《专利法》第 68 条规定侵犯专利权的诉讼时效期间为 2 年。在《民法总则》施行后至《专利法》修正前[98]最高人民法院主审的此类案件中,相关判决书普遍认为应适用 3 年诉讼时效期间。主要理由为"《专利法》中规定的诉讼时效仅是重复了《民法通则》对诉讼时效的规定,而非重新规定诉讼时效"[99]"新法优于旧法"[100]等。

---

〔94〕 参见《意大利民法典》第 2948 条以下;《葡萄牙民法典》第 310 条以下;《瑞士债务法》第 128 条。

〔95〕 参见[日]近藤光男:《日本商法总则·商行为法》,梁爽译,法律出版社 2016 年版,第 94 页。

〔96〕 相关立法论意见参见霍海红:《对我国诉讼时效期间的多维反思》,载《法制与社会发展》2008 年第 3 期,第 146 页;侯国跃、李晓钰:《我国民法典特别诉讼时效期间的立法构想》,载《甘肃社会科学》2012 年第 3 期,第 151—153 页。

〔97〕 参见李宇:《民法总则要义:规范释论与判解集注》,法律出版社 2017 年版,第 898 页。

〔98〕 2020 年修正后的《专利法》第 74 条改为 3 年。

〔99〕 参见最高人民法院(2020)最高法民再 223 号民事判决书;最高人民法院(2020)最高法知民终 908 号民事判决书;最高人民法院(2020)最高法知民终 586 号民事判决书。

〔100〕 参见最高人民法院(2020)最高法知民终 216 号民事判决书。

（二）特殊诉讼时效期间的相关规定

1.《民法典》第 594 条

4 年（国际货物买卖合同和技术进出口合同争议）。 53

2.《拍卖法》第 61 条第 3 款

1 年（因拍卖标的存在瑕疵未声明的，请求赔偿）。[101] 须注意的是，《民法通 54
则》第 136 条曾规定"出售质量不合格的商品未声明的"等四种情形适用 1 年特殊
诉讼时效期间，《民法典》未继承该规定，故不再适用。

因拍卖关系产生的其他请求权仍然适用普通诉讼时效期间，具体包括：（1）请 55
求支付欠付的拍卖款；[102]（2）请求偿还垫付税款；[103]（3）基于拍卖行为无效，请求
返还保证金、承担赔偿责任；[104]（4）请求赔偿因不履行《拍卖成交确认书》所产生
的二次拍卖差价损失；[105]（5）未按拍卖合同约定时间交付标的物，请求承担违约
责任[106]等。

3.《产品质量法》第 45 条

2 年（因产品存在缺陷造成损害要求赔偿）；10 年（最长诉讼时效期间）。 56

本条适用于产品责任关系中的侵权请求权。因产品自身质量问题造成产品 57
本身财产损失，当事人请求赔偿的，属于违约请求权的性质。此情形不适用本条，
而适用普通诉讼时效期间。[107]

4.《环境保护法》第 66 条

3 年（环境损害赔偿）。 58

5.《民用航空法》第 135 条、第 171 条

2 年（航空运输）；2 年（地面第三人损害赔偿）；3 年（最长诉讼时效期间）。 59

6.《专利法》第 74 条

3 年（侵犯专利权）；3 年（专利权人要求支付使用费）。 60

7.《国家赔偿法》第 39 条

2 年（赔偿请求人请求国家赔偿）。 61

---

〔101〕　参见最高人民法院（2014）民申字第 1026 号民事裁定书。
〔102〕　参见青海省高级人民法院（2019）青民申 515 号民事裁定书。
〔103〕　参见广东省高级人民法院（2018）粤民再 12 号民事判决书。
〔104〕　参见陕西省高级人民法院（2018）陕民申 2721 号民事裁定书。
〔105〕　参见广东省广州市中级人民法院（2019）粤 01 民终 19893 号民事判决书。
〔106〕　参见甘肃省庆阳市中级人民法院（2013）庆中民终字第 369 号民事判决书。
〔107〕　参见湖南省衡阳市中级人民法院（2020）湘 04 民终 907 号民事判决书。

8.《票据法》第 17 条

62　2 年（持票人对票据的出票人和承兑人的权利）；6 个月（持票人对支票出票人的权利）；6 个月（持票人对前手的追索权）；3 个月（持票人对前手的再追索权）。

9.《保险法》第 26 条

63　2 年（人寿保险以外的其他保险的被保险人或者受益人向保险人请求赔偿或者给付保险金）；5 年（人寿保险的被保险人或者受益人向保险人请求给付保险金）。

10.《海商法》第 257—265 条

64　第 257 条：1 年（海上货物运输向承运人要求赔偿）；90 日（被认定为负有责任的人向第三人提起追偿请求）；2 年（有关航次租船合同的请求权）。

65　第 258 条：2 年（就海上旅客运输向承运人要求赔偿）；3 年（因运送期间内的伤害而导致旅客离船后死亡的最长诉讼时效期间）。

66　第 259 条：2 年（有关船舶租用合同的请求权）。

67　第 260 条：1 年（有关海上拖航合同的请求权）。

68　第 261 条：2 年（有关船舶碰撞的请求权）；1 年（追偿请求权）。

69　第 262 条：2 年（有关海难救助的请求权）。

70　第 263 条：1 年（有关共同海损分摊的请求权）。

71　第 264 条：2 年（根据海上保险合同向保险人要求保险赔偿的请求权）。

72　第 265 条：3 年（有关船舶发生油污损害的请求权）；6 年（最长诉讼时效期间）。

73　须注意的是，上述特殊诉讼时效期间仅适用于海事案件中的特定请求权，海事案件中的其他请求权仍然适用普通诉讼时效期间。具体包括：(1)基于船舶共有关系请求支付渔船经营收益；[108] (2)多式联运合同项下货损赔偿请求权；[109] (3)船舶修理合同纠纷；[110] (4)海上货运代理合同纠纷；[111] (5)放货行为引发的侵权纠纷；[112] (6)港口作业侵权纠纷[113]等。

五、举证责任

74　依据《民事诉讼法》(2021 年修正)第 67 条以及抗辩权发生主义的原理，举证

[108]　参见最高人民法院(2020)最高法民申 6412 号民事裁定书。
[109]　参见最高人民法院(2018)最高法民再 196 号民事判决书。
[110]　参见最高人民法院(2012)民申字第 1052 号民事裁定书。
[111]　参见上海市高级人民法院(2021)沪民终 158 号民事判决书。
[112]　参见天津市高级人民法院(2019)津民终 418 号民事判决书。
[113]　参见上海市高级人民法院(2012)沪高民四(海)终字第 77 号民事判决书。

责任分配如下:其一,被告(义务人)提出时效抗辩之前,原告(权利人)对某请求权是否适用诉讼时效及适用何种诉讼时效期间不负举证责任。其二,被告援引时效抗辩权的,应就该请求权适用诉讼时效及适用何种诉讼时效期间予以举证证明。其三,原告对该请求权适用诉讼时效或适用何种诉讼时效期间提出异议的,须针对该异议举证证明。

附:案例索引

1. 安徽省高级人民法院(2020)皖民申 1309 号民事裁定书:合肥新峰材料科技有限公司等与倪某清、薛某公司决议纠纷案【边码 29】

2. 北京市高级人民法院(2016)京民初 49 号民事判决书:海湾实业有限公司与北京海港房地产开发有限公司股东资格确认纠纷案【边码 26】

3. 重庆市高级人民法院(2019)渝民申 2045 号民事裁定书:熊某忠与冉某、重庆市开州区长沙中心幼儿园确认合同效力纠纷案【边码 22】

4. 重庆市高级人民法院(2019)渝民申 2303 号民事裁定书:毛某庆与马某跃等合伙协议纠纷案【边码 33】

5. 甘肃省庆阳市中级人民法院(2013)庆中民终字第 369 号民事判决书:镇原农村信用合作联社与甘肃省烟草公司庆阳市公司拍卖合同纠纷案【边码 55】

6. 甘肃省高级人民法院(2012)甘民二终字第 150 号民事判决书:田某露与天水大地房地产实业有限责任公司股东资格确认纠纷案【边码 26】

7. 广东省广州市中级人民法院(2019)粤 01 民终 19893 号民事判决书:广东华友拍卖行有限公司与朱某中拍卖合同纠纷案【边码 55】

8. 广东省高级人民法院(2018)粤民再 12 号民事判决书:广宁县公共资产管理中心与广宁县弘宇实业有限公司等拍卖合同纠纷案【边码 55】

9. 广东省高级人民法院(2019)粤民申 10746 号民事裁定书:诸某良、诸某阳与中山市横栏镇西冲社区居民委员会五一股份合作经济社土地租赁合同纠纷案【边码 22】

10. 广东省高级人民法院(2019)粤民申 11647 号民事裁定书:江门市金盈富纺织印染有限公司、梁某辉与崔某颜股东资格确认纠纷、股东知情权纠纷案【边码 26】

11. 广东省高级人民法院(2020)粤民申 2762 号民事裁定书:广东联邦家私集团有限公司与陈某妹确认劳动关系纠纷案【边码 28】

12. 广西壮族自治区桂林市中级人民法院(2016)桂 03 民终 353 号民事判决书:王某平与桂林金王实业有限公司股东资格确认纠纷案【边码 25】

13. 广西壮族自治区高级人民法院(2019)桂民申 5890 号民事裁定书:周某琼与南宁市青秀区南湖村第二村民小组侵害集体经济组织成员权益纠纷案【边码 29】

14. 海南省海口市中级人民法院(2016)琼 01 民终 1961 号民事判决书:黄某天与黎某芳等共有物分割纠纷案【边码 32】

15. 河南省高级人民法院(2019)豫民终 788 号民事判决书:李某栋与魏某波、赵某第三人撤销之诉纠纷案【边码 20】

16. 湖南省常德市中级人民法院（2013）常民一终字第 102 号民事判决书：吴某林与鲁某山分割夫妻共同财产纠纷案【边码 35】

17. 湖南省衡阳市中级人民法院（2020）湘 04 民终 907 号民事判决书：河南隆鑫机车有限公司与李某芝、衡阳县西渡城兴摩托车行产品责任纠纷案【边码 57】

18. 湖南省高级人民法院（2017）湘民申 3477 号民事裁定书：湘潭中南布市有限公司与胡某股东资格确认纠纷案【边码 26】

19. 湖北省高级人民法院（2015）鄂民申字第 01332 号民事裁定书：方某春、方某东与方某玲所有权确认纠纷案【边码 20】

20. 湖北省高级人民法院（2020）鄂民申 3403 号民事裁定书：葛某娥与朱某敏等物权确认纠纷案【边码 20】

21. 吉林省高级人民法院（2019）吉民申 2601 号民事裁定书：裴某 1 与裴某 2 等继承纠纷案【边码 33】

22. 吉林省高级人民法院（2019）吉民申 3311 号民事裁定书：王某芹等与孙某等农村土地承包合同纠纷案【边码 20】

23. 吉林省高级人民法院（2020）吉民申 1065 号民事裁定书：孙某福与柳河县红石镇碱场村村民委员会林业承包合同纠纷案【边码 22】

24. 江苏省高级人民法院（2019）苏民终 1485 号民事判决书：吕某娥与黄某华等债权人撤销权纠纷案【边码 35】

25. 江西省高级人民法院（2012）赣民二终字第 24 号民事判决书：徐某仙与景德镇圣罗置业有限公司股权确认纠纷案【边码 25】

26. 辽宁省高级人民法院（2018）辽民终 920 号民事判决书：海城智胜镁制品有限公司与美国华盈有限公司公司决议纠纷案【边码 29】

27. 内蒙古自治区高级人民法院（2020）内民申 2067 号民事裁定书：张某与王某胜、王某国共有物分割纠纷案【边码 33】

28. 青海省高级人民法院（2019）青民申 515 号民事裁定书：青海华融投资发展有限责任公司与青海省特种水泥厂管理人拍卖合同纠纷案【边码 55】

29. 山东省高级人民法院（2020）鲁民申 9299 号民事裁定书：济南友邦铸造有限公司与齐某华劳动争议案【边码 28】

30. 山西省高级人民法院（2020）晋民申 1852 号民事裁定书：苏某等与闫某 1、闫某 2 共有权确认纠纷案【边码 20】

31. 陕西省高级人民法院（2018）陕民申 2721 号民事裁定书：雷某秋、陕西嘉杰拍卖有限责任公司与合阳县国有资产管理局拍卖合同纠纷案【边码 55】

32. 陕西省高级人民法院（2020）陕民申 1045 号民事裁定书：陕西大兴置业发展有限公司与唐某房屋买卖合同纠纷案【边码 23】

33. 上海市第二中级人民法院（2014）沪二中民四（商）再提字第 1 号民事判决书：上海银行股份有限公司浦东分行与上海天宏实业有限公司等股东损害公司债权人利益责任纠纷案【边码 40】

34. 上海市高级人民法院(2012)沪高民四(海)终字第 77 号民事判决书:江苏新时代造船有限公司与上海徽创国际物流有限公司等港口作业侵权纠纷案【边码 73】

35. 上海市高级人民法院(2020)沪民终 301 号民事判决书:上海荣信房地产开发有限公司与中国民生银行股份有限公司上海分行金融不良债权转让合同纠纷案【边码 23】

36. 上海市高级人民法院(2021)沪民终 158 号民事判决书:上海誉名船务有限公司与王某某、张某某海上货运代理合同纠纷案【边码 73】

37. 天津市第二中级人民法院(2015)二中速民终字第 0883 号民事判决书:边某花与天津鹏翎胶管股份有限公司、天津鹏翎控股投资有限公司与公司有关的纠纷案【边码 25】

38. 天津市高级人民法院(2019)津民终 418 号民事判决书:天津振华国际贸易保税仓储有限公司与天津天投华泰国际贸易有限公司等海事侵权责任纠纷案【边码 73】

39. 浙江省高级人民法院(2019)浙民申 2518 号民事裁定书:张某昌与张某明所有权确认纠纷案【边码 20】

40. 浙江省高级人民法院(2020)浙民再 245 号民事判决书:张某 1 等与张某 4 法定继承纠纷案【边码 33】

41. 最高人民法院(2005)民一终字第 104 号民事判决书:广西北生集团有限责任公司与北海市威豪房地产开发公司、广西壮族自治区畜产进出口北海公司土地使用权转让合同纠纷案【边码 21】

42. 最高人民法院(2010)民二终字第 113 号民事判决书:湖北省利用世界银行贷款项目办公室与湖北东方农化中心、襄樊市襄阳区农业开发经济技术协作公司股权纠纷案【边码 25】

43. 最高人民法院(2011)民提字第 123 号民事判决书:刘某喜与葛某芹房屋权属纠纷案【边码 20】

44. 最高人民法院(2012)民申字第 1052 号民事裁定书:仪征市康平船舶修造厂与肖某元、中国人民财产保险股份有限公司江都支公司船舶修理合同纠纷案【边码 73】

45. 最高人民法院(2012)民申字第 1115 号民事裁定书:傅延某等与傅熹某等析产继承纠纷案【边码 36】

46. 最高人民法院(2013)民提字第 134 号民事判决书:华夏证券股份有限公司与中国工商银行股份有限公司哈尔滨森融支行其他所有权及与所有权相关权利纠纷案【边码 20】

47. 最高人民法院(2014)民申字第 1026 号民事裁定书:金晖国际实业有限公司与中国工商银行股份有限公司北京西客站支行拍卖合同纠纷案【边码 54】

48. 最高人民法院(2015)民申字第 1204 号民事裁定书:邹某炎与秦皇岛聚波电子科技有限公司发明专利权属纠纷案【边码 29】

49. 最高人民法院(2017)最高法民申 3064 号民事裁定书:黄某海与潘某东船舶买卖合同纠纷案【边码 22】

50. 最高人民法院(2017)最高法民终 954 号民事判决书:澳大利亚汉德伯格投资有限公司、石家庄东方热电集团有限公司与石家庄市人民政府国有资产监督管理委员会股权转让纠纷案【边码 31】

51. 最高人民法院(2018)最高法民申 1396 号民事裁定书:匡昌工程有限公司与马某娣物权确认纠纷案【边码 20】

52. 最高人民法院(2018)最高法民再 196 号民事判决书:新加坡长荣海运股份有限公司与第一产物保险股份有限公司国际货物多式联运合同纠纷案【边码 73】

53. 最高人民法院(2018)最高法民终 1263 号民事判决书:叶某福与崔某庆等采矿权、探矿权转让合同纠纷案【边码 22】

54. 最高人民法院(2019)最高法民申 5714 号民事裁定书:重庆英利房地产开发有限公司与重庆市供销合作总社合资、合作开发房地产合同纠纷案【边码 33】

55. 最高人民法院(2020)最高法民申 2755 号民事裁定书:黄某香与衷某国夫妻共同债务确认纠纷案【边码 29】

56. 最高人民法院(2020)最高法民申 6412 号民事裁定书:彭某生与彭某贵船舶共有纠纷案【边码 73】

57. 最高人民法院(2020)最高法民再 223 号民事判决书:泸州老窖股份有限公司与水磨沟区南湖南路宏瑞商行侵害商标权纠纷案【边码 52】

58. 最高人民法院(2020)最高法知民终 216 号民事判决书:栗某子与金某海侵害发明专利权纠纷案【边码 52】

59. 最高人民法院(2020)最高法知民终 586 号民事判决书:东莞市何谐新能源科技有限公司与胡某宇侵害实用新型专利权纠纷案【边码 52】

60. 最高人民法院(2020)最高法知民终 908 号民事判决书:孙某贤与湖南天泉生态草业工程有限公司等侵害发明专利权纠纷案【边码 52】

61. 最高人民法院(2021)最高法知民终 1327 号民事判决书:源德盛塑胶电子(深圳)有限公司与宁乡县玉潭镇锦成通讯店侵害实用新型专利权纠纷案【边码 47】

第188条第2款第1句、第2句
诉讼时效起算

第188条第2款第1句、第2句　诉讼时效期间自权利人知道或者应当知道权利受到损害以及义务人之日起计算。法律另有规定的,依照其规定。

简　目

一、规范意旨

(一)规范意义及正当化理由

1　　《民法典》第 188 条(以下简称第 188 条)第 2 款第 1 句、第 2 句是诉讼时效起算(以下简称时效起算)的基础规范。第 1 句规定时效起算一般条件,其修改了《民法通则》第 137 条第 1 句对时效起算一般条件的规定。第 2 句规定一般条件与特殊规定的关系,其内容为《民法通则》所无,属新设规定。该两句与《民法总则》第 188 条第 2 款第 1 句、第 2 句文字完全相同。

2　　时效起算的直观意义是使计算时效期间的始点得以确定,因其影响时效期间计算和实际长短,故与时效期间规则相互协调、互为牵制,以实现诉讼时效制度的安全性和伦理性价值。[1] 时效起算标准在相当程度上体现了诉讼时效制度价值的贯彻程度以及立法者对权利人的"容忍"程度,因为时效起算条件具备前不构成"怠于行使权利"。时效起算对适用其他规则具有"前置意义":时效未起算,无论经过多长时间,时效抗辩权都不可能产生;时效未起算,中止、中断、延长规则就不能适用,即使发生了相应事由。

3　　比较法上,时效起算标准存在两种基本模式:一是客观主义,以某种客观事实发生时点为时效起算点。[2] 二是主观主义,以权利人知晓某种事实的时点为时效起算点。[3] 合同请求权的到期日和义务人相对明确,故多采客观主义;侵权请求权常出现侵害行为、损害与义务人确定时间不一致的情形,故多采主观主义。

---

〔1〕 参见冯恺:《诉讼时效制度研究》,山东人民出版社 2007 年版,第 105 页。

〔2〕 此类客观时点包括"权利可行使之时"(《意大利民法典》第 2935 条)、"损害被确定之时"(《法国民法典》第 2226 条)、"请求权发生之时"(《阿根廷民法典》第 3956 条)等。

〔3〕 此类主观时点包括"知道损害和义务人之时"(《葡萄牙民法典》第 498 条)、"知道权利被侵害之时"(《俄罗斯民法典》第 200 条)等。

但始于 21 世纪初的德、日〔4〕等国修法活动中,似有将合同与侵权时效起算标准予以统一的趋势:普通时效期间采主观标准,辅以最长时效期间采客观标准。该做法的主要原因是区域性条约的影响,〔5〕以及为解决因起算标准不一致在实务中造成的困扰等。〔6〕

《民法通则》第 137 条采主观主义(知道或者应当知道权利被侵害时),且未区分合同请求权与侵权请求权而采统一起算标准。《民法典》第 188 条第 2 款第 1 句继承了该做法,但将起算的具体条件修改为"权利人知道或者应当知道权利受到损害以及义务人之日"。我国现行法模式与德、日等国新近立法态度较为接近。依据立法机关释义书的解释,其立法理由在于:其一,在立法技术上,该起算标准配合(较短的)3 年普通时效期间,有利于诉讼时效制度各价值目标的平衡。其二,基于我国"幅员辽阔、人口众多、各地区社会经济生活差异较大"的现实,该起算标准较为公平。〔7〕 有学者以"有利于促使权利人及时行使权利"的诉讼时效制度目的,〔8〕"有利于保护权利人的利益",〔9〕"由此显示法律对权利人与义务人利益状况的平衡",〔10〕"与诉讼时效适用对象是救济性请求权相一致"〔11〕等视角,论证该起算标准的合理性。亦有学者认为,第 188 条第 2 款第 1 句应解释为"主客观相结合的认定标准"〔12〕或者"自权利可以行使时起算"〔13〕。

现行法框架下的一般起算标准,总体上应解释为"权利人知道或者应当知道可以行使权利之日起算",即行使权利的法律障碍消除且当事人对此知情的最早时点为起算点。理由如下:其一,从诉讼时效制度价值而言,"怠于行使权利"以"可以行使"为当然前提,故权利行使条件具备前起算时效没有意义。其二,各立法被冠以主观主义或客观主义标签,仅是对其法条表述的直观描述,而对"可以行使权利时起算"实则存在很大程度共识。各立法的真正区别仅是对"可以行使"的

4

5

〔4〕 参见《德国民法典》第 199 条;《日本民法典》第 166 条。

〔5〕 Vgl. Helmut Grothe, Kommentar zum § 195, in: *Münchener Kommentar zum BGB*, 9. Aufl., München: C. H. Beck, 2021, Rn. 3.

〔6〕 潮见佳男『民法(債権関係)改正法の概要』(金融財政事情研究会、2017 年)46、47 頁,参照。

〔7〕 参见黄薇主编:《中华人民共和国民法典总则编释义》,法律出版社 2020 年版,第 503 页。

〔8〕 参见陈甦主编:《民法总则评注(下册)》,法律出版社 2017 年版,第 1353 页(周江洪执笔)。

〔9〕 参见王利明:《民法总则研究》(第 3 版),中国人民大学出版社 2018 年版,第 781 页。

〔10〕 参见朱晓喆:《诉讼时效制度的价值基础与规范表达:〈民法总则〉第九章评释》,载《中外法学》2017 年第 3 期,第 708 页。

〔11〕 参见房绍坤:《论诉讼时效期间的起算》,载《法学论坛》2017 年第 4 期,第 8 页。

〔12〕 参见张雪楳:《诉讼时效审判实务与疑难问题解析——以〈民法总则〉诉讼时效制度及司法解释为核心》,人民法院出版社 2019 年版,第 174 页。

〔13〕 参见朱虎:《诉讼时效制度的现代更新——政治决断与规范技术》,载《中国高校社会科学》2017 年第 5 期,第 93 页。

认定标准侧重点有所不同。[14] 我国《民法通则》和《民法典》之起算标准亦为"可以行使"标准的具体化，二者差异则反映了立法者对"可以行使"认定标准的变化。其三，比较法上，"可以行使"通常解释为"行使权利的法律障碍消除"，即行使权利的期待可能性程度应当满足各类法律关系的要求。[15] 时效起算是否要求权利人对此知情，存在肯定说[16]和否定说[17]两种做法。考虑第188条第2款第1句明确要求"知道或者应当知道"以及比较法经验，我国采肯定说较为妥当。其四，与"法律障碍"相对的"事实障碍"（如权利人因身体欠佳、工作繁忙无暇行使权利）原则上不影响时效起算，仅某些严重的"事实障碍"（如不可抗力）被法律规定为中止事由（《民法典》第194条）。

6　　　《民法典》施行前，《诉讼时效规定》针对未约定履行期限的合同、合同撤销后果、不当得利、无因管理的时效起算所作规定，系以《民法通则》《合同法》中"未定履行期限合同的宽限期规则"等规定为依据。[18]《民法典》第511条等继承了《民法通则》《合同法》相关规定，《诉讼时效规定》（2020年修正）也保留了司法解释规定。因此，《诉讼时效规定》（2020年修正）第4—7条对上述情形下时效起算的解释于《民法典》施行后仍应适用，既有文献和司法意见也仍具说明意义。

　　　（二）规范性质

7　　　依据"职权禁用规则"（《民法典》第193条）的精神，是否依据第188条第2款主张时效起算，由当事人自行决定，法院不得依职权主动适用时效起算规则。有权主张时效起算的主体是讼争法律关系中的当事人，包括权利人、义务人及其代理人、财产代管人等。义务人对权利人请求主张时效抗辩的，可将时效起算作为时效抗辩权成立的依据，权利人亦可将时效起算、中断等作为反抗辩的手段。

8　　　时效起算规则属强制性规范，当事人对其另行作出的约定无效（《民法典》第197条）。但在合同关系中，当事人通过约定履行期限实质性地导致时效起算点被提前或推迟的，并不被禁止。时效起算后（原履行期限届满），当事人达成延期

---

　　〔14〕 参见［奥］海尔姆特·库齐奥主编：《侵权责任法的基本问题（第二卷）》，张家勇等译，北京大学出版社2020年版，第734—736页。

　　〔15〕 铃木银治郎、滝口博一、椿原直『時効の法律相談』（青林書院、2018年）97頁，参照。

　　〔16〕 2017年修正前的《日本民法典》第166条第1款采否定说，但修正后该款改采肯定说。该变化是将侵权时效起算的主观标准上升为一般标准，以强化权利人保护。平野裕之『新債権法の論点と解釈』（慶応義塾大学出版会、2019年）69頁，参照。

　　〔17〕 我国台湾地区主流意见采否定说，但为克服该说所生诸多弊端，实务上多设例外处理。参见陈聪富：《论时效起算时点与时效障碍事由》，载《月旦法学杂志》2019年第2期，第10—11页。

　　〔18〕 参见最高人民法院民事审判第二庭编著：《最高人民法院关于民事案件诉讼时效司法解释理解与适用》，人民法院出版社2015年版，第116—122页。

履行协议的,导致时效中断[《诉讼时效规定》(2020 年修正)第 14 条],而非时效再次起算。

法院受理诉讼案件时不应审查时效起算事项,受理后义务人(被告)主张时效抗辩的,法院依据时效起算等规则予以实体审理并据此作出判决[《民事诉讼法解释》(2022 年修正)第 219 条]。法院受理申请执行案件时也不应审查时效起算事项,受理后义务人(被执行人)以时效抗辩为由提出异议的,法院依据时效起算等规则判断异议是否成立。法院经审查异议成立的,裁定不予执行[《民事诉讼法解释》(2022 年修正)第 481 条第 1 款]。这是"抗辩权发生主义""职权禁用规则"在程序法上的体现。[19]

(三)适用范围

1. 第 188 条第 2 款第 1 句的适用范围

本句规定的时效起算一般条件,适用于普通时效期间和法律未对起算另作规定的特殊时效期间。20 年最长时效期间不适用本句规定,而适用同款第 3 句之起算条件(客观主义标准)。

2. 第 188 条第 2 款第 2 句的适用范围

本句之"但书"具有引致条款的作用,表明某些特殊领域的时效起算规定与同款第 1 句构成特别规范与一般规范的关系。[20] 本句之"法律"仅指狭义法律和司法解释,[21]分为以下几种情形讨论:

其一,《民法典》其他条文的规定。例如,分期履行债务时效起算(第 189 条);对法定代理人的请求权时效起算(第 190 条);受性侵未成年人的损害赔偿请求权时效起算(第 191 条);保证债务时效起算(第 694 条)等。这些条文系基于特殊规范目的所作规定,属于本句"另有规定"情形。

其二,民商事单行法对《民法通则》第 137 条第 1 句的重复规定。例如,《环境保护法》第 66 条、《产品质量法》第 45 条第 1 款、《拍卖法》第 61 条第 3 款等。这些条文是对《民法通则》第 137 条第 1 句的简单重复或变相重复,因其不具有特殊规范意旨而不构成"真正意义"的特别规范,故不属于本句"另有规定"情形。由于第 188 条第 2 款第 1 句对时效起算的一般条件作出修改,故《民法典》施行后上

9

10

11

12

13

---

〔19〕 参见最高人民法院修改后民事诉讼法贯彻实施工作领导小组编著:《最高人民法院民事诉讼法司法解释理解与适用(下)》,人民法院出版社 2015 年版,第 1285 页。

〔20〕 参见最高人民法院民法典贯彻实施工作领导小组主编:《中华人民共和国民法典总则编理解与适用(下)》,人民法院出版社 2020 年版,第 949 页。

〔21〕 不同观点参见张雪楳:《诉讼时效审判实务与疑难问题解析——以〈民法总则〉诉讼时效制度及司法解释为核心》,人民法院出版社 2019 年版,第 180 页。

述规定不再适用,而应适用第188条第2款第1句。

14　　　其三,民商事单行法及其司法解释的特殊规定。例如,保险金请求权时效起算[《保险法》第26条、《保险法解释二》(2020年修正)第16条];票据权利时效起算(《票据法》第17条);海商法上请求权时效起算(《海商法》第257—265条)等。这些条文系基于商法等领域特殊规范目的所作规定,属于本句"另有规定"情形。

15　　　其四,仲裁领域的法律规定。《民法典》第198条规定,诉讼时效与仲裁时效构成一般规定与特殊规定关系,故仲裁时效起算规则应遵循该要求。(1)商事仲裁领域中,现行法对仲裁时效起算未作规定,故应适用第188条第2款第1句。(2)劳动争议仲裁领域中,《劳动争议调解仲裁法》第27条第1款系对《民法通则》第137条第1句的重复,故《民法典》施行后不再适用,而应适用第188条第2款第1句。《劳动争议调解仲裁法》第27条第4款之拖欠劳动报酬争议的时效起算规定具有特殊规范意义,故属于本句"另有规定"情形。(3)土地承包争议仲裁领域中,《农村土地承包经营纠纷调解仲裁法》第18条系对《民法通则》第137条第1句的重复,故《民法典》施行后不再适用,而应适用第188条第2款第1句。[22]

16　　　其五,执行领域的法律规定。《民事诉讼法》(2021年修正)第246条第2款规定,申请执行时效起算点是"法律文书规定履行期间的最后一日""最后一期履行期限届满之日"或者"法律文书生效之日"。该规定系基于执行领域"及早稳定经济关系、提高执行效率"等特殊规范目的,[23]属于本句"另有规定"情形。《最高人民法院关于内地与香港特别行政区法院相互认可和执行当事人协议管辖的民商事案件判决的安排》(法释〔2008〕9号)第8条规定,内地判决到香港特别行政区申请执行的,申请执行时效起算适用《民事诉讼法》(2021年修正)第246条第2款;香港特别行政区判决到内地申请执行的,申请执行时效起算点是"判决可强制执行之日"或者"判决规定的履行期间届满之日"。

二、时效起算的一般条件(第2款第1句)

(一)条件1:权利受到损害

1.权利

17　　　该"权利"是指原权利,包括绝对权(物权、人格权、知识产权等)和相对权(合

---

〔22〕　参见杨巍:《仲裁时效与诉讼时效衔接研究》,社会科学文献出版社2019年版,第238页。

〔23〕　参见王胜明主编:《中华人民共和国民事诉讼法释义》(最新修正版),法律出版社2012年版,第561页。

同债权、不当得利债权、无因管理债权等)。该"权利"本身并不适用诉讼时效,其被侵害产生的救济性请求权(如侵权请求权、违约请求权)为诉讼时效的直接限制对象。因此,诉讼时效意义上的"怠于行使权利"是指怠于行使救济性请求权,从而导致时效起算。

该"权利"亦包括某些民事利益(如死者人身利益),因为此类民事利益受到损害而产生的侵权请求权,也应适用诉讼时效。[24]　18

2."受到侵害"抑或"受到损害"

《民法通则》将该条件表述为"受到侵害",《民法典》改为"受到损害"。对于　19
该变化的解读,存在分歧意见。第一种观点认为,"侵害"改为"损害"不构成实质性变更,"受到损害"仍应解释为权利受到侵害或请求权产生之时。[25] 第二种观点认为,《民法通则》所采"侵害"有欠准确,《民法典》改为"损害"更为精确,该"损害"大于损害赔偿意义上的损害。[26] 笔者倾向于第二种观点。理由如下:其一,该条件的核心意义是请求权内容客观上被确定,从而满足行使权利的前提。是否构成"受到损害",应结合请求权的具体要件予以判断。其二,对于损害赔偿请求权而言,在侵害行为与(损害赔偿意义上的)损害发生时间不一致的情形下,因"侵害"发生时请求权内容尚不明确,故起算时效尚存法律障碍。因此对于损害赔偿请求权而言,作为时效起算条件的"受到损害"是指损害赔偿意义上的"损害"发生。其三,并非仅损害赔偿请求权适用诉讼时效,其他适用诉讼时效的请求权(如违约金请求权、双倍返还定金请求权等)成立不以(损害赔偿意义上的)损害为要件。对这些请求权而言,作为时效起算条件的"受到损害",意指请求权成立要件之"行为要件"(如违约行为)具备。对这些请求权而言,"受到侵害"与"受到损害"具有相同意义。其四,虽然侵害行为发生是法律救济的前提,但直接针对侵害行为的救济性请求权(停止侵害)不适用诉讼时效,故一律以"侵害"直接作为时效起算条件并不妥当。

该条件之"受到损害"的意义在于:其一,权利受到损害始有救济的必要,对救　20
济性请求权进行时间限制的诉讼时效才有起算的可能。其二,"受到损害"是请求权内容得以确定的前提,并为"知道或者应当知道"以及进一步行使权利提供了可能。

3."受到损害"的样态

基于上文分析,"受到损害"的核心判断标准是权利被侵害后请求权的内容是　21

---

〔24〕　参见房绍坤:《论诉讼时效期间的起算》,载《法学论坛》2017 年第 4 期,第 8 页。

〔25〕　参见陈甦主编:《民法总则评注(下册)》,法律出版社 2017 年版,第 1354 页(周江洪执笔)。

〔26〕　参见李宇:《民法总则要义:规范释论与判解集注》,法律出版社 2017 年版,第 891 页。

否被确定,故不应机械地以损害赔偿意义上的"损害"发生为认定标准。对于不同类型请求权而言,作为时效起算条件的"受到损害"的样态亦不相同。分述如下:

22　　　其一,对于损害赔偿请求权,"受到损害"是指损害赔偿意义上的"损害"发生,而非侵害行为(侵权行为、违约行为)发生。例如某豆种买卖合同纠纷中,卖方售出并交付不合格豆种的时间是 2004 年底至 2005 年 3 月 23 日(违约行为发生时),豆种种植后产出不合格大豆最迟是在 2006 年 8 月 21 日(损害发生时)。买方的诉讼请求是赔偿损失,应以 2006 年 8 月 21 日(损害发生时)为时效起算点。[27]

23　　　在侵权法领域中,《民通意见》第 168 条曾规定,人身损害赔偿的诉讼时效期间,伤害明显的,从受伤害之日起算;伤害当时未曾发现,后经检查确诊并能证明是由侵害引起的,从伤势确诊之日起算。[28] 该规定系在人身损害赔偿领域中将《民法通则》之"受到侵害"扩张解释为"受到损害",其精神与边码 19 之观点一致。第 188 条第 2 款第 1 句系将该扩张解释上升为一般标准。

24　　　其二,对于继续履行、违约金等不以(损害赔偿意义上的)损害为要件的请求权,"受到损害"是指(作为请求权成立要件的)侵害行为发生。例如:(1)合作开发纠纷中,当事人一方向对方明确表示拒绝履行义务;[29] (2)合同当事人一方向对方发函,否认双方之间的买卖合同关系;[30] (3)施工合同纠纷中,发包人擅自将涉案工程分包给第三人,系以行为表明拒绝履行义务;[31] (4)在不具备解除事由的情形下,义务人向权利人发出解除合同的通知,构成拒绝履行[32] 等。

4. 损害的确定性

25　　　损害的确定性程度,依是否消除法律障碍判断,即损害的确定性只须满足权利人起诉条件即可,而无须百分之百确定。分以下两种情形处理:

26　　　其一,一般情形下,损害"类别确定"就具备时效起算条件,而无须"数额确定"。最终损害数额通过实体审理认定,起诉时并不要求权利人对损害数额已形成精确结论。例如:(1)债务人向债权人发出《企业询证函》,将其财务记载为"预付款项"的款项确认为工程款(类别确定且数额确定),债权人才确定未归还本案借款,其债权受到侵害;[33] (2)受害人到医院检查,诊断意见为"轻—中度异常脑

---

[27]　参见吉林省高级人民法院(2014)吉民再字第 16 号民事判决书。
[28]　实例参见广东省高级人民法院(2013)粤高法民四终字第 20 号民事判决书。
[29]　参见最高人民法院(2000)民终字第 34 号民事判决书。
[30]　参见河南省高级人民法院(2018)豫民再 1126 号民事判决书。
[31]　参见安徽省高级人民法院(2014)皖民二终字第 00514 号民事判决书。
[32]　参见山东省高级人民法院(2014)鲁商终字第 15 号民事判决书。
[33]　参见最高人民法院(2017)最高法民终 504 号民事判决书。

电图""大脑发育不良"等,此时伤害结果已非常明显并经医院检查确诊(类别确定但数额尚不确定),具备时效起算条件;[34](3)转让款数额确定,仅因增值税冲减影响数额计算的(类别确定但数额尚不确定),不影响时效起算[35]等。

其二,如果损害数额、比例等须经法律程序才能确定,而确定前对权利人起诉构成法律障碍,则损害数额、比例等确定才具备时效起算条件。例如:(1)合同约定标的物最终价格按国家计委等部门批准价格执行,订约 1 年多后国家计委文件调价通知下发,标的物价格即已确定,卖方的价差补偿请求权此时才具备时效起算条件;[36](2)船舶碰撞事故发生后,海事局于 2014 年 4 月 14 日作出事故调查结论,认定 A 轮次要责任、B 轮主要责任,此时责任比例划分得以确定,具备时效起算条件;[37](3)用人单位通过《会议纪要》等程序确定"买断工龄款"具体数额前,不具备时效起算条件;[38](4)当事人对合伙是否已清算、合伙经营损失数额是否确定、各合伙人应承担损失比例是否确定等问题未达成一致意见,法院对此作出生效判决前,合伙人投资款返还请求权不具备时效起算条件[39]等。

(二)条件 2:权利人知道或者应当知道权利受到损害

1.权利人

该"权利人"是指有资格行使请求权的人,包括权利人本人、代理人、财产代管人等。《民法典总则编解释》第 36 条规定,无、限制民事行为能力人的权利受到损害的,应以其法定代理人"知道或者应当知道"为判断标准,但法律另有规定的除外,因为权利人本人欠缺"知道或者应当知道"的意思能力。委托代理情形下,权利人本人或者代理人中任何一人"知道或者应当知道"即满足该条件,因为二者均具有行使权利的资格。公益诉讼情形下,"权利人"是指依法有权提起公益诉讼的机关和有关组织[《民事诉讼法》(2021 年修正)第 58 条]。[40]

权利由法人享有的情形下,并非仅法定代表人构成"权利人",董事和员工"知道或者应当知道"亦满足该条件。[41] 因为基于后者职务上的报告义务,可以此推定前者应当知道。权利由非法人组织享有的,应作相同解释。

胎儿视为具有民事权利能力的情形下(《民法典》第 16 条),其权利(如遗产

27

28

29

30

〔34〕　参见广东省高级人民法院(2017)粤民再 426 号民事判决书。

〔35〕　参见新疆维吾尔自治区高级人民法院(2015)新民二终字第 77 号民事判决书。

〔36〕　参见最高人民法院(2004)民二终字第 205 号民事判决书。

〔37〕　参见湖北省高级人民法院(2017)鄂民终 618 号民事判决书。

〔38〕　参见吉林省高级人民法院(2016)吉民再 142 号民事判决书。

〔39〕　参见广西壮族自治区高级人民法院(2014)桂民四终字第 15 号民事判决书。

〔40〕　参见陈甦主编:《民法总则评注(下册)》,法律出版社 2017 年版,第 1353 页(周江洪执笔)。

〔41〕　平野裕之『新債権法の論点と解釈』(慶応義塾大学出版会、2019 年)72 頁,参照。

应继份）受到损害的,与无民事行为能力人作相同处理,即以其监护人"知道或者应当知道"为判断标准。该监护人不仅限于母亲,[42]也包括父亲以及父母均无监护能力时为被监护人设置的其他监护人(《民法典》第 27 条)。

2. 知道

31　　"知道"本意是指权利人对某事实已知情的实然状态。虽然该心理状态属于主观范畴,但可凭借权利人言行、具体情境等因素作出认定。可认定"知道"的情形包括两种:一是其言行表明其知情;二是其言行虽然否认知情,但依常识、交易习惯等因素判断,有高度盖然性知情。[43] 在后一情形下,"知道"实为极大概率的、不容否认的"应当知道",即结合相关因素其几乎不可能不知情(如收到通知、鉴定书)[44]。

32　　实务中,认定为构成"知道"及其时点的情形包括:(1)损害由另一诉讼认定的,"知道"时点为判决书送达时,而非依据该判决申请强制执行时;[45](2)侵害著作权纠纷中,原告(作者)实际购得侵权书籍之日,为"知道"被告(出版社)侵害行为之时;[46](3)甲受雇于被告工作期间失踪,后被法院宣告死亡,权利人(甲的近亲属)"知道"权利受到侵害的时间是宣告死亡之日[47]等。

3. 应当知道[48]

33　　"应当知道"是指虽然权利人对某事实不知情,但其对不知情具有可归责性,故与"知道"作相同处理。对于"应当知道"的标准,存在两种意见。客观说认为,应采"一般人标准"[49]"理性人标准"[50]等客观标准判断,无须考虑权利人的实际智识能力。折中说认为,应以客观标准为原则、主观标准为补充。单纯的客观标准不考虑权利人特殊的专业背景、预见能力,失于机械和准确,而单纯的主观标准

---

〔42〕　相反意见参见房绍坤:《论诉讼时效期间的起算》,载《法学论坛》2017 年第 4 期,第 8 页。

〔43〕　参见石一峰:《私法中善意认定的规则体系》,载《法学研究》2020 年第 4 期,第 136 页。

〔44〕　参见江西省高级人民法院(2016)赣民终 543 号民事判决书。

〔45〕　参见吉林省高级人民法院(2016)吉民终 160 号民事判决书。

〔46〕　参见陕西省高级人民法院(2014)陕民三终字第 00025 号民事判决书。类似案例参见云南省高级人民法院(2008)云高民三终字第 2 号民事判决书。

〔47〕　参见辽宁省高级人民法院(2011)辽民三终字第 99 号民事判决书。

〔48〕　对于是否规定"应当知道"为时效起算要件,有两种立法模式。模式一将"知道""应当知道"并列规定为时效起算要件(如法国、俄罗斯);模式二仅规定"知道"某事实为起算标准(如瑞士、日本)。在模式二框架下,"知道"须达到现实认识的程度,"容易认识到损害的发生""能知道"等情形不满足起算条件。我国现行法系采模式一。

〔49〕　参见最高人民法院民法典贯彻实施工作领导小组主编:《中华人民共和国民法典总则编理解与适用(下)》,人民法院出版社 2020 年版,第 948 页。

〔50〕　参见崔建远等编著:《民法总论》(第 3 版),清华大学出版社 2019 年版,第 281 页(崔建远执笔)。

过于强调个案特殊性。[51] 权利人判断能力明显高于理性人标准时,应以权利人本人的判断能力为准。[52] 相较而言,折中说更为合理。实务中,法院判断是否构成"应当知道"时通常会适当考虑相关主观因素,例如"权利人作为香港企业,不便知晓内地公司的经营状况"[53]"权利人距离标的物交付地点较远"[54]等。

　　进一步的问题是,折中说中的客观标准具体内容如何界定?学界存在两种意见。第一种观点认为应采一般过失标准,前述"一般人标准""理性人标准"等意见即为其例。第二种观点认为应借鉴德国法,采重大过失标准。[55]笔者赞同观点二,即"应当知道"应解释为因重大过失而不知。理由如下:其一,现行法将"知道"与"应当知道"并列规定,二者认定标准不宜过于悬殊。由于他人无法真正了解义务人的内心,而"应当知道"在大多数场合下是义务人对权利人以不知情辩解的反驳,只有当注意标准极低时(重大过失)该反驳才是有力的,因为此时权利人的心理状态与推定的"知道"已很难区分(边码31)。其二,观点一有偏离时效起算主观主义之嫌,因为作为中性标准的一般过失很难与客观主义之"可以行使权利时起算"严格区分。其三,侵权法领域采一般过失标准,通常系针对某一时点的行为作出评价。时效领域中要求权利人在持续期间内遵守较高注意义务似于过于苛刻,仅当注意义务要求极低权利人却仍未注意时,其心理状态与明知才具有类似强度的道德可责性,而使其具有可归责性。[56] 其四,一般过失标准与重大过失标准的本质差异是,前者采理性人标准,后者采普通人标准。[57] 德国债法改革后改采主观主义,并在起算标准中增设"无重大过失的情况下应当知道"之规定(《德国民法典》第199条)。依此标准,并不要求权利人对使请求权成立的事实和义务人本人进行广泛的调查,但如果该调查既不费力也不需要大量费用,则权利人负有调查义务。一般而言,在没有各种情况的具体线索或者特征时,权利人不负有调查义务。[58] 德国法的这种变化,体现了向普通人标准的回归。考虑我国时效期间偏短(3年)以及社会信用状况不佳的现实,采普通人标准有利于强化权利人时效利益保护,故更为合理。

34

---

〔51〕　参见张雪楳:《诉讼时效审判实务与疑难问题解析——以〈民法总则〉诉讼时效制度及司法解释为核心》,人民法院出版社2019年版,第175页。

〔52〕　参见陈甦主编:《民法总则评注(下册)》,法律出版社2017年版,第1353页(周江洪执笔)。

〔53〕　参见最高人民法院(2011)民四终字第15号民事判决书。

〔54〕　参见浙江省高级人民法院(2016)浙民终545号民事判决书。

〔55〕　参见朱庆育:《民法总论》(第2版),北京大学出版社2016年版,第555页;麻昌华、陈明芳:《〈民法典〉中"应当知道"的规范本质与认定标准》,载《政法论丛》2021年第4期,第128页。

〔56〕　参见叶名怡:《重大过失理论的构建》,载《法学研究》2009年第6期,第83页。

〔57〕　参见石一峰:《私法中善意认定的规则体系》,载《法学研究》2020年第4期,第144页。

〔58〕　Vgl. Helmut Grothe, Kommentar zum §199, in: *Münchener Kommentar zum BGB*, 9. Aufl., München: C. H. Beck, 2021, Rn.31.

35　　　实务中,对"应当知道"的认定多体现了重大过失标准的精神,虽然判决书未必就此展开论证。认定构成"应当知道"的情形包括:(1)施工合同约定了获得省优工程奖励 2 万元的条款,权利人在 2009 年 6 月 21 日案涉工程被评为省优工程奖时就"应当知道"可以向对方主张该权利;[59](2)当地电视台曝光被告(房地产开发商)违约交房的事情,推定原告(普通购房者)知道或者应当知道其权益受损[60]等。

36　　　认定不构成"应当知道"的情形包括:(1)被告发给原告的"克虏伯公司报价表",与克虏伯公司真实的报价表样式、TAGAL 标识完全相同,使原告误信该报价表即为真实报价表,故此时原告并不知道其权利受到侵害;[61](2)原告(某企业)据以起诉的 2 份信用证,是法院在审理另一案件时依职权向工商银行调查取得,在此之前原告客观上无法取得该证据,无法得知其权利是否被侵害;[62](3)货款托收纠纷中,法院认为在仅告知汇票被承兑的情况下,被上诉人无法据此判断单据是否已经放走、款项是否已经收回,故也无法知晓其权利是否受到侵犯[63]等。这些裁判意见亦体现了重大过失标准的精神。

4. 知道或者应当知道的程度(可发现性标准)

37　　　基于一般起算标准中"法律障碍消除"的要求(边码5),只要行使权利的法律要件具备且权利人对此知情,即满足时效起算条件。换言之,可发现性标准仅要求权利人对"行使权利具有法律上的期待可能性"知情,而非要求权利人掌握的信息达到行使权利必然成功或大概率胜诉的程度。

38　　　一般而言,权利人知道或者应当知道以下事项即满足可发现性标准要求:一是使救济性请求权产生的基础事实(侵权行为、违约行为);二是对该请求权的法律评价。[64] 事项一的判断相对简单。事项二应采普通人标准判断:如果普通人基于事项一可推知行使权利的法律要件基本具备,则符合起算条件;如果普通人须借助专业人员才能作出法律评价(如资本投资欺诈),在得知专业评价前起算条件尚不具备。[65] 例如:委托服务合同中,委托人怀疑受托人工作可能存在瑕疵,另委托会计师事务所对被收购公司进行审计评估,审计报告作出时委托人方为"知道"。[66]

---

〔59〕　参见湖南省高级人民法院(2020)湘民终 743 号民事判决书。

〔60〕　参见湖南省高级人民法院(2018)湘民再 435 号民事判决书。

〔61〕　参见山东省高级人民法院(2016)鲁民终 1786 号民事判决书。

〔62〕　参见福建省高级人民法院(2011)闽民终字第 706 号民事判决书。

〔63〕　参见上海市高级人民法院(2000)沪高经终字第 335 号民事判决书。

〔64〕　平野裕之『新債権法の論点と解釈』(慶応義塾大学出版会、2019 年)73 頁,参照。

〔65〕　Vgl. Helmut Grothe, Kommentar zum §199, in: *Münchener Kommentar zum BGB*, 9. Aufl., München: C. H. Beck, 2021, Rn. 29.

〔66〕　参见湖北省高级人民法院(2014)鄂民监三再终字第 00021 号民事判决书。

权利人无须对影响行使权利的所有因素有所认知,因为"可以行使权利"不等 **39** 于行使权利不存在任何阻碍或者必然成功。下列事项不构成行使权利的法律障碍,不属于知道或者应当知道的事项:义务人是否能够提出抗辩;义务人是否存在免责事由;是否具备适用过失相抵的条件[67]等。

(三)条件3:权利人知道或者应当知道义务人

1. 义务人

该"义务人"是指权利人行使请求权的对象。如果权利人不知义务人为何人, **40** 因不能确定行使权利的对象而构成法律障碍。该条件在侵权、不当得利等案件中具有重要意义,在合同案件中意义并不明显。《民法典》施行前,学说上多将《民法通则》规定的起算标准扩张解释为知道或者应当知道"义务人"。[68] 第188条第2款第1句新增该条件系对该扩张解释的确认。

权利人知道或者应当知道义务人(无、限制民事行为能力人),但不知其监护 **41** 人是谁,不影响时效起算。理由如下:一方面,无、限制民事行为能力人可作为民事诉讼被告[《民事诉讼法解释》(2022年修正)第67条],行使权利不存在法律障碍;另一方面,如果时效起算后因尚未确定监护人而影响权利行使,可适用时效中止规则(《民法典》第194条第1款第2项)得到救济。

义务人(法人、非法人组织)合并、分立,权利人不知新义务人的,分两种情形 **42** 处理:其一,义务人合并、分立前时效已起算的,由新义务人继受时效计算的效力,故权利人不知新义务人不影响时效计算,也不发生时效再次起算,但可能有时效中断的问题[《诉讼时效规定》(2020年修正)第17条]。其二,义务人合并、分立前,侵害行为已发生但因损害未确定、不知义务人等原因时效尚未起算的,权利人知道或者应当知道新义务人时满足本要件。因为权利人可通过工商查询等便捷方式获知义务人的最新有效信息,权利人负有此类查询义务并未不合理地增加其负担。如果新旧义务人就合并、分立后义务归属存在分歧,应自对义务归属作出认定的裁决生效之日满足本要件。[69]

2. 知道或者应当知道的程度

该程度是否满足时效起算要件,应以权利人凭借知道的信息能否提起诉讼为 **43**

---

〔67〕 参见王利明主编:《中国民法典释评·总则编》,中国人民大学出版社2020年版,第486页(高圣平执笔)。

〔68〕 参见王利明:《民法总则研究》(第2版),中国人民大学出版社2012年版,第746页;朱庆育:《民法总论》(第2版),北京大学出版社2016年版,第555页。

〔69〕 参见张雪楳:《诉讼时效审判实务与疑难问题解析——以〈民法总则〉诉讼时效制度及司法解释为核心》,人民法院出版社2019年版,第177—178页。

标准予以判断。一般而言,权利人须知道义务人的姓名和住所。[70] 如果权利人仅知道义务人的零星信息而不足以起诉,须依据前述重大过失标准(边码34)判断其是否负有调查义务,从而认定是否构成"应当知道"。例如权利人知道义务人的车牌号,由于可以据此很容易查到义务人的姓名、住址等信息,知道车牌号信息即已满足本要件。[71] 又例如原告请求返还期货保证金,虽然无法准确判断承担欠款责任的最终主体,但其知道期货公司营业执照吊销之日起,即满足本要件。[72] 如果权利人仅知道义务人曾用名,由于须进行难度很大的特别调查才能获知义务人完整信息,而(依据重大过失标准)权利人不负有此类较重的调查义务,因此仅知道曾用名不满足本要件。

44　　　　义务人是依法登记的法人或非法人组织的,知道或者应当知道其名称即满足本要件,[73] 因为权利人可据此很容易地查到其他信息。是否知道义务人的法定代表人、负责人或具体经办人,不影响时效起算。

45　　　　实务中,认定不具备本要件的情形包括:(1)借款纠纷中涉及诈骗犯罪,法院及公安机关作出法律文书认定真正债务人之前,不具备时效起算条件;[74](2)另案判决生效,确定A公司的实际托管人是B公司,此时权利人方能明确具体侵权人,此前不具备时效起算条件;[75](3)原告虽然2008年发现煤款数额不对,但并不能确定是否受到被告侵害,2012年3月12日从第三人查询还款记录时才发现双方煤款结算有误,此前不具备时效起算条件;[76](4)提单记载的承运人名称文字出现个别乱码,权利人客观上无法确认提单所载承运人真实身份,无法就承运人提起诉讼,故不具备时效起算条件[77]等。

(四)常见案型

1. 履行期限明确的合同

46　　　　该情形下,履行期限届满时义务人未履行义务的,此时即具备时效起算条

---

〔70〕 参见王利明主编:《中国民法典释评·总则编》,中国人民大学出版社2020年版,第486页(高圣平执笔)。实例参见江苏省高级人民法院(2013)苏知民终字第0177号民事判决书。

〔71〕 Vgl. Helmut Grothe, Kommentar zum §199, in: *Münchener Kommentar zum BGB*, 9. Aufl., München: C. H. Beck, 2021, Rn. 35.

〔72〕 参见最高人民法院(2005)民二终字第205号民事判决书。

〔73〕 参见李宇:《民法总则要义:规范释论与判解集注》,法律出版社2017年版,第891页。

〔74〕 参见吉林省高级人民法院(2018)吉民终143号民事判决书。

〔75〕 参见天津市高级人民法院(2017)津民终608号民事判决书。

〔76〕 参见湖南省高级人民法院(2015)湘高法民一终字第50号民事判决书。

〔77〕 参见辽宁省高级人民法院(2014)辽民三终字第103号民事判决书。

件。[78] 由于权利人对义务人享有期限利益的范围具有明确认知,履行期限届满时无须对权利人"知道或者应当知道"另行判断。具体情形包括:(1)合同约定的尾款支付时间为项目验收后上线运行 12 个月后;[79](2)借款合同约定的贷款期届满;[80](3)借款合同展期的,展期届满;[81](4)合同约定先款后货,履行期满时卖方未补齐超付货款的货物[82]等。

一般场合下,如果债务履行期限明确,即使履行期限届满时债务未经清算或结算而数额尚不确定,也不影响"履行期限届满"构成时效起算点。如果合同既约定债务履行期限,又明确约定清算或结算期限,该清算或结算期限届满时义务人未履行清算或结算义务的,才具备时效起算条件。[83] 因为前一场合下不存在行使权利的法律障碍,而后一场合下则相反。

47

履行期限届满前义务人明确表示或者以自己行为表明不履行义务(预期违约)、履行义务不符合约定(瑕疵给付等)的,权利人知道或者应当知道该违约行为时,可具备时效起算条件,而无须待履行期限届满时起算。

48

2. 持续性侵权

此类侵权行为常发生于下列场合:持续生产或售卖侵害知识产权的产品;持续非法使用他人姓名、肖像等;持续不法占有、使用他人动产或不动产等。对于此类侵权行为所生损害赔偿请求权的时效起算,存在较大争议。第一种观点(统一起算说)认为,时效起算点应为"侵权行为终止之日",因为在此之前损害尚不能确定。[84] 第二种观点(区分处理说)认为,不应设置单一起算标准,而应当根据持续性侵权行为终了的不同阶段,分别确定时效起算点。因为持续性侵权行为既具有表面上的整体性,又具有实质上的阶段性和可分割性。[85] 第三种观点(逐次计算说)认为,时效起算点是"权利人知道或者应当知道侵权行为发生时",时效起算超过 3 年后权利人起诉的,以起诉之日为起点向前推算 3 年,超过 3 年的部分损失不予赔偿。该观点是将此类侵权行为视为连续发生的多个单独侵权行为,每一个侵

49

----

[78]　参见王利明:《民法总则研究》(第 3 版),中国人民大学出版社 2018 年版,第 781 页。

[79]　参见最高人民法院(2019)最高法知民终 648 号民事判决书。

[80]　参见最高人民法院(2006)民二终字第 212 号民事判决书。

[81]　参见最高人民法院(2017)最高法民终 964 号民事判决书。

[82]　参见甘肃省高级人民法院(2018)甘民终 61 号民事判决书。

[83]　参见吴庆宝:《准确起算诉讼时效维护当事人合法权益》,载《法律适用》2008 年第 11 期,第 7 页。

[84]　参见张雪楳:《诉讼时效审判实务与疑难问题解析——以〈民法总则〉诉讼时效制度及司法解释为核心》,人民法院出版社 2019 年版,第 276 页;崔建远等编著:《民法总论》(第 3 版),清华大学出版社 2019 年版,第 284 页(崔建远执笔)。

[85]　参见李群星:《论持续性侵权之债债权请求权诉讼时效的起算》,载《法律适用》2011 年第 11 期,第 78—79 页。

权请求权的诉讼时效逐次计算。[86]《专利纠纷规定》（2020 年修正）第 17 条和《商标纠纷规定》（2020 年修正）第 18 条采取该观点。

50　　　笔者倾向于第一种观点,但应将"侵权行为终止"解释为时效起算的必要条件而非充分条件。理由如下：其一,另两说将持续性侵权行为按日分割成多个独立侵权行为,既不符合普通人认知,也导致法律关系烦琐不堪。其二,持续性侵权行为随时间推移导致损害"量"的增加,而非持续产生多个不同"质"的新损害,因为每天的"新损害"与"旧损害"在类别、性质、填补对象上没有差异。其三,按照另两说的理解,每天的侵权行为产生独立的损害,但二者之间的因果关系很难成立一对一的对应关系,因为今天的损害很可能是此前持续侵权积累的结果。其四,在非持续性侵权已完成但损害尚未确定的场合下,不起算时效系为保护权利人利益。持续性侵权行为终止前损害总额虽未确定,但应允许权利人此时行使损害赔偿请求权（法律有特殊限制除外）,否则将导致"侵权行为不终止,权利人就不能寻求救济"的悖论。赔偿数额可通过实体审理依据实际产生的损害确定,但不能据此认为此前时效已经起算。其五,比较法上,旧时多采逐次计算说,但因其在理论及实务上存在诸多弊端,逐渐被统一起算说取代。[87] 据此,在一般场合下应采统一起算说为妥,而《专利纠纷规定》（2020 年修正）第 17 条和《商标纠纷规定》（2020 年修正）第 18 条可作为知识产权领域的特殊规则予以适用。

51　　　该情形不同于"侵权行为一次性完成,但损害持续发生"之情形,例如侵权人于报纸上发表侵权作品,其后数年间损害持续扩大。[88] 在此场合下,受害人（权利人）知道或者应当知道侵权行为、初步损害及侵权人之日时效起算。由于损害几近永不可能结束,初步损害确定即满足时效起算条件。

3. 违约金

52　　　约定固定数额违约金的,时效起算点是"权利人知道或者应当知道违约金请求权成立之日"。例如迟延违约金时效起算点是合同义务履行期限届满之日；瑕疵给付违约金时效起算点是"权利人知道或者应当知道瑕疵给付的事实"等。有少数判决认为,当事人未约定违约金履行期限的,也应适用宽限期规则［《诉讼时效规定》（2020 年修正）第 4 条］,时效起算点是"支付违约金的宽限期届满之日"。[89] 该观点并不合理,因为违约金请求权作为违约责任形式,直接受诉讼时

---

〔86〕　参见廖志刚：《专利侵权诉讼时效研究》,载《现代法学》2007 年第 1 期,第 179—180 页。

〔87〕　酒井廣幸『損害賠償請求における不法行為の時効』（新日本法規出版株式会社、2013 年）142—145 頁,参照。

〔88〕　参见福建省高级人民法院（2018）闽民终 1134 号民事判决书。

〔89〕　参见江苏省高级人民法院（2015）苏民终字第 00336 号民事判决书。

效限制,而并无适用自身履行期限的问题。[90]

按日累计迟延违约金时效起算点如何认定,学理及实务上争议较大。第一种观点(单个不定期请求权说)认为,此类违约金仍为一个请求权,应统一计算时效,时效起算点是"义务人拒绝支付违约金之日"。[91] 有《最高人民法院公报》案例采此观点。[92] 第二种观点(多个定期请求权说)认为,持续的迟延履行构成多次违约。[93] 每日所生违约金为独立请求权,应分别计算时效,义务人提出时效抗辩的,违约金保护范围为起诉之日前 2 年(当时)。[94] 有最高人民法院裁定书采此观点。[95] 第三种观点(迟延终了说)认为,时效起算点是"履行迟延终了之日",迟延终了包括债务履行、拒绝履行、给付不能等情形。[96]

笔者认为,上述观点均不合理,此类违约金时效起算点应为"迟延履行的首日"。理由如下:其一,迟延违约金成立于迟延履行的首日,此时行使违约金请求权已不存在法律障碍,故应起算时效。其二,此类违约金按日累计,仅是对迟延损害的计算方法,而非意味着每日存在独立的违约行为及产生独立的违约金请求权。在义务人就迟延履行请求损害赔偿的场合下(未约定违约金),迟延履行的持续同样造成每日新增损害,权利人仍以迟延损害整体请求赔偿,损害数额结合迟延时间、范围、影响等因素认定。违约金按日累计不过是事先约定了损害计算方法,而与迟延损害赔偿性质、功能并无差异,故时效起算标准亦应相同。同理,迟延违约金为惩罚性的,按日累计构成惩罚数额的计算方法,而非惩罚多次。其三,持续的迟延履行与持续侵权行为不同:前者终止意味着债务因清偿消灭而不再有时效问题;后者终止使损害确定化,但仍有时效计算问题。因此,按日累计迟延违约金时效起算不能适用边码 50 处理。其四,以"迟延履行的首日"为时效起算点的可能弊端是弱化权利人保护,但由于现行法框架下较易中断时效,权利人通过中断时效获得保护更为有力。实践中此类违约金多用于商品房买卖的迟延办证场合,业主(权利人)多年后才起诉多因开发商(义务人)此前以不当、虚假承诺拖延所致,沟通过程中的行为多可认定为"诉讼外请求""义务承认"之中断事由。如此可使权利人获得违约金全部数额,相较于权利人主张权利时仅保护 3 年数

53

54

〔90〕 参见姚明斌:《合同法第 114 条(约定违约金)评注》,载《法学家》2017 年第 5 期,第 165—166 页。

〔91〕 参见韩世远:《商品房买卖中的迟延损害、违约金与时效》,载《法律适用》2010 年第 11 期,第 22—23 页。

〔92〕 参见最高人民法院(2005)民一终字第 85 号民事判决书,载《最高人民法院公报》2008 年第 2 期。

〔93〕 参见姚明斌:《违约金论》,中国法制出版社 2018 年版,第 261 页。

〔94〕 参见陈嘉贤:《按日累计的违约金请求权诉讼时效何时起算》,载《人民司法·案例》2011 年第 22 期,第 82—84 页。

〔95〕 参见最高人民法院(2015)民申字第 3030 号民事裁定书。

〔96〕 参见郗伟明:《论迟延履行违约金诉讼时效的起算》,载《环球法律评论》2010 年第 2 期,第 84 页。

额,更符合"防止怠于行使权利"之制度目的。

4. 附条件、附期限合同

55　　　　对于该情形的时效起算,学界存在争议。第一种观点(统一标准说)认为,不考虑条件、期限的种类,统一以"条件成就、期限届至时"为时效起算点。[97] 第二种观点(分别处理说)认为,应依据条件成就、期限届至时债务履行期限是否届至或届满,分别认定时效起算点。[98] 笔者认为,这两种观点均不合理。前者完全不考虑条件、期限种类对时效起算的影响,而后者虽对此有所虑及,但考虑的因素有欠全面。较为合理的做法是,分以下两种情形处理:

56　　　　其一,生效条件成就或者生效期限届至之时是合同生效的起点,如果约定履行期限届满之日晚于该时点(如约定条件成就后 1 周内交货),时效起算点为"履行期限届满之日";如果约定履行期限届满之日早于该时点,该条件或期限可能构成矛盾条件或矛盾期限而无效,时效起算点仍为"履行期限届满之日",因为该约定履行期限意味着条件成就或者期限届至前债务人就已负有现实的给付义务。需说明的是,以上分析均是针对给付请求权而言。合同确定不发生效力所生返还财产、赔偿损失请求权的时效起算,参见边码 68。

57　　　　其二,解除条件成就或者终止期限届满之时是合同失效的起点,合同失效后不再有救济给付请求权的时效问题,合同失效所生返还财产、赔偿损失请求权的时效起算,依据边码 68 处理。

三、时效起算的特殊规定(第 2 款第 2 句)

(一)未约定履行期限的合同[《诉讼时效规定》(2020 年修正) 第 4 条]

58　　　　《诉讼时效规定》(2020 年修正) 第 4 条保留了《诉讼时效规定》第 6 条的内容。[99] 该规定的适用场合是:合同中未约定履行期限或者约定不明,且法律也未规定履行期限。实务中,认定为"未约定履行期限或者约定不明"的情形包括:(1)买受人向出卖人出具没有还款期限的欠款条;[100] (2)借款合同约定"当月兑

---

〔97〕　参见梁慧星:《民法总论》(第 5 版),法律出版社 2017 年版,第 262 页。

〔98〕　参见崔建远等编著:《民法总论》(第 3 版),清华大学出版社 2019 年版,第 282—283 页(崔建远执笔)。

〔99〕　对该规定的立法论角度评价意见,参见霍海红:《未定期债权时效起算——一个"中国式问题"的考察》,载《吉林大学社会科学学报》2010 年第 6 期,第 138—144 页;霍海红:《再论未定履行期限债权的诉讼时效起算》,载《环球法律评论》2019 年第 1 期,第 102—112 页。

〔100〕　参见《最高人民法院关于买受人在交易时未支付价款向出卖人出具没有还款日期的欠款条,诉讼时效期间应从何时开始计算问题的请示的答复》(〔2005〕民二他字第 35 号)。

还利息,若无兑还计入本息";[101] (3)欠据虽有落款时间,但未约定还款日期;[102] (4)虽然对还款时间有约定,但同时设置诸多例外,即"原则上……""……如遇特殊原因,经双方协商再行另定"等;[103] (5)只约定了支付价款的起算时间,但未明确履行期间(终点)[104]等。

1. 可依据补充协议、合同相关条款和交易习惯确定履行期限

《诉讼时效规定》(2020 年修正)第 4 条规定,该情形下时效起算点是"履行期限届满之日"。对此,应解释为履行期限届满构成时效起算的必要条件之一,而非唯一条件或充分条件,因为根据请求权种类的不同,时效起算还须具备"债务人不履行债务"等其他条件。简言之,履行期限确定后与边码 46 作相同处理。 59

2. 不能确定履行期限

该情形是指不能依据补充协议、合同相关条款和交易习惯确定履行期限。分两种情况处理: 60

其一,确定宽限期的,时效起算点是"宽限期届满之日"。如果债务人在债权人第一次向其主张权利之时未明确表示不履行义务,并依据《民法典》第 511 条确定了宽限期,宽限期届满时债务人未履行债务的,可具备时效起算条件。对于宽限期的确定方式,虽然《诉讼时效规定》(2020 年修正)第 4 条表述为"债权人要求债务人履行义务的宽限期",但应扩张解释为包括以下情形:债务人提出宽限期被债权人接受;债权人对债务人提出的宽限期有异议,但异议不成立;债权人与债务人双方协商确定宽限期等。[105]

其二,债务人在债权人第一次向其主张权利之时明确表示不履行义务的,时效起算点是"债务人明确表示不履行义务之日"。该情形下,由于债务人拒绝履行且债权人对此明知,故具备时效起算条件,且已无必要再设置宽限期。该情形应扩张解释为包括以下情形:债权人催告前,债务人主动向债权人明确表示不履行义务;债务人以行为表明不履行义务且债权人知道或者应当知道等。 61

在边码 61 情形下,债务人拒绝履行系以相关抗辩权为依据,是否影响时效起算?基于边码 39 之理由,此时已具备债权人"可以行使权利"的条件。无论该抗辩经实体审理后认定是否成立,均不影响此前时效起算,而有可能构成中断事由。[106] 有观点认为,债务人依据抗辩权拒绝履行,表明不构成违约行为,故不能 62

---

〔101〕　参见广东省高级人民法院(2016)粤民再 467 号民事判决书。

〔102〕　参见吉林省高级人民法院(2014)吉民提字第 18 号民事判决书。

〔103〕　参见广东省高级人民法院(2010)粤高法民一终字第 77 号民事判决书。

〔104〕　参见江苏省高级人民法院(2009)苏民三终字第 0054 号民事判决书。

〔105〕　参见杨巍:《民法时效制度的理论反思与案例研究》,北京大学出版社 2015 年版,第 321—322 页。

〔106〕　参见本书第 195 条评注边码 37。

依据边码 61 起算时效。[107] 该观点并不合理，因为抗辩是否成立及是否构成违约行为，是实体审理后的结论，而权利人对"行使权利具有法律上的期待可能性"即满足时效起算条件（边码 37）。

63　　　债权人未经催告直接起诉的，实务中被认为并不违反宽限期规则。[108] 该情形可解释为，债权人以起诉方式第一次主张权利，义务人的应诉答辩行为表明不履行义务。有最高人民法院判决书认为，该情形以起诉之日为时效起算点。[109] 严格而言，时效起算点应为债权人收到答辩状之日。该情形下，由于时效起算发生于诉讼过程中，故时效起算时即刻中断，诉讼程序终结之日时效重新计算。

64　　　债权人催告前，债务人主动履行全部或者部分债务的，时效如何起算？如果履行全部债务，因债务消灭而不再有时效问题。如果履行部分债务，剩余债务的时效起算仍须适用《诉讼时效规定》（2020 年修正）第 4 条予以确定。[110] 因为虽然部分履行可构成中断事由[《诉讼时效规定》（2020 年修正）第 14 条]，但在时效起算前部分履行不能"提前"发生中断效力。

（二）合同被撤销[《诉讼时效规定》（2020 年修正）第 5 条第 2 款]

65　　　《诉讼时效规定》（2020 年修正）第 5 条第 2 款保留了《诉讼时效规定》第 7 条第 2 款的内容，其规定：合同被撤销所生返还财产、赔偿损失请求权的时效起算点是"合同被撤销之日"，即撤销合同的裁判生效之日。虽然合同被撤销具有溯及力，但时效起算点不应溯及至"合同成立时"，因为撤销合同的裁判生效前权利人行使返还财产、赔偿损失请求权尚存在法律障碍。存在撤销事由但当事人未行使撤销权的，上述请求权尚未成立，亦无时效起算问题。[111]

66　　　合同被撤销前，合同债务时效已届满的，义务人能否以该时效抗辩权对抗上述返还财产、赔偿损失请求权？应采否定回答，理由在于：其一，返还财产、赔偿损失请求权产生于裁判生效之日，此前不存在时效起算问题；其二，该时效抗辩权对抗的对象是合同有效前提下的合同债权，其与合同被撤销所生返还财产、赔偿损

---

〔107〕　参见吴庆宝：《准确起算诉讼时效维护当事人合法权益》，载《法律适用》2008 年第 11 期，第 9 页。实例参见河北省高级人民法院（2017）冀民再 106 号民事判决书。

〔108〕　参见最高人民法院（2015）民提字第 183 号民事判决书。

〔109〕　参见最高人民法院（2017）最高法民终 550 号民事判决书。

〔110〕　参见张雪楳：《诉讼时效审判实务与疑难问题解析——以〈民法总则〉诉讼时效制度及司法解释为核心》，人民法院出版社 2019 年版，第 195—196 页。实例参见广东省高级人民法院（2019）粤民申 10396 号民事判决书。

〔111〕　参见最高人民法院（2017）最高法民再 187 号民事判决书。

失请求权之时效抗辩权的对象非属同一请求权。[112]

合同被确认无效后,返还财产、赔偿损失请求权的时效起算能否类推适用《诉讼时效规定》(2020 年修正)第 5 条第 2 款? 对此存在分歧意见。"类推说"认为,合同被撤销和被确认无效法律后果性质相同,所生请求权性质也类似,故可类推适用。[113] "区分处理说(不类推说)"认为,即使合同被确认无效,履行期限对起算点仍有影响,故应依据合同有无明确履行期限分别认定起算点。[114] 笔者赞同"类推说"及其理由,《最高人民法院公报》案例亦有采"类推说"的实例。[115] 67

基于边码 67 相同理由,合同确定不发生效力所生返还财产、赔偿损失请求权(《民法典》第 157 条)的时效起算亦可类推适用《诉讼时效规定》(2020 年修正)第 5 条第 2 款。具体而言:合同确定不发生效力系由诉讼或仲裁予以认定的,时效起算点是裁判生效之日;非由诉讼或仲裁予以认定的,时效起算点是权利人知道或者应当知道导致合同确定不发生效力的事实之日,如收到审批机关作出的不予批准或不予受理的决定之日等。 68

合同解除所生恢复原状、赔偿损失等请求权(《民法典》第 566 条)的时效起算能否类推适用《诉讼时效规定》(2020 年修正)第 5 条第 2 款? 实务上存在分歧。[116] 基于边码 67 类似理由,笔者赞同"类推说"。 69

(三)不当得利[《诉讼时效规定》(2020 年修正)第 6 条]

《诉讼时效规定》(2020 年修正)第 6 条保留了《诉讼时效规定》第 8 条的内容,其规定:返还不当得利请求权时效起算点是"当事人一方知道或者应当知道不当得利事实及对方当事人之日"。其中"当事人一方"是指受损人(权利人),"对方当事人"是指受益人(义务人)。对于本条与第 188 条第 2 款第 1 句的关系,存在两种意见。第一种观点认为,本条之"当事人一方知道或者应当知道不当得利事实及对方当事人之日"就是第 188 条第 2 款第 1 句之"权利人知道或者应当知道权利受到损害以及义务人之日"。[117] 第二种观点认为,依据第 188 条第 2 款第 70

---

〔112〕 参见最高人民法院民事审判第二庭编著:《最高人民法院关于民事案件诉讼时效司法解释理解与适用》,人民法院出版社 2015 年版,第 150—151 页。

〔113〕 参见梁展欣主编:《诉讼时效司法实务精义》,人民法院出版社 2010 年版,第 158 页。

〔114〕 参见李春:《无效合同诉讼时效问题的论争及处理探讨》,载《法律适用》2010 年第 10 期,第 52—53 页;余文爱:《无效合同诉讼时效问题探析》,载《政治与法律》2009 年第 1 期,第 136—137 页。

〔115〕 参见最高人民法院(2005)民一终字第 104 号民事判决书,载《最高人民法院公报》2006 年第 9 期。该案发生于 2008 年《诉讼时效规定》施行前,但对合同无效与合同被撤销所生请求权的时效起算采取相同标准。其他实例参见广东省高级人民法院(2016)粤民终 916 号民事判决书。

〔116〕 类推说实例参见北京市第二中级人民法院(2018)京 02 民终 612 号民事判决书;不类推说实例参见安徽省合肥市中级人民法院(2020)皖 01 民终 1104 号民事判决书。

〔117〕 参见李宇:《民法总则要义:规范释论与判解集注》,法律出版社 2017 年版,第 893—894 页。

1句,本条应解释为"受益人拒不返还不当得利之日"。[118] 最高人民法院释义书采取第一种观点。[119]

71　　实务中,返还不当得利请求权时效起算的常见情形包括:(1)不当得利事实系由另一诉讼确认的,时效起算点是法律文书生效之日;[120]（2)错误付款纠纷中,时效起算点是付款人知道或者应当知道收款人收款之日;[121]（3)约定年利率超过36%的借款合同订立于2015年《民间借贷规定》(2020年第二次修正)之前,时效起算点是该司法解释施行之日[122]等。

（四)无因管理[《诉讼时效规定》(2020年修正)第7条]

72　　《诉讼时效规定》(2020年修正)第7条保留了《诉讼时效规定》第9条的内容,本条针对适法无因管理和不适法无因管理所生相关请求权之时效起算分别作出规定。[123]

1. 因无因管理行为产生的给付必要管理费用、赔偿损失请求权（第1款)

73　　本款之请求权是指适法无因管理行为所生相关请求权(《民法典》第121条)。必要管理费用是指管理事务的必要支出及利息。赔偿损失的范围是管理人因管理行为所受损失,但不包括:因管理人过错造成的损失、管理人在不管理该事务时也可能遭受的不特定损失。[124]

74　　本款情形下,权利人是管理人,义务人是本人。依据本款,此类请求权时效起算应具备两个条件:一是无因管理行为结束;二是管理人知道或者应当知道本人。这两个条件同时具备的最早时点为时效起算点。[125]

75　　实务中,无因管理所生该请求权时效起算的常见情形包括:(1)"本人"系由另一诉讼确认的,时效起算点是法律文书生效之日;[126]（2)无因管理是持续行为

---

〔118〕　参见崔建远等编著:《民法总论》(第3版),清华大学出版社2019年版,第283页(崔建远执笔)。

〔119〕　参见最高人民法院民事审判第二庭编著:《最高人民法院关于民事案件诉讼时效司法解释理解与适用》,人民法院出版社2015年版,第153—154页。

〔120〕　参见最高人民法院(2013)民申字第2446号民事裁定书。

〔121〕　参见最高人民法院(2018)最高法民申2996号民事裁定书。

〔122〕　参见江西省高级人民法院(2019)赣民终114号民事判决书。

〔123〕　亦有学者认为,本条系对一般起算标准的重复,并不构成特殊起算规则。参见陈甦主编:《民法总则评注(下册)》,法律出版社2017年版,第1355页(周江洪执笔)。

〔124〕　参见最高人民法院民法典贯彻实施工作领导小组主编:《中华人民共和国民法典总则编理解与适用(下)》,人民法院出版社2020年版,第616页。

〔125〕　有学者认为,该情形下时效起算点应为"本人拒不偿付之日"。参见崔建远等编著:《民法总论》(第3版),清华大学出版社2019年版,第283页(崔建远执笔)。

〔126〕　参见四川省高级人民法院(2019)川民申3763号民事裁定书。

的,时效起算点是持续行为结束之日;[127]（3）是否构成无因管理关系存疑并形成诉讼的,时效起算点是法律文书生效之日[128]等。

2. 因不当无因管理行为产生的赔偿损失请求权（第 2 款）

本款之"不当无因管理"包括两种行为:一是适法无因管理行为中管理人基于故意或者重大过失的致损行为;二是不适法无因管理行为,即违反本人明示或可合理推知意思的管理行为。[129] 后一行为所生赔偿损失请求权的性质实为侵权请求权。[130]　76

本款情形下,权利人是本人,义务人是不当管理人。依据本条第 2 款,此类请求权时效起算点是"本人知道或者应当知道管理人及损害事实之日"。认定标准与第 188 条第 2 款第 1 句规定的一般起算标准基本相同。　77

（五）怠于公司清算的损害赔偿责任（《九民纪要》第 16 条第 2 款）

《公司法解释二》（2020 年修正）第 18 条第 2 款规定,公司股东、董事等因怠于履行义务,导致公司主要财产、账册、重要文件等灭失而无法进行清算的,公司债权人有权请求其对公司债务承担连带清偿责任。《九民纪要》第 16 条第 2 款规定,公司债权人依据前述规定请求有限责任公司的股东对公司债务承担连带清偿责任的,时效起算点是"公司债权人知道或者应当知道公司无法进行清算之日"。依据最高人民法院释义书的解释,《九民纪要》第 16 条第 2 款是对《民法典》一般起算标准的具体化。公司债权人"权利受到损害"的时点是"公司主要财产、账册、重要文件等灭失而无法进行清算之日",其对此知道或者应当知道才具备时效起算条件。[131]　78

《最高人民法院民二庭关于债权人主张公司股东承担清算赔偿责任诉讼时效问题请示的答复》（〔2014〕民二他字第 16 号）曾对该情形下时效起算标准作出答复,但其内容与《九民纪要》第 16 条第 2 款并不一致。《九民纪要》颁布后,该答复不再作为处理此类案件的依据。　79

（六）保险合同[《保险法》第 26 条、《保险法解释二》（2020 年修正）第 16 条、《保险法解释四》（2020 年修正）第 18 条]

1. 保险金请求权

《保险法》第 26 条规定,人寿保险和其他保险的保险金请求权时效起算点是　80

---

〔127〕　参见辽宁省大连市中级人民法院（2021）辽 02 民终 2248 号民事判决书。

〔128〕　参见河北省保定市中级人民法院（2015）保定二终字第 483 号民事判决书。

〔129〕　参见梁展欣主编:《诉讼时效司法实务精义》,人民法院出版社 2010 年版,第 151 页。

〔130〕　参见王利明:《债法总则研究》,中国人民大学出版社 2015 年版,第 514 页。

〔131〕　参见最高人民法院民事审判第二庭编著:《〈全国法院民商事审判工作会议纪要〉理解与适用》,人民法院出版社 2019 年版,第 175—176 页。

"被保险人或者受益人知道或者应当知道保险事故发生之日"。该规定是受《民法通则》之时效起算标准和保险监管部门相关文件影响的结果,其本意在于解决此前各类保险中时效起算不一致的问题。[132] 对于该规定,学界多持批评意见,但对该起算点的具体确定仍存在分歧。第一种观点认为,该起算点应为"被保险人或受益人能够依诉行使保险金请求权之时",即"被保险人或受益人知道或应当知道保险人不履行保险金给付义务之时"。[133] 第二种观点认为,该起算点应为"被保险人或受益人收到保险人核定结果之日起"。[134] 所谓"保险金请求权时效起算点",实际上是指保险金请求权的救济权时效起算点。笔者认为,该起算点是"被保险人或受益人知道或者应当知道保险金请求权受到损害之日"。理由在于:其一,"保险事故发生"仅是请求权成立及时效起算的必要条件,而非充分条件。保险事实发生时,行使权利尚存诸多法律障碍。其二,由于存在理赔程序,在理赔程序结束前保险人是否同意支付保险金以及保险金数额均未确定,故此时仍然存在行使权利的法律障碍。其三,该时效起算须以保险人违约为前提,因为如果没有违约行为,则保险金请求权并未受到损害。由于理赔程序结束后有多种可能,在不同场合下保险人违约行为的样态存在差异,故时效起算点须结合违约行为的具体样态判断。

81　　　　基于上述分析,该时效起算分为以下几种情况:其一,保险人理赔后拒绝支付保险金的,时效起算点是"被保险人或者受益人知道或应当知道保险人拒付之日"。其二,理赔后被保险人或者受益人与保险人达成赔付协议的,时效起算点是"协议约定的履行期限届满之日"(保险人未依约支付保险金)。如果履行期限届满前保险人表示将不依约支付保险金的(预期违约),时效起算点是"被保险人或者受益人知道或应当知道该表示之日"。其三,虽然保险人理赔后同意支付保险金,但双方就支付金额或支付条件未能达成一致,时效起算点是"最后一次协商破裂之日"。

2. 保险代位权

82　　　　《保险法解释二》(2020 年修正)第 16 条规定,保险代位权的时效起算点是"保险人取得保险代位权之日"。一般场合下,该时点是保险人向被保险人给付保险金之日,因为此时保险人在赔付金额内取得了对第三人的权利。[135] 该规定理

---

〔132〕　参见最高人民法院保险法司法解释起草小组编著:《〈中华人民共和国保险法〉保险合同章条文理解与适用》,中国法制出版社 2010 年版,第 175—176 页。

〔133〕　参见武亦文、赵亚宁:《〈保险法〉第 26 条诉讼时效规范之反思与优化》,载《保险研究》2019 年第 7 期,第 124 页。

〔134〕　参见赵志钢:《〈保险法〉第 26 条诉讼时效起算点规定的质疑》,载《政法论丛》2013 年第 1 期,第 109—110 页。

〔135〕　参见马宁、郁琳:《保险法诉讼时效起算点法律漏洞的弥补——以〈保险法〉第 26 条第 1 款和第 60 条第 1 款为分析对象》,载《保险研究》2011 年第 2 期,第 119 页。

由在于:保险理赔可能会因鉴定、诉讼等原因迁延日久,保险人对理赔时间很难完全掌控,因此为保障债权人合法权益及鼓励保险人积极行使权利,设此规定对保险人较为有利。[136] 从保险代位权性质而言,由于保险人取得该权利属于法定债权移转,保险人取得保险代位权本应导致时效中断,而非新权利时效起算。因此,该规定可视作保险代位权领域中基于特殊规范目的所设规则。

3. 责任保险

《保险法解释四》(2020 年修正)第 18 条规定,商业责任险中被保险人的保险金请求权时效起算点是"被保险人对第三者应负的赔偿责任确定之日"。对于该规定,学界多有批评意见。主要理由在于:"被保险人对第三者应负的赔偿责任确定"仅是理赔的前提,理赔程序结束前被保险人无法向保险人行使权利,因此该规定引发实操上的困扰且易于引发道德危险。[137] 亦有学者主张废止该规定。[138] 笔者赞同该批评意见。虽然责任保险中保险金请求权数额受"对第三人赔偿责任"影响,但其时效起算原理与其他保险关系并无本质不同,故亦应依据边码 81 处理。 **83**

(七)票据权利(《票据法》第 17 条)

《票据法》第 17 条对票据关系中的各类请求权的时效起算点分别作出规定,其内容借鉴了《日内瓦汇票和本票统一公约》等国际条约的规定,但亦有所修正。[139] (1)持票人对票据的出票人和承兑人的权利,时效起算点是"票据到期日";见票即付的汇票、本票,时效起算点是"出票日"。(2)持票人对支票出票人的权利,时效起算点是"出票日"。(3)持票人对前手的追索权,时效起算点是"被拒绝承兑或者被拒绝付款之日"。[140] (4)持票人对前手的再追索权,时效起算点是"清偿日或者被提起诉讼之日"。(3)和(4)中的持票人对前手的追索权,不包括对票据出票人的追索权[《票据纠纷规定》(2020 年修正)第 18 条]。 **84**

关系当事人通过出票日期留白的支票进行欠款清偿,该支票虽为未完成票据,但仍发生基础关系当事人合意变更基础债务到期日的推定效力。其效果使原 **85**

---

[136] 参见最高人民法院民事审判第二庭编著:《最高人民法院关于保险法司法解释(二)理解与适用》,人民法院出版社 2013 年版,第 375 页。

[137] 参见潘红艳:《论责任保险金请求权时效制度——以责任保险为制度背景》,载《当代法学》2019 年第 2 期,第 74—75 页。

[138] 参见武亦文、赵亚宁:《〈保险法〉第 26 条诉讼时效规范之反思与优化》,载《保险研究》2019 年第 7 期,第 126 页。

[139] 参见覃有土、吴京辉:《略论票据时效》,载《中南财经政法大学学报》2005 年第 2 期,第 109—110 页。

[140] 对该规定的质疑意见认为,该情形下时效起算点应是"取得有关合法证明之日"。参见陈运雄:《对〈票据法〉第十七条的解读和思考》,载《法学杂志》2007 年第 4 期,第 36—37 页。

先确定的基础债务到期日转化为概括性的不确定到期日,并在持票人填写完整出票日期并为提示付款时再行确定,基础债权诉讼时效的起算点也应依此判定。[141]

（八）海商法上的请求权（《海商法》第 257—265 条）

86　　《海商法》第 257—265 条对海商法领域中各类请求权的时效起算点分别作出规定。(1)海上货物运输合同中,托运人对承运人的赔偿请求权时效起算点是"承运人交付或者应当交付货物之日";被认定为负有责任的人向第三人提起追偿请求的,时效起算点是"追偿请求人解决原赔偿请求之日或者收到受理对其本人提起诉讼的法院的起诉状副本之日"。海上货物运输合同纠纷中,对货物的侵权请求权时效起算点仍适用《民法典》第 188 条第 2 款第 1 句。[142] (2)航次租船合同中,有关请求权时效起算点是"知道或者应当知道权利被侵害之日"。(3)海上旅客运输合同中,有关旅客人身伤害的请求权时效起算点是"旅客离船或者应当离船之日"。有关旅客死亡的请求权,发生在运送期间的,时效起算点是"旅客应当离船之日";因运送期间内的伤害而导致旅客离船后死亡的,时效起算点是"旅客死亡之日"。有关行李灭失或者损坏的请求权时效起算点是"旅客离船或者应当离船之日"。(4)船舶租用合同中,有关请求权时效起算点是"知道或者应当知道权利被侵害之日"。(5)海上拖航合同中,有关请求权时效起算点是"知道或者应当知道权利被侵害之日"。(6)船舶碰撞情形下,有关请求权时效起算点是"碰撞事故发生之日";追偿请求权(《海商法》第 169 条第 3 款)时效起算点是"当事人连带支付损害赔偿之日"。(7)海难救助情形下,有关请求权时效起算点是"救助作业终止之日"。(8)共同海损情形下,有关分摊请求权时效起算点是"理算结束之日"。(9)海上保险合同中,保险金请求权时效起算点是"保险事故发生之日"。[143] (10)船舶发生油污损害情形下,有关请求权时效起算点是"损害发生之日";最长时效期间(6 年)起算点是"造成损害的事故发生之日"。

（九）侵犯专利权、专利使用费（《专利法》第 74 条）

1. 侵犯专利权（第 1 款）

87　　本款规定,侵犯专利权的时效起算点是"专利权人或者利害关系人知道或者

---

〔141〕　参见上海市第一中级人民法院(2011)沪一中民四(商)终字第 1569 号民事判决书。对该案的详细解读,参见陈旭:《支票出票日期留白对基础法律关系的影响》,载《人民司法·案例》2012 年第 20 期,第 36—39 页。

〔142〕　参见最高人民法院(2016)最高法民再 59 号民事判决书。

〔143〕　该规定与《保险法》第 26 条存在同样的问题,故也应依据边码 81 处理。参见杨巍、杨滢:《海上保险合同的保险金请求权诉讼时效起算研究》,载《中国海商法研究》2020 年第 3 期,第 38—40 页。

应当知道侵权行为以及侵权人之日"。

2. 专利使用费(第 2 款)

本款针对专利使用费的产生时间,对时效起算点分别作出规定。(1)发明专利申请公布后至专利权授予前使用该发明未支付适当使用费的,时效起算点是"专利权人知道或者应当知道他人使用其发明之日"。(2)专利权人于专利权授予之日前即已知道或者应当知道的,时效起算点是"专利权授予之日"。 88

(十)证券市场虚假陈述(《证券市场虚假陈述规定》第 32 条第 1 款)

证券市场虚假陈述所生侵权请求权的时效起算点是"揭露日"或"更正日",二者不一致的,以在先的为准。对于揭露日和更正日的认定标准,依据《证券市场虚假陈述规定》第 8 条和第 9 条的规定。 89

(十一)不作为请求权[《执行程序解释》(2020 年修正)第 21 条]

《执行程序解释》(2020 年修正)第 21 条规定,生效法律文书规定债务人负有不作为义务的,执行时效起算点是"债务人违反不作为义务之日"。笔者认为,该条之"债务人违反不作为义务"应解释为执行时效起算的必要条件而非充分条件,执行时效起算点是"权利人(申请执行人)知道或者应当知道债务人违反不作为义务之日"。理由如下:其一,该解释符合现行法所采时效起算主观主义的精神,执行领域的时效规则亦应符合该立法模式要求。其二,《执行程序解释》(2020 年修正)第 21 条的主要意义是针对《民事诉讼法》(2021 年修正)第 246 条第 2 款之起算点("法律文书规定履行期间的最后一日"等)设置例外规则。例如判决书确定义务人在 5 年内负有竞业禁止义务,但义务人于判决书生效后第二年初违反该义务且被权利人知道,此时即起算执行时效,而非以 5 年的最后一日为起算点。《民事诉讼法》(2021 年修正)第 246 条第 2 款未要求"知道或者应当知道",是因为其起算点系以履行期限为依据,而当事人对判决书所载履行期限不可能不知,故该款不能解释为即使权利人不知义务人违反义务亦可起算时效。因此,本文观点并不违反《民事诉讼法》(2021 年修正)第 246 条第 2 款之执行时效起算规则的精神。其三,债务人违反不作为义务但权利人不知的,如果起算执行时效,将不合理地剥夺权利人的时效利益。在现行执行时效期间(2 年)偏短的前提下,该不合理性被进一步放大。 90

非执行领域中,不作为请求权仍应适用第 188 条第 2 款第 1 句之时效起算一般规则。[144] 例如义务人违反竞业禁止协议,权利人请求支付违约金的,时效起算 91

---

〔144〕 有学者认为此类请求权可类推适用《执行程序解释》(2020 年修正)第 21 条。参见李宇:《民法总则要义:规范释论与判解集注》,法律出版社 2017 年版,第 895—896 页。

点是"权利人知道或者应当知道义务人违反该义务之日";权利人请求损害赔偿的,时效起算点是"权利人知道或者应当知道损害发生之日"。

四、时效起算的效力

(一)起算时点

92　　对于时效起算点,第188条第2款第1句表述为"××之日",故该时点应以日计算(《民法典》第200条)。时效起算条件具备最早之日当天不计入时效期间,次日开始计算时效期间(《民法典》第201条第1款)。

93　　上述边码92之起算时点规定的缺陷在于,很多场合下难以精确认定上述"最早之日"。为解决该困扰,有域外法规定起算时点是"发生时效起算事实的当年结束之日"[145]。该做法具有以下优点:一是减轻当事人举证负担,其仅须证明时效起算条件于当年内发生即可;二是有利于保护权利人,且一定程度上弥补时效期间偏短的负面效果。我国实务上,在难以查清起算时点具体是哪一日的情形下,有法院笼统认定起算时点是"×年初"[146]"×年×月"[147]"×年×月×日之后"[148]。该做法可资赞同,因为在难以确定具体起算点(日)的情形下尽量将其延迟,并未损害义务人的时效利益,而在此情形下认为时效不起算则是不合理的。

94　　另一民事诉讼审理过程中权利人才知道权利受到损害以及义务人的,该法律文书生效之日(而非知道之日)为起算时点。[149] 因为知道之日实体审理还未结束,有关事实及法律关系尚处于待决状态,故行使权利尚存在法律障碍。同理,权利人依据刑事侦查中获得的证据知道权利受到损害以及义务人的,刑事判决生效之日(而非知道之日)为起算时点。[150]

(二)计算诉讼时效期间

95　　时效起算点届至的,开始计算一个完整的诉讼时效期间,期间类别依据该请求权所适用的时效期间确定。由于诉讼时效是可变期间,起算后具备中断、中止条件的,依其规则产生相应效力。换言之,"开始计算一个完整的诉讼时效期间"并不意味着该诉讼时效期间必定被"完整地计算完毕"。

---

[145] 参见《德国民法典》第199条第1款第1项。
[146] 参见浙江省高级人民法院(2017)浙民再183号民事判决书。
[147] 参见最高人民法院(2013)民一终字第109号民事判决书。
[148] 参见安徽省高级人民法院(2018)皖民终560号民事判决书。
[149] 参见甘肃省高级人民法院(2018)甘民终590号民事判决书。
[150] 参见最高人民法院(2016)最高法民终662号民事判决书。

（三）从权利

1. 利息债权

利息债权包括两种：一是"作为基本权的利息债权"，其与本金债权相互依存，　　96
从属性较强。二是"作为支分权的利息债权"，其以各期所生利息的支付为目的，
具有一定独立性。[151] 这两种利息均可单独约定履行期限，唯未约定履行期限时
时效起算有所不同。基于"作为基本权的利息债权"之从属性，对其履行期限未
作约定的，随本金债权时效起算而起算。[152] 基于"作为支分权的利息债权"之独
立性，其时效起算与本金债权时效起算分别认定，[153] 故应适用宽限期规则[《诉讼
时效规定》（2020年修正）第4条]单独确定其时效起算点。

2. 担保权

保证债权虽与受担保债权构成从主关系，但因《民法典》第694条对其时效起　　97
算标准有特殊规定，故于时效起算上并不遵循从随主规则。

《民法典》第419条规定，行使抵押权应于主债权诉讼时效期间为之。有实务　　98
意见将其解释为，抵押权行使期间是一种独立期间（司法保护期），"主债权诉讼时
效期间"仅是其计算标准，两种期间分别计算。[154] 该观点被《民法典担保制度解
释》第44条第1款所否定。依该款规定，《民法典》第419条的规范含义是主债权
时效届满后抵押人可援引主债权时效抗辩权对抗行使抵押权的行为，而并不存在
"独立的"抵押权保护期间，[155] 因此也无该期间单独计算（起算）的问题。

五、举证责任

原告（权利人）起诉时仅须证明权利有效存在，而无须主动证明时效未届满及　　99
时效起算点。在当事人未提及时效事项的情形下，法官不得主动依职权对时效起
算作出认定。具体而言：其一，被告提出时效抗辩之前，原告对时效起算不负举证
责任。其二，被告援引时效抗辩权的，应就时效起算各要件事实予以举证证明。
其三，原告对时效起算提出异议并由此否认被告时效抗辩的，须针对有异议的起

---

〔151〕　参见刘勇：《〈民法典〉第680条评注（借款利息规制）》，载《法学家》2021年第1期，第171页。

〔152〕　参见广东省高级人民法院（2015）粤高法民四终字第240号民事判决书。

〔153〕　参见林诚二：《民法债编总论——体系化解说》，中国人民大学出版社2003年版，第243页。

〔154〕　参见曹士兵：《中国担保制度与担保方法》（第4版），中国法制出版社2017年版，第303页。
实例参见北京市第三中级人民法院（2016）京03民终9567号民事判决书。

〔155〕　参见最高人民法院民事审判第二庭：《最高人民法院民法典担保制度司法解释理解与适用》，
人民法院出版社2021年版，第397页。

算要件举证以证明时效未届满。

100　　　　权利人采取公证方式保全证据的，如果义务人不能证明此前权利人已经"知道或者应当知道权利受到损害以及义务人"的，法院通常认定时效起算点是"公证保全之日"。例如：(1)权利人委托代理人公证购买被诉侵权产品的时间被认定为时效起算点；[156](2)侵害作品信息网络传播权纠纷中，著作权人公证取证之日被认定为时效起算点[157]等。但是，如果有证据证明办理公证前权利人已经知道或者应当知道权利受到损害以及义务人的，可推翻该认定。[158]

附：案例索引

1. 安徽省合肥市中级人民法院(2020)皖 01 民终 1104 号民事判决书：绿地集团合肥天邑置业有限公司与王某明商品房预售合同纠纷案【边码 69】

2. 安徽省高级人民法院(2014)皖民二终字第 00514 号民事判决书：安徽金路建设集团有限公司与江苏盛元公路工程有限公司合同纠纷案【边码 24】

3. 北京市第二中级人民法院(2018)京 02 民终 612 号民事判决书：广州市友迪资讯科技有限公司与北京市教育矫治局合同纠纷案【边码 69】

4. 福建省高级人民法院(2011)闽民终字第 706 号民事判决书：联合企业公司与福建省龙岩龙化化工有限公司、福建省龙岩龙化集团公司买卖合同纠纷案【边码 36】

5. 福建省高级人民法院(2018)闽民终 1134 号民事判决书：杨某明与石狮日报社侵害其他著作财产权纠纷案【边码 51】

6. 甘肃省高级人民法院(2018)甘民终 61 号民事判决书：金昌瑞鑫盛商贸有限公司与四川元宇商贸有限公司债权人代位权纠纷案【边码 46】

7. 广东省高级人民法院(2010)粤高法民一终字第 77 号民事判决书：邓某坚与清远市公安局合作开发房地产合同纠纷案【边码 58】

8. 广东省高级人民法院(2013)粤高法民四终字第 20 号民事判决书：安达国际船舶管理有限公司与苏某兵船员劳务合同纠纷案【边码 23】

9. 广东省高级人民法院(2016)粤民再 467 号民事判决书：黄某与惠来县隆江镇蛟边村蛟边经济联合社民间借贷纠纷案【边码 58】

10. 广东省高级人民法院(2016)粤民终 916 号民事判决书：广发银行股份有限公司韶关分行与湖南省怀化凌云实业开发公司等建设用地使用权转让合同纠纷案【边码 67】

11. 广东省高级人民法院(2017)粤民再 426 号民事判决书：刘某平与龙川县黎咀镇卫生院医疗损害责任纠纷案【边码 26】

12. 广东省高级人民法院(2019)粤民申 10396 号民事裁定书：周某丽与潘某生买卖合同纠纷案【边码 64】

---

[156]　参见最高人民法院(2020)最高法知民终 216 号民事判决书。

[157]　参见广东省高级人民法院(2014)粤高法民三终字第 1147 号民事判决书。

[158]　参见福建省高级人民法院(2018)闽民终 1326 号民事判决书。

13. 广西壮族自治区高级人民法院(2014)桂民四终字第 15 号民事判决书:张某湖、张某飞、吴某龙与 WEIXINGYOU 合伙协议纠纷案【边码 27】

14. 河北省保定市中级人民法院(2015)保民二终字第 483 号民事判决书:张某亚与保定市天冰制冷设备有限公司等无因管理纠纷案【边码 75】

15. 河北省高级人民法院(2017)冀民再 106 号民事判决书:福建省晋江市陈埭恒亿鞋塑服装有限公司与石家庄派勒斯经贸有限公司买卖合同纠纷案【边码 62】

16. 河南省高级人民法院(2018)豫民再 1126 号民事判决书:上海雀巢产品服务有限公司与段某锋买卖合同纠纷案【边码 24】

17. 湖北省高级人民法院(2014)鄂民监三再终字第 00021 号民事判决书:藏某文与荆州市德润农业科技有限公司服务合同纠纷案【边码 38】

18. 湖北省高级人民法院(2017)鄂民终 618 号民事判决书:湖北三源江海运输股份有限公司与郑某春、凤台县四航物流有限公司船舶碰撞损害责任纠纷案【边码 27】

19. 湖南省高级人民法院(2015)湘高法民一终字第 50 号民事判决书:彭某桂与何某东、廖某红合同纠纷案【边码 45】

20. 湖南省高级人民法院(2018)湘民再 435 号民事判决书:长沙鑫霖置业有限公司与柳某、李某商品房销售合同纠纷案【边码 35】

21. 湖南省高级人民法院(2020)湘民终 743 号民事判决书:岳阳市金地利房地产开发有限公司与吴某理合同纠纷案【边码 35】

22. 吉林省高级人民法院(2014)吉民提字第 18 号民事判决书:白山市残疾人联合会与张某山承揽合同纠纷案【边码 58】

23. 吉林省高级人民法院(2014)吉民再字第 16 号民事判决书:河南省南街村(集团)有限公司与吉林省华伟农业科技开发有限公司合同纠纷案【边码 22】

24. 吉林省高级人民法院(2016)吉民再 142 号民事判决书:中国石油吉林白山销售分公司抚松经营处与张某仁不当得利纠纷案【边码 27】

25. 吉林省高级人民法院(2016)吉民终 160 号民事判决书:河南省建设集团有限公司与王某学、赵某海合同纠纷案【边码 32】

26. 吉林省高级人民法院(2018)吉民终 143 号民事判决书:抚松县农村信用合作联社新屯子信用社与苏某香金融借款合同纠纷案【边码 45】

27. 江苏省高级人民法院(2009)苏民三终字第 0054 号民事判决书:富海美乐有限公司与吴江市鑫竹喷气织造厂股权转让纠纷案【边码 58】

28. 江苏省高级人民法院(2013)苏知民终字第 0177 号民事判决书:广州市芳奈服饰有限公司与张某侵害商标权纠纷案【边码 43】

29. 江苏省高级人民法院(2015)苏民终字第 00336 号民事判决书:北京路源世纪投资管理有限公司、联达国际贸易有限公司与昆山宏图实业有限公司合作开发房地产合同纠纷案【边码 52】

30. 江西省高级人民法院(2016)赣民终 543 号民事判决书:江西上饶海港物流有限公司与洪宇建设集团有限公司建设工程施工合同纠纷案【边码 31】

31. 江西省高级人民法院(2019)赣民终114号民事判决书:乐某明、蒋某香与罗某坤不当得利纠纷案【边码71】

32. 辽宁省大连市中级人民法院(2021)辽02民终2248号民事判决书:赵某福与大连冠信房地产开发有限公司合同纠纷案【边码75】

33. 辽宁省高级人民法院(2011)辽民三终字第99号民事判决书:张某英、万某夺、万某玉、唐某荣与孙某增海上、通海水域人身损害责任纠纷案【边码32】

34. 辽宁省高级人民法院(2014)辽民三终字第103号民事判决书:A.P.穆勒－马士基有限公司与中国人民财产保险股份有限公司沈阳市分公司海上货物运输合同纠纷案【边码45】

35. 山东省高级人民法院(2014)鲁商终字第15号民事判决书:临沂超越电力建设有限公司与浙江省建工集团有限责任公司债权转让合同纠纷案【边码24】

36. 山东省高级人民法院(2016)鲁民终1786号民事判决书:上海百营钢铁集团有限公司与合肥海尔物流有限公司合同纠纷案【边码36】

37. 陕西省高级人民法院(2014)陕民三终字第00025号民事判决书:赵某韬与作家出版社、贾某凹侵犯著作权纠纷案【边码32】

38. 上海市第一中级人民法院(2011)沪一中民四(商)终字第1569号民事判决书:甲公司与乙公司、刘某买卖合同纠纷案【边码85】

39. 上海市高级人民法院(2000)沪高经终字第335号民事判决书:花旗银行与上海兰生股份有限公司、华侨银行有限公司上海分行国际托收纠纷案【边码36】

40. 四川省高级人民法院(2019)川民申3763号民事裁定书:中江县新兴经营投资有限公司、雷某国与顾某兵、廖某等无因管理纠纷案【边码75】

41. 天津市高级人民法院(2017)津民终608号民事判决书:中稷滨海控股集团有限公司与天津泰达投资控股有限公司财产损害赔偿纠纷案【边码45】

42. 新疆维吾尔自治区高级人民法院(2015)新民二终字第77号民事判决书:察布查尔锡伯自治县国有资产管理中心与伊犁糠醛有限责任公司企业出售合同纠纷案【边码26】

43. 云南省高级人民法院(2008)云高民三终字第2号民事判决书:中国电力出版社有限公司与昆明新知图书城有限责任公司侵犯著作权纠纷案【边码32】

44. 浙江省高级人民法院(2016)浙民终545号民事判决书:中车集团台州第七八一六工厂与苏州金业船用机械厂船舶物料和备品供应合同纠纷案【边码33】

45. 最高人民法院(2000)民终字第34号民事判决书:中国农业银行新疆分行营业部、中国人民银行乌鲁木齐中心支行、乌鲁木齐市工银房地产开发公司与乌鲁木齐城市建设综合开发公司欠款纠纷案【边码24】

46. 最高人民法院(2004)民二终字第205号民事判决书:北京巴布科克·威尔科克斯有限公司与内蒙古电力集团有限责任公司、内蒙古蒙达发电有限责任公司、内蒙古电力投资有限责任公司买卖合同纠纷案【边码27】

47. 最高人民法院(2005)民二终字第205号民事判决书:马某杰与中国人寿保险(集团)公司、中国人民财产保险股份有限公司河南省分公司期货欠款纠纷案【边码43】

48. 最高人民法院(2005)民一终字第104号民事判决书:广西北生集团有限责任公司与

北海市威豪房地产开发公司、广西壮族自治区畜产进出口北海公司土地使用权转让合同纠纷案【边码 67】

49. 最高人民法院(2005)民一终字第 85 号民事判决书:泛华工程有限公司西南公司与中国人寿保险(集团)公司商品房预售合同纠纷案【边码 53】

50. 最高人民法院(2006)民二终字第 212 号民事判决书:中国华融资产管理公司与海口市房地产总公司、海口钟诚房地产开发中心、广州鹏城房产有限公司借款合同纠纷案【边码 46】

51. 最高人民法院(2011)民四终字第 15 号民事判决书:香港艺传国际有限公司与四川广播电视台合作合同纠纷案【边码 33】

52. 最高人民法院(2013)民申字第 2446 号民事裁定书:何某道、曹某泉、张某忠与张某骏、马某荣不当得利纠纷案【边码 71】

53. 最高人民法院(2015)民申字第 3030 号民事裁定书:重庆渝西半岛实业有限公司与四川蜀天建设工程总承包有限公司建设工程施工合同纠纷案【边码 53】

54. 最高人民法院(2015)民提字第 183 号民事判决书:青岛四海房地产开发经营公司与青岛农村商业银行股份有限公司平度支行建设用地使用权合同纠纷案【边码 63】

55. 最高人民法院(2016)最高法民再 59 号民事判决书:厦门南盛糖果食品厂有限公司与万通运达(厦门)国际货运代理有限公司海上货运代理纠纷案【边码 86】

56. 最高人民法院(2017)最高法民再 187 号民事判决书:贵州顺和建筑工程有限责任公司与白云区巢之建建筑材料租赁站、谢某财租赁合同纠纷案【边码 65】

57. 最高人民法院(2017)最高法民终 504 号民事判决书:湖南省怀化公路桥梁建设总公司与湖南潭衡高速公路开发有限公司借款合同纠纷案【边码 26】

58. 最高人民法院(2017)最高法民终 550 号民事判决书:青海普生矿业有限公司、兴海县紫盈矿业有限责任公司、蔡某生与张某劳务合同纠纷案【边码 63】

59. 最高人民法院(2017)最高法民终 964 号民事判决书:延边新合作连锁超市有限公司与吉林龙井农村商业银行股份有限公司抵押合同纠纷案【边码 46】

60. 最高人民法院(2018)最高法民申 2996 号民事裁定书:连云港兴隆实业集团有限公司与咸宁蒲圻矿业有限公司不当得利纠纷案【边码 71】

61. 最高人民法院(2019)最高法知民终 648 号民事判决书:方正国际软件有限公司与全服电子商务有限公司技术合同纠纷案【边码 46】

第188条第2款第3句

最长时效期间及其延长

第188条第2款第3句　但是,自权利受到损害之日起超过二十年的,人民法院不予保护,有特殊情况的,人民法院可以根据权利人的申请决定延长。

简　目

一、规范意旨

(一)规范意义及正当化理由

《民法典》第 188 条(以下简称第 188 条)第 2 款第 3 句包含两项规范:一是最 [1]
长时效期间(以下简称 20 年期间);二是诉讼时效延长(以下简称时效延长)。其
修改了《民法通则》第 137 条第 2 句、第 3 句的规定:20 年期间起算点由"权利被侵
害之日"改为"权利受到损害之日";时效延长的条件新增"根据权利人的申请"。
其内容与《民法总则》第 188 条第 2 款第 3 句相同,仅在标点符号方面略作
修改。

20 年期间对普通和特殊时效期间的计算具有"封顶"作用,即后者起算、中 [2]
止、中断均不得超出前者范围。对于设置 20 年期间的立法目的,立法机关释义书
的解释是"防止诉讼时效过分迟延地不能完成,影响制度的稳定性和宗旨"[1]。
学界与此意见一致,并进一步阐释为:对较短的普通时效期间作出补充和限制,降
低义务人保存清偿证据的成本;[2]具有弥补主观起算点不足的功能,偏重于限制
权利人的利益;[3]作为兜底期间不受权利人主观状态影响,从而保障时效制度统
一、维护法律安全和减少纷争[4]等。比较法上,以(客观起算的)最长时效期间限
制(主观起算的)普通时效期间为立法通例,[5]我国现行法与此一致。

时效延长构成 20 年期间"封顶"的例外。换言之,虽然 20 年期间已届满,但依 [3]
法被延长的,义务人不得以该期间届满为由主张时效抗辩。立法理由在于:当事
人确有正当理由的,应赋予法院必要的自由裁量权延长时效,以应对各种复杂情
况;[6]时效延长是对中止和中断的补充,是法律充分保护权利人的一种措施。[7]

大陆法系范围内,仅个别国家设有时效延长规则,[8]大多数立法中最长时效 [4]
期间的"封顶"具有绝对效力,以杜绝时效过长的风险。[9] 英美法系中虽有时效

〔1〕　参见黄薇主编:《中华人民共和国民法典总则编释义》,法律出版社 2020 年版,第 504 页。

〔2〕　参见陈甦主编:《民法总则评注(下册)》,法律出版社 2017 年版,第 1357—1358 页(周江洪执笔)。

〔3〕　参见冯恺:《诉讼时效制度研究》,山东人民出版社 2007 年版,第 122—123 页。

〔4〕　参见朱岩:《消灭时效制度中的基本问题》,载《中外法学》2005 年第 2 期,第 171 页。

〔5〕　参见《德国民法典》第 199 条;《法国民法典》第 2232 条;《日本民法典》第 724 条。

〔6〕　参见梁书文主编:《民法通则贯彻意见诠释》,中国法制出版社 2001 年版,第 150 页。

〔7〕　参见佟柔主编:《中国民法》,法律出版社 1990 年版,第 615 页。

〔8〕　参见《俄罗斯联邦民法典》第 205 条;《蒙古国民法典》第 70 条第 2 款。

〔9〕　Vgl. Helmut Grothe, Kommentar zum § 199, in: *Münchener Kommentar zum BGB*, 9. Aufl.,
München: C. H. Beck, 2021, Rn. 48.

延长规则,但其适用范围十分狭窄,即仅适用于诽谤、人身伤害等案件。[10] 其适用效果是,法官可基于保护特定受害人的需要排除时效适用,允许原告继续诉讼。[11]《民法典》颁布前,对于我国应否设置时效延长制度,学界存在争议。肯定说理由:其一,可对中止、中断起补充作用;其二,可在特殊情况下实现公平;其三,应坚持我国特有的本土资源;其四,我国应借鉴域外延长制度之立法例。[12] 否定说理由:其一,与中止、中断相互抵牾;其二,赋予法官过大自由裁量权,导致法律不确定性的恶果;其三,是我国特定历史背景下的产物,该历史背景已然消失;其四,实务中适用时效延长的实例多为误用;其五,英美法上的延长制度不足以成为理由。[13]《民法典》最终采纳了肯定说。有学者指出,在潜伏期很长的人身损害赔偿等特殊案件中,现有起算、中止、中断规则无法完全解决问题,故时效延长确有必要。但为避免滥用,应设置更为严格的适用程序,例如必要时须经最高人民法院批准才可延长。[14] 该意见可资赞同。

(二)最长时效期间和时效延长的性质

5　　20 年期间的性质,从以下几方面说明:其一,20 年期间与普通和特殊时效期间不是并列关系,而是前者限制后者的计算。20 年期间是对权利的最长保护期间。[15] 其二,依据《民法典总则编解释》第 35 条规定,20 年期间原则上是不变期间,即不适用中止、中断规则,仅于特殊场合下可以延长。20 年期间系为"封顶"而设,如果适用中止、中断规则,将有悖于其立法目的。[16] 其三,20 年期间届满效力亦采"抗辩权发生主义",即由义务人取得抗辩权,而非实体权利消灭。《民法典》第 192 条(时效届满效力)和第 193 条(职权禁用规则)亦适用于 20 年期间。

6　　值得说明的是,对于 20 年期间的性质,学界一直存在争议。学理意见包括

---

〔10〕　参见英国《1980 年诉讼时效法》第 32A 条。

〔11〕　See Andrew Mcgee, *Limitation Periods*, Sweet & Maxwell Ltd. ,2002, p. 142.

〔12〕　参见梁展欣主编:《诉讼时效司法实务精义》,人民法院出版社 2010 年版,第 121 页;冯恺:《诉讼时效制度研究》,山东人民出版社 2007 年版,第 220 页;葛承书:《民法时效——从实证的角度出发》,法律出版社 2007 年版,第 211 页。

〔13〕　参见杨巍:《民法时效制度的理论反思与案例研究》,北京大学出版社 2015 年版,第 438—442 页;霍海红:《诉讼时效延长规则之反省》,载《法律科学》2012 年第 3 期,第 87—92 页;李永锋:《英国诉讼时效延长制度具体改革——兼论对我国民法典的启示》,载《法学》2006 年第 12 期,第 112—114 页。

〔14〕　参见朱虎:《诉讼时效制度的现代更新——政治决断与规范技术》,载《中国高校社会科学》2017 年第 5 期,第 93 页。

〔15〕　参见黄薇主编:《中华人民共和国民法典总则编释义》,法律出版社 2020 年版,第 504 页。

〔16〕　参见王利明主编:《中国民法典释评·总则编》,中国人民大学出版社 2020 年版,第 488 页(高圣平执笔)。

"最长诉讼时效期间说"[17]"除斥期间说"[18]"最长权利保护期限说"[19]"最长期间限制说"[20]"权利最长主张期间说"[21]等。我国学界该争议似乎与日本学界对《日本民法典》第 724 条中 20 年期间性质之争(消灭时效说和除斥期间说)类似,但日本学界的争议核心是 20 年期间能否适用中止、中断规则以及法官能否主动援用,故 20 年期间定性关乎规则的具体适用。[22] 在我国现行法框架下,20 年期间的适用规则(不适用中止、中断)和适用效果(抗辩权发生)的规定基本明确,对 20 年期间冠以何种概念,均不影响规则适用及适用效果。因此该争议主要是"正名"之争,而无关规则的具体适用。本文以最长时效期间称之。

《民法典》第 197 条第 1 款规定,当事人就时效期间所作约定无效。由于延长仅适用于 20 年期间,故无论约定延长事由或直接约定延长 20 年期间,均属无效。从另一角度观察,此类约定亦构成当事人预先放弃时效利益,依据第 197 条第 2 款,亦应认定无效。   7

法院受理案件时不应审查时效延长事项,受理后权利人申请延长时效的,法院根据该申请审查是否具备时效延长条件;权利人未申请的,法院对时效延长不作审查。这是《民法典》第 193 条(职权禁用规则)的当然要求。   8

(三) 适用范围

普通时效期间(3 年)的计算须受 20 年期间限制,即起算、中止、中断均须发生于 20 年期间之内,但 20 年期间延长的除外。   9

特殊时效期间的计算原则上亦须受 20 年期间限制,但法律对某些特殊时效期间另行规定最长时效期间的除外。单行法规定的特殊最长时效期间包括:产品责任案件中 10 年期间(《产品质量法》第 45 条第 2 款);海上旅客运输合同(旅客死亡)案件中 3 年期间(《海商法》第 258 条第 2 项);船舶油污损害案件中 6 年期间(《海商法》第 265 条)等。   10

20 年期间和时效延长均规定于第 188 条第 2 款第 3 句,故延长适用于 20 年期间不存疑义。[23] 有疑问的是,普通和特殊时效期间可否适用延长规则?《民通   11

〔17〕 参见王利明:《民法总则研究》(第 3 版),中国人民大学出版社 2018 年版,第 776 页。

〔18〕 参见佟柔主编:《中国民法学·民法总则》,中国人民公安大学出版社 1990 年版,第 321 页。

〔19〕 参见郭明瑞主编:《民法》(第 2 版),高等教育出版社 2007 年版,第 147 页。

〔20〕 参见霍海红:《"20 年期间"定性之争鸣与选择——以〈民法通则〉第 137 条为中心》,载《华东政法大学学报》2010 年第 3 期,第 37 页。

〔21〕 参见张驰:《论民事诉讼时效所定 20 年期间的性质》,载《华东政法学院学报》1999 年第 3 期。

〔22〕 参见[日]山本敬三:《民法讲义 I 总则》(第 3 版),解亘译,北京大学出版社 2012 年版,第 490—492 页。

〔23〕 相反意见参见王利明:《民法总则研究》(第 3 版),中国人民大学出版社 2018 年版,第 777 页。

意见》第 175 条第 1 款曾对此作出肯定性规定。理由在于，由于普通和特殊时效期间均短于 20 年期间，为应对各种复杂情况，其适用延长规则更具需求。[24] 但《民法典总则编解释》第 35 条改变态度，规定普通时效期间不适用延长规则。[25] 因为普通和特殊时效期间是可变期间，本可通过中止、中断被"加长"，故没有另行适用延长规则的必要。该规定体现了进一步限制适用延长规则的精神。

12　　《民法典》第 198 条规定诉讼时效与仲裁时效构成一般规定与特殊规定关系，且仲裁法律对最长时效期间和时效延长均未作规定，故仲裁时效领域原则上亦适用第 188 条第 2 款第 3 句，但该规定与仲裁关系不兼容的除外。[26] 实务中，劳动争议仲裁案件适用 20 年期间十分常见，[27]可能的原因是劳动纠纷较易迁延日久。

13　　执行领域中，申请执行时效不适用第 188 条第 2 款第 3 句之 20 年期间和延长规则。理由在于：其一，（客观起算的）20 年期间系为限制（主观起算的）普通和特殊时效期间而设，而取得执行名义的请求权处于法律上"已决"状态且当事人对此明知，故不符合 20 年期间的规范目的。其二，我国法律未针对已取得执行名义的请求权规定更长的时效期间，申请执行时效期间（2 年）甚至短于普通诉讼时效期间（3 年）。在此前提下，如果申请执行时效还要受 20 年期间限制，对权利人（申请执行人）过于严苛。其三，《民事诉讼法》（2021 年修正）第 246 条仅规定申请执行时效适用中止、中断规则，而未提及延长。该条似乎隐含了以下含义：因执行领域不适用 20 年期间，而延长主要适用于该期间，因此没有必要规定延长规则。

14　　《行政诉讼法》第 46 条第 2 款规定的 20 年、5 年期间是行政诉讼中的最长起诉期限，其性质不同于《民法典》规定的 20 年期间，故不适用延长规则。[28]

二、最长时效期间的起算

（一）20 年期间的起算

15　　比较法上，虽然各立法中最长时效期间均采客观起算标准，但该客观起算点的界定则存在较大分歧。模式一采"侵害行为发生之时"标准。该起算点具体是指"行为实施时、义务违反时或引起损害的其他事件发生时"[29]"侵权行为之

〔24〕　参见梁书文主编：《民法通则贯彻意见诠释》，中国法制出版社 2001 年版，第 150 页。

〔25〕　该条文义虽未涉及特殊时效期间，但依其精神亦为否定态度。

〔26〕　参见杨巍：《仲裁时效与诉讼时效衔接研究》，社会科学文献出版社 2019 年版，第 163—165 页。

〔27〕　参见最高人民法院（2014）民申字第 1276 号民事裁定书。

〔28〕　参见最高人民法院（2017）最高法行申 3010 号行政裁定书。

〔29〕　参见《德国民法典》第 199 条。

时"[30]等。理由在于,将纯粹客观确定时点作为起算点,有利于实现公众在法律明确性和法律和平方面的利益;[31]为普通时效期间(浮动期间)划出时效未完成的最终时间点,以避免权利在很长时间(如100年、200年)后产生。[32] 模式二采"损害发生之时"标准。该起算点被表述为"权利产生之日"[33]"能够行使权利之时"[34]等。该模式下,普通时效期间和最长时效期间起算标准中对"损害发生"作相同要求,区别仅在于后者不要求"权利人知情"。理由在于,损害发生前请求权尚未产生,未主张权利的结果即使在抽象意义上也无法归咎于权利人,故基于利益平衡考量,应由义务人而非权利人承担时效上的不利后果。[35] 有观点认为,从时效制度的基本价值判断,模式二更为合理。但如果采模式一,则应将最长时效期间设置得更长(相较于模式二而言),且依据被侵害法益的"位阶"分别设置最长时效期间。[36]

对于我国法律中的20年期间起算标准,《民法通则》第137条第2句(权利被侵害之日)系采模式一不存疑义,但《民法典》改为"权利受到损害之日"是否意味着改采模式二,则尚存疑义。立法机关和最高人民法院释义书对此均未予明确。学理上,对该变化的解读有两种意见:第一种观点认为,"权利受到损害之日"仍应解释为权利被侵害之日,因为20年期间起算点与普通时效期间起算点系采不同标准。[37] 第二种观点认为,第188条第2款第1句和第3句之"权利受到损害之日"应采相同解释,即均扩张解释为权利受到侵害或请求权产生之时。[38]

笔者赞同第一种观点,20年期间起算点应解释为权利被侵害之日,即侵权行为、违约行为实施之日或其他致害事实发生之日。理由如下:其一,此类客观时点是法律关系正常状态被破坏的最早时点,此时起权利人始有寻求救济的可能,故该起算点较为符合诉讼时效制度目的。其二,客观起算标准的核心价值是确定性,采取纯粹客观确定的起算点有利于强化20年期间"封顶"效力的可预见性。

16

17

---

〔30〕 参见《日本民法典》第724条。

〔31〕 Vgl. Helmut Grothe, Kommentar zum § 199, in: *Münchener Kommentar zum BGB*, 9. Aufl., München: C. H. Beck, 2021, Rn. 48.

〔32〕 松久三四彦『時効制度の構造と解釈』(有斐閣、2011年) 420頁,参照。

〔33〕 参见《法国民法典》第2232条。

〔34〕 参见《奥地利民法典》第1478条。

〔35〕 参见[奥]海尔姆特·库齐奥主编:《侵权责任法的基本问题(第二卷)》,张家勇等译,北京大学出版社2020年版,第743页。

〔36〕 参见[奥]海尔姆特·库齐奥:《侵权责任法的基本问题(第一卷)》,朱岩译,北京大学出版社2017年版,第329页。

〔37〕 参见张雪楳:《诉讼时效审判实务与疑难问题解析——以〈民法总则〉诉讼时效制度及司法解释为核心》,人民法院出版社2019年版,第328页。

〔38〕 参见陈甦主编:《民法总则评注(下册)》,法律出版社2017年版,第1358页(周江洪执笔)。

"权利受到损害之日"的判断具有很大的不确定性,似与确定性要求相悖。其三,该起算点最受质疑之处在于,在潜伏期很长的人身损害、生态环境损害等案件中,可能出现损害尚未确定、20 年期间已届满而致权利人丧失救济的情形。对于这些特殊案型,域外法通常借助额外特殊规则(如举证责任、更长时效期间)为权利人提供救济。[39] 我国现行法中的延长规则亦可适用于此类案型,以解决该起算点在极端情形下的不合理效果。其四,从法律延续性角度来看,如果转换立法模式,立法机关应特别说明理由。但现有文献对此并无片语,故仍采既有模式解释为妥。第 188 条第 2 款第 3 句之"权利受到损害之日",似为因循第 1 句表述之误。

18　　　20 年期间起算点在合同领域和侵权领域的具体表现存在一定程度的差异。在合同案件中,该起算点是"违约行为实施之日"。由于合同义务内容及履行期限相对明确,该起算点与普通时效期间起算点多会重合(如迟延履行场合)。实务中,合同案件中 20 年期间起算的常见情况包括:(1)借款合同纠纷中,起算点是"借款到期日";[40](2)保险合同纠纷中,起算点是"保险事故发生之日"(投保房屋发生火灾之日);[41](3)未约定履行期限的承揽合同纠纷中,起算点是"宽限期届满之日";[42](4)买卖的房屋面积不符合约定,起算点是"买卖合同履行完毕之日";[43](5)法律服务合同纠纷中,起算点是"诉争代理行为发生之日";[44](6)施工合同纠纷中,原告认为被告未按约定修建楼梯的行为侵害其权利,起算点是"竣工验收之日"[45]等。

19　　　侵权案件中,20 年期间起算点是"侵权行为实施之日或其他致害事实发生之日"。实务中,常见情形包括:(1)医疗事故致人死亡纠纷中,起算点是"患者死亡之日";[46](2)人身伤害纠纷中,起算点是"殴打行为发生之日";[47](3)原告诉称医疗输血致其感染丙肝病毒,起算点是"治疗结束出院之日";[48](4)供电设施致人损害纠纷中,起算点是"电击事故发生之日";[49](5)工伤赔偿纠纷中,起算点是

---

〔39〕　参见[德]克里斯蒂安·冯·巴尔、[英]埃里克·克莱夫主编:《欧洲私法的原则、定义与示范规则:欧洲示范民法典草案(全译本):第 1 卷、第 2 卷、第 3 卷》,高圣平等译,法律出版社 2014 年版,第 1038 页。

〔40〕　参见河北省高级人民法院(2020)冀民申 8428 号民事裁定书。

〔41〕　参见贵州省高级人民法院(2019)黔民申 3184 号民事裁定书。

〔42〕　参见广西壮族自治区高级人民法院(2019)桂民申 4758 号民事裁定书。

〔43〕　参见吉林省高级人民法院(2017)吉民申 2422 号民事裁定书。

〔44〕　参见山东省高级人民法院(2017)鲁民申 702 号民事裁定书。

〔45〕　参见重庆市高级人民法院(2015)渝高法民申字第 00611 号民事裁定书。

〔46〕　参见安徽省高级人民法院(2020)皖民申 4216 号民事裁定书。

〔47〕　参见北京市高级人民法院(2019)京民申 2861 号民事裁定书。

〔48〕　参见四川省高级人民法院(2018)川民申 2687 号民事裁定书。

〔49〕　参见重庆市高级人民法院(2017)渝民申 531 号民事裁定书。

"工伤事故发生之日";[50](6)侵害集体经济组织成员权益纠纷中,起算点是"村委会作出出卖耕地的决定之日"[51]等。

(二)特殊最长时效期间的起算

依据单行法规定,特殊最长时效期间起算点包括:(1)产品责任案件中 10 年   20 期间起算点是"缺陷产品交付最初消费者之日"(《产品质量法》第 45 条第 2 款); (2)海上旅客运输合同(旅客死亡)案件中 3 年期间起算点是"旅客离船之日" (《海商法》第 258 条第 2 项);(3)船舶油污损害案件中 6 年期间起算点是"造成损害的事故发生之日"(《海商法》第 265 条)等。

三、最长时效期间延长的条件

(一)条件 1:20 年期间已经届满

20 年期间是普通和特殊时效期间的"封顶"期间,而时效延长构成"封顶"的   21 例外,即 20 年期间届满后仍给出一定时间使普通和特殊时效期间继续计算,故 20 年期间届满后才能适用延长规则。在"银广夏证券虚假陈述系列案"[52]中,法院于普通时效期间尚未届满时(20 年期间亦未届满)提前适用延长规则,以"预留时间"给当事人起诉。该做法系对延长规则的误用,因为其既不具备本条件,又未虑及适用诉讼外请求之中断事由的可能性。[53]

(二)条件 2:普通和特殊时效期间已起算、未届满,或者普通和特殊时效期间尚未起算

依据《民法典总则编解释》第 35 条,普通和特殊时效期间不适用延长规则。   22 据此,仅在两种情形下延长 20 年期间才具意义:一是 20 年期间届满时普通和特殊时效期间已起算、未届满。该情形下延长时效意味着,在 20 年期间之外普通和特殊时效仍可通过中止、中断而继续计算。二是 20 年期间届满时普通和特殊时

---

〔50〕 参见四川省高级人民法院(2017)川民申 4637 号民事裁定书。

〔51〕 参见四川省高级人民法院(2014)川民申字第 1054 号民事裁定书。

〔52〕 该案背景及诉讼过程参见章武生:《类似案件的迥异判决——银广夏虚假陈述证券民事赔偿案评析》,载《华东政法大学学报》2010 年第 2 期,第 38—41 页。

〔53〕 关于该案时效问题的详细分析,参见杨巍:《民法时效制度的理论反思与案例研究》,北京大学出版社 2015 年版,第 433—435 页。对该案适用延长规则的辩护意见,参见张雪楳:《诉讼时效审判实务与疑难问题解析——以〈民法总则〉诉讼时效制度及司法解释为核心》,人民法院出版社 2019 年版,第 346—347 页。

效尚未起算。该情形下延长时效,可使普通和特殊时效在延长期间内起算并继续计算。

23　　如果普通和特殊时效起算、届满均发生于 20 年期间届满之前,则延长 20 年期间没有实际意义。因为该情形下即使延长 20 年期间,由于普通和特殊时效期间已届满且不能延长,故普通和特殊时效无法在 20 年期间之后的延长期间内继续计算。

(三)条件 3:时效延长事由存在于 20 年期间届满以前

24　　第 188 条第 2 款第 3 句将延长事由表述为"特殊情况",但对具体情形未作说明或列举。《民通意见》第 169 条曾将延长事由之"特殊情况"解释为"权利人由于客观的障碍在法定诉讼时效期间不能行使请求权"。《民通意见》虽已被废止,但最高人民法院释义书仍采此解释。[54] 据此,延长事由具有以下特征:

25　　其一,客观性。延长事由须为"客观障碍",即当事人意志以外的客观事实。如果因权利人主观意志或者个人因素阻碍其行使权利,不构成延长事由。例如:(1)因法定代表人资格争议导致"公司一直处于法人意志无法实现的状态";[55](2)权利人主张其生活困难、不能认识疾病与医疗行为的因果关系;[56](3)权利人(某经理部)的负责人因犯罪被判处刑罚,业务员潜逃[57] 等。

26　　有判决认为,肇事者和保险公司均未告知权利人(受害人)肇事车辆投保了交强险,而权利人是农村妇女(文盲),故权利人"无论从其文化程度还是从其社会认知能力等各方面来看,都不能确定其能够知道肇事车辆已投保交强险的情况"。该情形属于"客观原因"而非"主观原因",构成延长事由。[58] 在另一案件中,原告 6 岁时触电受伤,其后父亲去世、母亲改嫁,其由重度残疾的爷爷以及智力障碍的奶奶照看,其成长环境对智力发展程度产生重大影响。原告起诉时 20 年期间已届满,法院以"本人对时效届满在主观上无过错""家庭几经变故的特殊性"为由,认定构成延长事由。[59] 笔者认为,由于时效中止规则仅对行为能力欠缺者提供救济(《民法典》第 194 条第 1 款第 2 项),而未将其他智识能力低下者纳入保护范围,因此个案中法院适用延长规则对后者提供救济亦属合理。

27　　其二,补充性。延长事由不包括法律规定的中止和中断事由,因为后者虽也

---

〔54〕 参见最高人民法院民法典贯彻实施工作领导小组主编:《中华人民共和国民法典总则编理解与适用(下)》,人民法院出版社 2020 年版,第 950 页。

〔55〕 参见辽宁省高级人民法院(2019)辽民申 1232 号民事裁定书。

〔56〕 参见四川省高级人民法院(2017)川民申 1361 号民事裁定书。

〔57〕 参见江苏省高级人民法院(2016)苏民终 883 号民事判决书。

〔58〕 参见宁夏回族自治区中卫市中级人民法院(2015)卫民终字第 472 号民事判决书。

〔59〕 参见河北省保定市中级人民法院(2019)冀 06 民终 2671 号民事判决书。

可阻碍行使权利或使时效期间加长,但各自发生中止效力或中断效力。

其三,障碍性。该事由须导致权利人根本无法行使权利或行使权利极其困难,此处"无法行使""极其困难"原则上应采普通人标准判断。如果某情形仅导致行使权利的成本增加或者困难程度增加,而这种增加仍属于正常的生活风险,则不构成延长事由。例如:(1)权利人高位截瘫卧床 6 年,且居住在偏僻落后的小山村;[60](2)权利人在新疆支边,不便返回上海起诉;[61](3)权利人年纪大无法开刀、需保守治疗且已构成伤残;[62](4)权利人因忙于工作而没有起诉;[63](5)权利人多年来因碍于情面所以没有起诉[64]等。 **28**

其四,严格性。由于现行法对延长事由未作列举性规定,认定可否延长时效系由法院自由裁量。延长事由应从严认定,法院应考量的因素包括诉讼时效目的、权利保护必要性等。[65] 仅当某情形具有异常性时,即现有起算规则、20 年期间等未将该情形纳入规则设计的考虑,而简单适用现有规则的结果却悖于常理或法律精神的,才有可能构成延长事由。 **29**

延长事由必须存在于 20 年期间之内(起算后至届满前),但第 188 条第 2 款第 3 句并未要求该事由必须发生在临近 20 年期间届满的时间段内,这与时效中止不同。现行法也未要求延长事由须延续至 20 年期间届满之日。如果延长事由在 20 年期间届满以前已经消灭,延长事由消灭后的一段时间内(延长事由消灭之日至 20 年期间届满之日)权利人仍有机会行使权利的,是否还可适用延长规则?应采肯定解释,因为以下情形适用延长规则仍有必要:一是该时间段内普通和特殊时效尚未起算;二是延长事由虽已消灭,但其影响在该时间段内并未消除,而阻碍行使权利。 **30**

延长事由发生于 20 年期间届满之后的,不具备时效延长的条件,因为 20 年期间之内并无行使权利的阻碍,该期间届满时"封顶"效果已确定产生,其后发生的事由不能溯及地突破"封顶"效果。 **31**

(四)条件 4:权利人申请延长

该条件于《民法通则》中未作规定,属《民法典》新增规定。依据该条件,法院不得依职权主动适用延长规则,而仅于权利人申请延长的情形下才能审查延长事 **32**

---

〔60〕 参见福建省高级人民法院(2016)闽民申 491 号民事裁定书。

〔61〕 参见上海市第一中级人民法院(2016)沪 01 民终 9158 号民事判决书。

〔62〕 参见江苏省无锡市中级人民法院(2015)锡民终字第 1182 号民事判决书。

〔63〕 参见湖北省武汉市中级人民法院(2015)鄂武汉中民二终字第 00856 号民事判决书。

〔64〕 参见江苏省南京市中级人民法院(2014)宁民终字第 2296 号民事判决书。

〔65〕 参见梁慧星:《民法总论》(第 5 版),法律出版社 2017 年版,第 265 页。

宜。这是职权禁用规则(《民法典》第 193 条)在时效延长场合下的当然结论。该条件仅要求权利人提出延长申请,并不要求该申请中包含被延长的"具体期间"。法院结合案件具体情况,对延长期间作出认定。

33　　　权利人提出延长申请的时间是义务人主张时效抗辩之后。起诉书中不必提出延长申请,因为此时义务人是否主张时效抗辩尚不确定。如果义务人在诉讼中主张时效抗辩,法庭辩论终结前权利人有权提出延长申请。

四、最长时效期间延长的事由

(一)常见延长事由

1. 涉台案件

34　　　涉台案件是《民法通则》施行后不久适用延长规则的主要案型,此类案件适用延长规则的意义在于解决历史遗留的民事纠纷。最高人民法院印发的《关于人民法院处理涉台民事案件的几个法律问题》指出,对于"涉及去台人员和台湾同胞的案件",人民法院可以作为特殊情况予以适当延长。最高人民法院印发的《处理涉台刑事申诉民事案件座谈会纪要》规定,对于"去台人员和台胞向人民法院提起诉讼的继承案件",人民法院可依法作为特殊情况延长诉讼时效。《最高人民法院公报》案例亦有涉台案件适用延长规则的实例。[66]

2. 涉及身份关系案件

35　　　对于涉及身份关系案件,基于身份关系的伦理属性,学界及实务界多主张可适用延长规则。[67] 在著名的"婴儿连环抱错案"中,因被告(医院)疏忽,致原告生产男婴被抱错,原告多年后发现抚养之子并非亲生,但此时已过 20 年。原告诉讼请求包括:(1)被告协助原告寻找亲生子;(2)被告赔偿抚育费;(3)被告赔偿精神抚慰金;(4)被告赔礼道歉。法院以"不知受到侵害和不能主张权利的情形属于客观障碍"为由,认为本案可以适用延长规则。[68] 应注意的是,《民法典》施行后,诉讼请求(1)和(4)不适用诉讼时效(《民法典》第 196 条、第 995 条),但对于(2)和(3)延长时效仍具意义。

---

〔66〕　参见《李金连、李娜萍诉柯杰生房屋典当回赎纠纷案》,载《最高人民法院公报》1993 年第 1 期。

〔67〕　参见李宇:《民法总则要义:规范释论与判解集注》,法律出版社 2017 年版,第 889—890 页。

〔68〕　参见《孙华东夫妇诉通化市人民医院错给所生孩子致使其抚养他人孩子达 20 余年要求找回亲子和赔偿案》,载最高人民法院中国应用法学研究所编:《人民法院案例选》2003 年第 4 辑(总第 46 辑),人民法院出版社 2004 年版,第 93 页以下。关于该案的详细分析,参见杨巍:《民法时效制度的理论反思与案例研究》,北京大学出版社 2015 年版,第 432—433 页。

3. 涉及人身伤害的潜伏损害

基于强化保护人格权(生命权、健康权等)的理由,各国立法共识是对于人身 **36**
伤害的时效问题作特殊处理。主要有两种模式:一是规定更长的时效期间适用于
此类请求权,例如德国为 30 年(《德国民法典》第 197 条第 1 款第 1 项),法国为 10
年、20 年(《法国民法典》第 2226 条)。二是将此类请求权排除适用诉讼时效,例
如英国(《法律委员会第 270 号关于诉讼时效的报告》)。从域外法经验来看,儿童
性虐待、石棉沉滞症、医疗过失行为等案件中对权利人(受害人)给予时效上的优
待具有明显的合理性,因为此类案件中损害显现的潜伏期较长,而且生命、健康以
及身体完整性属于法律应予特别保护的价值目标。[69]

我国《民法通则》第 136 条第 1 项曾规定人身伤害请求权适用 1 年时效期间, **37**
其不合理性甚明。《民法典》删除该规定,但亦未采上述两种模式,故只能适用延
长规则对此类受害人提供特殊救济。有观点认为,该案型适用时效延长除应当具
备前述一般条件外,还应具备以下条件:其一,20 年期间届满前权利人不知道或者
不应当知道权利受到损害,其未主张权利无过错;其二,不违反诉讼时效稳定交易
秩序的立法目的;其三,不存在证据湮没的情形;其四,如果因时效不保护权利人,
有违社会伦理、公序良俗。[70] 该意见可资赞同。

实务中,涉及人身伤害案件适用延长规则的情形包括:(1)1993 年原告到被 **38**
告(卫生院)处做结扎手术,因被告过失纱布遗留腹腔内,原告发现时已过 20 年,
于 2016 年起诉;[71](2)1994 年因被告(血站)过失致使原告感染丙肝病毒,丙肝潜
伏期较长且不易发现,2014 年原告才被确认为丙型肝炎并持续治疗,于 2016 年起
诉;[72](3)1993 年原告母亲于被告(医院)处生产,被告采取的医疗行为处置不
当,产下的原告患有脑瘫,2011 年至 2012 年原告及其监护人通过就医知道脑瘫与
被告医疗行为之间存在一定关联性,其后向被告主张权利,于 2015 年起诉;[73]
(4)1988 年和 1990 年原告到被告(医院)处输血感染××病毒,因××长期具有
隐匿性,原告一直没有体征表现,原告发现时已过 20 年,于 2014 年起诉[74]等。

实务中,亦有法院以举证不能等理由否认适用延长规则。例如:(1)原告于 **39**

---

〔69〕 参见[德]克里斯蒂安·冯·巴尔、[英]埃里克·克莱夫主编:《欧洲私法的原则、定义与示范
规则:欧洲示范民法典草案(全译本):第 1 卷、第 2 卷、第 3 卷》,高圣平等译,法律出版社 2014 年版,第
1037 页。

〔70〕 参见张雪楳:《诉讼时效审判实务与疑难问题解析——以〈民法总则〉诉讼时效制度及司法解
释为核心》,人民法院出版社 2019 年版,第 349 页。

〔71〕 参见安徽省淮南市中级人民法院(2017)皖 04 民终 646 号民事判决书。

〔72〕 参见河南省三门峡市中级人民法院(2017)豫 12 民终 1265 号民事判决书。

〔73〕 参见浙江省绍兴市中级人民法院(2017)浙 06 民终 2777 号民事判决书。

〔74〕 参见江苏省徐州市中级人民法院(2014)徐民终字第 2380 号民事判决书。

2017 年起诉,主张因 1992 年于被告(医院)处输血感染××,法院以"不知道权利被侵害的原因不属于客观原因""未能举证证明感染××与被告输血行为之间具有因果关系"为由,否认适用延长规则;[75] (2)1993 年 8 月原告于被告(医院)处住院输血治疗,2013 年 11 月被检测出丙肝抗体呈阳性、患有慢性丙型肝炎,于当年 12 月起诉,法院以"侵权行为发生后患者没有出现症状、不可能知道侵权行为的存在"不属于"特殊情况""客观障碍"为由,否认适用延长规则。[76] 笔者认为,该案型考虑举证因素故属无误(边码 37),但亦应虑及医疗纠纷中举证责任倒置规则的适用(《民法典》第 1222 条)。将"潜伏期内权利人不知情"不属于客观障碍为由否认适用延长规则显非合理,因为其混淆了时效主观起算标准与延长规则突破"封顶"的关系。

4. 义务人恶意逃避债务

40　　　比较法上存在以下共识:对于实施欺诈行为的义务人,不能允许其依据一般规则主张时效抗辩,而应限制甚至剥夺其时效抗辩权,即"欺诈毁灭一切规则"。[77] 我国亦有学理意见认为,义务人恶意以各种手段逃避债务导致权利人不能行使权利的,违反诚信原则,可构成延长事由。[78] 实务中采此意见的实例包括:(1)继承人之一(被告)一直藏匿作为遗产的《平安帖》,导致其他继承人(原告)均不知该《平安帖》的下落;[79] (2)义务人数年间采取变更住所等手段躲避权利人,构成恶意躲避债务[80] 等。

5. 有关机关履责时间过长

41　　　该情形分为两种情形处理:其一,"有关机关履行职责出具结论"构成权利人行使权利前提条件的,可构成延长事由。在某些极端情形下,有关机关履责时间过长导致 20 年期间届满,由于行使权利的客观障碍一直存在,故可适用延长规则救济权利人。例如:(1)交通事故责任纠纷中,交警大队对受害人死亡一直未作出认定结论、未认定责任人,死者家属多次上访寻求救济,起诉时已过 20 年;[81] (2)1990 年甲(当时为托儿所学生)被保育员用热汤烫伤,甲父当年向法院起诉,该案一直处

---

〔75〕　参见湖北省高级人民法院(2018)鄂民申 3364 号民事裁定书。

〔76〕　参见湖北省襄阳市中级人民法院(2014)鄂襄阳中民二终字第 00339 号民事判决书。

〔77〕　参见[德]克里斯蒂安·冯·巴尔、[英]埃里克·克莱夫主编:《欧洲私法的原则、定义与示范规则:欧洲示范民法典草案(全译本):第 1 卷、第 2 卷、第 3 卷》,高圣平等译,法律出版社 2014 年版,第 1039 页。

〔78〕　参见张雪楳:《诉讼时效审判实务与疑难问题解析——以〈民法总则〉诉讼时效制度及司法解释为核心》,人民法院出版社 2019 年版,第 349—350 页。

〔79〕　参见最高人民法院(2015)民申字第 150 号民事裁定书。

〔80〕　参见湖南省常德市中级人民法院(2017)湘 07 民终 1913 号民事判决书。

〔81〕　参见湖南省张家界市中级人民法院(2019)湘 08 民终 268 号民事判决书。

于审理过程中,至 2012 年 6 月法院对该案作出处理结果,甲(已成年)即以自己名义起诉,但已过 20 年。[82]

其二,有关机关履行职责与否不阻碍权利人行使权利的,不构成延长事由。例如:(1)义务人更名、公安机关未作出明确处理意见,未导致权利人不能行使权利;[83](2)公安机关的侦查活动虽未结束,但不影响权利人向人民法院起诉;[84](3)公安机关、教委没有出具相关证明,对权利人提起民事赔偿诉讼不构成客观障碍。[85] 在此类情形下,虽然有关机关履行职责的结果影响权利人行使权利的"胜算",但未导致不能行使权利,故不构成延长事由。

(二)存在疑义的情形

1. 行社脱钩

所谓行社脱钩,是指 1996 年以后农村信用社与中国农业银行脱离行政隶属关系。2002 年《最高人民法院关于涉及农业银行与农村信用社脱钩遗留资金纠纷案件有关问题的通知》要求,在中国人民银行关于处理此类行社脱钩遗留资金问题处理意见出台之前,各级人民法院暂不受理此类案件。2005 年《最高人民法院关于对涉及农业银行与农村信用社脱钩遗留资金纠纷案件恢复诉讼程序的通知》指出,农村金融体制改革基本结束,相关部门已不再出台相应的处理意见,为保护债权人的合法权益,恢复对行社遗留资金纠纷案件的受理。行社脱钩过程中,人民银行的组织协调行为(如要求行社双方各自填制债权债务表格)包含有主张权利或义务承认的意思,可构成中断事由。法院依据上述通知暂不受理此类案件,不构成中止事由,因为权利人仍可诉讼外请求以中断时效。[86] 实务中,有当事人以行社脱钩为由申请延长时效,最高人民法院裁定书对此持否定意见,因为该情形不构成行使权利的法律障碍。[87]

2. 涉及环境污染的潜伏损害

在环境污染和生态破坏案件中,由于损害显现的潜伏期往往很长,且生态环境关乎公共利益而属优先保护价值,故基于边码 36 类似理由,对其时效问题有必

〔82〕 参见福建省南平市中级人民法院(2013)南民终字第 609 号民事判决书。

〔83〕 参见四川省高级人民法院(2018)川民申 4092 号民事裁定书。

〔84〕 参见四川省高级人民法院(2017)川民申 402 号民事裁定书。

〔85〕 参见北京市高级人民法院(2017)京民申 1734 号民事裁定书。

〔86〕 参见李世成:《论行社脱钩遗留资金纠纷的诉讼时效问题》,载《人民司法·应用》2013 年第 5 期,第 42—44 页。

〔87〕 参见最高人民法院(2012)民申字第 959 号民事裁定书。

要作特殊处理。有学者认为,此类案件可适用延长规则。[88] 亦有学者主张通过排除适用诉讼时效,[89]加长法定时效期间[90]等方式处理此类案件。还有学者认为,环境公益诉讼与环境私益诉讼在诉讼目的、起诉主体以及诉权基础等方面差异较大,二者时效问题应区别处理。[91]

45　　　在"常州毒地案"中,被告始于20世纪七八十年代的化工生产造成土壤、地下水污染,2015年该地块污染因土壤修复释放毒气导致邻近学校师生受害被普通公众知悉。2016年环保组织对被告提起环境民事公益诉讼,被告主张时效抗辩,法院虽然否认了该时效抗辩,但仅支持了赔礼道歉、支付律师费等诉讼请求,而未支持原告"请求被告承担相关生态环境修复费用""实施货币赔偿"等诉讼请求,亦未适用延长规则。[92] 笔者认为,在现行法框架下,公益诉讼中此类请求权和私益诉讼中损害赔偿请求权应解释为"依法不适用诉讼时效的其他请求权"(《民法典》第196条第4项),而适用延长规则不足以保护此类权利。因为依据排除适用诉讼时效的"重要性标准",相较于《民法典》第196条规定和司法实务认定的请求权(如公共维修基金请求权)[93]而言,环境污染和生态破坏案件中此类请求权的重要性更加明显。

3. 权利人被羁押或服刑

46　　　虽有权利人以"被羁押或服刑不能行使权利"为由申请延长时效,但多数裁判意见持否定态度,[94]仅少数意见持肯定态度。[95] 该情形虽不构成延长事由,但可构成"权利人被义务人或者其他人控制"之中止事由(《民法典》第194条第1款第4项)。[96]

---

〔88〕 参见李树训、冷罗生:《论环境民事公益诉讼的诉讼时效》,载《中国地质大学学报(社会科学版)》2019年第4期,第19页。

〔89〕 参见李艳芳、李斌:《论我国环境民事公益诉讼制度的构建与创新》,载《法学家》2006年第5期,第109页。

〔90〕 参见邓乐:《环境公益诉讼相关问题思考》,载《黑龙江省政法管理干部学院学报》2014年第6期,第121页。

〔91〕 参见李庆保:《论环境公益诉讼的起诉期限》,载《中国政法大学学报》2020年第2期,第34—35页。

〔92〕 参见江苏省高级人民法院(2017)苏民终232号民事判决书。对于该案时效问题的详细分析,参见巩固、陈瑶:《环境侵权诉讼时效规则的问题与完善——从"常州毒地案"切入》,载《中国地质大学学报(社会科学版)》2020年第3期,第35—45页。

〔93〕 参见最高人民法院指导案例65号"上海市虹口区久乐大厦小区业主大会诉上海环亚实业总公司业主共有权纠纷案"。

〔94〕 参见山东省高级人民法院(2016)鲁民申1818号民事裁定书;重庆市高级人民法院(2015)渝高法民申字第00611号民事裁定书。

〔95〕 参见江苏省徐州市中级人民法院(2016)苏03民终4405号民事判决书。该案系依据当时司法解释延长普通时效期间而非20年期间,《民法典》施行后该裁判意见更不能成立。

〔96〕 参见本书第194条评注边码58。

4. 未进行伤残等级评定

交通事故赔偿案件中,常有权利人以"未进行伤残等级评定"为由申请延长时 47
效,但法院通常持否定态度。[97] 该情形虽不构成延长事由,但"伤残评定程序尚
未结束"可构成"其他导致权利人不能行使请求权的障碍"之中止事由(《民法典》
第194条第1款第5项)。[98]

五、最长时效期间届满和延长的效力

(一)最长时效期间届满的效力

1. 20 年期间届满的效力

20 年期间届满的效力同样适用抗辩权发生主义,即届满的直接效力是由义务 48
人取得抗辩权而非权利当然消灭。第188条第2款第3句之"人民法院不予保
护"是指义务人援引抗辩权的效果,而非指届满的直接后果。义务人援引时效抗
辩权的,同样须遵循第192条和第193条设置的援引规则。[99]

20 年期间届满后义务人放弃时效抗辩权的,依据第192条第2款处理:义务 49
人同意履行的,不得以20年期间届满为由抗辩;义务人已经自愿履行的,不得请
求返还。[100]

2. 特殊最长时效期间届满的效力

对于单行法规定的特殊最长时效期间届满效力,应采与20年期间届满效力 50
相同解释,即采用抗辩权发生主义。因为《民法典》和单行法规定的最长时效期间
具有相同的立法目的和规范性质,故应采相同处理。例如《产品质量法》第45条
第2款规定10年期间届满后果是"请求权丧失",应解释为义务人援引时效抗辩
权的结果而非届满的直接后果。[101]

(二)20 年期间延长的效力

1. 延长的期间

时效延长的直接作用是以此否认义务人的时效抗辩权,故延长期间足以否认 51

---

〔97〕 参见浙江省高级人民法院(2013)浙民申第369号民事裁定书。

〔98〕 参见本书第194条评注边码77。

〔99〕 参见陈甦主编:《民法总则评注(下册)》,法律出版社2017年版,第1359页(周江洪执笔)。

〔100〕 参见本书第192条、第193条评注边码46—87。

〔101〕 相关学理及实务意见参见亓培冰、张江莉:《产品责任前沿问题审判实务》,中国法制出版社
2014年版,第215—218页。

该抗辩权即可。对于延长的具体期间,法院可自由裁量予以确定。在适用延长规则的绝大多数案件中,法院仅认定可以延长时效,而未确定延长的具体期间。仅少数法院对延长的具体期间予以确定,例如:(1)延长至起诉之时;[102](2)延长一个具体期间(1 年 7 个月零 29 天);[103](3)延长至某一期日(2004 年 4 月 13 日)[104]等。这些做法均无不可。

2. 延长对起算、中止、中断的影响

52　　　　理论上而言,20 年期间届满前普通和特殊时效期间未起算的,可在延长期间内起算;20 年期间届满前普通和特殊时效期间已起算未届满的,可在延长期间内发生中止、中断(边码22)。但是,由于法院只能在诉讼中根据权利人的申请延长时效,如果法院经过实体审理支持了权利人的诉讼请求,判决生效后计算执行时效,而执行时效不受 20 年期间限制,也不适用延长规则(边码13)。因此,判决生效后的延长期间的剩余期间对执行时效没有意义,原普通和特殊时效也不可能在剩余期间内发生中止、中断。

53　　　　边码 52 的例外情形是,法院仅支持权利人部分请求,未被支持的部分权利仍有时效计算问题,可于延长期间的剩余期间内发生中止、中断。

3. 延长期间届满的后果

54　　　　延长期间届满时权利人仍未行使权利的,导致义务人确定地获得时效抗辩权,而不能于其后再次延长。这与中止、中断可多次发生不同,因为延长规则本是对 20 年期间的例外处理,故不宜使该例外效果反复发生,否则将使诉讼时效制度的确定性破坏过甚。

六、举证责任

55　　　　最长时效期间起算适用时效起算的一般举证规则。其一,被告(义务人)提出时效抗辩之前,原告(权利人)对最长时效期间起算不负举证责任。其二,被告援引时效抗辩权的,应就最长时效期间起算予以举证证明。其三,原告对时效最长时效期间起算提出异议并由此否认被告时效抗辩的,须针对有异议的事实举证以证明时效未届满。

56　　　　时效延长属于对原告(权利人)有利的积极事实,故原则上由其负举证责任。原告起诉时仅须证明权利有效存在,而无须主动证明可以延长时效,原告就时效

---

〔102〕　参见浙江省绍兴市中级人民法院(2017)浙 06 民终 2777 号民事判决书。
〔103〕　参见江苏省徐州市中级人民法院(2016)苏 03 民终 4405 号民事判决书。
〔104〕　参见浙江省绍兴市绍兴县人民法院(2004)绍经初字第 683 号民事判决书。

延长举证系以被告援引时效抗辩权为前提。具体而言:其一,被告提出时效抗辩之前,原告对时效延长不负举证责任。其二,被告援引时效抗辩权的,应就起算、届满等事实举证证明,但对不存在延长情形不负举证责任。其三,原告对被告援引时效抗辩权提出异议并申请延长时效的,须对延长各要件举证予以证明。[105]

附:案例索引

1. 安徽省淮南市中级人民法院(2017)皖 04 民终 646 号民事判决书:代某贤与寿县寿春镇中心卫生院九龙分院等医疗损害责任纠纷案【边码 38】

2. 安徽省高级人民法院(2020)皖民申 4216 号民事裁定书:唐某华等与宿松县洲头乡卫生院医疗损害责任纠纷案【边码 19】

3. 北京市高级人民法院(2017)京民申 1734 号民事裁定书:孙某武、祝某英与北京市密云区教育委员会生命权、健康权、身体权纠纷案【边码 42】

4. 北京市高级人民法院(2019)京民申 2861 号民事裁定书:于某芳与中国铁路北京局集团有限公司生命权、健康权、身体权纠纷案【边码 19】

5. 重庆市高级人民法院(2015)渝高法民申字第 00611 号民事裁定书:任某清与彭水苗族土家族自治县文化广播新闻出版局、彭水苗族土家族自治县图书馆合同纠纷案【边码 18】

6. 重庆市高级人民法院(2017)渝民申 531 号民事裁定书:莫某明与国网重庆市电力公司铜梁区供电分公司触电人身损害责任纠纷案【边码 19】

7. 福建省南平市中级人民法院(2013)南民终字第 609 号民事判决书:南平市妇幼保健院与林某婧健康权、身体权纠纷案【边码 41】

8. 福建省高级人民法院(2016)闽民申 491 号民事裁定书:兰某坤与漳州市交通运输服务公司公路旅客运输合同纠纷案【边码 28】

9. 广西壮族自治区高级人民法院(2019)桂民申 4758 号民事裁定书:广西壮族自治区二〇四地质队与贺州市平桂区黄田镇人民政府承揽合同及追偿权纠纷案【边码 18】

10. 贵州省高级人民法院(2019)黔民申 3184 号民事裁定书:陈某英与务川仡佬族苗族自治县涪洋镇人民政府、中国人民财产保险股份有限公司贵州省分公司财产损害赔偿纠纷案【边码 18】

11. 河北省保定市中级人民法院(2019)冀 06 民终 2671 号民事判决书:史某权与国网河北省电力有限公司曲阳县供电分公司生命权、健康权、身体权纠纷案【边码 26】

12. 河北省高级人民法院(2020)冀民申 8428 号民事裁定书:唐山市长城企划有限责任公司与承德市双桥区蓝天纸制品经销处等金融不良债权追偿纠纷案【边码 18】

13. 河南省三门峡市中级人民法院(2017)豫 12 民终 1265 号民事判决书:李某庄、三门峡市中心血站与三门峡市中心医院医疗损害责任纠纷案【边码 38】

14. 黑龙江省高级人民法院(2015)黑高民申三字第 226 号民事裁定书:姜某田与大庆油

---

[105] 参见黑龙江省高级人民法院(2015)黑高民申三字第 226 号民事裁定书。

田有限责任公司劳动争议纠纷案【边码 56】

15. 湖北省武汉市中级人民法院(2015)鄂武汉中民二终字第 00856 号民事判决书:孙某安与华中科技大学同济医学院附属协和医院医疗损害责任纠纷案【边码 28】

16. 湖北省襄阳市中级人民法院(2014)鄂襄阳中民二终字第 00339 号民事判决书:陈某与襄阳职院附属医院医疗损害责任纠纷案【边码 39】

17. 湖北省高级人民法院(2018)鄂民申 3364 号民事裁定书:文某兰与华润武钢总医院医疗损害责任纠纷案【边码 39】

18. 湖南省常德市中级人民法院(2017)湘 07 民终 1913 号民事判决书:毛某与袁某春民间借贷纠纷案【边码 40】

19. 湖南省张家界市中级人民法院(2019)湘 08 民终 268 号民事判决书:张某林与郭某望等机动车交通事故责任纠纷案【边码 41】

20. 吉林省高级人民法院(2017)吉民申 2422 号民事裁定书:刘某霞与中国石油天然气股份有限公司吉林四平销售分公司房屋买卖合同纠纷案【边码 18】

21. 江苏省南京市中级人民法院(2014)宁民终字第 2296 号民事判决书:黄某忠与项某贤财产损害赔偿纠纷案【边码 28】

22. 江苏省无锡市中级人民法院(2015)锡民终字第 1182 号民事判决书:陆某法与无锡市落霞集贸市场管理有限公司生命权、健康权、身体权纠纷案【边码 28】

23. 江苏省徐州市中级人民法院(2014)徐民终字第 2380 号民事判决书:杨某美与徐州市妇幼保健院医疗损害责任纠纷案【边码 38】

24. 江苏省徐州市中级人民法院(2016)苏 03 民终 4405 号民事判决书:孙某、吴某与朱某林民间借贷纠纷案【边码 46、51】

25. 江苏省高级人民法院(2016)苏民终 883 号民事判决书:淮北市土特产经理部与国华徐州发电有限公司买卖合同纠纷案【边码 25】

26. 江苏省高级人民法院(2017)苏民终 232 号民事判决书:北京市朝阳区自然之友环境研究所、中国生物多样性保护与绿色发展基金会与江苏常隆化工有限公司等环境民事公益诉讼纠纷案【边码 45】

27. 辽宁省高级人民法院(2019)辽民申 1232 号民事裁定书:沈阳科研实业公司与胡某义合同纠纷案【边码 25】

28. 宁夏回族自治区中卫市中级人民法院(2015)卫民终字第 472 号民事判决书:中国平安财产保险股份有限公司宁夏分公司与李某机动车交通事故责任纠纷案【边码 26】

29. 山东省高级人民法院(2016)鲁民申 1818 号民事裁定书:高某星与国网山东五莲县供电公司触电人身损害责任纠纷案【边码 46】

30. 山东省高级人民法院(2017)鲁民申 702 号民事裁定书:郑某彬与山东平直律师事务所、欧某志法律服务合同纠纷案【边码 18】

31. 上海市第一中级人民法院(2016)沪 01 民终 9158 号民事判决书:翁某新与上海市金山区金卫供销合作社等财产损害赔偿纠纷案【边码 28】

32. 四川省高级人民法院(2014)川民申字第 1054 号民事裁定书:三台县安居镇明月村

一社吴某兴等 49 人与三台县安居镇明月村民委员会侵害集体经济组织成员权益纠纷案【边码 19】

33. 四川省高级人民法院(2017)川民申 1361 号民事裁定书:童某与四川大学华西医院医疗损害责任纠纷案【边码 25】

34. 四川省高级人民法院(2017)川民申 402 号民事裁定书:河南省淇县刘河粮油饲料购销部与崔某保等买卖合同纠纷案【边码 42】

35. 四川省高级人民法院(2017)川民申 4637 号民事裁定书:何某元与国营达县肉类联合加工厂破产还债清算组工伤保险待遇纠纷案【边码 19】

36. 四川省高级人民法院(2018)川民申 2687 号民事裁定书:戴某华与威远县人民医院医疗损害责任纠纷案【边码 19】

37. 四川省高级人民法院(2018)川民申 4092 号民事裁定书:成都市新都区拓展典当有限责任公司与杨某文兴典当纠纷案【边码 42】

38. 浙江省绍兴市绍兴县人民法院(2004)绍经初字第 683 号民事判决书:平某根与绍兴县柯桥街道红丰村民委员会企业出售合同纠纷案【边码 51】

39. 浙江省绍兴市中级人民法院(2017)浙 06 民终 2777 号民事判决书:金某钰与绍兴市妇幼保健院医疗损害责任纠纷案【边码 38、51】

40. 浙江省高级人民法院(2013)浙民申第 369 号民事裁定书:王某根与杭州第一汽车运输有限公司、杭州长运集团有限公司机动车交通事故责任纠纷案【边码 47】

41. 最高人民法院(2012)民申字第 959 号民事裁定书:隆昌县农村信用合作联社与中国农业银行股份有限公司内江分行行社脱钩遗留债务纠纷案【边码 43】

42. 最高人民法院(2014)民申字第 1276 号民事裁定书:杨某与江西鹰潭泵业有限责任公司破产清算小组劳动争议纠纷案【边码 12】

43. 最高人民法院(2015)民申字第 150 号民事裁定书:赵某康与赵某贤等法定继承纠纷案【边码 40】

44. 最高人民法院(2017)最高法行申 3010 号行政裁定书:马某现、张某勤与汝州市人民政府土地登记纠纷案【边码 14】

45. 最高人民法院指导案例 65 号"上海市虹口区久乐大厦小区业主大会诉上海环亚实业总公司业主共有权纠纷案"【边码 45】

46. 李金莲、李娜萍诉柯杰生房屋典当回赎纠纷案,《最高人民法院公报》1993 年第 1 期【边码 34】

第189条

分期履行债务的诉讼时效起算

第189条　当事人约定同一债务分期履行的,诉讼时效期间自最后一期履行期限届满之日起计算。

简　目

一、规范意旨

（一）规范意义及正当化理由

1　　《民法典》第189条（以下简称第189条）是当事人约定同一债务分期履行（以下简称分期履行债务）的诉讼时效起算规范。其继承了《诉讼时效规定》第5条的规范内容,仅将"从"改为"自"。其内容与《民法总则》第189条完全相同。

分期履行债务制度的主要目的在于,因其设定以信用为前提(一方仅根据对方对未来的某种承诺即先行作出履行),故法律须设置相应的平衡机制。[1] 该交易模式还具有以下功能:减轻债务人负担以提高履行的可行性;方便结算以降低交易成本(如提前解除场合)等。分期履行债务时效起算规则的解释适用,须结合该制度目的予以考量。

对于分期履行债务的诉讼时效起算标准,《民法通则》未作规定,实务中曾经存在较大争议。第一种观点认为,该债务诉讼时效统一计算,起算点是"最后一期履行期限届满之日"。[2] 第二种观点认为,每一期债务诉讼时效分别计算,即各起算点是"每一期履行期限届满之日"。[3]《诉讼时效规定》第5条采纳了第一种观点。

依据立法机关释义书的解释,《民法典》继承《诉讼时效规定》第5条的理由如下:其一,同一债务特性的要求;其二,符合诉讼时效制度的立法目的;其三,减少讼累、实现诉讼效率;其四,促进交易、增加社会财富。[4] 最高人民法院释义书的解释与此类似,并着重强调该起算标准"有利于债权人保护""有利于减少纠纷、节约司法资源"。[5] 学界意见亦与上述解释相同或类似。[6]

(二)规范性质

分期履行债务诉讼时效起算规则属于诉讼时效的特殊起算规则。第189条属于第188条第2款第2句"法律另有规定的,依照其规定"之情形。第189条与第188条第1款第1句构成特别规范与一般规范的关系。时效起算规则的一般性质(如强制性规范、法院不应主动审查)亦体现于第189条的规定。

(三)适用范围

学理上,分期给付债务不同于定期给付债务。分期给付债务,是指一项债务成立后,当事人依约定分为数次履行(如分期付款、分期交货)。债务内容于成立

---

〔1〕 参见冯恺:《诉讼时效制度研究》,山东人民出版社2007年版,第158页。

〔2〕 参见《最高人民法院关于借款合同中约定借款分期偿还应如何计算诉讼时效期间的答复》(法经〔2000〕244号)。

〔3〕 参见《最高人民法院关于分期履行的合同中诉讼时效应如何计算问题的答复》(法函〔2004〕23号)。

〔4〕 参见黄薇主编:《中华人民共和国民法典总则编释义》,法律出版社2020年版,第505—506页。

〔5〕 参见最高人民法院民法典贯彻实施工作领导小组主编:《中华人民共和国民法典总则编理解与适用(下)》,人民法院出版社2020年版,第953—954页。

〔6〕 参见陈甦主编:《民法总则评注(下册)》,法律出版社2017年版,第1363页(周江洪执笔);王利明主编:《中国民法典释评·总则编》,中国人民大学出版社2020年版,第489—490页(高圣平执笔)。

时便已确定，而非在履行过程中逐渐产生。定期给付债务，也称定期重复给付债务，是指基于同一债权原因，经常发生重复给付的债务（如工资、水电费）。该债务关系中，每次给付均具有独立性，其性质是多个性质相同债务的叠加。[7] 依据立法机关释义书的解释，第 189 条之"分期履行债务"是指分期给付债务。[8] 因此，如无特别说明，本文所称"分期履行债务"系针对分期给付债务而言。

7　　定期给付债务可否类推适用第 189 条？学理及实务上存在分歧。第一种观点"不类推说"认为，依据比较法经验，定期给付债务中的各期给付相互独立，各期债务应分别计算诉讼时效。[9] 第二种观点"类推说"认为，虽然理论上定期给付债务应分别计算诉讼时效，但基于普通民众的认知、维护长期利益关系等考量，应维持司法惯例，将定期给付债务类推适用第 189 条。[10] 第三种观点"区分处理说"认为，应基于各期债务的整体性（关联性）和独立性程度，决定是否类推适用第 189 条。[11] 笔者赞同"区分处理说"，理由详见边码 33。

8　　普通诉讼时效和特殊诉讼时效均适用第 189 条，最长时效期间（包括 20 年期间和单行法规定的特殊最长时效期间）不适用第 189 条。

9　　虽然第 189 条文义并未言明，但该条显然系针对迟延履行之违约请求权所作规定，而对于分期履行债务中的其他违约行为（如瑕疵给付、部分履行、加害给付）所生请求权，则应当适用第 188 条第 2 款第 1 句（一般起算条件）。例如分期交货买卖合同中，最后一期履行期限届满之日为 a 时点，义务人（出卖人）并未迟延履行，但某一批次交付的货物存在隐蔽瑕疵，权利人（买受人）发现隐蔽瑕疵的时间（b 时点）在 a 时点的数月后。该情形下，瑕疵给付违约请求权的时效起算点是 b 时点，而非 a 时点。如果 b 早于 a，时效起算点仍为 b 时点，因为此时行使权利已无法律上障碍，而且该情形下不存在第 189 条将期限利益作统一处理的立法目的。因此，本文如无特别说明，均以义务人迟延履行为论证前提。

10　　执行领域中，2021 年修正前的《民事诉讼法》第 239 条第 2 款规定，法律文书规定分期履行的，从规定的每次履行期间的最后一日起计算。该款采纳了边码 3 中的第二种观点。但是《民事诉讼法》（2021 年修正）第 246 条第 2 款改变了态度：法律文书规定分期履行的，从最后一期履行期限届满之日起计算。该款与第 189 条的起算标准保持一致。

〔7〕　参见王利明：《民法总则研究》（第 3 版），中国人民大学出版社 2018 年版，第 783 页。

〔8〕　参见黄薇主编：《中华人民共和国民法典总则编释义》，法律出版社 2020 年版，第 505 页。

〔9〕　参见李永军主编：《民法总论》，中国政法大学出版社 2019 年版，第 422 页（戴孟勇执笔）。

〔10〕　参见陈甦主编：《民法总则评注（下册）》，法律出版社 2017 年版，第 1365—1366 页（周江洪执笔）。

〔11〕　参见张雪楳：《诉讼时效审判实务与疑难问题解析——以〈民法总则〉诉讼时效制度及司法解释为核心》，人民法院出版社 2019 年版，第 217—218 页。

二、分期履行债务诉讼时效起算的条件

（一）条件 1：同一债务

1.“同一性”标准

第 189 条之“同一债务”是指同一笔债务,该债务在合同订立之时就已经确定,债务内容和范围不随时间的经过而变化,受时间因素影响的只是履行方式和次数。〔12〕“同一债务”具有以下特征： 11

其一,整体性,即该债务是一项整体债务,而非多个债务的集合。实务中,因不具有该特征而不构成“同一债务”的情形包括：(1)当事人之间存在 37 份买卖合同,少数合同存在合并付款,多数付款为逐个付款；〔13〕(2)权利人基于同一侵权事故提起多个诉讼、提出不同诉讼请求并形成多份判决,各判决确定的债务并非同一债务；〔14〕(3)联营合同中,约定履约保证金和营业收益款具有不同性质〔15〕等。不具有整体性的多个债务,各自具有独立性,故应分别计算诉讼时效。 12

其二,确定性,即该债务成立时其内容和范围便已确定,不随时间经过而变化。如果合同订立时债务数额尚不确定,须其后根据某种事实才能确定数额的,不构成“同一债务”。例如：(1)就涉案游戏的授权合作及分成,约定分期履行,且充值收入分成按游戏运行当月实际产生的收入结算；〔16〕(2)居间合同未确定佣金总额,而是约定根据实际销售情况以一定比例分期结算〔17〕等。 13

其三,可分性,即该债务属可分债务,给付由一次完成或数次完成均可实现给付效果。例如所有权保留买卖中,基于所有权的整体性(单一性),转移所有权义务无法分期履行,但支付价款义务具有可分性,可以分期履行。〔18〕 14

---

〔12〕　参见最高人民法院民事审判第二庭编著：《最高人民法院关于民事案件诉讼时效司法解释理解与适用》,人民法院出版社 2015 年版,第 105 页。

〔13〕　参见辽宁省高级人民法院(2020)辽民申 4132 号民事裁定书。

〔14〕　参见江苏省高级人民法院(2019)苏民再 382 号民事判决书。

〔15〕　参见重庆市高级人民法院(2013)渝高法民申字第 00826 号民事裁定书。

〔16〕　参见最高人民法院(2021)最高法知民终 368 号民事判决书。

〔17〕　参见江苏省高级人民法院(2019)苏民终 1090 号民事判决书。

〔18〕　有学者在其他意义上使用“可分性”概念,认为分期履行中的可分性标准包括“给付性质”“履行目的”“法律价值”等,具有可分性的债务应分别计算诉讼时效。参见冯恺：《分期履行之债的诉讼时效适用基础》,载《法律科学》2004 年第 4 期,第 91—94 页。该观点所称“可分性”,系指边码 12 所称独立性。

2. 债务

15   实务中,适用第 189 条的绝大多数实例为合同债务,但不当得利、无因管理等非合同债务依理亦有可能发生分期履行,故亦可适用该条。实务中有个别实例。[19]

3. 与《诉讼时效规定》(2020 年修正)第 9 条之"同一债权"的区别

16   第 189 条之"同一债务"与《诉讼时效规定》(2020 年修正)第 9 条之"同一债权"所采标准不同:前者系针对整体性债务时效起算作统一处理,"同一债务"须达到整体性要求,故标准较高;后者系针对同一法律关系所生多个请求权场合下,权利人主张部分权利的时效中断效力及于其他权利的推定,故标准较低。《诉讼时效规定》(2020 年修正)第 9 条之"同一债权"采"法律原因的同一性标准",其不仅指一项债权,亦包括同一合同项下的多个债权。[20] 该标准不适用于第 189 条之"同一债务"。

(二)条件 2:约定分期履行

17   分期履行不同于继续性债务关系中给付处于持续状态。分期履行系针对一时的债务,该债务通过一次给付或数次给付均可达成给付效果。分期履行系指其中选择数次给付的情形。对于"分期",从以下几方面说明:(1)"分期"的方式。当事人约定的各期履行期限,既可以是确定时点(如×年×月×日),也可以是某事实发生的不确定时点。例如房屋买卖合同约定,买方应分别于合同生效之日起 10 个工作日内、标的物交付起 10 个工作日内、办理产权证起 10 个工作日内分期支付价款的 60%、30% 和 10%。[21] (2)约定的时间。多数场合下,当事人于订立合同时对分期履行作出约定。合同原本约定一次性履行,其后以明示或默示方式变更为分期履行,[22]亦无不可。(3)对于各期履行内容,既可事先确定,也可由当事人于履行时依约调整。例如运输合同约定 7 台变压器分 3 批运输,但各批次运输安排可调整,不影响"同一债务"分期履行的认定。[23]

18   当事人可以就"同一债务"的一部分约定分期履行,就该部分适用第 189 条。例如协议确认债务总额为 750 万元,并约定 2008、2009、2010 每年的具体还款金额及日期,其余债务承诺"逐年给付"。法院认为,应解释为 3 年分期履行 60 万

---

〔19〕 参见山东省青岛市中级人民法院(2021)鲁 02 民终 4712 号民事判决书。

〔20〕 参见本书第 195 条评注边码 57。

〔21〕 参见四川省高级人民法院(2020)川民终 40 号民事判决书。

〔22〕 参见最高人民法院(2019)最高法民申 1058 号民事裁定书。

〔23〕 参见最高人民法院(2018)最高法民申 3153 号民事裁定书。

元后,剩余的 690 万元从 2011 年起逐年给付且履行期限未明,故 60 万元时效起算点为 2010 年 12 月 20 日,剩余 690 万元履行期限不明,债权人可随时主张债权。[24] 该情形下,当事人依其意思将"同一债务"予以拆分,仅就部分债务约定分期履行,基于合同自由应予认可。

虽然约定分期履行,但如果由于法定或约定原因该履行期限失去意义,则不能适用第 189 条。例如借款合同约定分期还款,因义务人违约,权利人依约宣布贷款提前到期并要求义务人一次性偿还本息,时效起算不适用第 189 条。[25]　　19

(三)条件 3:最后一期履行期限届满

所谓最后一期履行期限,是指各期履行期限中在时间上居于最后者。最后一　　20
期履行期限约定明确的,依其约定认定届满之日;最后一期履行期限约定不明的,适用宽限期规则[《诉讼时效规定》(2020 年修正)第 4 条]认定届满之日[26]。

一个常见争议问题是,建设工程合同中质保金履行期限是否为最后一期履行　　21
期限? 实践中,质保金通常从工程款总额中预留,工程竣工验收后,约定的缺陷责任期届满后支付(返还)质保金(《建设工程质量保证金管理办法》第 2 条、第 10 条)。由此产生以下疑问:支付质保金与履行工程款义务的性质是否同一? 质保金履行期限(缺陷责任期)是否构成分期履行的最后一期履行期限? 实务中,多数裁判意见对此持肯定说。例如有最高人民法院判例认为,"工程款和质保金均属与案涉工程相关的应付款项",故二者构成"同一债务"。[27] 少数裁判意见持否定说,其理由多强调"基于质保金的担保功能,质保金和工程款并非同一性质的债务"。[28] 笔者赞同肯定说。在建设工程合同关系中,施工人的完成工程义务与缺陷责任期内的维修义务具有整体性,(包括预留质保金的)工程款与其构成对待给付关系,[29] 故质保金与其他部分工程款构成"同一债务"。

在承揽、买卖等合同中,也可能存在质保金的情形。基于边码 21 之类似理　　22
由,质保金履行期限构成最后一期履行期限。该期限届满之日为时效起算点。[30]

---

〔24〕　参见四川省高级人民法院(2013)川民申字第 1413 号民事裁定书。
〔25〕　参见最高人民法院(2014)民二终字第 147 号民事判决书。
〔26〕　参见黑龙江省高级人民法院(2020)黑民再 560 号民事判决书。
〔27〕　参见最高人民法院(2018)最高法民申 1454 号民事裁定书。类似案例参见河南省高级人民法院(2020)豫民申 5473 号民事裁定书;天津市高级人民法院(2015)津高民一终字第 0103 号民事判决书。
〔28〕　参见辽宁省高级人民法院(2017)辽民申 2136 号民事裁定书。
〔29〕　参见宿辉:《建设工程合同争议裁判观点集成:最高人民法院建设工程施工合同司法解释(二)适用指引》,法律出版社 2019 年版,第 65 页。
〔30〕　参见新疆维吾尔自治区高级人民法院(2020)新民申 1135 号民事裁定书。

三、分期履行债务诉讼时效起算的案型

(一)常见案型

1. 借款合同

23　　借款合同是适用第 189 条的最常见案型之一。在大多数案例中,系由贷款人一次性给付借款,约定借款人分期还款。[31] 在少数案例中,借款合同(融资协议)约定借款总额,贷款人分批次提供借款。[32] 这两种情形适用第 189 条均不存疑义。

24　　相同当事人之间订立数份借款合同的,即使存在一个债务总额,因不属于"同一债务",不适用第 189 条。例如:(1)3410 万元分属 7 个不同的借款合同,借款人每次都是对原合同分别进行还款,还款数额从原合同中分别扣除,各合同债务诉讼时效分别计算;[33](2)出借款项共有 110 笔,借款合同未对出借款项的笔数、总额、偿还期限等问题进行明确,不属于同一债务分期履行的情形[34] 等。

25　　企业与金融机构之间存在长期信贷关系的,较易出现讼争借款究竟属于一个合同还是数个合同的争议。对此,最重要标准是"整体性"与"独立性"的判断。例如某金融借款合同纠纷中,案涉债务系不良贷款形成,其作为一个整体由义务人承继,相关借款合同于同一天签订,转贷程序也于同一天完成,最高额保证合同为案涉 1400 万元借款提供担保。二审法院认为,"当事人同时签订三份借款合同,并对还款期限等作出不同安排,但其实质仍然为原不良贷款的处置方式,可视为同一债务"。最高人民法院(再审)基于"债的发生原因、债的内容、债的履行情况、债的产生过程"等理由,推翻了二审结论,认定三笔债务具有独立性,应当分别计算诉讼时效。[35]

2. 分期交货

26　　分期交货形式具有缓解义务人(如出卖人)生产压力、节省仓储费用等作用,为常用交易模式。实务中,分期交货适用第 189 条的常见情形包括:(1)买卖合同标的物是 16 台工业硅电炉炉体设备,约定分四批交货,每批次四台炉;[36](2)以

---

〔31〕 参见最高人民法院(2020)最高法民申 6863 号民事裁定书。
〔32〕 参见最高人民法院(2019)最高法民终 313 号民事判决书。
〔33〕 参见最高人民法院(2013)民二终字第 79 号民事判决书。
〔34〕 参见广东省高级人民法院(2018)粤民终 1208 号民事判决书。
〔35〕 参见最高人民法院(2018)最高法民再 109 号民事判决书。
〔36〕 参见最高人民法院(2020)最高法民申 4250 号民事裁定书。

房抵债协议中,约定"先解决两套等价房屋,三期开发解决壹套";[37](3)运输合同中,约定分多次运输、多次交付货物[38]等。

出卖人就某一批次违约致使该批次不能实现合同目的的,买受人可以就该批次解除(《民法典》第 633 条第 1 款)。该情形下,该批次解除所生恢复原状、赔偿损失等请求权时效起算点是合同解除之日;未被解除批次的交货请求权时效起算点仍然适用第 189 条。 27

出卖人就某一批次违约,致使之后其他各批次不能实现合同目的的,买受人可以就该批次以及之后其他各批次解除(《民法典》第 633 条第 2 款)。该情形下,与边码 27 作相同处理。 28

买受人如果就其一批次解除,该批次与其他各批次相互依存的,可以就已经交付和未交付的各批次解除(《民法典》第 633 条第 3 款)。该情形下,买受人系针对整个合同解除,解除所生恢复原状、赔偿损失等请求权时效起算点是合同解除之日。 29

3. 分期付款

分期付款形式可减轻义务人的付款压力,且能够在某些合同关系中起到阶段性质量监控作用,故较为常用。实务中,分期付款适用第 189 条的常见情形包括:(1)股权转让合同中,约定受让人分期支付股权转让款;[39](2)合作补偿协议中,约定分期支付补偿款;[40](3)多式联运合同中,约定托运人分两期支付欠付的运费;[41](4)土地使用权转让合同中,约定受让人分期支付土地转让费;[42](5)买卖合同中,约定买受人分期支付货款[43]等。 30

出卖人依据《民法典》第 634 条第 1 款,请求分期付款的买受人支付全部价款或者解除合同的,时效起算点如何确定? 对此,分两种情形处理:(1)出卖人请求买受人支付全部价款。对于该情形下出卖人所享请求权的性质,有两种解释:一是此时买受人丧失期限利益,履行期限提前届至;[44]二是此时出卖人获得价款支 31

---

〔37〕　参见吉林省高级人民法院(2020)吉民申 351 号民事裁定书。

〔38〕　参见天津市高级人民法院(2017)津民终 513 号民事判决书。

〔39〕　参见最高人民法院(2020)最高法民终 224 号民事判决书。

〔40〕　参见最高人民法院(2015)民申字第 411 号民事裁定书。

〔41〕　参见广东省高级人民法院(2020)粤民终 2739 号民事判决书。

〔42〕　参见广东省高级人民法院(2019)粤民申 1825 号民事裁定书。

〔43〕　参见湖南省高级人民法院(2018)湘民申 2537 号民事裁定书。

〔44〕　参见最高人民法院民法典贯彻实施工作领导小组主编:《中华人民共和国民法典合同编理解与适用(二)》,人民法院出版社 2020 年版,第 1048—1049 页。

付期限单方变更权,出卖人行使该权利使剩余价款加速到期。[45] 无论采哪种解释,对时效起算的效果均为相同,即原分期付款条款失效,付款义务变为未约定履行期限的义务。出卖人的全部价款(实为剩余价款)请求权时效起算适用《诉讼时效规定》(2020 年修正)第 4 条。(2)买受人解除合同。解除合同所生恢复原状、赔偿损失等请求权时效起算点原则上是合同解除之日。[46]

(二)存在疑义的情形

1. 租赁合同

32　　　　学理上,租赁合同之支付租金义务通常被界定为定期给付债务,其时效起算问题被作为定期给付债务时效起算的典型被予以讨论。[47] 同一租赁合同中的各期租金分别约定履行期限的,时效起算点如何确定?最高人民法院内部曾对此形成倾向性意见:多数意见认为,起算点是最后一期支付租金期限届满之日,即类推适用第 189 条。少数意见认为,很难采统一标准判断,应以各期租金是否具有同一性为根本判断标准,在个案中作具体判断:如果是同一合同项下、履行期限较短,应当统一计算诉讼时效;如果涉及不同合同或履行期限较长,则可分别计算。[48] 少数意见接近"区分处理说"(边码7),但表述有欠严谨:一是"同一合同项下"应解释为各期租金具有整体性,"涉及不同合同"应解释为各期租金具有独立性。因为此处讨论的是一个租赁合同中各期租金时效是分别起算还是统一起算,而非讨论多个租赁合同时效如何起算(当然分别起算)。二是简单以履行期限(租期)长短为标准,未必妥当。

33　　　　笔者赞同"区分处理说",并对其作出以下修正:大多数租赁合同中,各期租金具有整体性,可类推适用第 189 条;少数租赁合同中,租期内的不同阶段给付效果差异明显,其对应的各期租金具有独立性,故各期租金时效分别起算。理由如下:其一,虽然传统学理意见将支付租金义务界定为典型的定期给付债务,但不宜过分夸大其与分期给付债务之间的差异。在租金总额和租期预先固定的场合下,分期支付租金亦具有"减轻债务人负担""方便结算"等功能(边码2),这与分期付款等典型分期给付债务并无不同。其二,很多租赁合同中,某一阶段使用租赁物的

---

[45]　参见谢鸿飞、朱广新主编:《民法典评注·合同编·典型合同与准合同1》,中国法制出版社 2020 年版,第 202 页(张长绵执笔)。

[46]　参见张雪楳:《诉讼时效审判实务与疑难问题解析——以〈民法总则〉诉讼时效制度及司法解释为核心》,人民法院出版社 2019 年版,第 220 页。

[47]　参见朱晓喆:《诉讼时效制度的价值基础与规范表达:〈民法总则〉第九章评释》,载《中外法学》2017 年第 3 期,第 720 页。

[48]　参见最高人民法院民事审判第二庭编:《商事审判指导》2012 年第 1 期(总第 29 辑),人民法院出版社 2012 年版,第 64—65 页。

给付效果与该期租金未必构成一一对应关系。例如合同约定租期八年,前三年租金额分别为 100 万元、110 万元、110 万元,自第四年起以 110 万元为基础每年按上年租金总额递增 5%。最高人民法院认为,同一合同项下就每年支付租金数额及增长幅度一并予以约定,债权债务关系具有整体性和连续性,应适用第 189 条。[49]此类约定仅是对支付租金的一种交易安排,各期租金与相应阶段使用租赁物并不构成对价关系,故统一起算时效比分别起算更为合理。其三,少数租赁合同中,不同阶段使用租赁物的效果存在明显差异,其对应的该期租金在数额、计算方式等方面具有独立性,故应分别计算诉讼时效。其四,在多数场合下,统一起算诉讼时效在计算便捷性、信赖利益维护、适应民众认知等方面更优,故以统一起算为原则、辅以特殊案型例外处理较为妥当。

实务状况与本文观点基本一致。在大多数分期履行租金的案例中,法院认为可(类推)适用第 189 条,理由包括:(1)约定租金支付的独立性不足以否定案涉租金债权的整体性;[50](2)租金发生之债权原因同一,因而具有整体性;[51](3)《诉讼时效规定》(2020 年修正)效力高于最高人民法院答复"法函〔2004〕23 号";[52](4)若分别计算诉讼时效,则不仅割裂同一合同的整体性,而且将动摇双方之间的互信,不利于保护债权人,背离诉讼时效制度的价值目标[53]等。少数裁判意见以"租金属于定期给付债务"为由,认为此类案型不适用第 189 条。[54]基于边码 33 之理由,该意见并不合理。

在少数分期履行租金的案例中,不同阶段给付效果差异明显,法院认为各期租金具有独立性,时效分别起算。例如:(1)总租期为 8 年,但每年租金数均不相同,且约定"五年后如果房租涨价超出递增房租价就按门市邻边房租计算,如涨价超过年递增的 50%,甲乙双方各收益一半",每年租金诉讼时效分别计算;[55](2)租赁物为挖掘机且约定按月支付租金,结算租金依据挖掘机每月的实际工作量(即实际工作时长),订立合同时债务数额不能确定,故依据每月实际工作量结算并计算诉讼时效。[56]

34

35

---

〔49〕 参见最高人民法院(2020)最高法民申 7039 号民事裁定书。

〔50〕 参见最高人民法院(2018)最高法民申 3959 号民事裁定书。对该案的详细解读,参见周江洪:《定期履行租金债权诉讼时效期间的起算规则》,载周江洪等主编:《民法判例百选》,法律出版社 2020 年版,第 126—130 页。

〔51〕 参见最高人民法院(2017)最高法民申 4265 号民事裁定书。

〔52〕 参见最高人民法院(2013)民申字第 689 号民事裁定书。

〔53〕 参见最高人民法院(2011)民提字第 304 号民事判决书。

〔54〕 参见湖北省高级人民法院(2018)鄂民再 233 号民事判决书。

〔55〕 参见四川省高级人民法院(2019)川民再 631 号民事判决书。

〔56〕 参见青海省高级人民法院(2016)青民终 149 号民事判决书。

36　　　不定期租赁中,由于合同终止前"最后一期履行期限"无法确定,故只要租赁合同仍处于履行状态,就不发生时效起算。[57]

2. 物业合同

37　　　实践中,物业费通常采取季度或年度支付方式,其时效起算点易生争议。有学者认为,各期物业费时效应分别起算（不适用第 189 条）,因为物业费属于定期给付债务,各期物业费具有经济上和法律上的独立性。[58] 实务中对此尚未形成统一意见,以最后一期履行期限届满之日起算时效（类推适用第 189 条）[59]和各期物业费时效分别起算（不适用第 189 条）[60]的裁判意见皆有其例。

38　　　笔者认为,较为合理的做法是:各期物业费时效原则上分别起算;义务人仍接受物业服务的,欠缴物业费时效处于中断状态。应特别指出的是,虽然支付物业费与支付租金表面上有相似之处（均基于继续性合同、按期支付一定金钱）,但二者时效起算不能作相同处理。理由如下:其一,实践中,当事人普遍未事先约定物业服务的期限,而是采取"接受物业服务 + 按期交物业费"模式。这与定期租赁合同事先约定租期明显不同,故很难将支付物业费义务视作一个事先固定的整体义务。其二,物业合同也不应参照不定期租赁处理。如果将物业费视作一项整体义务,其时效计算亦具整体性,即使原义务人（业主）通过转让房屋脱离物业合同关系,原时效状态对新义务人仍属有效。按照边码 36,只要新义务人与物业公司维持合同关系,就不能起算物业费时效。这实际上导致物业费不适用诉讼时效的类似效果,似与现行法不符。其三,义务人欠缴物业费却继续接受物业服务的,表明其认可合同关系仍然存续,故可解释为"义务承认"之中断事由,欠缴物业费时效处于中断状态。在各期物业费时效分别起算的前提下,该解释可使权利人（物业公司）时效利益得到保护。其四,少数场合下,物业公司分阶段（3 年、5 年）与业主签订书面合同。由于合同约定了服务期限,该合同中的物业费具有整体性,时效起算点为该合同最后一期履行期限届满之日（而非最后一个合同的履行期限届满之日）。

3. 知识产权许可使用

39　　　在著作权、专利权、商标权等知识产权许可使用合同中,由于许可范围为一时间段,当事人常约定分期支付许可使用费。许可使用费时效起算与租赁合同中租

---

〔57〕　参见山东省高级人民法院（2015）鲁商终字第 179 号民事判决书。

〔58〕　参见谢鸿飞、朱广新主编:《民法典评注·合同编·典型合同与准合同 4》,中国法制出版社 2020 年版,第 320—321 页（陈晓敏执笔）。

〔59〕　参见湖南省高级人民法院（2019）湘民申 2299 号民事裁定书。

〔60〕　参见广东省高级人民法院（2019）粤民申 2643 号民事裁定书。

金时效起算原理类似,故应采相同处理(边码 33):大多数许可使用合同中,各期许可使用费具有整体性,类推适用第 189 条;[61]少数许可使用合同中,各期许可使用费具有独立性,时效分别起算。

4. 竞业限制补偿

员工离职时与原用人单位签订竞业限制协议,其中通常有补偿费条款。在分期支付补偿款的情形下,其时效如何起算在实务中存在争议。一种观点认为,可参照适用第 189 条。竞业限制补偿视为同一债务分期履行,最后一期履行期限届满之日时效起算。[62]另一种观点认为,不应适用第 189 条。按月支付的竞业限制补偿金具有可分割性,每一期补偿金均相对独立,不具有同一债务的整体性特征,故各期补偿金时效分别起算。[63]　　　40

笔者认为,竞业限制补偿费时效起算与租赁合同中租金时效起算原理类似,故应采相同处理(边码 33)。而且,在绝大多数场合下,将各期补偿费视作一项整体债务并统一起算时效更为合理。理由在于:其一,侧重保护劳动者的需要。其二,基于竞业限制之不作为义务性质,其于不同阶段产生不同给付效果的可能性较小。　　　41

5. 滚动支付债务

所谓滚动支付,是指当事人事先约定总的履行期限或债务总额,而未对分期履行期限及数额作出约定,在总的履行期限内随时供货、随时结账。其性质属于框架合同,而非分期履行或定期给付。最高人民法院释义书及学理上均认为:滚动支付债务时效起算可参照适用第 189 条,以最后一期履行期限届满之日为起算点;如果合同约定结算后付款的,以结算期限届满之日为起算点。理由在于:该债务总额事先确定或基本确定,债务具有整体性特征;[64]第 189 条的立法目的(当事人之间合理信赖、长期关系的友好维持)在该债务情形下同样存在。[65]　　　42

实务中,滚动支付债务适用第 189 条的情形包括:(1)当事人之间属于长期连续性买卖,债务关系具有整体性和难以分割性,交易过程中并非收一次货结一次款,而是采用“滚动支付”结算方式;[66](2)双方签订长期业务关系的采购合同,卖方分批分期向买方供货,买方“采用银行承兑结算方式,自发出挂账当月末的二个　　　43

---

〔61〕　参见山东省高级人民法院(2016)鲁民终 1861 号民事判决书。

〔62〕　参见江西省赣州市中级人民法院(2019)赣 07 民终 1380 号民事判决书。

〔63〕　参见上海市第一中级人民法院(2010)沪一中民三(民)终字第 435 号民事判决书。

〔64〕　参见最高人民法院民法典贯彻实施工作领导小组主编:《中华人民共和国民法典总则编理解与适用(下)》,人民法院出版社 2020 年版,第 956 页。

〔65〕　参见陈甦主编:《民法总则评注(下册)》,法律出版社 2017 年版,第 1364 页(周江洪执笔)。

〔66〕　参见甘肃省高级人民法院(2020)甘民终 487 号民事判决书。

月开始付款",分批分期付款;[67](3)加工承揽合同中,根据双方交易习惯,承揽人供货后定作人不对应给付货款,而是在一段时间后对供货情况进行拢账、对账,并给付款项、出具欠条[68]等。

6. 其他定期给付债务

44　　　对于其他非典型定期给付债务,无论基于第 189 条的立法原意,还是定期给付债务性质,均应得出不适用第 189 条的结论,其各期时效应分别起算。例如某消费服务合同中,约定权利人(乘客)自发卡之年起至第十年年底止,每年可分别获得义务人(航空公司)发放的 2 张免费乘机凭证,且当年有效。诉讼时效应分期计算,即自每一期履行期限届满之日起算。[69]

四、分期履行债务诉讼时效起算的效力

(一)起算时点

45　　　分期履行债务诉讼时效起算点是"最后一期履行期限届满之日"。最后一期履行期限是期日的,起算时点是该日;最后一期履行期限是期间的,起算时点是该期间的最后一日。

(二)计算诉讼时效期间

46　　　时效起算点届至的,开始计算一个完整的诉讼时效期间,期间类别依据该请求权所适用的时效期间确定。换言之,分期履行的履行方式对该请求权适用何种时效期间没有影响。

(三)对保证期间的效力

47　　　主债务分期履行且附有保证担保的,保证期间如何起算? 学界对此存在争议。第一种观点认为,自最后一期履行期限届满之日起算,因为针对各笔还款分别起算保证期间不具可操作性。[70] 第二种观点认为,自每一笔债务履行期限届满之日起算,即每一笔债务分别计算保证期间。[71] 第三种观点认为,应区分保证

---

〔67〕　参见湖北省高级人民法院(2016)鄂民终 1084 号民事判决书。

〔68〕　参见河北省廊坊市中级人民法院 (2021)冀 10 民终 2679 号民事判决书。

〔69〕　参见海南省海口市中级人民法院(2013)海中法民二终字第 300 号民事判决书。

〔70〕　参见曹士兵:《中国担保制度与担保方法》(第 4 版),中国法制出版社 2017 年版,第 160 页。

〔71〕　参见张爱云、马向伟:《保证期间若干实践问题探讨》,载刘保玉主编:《担保法疑难问题研究与立法完善》,法律出版社 2006 年版,第 258—259 页。

人对分期履行是否知情作不同处理。保证人订立保证合同时对分期履行知情的，保证期间分别计算；不知情的，自最后一笔债务到期之日起算。[72] 最高人民法院裁判意见多持第一种观点。[73]

笔者赞同第一种观点。理由如下：其一，在主债务诉讼时效统一起算的前提 **48** 下，保证期间分别起算似有违保证债务从属性。其二，基于第 189 条的立法目的（同一债务的特性、减少讼累等），该条可类推适用于保证期间起算。其三，依据《民法典担保制度解释》第 30 条的规定，最高额保证合同对保证期间起算时间没有约定或者约定不明，主债权履行期限尚未届满的，保证期间自最后到期债权的履行期限届满之日起算。该规定体现了司法解释将期限利益倾向于保证人一方，以及"简化规则、提高操作性"的精神。[74] 第一种观点与该精神相契合。

（四）对追偿权的效力

主债务分期履行的，保证人、代偿人等就某一期或某几期债务承担担保责任 **49** 或作出替代清偿，其对债务人的追偿权如何起算时效？大多数裁判意见认为，追偿权时效应统一起算，时效起算点是"最后一期代偿发生之日"。理由在于：(1) 减少诉累，实现诉讼效率；[75] (2) 各次代偿行为属于同一法律关系，构成一个完整的清偿行为；[76] (3) 在最后一期追偿权产生前，债务人不存在履行期已完全届满的善意信赖，而保证人却存在就追偿权未来整体主张的正常预期，这与约定分期履行中的信赖利益标准一致。[77] 少数裁判意见认为，追偿权时效分别起算，起算点是"各期债务被代偿之日"。[78]

笔者赞同多数裁判意见思路及理由，即追偿权时效应统一起算而非分别起 **50** 算，但将时效起算点直接认定为"最后一期代偿发生之日"有欠准确。合理的认定标准是：最后一期代偿发生后，当事人就追偿权履行期限有约定的，履行期限届满之日起算时效；当事人就追偿权履行期限未约定或者约定不明的，适用宽限期规则[《诉讼时效规定》(2020 年修正)第 4 条]确定时效起算点。

---

〔72〕　参见程啸：《保证合同研究》，法律出版社 2006 年版，第 524—525 页。

〔73〕　参见最高人民法院(2018)最高法民终 806 号民事判决书；最高人民法院(2017)最高法民申 4454 号民事裁定书；最高人民法院(2005)民二终字第 185 号民事判决书。

〔74〕　参见杨永清：《〈新担保司法解释〉中有关保证合同的几个问题》，载《法律适用》2021 年第 2 期，第 82 页。

〔75〕　参见吉林省高级人民法院(2019)吉民申 2510 号民事裁定书。

〔76〕　参见广东省高级人民法院(2014)粤高法民二终字第 63 号民事判决书。

〔77〕　参见上海市第一中级人民法院(2020)沪 01 民终 7084 号民事判决书。

〔78〕　参见贵州省高级人民法院(2019)黔民申 2894 号民事裁定书。

（五）对违约金的效力

51   分期履行债务关系中，义务人就某一期或某几期债务构成违约，违约金请求权时效统一以最后一期履行期限届满之日为时效起算点，而非分别起算。违约金自身虽非分期履行债务，但基于违约金附从性，各期债务所生违约金请求权的时效起算应采相同处理。最高人民法院相关判例亦采此观点。[79]

五、举证责任

52   第 189 条适用时效起算的一般举证规则。其一，被告（义务人）提出时效抗辩之前，原告（权利人）对时效起算不负举证责任。其二，被告援引时效抗辩权的，应就分期履行债务时效起算各要件事实予以举证证明。其三，原告对时效起算提出异议并由此否认被告时效抗辩的，须针对有异议的起算要件举证以证明时效未届满。

附：案例索引

1. 重庆市高级人民法院（2013）渝高法民申字第 00826 号民事裁定书：新华文轩出版传媒股份有限公司与重庆佳俊商务管理顾问有限公司联营合同纠纷案【边码 12】

2. 甘肃省高级人民法院（2020）甘民终 487 号民事判决书：白银渝紫晶气体有限责任公司与甘肃新连海天然气股份有限公司破产债权确认纠纷案【边码 43】

3. 广东省高级人民法院（2014）粤高法民二终字第 63 号民事判决书：深圳市金源实业股份有限公司与重庆钢铁（集团）有限责任公司追偿权纠纷案【边码 49】

4. 广东省高级人民法院（2018）粤民终 1208 号民事判决书：广东实德投资发展有限公司（现更名为广东多和投资有限公司）与深圳合正医院民间借贷纠纷案【边码 24】

5. 广东省高级人民法院（2019）粤民申 1825 号民事裁定书：广东省惠东稔山企业集团公司与惠州商业建设开发总公司建设用地使用权纠纷案【边码 30】

6. 广东省高级人民法院（2019）粤民申 2643 号民事裁定书：胥某、胥某彬与珠海格力物业管理有限公司物业服务合同纠纷案【边码 37】

7. 广东省高级人民法院（2020）粤民终 2739 号民事判决书：洋浦中和运海运有限公司、海南华宜投资发展有限公司与史某峰多式联运合同纠纷案【边码 30】

8. 贵州省高级人民法院（2019）黔民申 2894 号民事裁定书：贵州德尔房地产开发有限公司与吴某祥、王某岩追偿权纠纷案【边码 49】

9. 海南省海口市中级人民法院（2013）海中法民二终字第 300 号民事判决书：刘某华与海南航空股份有限公司服务合同纠纷案【边码 44】

---

[79] 参见最高人民法院（2016）最高法民终 476 号民事判决书。

10. 河北省廊坊市中级人民法院(2021)冀 10 民终 2679 号民事判决书:丁某虹与邢某太加工合同纠纷案【边码 43】

11. 河南省高级人民法院(2020)豫民申 5473 号民事裁定书:承某灵与河南科技职业大学、周口海燕职业中等专业学校建设工程施工合同纠纷案【边码 21】

12. 黑龙江省高级人民法院(2020)黑民再 560 号民事裁定书:萝北县市容环境卫生管理处与盛某华、辛某梅合同纠纷案【边码 20】

13. 湖北省高级人民法院(2016)鄂民终 1084 号民事判决书:湖北泽佳汽车零部件有限公司与丹江口市长兴工贸有限公司买卖合同纠纷案【边码 43】

14. 湖北省高级人民法院(2018)鄂民再 233 号民事判决书:武汉市硚口区文化体育局与武汉市硚口天翔商贸有限公司房屋租赁合同纠纷案【边码 34】

15. 湖南省高级人民法院(2018)湘民申 2537 号民事裁定书:湖南长海矿业机电设备有限公司与长沙市望城区恒成机械厂买卖合同纠纷案【边码 30】

16. 湖南省高级人民法院(2019)湘民申 2299 号民事裁定书:朱某与湖南喜达屋物业服务有限公司物业服务合同纠纷案【边码 37】

17. 吉林省高级人民法院(2019)吉民申 2510 号民事裁定书:九台区建筑工程有限公司与吉林省中东融资担保有限责任公司第三人撤销之诉案【边码 49】

18. 吉林省高级人民法院(2020)吉民申 351 号民事裁定书:抚顺纵横房地产有限责任公司与孙某确认合同效力纠纷案【边码 26】

19. 江苏省高级人民法院(2019)苏民再 382 号民事判决书:刁某好与徐州盛达公路养护工程有限公司追偿权纠纷案【边码 12】

20. 江苏省高级人民法院(2019)苏民终 1090 号民事判决书:南京乐创电子有限公司与伊比伊(南京)包装有限公司居间合同纠纷案【边码 13】

21. 江西省赣州市中级人民法院(2019)赣 07 民终 1380 号民事判决书:彭某文与更新电子(全南)电子有限公司劳动争议案【边码 40】

22. 辽宁省高级人民法院(2017)辽民申 2136 号民事裁定书:大连欣田房屋修缮工程有限公司与大连正治物业管理有限公司建设工程施工合同纠纷案【边码 21】

23. 辽宁省高级人民法院(2020)辽民申 4132 号民事裁定书:大连叉车有限责任公司与营口恒和经贸有限公司、于某江买卖合同纠纷案【边码 12】

24. 青海省高级人民法院(2016)青民终 149 号民事判决书:郑某峰与甘肃煜弘建筑工程有限公司租赁合同纠纷案【边码 35】

25. 山东省青岛市中级人民法院(2021)鲁 02 民终 4712 号民事判决书:杨某与王某良不当得利纠纷案【边码 15】

26. 山东省高级人民法院(2015)鲁商终字第 179 号民事判决书:上海京海建筑工程公司与东营市新世纪建筑设备租赁有限公司租赁合同纠纷案【边码 36】

27. 山东省高级人民法院(2016)鲁民终 1861 号民事判决书:济南赛信建材机械有限公司与济南高新开发区赛信机械有限公司等商标使用许可合同纠纷案【边码 39】

28. 上海市第一中级人民法院(2010)沪一中民三(民)终字第 435 号民事判决书:傅某因

劳动合同纠纷案【边码 40】

29. 上海市第一中级人民法院(2020)沪 01 民终 7084 号民事判决书:福建融鑫融资担保有限公司与钟某丽抵押权纠纷案【边码 49】

30. 四川省高级人民法院(2013)川民申字第 1413 号民事裁定书:成都银通纤维板有限公司与成都农村商业银行股份有限公司崇州崇阳分理处金融借款合同纠纷案【边码 18】

31. 四川省高级人民法院(2019)川民再 631 号民事判决书:黄某民与景某钢租赁合同纠纷案【边码 35】

32. 四川省高级人民法院(2020)川民终 40 号民事判决书:成都世银联投资有限公司与成都市机关事务管理局合同纠纷案【边码 17】

33. 天津市高级人民法院(2015)津高民一终字第 0103 号民事判决书:天津海泰方成投资有限公司与中国建筑第二工程局有限公司建设工程施工合同纠纷案【边码 21】

34. 天津市高级人民法院(2017)津民终 513 号民事判决书:保定天威保变电气股份有限公司与中远海运物流有限公司多式联运合同纠纷案【边码 26】

35. 新疆维吾尔自治区高级人民法院(2020)新民申 1135 号民事裁定书:常州市华东防静电架空地板有限公司与安泰系统工程有限公司买卖合同纠纷案【边码 22】

36. 最高人民法院(2005)民二终字第 185 号民事判决书:中国信达资产管理公司郑州办事处与河南省郸城县热电厂、河南省郸城县生物化工厂等借款担保纠纷案【边码 47】

37. 最高人民法院(2011)民提字第 304 号民事判决书:秦皇岛华侨大酒店与秦皇岛市海港区工商行政管理局租赁合同纠纷案【边码 34】

38. 最高人民法院(2013)民二终字第 79 号民事判决书:中国农业银行股份有限公司宁夏回族自治区分行营业部与宁夏回族自治区供销合作社鼓楼商场借款合同纠纷案【边码 24】

39. 最高人民法院(2013)民申字第 689 号民事裁定书:承德市华联山庄休闲度假村有限责任公司与承德市金汇房地产开发有限公司租赁合同纠纷案【边码 34】

40. 最高人民法院(2014)民二终字第 147 号民事判决书:方大炭素新材料科技股份有限公司与中国农业银行股份有限公司陕县支行、三门峡惠能热电有限责任公司金融借款合同纠纷案【边码 19】

41. 最高人民法院(2015)民申字第 411 号民事裁定书:湖北省十堰市五堰商场股份有限公司与湖北天麟房地产开发有限公司合同纠纷案【边码 30】

42. 最高人民法院(2016)最高法民终 476 号民事判决书;成都大鼎置业有限公司与成都市第四建筑工程公司建设工程施工合同纠纷案【边码 51】

43. 最高人民法院(2017)最高法民申 4265 号民事裁定书:武汉市硚口区文化体育局与武汉市硚口天翔商贸有限公司房屋租赁合同纠纷案【边码 34】

44. 最高人民法院(2017)最高法民申 4454 号民事裁定书:武某、鲍某军与靳某良其他合同纠纷案【边码 47】

45. 最高人民法院(2018)最高法民申 1454 号民事裁定书:丹阳市荆林建筑工程有限公司与扬州宏盛钢结构工程有限公司、江苏微磁科技有限公司建设工程施工合同纠纷案【边码 21】

46. 最高人民法院(2018)最高法民申 3153 号民事裁定书:中远海运物流有限公司与保定天威保变电气股份有限公司多式联运合同纠纷案【边码 17】

47. 最高人民法院(2018)最高法民申 3959 号民事裁定书:大连市物资回收总公司与大连市国土资源和房屋局土地租赁合同纠纷案【边码 34】

48. 最高人民法院(2018)最高法民再 109 号民事判决书:中国农业银行股份有限公司阆中市支行与四川天诚贸易有限责任公司、重庆怡和物资(集团)有限公司借款担保合同纠纷案【边码 25】

49. 最高人民法院(2018)最高法民终 806 号民事判决书:陈某与中国厦门国际经济技术合作公司委托合同纠纷案【边码 47】

50. 最高人民法院(2019)最高法民申 1058 号民事裁定书:健隆生物科技股份有限公司与张某宽专利权转让合同纠纷案【边码 17】

51. 最高人民法院(2019)最高法民终 313 号民事判决书:三亚海韵集团有限公司与中铁高新工业股份有限公司合同纠纷案【边码 23】

52. 最高人民法院(2020)最高法民申 4250 号民事裁定书:湖北三新硅业有限责任公司与中钢集团吉林机电设备有限公司买卖合同纠纷案【边码 26】

53. 最高人民法院(2020)最高法民申 6863 号民事裁定书:虞某颗与贵州道真农村商业银行股份有限公司金融借款合同纠纷案【边码 23】

54. 最高人民法院(2020)最高法民申 7039 号民事裁定书:宁安市供销综合商场与牡丹江天宝房地产开发有限公司房屋租赁合同纠纷案【边码 33】

55. 最高人民法院(2020)最高法民终 224 号民事判决书:北京金海投资有限公司、中国长城资产管理股份有限公司上海市分公司与王某平等股权转让纠纷案【边码 30】

56. 最高人民法院(2021)最高法知民终 368 号民事判决书:广州轩意网络科技有限公司与智美网络科技有限公司计算机软件著作权许可使用合同纠纷案【边码 13】

第190条
对法定代理人的请求权诉讼时效起算的特别要件

第190条 无民事行为能力人或者限制民事行为能力人对其法定代理人的请求权的诉讼时效期间,自该法定代理终止之日起计算。

简　目

一、规范意旨

（一）规范意义及正当化理由

1　　《民法典》第190条(以下简称第190条)是无民事行为能力人或者限制民事行为能力人(以下简称无、限制民事行为能力人)对其法定代理人的请求权诉讼时效起算特别要件规范。本条内容与《民法总则》第190条完全相同。本条未见于《民法通则》及旧司法解释,属《民法典》(《民法总则》)新设规定。

2　　无、限制民事行为能力人对其法定代理人的请求权仅适用时效起算一般规则存在以下弊端:其一,囿于年幼、精神障碍等原因,无、限制民事行为能力人通常欠缺"知道或者应当知道"权利受到损害的意思能力;其二,即使无、限制民事行为能力人知道或者应当知道权利受到其法定代理人侵害,法定代理关系(监护关系)存续显而易见地构成行使权利的障碍。为解决该问题,比较法上存在三种模式:一是适用时效中止;〔1〕二是适用时效不完成;〔2〕三是适用时效开始停止或中止。〔3〕我国现行法不同于这三种模式,第 190 条被设计为一种特殊起算规则,〔4〕但其性质及效果与时效开始停止类似。

依据立法机关释义书的解释,《民法典》新增第 190 条的立法理由在于:其一, 3 法定代理关系存续期间,无、限制民事行为能力人对其法定代理人主张权利事实上不可能,且会妨害家庭关系;其二,现行法并无时效不完成、开始停止等制度,将该条设计为特殊起算规则是现实选择。〔5〕 学界意见与此类似,即强调“无、限制民事行为能力人对其法定代理人行使权利存在现实障碍”〔6〕“为保护被代理人权益,避免破坏既存的法定代理关系”〔7〕等理由。

(二)规范性质

第 190 条是诉讼时效起算的特殊规定,其属于第 188 条第 2 款第 2 句“法律另 4 有规定的,依照其规定”之情形。第 190 条与第 188 条第 2 款第 1 句构成特别规范与一般规范的关系。〔8〕 时效起算规则的一般性质(如强制性规范、法院不应主动审查)亦体现于第 190 条的规定。

依据《民法典总则编解释》第 37 条规定,第 190 条并不排斥第 188 条第 2 款 5 第 1 句(时效起算一般条件)的适用,而应将前者解释为后者的特别要件。换言之,此类请求权诉讼时效起算,既须具备第 190 条规定的“该法定代理终止”之条件,也须同时具备第 188 条第 2 款第 1 句规定的一般起算条件。具体而言:

其一,依据《民法典总则编解释》第 37 条文义,无、限制民事行为能力人取得、 6 恢复完全民事行为能力或者在原法定代理终止并确定新的法定代理人后,相应民事主体才知道或者应当知道权利受到损害以及义务人〔9〕的,“该法定代理终止之

---

〔1〕 参见《意大利民法典》第 2941 条;《葡萄牙民法典》第 318 条。

〔2〕 参见《日本民法典》第 158 条;我国台湾地区“民法”第 142 条。

〔3〕 参见《法国民法典》第 2235 条;《瑞士债务法》第 134 条。

〔4〕 对我国所采模式的批评意见,参见朱晓喆:《诉讼时效制度的价值基础与规范表达:〈民法总则〉第九章评释》,载《中外法学》2017 年第 3 期,第 711—712 页。

〔5〕 参见黄薇主编:《中华人民共和国民法典总则编释义》,法律出版社 2020 年版,第 508—509 页。

〔6〕 参见陈甦主编:《民法总则评注(下册)》,法律出版社 2017 年版,第 1368 页(周江洪执笔)。

〔7〕 参见王利明主编:《中国民法典释评·总则编》,中国人民大学出版社 2020 年版,第 491 页(高圣平执笔)。

〔8〕 亦有学者认为,第 190 条并未突破第 188 条第 2 款之一般起算规则,而仅是一般起算规则的一种具体形态。参见李宇:《民法总则要义:规范释论与判解集注》,法律出版社 2017 年版,第 900—901 页。

〔9〕 《民法典总则编解释》第 37 条文义虽未提及“义务人”,但依该条本意应采此解释。司法解释制定者似乎认为,此类案件权利人当然知道义务人是原法定代理人,故无必要作此规定。但是,此类案件中权利人已知权利受到损害而不知义务人是原法定代理人亦有可能,详见正文所举事例。

日"时效不起算,而仍应适用第 188 条第 2 款第 1 句确定时效起算点。因为"该法定代理终止之日"仅具备第 190 条之起算条件,但尚不具备第 188 条第 2 款第 1 句规定的一般起算条件。例如甲(养子)10 岁时,其名下财产被乙(养父)以藏匿、转移等方式侵占,甲成年时(a 时点)对此并不知情,甲于 25 岁时(b 时点)才知道权利受到损害以及侵害人是乙。该情形下,甲对乙的赔偿请求权时效起算点是 b 时点,[10]而以"该法定代理终止之日"(a 时点)起算时效显然有违第 190 条之立法目的。

7   其二,依据《民法典总则编解释》第 37 条的反面解释,无、限制民事行为能力人取得、恢复完全民事行为能力或者在原法定代理终止并确定新的法定代理人前,相应民事主体已经知道或者应当知道权利受到损害以及义务人的,"该法定代理终止之日"时效起算。因为"该法定代理终止之日"之前一般起算条件已经具备,"该法定代理终止"使第 190 条之特别起算条件也具备,故此时起算时效。

8   如果该请求权本身适用其他特殊起算规则,基于边码 5 之相同理由,时效起算既须具备第 190 条规定的"该法定代理终止"之条件,也须同时具备其他特殊起算条件。例如甲(弟)本为完全民事行为能力人,其借给乙(兄)5 万元,但未约定还款期限,其后因甲罹患精神病,乙成为甲的监护人,数年后甲痊愈而致法定代理终止(a 时点)。该情形下,甲恢复完全民事行为能力后仍须适用催告规则[《诉讼时效规定》(2020 年修正)第 4 条]确定时效起算点,而非直接以 a 时点为时效起算点。

9   基于边码 3 之立法理由和边码 5 之分析,第 190 条中的"该法定代理终止"应解释为此类请求权时效起算的必要条件,而非充分条件。第 190 条的本意是"该法定代理终止"前时效不起算,而非当然以"该法定代理终止之日"为时效起算点。由此观之,第 190 条与比较法上的时效开始停止规则性质类似。

(三)适用范围

10   第 190 条系采"单向保护模式",[11]即仅适用于无、限制民事行为能力人对其法定代理人的请求权,而不适用于法定代理人对无、限制民事行为能力人的请求权。第 190 条亦不适用于无、限制民事行为能力人对第三人的请求权,因为该情

---

    [10]   实例参见上海市奉贤区人民法院(2019)沪 0120 民初 18099 号民事判决书。该案虽未直接认定 B 时点为起算点,但意识到以 A 时点为起算点的不合理性。由于该案中 A 时点与 B 时点之间未超过 3 年,判决书以"原告在 B 时点得知权利受到侵害后即提起本案诉讼""即便从 A 时点起算,也未超过诉讼时效"为由否认了被告的时效抗辩。

    [11]   《民法总则(草案)》(一审稿)曾采"双向保护模式",但正式通过的《民法总则》未采该模式。对现行法所采"单向保护模式",肯定性评价意见参见李宇:《民法总则要义:规范释论与判解集注》,法律出版社 2017 年版,第 901 页;否定性评价意见参见房绍坤:《论诉讼时效期间的起算》,载《法学论坛》2017 年第 4 期,第 10—11 页。

形下法定代理人对第三人行使权利并不存在法律障碍。

　　单向保护模式带来的问题是,法定代理人对无、限制民事行为能力人的请求权诉讼时效如何计算? 由于法律对该情形未作特殊规定,故应适用时效起算一般规则,即权利人(法定代理人)知道或者应当知道权利受到损害以及义务人(无、限制民事行为能力人)之日起算。但是,法定代理人作为权利人向其被代理人行使权利,有可能构成"自己代理"之滥用代理权行为(《民法典》第 168 条第 1 款)而存在行使权利的法律障碍。有学者认为,该情形可类推适用"无、限制民事行为能力人没有法定代理人"(《民法典》第 194 条第 1 款第 2 项)之时效中止事由。[12] 该观点可资赞同。作为权利人的法定代理人的另一选择是,辞去法定代理人并在设置新的法定代理人后正常行使权利。

　　《民法典》施行前,最高人民法院释义书认为,义务人与权利人之间存在监护关系构成"权利人被义务人或者其他人控制无法主张权利"之时效中止事由(《诉讼时效规定》第 20 条第 3 项)。[13]《民法典》新增第 190 条后,不应再采用上述解释。

　　无、限制民事行为能力人有多个法定代理人,其仅对法定代理人之一享有请求权的,不适用第 190 条,因为其他法定代理人对作为义务人的法定代理人行使权利不存在法律障碍。该情形适用时效起算一般规则,即其他法定代理人知道或者应当知道权利受到损害以及义务人(作为义务人的法定代理人)之日起算。如果其他法定代理人怠于行使权利导致时效届满,因其不履行监护职责而产生对无、限制民事行为能力人的赔偿责任,该赔偿请求权时效起算仍适用第 190 条。[14]

　　第 190 条作为诉讼时效起算的特殊规定,亦受 20 年最长时效期间的限制。如果依据第 190 条时效起算时最长时效期间已届满,可适用时效延长规则予以救济。[15]

二、对法定代理人的请求权诉讼时效起算的特别要件

(一)条件 1:无、限制民事行为能力人对其法定代理人享有请求权

1. 无、限制民事行为能力人

　　第 190 条之无、限制民事行为能力人,包括未成年人、不能辨认自己行为的成

---

〔12〕　参见陈甦主编:《民法总则评注(下册)》,法律出版社 2017 年版,第 1371 页(周江洪执笔)。

〔13〕　参见最高人民法院民事审判第二庭编著:《最高人民法院关于民事案件诉讼时效司法解释理解与适用》,人民法院出版社 2015 年版,第 329 页。

〔14〕　其他观点参见房绍坤:《论诉讼时效期间的起算》,载《法学论坛》2017 年第 4 期,第 11 页。

〔15〕　参见最高人民法院民法典贯彻实施工作领导小组主编:《中华人民共和国民法典总则编理解与适用(下)》,人民法院出版社 2020 年版,第 961 页。

年人和不能完全辨认自己行为的成年人等（《民法典》第 17—22 条）。成年人意定
监护的场合下（《民法典》第 33 条），因成年人丧失或部分丧失行为能力后其监护
人仍为法定代理人（《民法典》第 23 条），故亦可适用第 190 条。

16　　　　配偶之间、其他家庭成员之间享有请求权的，不适用第 190 条，除非权利人是
无、限制民事行为能力人并成立法定代理关系。[16]

2. 法定代理人

17　　　　第 190 条之法定代理人，主要是指基于各类监护关系所确定的法定代理人，
包括：法定监护（《民法典》第 27 条、第 28 条、第 32 条）；遗嘱监护（《民法典》第 29
条）；协议监护（《民法典》第 30 条）；指定监护（《民法典》第 31 条）；成年人意定监
护（《民法典》第 33 条）等。其他法定代理人如被宣告失踪人的财产代管人（《民
法典》第 42 条）等。

3. 请求权

18　　　　第 190 条之请求权包括：一是侵权请求权，例如毁损无、限制民事行为能力人
财产所生财产损害赔偿请求权；虐待、殴打无、限制民事行为能力人所生人身损害
赔偿请求权。二是违约请求权，例如监护人违反意定监护协议所生违约损害赔偿
请求权。三是不当得利、无因管理等请求权，因为此类请求权的产生无须行为能
力要件，故亦有可能适用第 190 条。例如，被监护人与其监护人就第三人给付的
赔偿款构成共有关系，监护人一直占有全部赔偿款，被监护人成年后请求返还自
己的份额。[17]

19　　　　请求权产生于法定代理关系存续期间的，适用第 190 条不存疑义。如果请求
权产生于法定代理关系成立之前，分以下两种情形处理：

20　　　　其一，法定代理关系成立之前时效未起算的，仍适用第 190 条。例如甲（弟）
本为完全民事行为能力人，其财产被乙（兄）毁损，但甲一直不知侵害人是乙，其后
因甲罹患精神病，乙成为甲的监护人。该情形下，适用第 190 条符合其立法目的。

21　　　　其二，法定代理关系成立之前时效已起算的，不适用第 190 条。该情形下，学
理意见多认为应适用时效中止规则。[18] 例如甲（弟）本为完全民事行为能力人，
其借给乙（兄）5 万元，但乙未按期还款，其后因甲罹患精神病，乙成为甲的监护
人。该情形下，还款期限届满之日时效起算，如果监护关系于时效期间最后 6 个

---

〔16〕　配偶之间、其他家庭成员之间享有请求权是否适用时效中止，参见本书第 194 条评注边码
64—67。

〔17〕　参见山东省枣庄市中级人民法院（2020）鲁 04 民终 2609 号民事判决书。

〔18〕　参见陈甦主编：《民法总则评注（下册）》，法律出版社 2017 年版，第 1370—1371 页（周江洪执
笔）；房绍坤：《论诉讼时效期间的起算》，载《法学论坛》2017 年第 4 期，第 10 页。

月之前结束,诉讼时效正常计算;如果监护关系延续至时效期间最后6个月,监护关系终止之日起满6个月,时效期间届满。

（二）条件2:法定代理终止

法定代理终止,应解释为法定代理关系终止后权利人行使权利不再存在行为能力障碍。《民法典》第175条规定了法定代理终止的4种情形,各情形是否满足本条件有所不同。分述如下: 　22

其一,被代理人取得或者恢复完全民事行为能力。该情形下,权利人行使权利的行为能力障碍消除,故满足本条件。 　23

其二,代理人丧失民事行为能力。该情形下,权利人行使权利的行为能力障碍并未消除,故不满足本条件。此时应当为权利人设置新的法定代理人,新的法定代理关系成立之日满足本条件。在原法定代理终止至新法定代理成立的期间内,不构成"无、限制民事行为能力人没有法定代理人,或者法定代理人死亡、丧失民事行为能力、丧失代理权"（《民法典》第194条第1款第2项）之时效中止事由,因为此时时效尚未起算。 　24

其三,代理人或者被代理人死亡。法定代理人死亡的,与边码24性质相同,故作相同处理。被代理人死亡的,如果继承人为完全民事行为能力人,继承人确定之日满足本条件;如果继承人为无、限制民事行为能力人,继承人所在的法定代理终止之日满足本条件;如果没有继承人,遗产确定归国家所有之日或者确定归集体所有制组织所有之日满足本条件。 　25

其四,法律规定的其他情形。该兜底事由包括辞去监护人资格、撤销监护人资格等情形,[19]其是否满足本条件须视具体情形而定。在辞去或撤销监护人资格的情形下,与边码24作相同处理。[20] 　26

三、对法定代理人的请求权诉讼时效起算特别要件的效力

（一）起算时点

该法定代理终止之日已经具备时效起算一般条件或者其他特殊起算条件的,起算时点为该法定代理终止之日;该法定代理终止之日尚不具备时效起算一般条件或者其他特殊起算条件的,起算时点为具备时效起算一般条件或者其他特殊起 　27

〔19〕 参见最高人民法院民法典贯彻实施工作领导小组主编:《中华人民共和国民法典总则编理解与适用（下）》,人民法院出版社2020年版,第875—876页。

〔20〕 参见北京市昌平区人民法院(2020)京0114民初2193号民事判决书。

算条件的最早之日。

28   该法定代理终止之日的具体认定,参见边码 23—26。

(二)计算诉讼时效期间

29   时效起算点届至的,开始计算一个完整的诉讼时效期间,期间类别依据该请求权所适用的时效期间确定。例如对于无、限制民事行为能力人对其法定代理人的侵犯专利权的损害赔偿请求权,开始计算 3 年时效期间(《专利法》第 74 条第 1 款);对于无、限制民事行为能力人对其法定代理人的偿还借款请求权,开始计算 3 年普通时效期间(《民法典》第 188 条第 1 款)。

四、举证责任

30   第 190 条适用时效起算的一般举证规则。其一,被告(义务人)提出时效抗辩之前,原告(权利人)对时效起算不负举证责任。其二,被告援引时效抗辩权的,应就对第 190 条规定的各要件事实予以举证证明。其三,原告对时效起算提出异议并由此否认被告时效抗辩的,须针对有异议的要件举证以证明时效未届满。

附:案例索引

1. 北京市昌平区人民法院(2020)京 0114 民初 2193 号民事判决书:王某 1 与王某 3、赵某监护权纠纷案【边码 26】

2. 上海市奉贤区人民法院(2019)沪 0120 民初 18099 号民事判决书:陈某怡与陈某君财产损害赔偿纠纷案【边码 6】

3. 山东省枣庄市中级人民法院(2020)鲁 04 民终 2609 号民事判决书:渐某 1 与渐某 2 共有物分割纠纷案【边码 18】

第191条

未成年人遭受性侵害的损害赔偿
请求权诉讼时效起算的特别要件

第191条　未成年人遭受性侵害的损害赔偿请求权的诉讼时效期间,自受害人年满十八周岁之日起计算。

简　目

一、规范意旨

(一)规范意义及正当化理由

《民法典》第191条(以下简称第191条)是未成年人遭受性侵害的损害赔偿请求权(以下简称此类请求权)诉讼时效起算的特别要件规范。本条内容与《民法总则》第191条完全相同。本条未见于《民法通则》及旧司法解释,属《民法典》(《民法总则》)新设规定。　　　　　　　　　　　　　　　　　　　　　　1

未成年人遭受性侵害,已成为世界各国普遍关注的社会问题,此类案件近年　　2

来在我国也处于持续上升态势。[1] 此类请求权仅适用时效起算一般规则存在以下弊端:其一,未成年受害人的监护人基于儿童成长、家庭声誉等原因,得知侵权事实后往往讳于寻求法律救济,而受害人成年后欲行使权利时却多已时效届满。其二,很多案件中,加害人就是监护人或其他长辈。这导致未成年受害人行使权利存在显而易见的法律障碍,或者因其羞于向其他监护人讲述而使侵权事实不易被发现。[2] 可见,如果此类请求权仅适用时效起算一般规则,极易使受害人不合理地丧失法律保护。

3　　　为解决上述问题,比较法上存在三种模式:一是规定更长的时效期间(如 20年)[3]适用于此类请求权;二是适用时效中止(停止),即受害人特定年龄(如 21周岁)[4]之前时效停止计算;三是将此类请求权诉讼时效与刑事追诉时效相捆绑,在刑事追诉时效届满前此类请求权诉讼时效亦不届满[5]。这三种模式不是否认此类请求权适用时效起算一般规则,而是在此类请求权适用时效起算一般规则的前提下,另设特殊规则以修正其不合理效果。仅从法条文义而言,我国现行法不同于这三种模式。第 191 条被设计为一种特殊起算规则,但其性质及效果与模式二较为接近。[6]

4　　　在立法过程中,对于第 191 条存在肯定意见[7]和反对意见[8],立法机关最终采纳了肯定意见。依据立法机关释义书的解释,《民法典》新增第 191 条的立法理由在于:其一,保护未成年人利益的需要;其二,性侵害相较于其他类型侵权行为的特殊性;其三,诉讼时效制度与其他弱者(如老年人、残疾人等)保护制度的相互

---

〔1〕　根据最高人民检察院的官方数据,2017 年全国法院共审结猥亵儿童犯罪案件 2962 件,2018 年审结 3567 件,2019 年 1 至 6 月审结 1803 件;2020 年 1 至 3 月全国检察机关对性侵害未成年人犯罪决定起诉案件同比上升 2.2%。参见《2020 年 1 至 3 月全国检察机关主要办案数据》,载最高人民检察院网,https://www.spp.gov.cn/spp/xwfbh/wsfbt/202004/t20200415_458851.shtml#1,最后访问日期:2021 年 10 月 27 日。

〔2〕　据对 1099 名大学生的调查显示,家族成员(如父母、继父母、兄弟姐妹、堂/表兄弟姐妹、伯父叔父姑父阿姨等)在性侵害上比例占 11.9%。参见牛红峰等:《1099 名大学生儿童期性虐待的调查与分析》,载《生殖与避孕》2010 年第 1 期,第 40 页。另据对 1307 名成年学生的统计数据表明,来自亲戚的性侵害比例为 21.3%。参见孙言平等:《1307 名成年学生儿童期性虐待发生情况及其症状自评量表测试结果分析》,载《中华儿科杂志》2006 年第 1 期,第 21 页。

〔3〕　参见《法国民法典》第 2226 条第 2 款。

〔4〕　参见《德国民法典》第 208 条。

〔5〕　参见《荷兰民法典》第 3:310—4 条。

〔6〕　有学者认为,第 191 条采取的就是模式二。参见王利明主编:《中国民法典释评·总则编》,中国人民大学出版社 2020 年版,第 493 页(高圣平执笔)。

〔7〕　参见梁慧星:《中华人民共和国民法总则(草案):解读、评论和修改建议》,载《华东政法大学学报》2016 年第 5 期,第 23—24 页。

〔8〕　参见周晃:《未成年人性侵害特别诉讼时效条款之商榷》,载《人民法院报》2017 年 1 月 18 日,第 7 版。对反对意见的反驳,参见李宇:《民法总则要义:规范释论与判解集注》,法律出版社 2017 年版,第 905 页。

协调。[9]《民法典》(《民法总则》)施行后,学界对第191条多持肯定性评价,理由与上述理由类似。[10]

(二)规范性质

第191条是诉讼时效起算的特殊规定,其属于第188条第2款第2句"法律另有规定的,依照其规定"之情形。第191条与第188条第2款第1句构成特别规范与一般规范的关系。[11] 时效起算规则的一般性质(如强制性规范、法院不应主动审查)亦体现于第191条的规定。

第191条不应排斥第188条第2款第1句(时效起算一般条件)的适用,而应将前者解释为后者的特别要件。换言之,此类请求权诉讼时效起算,既须具备第191条规定的"受害人年满18周岁"之条件,也须同时具备第188条第2款第1句规定的一般起算条件。如果"受害人年满18周岁之日"尚不具备时效起算一般条件,时效不能起算,故不应机械地将"受害人年满18周岁之日"简单认定为时效起算点。例如甲8岁时遭受身份不明者性侵害,甲成年时(a时点)尚未破案,甲22岁时(b时点)公安机关破案并告知甲犯罪嫌疑人是乙。该情形下,甲对乙的损害赔偿请求权时效起算点是b时点,因为"受害人年满18周岁之日"(a时点)甲不知加害人而根本无法行使权利,故此时起算时效显然有违第191条之强化保护未成年受害人的立法目的。

基于边码4之立法理由和边码6之分析,第191条中的"受害人年满18周岁"是此类请求权时效起算的必要条件,而非充分条件。第191条的本意是"受害人年满18周岁"前时效不起算,而非当然以"受害人年满18周岁之日"为时效起算点。在我国现行法未规定时效开始停止规则的前提下,将第191条设计为此类请求权时效起算的特别要件,可达成比较法上时效开始停止规则的类似效果。

应特别指出的是,第191条系为强化保护未成年人的性自主权而设,决不可误读为"受害人年满18周岁前不得向加害人行使权利"。受害人年满18周岁之前,其法定代理人是否向加害人行使权利,应基于保护未成年人、获取赔偿的必要性等因素,由法定代理人自行决定。如果受害人的法定代理人选择在受害人年满18周岁之前向加害人行使权利,不能以第191条为由禁止该行使权利的行为。例

5

6

7

8

---

〔9〕 参见黄薇主编:《中华人民共和国民法典总则编释义》,法律出版社2020年版,第511页。

〔10〕 参见王利明:《民法总则研究》(第3版),中国人民大学出版社2018年版,第785页;陈甦主编:《民法总则评注(下册)》,法律出版社2017年版,第1374页(周江洪执笔)。

〔11〕 有学者认为,第191条是诉讼时效的特别中止规则。参见吴奕锋:《论侵害未成年人性自主决定权的特别时效制度——评〈中华人民共和国民法总则〉第191条》,载《法律科学》2018年第1期,第138页。笔者认为,在立法论层面该观点有合理之处,但在解释论层面,该观点与现行法对第191条的定位不符。

如,性侵事实已被媒体曝光,已无隐瞒的必要和可能,此时行使权利可使加害人受到法律制裁,可能对抚慰未成年人的心理创伤更为有利。又例如,加害人财务状况有陷入恶化的趋势,不及时行使权利会有将来得不到赔偿的可能。这些情形下,受害人的法定代理人选择"提前"行使权利具有明显的合理性。即使不存在上述类似情形,受害人的法定代理人由于激愤、复仇等原因"提前"行使权利,亦不应否认该行使权利行为的正当性。理由在于:其一,凭借不行使权利"隐瞒"侵害事实,不应是保护未成年人的唯一选项。其二,"提前"行使权利虽有扩大知情人范围而不利于未成年人成长的可能,但亦有不公开审理、人身保护令等配套制度尽可能保护未成年人的身心健康。[12]

9　　　进一步的问题是,受害人的法定代理人在受害人年满 18 周岁之前行使此类请求权的,时效起算点如何认定? 应分别作以下处理:(1)受害人的法定代理人诉讼外向加害人主张权利,加害人按要求承担了赔偿责任的,不再有时效计算问题。(2)受害人的法定代理人诉讼外向加害人主张权利,加害人未按要求承担赔偿责任的,不影响第 191 条的适用,即仍须具备"受害人年满 18 周岁"之特别要件才能起算时效。理由在于:其一,该情形下,强化保护未成年人性自主权的立法目的仍然存在。其二,诉讼外请求虽为中断事由,但因发生于时效起算前,故不能产生提前起算或中断效果。[13]　(3)受害人的法定代理人提起诉讼并得到生效判决支持的,其后适用申请执行时效,不再适用第 191 条。如果起诉被撤回或者因程序原因被驳回而未经实体审理,不影响第 191 条的适用。

(三) 适用范围

1. 一般标准

10　　　第 191 条是为保护未成年人性自主权设置的特别规定,不适用于未成年人遭受其他类型侵权的情形(如侵害财产权、[14]交通事故、动物致害等),因为在其他类型侵权的场合下不存在"不愿或不敢"主张权利的情形。[15]

11　　　成年精神病人遭受性侵害的,适用时效起算一般规则,而不适用第 191 条。未成年精神病人遭受性侵害且成年时精神病尚未痊愈的,适用第 191 条"受害人

---

〔12〕　参见"林小某申请人身安全保护令案",最高人民法院与中华全国妇女联合会、中国女法官协会联合发布的人身安全保护令十大典型案例之六。

〔13〕　有学者认为,该情形下时效起算并发生时效中断的后果,若此类请求权没有得到实现,已中断的时效不重新计算,自受害人年满 18 周岁之日重新计算。参见房绍坤:《论诉讼时效期间的起算》,载《法学论坛》2017 年第 4 期,第 13 页。该观点虽意图保护该情形下受害人的时效利益,但结论并不合理,因为其混淆了时效起算与时效中断的关系,且有悖于时效中断后重新计算的规定。

〔14〕　参见内蒙古自治区高级人民法院(2019)内民申 4523 号民事裁定书。

〔15〕　参见黄薇主编:《中华人民共和国民法典总则编释义》,法律出版社 2020 年版,第 511 页。

年满18周岁"之时效起算特别要件,而不应将该要件解释为"精神病人痊愈"以推迟时效起算点。因为虽然精神病人的性权利保护亦属重要,但与本条立法目的不符。

第191条作为诉讼时效起算的特殊规定,亦受20年最长时效期间的限制。　12
如果依据第191条时效起算时最长时效期间已届满,可适用时效延长规则予以救济。[16]

2. 第190条与第191条的关系

在未成年人遭受其法定代理人性侵害的场合下,第190条与第191条的适用　13
范围有可能重合。该情形下应如何适用第190条与第191条,学界对此存在争议。第一种观点认为,受害人可以任意选择其中之一适用,由此产生相同的法律后果。[17] 第二种观点认为,第190条与第191条构成一般规范与特殊规范的关系,故应优先适用第191条。[18] 受害人成年时不具有完全民事行为能力的,应再适用第190条。[19] 第三种观点认为,如果第190条与第191条认定的起算点不一致,应当适用第190条,即以"该法定代理终止"为时效起算特别要件。[20]

笔者认为,上述观点皆有不妥。该情形下,第190条与第191条不是择一适　14
用,而是应当同时适用,即时效起算存在两个特别要件,该两要件均具备才能起算时效。理由如下:其一,认为第190条与第191条的适用效果相同,该结论似嫌武断。在监护人被撤销监护资格、未成年精神病人成年时精神病尚未痊愈等情形下,该两条认定的起算点并不一致。其二,第190条与第191条不构成一般规范与特殊规范的关系,因为二者适用范围虽有部分重合,但在立法目的、适用对象、侵权形态等方面均存在差异。前者立法目的是解决被监护人(包括未成年人、成年人)行为能力欠缺对时效起算的障碍,其侵权形态包括侵害人身权益和侵害财产权益;后者立法目的是对未成年人(不包括其他欠缺行为能力者)性自主权提供特别保护,而并未将行为能力欠缺作为规范设计的考量因素,且其侵权形态仅限于性侵害。如果将第191条作为第190条的特别规范而仅适用第191条,将导致某些案型中第190条的立法目的落空。其三,第三种观点仅考虑第190条认定的起算点后于第191条认定的起算点之情形,但未考虑相反情形的可能性。

---

〔16〕 参见最高人民法院民法典贯彻实施工作领导小组主编:《中华人民共和国民法典总则编理解与适用(下)》,人民法院出版社2020年版,第966页。

〔17〕 参见杨立新:《民法总则给予未成年人诉讼时效特别保护》,载《检察日报》2017年4月5日,第3版。

〔18〕 参见房绍坤:《论诉讼时效期间的起算》,载《法学论坛》2017年第4期,第13页。

〔19〕 参见李永军主编:《民法总论》,中国政法大学出版社2019年版,第427—428页(戴孟勇执笔)。

〔20〕 参见张雪楳:《诉讼时效审判实务与疑难问题解析——以〈民法总则〉诉讼时效制度及司法解释为核心》,人民法院出版社2019年版,第293页。

15　　　基于边码14之分析,在未成年人遭受其法定代理人性侵害的场合下,此类请求权时效起算须具备三项条件:第188条第2款第1句之时效起算一般条件;第190条之时效起算特别要件;第191条之时效起算特别要件。兹举以下几种情形,说明同时适用这三项条件的合理性:

16　　　其一,未成年人不存在精神病等其他行为能力障碍的,其成年时第190条与第191条之特别要件同时具备,但仍须具备时效起算一般条件。例如甲(养女)3岁时遭受乙(养父)性侵害,甲因过于年幼而不知该侵害行为,甲成年时(a时点)仍处于不知情状态,甲22岁时(b时点)乙向公安机关交代该侵害行为并由公安机关告知甲。该情形下,甲对乙的损害赔偿请求权时效起算点是b时点,因为此时甲向乙行使权利的法律障碍才消除。

17　　　其二,未成年精神病人成年时精神病尚未痊愈的,其成年时仅具备第191条之特别要件,时效起算仍须具备一般条件和第190条之特别要件。例如甲(继女)15岁时遭受乙(继父)性侵害,甲因此精神失常且成年时(a时点)仍处于精神失常状态,甲20岁时丙(祖父)得知乙的侵害行为后申请撤销了乙的监护人资格,法院指定丙为监护人(b时点)。该情形下,甲对乙的损害赔偿请求权时效起算点是b时点,因为此时新的法定代理人向乙行使权利已不存在法律障碍。如果丙对乙的侵害行为一直不知情,甲30岁时(c时点)精神病痊愈而取得完全民事行为能力且记得该侵害行为,甲对乙的损害赔偿请求权时效起算点是c时点,因为此时才具备时效起算的全部要件。

18　　　其三,未成年人(无论是否存在精神病等其他行为能力障碍)有多个法定代理人而遭受其中之一性侵害,且其他法定代理人在其成年前得知该侵害行为的,也应同时具备时效起算的三项条件。例如甲(继女,不存在精神病等其他行为能力障碍)3岁时遭受乙(继父)性侵害,甲10岁时(a时点)丙(生母)得知乙的侵害行为,甲成年时(b时点)对该侵害行为仍不知情,甲20岁时(c时点)得知乙的侵害行为。该情形下,甲对乙的损害赔偿请求权时效起算点是c时点。时效起算点不是a时点的理由在于,虽然此时其他法定代理人行使权利的法律障碍消除,但第191条"对未成年人性自主权提供特别保护"之立法目的仍然存在。时效起算点不是b时点的理由在于,虽然此时甲已无行为能力障碍,但因不知侵害行为而无法行使权利;丙虽然知道侵害行为及义务人,但其此时已失去法定代理人资格而不能行使权利。c时点是同时具备时效起算三项条件的最早时点,此时行使权利已无法律障碍,故应作为时效起算点。

19　　　如果甲(继女,精神病人)3岁时遭受乙(继父)性侵害,甲10岁时(a时点)丙(生母)得知乙的侵害行为,甲成年时(b时点)仍处于精神失常状态,甲20岁时(c时点)精神病痊愈而取得完全民事行为能力,甲22岁时(d时点)得知乙的侵害行为。该情形下,甲对乙的损害赔偿请求权时效起算点是 d 时点,理由与边码 18 相同。

二、未成年人遭受性侵害的损害赔偿请求权诉讼时效起算的特别要件

(一)条件 1:未成年人遭受性侵害

1. 未成年人

第 191 条对未成年人性别未作限定,故本条之未成年人包括男性和女性。 20

第 191 条之未成年人包括罹患精神病、智力障碍等存在其他行为能力障碍的 21
未成年人。基于举轻以明重原则,此类未成年人存在年龄和其他障碍之双重障
碍,故更应适用本条予以保护。此类未成年人的此类请求权时效起算,涉及第 191
条和第 190 条的适用关系,参见边码 15—19。

第 191 条之未成年人包括"16 周岁以上,以自己的劳动收入为主要生活来源, 22
视为完全民事行为能力人的未成年人"(《民法典》第 18 条第 2 款)[21] 因为此类
未成年人视为完全民事行为能力人,解决的是其独立实施法律行为的资格问题,
而第 191 条之立法目的(儿童成长、家庭声誉等)对此类未成年人仍然适用。

2. 性侵害

第 191 条之性侵害,是指以任何方式侵害未成年人的性自主决定权的行 23
为。[22] 在刑法领域中,对性侵害犯罪行为的规制范围较窄,即仅限于具有严重社
会危害性的性侵害行为,故不应将第 191 条之性侵害局限解释为性侵害犯罪行
为。由于现行民事法律和《未成年人保护法》对性侵害未成年人的行为样态均未
作具体规定,第 191 条之性侵害行为可参照有关国际条约、文件以及刑事法律的
规定予以认定。具体包括:

其一,联合国《儿童权利公约》第 34 条规定,缔约国承担保护儿童免遭一切形 24
式的色情剥削和性侵犯之害,为此目的,缔约国尤应采取一切适当的国家、双边和
多边措施,以防止:(a)引诱或强迫儿童从事任何非法的性活动;(b)利用儿童卖

---

〔21〕 参见最高人民法院民法典贯彻实施工作领导小组主编:《中华人民共和国民法典总则编理解
与适用(下)》,人民法院出版社 2020 年版,第 963 页。

〔22〕 对于性侵害未成年人所侵害的权益,通说采性自主决定权说,但学界尚存其他意见。参见刘
艳红:《法秩序统一原理下未成年人保护制度的刑民衔接适用》,载《现代法学》2021 年第 4 期,第 192 页;
付立庆:《负有照护职责人员性侵罪的保护法益与犯罪类型》,载《清华法学》2021 年第 4 期,第 79 页;贾
健:《强奸究竟侵犯了什么? ——作为通说的"性的自主决定权"法益之检讨》,载《法律科学》2018 年第 5
期,第 101 页。

淫或从事其他非法的性行为；(c)利用儿童进行淫秽表演和充当淫秽题材。

25　　其二，世界卫生组织《虐待儿童磋商报告》规定，性侵害未成年人是指行为人在未成年人尚未完全理解性行为，或无法作出性同意表示，或尚未发育完全不能作出性同意，或者违反法律或道德禁忌的情况下与未成年人进行性行为。性侵害未成年人包括但不限：(1)威胁或强迫未成年人进行任何非法的性行为；(2)利用未成年人从事卖淫活动或其他非法活动；(3)利用未成年人经营色情表演或制作相关材料。

26　　其三，最高人民法院、最高人民检察院、公安部、司法部联合公布的《关于依法惩治性侵害未成年人犯罪的意见》第 1 条规定，本意见所称性侵害未成年人犯罪，包括针对未成年人实施的强奸罪，强制猥亵、侮辱妇女罪，猥亵儿童罪，组织卖淫罪，强迫卖淫罪，引诱、容留、介绍卖淫罪，引诱幼女卖淫罪，嫖宿幼女罪等。

3. 加害人

27　　实施第 191 条之性侵害行为的加害人包括：(1)自然人。实施性侵害未成年人的自然人既有可能是男性，也有可能是女性；既有可能是成年人，也有可能是未成年人。在加害人是未成年人的情形下，虽存在双向保护未成年人（受害人、加害人）的需要，[23] 但加害人及其法定代理人不能以第 191 条为由，"反向"阻止受害人一方在加害人成年前行使权利。(2)法人和非法人组织。例如，学校未采取合理的预防、受理投诉、调查处置等措施，防止和制止利用职权、从属关系等实施对未成年人的性骚扰（《民法典》第 1010 条第 2 款）；[24] 电影公司强迫未成年人制作色情影片等。

　　（二）条件 2：未成年人遭受性侵害产生损害赔偿请求权

28　　未成年人遭受性侵害可产生多项请求权，第 191 条仅适用于损害赔偿请求权，停止侵害、赔礼道歉等请求权不适用诉讼时效（《民法典》第 995 条）。[25]

29　　性侵害未成年人属于侵害人身权的侵权行为，其赔偿项目依据《民法典》第 1179 条确定，包括：医疗费、护理费、交通费、营养费、住院伙食补助费等为治疗和康复支出的合理费用，以及因误工减少的收入；造成残疾的，还应当赔偿辅助器具

---

〔23〕 最高人民法院、最高人民检察院、公安部、司法部联合公布的《关于依法惩治性侵害未成年人犯罪的意见》第 4 条规定："对于未成年人实施性侵害未成年人犯罪的，应当坚持双向保护原则，在依法保护未成年被害人的合法权益时，也要依法保护未成年犯罪嫌疑人、未成年被告人的合法权益。"

〔24〕 参见"李某与上海某教育投资有限公司教育机构责任纠纷案"，未成年人权益保护与少年司法制度创新典型案例之五。

〔25〕 相反观点参见陈甦主编：《民法总则评注（下册）》，法律出版社 2017 年版，第 1377 页（周江洪执笔）。

费和残疾赔偿金。

未成年人遭受性侵害所生精神损害赔偿请求权是否适用第 191 条？（1）如果性侵行为仅构成民事侵权而尚不构成犯罪，该精神损害赔偿请求权［《民法典》第 1183 条、《精神损害赔偿解释》（2020 年修正）第 1 条］适用第 191 条不存疑义。[26]（2）如果性侵行为构成犯罪，受害人可否主张精神损害赔偿？《刑事诉讼法解释》（2012）第 138 条第 2 款对此持否定态度。依该条规定，受害人提起附带民事诉讼或者单独提起民事诉讼要求赔偿精神损失的，人民法院不予受理。学理上对该规定多持批评意见，认为其不合理地弱化了未成年人保护。[27] 2021 年修正后的《刑事诉讼法解释》第 175 条第 2 款将《刑事诉讼法解释》（2012）第 138 条第 2 款中的"不予受理"修改为"一般不予受理"。据此，该修改放宽了受害人行使精神损害赔偿请求权的限制。修正后的司法解释施行后，已有法院依据该规定支持刑事附带民事诉讼中未成年受害人的精神损害赔偿请求。[28] 因此，2021 年修正后的《刑事诉讼法解释》施行后，性侵未成年人构成犯罪的情形下，受害人有权主张精神损害赔偿，故亦有适用第 191 条的可能。

未成年人遭受性侵害生育子女的，抚养费可否请求加害人赔偿，并适用第 191 条？我国台湾地区曾有判决认为，"因强奸所生子女而支出之抚养费，为侵权行为所生之财产损害，被害人得请求损害赔偿"。[29] 有学者认为，未成年人遭受性侵害所生子女与加害人不应构成法律上父子（女）关系，否则等于变相承认性侵之合法性。该子女抚养费应为加害人对性侵受害人造成的财产损害，性侵受害人可向加害人主张财产损害赔偿，该损害赔偿请求权可以适用第 191 条。[30] 笔者不赞同该观点。未成年人遭受性侵害生育子女，请求加害人赔偿抚养费的，不应适用诉讼时效，而非适用第 191 条之特殊起算规则。理由如下：其一，赋予非婚生子女与婚生子女同等权利，为现行法一贯态度。与此相应，不直接抚养非婚生子女的生父或者生母负有支付子女抚养费的义务（《民法典》第 1071 条）。因此，加害人对于未成年人遭受性侵害所生子女负有支付抚养费的法定义务，应无疑义。前述观

〔26〕　实例参见广西壮族自治区贺州市中级人民法院（2020）桂 11 民终 626 号民事判决书。

〔27〕　参见段厚省：《我国刑事附带民事诉讼拒斥精神损害赔偿的立场批判与制度重构》，载《政治与法律》2021 年第 12 期，第 111—112 页；魏红：《我国性侵害犯罪未成年被害人权益保护之展望》，载《行政与法》2020 年第 10 期，第 107 页。

〔28〕　参见上海市第二中级人民法院（2021）沪 02 刑终 484 号刑事判决书。对于该案的详细分析，参见张华、刘芸忠、祝丽娟：《遭受性侵害未成年人可以主张精神损害赔偿》，载《人民司法·案例》2021 年第 29 期，第 18 页。

〔29〕　参见我国台湾地区"最高法院"1973 年台上字第 408 号判决书。对于该案的详细分析，参见王泽鉴：《民法学说与判例研究》（重排合订本），北京大学出版社 2015 年版，第 527—531 页。

〔30〕　参见杨丽珍：《〈民法总则〉第 191 条之解释论》，载《西北大学学报（哲学社会科学版）》2017 年第 4 期，第 62 页。

点虽在立法论层面可能有合理之处,但在解释论层面存在障碍。其二,现行法未规定非婚生子女的准正和认领制度,但在《民法典》第 1073 条规定了亲子的确认制度。亲子关系得到确认的,子女可诉请生父或生母承担抚养义务。[31]　由于抚养费请求权人是非婚生子女,故性侵受害人主张损害赔偿的性质实为垫付抚养费所生追偿权。其三,基于伦理原因,抚养费请求权不适用诉讼时效(《民法典》第 196 条)。垫付抚养费所生追偿权并未改变该费用的伦理属性,故亦不适用诉讼时效。

32　　　　未成年人遭受性侵害致死的,其近亲属行使死亡赔偿金、丧葬费、精神损害等请求权的,不应适用第 191 条。该情形下,第 191 条之立法目的(儿童成长、家庭声誉等)已不存在,而且"受害人年满 18 周岁"已不可能发生,故无适用该条的余地。

（三）条件 3:受害人年满 18 周岁

33　　　　受害人年满 18 周岁时,此前是否已被视为完全民事行为能力人以及此时是否仍然存在精神病等其他行为能力障碍,均不影响本条件的认定。此前受害人的监护人发生更换、撤销的,亦不影响本条件的认定。这是第 191 条与第 190 条的差异之一。

34　　　　在立法论层面,有学者认为,虽然第 191 条对未成年人性自主权提供特别保护的立法政策值得肯定,但保护力度仍然不够,因为受害人可能由于精神或心理上的原因,即使成年后仍不愿或不敢寻求法律保护。[32]　比较法上,《德国民法典》第 208 条规定,未成年人遭受性侵害所生请求权的时效起算点被推迟至"不早于 21 周岁"。理由在于,刚刚成年的受害人心理上能力的缺乏也会造成行使权利的阻碍,起算点延后 3 年可以为受害人保留一个"情绪加工"的可能性。[33]　该做法可资借鉴。

35　　　　在解释论层面,有学者主张将受害人成年后仍然存在的精神或心理障碍认定为"其他导致权利人不能行使请求权的障碍"之中止事由(《民法典》第 194 条第 1 款第 5 项),以此对受害人提供救济。[34]　笔者不赞同该观点,因为现行法框架下

---

〔31〕　参见最高人民法院民法典贯彻实施工作领导小组主编:《中华人民共和国民法典婚姻家庭编继承编理解与适用》,人民法院出版社 2020 年版,第 212 页。

〔32〕　参见朱晓喆:《诉讼时效制度的价值基础与规范表达:〈民法总则〉第九章评释》,载《中外法学》2017 年第 3 期,第 712 页。

〔33〕　Vgl. Helmut Grothe, Kommentar zum § 208, in: *Münchener Kommentar zum BGB*, 9. Aufl., München : C. H. Beck, 2021, Rn. 1 – 2.

〔34〕　参见吴奕锋:《论侵害未成年人性自主决定权的特别时效制度——评〈中华人民共和国民法总则〉第 191 条》,载《法律科学》2018 年第 1 期,第 138 页。

的中止事由仅限于客观障碍,单纯的精神或心理障碍难以认定具有客观性,[35] 故该问题交由立法解决为妥。

在未成年人遭受其法定代理人性侵害的场合下,如果受害人成年时仍与加害人处于同一家庭关系共同生活,受害人可能仍然不敢或不愿行使权利。多有学者认为,该情形可构成"权利人被义务人或者其他人控制"之中止事由(《民法典》第194 条第 1 款第 4 项)。[36] 笔者赞同该观点,因为"处于同一家庭关系共同生活"之事实具有客观性,其导致行使权利的客观障碍可以构成中止事由。简言之,该情形下虽仍然适用第 191 条之特殊起算规则,但可通过时效中止规则对此类受害人提供救济。如果受害人年满 18 周岁时已经具备时效起算一般条件,此时时效起算,但"处于同一家庭关系共同生活"之事实消除之日起,受害人有不短于 6 个月期间行使权利。

36

三、未成年人遭受性侵害的损害赔偿请求权诉讼时效起算特别要件的效力

(一)起算时点

受害人年满 18 周岁之日已经具备时效起算一般条件的,起算时点为受害人年满 18 周岁之日;受害人年满 18 周岁之日尚不具备时效起算一般条件的,起算时点为具备时效起算一般条件的最早之日。

37

未成年人遭受其法定代理人性侵害的,此类请求权时效起算须具备三项条件:第 188 条第 2 款第 1 句之时效起算一般条件;第 190 条之时效起算特别要件;第 191 条之时效起算特别要件。起算时点为同时具备这三项条件的最早时点,参见边码 16—19。

38

(二)计算诉讼时效期间

时效起算点届至的,开始计算一个完整的 3 年时效期间,因为此类请求权适用普通时效期间。这是第 191 条与第 190 条的另一差异。

39

---

〔35〕　参见本书第 194 条评注边码 17。

〔36〕　参见朱虎:《诉讼时效制度的现代更新——政治决断与规范技术》,载《中国高校社会科学》2017 年第 5 期,第 94 页;吴奕锋:《论侵害未成年人性自主决定权的特别时效制度——评〈中华人民共和国民法总则〉第 191 条》,载《法律科学》2018 年第 1 期,第 134—136 页。

四、举证责任

40　　　　第 191 条适用时效起算的一般举证规则。其一,被告(义务人)提出时效抗辩之前,原告(权利人)对时效起算不负举证责任。其二,被告援引时效抗辩权的,应就对第 191 条规定的各要件事实予以举证证明。其三,原告对时效起算提出异议并由此否认被告时效抗辩的,须针对有异议的要件举证以证明时效未届满。

附:案例索引

1. 广西壮族自治区贺州市中级人民法院(2020)桂 11 民终 626 号民事判决书:陆某 1 与赖某 1 等身体权纠纷案【边码 30】

2. 内蒙古自治区高级人民法院(2019)内民申 4523 号民事裁定书:张某 1 与赤峰市王府物业管理有限责任公司财产损害赔偿纠纷案【边码 10】

3. 上海市第二中级人民法院(2021)沪 02 刑终 484 号刑事判决书:上海市宝山区人民检察院指控被告人牛某文犯强奸罪并就附带民事诉讼支持起诉、附带民事诉讼原告人张某甲提起附带民事诉讼案【边码 30】

4. 最高人民法院与中华全国妇女联合会、中国女法官协会联合发布人身安全保护令十大典型案例之六:林小某申请人身安全保护令案【边码 8】

5. 未成年人权益保护与少年司法制度创新典型案例之五:李某与上海某教育投资有限公司教育机构责任纠纷案【边码 27】

第 192 条、第 193 条
诉讼时效届满效力、职权禁用规则

第 192 条　诉讼时效期间届满的,义务人可以提出不履行义务的抗辩。

诉讼时效期间届满后,义务人同意履行的,不得以诉讼时效期间届满为由抗辩;义务人已经自愿履行的,不得请求返还。

第 193 条　人民法院不得主动适用诉讼时效的规定。

简　目

一、规范意旨

(一)规范意义及正当化理由

1　　《民法典》第 192 条是诉讼时效期间届满(以下简称时效届满)效力的基础规范。本条含两款:第 1 款规定,时效届满的基本效力是义务人取得抗辩权(抗辩权发生主义);第 2 款规定,时效届满后,义务人以"同意履行"方式放弃时效抗辩权的效力和自愿履行的效力。

2　　时效届满的效力分为两个层面:一是时效届满的直接效力,即义务人取得抗辩权;二是行使抗辩权的效力(本体性效果),即援引抗辩权(积极行使)的效力和放弃抗辩权(消极行使)的效力。《民法典》第 192 条第 1 款系规定直接效力;第 2 款系规定放弃抗辩权的效力。对于积极行使抗辩权的法律后果,本条文义并未涉及。

3　　通说认为,《民法通则》对时效届满效力采胜诉权消灭主义,[1]但该说在概念合理性、法院应居中裁判、与处分原则相悖等方面受到强烈质疑。[2]《诉讼时效规定》第 1 条改采抗辩权发生主义。

4　　《民法典》第 192 条第 1 款采抗辩权发生主义,改变了《民法通则》的做法,而继承了《诉讼时效规定》的处理模式。理由在于:时效制度的价值要求;缓和法律与道德的紧张关系;体现意思自治;借鉴立法通例;对旧法的反思等。[3]《民法典》第 192 条第 2 款系继承《民法通则》第 138 条、《民通意见》第 171 条、《诉讼时效规定》第 22 条之结果,故既有解释规则于《民法典》施行后仍应遵循。

5　　《民法典》第 193 条规定了职权禁用规则,即在当事人未主张时效事项的情形下,法院不得主动依职权适用时效规定。第 193 条"职权禁用规则"与第 192 条"抗辩权发生主义"实为同一规则依不同角度所作规定,因为既然时效届满仅直接产生抗辩权,则该抗辩权当然只能由当事人享有和行使,法院自无权援引。[4]

---

　　[1]　参见佟柔主编:《中国民法学·民法总则》,中国人民公安大学出版社 1990 年版,第 317—318 页。亦有学者认为,将诉讼时效效力区分为胜诉权消灭主义、实体权消灭主义、抗辩权发生主义等,该分类本身就不合理,因为各立法虽采概念有异,但实际效果基本一致。参见葛承书:《民法时效——从实证的角度出发》,法律出版社 2007 年版,第 65—66 页。

　　[2]　对胜诉权消灭主义的批评意见,参见杨巍:《民法时效制度的理论反思与案例研究》,北京大学出版社 2015 年版,第 222—226 页。

　　[3]　参见黄薇主编:《中华人民共和国民法典总则编释义》,法律出版社 2020 年版,第 515 页。

　　[4]　对于职权禁用规则与抗辩权发生主义的关系,比较法上存在三种模式:一是仅规定抗辩权发生主义而不规定前者(如《德国民法典》第 214 条第 1 款),因为前者是后者的当然推论;二是仅规定职权禁用规则而不规定后者(如《日本民法典》第 145 条、第 167 条),通过"权利消灭＋法院不得主动援引时效"达到与模式一类似效果;三是两者同时予以规定(如《葡萄牙民法典》第 303 条、第 304 条第 1 款),虽然该模式在立法技术上有重复规定之嫌,但其对避免无谓争议、明确法官职责范围亦有实益。我国系采模式三。

《民法典》第 193 条系继承《诉讼时效规定》第 3 部分内容之结果。

《民法典》第 193 条未继承《诉讼时效规定》第 3 条禁止法院就时效释明的规定。原因在于:一是理论与实践对该规则争议较大,而尚未达成共识;[5]二是该规则的性质属于程序法规范,将其规定于《民法典》中并非妥当。 **6**

依据最高人民法院释义书对《诉讼时效规定》第 3 条的解释,应禁止法院对诉讼时效进行积极释明,但并不禁止消极释明。理由是前者违反法院中立原则,而后者则否。[6] 笔者认为,虽然《民法典》第 193 条对禁止释明未作规定,但《民法典》施行后仍应采最高人民法院的该解释。理由为:其一,法院对诉讼时效进行积极释明,违反民事诉讼的辩论原则和法院的中立地位。其二,在当事人未援引时效抗辩权的场合下,如果允许法院对诉讼时效进行积极释明,依常理义务人均会因此主张时效抗辩,这实际上变相地否定了职权禁用规则。其三,如果当事人已经援引时效抗辩权,只是表述不够清晰、准确或者证据与诉讼请求不一致,法院提示当事人明确或变更诉讼请求(即消极释明),这并不违反职权禁用规则和现行证据规则。 **7**

虽然《民法典》第 188 条第 1 款"向人民法院请求保护"继承了《民法通则》第 135 条(胜诉权消灭主义的依据)之表述,但因《民法典》第 192 条已就时效届满效力专设规定,因此第 188 条第 1 款不再构成时效届满效力规则,而仅为普通时效期间规范。换言之,"人民法院不予保护"并非时效届满的当然结果,而是当事人行使时效抗辩权的效力体现。 **8**

诉讼时效和执行时效届满不影响法院受理案件[《民事诉讼法解释》(2022 年修正)第 219 条、第 481 条第 1 款]。这是"抗辩权发生主义"和"职权禁用规则"在程序法上的体现。 **9**

（二）时效抗辩权的性质

时效抗辩权是实体法上的抗辩权,相关争议应通过实体审理解决。[7] 我国现行法有异于域外立法通例的做法在于:其一,民事程序法设置申请执行时效制度[《民事诉讼法》(2021 年修正)第 246 条],作为执行阶段的时效规则。其二,因现行法未设置"债务人异议之诉"制度,执行阶段就时效抗辩权存在纠纷的,参照 **10**

---

〔5〕 相关学理意见参见熊跃敏:《民事诉讼中法院释明的实证分析——以释明范围为中心的考察》,载《中国法学》2010 年第 5 期;张海燕:《论法官对民事实体抗辩的释明》,载《法律科学》2017 年第 3 期;任重:《我国民事诉讼释明边界问题研究》,载《中国法学》2018 年第 6 期。

〔6〕 参见最高人民法院民事审判第二庭编著:《最高人民法院关于民事案件诉讼时效司法解释理解与适用》,人民法院出版社 2015 年版,第 76 页。

〔7〕 Vgl. Helmut Grothe, Kommentar zum §214, in: *Münchener Kommentar zum BGB*, 9. Aufl., München:C. H. Beck, 2021, Rn. 4.

《民事诉讼法》(2021 年修正)第 232 条"对违法执行行为的异议"处理。[8]

11　　时效抗辩权是永久性抗辩权,援引该抗辩权能永久地阻止法院执行该项请求权,即请求权人提出的给付之诉会被认为无理由而被驳回。[9]

(三)适用范围

12　　《民法通则》第 141 条规定"法律对诉讼时效另有规定的,依照法律规定"。《民法典》未继承该条,且《民法典》第 192 条亦未设但书规定。因此在现行民商合一体系下,民事单行法或商事单行法规定的特殊时效届满效力原则上均应适用《民法典》第 192 条。

13　　《个人独资企业法》第 28 条和《产品质量法》第 45 条将时效届满效力分别规定为"责任消灭"和"请求权丧失"。此系基于《民法通则》第 141 条所设特别规定,《民法典》施行后此两条中的时效届满效力应解释为抗辩权发生。

14　　《票据法》第 17 条规定时效届满效力是"票据权利消灭"。因《票据法》第 18 条规定票据权利因时效届满消灭后仍享有"民事权利"(利益返还请求权),有学者认为在现行法双层模式下,票据时效届满应导致实体权利和自然权利绝对消灭。[10]《民法典》施行后,票据权利时效届满效力应解释为抗辩权发生。

15　　《民法典》第 198 条规定仲裁时效优先适用特别法规定,故劳动争议仲裁时效、土地承包争议仲裁时效等届满效力并不当然适用《民法典》第 192 条。

二、时效抗辩权的援引(第 192 条第 1 款)

(一)援引场合

1. 诉讼外援引

16　　援引行为在诉讼外与诉讼中均可实施,但诉讼中的援引具有决定意义。如果当事人曾在诉讼外援引时效抗辩权,其后在诉讼中又表示放弃该抗辩权,该情形应解释为虽然承认诉讼外的援引行为,但诉讼外的表示不是抗辩权的最终行使。[11]

17　　当事人在诉讼外和诉讼中均实施援引行为且二者内容一致的,诉讼外援引行

---

〔8〕 参见最高人民法院修改后民事诉讼法贯彻实施工作领导小组编著:《最高人民法院民事诉讼法司法解释理解与适用(下)》,人民法院出版社 2015 年版,第 1286 页。

〔9〕 参见[德]卡尔·拉伦茨:《德国民法通论(上册)》,王晓晔等译,法律出版社 2003 年版,第329—330 页。

〔10〕 参见孙沛成:《票据时效性质新论》,载《中国海洋大学学报(社会科学版)》2011 年第 3 期,第79 页。

〔11〕 参见[德]卡尔·拉伦茨:《德国民法通论(上册)》,王晓晔等译,法律出版社 2003 年版,第 332 页。

为完成时即发生抗辩效果。法院裁判仅是对诉讼外援引行为的效力予以确认。如果当事人在诉讼外作出放弃时效抗辩权的意思表示,其后在诉讼中又实施援引行为,该援引行为不被准许,因为诉讼外弃权行为导致诉讼中援引行为丧失了实体法依据。

2.诉讼程序中援引

当事人未在一审阶段援引时效抗辩权,在二审中的援引行为不被准许,但基于新的证据能够证明时效届满的情形除外[《诉讼时效规定》(2020 年修正)第 3 条第 1 款]。虽然现行法在一般场合下采答辩任意主义[《民事诉讼法》(2021 年修正)第 128 条],但前述规定被认为是逾期答辩失权的例外规则,[12]或者是答辩失权制度在时效抗辩权上的体现。[13]　　　　　　　　　　　　　　　　　　　　18

实务中,下列情形不被认定为《诉讼时效规定》(2020 年修正)第 3 条第 1 款中"新的证据":当事人在一审中误以为时效未届满;[14]当事人主张一审判决认定的事实才得出时效届满的结论;[15]一审判决本身;[16]一审代理律师未出庭;[17]等等。　　　　　　　　　　　　　　　　　　　　　　　　　　　　　　19

在原一、二审期间当事人均未援引时效抗辩权,而在发回重审的一审程序中援引,基于前述理由(边码 18),该援引行为不被准许。[18]　　　　　　　　20

当事人在终审判决作出前未援引时效抗辩权,又以时效届满为由申请再审或者在再审程序中援引时效抗辩权的,不被准许[《诉讼时效规定》(2020 年修正)第 3 条第 2 款]。理由是"保持司法程序安定性、维护司法既判力原则及诚信原则的要求"[19]。　　　　　　　　　　　　　　　　　　　　　　　　　　　　　　　21

---

〔12〕　参见杨巍:《论援引诉讼时效抗辩权的三种场合》,载《法学评论》2018 年第 6 期,第 85 页。

〔13〕　参见湖北省襄阳市中级人民法院(2017)鄂 06 民终 2836 号民事判决书。

〔14〕　参见浙江省杭州市中级人民法院(2016)浙 01 民终 4535 号民事判决书。

〔15〕　参见海南省第二中级人民法院(2016)琼 97 民终 1449 号民事判决书。

〔16〕　参见最高人民法院民一庭:《二审中发包方以一审判决作为新证据主张承包方起诉时已经超过诉讼时效期间的诉讼应否予以支持》,载最高人民法院民事审判第一庭编:《民事审判指导与参考》2014 年第 2 辑(总第 58 辑),人民法院出版社 2014 年版,第 104 页以下。

〔17〕　广东省广州市中级人民法院(2018)粤 01 民终 6361 号民事判决书认为,"因一审代理律师未出庭(当事人不知情)导致当事人二审中才提出时效抗辩"构成合理理由。笔者认为该裁判意见有误,因为无论当事人对其一审律师未出庭是否具有可归责性,其律师的行为都已产生确定的程序法效力并由当事人承担,该行为仅对代理合同的违约责任有影响,而不能成为当事人在二审中援引时效抗辩权的理由。

〔18〕　参见吉林省高级人民法院(2015)吉民二终字第 69 号民事判决书。不同观点参见张雪楳:《诉讼时效审判实务与疑难问题解析——以〈民法总则〉诉讼时效制度及司法解释为核心》,人民法院出版社 2019 年版,第 98 页。

〔19〕　参见最高人民法院民事审判第二庭编著:《最高人民法院关于民事案件诉讼时效司法解释理解与适用》,人民法院出版社 2015 年版,第 91—92 页。相关案例参见浙江省高级人民法院(2012)浙民再字第 76 号民事判决书。

22　　当事人在一审阶段援引时效抗辩权但一审法院未予采纳，当事人对此未提出上诉，其后于再审阶段再次援引时效抗辩权[20]或者以此作为申请再审的理由[21]，均不被准许。

3. 执行程序中援引

23　　现行法框架下，被执行人在执行程序中援引时效抗辩权的，参照《民事诉讼法》（2021 年修正）第 232 条"对违法执行行为的异议"处理。该处理模式是在债务人异议之诉制度缺失下，执行权处理时效争议的权宜之计。[22] 学界对此多持批评意见，认为其没有充分保障当事人的司法救济权，导致执行阶段中的程序性保障未得到应有的重视。[23] 未来修法时有必要设置债务人异议之诉或其他规则，为执行程序中对援引时效抗辩争议进行实体审理提供有效通道。[24]

24　　立法论角度而言，作为申请执行对象的请求权是"执行名义所载请求权"，而非"执行请求权"，因其仍属实体法上的权利，故域外法均将其规定于民法典之中。我国亦有学者主张将申请执行时效与诉讼时效采取统一立法体例。[25]

（二）援引主体

25　　《民法典》第 192 条第 1 款规定时效抗辩权的援引主体是"义务人"，但依相关规定及实务做法，援引主体并非仅限于义务人本人，亦包括因时效届满而受影响的某些利害关系人。在比较法上，对于该利害关系人的认定标准并不一致。例如《法国民法典》第 2253 条规定为"因时效完成而享有利益的人"；《葡萄牙民法典》第 303—305 条规定为"受益人""对时效完成之宣告有正当利益的第三人"和"检察院"（受益人无行为能力的场合）；《日本民法典》第 145 条规定为"保证人、物上保证人、第三取得人及就权利消灭而有正当利益之人"[26]。我国现行法对此未作规定，有学者认为应参酌因果关系远近程度、与其他规则的兼容性等因素判断。[27]

26　　《民法典》第 553 条规定债务承担的场合下，新债务人可以援引原债务人对债

---

〔20〕 参见最高人民法院(2018)最高法民申 4644 号民事裁定书。

〔21〕 参见最高人民法院(2017)最高法民申 2522 号民事裁定书。

〔22〕 参见乔宇：《论申请执行时效的适用程序——兼谈权力分工语境下的审执分立》，载《法律适用》2013 年第 4 期，第 70 页。

〔23〕 参见金印：《执行时效的体系地位及其规制方式——民法典编撰背景下执行时效制度的未来》，载《法律科学》2017 年第 5 期，第 98 页。

〔24〕 参见杨巍：《论援引诉讼时效抗辩权的三种场合》，载《法学评论》2018 年第 6 期，第 90 页。

〔25〕 参见霍海红：《执行时效性质的过去、现在与未来》，载《现代法学》2019 年第 2 期，第 172 页。

〔26〕 此为 2017 年《日本民法典》修订后的内容。在修订以前，日本实务上采"因时效而直接受益者"标准。金山直樹『時効における理論と解釈』（有斐閣，2009 年）294 頁，参照。

〔27〕 参见杨巍：《论援引诉讼时效抗辩权的主体》，载《法学》2018 年第 10 期，第 132 页。

权人的抗辩(包括时效抗辩权)。[28] 有裁判意见将该条扩张适用于替代清偿人。[29]

《民法典》第701条规定保证人享有主债务人的抗辩权,通说认为包括主债务时效抗辩权。[30] 其一,一般保证人和连带责任保证人均可援引主债务时效抗辩权。一般保证人可选择行使先诉抗辩权或主债务时效抗辩权以拒绝债权人的履行请求;行使先诉抗辩权无果后仍可援引主债务时效抗辩权。其二,《诉讼时效规定》(2020年修正)第18条第2款规定,保证人未援引主债务时效抗辩权的,承担保证责任后无权向主债务人追偿,但主债务人同意给付的除外。此规定使保证人的援引行为具有一定程度的"义务"性质,因为保证人不实施该援引行为将丧失追偿权。所谓"同意给付",是指主债务人向债权人作出"同意履行义务"的表示,即主债务人自己也实施了弃权行为。[31] 其三,主债务时效抗辩权不属于主债务人专有,保证人系以自己名义独立行使该抗辩权。[32]

抵押人能否援引主债务时效抗辩权以拒绝承担担保责任?《民法典》第419条继承了《物权法》第202条之规定:抵押权人在主债务时效期间内未行使抵押权的后果是"人民法院不予保护"。但对此应解释为"抗辩权发生"还是"抵押权消灭",争议甚大。[33] 有《最高人民法院公报》案例采抵押权消灭说,[34]但亦有最高人民法院判决认为"抵押权丧失法律强制力保护"。[35]《民法典担保制度解释》采取"抗辩权发生说":(1)其第44条第1款规定,"抵押人以主债权诉讼时效期间届满为由,主张不承担担保责任的,人民法院应予支持"。该文义更为接近"抗辩权发生说"。(2)其第20条规定,抵押人(物上保证人)可以适用《民法典》第701条关于保证人抗辩权的规定,故抵押人可以援引主债务时效抗辩权。笔者认为,司法解释的选择是合理的,理由如下:其一,在现行法语境下,"人民法院不予保护"是对时效届满后果的习惯性表述。其二,在实现担保物权案件中,法院并不主动

27

28

---

[28]　参见最高人民法院(2005)民二终字第210号民事判决书。

[29]　参见江苏省南通市中级人民法院(2013)通中民终字第0698号民事判决书。

[30]　参见王利明:《合同法分则研究(下卷)》,中国人民大学出版社2013年版,第293页。

[31]　参见最高人民法院民事审判第二庭编著:《最高人民法院关于民事案件诉讼时效司法解释理解与适用》,人民法院出版社2015年版,第343页。

[32]　参见全国人大常委会法制工作委员会民法室编著:《中华人民共和国担保法释义》,法律出版社1995年版,第26页。

[33]　"抗辩权发生说"参见王利明:《物权法研究(下卷)》(第3版),中国人民大学出版社2013年版,第1218页;"抵押权消灭说"参见程啸:《论担保物权之存续期限》,载《财经法学》2015年第1期,第77页。

[34]　参见王军诉李睿抵押合同纠纷案,北京市第三中级人民法院(2016)京03民终8680号民事判决书,载《最高人民法院公报》2017年第7期。

[35]　参见最高人民法院(2017)最高法民申1355号民事裁定书。

审查主债务时效期间是否届满[《民事诉讼法解释》（2022 年修正）第 369 条]，抵押人可依据《执行异议复议规定》（2020 年修正）第 7 条第 2 款"债权丧失强制执行效力"之事由提出执行异议。其三，主债务时效届满后，抵押人自愿与抵押权人达成实现抵押权协议的，法院通常认可其效力。[36] 此可解释为抵押人放弃抗辩权。

29　　　留置物所有人能否援引主债务时效抗辩权？《民法典担保制度解释》第 44 条第 2 款规定，主债权时效届满后，留置物所有人无权请求债权人返还留置物；但留置物所有人有权请求拍卖、变卖留置物并以所得价款清偿债务。该规定理由在于，留置权以债权人占有标的物为成立要件，只要处于债权人占有留置物的状态，主债权时效届满也不导致留置权消灭或效力减损。因此，留置物所有人不能通过援引主债务时效抗辩权以请求债权人返还留置物，[37] 而只能请求债权人将留置物变价以了结双方法律关系。

29a　　　出质人能否援引主债务时效抗辩权？《民法典担保制度解释》第 44 条第 3 款区分质权公示方式的不同分别作出处理：（1）以登记作为公示方式的权利质权，出质人有权援引主债务时效抗辩权（参照适用本条第 1 款）；（2）动产质权、以交付权利凭证作为公示方式的权利质权，出质人不能通过援引主债务时效抗辩权请求债权人返还质物（参照适用本条第 2 款）。

30　　　连带债务人 A 取得的时效抗辩权，连带债务人 B 能否援引？《民法典》颁布以前学界对此存在争议，[38] 有最高人民法院判决持肯定意见。[39]《民法典各分编草案（室内稿）》第 61 条曾经规定，"连带债务人可以主张其他债务人对债权人的抗辩"，但该条在"一审稿"之后的各"草案"版本及正式通过的《民法典》中均被删除。《民法典》第 520 条仅规定履行、抵销、提存等构成连带债务关系中的绝对效力事由，而对时效事项未予规定。而且，对于连带债务人之间的追偿关系，《民法典》第 519 条第 2 款规定，被追偿债务人对债权人的抗辩，可以向行使追偿权的债务人主张。这似乎表明，各债务人仅得援引自己所享抗辩权，而不能援引其他债务人的抗辩权用以对抗债权人及行使追偿权的债务人。因此，《民法典》施行后，时效届满在连带债务关系中仅具相对效力。

31　　　代位权关系中，次债务人可以援引对债务人的时效抗辩权用以对抗债权人

---

〔36〕　参见广东省珠海市中级人民法院（2017）粤 04 民终 2591 号民事判决书。

〔37〕　参见林文学等：《〈关于适用民法典有关担保制度的解释〉的理解和适用》，载《人民司法·应用》2021 年第 4 期，第 16—17 页。

〔38〕　肯定说参见朱晓喆：《诉讼时效制度的价值基础与规范表达——〈民法总则〉第九章评释》，载《中外法学》2017 年第 3 期，第 731 页；否定说参见周江洪：《连带债务涉他效力规则的源流与立法选择》，载《法商研究》2019 年第 3 期，第 39 页。

〔39〕　参见最高人民法院（2011）民提字第 266 号民事判决书。

(《民法典》第 535 条第 3 款)。债务人对债权人享有的时效抗辩权,次债务人不能援引用以对抗债权人,因为代位权行使的是债务人对次债务人的权利,次债务人只能援引自己的抗辩权以抵御请求权。[40]

普通债权人能否援引债务人的时效抗辩权用以对抗其他普通债权人? A 对 B 享有 500 万元债权的时效届满,B 的另一普通债权人 C 因到期债权 200 万元未受清偿而申请查封了 B 的一批货物。A 也要求就该批货物受偿,C 能否援引 B 对 A 的时效抗辩权否定 A 的请求。C 不能援引,理由如下:其一,C 作为普通债权人在因果关系上与该时效利益相距较远;其二,C 缺乏援引该抗辩权的程序法依据。[41] 　32

(三) 援引形式

援引时效抗辩权的行为是行使权利之表意行为、单方行为、不要式行为。[42] 诉讼外的援引行为以书面或口头形式作出,均无不可。在诉讼程序或执行程序中实施援引行为的,具体形式应符合法律规定。　33

援引行为原则上不能以沉默形式作出。义务人针对权利人的请求,单纯地置之不理,不构成援引行为。　34

援引行为应包含依据时效规则拒绝履行义务的意思,至于是否明确采用"诉讼时效""时效抗辩权"等用语则并不影响援引行为的成立。实务中认定具有"拒绝履行义务"意思的情形包括:当事人表示"年代久远,已无钱还贷";[43]"改制以后没有营业,没有收入早已停业";[44]"借条已经过了 20 年了,条子没用了";[45] 等等。　35

实务中不认定具有"拒绝履行义务"意思的情形包括:当事人表示"没有还过贷款……没有追过";[46]"×年×月×日后再也没有交易往来";[47]"债权人长期没有通知不合常理";[48] 等等。　36

(四) 援引效力

当事人的援引行为符合法律要求的,即产生"人民法院不予保护"之效力。当　37

---

〔40〕 参见陈甦主编:《民法总则评注(下册)》,法律出版社 2017 年版,第 1384 页(周江洪执笔)。

〔41〕 参见杨巍:《论援引诉讼时效抗辩权的主体》,载《法学》2018 年第 10 期,第 133 页。

〔42〕 德国法认为援引行为是准法律行为。Vgl. Helmut Grothe, Kommentar zum § 214, in: *Münchener Kommentar zum BGB*, 9. Aufl., München: C. H. Beck, 2021, Rn. 4.

〔43〕 参见黑龙江省高级人民法院(2011)黑监民再字第 139 号民事判决书。

〔44〕 参见江苏省高级人民法院(2016)苏民终 766 号民事判决书。

〔45〕 参见福建省龙岩市中级人民法院(2014)岩民终字第 1263 号民事判决书。

〔46〕 参见广东省高级人民法院(2017)粤民申 8649 号民事裁定书。

〔47〕 参见江苏省扬州市中级人民法院(2017)苏 10 民终 642 号民事判决书。

〔48〕 参见广东省中山市中级人民法院(2017)粤 20 民终 5191 号民事判决书。

事人于诉讼外援引的,产生适法拒绝履行的抗辩效果,其后于诉讼中可作为抗辩效果已发生的依据。当事人于诉讼程序中援引的,经实体审理后,法院应以判决形式"驳回诉讼请求"(非以裁定形式"驳回起诉")。当事人于执行程序中援引的,经审查成立后,执行法院裁定"不予执行"。

38　　　基于从随主规则,当事人援引主债务时效抗辩权的效力及于从权利(如利息、定金、违约金)。

39　　　保证债权、抵押权等担保权虽属从权利,但担保人独立享有时效抗辩权,即债务人援引时效抗辩权的效力并不当然及于担保人(边码 27—28)。

40　　　时效届满之前产生的抵销权,于时效届满后仍可行使。换言之,债务人援引时效抗辩权不具有否认债权人行使该抵销权的效力。域外法对此多设有规定。[49] 我国现行法对此虽无明确规定,但学界多持肯定意见。[50]《九民纪要》第43 条规定,抵销的效力溯及自抵销条件成就之时,双方互负的债务在同等数额内消灭。双方互负的债务数额,是"截至抵销条件成就之时"各自负有的全部债务数额。有《最高人民法院公报》案例认为,双方债权均处于没有时效抗辩的可履行状态,"双方债务均已到期"之条件即为成就,即使此后用于抵销的主动债权之时效届满,亦不影响该条件的成立。[51] 被动债权时效届满的,应根据主动债权人是否明知采取不同处理(边码 78)。

41　　　基于民事诉讼的处分原则,当事人在诉讼程序中的援引行为仅具相对效力,即仅对实施援引行为的当事人产生效力,而该效力并不当然及于其他诉讼参加人。而且,各诉讼参加人之间是否构成连带债务等实体关系并不影响该相对效力的发生,因为实体关系仅影响各主体如何享有时效抗辩权,而援引行为则须依自身意思作出。实务中,法院多以"意思自治"[52]或"时效抗辩权是需要主张的抗辩权"[53]等理由解释援引行为的相对效力。但有最高人民法院裁判意见认为,共同被告(均为负有清算义务的股东)中的一人或数人缺席审理,到庭参加审理的共同被告之一援引时效抗辩权的,效力及于缺席审理的共同被告。理由是"缺席被告不属于到庭而不提出时效抗辩的情形""诉讼时效问题对三个被申请人是相同的"[54]。该裁判理由及结论似均有不妥。

---

〔49〕　参见《德国民法典》第 215 条;《意大利民法典》第 1242 条;《日本民法典》第 508 条。

〔50〕　参见梁慧星:《民法总论》(第 5 版),法律出版社 2017 年版,第 255 页。

〔51〕　参见厦门源昌房地产开发有限公司与海南悦信集团有限公司委托合同纠纷案,最高人民法院(2018)最高法民再 51 号民事判决书,载《最高人民法院公报》2019 年第 4 期。

〔52〕　参见上海市第二中级人民法院(2018)沪 02 民终 10877 号民事判决书。

〔53〕　参见四川省成都市中级人民法院(2018)川 01 民终 15525 号民事判决书。

〔54〕　参见最高人民法院(2015)民申字第 284 号民事裁定书。

（五）援引行为与诚信原则

援引时效抗辩权的行为应当遵循诚信原则（《民法典》第 7 条），否则可能构 **42** 成滥用权利的行为（《民法典》第 132 条）。例如债务人 A 在时效未届满时请求债 权人 B 多给一些时间以便核对账目并咨询法律顾问。B 因此等待一段时间，其后 B 再次主张权利时 A 援引时效抗辩权。由于 A 的表示并未明确包含"同意履行义 务"，且现行法未规定"磋商"为中止事由，致使 B 不能通过时效中断、中止得到救 济，故应依据诚信原则、禁止权利滥用否认 A 的援引行为。[55]

实务中，被认定违反诚信原则或构成滥用权利的援引行为（悖信援引行为）主 **43** 要包括以下类型：（1）义务人单纯逃避、拖延履行债务，其后援引时效抗辩权。例 如原告曾多次寻找被告，希望与其协商解决债务事宜，但因无法找到被告本人，导 致原告主张权利的意思表示不能到达被告。[56]（2）双方存在长期合作关系，权利 人合理相信时效不会成为履行障碍，义务人其后却援引时效抗辩权。例如原告与 被告在 2008 年至 2015 年 12 月期间存在 3 个加工合同关系，双方之间存在持续不 间断的履约行为。在原告未能举证存在中断事由的情形下，被告援引时效抗辩 权。[57]（3）时效届满后，义务人要求进一步确认债务是否存在、计算方法及具体数 额，其后却援引时效抗辩权。例如被告在时效届满后曾向原告表示：应该把其已 经履行的付款都从本金中予以扣除；对债权转让也没有异议，但账目必须清楚地 核对。但其后原告再次主张权利时，被告以时效抗辩为由拒绝还款。[58]（4）对援 引行为存在争议的某些场合下，法院依据诚信原则进行解释。例如诉讼时原告用 于抵销的债权已过时效，被告以此主张时效抗辩。由于现行法对时效届满的债权 能否用于抵销未作规定，法院认为依据诚信原则和公平原则应对抵销权行使作从 宽解释，因此认可了原告的抵销行为并否定了被告的援引行为。[59] 又例如当事 人双方对本金债权时效中断的效力是否及于利息债权存在争议。在现行法无明 确规定的前提下，法院基于诚信原则否定了被告的援引行为。[60]

由上述案型可知，适用诚信原则、禁止权利滥用限制援引行为的必要性在于： **44** 其一，因现行起算、中止、中断标准偏高或适用范围偏窄，致使某些悖信援引行为 不能通过这些规则予以解决。其二，因现行法未规定权利失效制度，在需要保护

---

〔55〕　亦有学者认为，援引时效抗辩权并无适用诚信原则、禁止权利滥用的必要，因为借助中断等规则 足以保护权利人。参见李宇：《民法总则要义：规范释论与判解集注》，法律出版社 2017 年版，第 909 页。

〔56〕　参见湖南省常德市中级人民法院（2017）湘 07 民终 1916 号民事判决书。

〔57〕　参见江苏省无锡市中级人民法院（2017）苏 02 民终 584 号民事判决书。

〔58〕　参见浙江省宁波市海曙区人民法院（2013）甬海商初字第 231 号民事判决书。

〔59〕　参见江苏省高级人民法院（2008）苏民二终字第 0424 号民事判决书。

〔60〕　参见江西省高级人民法院（2014）赣民一终字第 49 号民事判决书。

权利人合理信赖的某些场合下,适用诚信原则等一般条款成为恰当选择。其三,现行法时效规则的简略和疏漏,导致适用诚信原则解释法律或进行漏洞补充成为必要。

45　　　　但实务中也存在一些误用诚信原则"限制"援引行为的案例,常见案型包括:(1)宣示性适用。例如将诚信原则或禁止权利滥用表述为诉讼时效制度的立法目的,此类表述与裁判说理既无直接联系也无独立规范意义,即使将其删除,也不影响裁判意见的完整性。[61](2)向一般条款逃避。例如被告在原审中未援引时效抗辩权,在原审判决生效后向检察机关申诉并于再审时援引时效抗辩权,法院依据诚信原则否认了该援引行为。[62] 事实上,《诉讼时效规定》(2020 年修正)第 3 条第 2 款对该情形设有明确规定。(3)强化式重复适用。例如法院以时效中断为由否定了被告的援引行为,并进一步表示"诉讼时效制度不能成为义务人逃避债务的工具,违反依法依约履行义务的诚实信用原则"[63]。此类裁判意见是适用时效具体规则的当然结果,与诚信原则或禁止权利滥用并无关系。

三、同意履行(第 192 条第 2 款前段)

(一)同意履行的性质

46　　　　时效届满后义务人同意履行的,构成以明示形式放弃时效抗辩权的行为(以下简称弃权行为)。其为表意行为、处分行为、不要式行为、单方行为或双方行为。

47　　　　时效利益不得预先放弃(《民法典》第 197 条第 2 款),即时效届满之前当事人放弃时效利益的行为无效,以防止债权人利用优势地位苛责义务人提前放弃时效利益。[64] 但时效届满后,当事人享有的时效利益已经确定,故允许依其意思放弃则属正当。从另一角度考虑,允许当事人弃权亦属抗辩权发生主义的当然结论,因为时效届满既然使当事人取得抗辩权,则积极行使(援引)或消极行使(放弃)该权利皆被允许,否则将致法律效果与胜诉权消灭主义无异。

48　　　　在现行法框架下,"义务人同意履行"既为中断事由(《民法典》第 195 条第 2 项),又为弃权行为之表现形式,但后者应采更严格标准。原因在于:时效届满后义务人已经享有确定的时效利益,非有明确的弃权意思不能轻易认定丧失时效利益;中断事由发生于时效届满之前,由于此时义务人并未取得确定的时效利益,基

---

〔61〕　参见广东省广州市中级人民法院(2016)粤 01 民终 15711 号民事判决书。
〔62〕　参见浙江省高级人民法院(2012)浙民再字第 76 号民事判决书。
〔63〕　参见辽宁省沈阳市中级人民法院(2017)辽 01 民终 6601 号民事裁定书。
〔64〕　参见葛承书:《民法时效——从实证的角度出发》,法律出版社 2007 年版,第 136 页。

于保护权利人的考虑,该中断事由应作从宽解释。[65] 因此,《诉讼时效规定》(2020 年修正)第 14 条规定的"义务人同意履行"之认定标准,不能当然适用于弃权行为。比较法上,多将"债务承认"规定为中断事由和弃权之表现形式,但二者差异与我国现行法类似。[66]

　　(二)同意履行的要件

　　要件 1:弃权人应具有相应的行为能力。因弃权行为系表意行为(法律行为),故弃权人具有相应行为能力始具作出弃权意思表示的资格。有域外法对此设有明文(例如《法国民法典》第 2252 条)。我国对此虽无规定,但应采相同解释。　　**49**

　　要件 2:弃权人应作出放弃时效抗辩权的意思表示,且该意思表示已生效。实　　**50**
务中,该弃权意思表示常被称作"重新确认原债务"。有无弃权之意思表示,应依据意思表示解释规则予以判断。行为人虽未采"同意履行""放弃时效抗辩权"之表述,但以下行为在实务中被认为具有弃权意思:(1)承诺以变卖的资产偿还债务;[67] (2)出具新欠条;[68] (3)出具《押品拍卖请求函》;[69] (4)提供担保物;[70] (5)在部分还款的收据中采取"先还来""先再还""再还来"等表述;[71] (6)向债权人发送短信"不好意思,希望早点把债还清,老朋友见面喝茶还有面目相见";[72] (7)在针对催收的复函中表示"关于货款,待上述问题解决后再行商谈";[73] (8)同意将时效届满债务与双方的其他债务一并处理;[74] (9)出具书面承诺表示同意还款;[75] (10)以单方承诺的方式在"增资扩股说明中"予以认可;[76] (11)主张从质保金中扣除时效届满的维修款;[77] 等等。

　　实务中认定不具有弃权意思的情形包括:(1)债务人针对公安机关的询问表　　**51**
示对借款"想办法近期解决",即使债权人当时在场也不应认定债务人有弃权意

---

　　[65]　参见最高人民法院民事审判第二庭编著:《最高人民法院关于民事案件诉讼时效司法解释理解与适用》,人民法院出版社 2015 年版,第 275 页。

　　[66]　金山直樹『時効における理論と解釈』(有斐閣、2009 年)515 頁,参照。

　　[67]　参见最高人民法院(2012)民再申字第 208 号民事裁定书。

　　[68]　参见四川省高级人民法院(2015)川民终字第 539 号民事判决书。

　　[69]　参见江西省高级人民法院(2018)赣民终 449 号民事判决书。

　　[70]　参见江西省高级人民法院(2018)赣民终 644 号民事判决书。

　　[71]　参见福建省高级人民法院(2018)闽民终 1121 号民事判决书。

　　[72]　参见广东省揭阳市中级人民法院(2019)粤 52 民终 470 号民事判决书。

　　[73]　参见江苏省徐州市中级人民法院(2018)苏 03 民终 7830 号民事判决书。

　　[74]　参见广东省佛山市中级人民法院(2018)粤 06 民终 5982 号民事判决书。

　　[75]　参见湖南省怀化市中级人民法院(2017)湘 12 民终 66 号民事判决书。

　　[76]　参见山西省太原市中级人民法院(2017)晋 01 民终 2042 号民事判决书。

　　[77]　参见北京市第二中级人民法院(2015)二中民终字第 02345 号民事判决书。

思,因为公安机关并没有组织双方进行调解协商解决还款事宜,且该意思表示也不是向债权人作出;[78]（2）时效届满后向债权人进行小金额（100 元）转账;[79]（3）双方谈判结论为"建议进行减免利息方式,由债务人向上级机构汇报并进行内部测算后,再行协商";[80]等等。

52　　　　弃权意思表示既可就权利之全部予以放弃,亦可就部分予以放弃。[81]　弃权行为通常为单方行为,即行为人向权利人作出弃权之意思表示（无须权利人同意）,弃权行为即得以成立。但实务中,亦有当事人以订立还款协议等双方行为的方式实施弃权行为（边码 56—57）。有疑问的是,双方已就偿还时效届满债务的协议进行磋商,但因有关条款未达成合意而最终未能订立协议,该情形能否认定已构成单方弃权行为? 虽然义务人磋商系以愿意弃权为前提,但其既然选择以协议方式弃权,表明其本意是以与对方就相关事项达成合意为弃权行为的成立条件,故不能将作为磋商前提的弃权意愿剥离出来解释为单方弃权行为。

53　　　　要件 3:弃权人对时效抗辩权应具有处分权。弃权行为生效导致时效抗辩权消灭,故其属于处分行为。以还款协议方式实施弃权行为的,该协议虽仅产生还款义务的"负担",但只要弃权人对时效抗辩权具有处分权,就可确定地发生时效抗辩权消灭的后果。弃权人未依约履行协议的,通过违约责任救济。认为弃权行为是实践行为的观点显非妥当,因为其混淆了弃权行为与自愿履行两种规则的界限。[82]

54　　　　要件 4:是否要求弃权人知悉时效届满（其享有时效抗辩权）? 学界对此存在争议。肯定说认为,若义务人不知其抗辩权,自然不可能将处分表示指向该权利。义务人在不知时效届满的情形下作出同意履行的表示,因缺乏弃权之效果意思而构成错误。[83]　否定说认为,义务人作出同意履行的意思表示,其同意的是义务的履行,而非是对时效届满后的义务履行,因此仅须知悉"义务的存在",而无须知悉时效届满。[84]　笔者赞同肯定说,因为该说符合弃权法律行为的一般原理,而否定说实则未将同意履行定性为弃权行为,而是将其与自愿履行规则采相同标准,这似与立法本意不符。但也应指出的是,如果义务人在不知时效届满的情形下作出同意履行的表示,但其言行致使权利人合理地相信时效不再构成行使权利的障

---

〔78〕　参见黑龙江省高级人民法院(2011)黑监民再字第 139 号民事判决书。

〔79〕　参见广东省潮州市中级人民法院(2018)粤 51 民终 121 号民事判决书。

〔80〕　参见四川省达州市中级人民法院(2018)川 17 民终 99 号民事判决书。

〔81〕　相反意见参见王利明:《民法总则研究》(第 3 版),中国人民大学出版社 2018 年版,第 804 页。

〔82〕　参见张雪楳:《诉讼时效审判实务与疑难问题解析——以〈民法总则〉诉讼时效制度及司法解释为核心》,人民法院出版社 2019 年版,第 591 页。

〔83〕　参见朱庆育:《民法总论》(第 2 版),北京大学出版社 2016 年版,第 543 页。

〔84〕　参见陈甦主编:《民法总则评注(下册)》,法律出版社 2017 年版,第 1385 页(周江洪执笔)。

码42)。

(三)同意履行的形式

1.诉讼外同意履行的形式

义务人于诉讼外实施弃权行为的,采口头或书面形式均无不可;亦可以推定行为形式弃权(边码72);沉默不构成弃权行为的形式,义务人对权利人的请求仅消极地不主张时效抗辩,并不导致丧失时效抗辩权,其后仍有机会援引该抗辩权。[85]

《诉讼时效规定》(2020年修正)第19条新增第2款继承了《最高人民法院关于超过诉讼时效期间当事人达成的还款协议是否应当受法律保护问题的批复》(法复〔1997〕4号)的精神,规定"当事人双方就原债务达成新的协议"构成"义务人放弃时效抗辩权"。依此规定,此类还款协议应被解释为以合同形式实施弃权行为。[86] 还款协议可以约定新的还款期限和方式;[87]未约定还款期限的,债权人可依据《民法典》第511条第4项随时要求债务人履行。[88]

《最高人民法院关于超过诉讼时效期间借款人在催款通知单上签字或者盖章的法律效力问题的批复》(法释〔1999〕7号)规定,信用社向借款人发出催收到期贷款(时效已届满)通知单,债务人在该通知单上签字或者盖章的,应当"视为对原债务的重新确认",该债权债务关系应受法律保护。《诉讼时效规定》(2020年修正)第19条新增第3款继承了上述批复的精神,但表述有所变化:一是该签字或者盖章还须"能够认定借款人同意履行时效已届满的义务";二是"视为对原债务的重新确认"改为"借款人放弃时效抗辩权"。该表述变化没有实质性改变上述批复的适用后果,仅使文义更为精准。依此规定,如果依据意思表示解释规则,能够认定此类催款通知单构成债权人向债务人作出的订立还款协议之要约,且债务人在催款通知单上签字或者盖章的行为构成承诺,则属于以合同形式实施弃权行为。对于该形式的弃权行为,应从以下两方面予以判断:

其一,债权人向债务人发出催款通知单的,基于该文件性质,推定其具有"主张权利"的意思。债权人发出对账单、询证函等其他文件的,不能直接推定其具有"主张权利"的意思,而应根据文义解释、体系解释等方法确定其意思内容。实务

55

56

57

57a

---

〔85〕 参见李宇:《民法总则要义:规范释论与判解集注》,法律出版社2017年版,第909页。

〔86〕 对该批复的批评意见,参见马俊驹、余延满:《民法原论》(第4版),法律出版社2010年版,第249页。

〔87〕 参见贵州省高级人民法院(2018)黔民终386号民事判决书。

〔88〕 参见四川省高级人民法院(2015)川民申字第1919号民事裁定书。

中认定具有"主张权利"意思的情形包括:对账单中有"应收账款余额"之表述;[89]通知中明确记载催缴数额及缴费时间;[90]等等。

58　　　　实务中不认定具有"主张权利"意思的情形包括:债权人发出的《企业询证函》中载明"本函仅为复核账之用,并非催款结算";[91]债权人发出的对账单中未出现"还款""催款""欠款"等字样,且案涉对账单中记载的款项金额只有本金,不涉及约定的利息、复息、罚息;[92]单纯寄送对账函;[93]等等。

59　　　　其二,债务人在债权人向其发出的具有"主张权利"意思的通知单等文件上签字或盖章的,可推定其具有"同意履行"的意思,但明确具有相反意思的除外。债务人收到债权人"主张权利"的文件后,其本无必须签字或盖章的义务,但其在明知或应知可主张时效抗辩予以拒绝的情形下仍自愿签章,该行为应解释为具有弃权意思,[94]除非其签章时明确表达了相反意思。虽然实务中某些当事人签章时还附带表达了"同意履行"的意思,但即使没有该表达,仅有签章行为亦足以认定其具有弃权意思。[95]　实务中认定具有"同意履行"意思的情形包括:在计息清单上盖章;[96]在还款要求书上签字表示"尽快落实";[97]结算单上载明"已付×万元整、还欠×万整",债务人予以签名确认;[98]等等。

60　　　　实务中不认定具有"同意履行"意思的情形包括:《最高人民法院关于债务人签收"贷款对账签证单"的行为是否属于对已经超过诉讼时效的原债务的履行进行重新确认问题的复函》(〔2006〕民立他字第 106 号)指出,债务人在"贷款对账签证单"上签署"通知收到",表明债务人已收到签证单的事实,但不能推定为其有偿还时效届满债务的意思表示;保证人在《担保人继续履行责任通知书》上签字,但该通知书中的欠款清单及担保人承诺部分为空白;[99]等等。

61　　　　《最高人民法院关于超过诉讼时效期间后债务人向债权人发出确认债务的询

---

〔89〕　参见河南省高级人民法院(2014)豫法民三终字第 00136 号民事判决书。

〔90〕　参见安徽省合肥市中级人民法院(2018)皖 01 民终 4929 号民事判决书。

〔91〕　参见天津市高级人民法院(2018)津民申 1203 号民事裁定书。

〔92〕　参见广东省高级人民法院(2018)粤民再 181 号民事判决书。

〔93〕　参见河南省新乡市中级人民法院(2018)豫 07 民终 5040 号民事判决书。

〔94〕　参见中国东方资产管理公司大连办事处诉辽宁华曦集团公司等借款担保纠纷上诉案,最高人民法院(2003)民二终字第 93 号民事判决书,载《最高人民法院公报》2003 年第 6 期。

〔95〕　但也有裁判意见认为:"债务人在超过诉讼时效的催款通知书上仅有签名,未作出任何意思表示,故不能视为是债务人同意履行债务的意思表示。"参见浙江省高级人民法院(2009)浙商终字第 291 号民事判决书。笔者认为该裁判意见似与《最高人民法院关于超过诉讼时效期间借款人在催款通知单上签字或者盖章的法律效力问题的批复》的精神不符。

〔96〕　参见最高人民法院(1999)经终字第 457 号民事判决书。

〔97〕　参见山西省运城市中级人民法院(2019)晋 08 民终 2062 号民事判决书。

〔98〕　参见江西省鹰潭市中级人民法院(2019)赣 06 民终 137 号民事判决书。

〔99〕　参见山东省临沂市中级人民法院(2018)鲁 13 民终 1958 号民事判决书。

证函的行为是否构成新的债务的请示的答复》（〔2003〕民二他字第59号）规定，
时效届满后债务人主动向债权人发出确认债务询证函的行为，与《最高人民法院
关于超过诉讼时效期间借款人在催款通知单上签字或者盖章的法律效力问题的
批复》规定的"债务人在催款通知单签字或者盖章的行为"类似，可参照《最高人
民法院关于超过诉讼时效期间借款人在催款通知单上签字或者盖章的法律效力
问题的批复》的规定进行认定和处理(边码57)。所谓"类似""可参照"，应解释为：
债务人发出询证函的行为如果包含有"同意履行"的意思，方与债权人发出催款通
知单的性质类似，债权人在此类询证函上签字或者盖章的，也构成以合同形式实
施弃权行为。如果通知单或询证函中并不包含"主张权利"或"同意履行"的意
思，则不产生弃权的效力。[100]　例如债务人发出的询证函中注明"本函仅为复核账
目之用，并非催款结算"，因其明确排除了"同意履行"的意思，故不能认定为弃权
行为。[101]

2. 诉讼程序和执行程序中同意履行的形式

　　义务人在诉讼中实施弃权行为的形式包括：在言辞辩论中以口头形式作出弃
权的意思表示、在答辩状中作出弃权的意思表示、在调解协议中作出弃权的意思
表示等。义务人在一审中未援引时效抗辩权，构成以沉默形式实施弃权行为，因
此在二审和再审中不得再实施援引行为(边码18—22)。　　　　　　　　　　**62**

　　义务人在执行程序中实施弃权行为的形式主要体现为：在执行和解协议中作
出弃权的意思表示。义务人在执行程序中未依据《民事诉讼法》（2021年修正）第
232条提出执行异议，构成以沉默形式实施弃权行为。　　　　　　　　　　　**63**

（四）同意履行的效力

　　《民法典》第192条第2款前段规定，义务人实施弃权行为的基本效力是"不
得以诉讼时效期间届满为由抗辩"，即义务人因丧失时效抗辩权而不得再主张时
效抗辩。该效力的发生并不考虑义务人于弃权后是否实际履行，这是同意履行规
则与自愿履行规则的重要区别。　　　　　　　　　　　　　　　　　　　　**64**

　　义务人实施弃权行为的，是导致新债务时效起算，还是原债务时效中断（恢复
计算）？该问题的实际意义在于，弃权后时效计算是否仍受原债务20年最长时效
期间的限制。主流意见认为，弃权行为的法律后果是债务从自然债务转为完全债
务，时效期间从弃权之日起重新起算（中断）；约定新的还款期限的，时效期间从该　**65**

---

〔100〕　参见最高人民法院民事审判第二庭编著：《最高人民法院关于民事案件诉讼时效司法解释理
解与适用》，人民法院出版社2015年版，第347页。
　〔101〕　参见江苏省高级人民法院（2015）苏审二商申字第00384号民事裁定书。

还款期限届满之日重新起算（中断）。[102]　少数意见认为，债权人与债务人就时效届满债务达成和解协议，约定新的履行期限、还款数额或担保方式，其有别于原债务，"成立新的抽象之债"。[103]　笔者赞同主流意见，理由在于：其一，主流意见与"抗辩权发生主义"更为契合。其二，如果认为弃权行为产生一项新债务，则此时存在两项债务：一是时效届满的不完全债务；二是新成立的完全债务。这意味着即使债务人自愿履行了前一债务，债权人仍可基于后一债务要求债务人再作出一次内容相同或相似的给付。该解释不恰当地加重了债务人的负担，也违反一个正常债务人的本意。其三，以"还款协议"形式弃权的，该还款协议虽是一个独立合同，但应被解释为对原债务履行条件的变更协议，因为该协议的主体、标的等要素均与原债务具有同一性，仅仅是履行条件发生变化。虽然《最高人民法院关于超过诉讼时效期间当事人达成的还款协议是否应当受法律保护问题的批复》将时效届满后当事人达成还款协议的后果表述为"新的债权、债务关系"，但应将其视作用语上的不严谨，其含义与《最高人民法院关于超过诉讼时效期间借款人在催款通知单上签字或者盖章的法律效力问题的批复》表述的"对原债务的重新确认"应采相同解释。实务中，通常认定弃权行为完成时时效"重新计算"[104]或者"重新起算"[105]，即时效中断。

66　　时效届满债务是可分债务的（实务中多为金钱债务），义务人可以部分放弃时效抗辩权。在此情形下，弃权行为效力仅及于部分债务，义务人仍可就未弃权部分债务主张时效抗辩权。[106]　时效届满债务是不可分债务的（如交付特定物），不存在部分弃权的可能。

67　　义务人仅同意履行时效届满的本金债务的，弃权行为效力不及于时效届满的利息债务，[107]时效重新计算后新产生的利息债务也不发生弃权效果。[108]

68　　主债务人实施弃权行为的效力不及于保证人，即保证人仍有权向债权人行使该时效抗辩权（《民法典》第701条）。《最高人民法院关于锦州市商业银行与锦州市华鼎工贸商行、锦州市经济技术开发区实华通信设备安装公司借款纠纷一案的复函》（〔2002〕民监他字第14号）规定，保证期间届满后，保证人仅在债权人发

---

〔102〕　参见最高人民法院民事审判第二庭编著：《最高人民法院关于民事案件诉讼时效司法解释理解与适用》，人民法院出版社2015年版，第354页。

〔103〕　参见芮沐：《民法法律行为理论之全部（民总债合编）》，中国政法大学出版社2003年版，第168—169页。

〔104〕　参见最高人民法院（2012）民再申字第208号民事裁定书。

〔105〕　参见天津市高级人民法院（2018）津民申1203号民事判决书。

〔106〕　参见湖北省高级人民法院（2014）鄂民二终字第00028号民事判决书。

〔107〕　参见福建省南平市中级人民法院（2018）闽07民终1336号民事判决书。

〔108〕　参见湖北省汉江中级人民法院（2018）鄂96民终1089号民事判决书。

出的催款通知单上签字或盖章而无其他明确表示的,不能成为重新承担保证责任的依据。《最高人民法院关于超过诉讼时效期间借款人在催款通知单上签字或者盖章的法律效力问题的批复》不适用于保证人。换言之,保证人在催款通知单上的单纯签章行为,不能解释为具有"同意履行"的意思。

保证人同时享有主债务时效抗辩权和保证债务时效抗辩权,保证人放弃其 69
一,还能否援引另一抗辩权? 学理上对此存在否定说[109]和区别说[110]（划一处理说、附带情况考虑说）之争。笔者认为,依据诚信原则及禁止自相矛盾行为(venire contra factum proprium)[111]的原理,应采否定说为宜。实务中,保证人通常笼统地表示"同意履行"或"同意继续提供担保",而未明确放弃何种时效抗辩权,因此法院大多直接认定为"未行使时效抗辩权"[112]"对原债务重新确认"[113]等,而不再允许主张时效抗辩。

连带债务关系中连带债务人之一放弃时效抗辩权的,弃权效力不及于其他连 70
带债务人(边码41)。有最高人民法院判决指出,"除非法律明确规定或者当事人特别约定,否则时效抗辩权不能由他人代为处分。连带债务人之一放弃时效抗辩权的,对其他连带债务人不具有涉他性"[114]。

四、自愿履行(第 192 条第 2 款后段)

(一) 自愿履行的性质

时效届满后义务人自愿履行的,仍属具有合法原因的履行行为,故可产生清 71
偿效果,权利人受领之给付不构成不当得利。此为"抗辩权发生主义"应有之义。

虽然自愿履行系依据法律规定而非当事人意思产生清偿效果,但自愿履行时 72
义务人是否知悉时效届满(其享有时效抗辩权),对自愿履行行为性质的界定亦有影响。义务人明知时效届满而自愿履行的,可解释为以推定行为放弃时效抗辩权的默示弃权;义务人不知时效届满而自愿履行的,虽不构成弃权行为,但仍依据法律规定发生清偿效果。

---

〔109〕　潮見佳男『新債権総論Ⅱ』(信山社、2017 年)684 頁,参照。

〔110〕　金山直樹『時効における理論と解釈』(有斐閣、2009 年)519 頁,参照。

〔111〕　参见[德] 汉斯·布洛克斯·沃尔夫·迪特里希·瓦尔克:《德国民法总论》(第 41 版),张艳译,中国人民大学出版社 2019 年版,第 302 页。

〔112〕　参见甘肃省定西市中级人民法院(2016)甘 11 民终 169 号民事判决书。

〔113〕　参见海南省高级人民法院(2005)琼民二终字第 42 号民事判决书。

〔114〕　参见最高人民法院(2017)最高法民申 2048 号民事裁定书。

（二）自愿履行的要件

73　　　要件 1：履行人应具有相应的行为能力。自愿履行构成默示弃权的，因其属于法律行为，故要求履行人应具有相应的行为能力。自愿履行不构成弃权行为的情形下，虽然其不属于法律行为，但仍须履行人对给付对象、给付内容及给付意义具有明确认知才能产生清偿效果，因此亦对行为能力有所要求。自愿履行由无行为能力人作出的，可主张返还。[115]

74　　　要件 2：须已实际履行，且被权利人接受。这是自愿履行规则与同意履行规则的最主要区别，因为自愿履行规则的法理基础是时效届满不导致实体权利消灭，故权利人受领的给付具有受领保持力，而不构成不当得利。[116]　如果义务人虽有履行行为但权利人未受领，因未产生清偿效果不能适用自愿履行规则，而有可能构成同意履行。义务人援引时效抗辩权后再自愿履行的，虽然请求权曾经受到限制，但其受领权并未受到影响，权利人仍可受领并保持该给付。[117]

75　　　要件 3：义务人实施履行行为时是自愿的。所谓自愿，是指义务人在对给付各要素具有正确认知的前提下，依其意思实施履行行为，而并非要求具有弃权意思。如果义务人因受胁迫或其他原因致使其在违背意愿的情形下实施履行行为，则不构成自愿履行。[118]　义务人因欺诈、重大误解等原因在违背真意的情形下实施的履行行为，亦属表意自由受侵害的结果，因此也不构成自愿履行。

76　　　义务人自愿履行时是否知悉时效届满，不影响自愿履行的构成。由于债权人系就其本享有的权利受领给付，所以义务人在履行时是否知悉时效届满并不重要。[119]　这是自愿履行规则与同意履行规则的另一重要区别，因为自愿履行规则侧重于保护实体权利的受领权能，而非基于义务人意思产生弃权效果。

（三）自愿履行的形式

77　　　自愿履行通常发生于诉讼外，亦可发生于执行程序中［《民事诉讼法解释》（2022 年修正）第 481 条第 2 款］，但依其性质不大可能于诉讼程序中实施。自愿

---

〔115〕　参见张雪楳：《诉讼时效审判实务与疑难问题解析——以〈民法总则〉诉讼时效制度及司法解释为核心》，人民法院出版社 2019 年版，第 612 页。

〔116〕　参见朱庆育：《民法总论》（第 2 版），北京大学出版社 2016 年版，第 544 页。

〔117〕　参见朱晓喆：《诉讼时效完成后债权效力的体系重构——以最高人民法院〈诉讼时效若干规定〉第 22 条为切入点》，载《中国法学》2010 年第 6 期，第 85 页。

〔118〕　参见最高人民法院民事审判第二庭编著：《最高人民法院关于民事案件诉讼时效司法解释理解与适用》，人民法院出版社 2015 年版，第 357 页。

〔119〕　Vgl. Helmut Grothe, Kommentar zum §214, in: *Münchener Kommentar zum BGB*, 9. Aufl. , München：C. H. Beck, 2021, Rn. 9.

履行的常见形式包括:时效届满后继续支付货款、[120] 交付货物等。义务人以新债清偿形式自愿履行的,亦被准许。[121] 例如时效届满后订立"以房抵债"协议、[122] 开立支票[123]等。

义务人以其时效未届满的债权抵销对方时效已届满的债权,学理上亦被认为构成自愿履行。[124]《九民纪要》第 43 条规定,抵销权可以"抗辩的方式"行使。在主动债权时效未届满、被动债权时效已届满的情形下,主动债权人自愿以完全债权抵销对方不完全债权的,如果主动债权人明知时效已届满,该抵销行为构成以推定行为方式实施的默示弃权;如果主动债权人不知时效已届满,因双方实体权利尚存且抵销条件已成就而仍发生抵销效果。实务中,有裁判意见将此类抵销行为界定为"同意履行"[125]。笔者认为,由于抵销行为直接引起双方债务消灭的后果,故认定为"自愿履行"更为准确。 **78**

义务人虽非直接履行合同给付义务,但为了履行合同给付义务而进行准备工作(如与权利人召开会议、交接资料),在实务中亦被认定为自愿履行。[126] 该行为的实质是义务人自愿履行附随义务。因自愿履行附随义务交付的材料等,不得请求返还。由于给付义务尚未被实际履行,不存在返还问题,而应依据前文所述标准判断该行为是否构成同意履行。 **79**

除依法律规定、当事人约定或债务性质不能代为清偿的情形外,自愿履行亦可以第三人代为清偿的形式实施。实务中常见情形包括:时效届满后义务人的近亲属代为偿还借款;[127] 受让人代为清偿时效届满债务作为股权转让的对价;[128] 等等。 **80**

(四) 自愿履行的效力

《民法典》第 192 条第 2 款后段规定,义务人自愿履行的基本效力是"不得请求返还",即不得请求将双方的法律关系恢复至自愿履行之前的状态。具体而言:标的物是金钱的,不得请求返还同等数额的金钱;标的物是实物的,无论返还原物 **81**

---

〔120〕　参见广东省高级人民法院(2018)粤民终 279 号民事判决书。

〔121〕　对于此类新债清偿协议性质的学理意见,参见朱晓喆:《诉讼时效完成后债权效力的体系重构——以最高人民法院〈诉讼时效若干规定〉第 22 条为切入点》,载《中国法学》2010 年第 6 期,第 88—89 页。

〔122〕　参见海南省三亚市中级人民法院(2018)琼 02 民终 495 号民事判决书。

〔123〕　参见上海市第一中级人民法院(2014)沪一中民四(商)终字第 551 号民事判决书。

〔124〕　参见马俊驹、余延满:《民法原论》(第 4 版),法律出版社 2010 年版,第 251 页。

〔125〕　参见广东省广州市中级人民法院(2019)粤 01 民终 9469 号民事判决书。

〔126〕　参见重庆市高级人民法院(2018)渝民终 328 号民事判决书。

〔127〕　参见山东省德州市中级人民法院(2019)鲁 14 民终 702 号民事判决书。

〔128〕　参见贵州省贵阳市中级人民法院(2018)黔 01 民终 230 号民事判决书。

是否可能,均不得请求返还,亦不得请求折价补偿;以新债清偿形式自愿履行的,不得主张新债清偿行为无效或解除新债清偿协议;以抵销形式自愿履行的,不得主张抵销无效或请求继续履行。

82　　时效届满后义务人自愿履行部分债务的,其效力是否及于剩余部分债务? 无论是从默示弃权意思还是从受领保持力的角度,均应得出否定结论,即义务人仍可就剩余部分债务援引时效抗辩权。[129]　而且,从《民法典》第 192 条第 2 款后段文义来看,由于剩余部分债务并未被实际履行,因此也无从发生"不得请求返还"之效果。

83　　时效届满后义务人自愿履行部分债务且承诺逐步偿还余款的,应认定放弃全部时效抗辩权。[130]　就已自愿履行部分,义务人不得请求返还;就承诺偿还的剩余部分,构成以"同意履行"方式的弃权行为,不得再主张时效抗辩。

84　　基于上述理由(边码83),时效届满后义务人自愿支付利息的,不能因此认定义务人丧失本金的时效抗辩权。[131]　同理,反之亦然。

85　　义务人自愿履行全部债务的,因清偿使债务消灭而不再有时效问题。义务人自愿履行部分债务的,已履行部分也不再有时效问题,未履行的剩余部分债务不能重新计算时效(中断)。因为义务人自愿履行部分债务的情形下,不能由该履行行为推定义务人具有放弃剩余部分时效抗辩权的意思,故剩余部分时效抗辩权依旧存在。[132]　但有个别裁判意见采相反观点,理由是"全部债权(股权转让款)是一个整体"[133]或者部分履行"符合《诉讼时效规定》第 16 条和《民法通则》第 140 条中'同意履行义务'的规定"[134]。笔者认为,这些裁判意见或者违反了可分债务的性质,或者混淆了中断规则中的"同意履行"和弃权规则中的"同意履行",因此其理由及结论都是错误的。

86　　义务人一方面自愿履行(自行计算抵扣部分租金),另一方面又同时主张时效抗辩,应以自愿履行的效力为准。[135]　因为自愿履行确定地产生清偿效果,使援引时效抗辩权的行为丧失意义。

87　　在执行程序中义务人(被执行人)自愿履行全部或部分义务后,不得以不知道申请执行时效期间届满为由请求执行回转[《民事诉讼法解释》(2022 年修正)第 481 条第 2 款]。

---

〔129〕　参见上海市高级人民法院(2016)沪民申 13 号民事裁定书。

〔130〕　参见河北省沧州市中级人民法院(2018)冀 09 民终 596 号民事判决书。

〔131〕　参见浙江省衢州市中级人民法院(2015)浙衢商终字第 172 号民事判决书。

〔132〕　参见福建省高级人民法院(2017)闽民终 98 号民事判决书。

〔133〕　参见四川省巴中市中级人民法院(2017)川 19 民初 33 号民事判决书。

〔134〕　参见山东省淄博市中级人民法院(2017)鲁 03 民终 1695 号民事判决书。

〔135〕　参见北京市第一中级人民法院(2018)京 01 民终 2667 号民事判决书。

五、举证责任

(一) 援引时效抗辩权的举证责任

最高人民法院释义书认为,时效届满的主张属于否定事实的主张,而时效未届满的主张属于肯定事实的主张,因此此在一般场合下当事人援引时效抗辩权的无须举证证明时效届满。[136] 相反意见认为,当事人援引时效抗辩权的,应就时效已届满负举证责任,即在承认权利成立的前提下,对时效抗辩权的性质、发生原因及行使时期等事实予以举证。[137] 笔者认为,依据《民事诉讼法》(2021 年修正)第 67 条及举证责任的一般原理,举证责任分配如下:其一,在被告(义务人)提出时效抗辩之前,原告(权利人)对其债权时效未届满不负举证责任。其二,被告援引时效抗辩权的,应就起算时点、届满时点等事实举证证明,但对其间不存在中断、中止事由不负举证责任。其三,原告对被告援引时效抗辩存在异议的,应当对起算、中断、中止等事由举证以证明时效未届满。

88

当事人未在一审阶段援引时效抗辩权,在二审中可基于新的证据实施援引行为[《诉讼时效规定》(2020 年修正)第 3 条第 1 款]。实施援引行为的当事人应就"新的证据"举证证明。

89

当事人主张曾经在诉讼外实施援引行为并以此作为诉讼程序中时效抗辩之依据的,应就诉讼外的援引行为举证证明。

90

(二) 同意履行和自愿履行的举证责任

权利人主张义务人同意履行或放弃时效抗辩权的,应就单方弃权行为或还款协议等行为的存在及有效性举证证明。

91

履行完毕后义务人主张返还的,义务人应就该履行行为不构成自愿履行予以举证,即证明义务人系在不自愿情形下履行或欠缺其他要件。义务人主张返还之前,权利人对受领给付的合法性不负举证责任。

92

附:案例索引

1. 安徽省合肥市中级人民法院(2018)皖 01 民终 4929 号民事判决书:肥东县振兴商务投资有限公司、安徽省肥东县食品公司与安徽新安良种猪有限责任公司租赁合同纠纷案【边

---

[136]　参见最高人民法院民事审判第二庭编著:《最高人民法院关于民事案件诉讼时效司法解释理解与适用》,人民法院出版社 2015 年版,第 88 页。

[137]　参见梁展欣主编:《诉讼时效司法实务精义》,人民法院出版社 2010 年版,第 66 页。

码 57a】

2. 北京市第一中级人民法院（2018）京 01 民终 2667 号民事判决书：北京恺艾斯食品有限公司与北京万商投资发展集团有限公司房屋租赁合同纠纷案【边码 86】

3. 北京市第二中级人民法院（2015）二中民终字第 02345 号民事判决书：北京城乡建设集团有限责任公司与北京柏基置业有限公司建设工程施工合同纠纷案【边码 50】

4. 北京市第三中级人民法院（2016）京 03 民终 8680 号民事判决书：李某与王某抵押合同纠纷案【边码 28】

5. 重庆市高级人民法院（2018）渝民终 328 号民事判决书：重庆安格龙翔医药科技有限公司与黑龙江省格润药业有限责任公司技术委托开发合同纠纷案【边码 79】

6. 福建省龙岩市中级人民法院（2014）岩民终字第 1263 号民事判决书：赖某祥与李某华民间借贷纠纷案【边码 35】

7. 福建省南平市中级人民法院（2018）闽 07 民终 1336 号民事判决书：杨某旺与陈某宝、池某美民间借贷纠纷案【边码 67】

8. 福建省高级人民法院（2017）闽民终 98 号民事判决书：吴某亮与戴某生民间借贷纠纷案【边码 85】

9. 福建省高级人民法院（2018）闽民终 1121 号民事判决书：杨某滋、杨某桑与王某贵等民间借贷纠纷案【边码 50】

10. 甘肃省定西市中级人民法院（2016）甘 11 民终 169 号民事判决书：李某元与何某有追偿权纠纷案【边码 69】

11. 广东省潮州市中级人民法院（2018）粤 51 民终 121 号民事判决书：吴某、周某娇与方某中民间借贷纠纷案【边码 51】

12. 广东省佛山市中级人民法院（2018）粤 06 民终 5982 号民事判决书：赵某和与赵某聪民间借贷纠纷案【边码 50】

13. 广东省广州市中级人民法院（2016）粤 01 民终 15711 号民事判决书：陈某高与陈某桂买卖合同纠纷案【边码 45】

14. 广东省广州市中级人民法院（2018）粤 01 民终 6361 号民事判决书：洪某清、广东万顺设备成套有限公司与李某强民间借贷纠纷案【边码 19】

15. 广东省广州市中级人民法院（2019）粤 01 民终 9469 号民事判决书：珠海市力特建筑机械安装工程有限公司与广州龙越自动化工程有限公司债权转让合同纠纷案【边码 78】

16. 广东省揭阳市中级人民法院（2019）粤 52 民终 470 号民事判决书：杨某泉与黄某波民间借贷纠纷案【边码 50】

17. 广东省中山市中级人民法院（2017）粤 20 民终 5191 号民事判决书：珠海华发物业管理服务有限公司与李某忠物业服务合同纠纷案【边码 36】

18. 广东省珠海市中级人民法院（2017）粤 04 民终 2591 号民事判决书：中国信达资产管理股份有限公司广东省分公司与方某莲抵押合同纠纷案【边码 28】

19. 广东省高级人民法院（2017）粤民申 8649 号民事裁定书：徐某安、关某珍与高州市农村信用合作联社石鼓信用社金融借款合同纠纷案【边码 36】

20. 广东省高级人民法院（2018）粤民再 181 号民事判决书：中国农业银行股份有限公司广州天河支行与广州农村商业银行股份有限公司天河支行借款合同纠纷案【边码 58】

21. 广东省高级人民法院（2018）粤民终 279 号民事判决书：胡某与李某荣、李某章船舶买卖合同纠纷案【边码 77】

22. 贵州省贵阳市中级人民法院（2018）黔 01 民终 230 号民事判决书：贵州东亚大厦物业有限公司与郑某东民间借贷纠纷案【边码 80】

23. 贵州省高级人民法院（2018）黔民终 386 号民事判决书：贵州湘企房地产开发有限公司、刘某旺与陈某林、何某民间借贷纠纷案【边码 56】

24. 海南省第二中级人民法院（2016）琼 97 民终 1449 号民事判决书：海南地恒实业投资有限公司、海南地恒实业投资有限公司昌江分公司与陈某坚房屋买卖合同纠纷案【边码 19】

25. 海南省三亚市中级人民法院（2018）琼 02 民终 495 号民事判决书：海南文昌隆盛置业有限公司与北京搜房科技发展有限公司、北京搜房网络技术有限公司服务合同纠纷案【边码 77】

26. 海南省高级人民法院（2005）琼民二终字第 42 号民事判决书：中国华融资产管理公司海口办事处与海南省三亚市第一华侨特需商品供应公司、三亚市商业总公司借款合同纠纷案【边码 69】

27. 河北省沧州市中级人民法院（2018）冀 09 民终 596 号民事判决书：王某龙与李某柱买卖合同纠纷案【边码 83】

28. 河南省新乡市中级人民法院（2018）豫 07 民终 5040 号民事判决书：新乡市利尔过滤技术有限公司与上海化工研究院有限公司买卖合同纠纷案【边码 58】

29. 河南省高级人民法院（2014）豫法民三终字第 00136 号民事判决书：汝州市电业公司与中青（汝州）电力有限公司、汝州市火电厂买卖合同纠纷案【边码 57a】

30. 黑龙江省高级人民法院（2011）黑监民再字第 139 号民事判决书：米某静与绥芬河市农村信用合作联社借款合同纠纷案【边码 35、51】

31. 湖北省汉江中级人民法院（2018）鄂 96 民终 1089 号民事判决书：湖北天泵科技股份有限公司与武汉奇治科技有限公司买卖合同纠纷案【边码 67】

32. 湖北省襄阳市中级人民法院（2017）鄂 06 民终 2836 号民事判决书：翟某峰与中华联合财产保险股份有限公司枣阳支公司财产保险合同纠纷案【边码 18】

33. 湖北省高级人民法院（2014）鄂民二终字第 00028 号民事判决书：易某军、熊某英与中国农业银行股份有限公司恩施经济开发区支行借款合同纠纷案【边码 66】

34. 湖南省常德市中级人民法院（2017）湘 07 民终 1916 号民事判决书：毛某与曾某桂民间借贷纠纷案【边码 43】

35. 湖南省怀化市中级人民法院（2017）湘 12 民终 66 号民事判决书：张某美与杨某明、刘某龙民间借贷纠纷案【边码 50】

36. 吉林省高级人民法院（2015）吉民二终字第 69 号民事判决书：通化市天泰土方工程有限公司等与赵某庆等租赁合同纠纷案【边码 20】

37. 江苏省南通市中级人民法院（2013）通中民终字第 0698 号民事判决书：钱某山与徐

某同其他借款合同纠纷案【边码 26】

38. 江苏省无锡市中级人民法院（2017）苏 02 民终 584 号民事判决书：东莞市红树林环保科技有限公司与无锡市通用机械厂有限公司加工合同纠纷案【边码 43】

39. 江苏省徐州市中级人民法院（2018）苏 03 民终 7830 号民事判决书：江苏奔腾橡胶制品有限公司与广州华工百川科技有限公司买卖合同纠纷案【边码 50】

40. 江苏省扬州市中级人民法院（2017）苏 10 民终 642 号民事判决书：中交路桥华南工程有限公司与高邮市鸿祥劳务服务部买卖合同纠纷案【边码 36】

41. 江苏省高级人民法院（2008）苏民二终字第 0424 号民事判决书：新沂市建材总公司与新沂市农村信用合作联社金昌信用社等债权纠纷案【边码 43】

42. 江苏省高级人民法院（2015）苏审二商申字第 00384 号民事裁定书：峰水（上海）水处理系统有限公司与安纳社环保工程（苏州）有限公司委托合同纠纷案【边码 61】

43. 江苏省高级人民法院（2016）苏民终 766 号民事判决书：赵某与启东市第一建筑安装工程有限公司等债权转让合同纠纷案【边码 35】

44. 江西省鹰潭市中级人民法院（2019）赣 06 民终 137 号民事判决书：宝龙建设集团有限公司与占某忠、姚某水承揽合同纠纷案【边码 59】

45. 江西省高级人民法院（2014）赣民一终字第 49 号民事判决书：黄某凡、李某兴与萍乡市凯旋投资有限公司租赁合同纠纷案【边码 43】

46. 江西省高级人民法院（2018）赣民终 449 号民事判决书：上饶市大通贸易有限公司、江西全良液酒业有限公司与上饶市信义投资有限公司金融不良债权追偿纠纷案【边码 50】

47. 江西省高级人民法院（2018）赣民终 644 号民事判决书：刘某群与徐某民间借贷纠纷案【边码 50】

48. 辽宁省沈阳市中级人民法院（2017）辽 01 民终 6601 号民事裁定书：岳某贵与张某言、马某伟民间借贷纠纷案【边码 45】

49. 山东省德州市中级人民法院（2019）鲁 14 民终 702 号民事判决书：吕某宾与张某普、王某东民间借贷纠纷案【边码 80】

50. 山东省临沂市中级人民法院（2018）鲁 13 民终 1958 号民事判决书：薛某喜等与山东沂南农村商业银行股份有限公司金融借款合同纠纷案【边码 60】

51. 山东省淄博市中级人民法院（2017）鲁 03 民终 1695 号民事判决书：柳某盈与翟某亮合同纠纷案【边码 85】

52. 山西省太原市中级人民法院（2017）晋 01 民终 2042 号民事判决书：郭某富与黄某怡等民间借贷纠纷案【边码 50】

53. 山西省运城市中级人民法院（2019）晋 08 民终 2062 号民事判决书：朱某科与杨某兰民间借贷纠纷案【边码 59】

54. 上海市第一中级人民法院（2014）沪一中民四（商）终字第 551 号民事判决书：浙江万兴建设有限公司与上海逸万电气成套有限公司定作合同纠纷案【边码 77】

55. 上海市第二中级人民法院（2018）沪 02 民终 10877 号民事判决书：常州韬润商贸有限公司与上海海港宾馆有限公司等股东损害公司债权人利益责任纠纷案【边码 41】

56. 上海市高级人民法院(2016)沪民申 13 号民事裁定书:薛某芬、徐某昇与孙某罗民间借贷纠纷案【边码 82】

57. 四川省巴中市中级人民法院(2017)川 19 民初 33 号民事判决书:福建省上杭鸿阳矿山工程有限公司等与大唐四川川北电力开发有限公司等民间借贷纠纷案【边码 85】

58. 四川省成都市中级人民法院(2018)川 01 民终 15525 号民事判决书:刘某奎等与张某等提供劳务者受害责任纠纷案【边码 41】

59. 四川省达州市中级人民法院(2018)川 17 民终 99 号民事判决书:北京金达隆资产管理有限公司与四川省渠县城郊供销合作社、四川省渠县供销合作社联合社金融不良债权追偿纠纷案【边码 51】

60. 四川省高级人民法院(2015)川民申字第 1919 号民事裁定书:尹某珍与尹某利民间借贷纠纷案【边码 56】

61. 四川省高级人民法院(2015)川民终字第 539 号民事判决书:松潘县西部王朝大酒店有限责任公司与重庆市潼南第四建筑工程公司、陈某玖建设工程施工合同纠纷案【边码 50】

62. 天津市高级人民法院(2018)津民申 1203 号民事裁定书:中石化中原石油工程有限公司钻井二公司与天津大港油田兴运油气技术股份合作公司技术合同纠纷案【边码 58、65】

63. 浙江省宁波市海曙区人民法院(2013)甬海商初字第 231 号民事判决书:袁某全与沈某玲债权转让合同纠纷案【边码 43】

64. 浙江省杭州市中级人民法院(2016)浙 01 民终 4535 号民事判决书:杭州永发机械工具有限公司与郑某荣、杭州全福机械设备有限公司生命权、健康权、身体权纠纷案【边码 19】

65. 浙江省衢州市中级人民法院(2015)浙衢商终字第 172 号民事判决书:郑某源与叶某宝民间借贷纠纷案【边码 84】

66. 浙江省高级人民法院(2009)浙商终字第 291 号民事判决书:杭州大富房地产开发有限公司与上海宏仑物业管理有限公司企业借贷纠纷案【边码 59】

67. 浙江省高级人民法院(2012)浙民再字第 76 号民事判决书:翁某娌与洪某某、袁某某民间借贷纠纷案【边码 21、45】

68. 最高人民法院(1999)经终字第 457 号民事判决书:中国银行、中国农业银行淄博市分行与齐鲁乙烯联营粒料厂等融资租赁合同纠纷案【边码 59】

69. 最高人民法院(2003)民二终字第 93 号民事判决书:中国东方资产管理公司大连办事处与辽宁华曦集团公司等借款担保纠纷案【边码 59】

70. 最高人民法院(2005)民二终字第 210 号民事判决书:中国工商银行内蒙古自治区通辽分行与通辽市科尔沁区工商农村信用合作社金融借款合同纠纷案【边码 26】

71. 最高人民法院(2011)民提字第 266 号民事判决书:中信信托有限责任公司与天津市粮油集团有限公司等借款合同纠纷案【边码 30】

72. 最高人民法院(2012)民再申字第 208 号民事裁定书:都江堰市英华铝业有限责任公司与成都颖博投资有限公司担保追偿权纠纷案【边码 50、65】

73. 最高人民法院(2015)民申字第 284 号民事裁定书:中国远东国际贸易总公司与上海新华房地产发展公司等股东损害公司债权人利益责任纠纷案【边码 41】

74. 最高人民法院(2017)最高法民申 1355 号民事裁定书:中国信达资产管理股份有限公司辽宁省分公司与沈阳(中国北方花城)有限公司等抵押合同纠纷案【边码 28】

75. 最高人民法院(2017)最高法民申 2048 号民事裁定书:周某彬与李某等合同纠纷案【边码 70】

76. 最高人民法院(2017)最高法民申 2522 号民事裁定书:日照虹星饰材有限公司等与日照盛达玻璃科技发展有限公司买卖合同纠纷案【边码 22】

77. 最高人民法院(2018)最高法民申 4644 号民事裁定书:郑州鸿盛商贸有限公司与张某龙等建设工程施工合同纠纷案【边码 22】

78. 最高人民法院(2018)最高法民再 51 号民事判决书:厦门源昌房地产开发有限公司与海南悦信集团有限公司委托合同纠纷案【边码 40】

第194条

诉讼时效中止

第194条 在诉讼时效期间的最后六个月内,因下列障碍,不能行使请求权的,诉讼时效中止:

(一)不可抗力;

(二)无民事行为能力人或者限制民事行为能力人没有法定代理人,或者法定代理人死亡、丧失民事行为能力、丧失代理权;

(三)继承开始后未确定继承人或者遗产管理人;

(四)权利人被义务人或者其他人控制;

(五)其他导致权利人不能行使请求权的障碍。

自中止时效的原因消除之日起满六个月,诉讼时效期间届满。

简　目

一、规范意旨

(一)规范意义及正当化理由

1　　《民法典》第 194 条是诉讼时效中止(以下简称时效中止)的基础规范。本条含两款:第 1 款规定时效中止的适用条件和法定事由;第 2 款规定时效中止的法律效力。

2　　时效中止是时效停止的下位概念,时效停止涉及三种规则:一是时效开始停止,是指因发生某种事由而使时效不开始起算;二是时效进行停止(中止),是指因发生某种事由而使正在进行的时效停止计算,待事由消除后继续计算;三是时效完成停止(不完成、完成延迟),是指时效并不停止计算,但自某种事由消除时开始,经过法定期间后时效完成。对于设置何种规则,各立法差异较大。[1] 我国现行法仅规定时效中止,[2]但亦有学者认为我国现行法虽采“中止”概念,但规则内容实属时效不完成[3]或时效延期届满[4]。此外,《民法典》第 190 条、第 191 条虽为特殊起算规则,但实具时效开始停止的性质。

3　　关于时效中止(不完成)制度的立法理由,域外法上认为各类中止事由很难归因于一个共同原因,但它们都基于这样一种观念,即时效期间对债务人有利的保

---

〔1〕　模式一仅规定时效中止(意大利、俄罗斯);模式二仅规定时效不完成(日本、我国台湾地区);模式三既规定时效开始停止,又规定时效中止(法国);模式四既规定时效中止,又规定时效不完成(德国、葡萄牙)。

〔2〕　关于我国应采模式的立法论意见,参见房绍坤:《诉讼时效停止制度的立法选择》,载《广东社会科学》2016 年第 1 期,第 221—222 页。

〔3〕　参见李宇:《民法总则要义:规范释论与判解集注》,法律出版社 2017 年版,第 916 页。

〔4〕　参见朱晓喆:《诉讼时效制度的价值基础与规范表达:〈民法总则〉第九章评释》,载《中外法学》2017 年第 3 期,第 723—724 页。

护功能被债权人利益所覆盖。[5] 时效中止是基于与时效期间、时效进行、时效限制的综合考量而设计的一种制度。[6] 依据我国官方解释及学理意见,时效中止制度的立法理由在于:诉讼时效制度目的(督促权利人积极行使权利)的要求;[7] 防止权利人非因自身原因造成时效届满;[8] 使权利人有机会行使权利以中断时效;[9] 与中断制度相互配合等。[10]

《民法通则》第 139 条规定了时效中止的适用条件、事由和效力,2020 年修正前的《诉讼时效规定》第 20 条对中止事由之"其他障碍"作出列举式解释。对于时效中止的适用条件和事由,《民法典》第 194 条第 1 款继承了《民法通则》第 139 条和《诉讼时效规定》第 20 条之规定,故既有文献和司法意见于《民法典》施行后仍具说明意义。对于时效中止的效力,《民法典》第 194 条第 2 款作出了修改,故既有解释规则于《民法典》施行后不再适用。　　　　　　　　　　　　　　　　　　4

(二)时效中止的性质

依据《民法典》第 193 条"职权禁用规则",法院不得主动适用时效中止规则,即使在案件中已经具备了时效中止的适用条件。　　　　　　　　　　　　5

当事人(一般为权利人)是否主张时效中止,依其意思自行决定。权利人主张时效中止的,通常是以此否定义务人援引时效抗辩权的主张。权利人能够主张时效中止而不主张的,构成放弃诉讼时效利益的行为。　　　　　　　　　　6

《民法典》第 194 条属于强行性法律规范,当事人虽可选择是否依据该条主张时效中止,但不得就该条规定的适用条件、中止事由和效力另行约定。《民法典》第 197 条第 1 款规定,当事人就中止事由所作约定无效(边码22)。当事人约定适用条件或中止效力的,如果对权利人更有利,属于义务人预先放弃诉讼时效利益;如果对义务人更有利,属于权利人预先放弃诉讼时效利益。依据《民法典》第 197 条第 2 款规定,此两种约定均应无效。　　　　　　　　　　　　　　　　　　　7

时效中止是实体法规则,其不同于诉讼中止[《民事诉讼法》(2021 年修正)第 153 条]:前者影响某项权利是否为完全债权之判断,后者仅具程序法意义。在诉　8

---

〔5〕 Vgl. Helmut Grothe, Kommentar zum § 203, in: *Münchener Kommentar zum BGB*, 9. Aufl., München:C. H. Beck, 2021, Rn. 2.

〔6〕 松本克美『続·時効と正義—消滅時効·除斥期間の新たな展開』(日本評論社、2012 年)300 頁,参照。

〔7〕 参见黄薇主编:《中华人民共和国民法典总则编释义》,法律出版社 2020 年版,第 520 页。

〔8〕 参见最高人民法院民法典贯彻实施工作领导小组主编:《中华人民共和国民法典总则编理解与适用(下)》,人民法院出版社 2020 年版,第 978 页。

〔9〕 参见汪渊智:《我国民法诉讼时效制度之构想》,载《法学研究》2003 年第 3 期,第 62 页。

〔10〕 参见冯恺:《诉讼时效制度研究》,山东人民出版社 2007 年版,第 215 页。

讼过程中发生不可抗力等事由致使诉讼不能正常进行的,不适用时效中止规则,而应适用诉讼中止规则。

9　　　　法院受理案件时不应审查时效中止事项,受理后对当事人主张的时效中止和时效抗辩事项予以实体审理,以判决形式支持或驳回原告的诉讼请求[《民事诉讼法解释》(2022 年修正)第 219 条]。这是"职权禁用规则"在程序法上的体现。[11]

(三)适用范围

10　　　　《民法典》第 194 条是对时效中止的一般规定,其与特别法领域的时效中止规则的关系如下:其一,《民法典》第 194 条与单行法规定的时效中止规则构成一般规范与特别规范关系,即前者与后者不一致的,适用后者规定。其二,单行法对时效中止未作规定的,适用《民法典》第 194 条规定。[12] 应特别值得注意的是,并非单行法的所有条文均构成"真正意义"的特别规范。在现行法框架下,单行法的某些条文是对普通法一般规定的简单重复或变相重复,此类规定因不具有特殊规范意旨而不构成"真正意义"的特别规范。如果《民法典》相较于旧法作出修改,则单行法的此类规定应适用新法优于旧法规则(即适用《民法典》第 194 条),而不适用特别法优先于普通法规则。[13]

11　　　　《海商法》第 266 条规定的海商法上请求权的时效中止规则,系对《民法通则》第 139 条的重复,故《民法典》施行后该条不再适用。[14]

12　　　　《国家赔偿法》第 39 条第 2 款规定的国家赔偿请求权之时效中止规则,系对《民法通则》第 139 条的重复,故《民法典》施行后该条不再适用。《国家赔偿法》第 39 条第 1 款规定,国家赔偿请求权时效"自其知道或者应当知道国家机关及其工作人员行使职权时的行为侵犯其人身权、财产权之日起计算,但被羁押等限制人身自由期间不计算在内"。该款虽为特殊起算规则,但实具时效开始停止的性质。

13　　　　《继承法意见》第 15 条将"不可抗拒的事由致继承人无法主张继承权利"规定为时效中止事由,因《民法典》第 194 条第 1 款第 3 项对继承场合下中止事由作出新的规定,且《继承法意见》已被废止,故《民法典》施行后《继承法意见》第 15 条不再适用。

---

〔11〕　参见最高人民法院修改后民事诉讼法贯彻实施工作领导小组编著:《最高人民法院民事诉讼法司法解释理解与适用(上)》,人民法院出版社 2015 年版,第 573 页。

〔12〕　参见《立法法》第 92 条。

〔13〕　参见王利明:《民法总则研究》(第 3 版),中国人民大学出版社 2018 年版,第 81 页。

〔14〕　交通运输部 2018 年 9 月公布的《〈海商法〉修改建议稿》之"第十五章诉讼时效"删除了《海商法》第 266 条的内容,表明海商法领域的时效中止直接适用《民法典》的规定。

《民通意见》第 175 条第 2 款规定,20 年最长时效期间不适用中止规则。因为 **14**
20 年时效期间是权利保护的最长期间,且适用客观起算标准,故仅适用延长规则,
而不适用中止、中断规则。[15]《民法典总则编解释》第 35 条第 2 句继承了上述规
定,因此《民法典》施行后仍采上述解释。

《民法典》第 198 条规定,仲裁时效优先适用特别法规定。(1)商事仲裁领域 **15**
中,现行法对仲裁时效中止未作规定,故应适用《民法典》第 194 条(《仲裁法》第
74 条)。(2)劳动争议仲裁领域中,仲裁时效中止适用《劳动争议调解仲裁法》第
27 条第 3 款。但对于时效中止的效力,该款规定"从中止时效的原因消除之日起,
仲裁时效期间继续计算"系对《民法通则》第 139 条的重复。因《民法典》对时效
中止效力已作出修改,故《民法典》施行后仲裁时效中止效力适用第 194 条第 2
款。(3)土地承包争议仲裁领域中,现行法对仲裁时效中止未作规定,故应适用
《民法典》第 194 条,但中止事由与土地承包关系不兼容的除外。[16]

依据《民事诉讼法》(2021 年修正)第 246 条和《执行程序解释》(2020 年修 **16**
正)第 19 条,执行程序中的申请执行时效应当适用《民法典》第 194 条之时效中止
规则。理由在于:为促使权利人尽快主张权利、申请执行,并保护权利人在某些情
形下不能申请执行的利益。[17] 依据《新冠肺炎疫情执行案件意见》第 2 条,"新冠
肺炎"疫情及防控措施可构成申请执行时效的中止事由。

二、时效中止的适用条件(第 1 款前段)

(一)存在时效中止的法定事由

《民法典》第 194 条第 1 款之"障碍"、第 2 款之"中止原因"和第 197 条规定的 **17**
"中止事由",虽然表述有异,但含义相同,即能够引起时效中止的某种客观情形。
本文统一称为"中止事由",其具有以下特征:其一,客观性。该事由必须是某种客
观存在的自然事实或法律关系状态,而不是因权利人纯粹主观意志而未行使权利
的情形。例如因缺乏法律知识、不信任司法机关、未找到合适的律师等原因而未
行使权利,不构成中止事由。其二,法定性。某些客观情形即使可以导致"不能行
使请求权"的后果,但如果其不属于法律所列举事项,则不构成中止事由。而且,
现行法亦不承认约定中止事由的效力(边码22)。其三,持续性。依据现行法列举

---

〔15〕　参见梁书文主编:《民法通则贯彻意见诠释》,中国法制出版社 2001 年版,第 150 页。
〔16〕　参见杨巍:《仲裁时效与诉讼时效衔接研究》,社会科学文献出版社 2019 年版,第 244—245 页。
〔17〕　参见王胜明主编:《中华人民共和国民事诉讼法释义》(最新修正版),法律出版社 2012 年版,
第 561 页。

的中止事由范围,该事由通常为持续存在的某种状态,而非即刻结束的法律事实,以至于时效停止计算的是时间段而非时间点。其四,障碍性。该事由构成行使权利的非正常障碍,即行使权利的困难远超过正常限度。如果某种情形只是造成行使权利增加一定程度的金钱成本或时间成本,则不构成中止事由。因此,各类中止事由的具体认定须结合要件(三)予以判断(边码39—81)。

18　　　　依据对行使权利的影响原因为标准,中止事由可划分为:绝对障碍、相对障碍和情理障碍。绝对障碍和相对障碍属于纯粹客观障碍,二者在客观上导致无法或难以行使权利。情理障碍虽未导致无法行使权利,但在该情形下行使权利严重悖于情理。情理障碍实质上是"特定关系障碍",故其仍具有客观性。

19　　　　绝对障碍,是指由于欠缺行使权利的必要条件,而致客观上绝对不可能行使请求权。例如在"继承开始后未确定继承人或者遗产管理人"的场合下,由于权利主体或义务主体尚未被确定,故根本不存在行使权利的可能。绝对障碍当然构成中止事由,而无须再另行考量其是否导致"不能行使请求权"。

20　　　　相对障碍,是指该事由虽非导致行使请求权绝对不可能,但权利人在客观上难以行使请求权。相对障碍是否构成中止事由,须视其对行使权利的影响程度是否达到"不能行使请求权"而定(边码35)。例如发生地震灾情的场合下,虽然权利人以"诉讼外请求"方式行使权利在理论上尚属可能,但因社会秩序已陷入混乱且当事人生命处于严重威胁之中,此时要求权利人行使权利实属强人所难,因此应认定构成中止事由。但如果虽然发生地震,但并未影响到权利人行使权利,则不构成中止事由。[18]

21　　　　情理障碍,是指由于权利人与义务人之间存在某种特定关系,导致权利人不便、不敢或不欲行使请求权。情理障碍原则上仅限于法律有明确规定者,才构成中止事由。因为权利人催讨债务均会一定程度上碍于情面而有所顾忌,如不限于法律明文列举,将使中止事由过于宽泛。例如各国普遍将"婚姻关系存续"规定为中止事由,而父母与成年子女之间行使权利虽也存在情理障碍,但因无法律规定而不应认定为中止事由。

22　　　　《民法典》第 197 条第 1 款规定,当事人约定中止事由和中止计算方法的,该约定无效。该规定是我国对诉讼时效制度采取严格法定主义立场的体现,其目的是以此实现"法律秩序的清晰稳定""为交易关系提供安全保障"等。[19] 依此规定,下列约定无效:其一,约定中止事由。包括:约定排除适用某一类或几类法定中止事由;将法定范围之外的事由约定为中止事由,例如约定恋爱关系存续期间

---

[18]　参见张雪楳:《诉讼时效审判实务与疑难问题解析——以〈民法总则〉诉讼时效制度及司法解释为核心》,人民法院出版社 2019 年版,第 549 页。

[19]　参见黄薇主编:《中华人民共和国民法典总则编释义》,法律出版社 2020 年版,第 532 页。

时效中止。如果当事人就不可抗力的具体范围作出约定,虽然学理及实务上并不绝对否认不可抗力条款的效力,[20]但基于时效制度的严格法定主义,此类不可抗力条款仅于免责认定场合有效,而不能作为认定中止事由的依据。其二,约定时效中止的计算方法。例如约定时效期间内的任何时间段发生中止事由,均引起时效中止。其三,约定时效中止的效力。《民法典》第197条第1款的文义虽未涉及此类约定,但依据该款体现的严格法定主义,亦应对其作无效认定。例如约定自中止事由消除之日起满1个月,诉讼时效期间届满。

(二)中止事由存在于诉讼时效期间的最后6个月内

1.中止事由存在时间的几种情形

依据《民法典》第194条第1款,仅要求时效期间最后6个月内存在中止事由,而不论该事由之起点或终点是否存在于该时间段内。[21] 换言之,中止事由存续期间与时效期间最后6个月有某一段发生重合即满足该要件。分以下几种情形讨论:其一,该事由起点和终点均在时效期间最后6个月以前,此情形不符合该要件。其二,该事由起点在时效期间最后6个月以前,且延续至时效期间最后6个月之内(终点是否在此之内在所不问)。此情形符合该要件,时效期间自最后6个月之起点停止计算。其三,该事由起点在时效期间最后6个月之内(终点是否在此之内在所不问),此情形符合该要件,时效期间自该事由发生起点之日停止计算。其四,该事由起点在时效期间届满之后,此情形不符合该要件。 23

2.《民法总则》施行前后对适用该要件的影响

对于该问题,《民法总则诉讼时效解释》曾作出规定,[22] 虽然该司法解释已被废止,但其规定并不违反《民法典时间效力规定》第1条、第2条的精神,故属于"与民法典及有关法律不冲突且在司法实践中行之有效的规定"(《民法典纪要》第12条),《民法典》施行后仍可参考适用。分述如下: 24

其一,《民法总则诉讼时效解释》第2条规定,《民法总则》施行之日,《民法通则》之2年或者1年时效期间(以下简称原时效期间)尚未届满,当事人主张适用 24a

---

〔20〕 参见崔建远:《不可抗力条款及其解释》,载《环球法律评论》2019年第1期,第50页。

〔21〕 对于时效中止(或不完成)事由的存在时间,比较法上主要有三种模式:一是中止事由可存在于时效期间内的任何时间(如法国);二是中止事由必须存在于时效期间的最后阶段(如俄罗斯规定6个月);三是某些中止事由可存在于时效期间内的任何时间,另一些事由必须存在于时效期间的最后阶段(如在德国法中,磋商、提起诉讼等事由属于前者,不可抗力等事由属于后者)。我国现行法属于模式二。对该问题的立法论意见,参见张驰:《诉讼时效中止事由范围及其效力》,载《法学》1997年第6期,第28页。

〔22〕 对该司法解释的批评意见,参见张洪波:《诉讼时效制度修订后的过渡规则》,载《现代法学》2018年第6期,第185页。

《民法总则》之 3 年时效期间(以下简称新时效期间)规定的,人民法院应予支持。依此规定,2017 年 10 月 1 日原时效期间未届满且此前不存在中止事由的,中止事由应发生于新时效期间的最后 6 个月内,才引起时效中止。

25   其二,原时效期间的最后 6 个月内存在中止事由,且该事由消除后继续计算的原时效期间在 2017 年 10 月 1 日之前届满的,不因《民法总则》施行而受影响。《民法总则诉讼时效解释》第 3 条规定,《民法总则》施行前,原时效期间已经届满,当事人主张适用新时效期间的,人民法院不予支持。换言之,该情形下因《民法总则》施行前义务人已经取得时效抗辩权而确定享有时效利益,故《民法总则》施行后不再有适用时效中止规则的问题。

26   其三,原时效期间的最后 6 个月内存在中止事由,且该中止事由延续至 2017 年 10 月 1 日尚未消除的,依据《民法总则诉讼时效解释》第 4 条规定,该情形"应当适用《民法总则》关于诉讼时效中止的规定"。该情形下,时效中止的效力应适用《民法总则》之规定(边码 82—88),对此不存疑义。但一个令人困扰的问题是:该情形属于《民法总则诉讼时效解释》第 2 条规定之情形,但如何将"适用新时效期间"体现于 2017 年 10 月 1 日之后发生的时效中止效力,该解释未予明确。有高级人民法院规范性文件对此规定:中止事由消除之日起满 6 个月,时效期间届满;但自时效起算之日起向后推算 3 年,期满日晚于上述 6 个月届满日的,时效期间计算至该期满日。[23] 笔者认为,虽然该规定意图将新时效期间所增加的时效利益赋予当事人,但其有两个明显缺陷:一是机械地将"起算之日起向后推算 3 年",而未考虑 3 年期间存在中断的可能;二是未考虑中止事由的延续时间对时效期间计算的影响。因此该规定并不合理。笔者认为,应区分以下几种情形分别处理:

27   情形 1:在图一情形下,原时效期间和新时效期间最后 6 个月起点均处于《民法总则》施行前,这意味着在《民法总则》施行之日,即使适用新时效期间也仍处于时效中止状态。换言之,该情形下适用原时效期间或者新时效期间对于时效中止效力而言是一致的。因此,该情形下自中止事由消除之日(即时间点 c)起满 6 个月,时效期间届满。

图一:

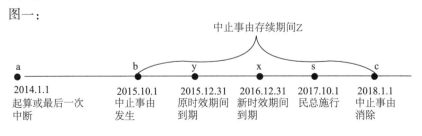

中止事由存续期间Z

a   b   y   x   s   c

2014.1.1   2015.10.1   2015.12.31   2016.12.31   2017.10.1   2018.1.1
起算或最后一次   中止事由   原时效期间   新时效期间   民总施行   中止事由
中断   发生   到期   到期   消除

---

〔23〕 参见《北京市高级人民法院民一庭关于〈民法总则〉施行后适用诉讼时效制度的参考意见》。

情形 2：在图二情形下，原时效期间和新时效期间最后 6 个月起点分别处于 28
《民法总则》施行之前和之后，且中止事由消除之日（即时间点 c1）处于新时效期
间最后 6 个月起点之前。在《民法总则》施行之日，如果依据原时效期间计算，此
时处于时效中止状态；如果依据新时效期间计算，则尚不具备时效中止条件，因为
此时新时效期间最后 6 个月的起点（即时间点 x－6）尚未届至。在此情形下，《民
法总则诉讼时效解释》第 4 条规定的"应当适用《民法总则》关于诉讼时效中止的
规定"应解释为，由于该事由未发生于新时效期间最后 6 个月内，因此时效不中
止，时效期间于时间点 x 届满。

图二：

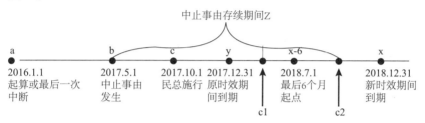

中止事由存续期间Z

a	b	c	y		x-6	x
2016.1.1	2017.5.1	2017.10.1	2017.12.31		2018.7.1	2018.12.31
起算或最后一次	中止事由	民总施行	原时效期		最后6个月	新时效期间
中断	发生		间到期		起点	到期
				c1		c2

情形 3：将情形 2 中的时间点 c1 移至 c2 且其他条件相同，即中止事由存续至 29
新时效期间最后 6 个月之内。基于情形 2 之相同理由，在《民法总则》施行之日，
依据新时效期间计算，此时不具备时效中止条件。在此情形下，新时效期间最后 6
个月起点（即时间点 x－6）届至时，时效中止，中止事由消除之日（即时间点 c2）起
满 6 个月，时效期间届满。[24]

其四，原时效期间的最后 6 个月内存在中止事由，但该事由消除后继续计算 30
的原时效期间在 2017 年 10 月 1 日尚未届满的，如何处理？基于前文相同的思路，
分述如下：

情形 1：将图一中的时间点 c 移至"2017 年 4 月 1 日至 9 月 30 日"之时间段 31
内。[25] 在此情形下，原时效期间和新时效期间最后 6 个月起点均处于 2017 年 4
月 1 日之前，这意味着依据两种时效期间计算所引起的时效中止效力相同。因
此，中止事由消除之日（即时间点 c）起满 6 个月，时效期间届满。

情形 2：将图二中的时间点 c1 和 c2 移至"2017 年 4 月 1 日至 9 月 30 日"之时 32
间段内。[26] 在《民法总则》施行之日，如果依据原时效期间计算，此时处于中止事

〔24〕　在此情形下，时间点 c2 在 x 之前或之后，对时效中止效力不发生影响。

〔25〕　此处仅讨论该时间段内未发生中断事由的情形。如果该时间段内发生时效中断，参见边码
85。

〔26〕　由于中止事由消除之日必须发生于"2017 年 4 月 1 日至 9 月 30 日"之时间段内，才能导致"继
续计算的原时效期间在 2017 年 10 月 1 日尚未届满"，因此将 c1 和 c2 合并为一个时间点予以讨论。

由消除、时效期间正在继续计算的状态;如果依据新时效期间计算,此时诉讼时效既未中止、也未届满。在此情形下,《民法总则诉讼时效解释》第 2 条规定的"适用《民法总则》之 3 年诉讼时效期间"应解释为,自时间点 c_1 和 c_2 起满 18 个月的,时效期间届满。[27]

(三) 中止事由导致权利人不能行使请求权

1."不能行使请求权"的认定标准

33　　　"不能行使请求权"应否解释为"不能中断时效",有立法例对此持肯定态度(例如我国台湾地区"民法"第 139 条),理由在于:中止事由不妨碍权利人中断时效的,因其仍可行使权利,故无适用中止规则的余地。[28] 所谓"不能中断时效",是指不能以任何方法(包括诉讼外请求、起诉)引起时效中断,而非仅指不能提起诉讼。[29] 仅因法院停止办公而不能起诉,但尚能向义务人请求履行,或者虽不能向义务人请求履行,但还能向法院起诉的,均不符合时效中止条件。[30] 我国学界[31]及实务界[32]亦倾向于作此解释。因为在现行法规定"诉讼外请求"为中断事由的前提下,权利人以此中断时效极为容易,且可获得更大时效利益,因此在虽不能起诉但仍可"诉讼外请求"的情形下实无适用中止规则的必要。权利人主张已提起诉讼外请求,但因不能举证等原因而未被采信的,仍可主张时效中止。在诉讼中,权利人可以时效中断为主要抗辩,以时效中止为备用抗辩。

34　　　如前文所述,绝对障碍当然满足该要件,故无须考量其是否导致"不能行使请求权"(边码 19)。情理障碍亦无须作此考量,因为既然某种特定关系被规定为中止事由,表明立法者认可该关系足以导致行使权利悖于常理,故无须再考量该关系的实际状态(如夫妻关系是否和睦)对行使权利的影响。而且,此类关系多为婚姻家庭等亲密关系,对其进行客观理性地考量几无可能。

35　　　该要件对于相对障碍最具意义,判断其是否导致"不能行使请求权",原则上应以社会通常观念为标准。其一,从一般社会主体角度观察,行使权利的难度远超正常限度或者实属强人所难,即构成"不能行使请求权"。其二,虽然在符合前

---

〔27〕 其他观点参见苒荣华、张俊:《〈民法总则〉诉讼时效新规定的衔接适用探析》,载《法律适用》2018 年第 9 期,第 118 页。

〔28〕 参见沈建兴:《民法总则逐条释义》,台湾地区元照出版有限公司 2018 年版,第 705 页。

〔29〕 参见黄立:《民法总则》,中国政法大学出版社 2002 年版,第 490 页。

〔30〕 参见郑玉波:《民法总则》,中国政法大学出版社 2003 年版,第 528 页。

〔31〕 参见陈甦主编:《民法总则评注(下册)》,法律出版社 2017 年版,第 1397 页(周江洪执笔)。

〔32〕 例如《最高人民法院关于在防治传染性非典型肺炎期间依法做好人民法院相关审判、执行工作的通知》(法〔2003〕72 号)和《最高人民法院关于依法做好抗震救灾恢复重建期间民事审判和执行工作的通知》(法〔2008〕164 号)均表述为"不能及时行使民事权利",而非"不能及时提起诉讼"。

述要求的情形下仍有人事实上得以行使权利,但不能以此反推出该情形不构成"不能行使请求权"。其三,权利人是专业机构的(如银行、担保公司),应采法定标准、行业标准等更高标准。

"不能行使请求权"系以权利人角度考虑的因素,其是否导致"义务人同意履行"之中断事由不能发生,无须考虑。   36

2. 关键证据缺失对该要件的意义

主张权利所凭借的关键证据非因权利人自身原因缺失的,是否构成"不能行   37
使请求权",实务中对此颇多分歧。采肯定意见的情形包括:(1)公司会计账簿被
司法机关扣押;[33](2)国家安全局扣押税务登记证、增值税票等,权利人不能开具
增值税发票;[34](3)因被保险人与医院产生医疗纠纷,医院未能及时开具医疗费
票据;[35](4)借条原件被检察机关扣押;[36](5)地位处于强势的验收方(义务人)
将施工方(权利人)所持施工合同及相关材料带走[37]等。采否定意见的情形包
括:(1)协议书被检察机关扣押;[38](2)权利人遗失临时建房审批表和收款收
据[39]等。

笔者原则上赞同否定意见。理由在于:其一,该情形的本质是"不能举证"而   38
非"不能行使请求权"。权利人本应举证证明"不能行使请求权"之事实,却又以
"不能举证"为由来证明后者,混淆了实体要件与举证规则的关系。其二,现行法
已为该情形提供了救济路径,即"当事人因客观原因不能自行收集的证据,可申请
人民法院调查收集"[《民事诉讼证据规定》(2019 年修正)第 2 条第 2 款]。前述
采肯定意见的多数情形可借此解决。其三,所谓"能够行使请求权",应解释为行
使权利不存在法律上或事实上的障碍,而非行使权利必然成功或必然胜诉。如采
后者解释,意味着权利人对行使权利须具备(或自认为具备)十足把握时才构成
"能够行使请求权",其谬甚明。其四,两种情形下的证据缺失可认定为"不能行
使请求权":一是该证据用以证明权利存在,具有法定性和唯一性。例如因无残疾评
定结论而不能行使残疾赔偿金请求权(边码77)。二是证据缺失导致程序障碍。例
如原告身份证被扣押而无法立案。

---

〔33〕 参见重庆市高级人民法院(2015)渝高法民终字第 00472 号民事判决书;相反裁判意见参见吉
林省高级人民法院(2019)吉民终 374 号民事判决书。

〔34〕 参见山西省高级人民法院(2014)晋民终字第 236 号民事判决书。

〔35〕 参见天津市第二中级人民法院(2018)津 02 民终 6681 号民事判决书。

〔36〕 参见四川省资阳市中级人民法院(2017)川 20 民终 889 号民事判决书。

〔37〕 参见贵州省毕节市中级人民法院(2016)黔 05 民终 1385 号民事判决书。

〔38〕 参见广西壮族自治区北海市中级人民法院(2017)桂 05 民终 1170 号民事判决书。

〔39〕 参见湖北省武汉市洪山区人民法院(2015)鄂洪山和民初字第 00283 号民事判决书。

三、时效中止的事由（第 1 款第 1—5 项）

（一）不可抗力

39　　该中止事由被各立法普遍承认。"不可抗力是任何一种请求权人要回避其影响的事件,这种事件使权利人即使通过最大的、竭尽全力的努力也不能进行权利追诉。"[40]《民法通则》和《民法典》均将不可抗力规定为中止事由,但认定其构成中止事由须以"足以妨碍权利人行使权利"为条件,[41] 故其属于相对障碍。作为中止事由的不可抗力主要包括:严重自然灾害、社会异常事件和政府行为等。[42]"相关判决书未在裁判文书网上公开"[43] 等情形不属于不可抗力。

1. 地震

40　　依据最高人民法院意见,当事人因地震不能及时主张权利的,适用诉讼时效中止的规定。但是当事人因抗震救灾、灾后重建而不能参加诉讼活动的,不构成时效中止事由,而应依据程序法规定延期或中止审理。[44]

2. "非典"（SARS）

41　　依据最高人民法院意见,当事人因是"非典"患者、疑似"非典"患者或者被依法隔离人员,不能及时行使民事请求权的,适用诉讼时效中止的规定。[45] 此处"当事人"应解释为权利人和义务人,因为二者任何一方罹患"非典"或被依法隔离,均可导致"不能行使请求权"的后果。[46]

3. "新冠肺炎"（COVID-19）疫情及防控措施

42　　依据全国人大常委会法工委解释,"新冠肺炎"疫情属于突发公共卫生事件,

---

〔40〕　参见［德］卡尔·拉伦茨:《德国民法通论(上册)》,王晓晔等译,法律出版社 2003 年版,第 342 页。

〔41〕　参见最高人民法院民法典贯彻实施工作领导小组主编:《中华人民共和国民法典总则编理解与适用(下)》,人民法院出版社 2020 年版,第 980 页。

〔42〕　不可抗力范围的学理意见,参见刘凯湘、张海峡:《论不可抗力》,载《法学研究》2000 年第 6 期,第 117 页。

〔43〕　参见最高人民法院(2019)最高法民申 3624 号民事裁定书。

〔44〕　参见《最高人民法院关于依法做好抗震救灾恢复重建期间民事审判和执行工作的通知》(法〔2008〕164 号)第 4 条。

〔45〕　参见《最高人民法院关于在防治传染性非典型肺炎期间依法做好人民法院相关审判、执行工作的通知》(法〔2003〕72 号)第 6 条。

〔46〕　参见梁展欣主编:《诉讼时效司法实务精义》,人民法院出版社 2010 年版,第 92 页。

政府采取的相应疫情防控措施属于不可抗力。[47] 依据最高人民法院意见,将疫情及防控措施认定为不可抗力应采严格标准。因疫情或者疫情防控措施不能行使请求权,权利人主张诉讼时效中止的,人民法院应予支持。[48]

依据湖北省高级人民法院意见,当事人主张"新冠肺炎"疫情构成时效中止事由的,人民法院应当予以审查;人民法院支持该主张的条件是"当事人确因是'新冠肺炎'患者、疑似'新冠肺炎'患者或者被依法隔离人员,不能及时行使民事请求权"。[49] 该意见将有权主张该中止事由的主体局限于"新冠肺炎"罹患者,而不包括其他人(即使因防控措施其行为也受到严重限制),故其适用范围偏窄。 43

依据其他省市高级人民法院意见,该中止事由适用范围更宽。例如上海市高级人民法院认为,当事人在疫情防控期间申请适用时效中止的条件是"确因疫情影响不能及时行使请求权"。[50] 在"新冠肺炎"疫情防控期间,原则上可将政府采取的疫情防控措施认定为不可抗力。[51] 福建省高级人民法院认为,"新冠肺炎"患者、疑似病人或者被依法隔离人员以及其他确因疫情影响不能及时行使民事请求权的,依法适用时效中止的规定。[52] 依此意见,该中止事由并非仅适用于"新冠肺炎"罹患者,受疫情防控措施影响而不能行使请求权的任何人均可主张时效中止。相较而言,此意见更为合理。 44

4.突发事件应对措施

《突发事件应对法》第 13 条规定,因采取突发事件应对措施,诉讼活动不能正常进行的,适用诉讼时效中止的规定,但法律另有规定的除外。该法规定的"突发事件"与前述中止事由(如地震、"非典"等)有部分重合,[53] 故该中止事由应解释为前述事由以外的突发事件应对措施(如为应对骚乱而戒严)。 45

---

〔47〕 参见朱宁宁:《全国人大常委会法工委就疫情防控有关法律问题答记者问》,载《法制日报》2020 年 2 月 10 日。

〔48〕 参见《最高人民法院关于依法妥善审理涉新冠肺炎疫情民事案件若干问题的指导意见(一)》(法发〔2020〕12 号)第 2 条、第 6 条。

〔49〕 参见《湖北省高级人民法院关于充分发挥审判职能为新型冠状病毒感染的肺炎疫情防控提供司法保障和服务的意见》。

〔50〕 参见《上海市高级人民法院关于充分发挥审判职能作用为依法防控疫情提供司法服务和保障的指导意见》第 4 条。

〔51〕 参见上海市高级人民法院课题组:《上海市高级人民法院关于涉新冠肺炎疫情案件法律适用问题的系列问答(一)》,载越律网,https://www.sxls.com/shyqwt.html,最后访问时间:2021 年 6 月 3 日。

〔52〕 参见《福建省高级人民法院关于充分发挥审判职能作用为坚决打赢疫情防控阻击战提供有力司法服务保障的指导意见》第 25 条。

〔53〕 《突发事件应对法》第 3 条规定,突发事件是指突然发生,造成或者可能造成严重社会危害,需要采取应急处置措施予以应对的自然灾害、事故灾难、公共卫生事件和社会安全事件。按照社会危害程度、影响范围等因素,自然灾害、事故灾难、公共卫生事件分为特别重大、重大、较大和一般四级。

46　　　对于该中止事由,以下两点值得说明:其一,《突发事件应对法》第 13 条之"诉讼活动",应解释为起诉、立案阶段的诉讼活动,而非指受理后的审理活动。该事由影响审理活动的,应适用诉讼中止规则。其二,第 13 条之"诉讼活动不能正常进行",应解释为须同时具备"不能诉讼外行使请求权"之条件,否则与《民法典》规定的时效中止适用条件不符(边码 33)。

5. 其他

47　　　实务中构成不可抗力之中止事由的其他情形包括:特大洪水、[54] 海难事件、[55] 行政区划变更[56] 等。

(二) 无民事行为能力人或者限制民事行为能力人没有法定代理人,或者法定代理人死亡、丧失民事行为能力、丧失代理权

48　　　《民通意见》第 172 条和《诉讼时效规定》第 20 条第 1 项均将该中止事由限定于"权利被侵害的"无民事行为能力人或者限制民事行为能力人,《民法典》第 194 条第 1 款第 2 项删除了该限制。换言之,该中止事由的适用具有"双向性",即权利人或者义务人具备该情形均构成中止事由。该修改可能是受域外法影响的结果。[57] 债法改革后的《德国民法典》第 210 条将旧法的"单向规定"改为"双向规定",理由在于,在债务人欠缺行为能力的情形下,即使债权人没有试图消除其缺乏代理权的状态,时效也应中止,因为不应强迫债权人仅仅为了防止时效届满而采取对债务人极其不利的宣告措施。[58] 我国法律框架下存在类似问题,因此本项的修改是合理的。该中止事由属于绝对障碍,因为其导致行使权利的主体或对象尚不确定,故无须再考量是否具有"不能行使请求权"的效果。

49　　　该中止事由是否适用于限制民事行为能力人可以独立实施的行为(《民法典》第 19 条、第 22 条),学界对此存在分歧意见。[59] 笔者赞同肯定说,因为限制民事行为能力人可以独立实施纯获利益的或者与其年龄、智力相适应的法律行为,仅表明他对该行为具有相应的行为能力而使该行为有效,并不等于他有能力行使该行为所生请求权。例如未成年人虽可订立数额不大的买卖合同,但如果要起诉请求对方承担违约责任,则仍须其法定代理人代理进行。基于相同理由,限制民事

---

〔54〕　参见吉林省延边朝鲜族自治州中级人民法院(2017)吉 24 民再 16 号民事判决书。

〔55〕　参见广东省深圳市中级人民法院(2014)深中法房终字第 1232 号民事判决书。

〔56〕　参见湖南省益阳市赫山区人民法院(2016)益赫民二初字第 89 号民事判决书。

〔57〕　参见黄薇主编:《中华人民共和国民法典总则编释义》,法律出版社 2020 年版,第 522—523 页。

〔58〕　Vgl. Helmut Grothe, Kommentar zum § 210, in: *Münchener Kommentar zum BGB*, 9. Aufl. , München:C. H. Beck, 2021, Rn. 5.

〔59〕　肯定说参见陈甦主编:《民法总则评注(下册)》,法律出版社 2017 年版,第 1398 页(周江洪执笔);否定说参见梁展欣主编:《诉讼时效司法实务精义》,人民法院出版社 2010 年版,第 95—96 页。

行为能力人由其法定代理人代理或者经其法定代理人同意、追认实施法律行为，其后法定代理人死亡、丧失民事行为能力或者丧失代理权的，亦构成中止事由。

当事人虽有法定代理人，但因服刑、患病等原因无法行使代理权的，类推适用该项之中止事由。[60]

50

《民法典》设置成年人意定监护制度之前，有裁判意见认为，权利人"年近古稀"而致行使权利困难的，构成中止事由，其理由与本项中止事由类似。[61]《民法典》施行后，由于已有成年人意定监护制度，故权利人因过于年迈、罹患老年痴呆症等原因而构成无民事行为能力人或者限制民事行为能力人的，应当适用本项中止事由。

51

（三）继承开始后未确定继承人或者遗产管理人

该中止事由系继承《诉讼时效规定》第 20 条第 2 项的结果，亦属于绝对障碍。有立法例将该事由的适用对象表述为"属于遗产或针对遗产的请求权"（《德国民法典》第 211 条），即该事由的适用具有"双向性"。《民法典》第 194 条虽未采此表述，但亦应采此解释，因为权利人或者义务人未确定均导致无法行使权利。[62]

52

实务中认定构成该中止事由的情形包括：（1）没有明确遗产管理人，当事人之间因继承遗产正在进行诉讼；[63]（2）被继承人配偶继续居住在作为遗产的房屋中；[64]（3）作为遗产的房屋被拆迁尚未安置；[65]（4）当事人对适用法定继承还是遗嘱继承尚存争议等。[66]

53

（四）权利人被义务人或者其他人控制

该中止事由系继承《诉讼时效规定》第 20 条第 3 项的结果。所谓"被控制"，是指人身自由或者经营管理活动被他人控制。该中止事由大多属于相对障碍，因为"被控制"的强度和形态各异，并非均可导致"不能行使请求权"的后果。

54

1. 代表关系存续

义务人是权利人（法人或非法人组织）的法定代表人或负责人的，代表关系存

55

〔60〕　参见湖南省湘潭市中级人民法院（2013）潭中民一终字第 450 号民事判决书。

〔61〕　参见广东省深圳市龙岗区人民法院（2014）深龙法劳初字第 14 号民事判决书。

〔62〕　参见最高人民法院民事审判第二庭编著：《最高人民法院关于民事案件诉讼时效司法解释理解与适用》，人民法院出版社 2015 年版，第 328 页。

〔63〕　参见贵州省毕节市中级人民法院（2019）黔 05 民终 5197 号民事判决书。

〔64〕　参见山东省聊城市东昌府区人民法院（2018）鲁 1502 民初 4386 号民事判决书。

〔65〕　参见四川省达州市通川区人民法院（2018）川 1702 民初 470 号民事判决书。

〔66〕　参见天津市南开区人民法院（2015）南民初字第 6602 号民事判决书。

续构成中止事由,有域外法对此设有明确规定。[67] 我国官方解释亦持相同态度,因为权利人行使权利通常需要法定代表人签字或盖章,但法定代表人显然不会允许对自己提起诉讼进行授权或者签章。[68] 该中止事由属于情理障碍。

56　　　义务人虽非权利人的法定代表人或负责人,但其作为权利人管理机关的成员,对权利人经营管理活动有决定性影响的,亦可认定构成中止事由。例如在某承包合同纠纷中,作为被告的承包人是作为原告的村委会成员,法院认为"村委会换届完成前"被告的村委会成员身份构成时效中止事由。[69]

2. 控股关系存续

57　　　义务人是母公司、权利人是其控股子公司的,控股关系存续构成中止事由,因为义务人是权利人的控股股东,根据公司的决策机制,在义务人不同意权利人向其主张权利时,权利人无法行使该权利。[70] 该中止事由属于情理障碍。

3. 被羁押或服刑

58　　　"权利人被羁押或服刑"是否构成中止事由,实务对此存在分歧意见。大多数裁判意见持肯定说,[71] 理由在于:"属于主观意志不能左右的事实";[72]"存在无法进行伤残鉴定、不能主张权利的客观障碍";[73]"收集诉讼材料困难";[74]"行使权利在很大程度上受到限制而影响其胜诉权,苛求其委托他人行使权利,对其附加了过高义务"[75] 等。少数裁判意见持否定说,理由在于:"可以通过委托代理人或者转让债权的方式行使权利";[76]"可以就债权事宜采取合理措施行使权利"[77] 等。笔者赞同肯定说。其一,否定说所持理由过于理想化,有脱离现实之嫌。[78] 其二,因采取强制措施被羁押阶段,犯罪嫌疑人的会见和通信受到更严格

---

〔67〕　参见《意大利民法典》第 2941 条第 7 项。

〔68〕　参见黄薇主编:《中华人民共和国民法典总则编释义》,法律出版社 2020 年版,第 524 页。

〔69〕　参见河北省承德市中级人民法院(2016)冀 08 民终 4003 号民事判决书。

〔70〕　参见最高人民法院民法典贯彻实施工作领导小组主编:《中华人民共和国民法典总则编理解与适用(下)》,人民法院出版社 2020 年版,第 981 页。

〔71〕　其中部分裁判意见认为,该情形构成中止事由的依据是第 194 条第 1 款第 5 项"其他导致权利人不能行使请求权的障碍"。参见山东省济南市中级人民法院(2019)鲁 01 民终 4819 号民事判决书;重庆市第一中级人民法院(2018)渝 01 民终 4587 号民事判决书。

〔72〕　参见广东省汕头市中级人民法院(2018)粤 05 民终 899 号民事判决书。

〔73〕　参见河南省安阳市中级人民法院(2018)豫 05 民终 2829 号民事判决书。

〔74〕　参见福建省福州市中级人民法院(2014)榕民终字第 4101 号民事判决书。

〔75〕　参见山东省枣庄市中级人民法院(2014)枣民二商终字第 127 号民事判决书。

〔76〕　参见江苏省无锡市中级人民法院(2018)苏 02 民终 3148 号民事判决书。

〔77〕　参见云南省文山壮族苗族自治州中级人民法院(2018)云 26 民终 46 号民事判决书。

〔78〕　对否定说的批评意见,参见李宇:《民法总则要义:规范释论与判解集注》,法律出版社 2017 年版,第 921 页。

的限制,且辩护律师可以为犯罪嫌疑人提供法律帮助的内容仅限于代理申诉、控告等,并不包括代理民事纠纷(《刑事诉讼法》第 38 条)。该阶段的权利人作为未决犯,其全部活动均围绕刑事诉讼展开,要求其此时行使民事权利实属强人所难。其三,众多服刑人员的情形各异,即使有个别人员在服刑期间确实通过某种途径行使了权利,也不能以此推导出该事由不会导致绝大多数服刑人员"不能行使请求权"的结论。因此,该中止事由应属绝对障碍,而不应另行要求服刑人员就"不能行使请求权"予以举证,因为服刑事实本身即构成"不能行使请求权"的原因。[79]

权利人被采取强制措施或被判处刑罚但未被羁押的,是否构成中止事由取决于权利人被控制程度对行使权利的影响,故该中止事由属于相对障碍。权利人被取保候审的,"行使民事权利"不属于被禁止的行为(《刑事诉讼法》第 71 条),故不构成中止事由。权利人被监视居住的,"会见他人或者通信"受到严格限制,且须"将护照等出入境证件、身份证件、驾驶证件交执行机关保存"(《刑事诉讼法》第 77 条),这使行使权利极为困难,故构成中止事由。权利人对被判处管制、宣告缓刑、假释或者暂予监外执行的,依法实行社区矫正(《刑事诉讼法》第 269 条),其人身自由虽受到一定程度限制,但尚未达到"不能行使请求权"的程度,故不构成中止事由。[80]   59

权利人是法人,其法定代表人被羁押或服刑是否构成中止事由,取决于该事实对法人行使权利的影响,故该中止事由属于相对障碍。如果该事实致使法人的经营管理活动实际上陷于瘫痪,应认定其构成中止事由。例如法定代表人及多名高管被公安机关采取强制措施,导致公司不能正常运营。[81] 如果该事实未致法人不能行使权利,则不构成中止事由,因为"法人与其法定代表人是两个主体,后者被控制不等同于法人被控制"。[82]   60

权利人是个人独资企业,其投资人被刑事羁押的,基于前述之相同理由(边码60),亦属相对障碍。例如有裁判意见认为,如果"个人独资企业的民事权利不因其投资人被限制人身自由而丧失或受到阻碍",不引起时效中止。[83]   61

---

〔79〕 亦有观点认为该情形构成相对障碍。参见张雪楳:《诉讼时效审判实务与疑难问题解析——以〈民法总则〉诉讼时效制度及司法解释为核心》,人民法院出版社 2019 年版,第 558 页。

〔80〕 参见浙江省湖州市中级人民法院(2010)浙湖民终字第 294 号民事判决书。

〔81〕 参见浙江省绍兴市柯桥区人民法院(2012)绍商初字第 1394 号民事判决书。

〔82〕 参见重庆市高级人民法院(2018)渝民申 1967 号民事裁定书。

〔83〕 参见广东省珠海市中级人民法院(2018)粤 04 民终 559 号民事判决书。

4.强制隔离戒毒

62　　权利人被强制隔离戒毒的,实务中普遍认为构成中止事由。[84] 该中止事由属于绝对障碍,因为被强制隔离戒毒人员由公安机关送强制隔离戒毒场所执行,其探视和通信受到严格限制(《禁毒法》第 41 条、第 46 条;《戒毒条例》第 30 条)。而且,"因吸毒造成精神状况不确定,客观上导致权利人不具有委托代理人行使权利的条件,依社会普通观念,期待被强制隔离戒毒人员在此条件下行使权利过于苛责"。[85]

5. 金融机构被有关机构接管或接收

63　　《最高人民法院关于涉及中银信托投资公司案件的诉讼时效问题的通知》(法明传〔1997〕202 号)规定,"鉴于中国人民银行接管中银公司及广东发展银行收购中银公司均需对其债权、债务及财务状况进行清理,不能及时对外主张债权",该"接管"状态构成中止事由。《最高人民法院关于中国光大银行接收原中国投资银行有关问题的通知》(法明传〔1999〕291 号)将"接收"状态认定为中止事由。此类实例还包括融资中心办事处被纪委专案组接管等。[86]

(五)其他导致权利人不能行使请求权的障碍

1. 婚姻关系存续

64　　各立法普遍将该情形认定为典型的情理障碍,并规定为中止事由。理由在于:在相互尊重的基础上保护家庭和平,防止配偶为了规避时效而被迫通过诉讼主张对另一配偶享有的权利,从而可能产生的动乱。[87] 夫妻中一方行使对另一方享有的权利(包含婚姻前享有的权利)存在"事实上的困难"。[88] 对于应否将婚姻关系存续解释为本项兜底情形,我国学界主流意见持肯定说,理由与上述域外法理由略同,即强调婚姻关系导致的伦理障碍。[89] 少数意见主张否定说,理由是婚姻关系仅导致当事人"不愿"行使权利,而非"不能"行使权利,故不构成行使权

---

〔84〕　参见广东省广州市中级人民法院(2018)粤 01 民终 19740 号民事判决书;四川省威远县人民法院(2018)川 1024 民初 709 号民事判决书。

〔85〕　参见段玉林、李天全:《诉讼中被强制隔离戒毒适用诉讼时效中止的认定》,载《人民法院报》2018 年 1 月 18 日,第 6 版。

〔86〕　参见河南省高级人民法院(2002)豫法民二初字第 11 号民事判决书。

〔87〕　Vgl. Helmut Grothe, Kommentar zum §207, in: *Münchener Kommentar zum BGB*, 9. Aufl., München:C. H. Beck, 2021, Rn. 1.

〔88〕　鈴木銀治郎、滝口博一、椿原直『時効の法律相談』(青林書院、2018 年)第 73 頁,参照。

〔89〕　参见王利明:《民法总则研究》(第 3 版),中国人民大学出版社 2018 年版,第 797 页。

利的客观障碍。[90]还有学者从立法论角度认为,婚前成立的债务应适用时效进行停止(中止),婚内成立的债务应适用时效开始停止。[91]最高人民法院释义书倾向于将婚姻关系界定为相对障碍,即依据婚姻关系对行使权利的实际影响做个案判断。[92]但实务中亦有将其界定为情理障碍的实例,即不对婚姻关系的实际状态进行考察而直接认定其构成中止事由。既包括婚前订立借款合同,婚后到期;[93]也包括借款于婚前到期,时效届满前双方结婚等情形。[94]相较而言,实务遵循立法通例的做法更为合理。

可撤销婚姻被撤销之前仍属有效,故基于前述之相同理由(边码64),可构成中止事由。无效婚姻虽属当然无效,但其被宣告无效之前"夫妻"的实际生活状态与有效婚姻可能并无二致,故亦可构成中止事由。非婚同居关系不构成中止事由,因为该情形既不产生法律认可的亲属关系,也不具稳定性和清晰的起止时点。　　　**65**

适用该项的配偶之间请求权仅限于财产上的请求权,纯粹身份上的请求权(如同居请求权)随婚姻关系结束归于消灭,且其本身亦不适用诉讼时效。婚姻关系结束后产生的权利和婚姻被宣告无效、被撤销后产生的权利(如剩余财产分割请求权、离婚损害赔偿请求权、胁迫婚撤销后的损害赔偿请求权)不适用该项规定。[95]　　　**66**

有少数学理意见认为,应将该情形范围扩展至"家庭关系",而非仅限于婚姻关系。[96]笔者不同意该观点。理由在于:其一,家庭成员之间的财产、人身关系远不如配偶之间紧密,对行使权利的阻碍较小。其二,家庭关系多为自然血亲关系,除非成员之一死亡,否则该情形不会消除。将该情形认定为中止事由,实质上是排除此类请求权适用诉讼时效。其三,《民法典》第190条规定监护关系适用特殊起算规则,其隐含的精神是:其他家庭关系不构成时效障碍。　　　**67**

2. 监护关系存续

《民法典》施行以前,实务主流意见认为"权利人与义务人之间存在监护关　　　**68**

---

〔90〕　参见段晓娟:《我国诉讼时效中止若干问题研究》,载《法律适用》2008年第11期,第28页。

〔91〕　参见张力、郑志峰:《中止抑或不完成:诉讼时效完成障碍之婚姻关系——由一个案例引发的思考》,载《河北法学》2015年第5期,第39页。

〔92〕　参见最高人民法院民法典贯彻实施工作领导小组主编:《中华人民共和国民法典总则编理解与适用(下)》,人民法院出版社2020年版,第982页。

〔93〕　参见贵州省六盘水市中级人民法院(2019)黔02民终266号民事判决书。

〔94〕　参见广东省广州市中级人民法院(2018)粤01民终2502号民事判决书。

〔95〕　参见沈建兴:《民法总则逐条释义》,台湾地区元照出版有限公司2018年版,第709页。

〔96〕　参见梁慧星主编:《中国民法典草案建议稿附理由·总则编》,法律出版社2013年版,第424页。

系"构成中止事由,因为"权利人的意志被义务人控制无法主张权利"。[97] 由于《民法典》第 190 条规定该情形适用特殊起算规则,故《民法典》施行后该情形不再构成中止事由。

3. 权利人住院治疗

69　　该情形是否构成中止事由,学理上存在分歧意见。[98] 实务上一般将该情形作为相对障碍,即权利人患有严重疾病或受重伤,因而在精神状态或身体状态上难以行使权利的,认定构成中止事由。包括:(1)手术取出钢板;[99] (2)治疗期间行动不便,且义务人是境外注册公司;[100] (3)罹患精神分裂症;[101] (4)交通事故致颅脑损伤,经鉴定患有精神障碍;[102] (5)重型颅脑外伤、完全性失语;[103] (6)"铊中毒"而造成脑器质性病变;[104] (7)因脑出血瘫痪;[105] (8)脑梗塞;[106] (9)认知功能障碍、四肢功能障碍、ADI 障碍[107] 等。值得注意的是,由于《民法典》不再将欠缺行为能力的成年人限于"精神病人",因此《民法典》施行后上述某些案型应当适用第 194 条第 1 款第 2 项之中止事由。

70　　权利人虽然因病或因伤住院治疗,但病情(伤情)较轻或者对行使权利不造成严重障碍的,一般不被认定为中止事由。包括:(1)治疗项目包括高血压、便秘等,病情程度未达到完全无法主张诉讼权利的程度;[108] (2)患病影响咽喉发音;[109] (3)代理人生病住院;[110] (4)虽患有抑郁症,但病理程度未达到限制民事行为能力或者无民事行为能力的程度[111] 等。

4. 义务人下落不明

71　　该情形是否构成中止事由,学理上存在分歧意见。肯定说理由在于,因义务

〔97〕 参见最高人民法院民事审判第二庭编著:《最高人民法院关于民事案件诉讼时效司法解释理解与适用》,人民法院出版社 2015 年版,第 329 页。

〔98〕 参见张雪楳:《诉讼时效审判实务与疑难问题解析——以〈民法总则〉诉讼时效制度及司法解释为核心》,人民法院出版社 2019 年版,第 559 页。

〔99〕 参见贵州省黔南布依族苗族自治州中级人民法院(2019)黔 27 民再 8 号民事判决书。

〔100〕 参见广东省高级人民法院(2013)粤高法民四终字第 20 号民事判决书。

〔101〕 参见河北省石家庄市中级人民法院(2018)冀 01 民终 13601 号民事判决书。

〔102〕 参见四川省宜宾市中级人民法院(2017)川 15 民终 2010 号民事判决书。

〔103〕 参见福建省龙岩市中级人民法院(2017)闽 08 民终 720 号民事判决书。

〔104〕 参见湖南省益阳市中级人民法院(2017)湘 09 民终 235 号民事判决书。

〔105〕 参见广东省惠州市中级人民法院(2015)惠中法民一终字第 252 号民事判决书。

〔106〕 参见广东省阳江市中级人民法院(2014)阳中法民三终字第 93 号民事判决书。

〔107〕 参见浙江省绍兴市越城区人民法院(2014)绍越民初字第 3718 号民事判决书。

〔108〕 参见四川省南充市中级人民法院(2018)川 13 民终 986 号民事判决书。

〔109〕 参见广西壮族自治区百色市右江区人民法院(2015)右民一初字第 901 号民事判决书。

〔110〕 参见四川省简阳市人民法院(2014)简阳民初字第 435 号民事判决书。

〔111〕 参见浙江省湖州市吴兴区人民法院(2013)湖吴康民初字第 362 号民事判决书。

人逃债等原因而下落不明,致权利人无法行使权利,亦属不能行使请求权之障碍。[112] 否定说理由在于,虽然义务人下落不明,但权利人仍可提起诉讼或者通过公告中断时效。[113] 在现行法框架下,虽然针对义务人下落不明设置了公告中断时效、申请宣告义务人失踪或死亡中断时效、公告送达等救济措施,但在具体场合下亦应考虑此类救济措施的实效及所需成本。因此,将该情形界定为相对障碍做个案判断较为妥当。实务中基本上亦持此意见,以下因素影响中止事由的认定:其一,下落不明的程度;其二,对适用程序法规则的影响;其三,债权人是否一直在尝试行使权利,或者得知义务人下落后是否迅速行使权利。采肯定意见的情形包括:(1)因债务人生死不明,民事诉讼的适格主体无法确定;[114](2)一审裁定载明,因债权人多方查找未能提供债务人地址、无法通知债务人应诉被一审法院驳回起诉,二审法院据此认定构成中止事由;[115](3)债权人多年来一直寻找债务人下落,得知债务人下落后立刻向其催收借款,收款不能后才向法院提起诉讼;[116](4)债务人离家出走;[117](5)债务人的法定代表人常年在外地[118]等。

实务中采否定意见的情形包括:(1)债务人更改预留的电话号码,且长期不在家中居住,债权人找到债务人父母处主张权利;[119](2)单纯无法联系债务人;[120](3)虽然债务人在外省务工,但无论是否能与之联系,均不影响债权人提起诉讼;[121](4)虽然债务人失踪,但债权人持有债务人的身份证件[122]等。

某些案件中,"债务人身份信息不明"亦被认定为中止事由。例如"肇事车辆驾驶员'何某'身份信息不明、地址不详,直至2015年6月公安机关才查明'何某'信息";[123]"刘仙某(债务人)户口被公安机关注销,使债权人起诉时无法提供被告有效身份信息,公安机关出具情况说明证实刘新某与刘仙某系重户的同一人,债权人才得以以刘新某作为被告向法院起诉"[124]等。笔者认为,此类情形不应认定

72

73

---

〔112〕 参见梁慧星:《民法总论》(第4版),法律出版社2011年版,第257页。

〔113〕 参见梁展欣主编:《诉讼时效司法实务精义》,人民法院出版社2010年版,第89页。

〔114〕 参见最高人民法院(2018)最高法民申2386号民事裁定书。

〔115〕 参见新疆维吾尔自治区塔城地区中级人民法院(2018)新42民终1121号民事判决书。

〔116〕 参见湖南省永州市中级人民法院(2018)湘11民终2090号民事判决书。

〔117〕 参见河北省石家庄市鹿泉区人民法院(2015)鹿民一初字第02575号民事判决书。

〔118〕 参见江苏省南京市中级人民法院(2017)苏01民终2602号民事判决书。该裁判意见有误,因为法定代表人常年在外地但公司仍然正常运营的,并不构成行使权利的障碍。

〔119〕 参见河南省安阳市中级人民法院(2019)豫05民终1070号民事判决书。

〔120〕 参见黑龙江省佳木斯市中级人民法院(2018)黑08民终927号民事判决书。

〔121〕 参见湖南省岳阳市中级人民法院(2016)湘06民终831号民事判决书。

〔122〕 参见海南省三亚市城郊人民法院(2014)城民一初字第7号民事判决书。

〔123〕 参见广西壮族自治区桂林市中级人民法院(2019)桂03民终1123号民事判决书。

〔124〕 参见浙江省杭州市中级人民法院(2019)浙01民终2070号民事判决书。

为中止事由,因为所谓"身份信息不明"实际上是权利人尚不知道义务人具体是谁,故依据《民法典》第 188 条时效不能起算。

5. 法人或非法人组织无法进行正常活动

74   该情形与《民法典》第 194 条第 1 款第 2 项类似,即作为当事人的法人或非法人组织非因自身原因无法进行正常活动,而致不能行使请求权。此类实例包括:(1)权利人(村委会)由于村主任辞职而处于瘫痪状态;[125](2)权利人(某酒店)涉及多个执行案件,相关财产被人民法院查封,多年来未进行正常经营活动;[126](3)义务人(市政管理处)由于机构改革和调整,其职能拆分、整合后由不同行政机构行使,导致权利人无法主张权利;[127](4)债务人破产重整[128]等。

6. 另一诉讼尚未结束

75   另一诉讼的结果对权利人行使请求权有影响的,该情形是否构成中止事由,应当考虑二者所具关联性予以判断,[129]故该中止事由属于相对障碍。实务中采肯定意见的情形包括:(1)法院确认《收购债权协议书》是否属于义务人依约履行承债式收购协议义务前,该诉讼理由影响原审第三人向义务人主张权利;[130](2)权利人购得房屋时该房屋已被出租给他人开饭店,权利人另行提起诉讼请求确认房屋所有权,权利人的不当得利返还请求权在该确认之诉判决生效前,诉讼时效中止;[131](3)权利人已向法院提起解除合同的另一诉讼,需等待该诉讼作出判决后,权利人方能提起逾期涂销抵押违约金和逾期办证违约金的主张;[132](4)银行在原告主张第一笔代偿利息诉讼时效届满前六个月内就案涉贷款清偿提起诉讼,在该诉讼判决生效前,原告对本案被告是否享有追偿权尚无法确定。[133]

76   实务中采否定意见的情形包括:(1)违约金数额计算需要等待另案的审理结果;[134](2)权利人父母因拆迁补偿纠纷所进行的行政诉讼与本案无直接关系;[135]

---

〔125〕 参见河北省石家庄市中级人民法院(2013)石民再终字第 00056 号民事判决书。

〔126〕 参见湖北省通山县人民法院(2019)鄂 1224 民初 1925 号民事判决书。

〔127〕 参见广东省佛山市禅城区人民法院(2018)粤 0604 民初 2330 号民事判决书。

〔128〕 参见浙江省湖州市中级人民法院(2016)浙 05 民终 690 号民事判决书。该裁判意见似有错误,依据《诉讼时效规定》第 13 条第 3 项规定,"申请破产、申报破产债权"构成中断事由。

〔129〕 此处仅讨论权利人以诉讼外方式行使请求权或者以诉讼方式行使请求权尚未被受理的情形,因为如果该诉讼已被受理,依据《民事诉讼法》(2021 年修正)第 153 条第 1 款第 5 项适用诉讼中止规则。

〔130〕 参见广西壮族自治区桂林市中级人民法院(2018)桂 03 民终 2247 号民事判决书。

〔131〕 参见吉林省白山市中级人民法院(2017)吉 06 民终 101 号民事判决书。

〔132〕 参见广东省广州市中级人民法院(2014)穗中法民五终字第 73 号民事判决书。

〔133〕 参见四川省峨眉山市人民法院(2018)川 1181 民初 2531 号民事判决书。

〔134〕 参见安徽省高级人民法院(2017)皖民终 215 号民事判决书。

〔135〕 参见陕西省西安市中级人民法院(2016)陕 01 民终 6323 号民事判决书。

（3）公安机关针对义务人行为是否构成毁坏财物罪进行刑事侦查;[136]（4）另案生效判决作出由义务人之一负责清偿被继承人生前债务的认定[137]等。

7. 伤残评定程序尚未结束

交通事故导致受害人伤残,该伤残评定程序未启动或未结束的,是否构成中止事由,实务中分歧较大。由于此类致残受害人治疗时间较长,在"治疗终结"前不能进行伤残评定（公安部《道路交通事故受伤人员伤残评定》第3.2条）,而受害人须依据伤残等级主张残疾赔偿金[《人身损害赔偿解释》（2022年修正）第12条],故引发该问题。实务中主要存在三种意见:一是将"伤残评定程序尚未结束"认定为中止事由。因为"在司法鉴定结束前,原告对自己伤势情况、是否需要继续治疗、是否构成残疾等客观情形均不得而知,更不清楚自己因损害而将遭受的最终损失额是多少,此时属于客观障碍而不能及时、完全行使侵权请求权"[138]。因此,应从定残之日起继续计算时效期间。[139] 二是将"治疗尚未终结"认定为中止事由。"原告治疗终结出院后,即已不存在不能行使请求权的障碍,其应当在合理期限内进行伤残评定。进行伤残评定的具体时间完全取决于原告个人的主观选择,故不构成原告行使请求权的客观障碍。"[140] 三是将"伤残评定程序尚未结束"认定为赔偿项目中部分请求权时效的中止事由。"交通事故造成的明显的人身伤害,例如医疗费、误工费、交通费等,诉讼时效应正常计算。但是在时效期间内未治疗终结或者未能定残的,诉讼时效中止。"[141]笔者赞同观点三,理由如下:其一,不同类别的赔偿请求权分别计算诉讼时效更为公平,也更有利于促使权利人行使权利。其二,伤残评定程序是确定伤残等级的法定程序,该程序构成行使权利的障碍。"治疗终结"是启动伤残评定程序的条件,其不应单独作为中止事由。

8. 保险理赔程序尚未结束

保险事故发生后保险人收到被保险人给付保险金的请求,保险人启动理赔程序（《保险法》第25条）且尚未结束的,有裁判意见认定构成中止事由。理由为:"保险事故发生后,被保险人存在住院治疗、定残和医疗费用在其他保险公司待理赔等障碍事由不能行使请求权";[142]"保险事故发生后,伤者的损失金额及其是否

---

[136] 参见吉林省白山市中级人民法院(2014)白山民一终字第239号民事判决书。

[137] 参见云南省兰坪白族普米族自治县人民法院(2015)兰民二初字第00055号民事判决书。

[138] 参见湖南省永州市冷水滩区人民法院(2017)湘1103民初4355号民事判决书。

[139] 参见湖北省谷城县人民法院(2013)鄂谷城过县初字第000176号民事判决书。

[140] 参见福建省莆田市涵江区人民法院(2014)涵民初字第364号民事判决书。

[141] 参见山东省平阴县人民法院(2017)鲁0124民初51号民事判决书。

[142] 参见天津市第一中级人民法院(2017)津01民终2039号民事判决书。

要求某公司(责任保险的被保险人)赔偿、何时赔偿等情况均处于不确定的状态"。[143] 笔者认为,此类情形不应认定为中止事由,因为理赔程序结束前保险人是否会支付保险金以及保险金数额均未确定,故诉讼时效尚未起算。虽然《保险法》第 26 条规定保险金给付请求权诉讼时效起算点是"知道或者应当知道保险事故发生之日",但不能仅依其文义解释,而应结合《民法典》第 188 条确定起算点。[144]

9. 磋商

79　　　　在域外法上,似有普遍承认"磋商"为中止事由的趋势(如《德国民法典》第 203 条、《欧洲示范民法典草案》第 Ⅲ - 7:304 条)。理由在于:关于有争议或可疑主张的磋商符合避免诉讼的法政治上的期待目的;[145] 鼓励当事人通过庭外磋商达成和解,并防止磋商成为给债权人设计的陷阱;[146] 磋商比起诉更具有促进解决纠纷的可期待性,因此将磋商作为中止事由比较简洁明了。[147] 我国学界对应否承认"磋商"为中止事由存在争议,[148] 实务中有少数判例持肯定意见。[149] 笔者认为,现行法框架下没有必要将"磋商"认定为中止事由。较为合理的解释是:如果磋商中含有"请求履行"或"同意履行"的行为,构成时效中断事由;如果磋商中不包含上述行为,而磋商结束后义务人却援引时效抗辩权,应依据诚信原则或禁止权利滥用原则认定该援引行为无效,因为此类磋商使权利人合理信赖时效不会成为其行使权利的障碍。[150]

---

〔143〕　参见江苏省无锡市中级人民法院(2017)苏 02 民终 1607 号民事判决书。

〔144〕　对于保险金给付请求权时效起算点,学理及实务争议较大,但普遍认为不能拘泥于《保险法》第 26 条的文义。例如《保险法解释四》(2020 年修正)第 18 条规定,商业责任险中保险金给付请求权时效起算点是"被保险人对第三者应负的赔偿责任确定之日"。另有学者认为,保险金给付请求权时效起算点应为"被保险人或受益人知道或应当知道保险人不履行保险金给付义务之时"。参见武亦文、赵亚宁:《〈保险法〉第 26 条诉讼时效规范之反思与优化》,载《保险研究》2019 年第 7 期,第 124 页。

〔145〕　Vgl. Helmut Grothe, Kommentar zum § 203, in: *Münchener Kommentar zum BGB*, 9. Aufl. , München: C. H. Beck, 2021, Rn. 3.

〔146〕　参见[德]克里斯蒂安·冯·巴尔、[英]埃里克·克莱夫主编:《欧洲私法的原则、定义与示范规则:欧洲示范民法典草案(全译本):第 1 卷、第 2 卷、第 3 卷》,高圣平等译,法律出版社 2014 年版,第 1029 页。

〔147〕　松本克美『続·時効と正義—消滅時効·除斥期間の新たな展開』(日本評論社、2012 年)302 頁,参照。

〔148〕　肯定说参见朱晓喆:《诉讼时效制度的价值基础与规范表达:〈民法总则〉第九章评释》,载《中外法学》2017 年第 3 期,第 724 页;否定说参见李宇:《民法总则要义:规范释论与判解集注》,法律出版社 2017 年版,第 924 页。

〔149〕　参见山东省滨州市沾化区人民法院(2018)鲁 1603 民初 168 号民事判决书。

〔150〕　参见杨巍:《悖信援引时效抗辩权的法律规制》,载《北方法学》2020 年第 2 期,第 19—20 页。

10. 其他

实务中,还有若干非典型情形亦有可能构成中止事由,此类情形原则上应采 80
取相对障碍标准予以认定,即视其对行使权利的影响程度是否达到"不能行使请
求权"而定。被认定构成中止事由的情形包括:(1)法院发布协助执行公告;[151]
(2)债务人被吊销营业执照,未依约定通知债权人;[152](3)国家知识产权局专利复
审委员会作出无效宣告;[153](4)义务人变造驾驶证;[154](5)支付令申请不当;[155]
(6)公安机关对权利人和义务人作出行政处罚决定;[156](7)因工程款尚未结算支
付完毕,权利人不便向义务人行使人身损害赔偿请求权[157]等。还有观点认为,
"权利人执行保密工作,无法对外联系"也属中止事由。[158]

实务中被认定不构成中止事由的情形包括:(1)公司内部行为(变更投资人未 81
获主管部门批准);[159](2)上级法院通知不受理涉及金融不良债权转让案件;[160]
(3)义务人更改姓名;[161](4)公司收购合并;[162](5)变更居所;[163](6)法院查封冻
结涉案保险金和理赔权益[164]等。

四、时效中止的效力(第2款)

(一)自中止时效的原因消除之日起满6个月,诉讼时效期间届满

1."中止事由消除"的认定标准

所谓"中止事由消除",是指该事由本身消除或者其对行使权利的阻碍状态消 82

---

[151] 参见最高人民法院(2016)最高法民申741号民事裁定书。

[152] 参见浙江省舟山市中级人民法院(2018)浙09民终560号民事判决书。

[153] 参见山东省济南市中级人民法院(2017)鲁01民初1339号民事判决书。

[154] 参见河北省隆化县人民法院(2019)冀0825民初1865号民事判决书。

[155] 参见甘肃省陇南市武都区人民法院(2018)甘1202民初4705号民事判决书。

[156] 参见河北省怀安县人民法院(2017)冀0728民初1076号民事判决书。

[157] 参见浙江省温州市龙湾区人民法院(2015)温龙开民初字第18号民事判决书。

[158] 参见张雪楳:《诉讼时效审判实务与疑难问题解析——以〈民法总则〉诉讼时效制度及司法解
释为核心》,人民法院出版社2019年版,第559页。

[159] 参见最高人民法院(2015)民申字第537号民事裁定书。

[160] 参见海南省高级人民法院(2013)琼民二终字第25号民事判决书。该案一审法院将"高级法
院通知暂不受理某类案件"认定为中止事由是错误的,因为该情形既不妨碍权利人诉讼外请求,也不影
响原告提交诉状以中断时效。二审法院纠正了该错误。

[161] 参见新疆生产建设兵团第十二师中级人民法院(2018)兵11民终129号民事判决书。

[162] 参见四川省成都市中级人民法院(2018)川01民终1081号民事判决书。

[163] 参见湖北省汉江中级人民法院(2016)鄂96民终384号民事判决书。

[164] 参见广东省惠州市惠阳区人民法院(2016)粤1303民初2208号民事判决书。

除。《最高人民法院关于处理涉及汶川地震相关案件适用法律问题的意见（一）》（法发〔2008〕21 号）第 7 条规定，地震之中止事由消除的判断因素包括：（1）人民法院恢复正常工作的情况；（2）当地恢复重建进展的情况；（3）失踪当事人重新出现、财产代管人经依法确定、被有关部门确定死亡或被人民法院宣告死亡明确继承人的情况；（4）作为法人或其他组织的当事人恢复经营能力或者已经确立权利义务承受人的情况。其他中止事由可参照适用该标准。

83　　　　实务中，"中止事由消除"的常见时点包括：（1）继承人确定之日；[165]（2）权利人被假释之日；[166]（3）相关诉讼的判决生效之日；[167]（4）权利人最后一次治疗出院之日；[168]（5）义务人被撤销刑事立案之日；[169]（6）权利人被解除强制戒毒隔离措施之日[170]等。

2.6 个月的计算及效力

84　　　　对于中止事由消除后如何计算时效期间，《民法通则》规定为"继续计算"（计算剩余期间）。对该规定的批评意见指出，剩余期间过短可能会使中止制度目的的难以实现，且在法定时效期间本已过短的前提下不利于节省诉讼成本和司法资源，故建议计算满 6 个月。[171] 亦有学者主张设置"法定犹豫期间"，以应对该规定之弊端。[172]《民法典》第 194 条借鉴域外法时效不完成规则，并基于司法实践情况、民众法律知识等考虑，将其修改为"计算满 6 个月"。[173] 这对保护权利人更为有利。

85　　　　该 6 个月内仍可适用中断规则，因为时效中止规则的本意是在障碍消除后赋予权利人在一定期间内行使权利的机会，如果权利人实施诉讼外请求、起诉等行为，自应引起时效中断。[174] 实务中亦有此实例。[175] 换言之，该 6 个月内权利人仍不行使权利且义务人亦未同意履行义务的，时效期间届满。

86　　　　如果该 6 个月内又发生新的中止事由，基于前述之相同理由（边码 85），可以再次适用中止规则。有少数学者认为，《民法典》第 194 条"满六个月，诉讼时效期间

---

[165]　参见吉林省白山市中级人民法院(2019)吉 06 民终 557 号民事判决书。

[166]　参见贵州省六盘水市中级人民法院(2018)黔 02 民终 1823 号民事判决书。

[167]　参见安徽省芜湖市中级人民法院(2018)皖 02 民终 1960 号民事判决书。

[168]　参见宁夏回族自治区吴忠市中级人民法院(2016)宁 03 民终 477 号民事判决书。

[169]　参见江苏省徐州市中级人民法院(2013)徐民终字第 1067 号民事判决书。

[170]　参见四川省成都市武侯区人民法院(2019)川 0107 民初 2112 号民事判决书。

[171]　参见杨巍：《民法时效制度的理论反思与案例研究》，北京大学出版社 2015 年版，第 360—361 页。相反意见参见冯恺：《诉讼时效制度研究》，山东人民出版社 2007 年版，第 204 页。

[172]　参见葛承书：《民法时效——从实证的角度出发》，法律出版社 2007 年版，第 178 页。

[173]　参见黄薇主编：《中华人民共和国民法典总则编释义》，法律出版社 2020 年版，第 522 页。

[174]　参见黄立：《民法总则》，中国政法大学出版社 2002 年版，第 493 页。

[175]　参见浙江省金华市中级人民法院(2018)浙 07 民终 4902 号民事判决书。

届满"之规定明确排除"不届满"的情形,因此应视新中止事由发生在该 6 个月内的不同阶段而有所不同:发生在原时效期间内的,时效再次中止;发生在原时效期间之外的,时效不中止。[176] 该观点单纯从文义解读,忽略了该 6 个月的本质是为了强化保护权利人而设置的一个拟制期间,其作为一个整体不应被分割对待。因此,该观点并不合理。

(二)时效中止效力的相对性

《民法典》颁布以前,对于连带债务关系中发生于债务人之一的中止事由是否对其他债务人也具有效力,学理上存在分歧。[177]《民法典》施行后应采相对效力说,理由在于:其一,《民法典》第 520 条规定的绝对效力事项仅有履行、抵销和提存等,而并无时效事项。依据官方解释,各连带债务人所负债务具有相对独立性,连带债务人之一与债权人之间发生的事项原则上仅具相对效力,例外情形下才具有绝对效力。[178] 其二,中止事由多为阻碍权利行使的客观情形,连带关系的存在并不导致发生于债务人之一的中止事由对其他债务人也产生阻碍效果。其三,从域外经验来看,仅少数国家采绝对效力说,而采相对效力说似乎成为趋势。例如《德国民法典》第 425 条第 2 款明确规定时效中止为连带关系中的相对效力事由,因为除了清偿、抵销、提存等绝对效力事由导致债务消灭外,其他存有疑义的事由都只具有相对效力(个别效力),以实现对债务人的保护。[179] 2017 年修订后的《日本民法典》将时效中止由绝对效力改为相对效力,因为"连带债务存在各种类型,在债务人完全不知情的情况下使时效延期完成,对债务人利益影响过巨"[180]。

一方面,在保证关系中,主债务时效中止的,保证债务时效同时中止。这是保证债务从属性在时效规则上的体现,构成相对效力的例外。另一方面,基于保证债务从属性的单向性,保证债务时效中止原则上不导致主债务时效中止,但法律有特殊规定的除外。[181]

五、举证责任

时效中止的主张属于肯定事实的主张,因此一般应由提出该主张的诉讼当事

〔176〕 参见陈甦主编:《民法总则评注(下册)》,法律出版社 2017 年版,第 1396 页(周江洪执笔)。

〔177〕 绝对效力说参见梁展欣主编:《诉讼时效司法实务精义》,人民法院出版社 2010 年版,第 84 页;相对效力说参见徐国栋主编:《绿色民法典草案》,社会科学文献出版社 2004 年版,第 464 页。

〔178〕 参见黄薇主编:《中华人民共和国民法典总则编释义》,法律出版社 2020 年版,第 130 页。

〔179〕 参见[德]迪特尔·梅迪库斯:《德国债法总论》,杜景林、卢谌译,法律出版社 2004 年版,第 611 页。

〔180〕 潮見佳男『新債権総論Ⅱ』(信山社、2017 年)594 頁,参照。

〔181〕 参见杨巍:《保证债务与主债务的诉讼时效关联》,载《法学》2020 年第 6 期,第 26 页。

人承担举证责任。依据《民事诉讼法》（2021 年修正）第 67 条及举证责任的一般原理,举证责任具体分配如下:其一,原告(权利人)起诉时,对其行使请求权的时效未中止不负举证责任。其二,被告(义务人)援引时效抗辩权的,应就时效起算时点、届满时点等事实举证证明,但对其间时效未中止不负举证责任。其三,原告对被告援引时效抗辩存在异议的,应当对具备时效中止适用条件举证以证明时效未届满。

附:案例索引

1. 安徽省芜湖市中级人民法院(2018)皖 02 民终 1960 号民事判决书:杨某保与周某传合伙协议纠纷案【边码 83】

2. 安徽省高级人民法院(2017)皖民终 215 号民事判决书:黄山市鸿维房地产有限公司与浙江省三建建设集团有限公司建设工程施工合同纠纷案【边码 76】

3. 重庆市第一中级人民法院(2018)渝 01 民终 4587 号民事判决书:章某银与傅某民间借贷纠纷案【边码 58】

4. 重庆市高级人民法院(2015)渝高法民终字第 00472 号民事判决书:重庆渝西半岛实业有限公司与重庆中奥实业有限公司项目转让合同纠纷案【边码 37】

5. 重庆市高级人民法院(2018)渝民申 1967 号民事裁定书:重庆全发药业(集团)有限责任公司与重庆久桓地产(集团)有限公司建设用地使用权合同纠纷案【边码 60】

6. 福建省莆田市涵江区人民法院(2014)涵民初字第 364 号民事判决书:郭某星与人民财保福州分公司等机动车交通事故责任纠纷案【边码 77】

7. 福建省福州市中级人民法院(2014)榕民终字第 4101 号民事判决书:杨某龙与杨某品生命权、健康权、身体权纠纷案【边码 58】

8. 福建省龙岩市中级人民法院(2017)闽 08 民终 720 号民事判决书:中国太平洋人寿保险股份有限公司龙岩中心支公司与邱某天保险合同纠纷案【边码 69】

9. 甘肃省陇南市武都区人民法院(2018)甘 1202 民初 4705 号民事判决书:胡某红与李某强等民间借贷纠纷案【边码 80】

10. 广东省佛山市禅城区人民法院(2018)粤 0604 民初 2330 号民事判决书:佛山市三水区名通市政工程有限公司与佛山市禅城区引排水调度中心等建设工程合同纠纷案【边码 74】

11. 广东省惠州市惠阳区人民法院(2016)粤 1303 民初 2208 号民事判决书:台州市海东物流有限公司与中国大地财产保险股份有限公司台州中心支公司财产保险合同纠纷案【边码 81】

12. 广东省深圳市龙岗区人民法院(2014)深龙法劳初字第 14 号民事判决书:龙某芝与深圳市鑫鸿跃劳务派遣有限公司等劳动合同纠纷案【边码 51】

13. 广东省广州市中级人民法院(2014)穗中法民五终字第 73 号民事判决书:张某豪与广州市万城商业经营管理有限公司等房屋买卖合同纠纷案【边码 75】

14. 广东省广州市中级人民法院(2018)粤 01 民终 19740 号民事判决书:鸿利智汇集团股份有限公司与陈某威等建设工程分包合同纠纷案【边码 62】

15. 广东省广州市中级人民法院(2018)粤 01 民终 2502 号民事判决书:郭某遥与管某明民间借贷纠纷案【边码 64】

16. 广东省惠州市中级人民法院(2015)惠中法民一终字第 252 号民事判决书:沈某宽与叶某万建设工程施工合同纠纷案【边码 69】

17. 广东省汕头市中级人民法院(2018)粤 05 民终 899 号民事判决书:彭某宣与彭某彬等健康权纠纷案【边码 58】

18. 广东省深圳市中级人民法院(2014)深中法房终字第 1232 号民事判决书:郑某琪与深圳融发投资有限公司房屋租赁合同纠纷案【边码 47】

19. 广东省阳江市中级人民法院(2014)阳中法民三终字第 93 号民事判决书:关某珠与中国平安财产保险股份有限公司阳江中心支公司等机动车交通事故责任纠纷案【边码 69】

20. 广东省珠海市中级人民法院(2018)粤 04 民终 559 号民事判决书:广州市从化昌佳家具厂与珠海市鸿龙置业发展有限公司买卖合同纠纷案【边码 61】

21. 广东省高级人民法院(2013)粤高法民四终字第 20 号民事判决书:安达国际船舶管理有限公司与苏某兵船员劳务合同纠纷案【边码 69】

22. 广西壮族自治区百色市右江区人民法院(2015)右民一初字第 901 号民事判决书:何某秀与谷某宦共有纠纷案【边码 70】

23. 广西壮族自治区北海市中级人民法院(2017)桂 05 民终 1170 号民事判决书:黄某兰等与福建省第一建筑工程公司北海公司等担保合同纠纷案【边码 37】

24. 广西壮族自治区桂林市中级人民法院(2018)桂 03 民终 2247 号民事判决书:桂林医药集团有限公司与伍某芳等债权人代位权纠纷案【边码 75】

25. 广西壮族自治区桂林市中级人民法院(2019)桂 03 民终 1123 号民事判决书:何某首与蒋某银机动车交通事故责任纠纷案【边码 73】

26. 贵州省毕节市中级人民法院(2016)黔 05 民终 1385 号民事判决书:中国农业银行股份有限公司毕节七星关支行与李某友等建设工程施工合同纠纷案【边码 37】

27. 贵州省毕节市中级人民法院(2019)黔 05 民终 5197 号民事判决书:张某与张某霞等不当得利纠纷案【边码 53】

28. 贵州省六盘水市中级人民法院(2018)黔 02 民终 1823 号民事判决书:赵某蝶与孙某民间借贷纠纷案【边码 83】

29. 贵州省六盘水市中级人民法院(2019)黔 02 民终 266 号民事判决书:王某与龙某民间借贷纠纷案【边码 64】

30. 贵州省黔南布依族苗族自治州中级人民法院(2019)黔 27 民再 8 号民事判决书:简某会与倪某芳等机动车交通事故责任纠纷案【边码 69】

31. 海南省三亚市城郊人民法院(2014)城民一初字第 7 号民事判决书:陈某生与钟某根民间借贷纠纷案【边码 72】

32. 海南省高级人民法院(2013)琼民二终字第 25 号民事判决书:符某阳与海南省清澜钛矿管理人普通破产债权确认纠纷案【边码 81】

33. 河北省怀安县人民法院(2017)冀 0728 民初 1076 号民事判决书:孙某国与胡某枝生

命权、健康权、身体权纠纷案【边码 80】

34. 河北省隆化县人民法院（2019）冀 0825 民初 1865 号民事判决书：国任财产保险股份有限公司河北分公司与张某利等追偿权纠纷案【边码 80】

35. 河北省石家庄市鹿泉区人民法院（2015）鹿民一初字第 02575 号民事判决书：张某甲等与苏某等婚姻家庭纠纷案【边码 71】

36. 河北省石家庄市中级人民法院（2013）石民再终字第 00056 号民事判决书：王某民与深泽县白庄乡大某村民委员会承包合同纠纷案【边码 74】

37. 河北省石家庄市中级人民法院（2018）冀 01 民终 13601 号民事判决书：魏某娟与石家庄市伴纵经贸有限公司等房屋租赁合同纠纷案【边码 69】

38. 河北省承德市中级人民法院（2016）冀 08 民终 4003 号民事判决书：修某明等与兴隆县大水泉乡小水泉村村民委员会等确认合同无效纠纷案【边码 56】

39. 河南省安阳市中级人民法院（2018）豫 05 民终 2829 号民事判决书：陈某与中国人民财产保险股份有限公司宝丰支公司机动车交通事故责任纠纷案【边码 58】

40. 河南省安阳市中级人民法院（2019）豫 05 民终 1070 号民事判决书：张某旭与郭某红民间借贷纠纷案【边码 72】

41. 河南省高级人民法院（2002）豫法民二初字第 11 号民事判决书：河南省融资中心与河南证券有限责任公司资金拆借合同纠纷案【边码 63】

42. 黑龙江省佳木斯市中级人民法院（2018）黑 08 民终 927 号民事判决书：曹某与张某房屋买卖合同纠纷案【边码 72】

43. 湖北省谷城县人民法院（2013）鄂谷城过民初字第 000176 号民事判决书：胡某甲与徐某甲等机动车交通事故责任纠纷案【边码 77】

44. 湖北省通山县人民法院（2019）鄂 1224 民初 1925 号民事判决书：咸宁市温泉国际酒店有限责任公司等与宜昌博大科技股份有限公司买卖合同纠纷案【边码 74】

45. 湖北省武汉市洪山区人民法院鄂洪山和民初字第 00283 号民事判决书：李某新与湖北徐东（集团）股份有限公司财产损害赔偿纠纷案【边码 37】

46. 湖北省汉江中级人民法院（2016）鄂 96 民终 384 号民事判决书：仙桃市仙发饲料有限公司与赵某标买卖合同纠纷案【边码 81】

47. 湖南省益阳市赫山区人民法院（2016）益赫民二初字第 89 号民事判决书：李某祖与益阳市赫山区会龙山街道办事处黄泥湖村村民委员会买卖合同纠纷案【边码 47】

48. 湖南省永州市冷水滩区人民法院（2017）湘 1103 民初 4355 号民事判决书：徐某福与周某文提供劳务者受害责任纠纷案【边码 77】

49. 湖南省湘潭市中级人民法院（2013）潭中民一终字第 450 号民事判决书：杨某与欧阳某华等生命权纠纷案【边码 50】

50. 湖南省益阳市中级人民法院（2017）湘 09 民终 235 号民事判决书：马某等与甘某平等股权转让纠纷案【边码 69】

51. 湖南省永州市中级人民法院（2018）湘 11 民终 2090 号民事判决书：谢某发与肖某发民间借贷纠纷案【边码 71】

52. 湖南省岳阳市中级人民法院(2016)湘 06 民终 831 号民事判决书:谢某胜与朱某辉买卖合同纠纷案【边码 72】

53. 吉林省白山市中级人民法院(2014)白山民一终字第 239 号民事判决书:钟某强与夏某荣等健康权纠纷案【边码 76】

54. 吉林省白山市中级人民法院(2017)吉 06 民终 101 号民事判决书:陈某乂与刘某华不当得利纠纷案【边码 75】

55. 吉林省白山市中级人民法院(2019)吉 06 民终 557 号民事判决书:蒋某与王某 1 等被继承人债务清偿纠纷案【边码 83】

56. 吉林省延边朝鲜族自治州中级人民法院(2017)吉 24 民再 16 号民事判决书:于某雷等与吉林安图农村商业银行股份有限公司两江支行等金融借款合同纠纷案【边码 47】

57. 吉林省高级人民法院(2019)吉民终 374 号民事判决书:吉林省昂诚担保有限公司与白山市浑江区胜利煤业有限公司等借款合同纠纷案【边码 37】

58. 江苏省南京市中级人民法院(2017)苏 01 民终 2602 号民事判决书:南京旭源能机电设备有限公司与南京市雨花台区天鸿通风设备厂买卖合同纠纷案【边码 71】

59. 江苏省无锡市中级人民法院(2017)苏 02 民终 1607 号民事判决书:中国太平洋财产保险股份有限公司江阴中心支公司与南通市通州区金业船舶工程有限公司责任保险合同纠纷案【边码 78】

60. 江苏省无锡市中级人民法院(2018)苏 02 民终 3148 号民事判决书:汤某与杨某等民间借贷纠纷案【边码 58】

61. 江苏省徐州市中级人民法院(2013)徐民终字第 1067 号民事判决书:彭某辉等与沈某龙民间借贷纠纷案【边码 83】

62. 宁夏回族自治区吴忠市中级人民法院(2016)宁 03 民终 477 号民事判决书:刘某财与范某梅追偿权纠纷案【边码 83】

63. 山东省滨州市沾化区人民法院(2018)鲁 1603 民初 168 号民事判决书:常某荣与马某娥健康权纠纷案【边码 79】

64. 山东省聊城市东昌府区人民法院(2018)鲁 1502 民初 4386 号民事判决书:苏某 1 与苏某 2 等继承纠纷案【边码 53】

65. 山东省平阴县人民法院(2017)鲁 0124 民初 51 号民事判决书:薛某某与张某等提供劳务者受害责任纠纷案【边码 77】

66. 山东省枣庄市中级人民法院(2014)枣民二商终字第 127 号民事判决书:枣庄矿业(集团)有限责任公司等与高某元企业承包经营合同纠纷案【边码 58】

67. 山东省济南市中级人民法院(2017)鲁 01 民初 1339 号民事判决书:济南巨星建筑科技技术有限公司与济南旧城开发投资集团有限公司等侵害实用新型专利权纠纷案【边码 80】

68. 山东省济南市中级人民法院(2019)鲁 01 民终 4819 号民事判决书:郭某华与赵某珉等民间借贷纠纷案【边码 58】

69. 山西省高级人民法院(2014)晋民终字第 236 号民事判决书:武汉鹏宙废旧物资回收有限公司与山西太钢不锈钢股份有限公司买卖合同纠纷案【边码 37】

70. 陕西省西安市中级人民法院(2016)陕 01 民终 6323 号民事判决书:吕某与西安市长安区韦曲街道焦村村民委员会等成员权益纠纷案【边码 76】

71. 四川省成都市武侯区人民法院(2019)川 0107 民初 2112 号民事判决书:王某华与中国人民财产保险股份有限公司成都市龙泉驿支公司等机动车交通事故责任纠纷案【边码 83】

72. 四川省达州市通川区人民法院(2018)川 1702 民初 470 号民事判决书:杨某厚与许某纯等民间借贷纠纷案【边码 53】

73. 四川省峨眉山市人民法院(2018)川 1181 民初 2531 号民事判决书:峨眉山市众信融资担保有限公司与张某等追偿权纠纷案【边码 75】

74. 四川省简阳市人民法院(2014)简阳民初字第 435 号民事判决书:罗某英与罗某慧等机动车交通事故责任纠纷案【边码 70】

75. 四川省威远县人民法院(2018)川 1024 民初 709 号民事判决书:王某高与威远现代医院医疗损害责任纠纷案【边码 62】

76. 四川省成都市中级人民法院(2018)川 01 民终 1081 号民事判决书:邛崃市工业发展投资有限公司与四川省邛崃市高宇酒业有限公司合同纠纷案【边码 81】

77. 四川省南充市中级人民法院(2018)川 13 民终 986 号民事判决书:王某贵与徐某武等机动车交通事故责任纠纷案【边码 70】

78. 四川省宜宾市中级人民法院(2017)川 15 民终 2010 号民事判决书:中国人民财产保险股份有限公司绥江支公司与陈某冲等机动车交通事故责任纠纷案【边码 69】

79. 四川省资阳市中级人民法院(2017)川 20 民终 889 号民事判决书:李某金与张某生民间借贷纠纷案【边码 37】

80. 天津市南开区人民法院(2015)南民初字第 6602 号民事判决书:刘一×与刘二×等遗嘱继承纠纷案【边码 53】

81. 天津市第一中级人民法院(2017)津 01 民终 2039 号民事判决书:中国人寿保险股份有限公司天津市分公司与天津市恒基钢业有限公司意外伤害保险合同纠纷案【边码 78】

82. 天津市第二中级人民法院(2018)津 02 民终 6681 号民事判决书:安邦财产保险股份有限公司天津分公司与杨某永等机动车交通事故责任纠纷案【边码 37】

83. 新疆生产建设兵团第十二师中级人民法院(2018)兵 11 民终 129 号民事判决书:梁某刚与蔡某启追偿权纠纷案【边码 81】

84. 新疆维吾尔自治区塔城地区中级人民法院(2018)新 42 民终 1121 号民事判决书:包某祥等与贾某江等追偿权纠纷案【边码 71】

85. 云南省兰坪白族普米族自治县人民法院(2015)兰民二初字第 00055 号民事判决书:农行兰坪县支行与兴源综合养殖场等金融借款合同纠纷案【边码 76】

86. 云南省文山壮族苗族自治州中级人民法院(2018)云 26 民终 46 号民事判决书:贾某艳与吴某兰债权转让合同纠纷案【边码 58】

87. 浙江省湖州市吴兴区人民法院(2013)湖吴康民初字第 362 号民事判决书:张某与陆某离婚后财产纠纷案【边码 70】

88. 浙江省绍兴市柯桥区人民法院(2012)绍商初字第 1394 号民事判决书:光宇集团有

限公司与浙江利源化纤有限公司对外追收债权纠纷案【边码 60】

89. 浙江省绍兴市越城区人民法院(2014)绍越民初字第 3718 号民事判决书:崔某与蒋某龙等工伤保险待遇纠纷案【边码 69】

90. 浙江省温州市龙湾区人民法院(2015)温龙开民初字第 18 号民事判决书:罗某宏与浙江诸安建设集团有限公司等承揽人受害责任纠纷案【边码 80】

91. 浙江省杭州市中级人民法院(2019)浙 01 民终 2070 号民事判决书:刘某娥与李某民等追偿权纠纷案【边码 73】

92. 浙江省湖州市中级人民法院(2010)浙湖民终字第 294 号民事判决书:马某某与浙江省××集团德清县盐业有限公司经济补偿金纠纷案【边码 59】

93. 浙江省湖州市中级人民法院(2016)浙 05 民终 690 号民事判决书:陆某江等与湖州华城资产经营有限公司等追偿权纠纷案【边码 74】

94. 浙江省金华市中级人民法院(2018)浙 07 民终 4902 号民事判决书:倪某华与张某仓民间借贷纠纷案【边码 85】

95. 浙江省舟山市中级人民法院(2018)浙 09 民终 560 号民事判决书:金洋油脂(舟山)有限公司与舟山市中植油脂有限责任公司破产债权确认纠纷案【边码 80】

96. 最高人民法院(2015)民申字第 537 号民事裁定书:科朗曼化工(武汉)有限公司与云南澄江天辰磷肥有限公司建设工程施工合同纠纷案【边码 81】

97. 最高人民法院(2016)最高法民申 741 号民事裁定书:胡某利等与平江县供销合作联社联合贸易公司债权转让合同纠纷案【边码 80】

98. 最高人民法院(2018)最高法民申 2386 号民事裁定书:陈某奖与吴某氓等海上人身损害责任纠纷案【边码 71】

99. 最高人民法院(2019)最高法民申 3624 号民事裁定书:孙某宝与江苏沙钢股份有限公司等证券虚假陈述纠纷案【边码 39】

第195条

诉讼时效中断

第195条 有下列情形之一的,诉讼时效中断,从中断、有关程序终结时起,诉讼时效期间重新计算:

(一)权利人向义务人提出履行请求;

(二)义务人同意履行义务;

(三)权利人提起诉讼或者申请仲裁;

(四)与提起诉讼或者申请仲裁具有同等效力的其他情形。

简 目

一、规范意旨

(一)规范意义及正当化理由

1　　《民法典》第 195 条是诉讼时效中断(以下简称时效中断)的基础规范。本条前段规定了中断时点和时效期间重新计算(以下简称重新计算)时点,第 1 项至第 4 项规定了中断事由。

2　　时效中断是权利人否认义务人时效抗辩的最常见、最有效手段,由于其效力是重新计算一个完整的时效期间,权利人所获保护程度优于时效中止和延长。时效中止和延长往往作为时效中断的补充或备用手段。在某种意义上,时效中断与时效抗辩权是一对保持制度上平衡的规则:前者为因时效受"不利益"者而设,后者为受"利益"者而设。两者的平衡使时效制度得以正常运转。[1]

3　　时效中断与时效制度的价值关联密切,基于不同的时效观,对时效中断规则的解释和构建亦有不同。依据法定证据说(诉讼法说)的时效观,时效中断由阻止法定证据成立的理由引起,因此中断时效仅主张权利是不够的,应在公权力上确定权利的存在(权利确定说);依据实体法说的时效观,"权利人觉醒并行使权利,推翻以没有权利为前提建构的社会秩序"是时效中断的根据(权利行使说)。[2] 依据我国立法机关释义书的解释,时效中断制度的立法理由在于:权利人不行使权利是诉讼时效制度存在的事实基础,如果在时效期间内出现了与该基础相反的事实,就必须使已经过的时效期间归于无效,否则就背离了诉讼时效制度的设立宗旨。[3] 最高人民法院释义书的解释与之类似。[4] 该解释接近于"权利行使说",这与我国的实体法时效观相吻合。学界通说与官方解释基本一致,认为"中

---

〔1〕　参见[日]近江幸治:《民法讲义Ⅰ:民法总则》(第 6 版补订),渠涛等译,北京大学出版社 2015 年版,第 333 页。

〔2〕　平野裕之『民法総則』(日本評論社、2017 年)400 頁,参照。

〔3〕　参见黄薇主编:《中华人民共和国民法典总则编释义》,法律出版社 2020 年版,第 524 页。

〔4〕　参见最高人民法院民法典贯彻实施工作领导小组主编:《中华人民共和国民法典总则编理解与适用(下)》,人民法院出版社 2020 年版,第 984 页。

断事由表明权利人在积极行使权利,从而导致诉讼时效适用的基础丧失",[5]"诉讼时效的制度价值是督促权利人行使权利、避免义务人举证困难,倘若权利人已经主张权利或义务人作出承认,则上述目的已然实现,从而时效期间应重新计算"。[6] 有少数学者认为,我国的时效制度价值是深受苏联民法影响的结果,其与现行中断制度存在一定矛盾,应在抗辩权发生主义的基础上重构时效正当理由,并以此重构中断制度。[7]

近年来,德、日等大陆法系国家对时效中断制度进行重大改造,体现为:(1)废弃"中断"概念,改采"重新开始"[8]或者"时效更新"[9]等更为直观的概念。(2)缩小中断事由的范围,扩大中止(不完成)事由的范围。修改后的《德国民法典》和《日本民法典》将原属中断事由的"提起诉讼"等若干情形修改为中止事由,[10]《欧洲示范民法典草案》(以下简称 DCFR)亦采此做法。上述立法动向对我国学理及实务产生较大影响,但对该动向于我国的借鉴意义,学界存在分歧。[11]《民法典》未对上述立法动向作出直接回应,一方面,坚持"中断"概念;另一方面,《民法典》第 195 条在继承《民法则》中断事由的基础上增设兜底条款,明确认可了《诉讼时效规定》对中断事由的扩张解释。

《民法典》第 195 条吸收且扩大了《民法通则》第 140 条规定的中断事由范围,并将重新计算时点由"中断时"修改为"中断、有关程序终结时"。因《民法通则》规定的中断事由均被《民法典》吸收,故《诉讼时效规定》(2020 年修正)第 8—17 条对中断事由的解释于《民法典》施行后仍应适用,既有文献和司法意见也仍具说明意义。

4

5

---

〔5〕 参见王利明:《民法总则研究》(第 3 版),中国人民大学出版社 2018 年版,第 787 页。

〔6〕 参见朱晓喆:《诉讼时效制度的价值基础与规范表达:〈民法总则〉第九章评释》,载《中外法学》2017 年第 3 期,第 724 页。

〔7〕 参见冯洁语:《诉讼时效正当理由和中断事由的重构》,载《法律科学》2018 年第 4 期,第 126 页。

〔8〕 债法改革后的《德国民法典》不再使用"时效中断"(Unterbrechung der Verjährung)概念,代之以"时效重新开始"(Neubeginn der Verjährung)。因为前者法律意义模糊,而后者清晰表达了该规则的法律效果。Vgl. Helmut Grothe, Kommentar zum §212, in: *Münchener Kommentar zum BGB*, 9. Aufl. , München:C. H. Beck, 2021, Rn. 1.

〔9〕 2017 年修改后的《日本民法典》将先前的中断事由区分为"时效完成延迟"和"时效更新"概念进行了整理。铃木银治郎、滝口博一、椿原直『時効の法律相談』(青林書院、2018 年)60 頁,参照。

〔10〕 德国法作此修改的理由在于,在提起诉讼的大部分情形下,缺乏适用中断规则保护权利人的必要。Vgl. Helmut Grothe, Kommentar zum §204, in: *Münchener Kommentar zum BGB*, 9. Aufl. , München:C. H. Beck, 2021, Rn. 2.

〔11〕 观点一主张借鉴域外法,减少中断事由并扩大中止事由。参见朱岩:《消灭时效制度中的基本问题》,载《中外法学》2005 年第 2 期,第 177 页。观点二认为,我国不应刻意借鉴上述立法动向,而应立足于现行时效法框架将中断事由予以扩张性适用。参见冯恺:《诉讼时效制度研究》,山东人民出版社 2007 年版,第 199 页。

（二）时效中断的性质

6　　当事人虽不能改变《民法典》第 195 条的规范内容,但是否依据该条主张时效中断仍得自行决定。依据《民法典》第 193 条"职权禁用规则",法院不得主动适用时效中断规则,即使在案件中已经具备了时效中断的适用条件。[12] 有权主张时效中断的主体是该法律关系中的当事人,包括权利人、义务人及其代理人、财产代管人等。当事人是否主张时效中断,依其意思自行决定。时效中断原则上仅具相对效力,故不得以其他当事人之间发生的中断事由主张自己的时效中断,但法律有特殊规定的除外。在大多数场合下,时效中断系由权利人提出,以此否定义务人援引时效抗辩权的主张。

7　　《民法典》第 197 条第 1 款规定,当事人就中断事由所作约定无效。当事人约定适用条件或中断效力的,如果对权利人更有利,属于义务人预先放弃诉讼时效利益;如果对义务人更有利,属于权利人预先放弃诉讼时效利益。依据《民法典》第 197 条第 2 款规定,此两种约定均应无效。

8　　法院受理案件时不应审查时效中断事项,受理后对当事人主张的时效中断和时效抗辩事项予以实体审理,以判决形式支持或驳回原告的诉讼请求。这是"职权禁用规则"在程序法上的体现。[13]

（三）适用范围

9　　《民法典》第 195 条是《民法典》对时效中断的一般规定,其与特别法领域的时效中断规则构成一般规范与特别规范关系。单行法规定与第 195 条不一致的,原则上适用单行法规定;单行法对时效中断未作规定的,适用第 195 条规定。[14] 但是,如果单行法条文是对《民法通则》中断规定的简单重复或变相重复,此类条文因不具有特殊规范意旨而不构成"真正意义"的特别规范。《民法典》施行后,此类条文不再适用,而应适用《民法典》第 195 条。

10　　《海商法》对时效中断的规定与《民法典》第 195 条差异较大,且适用较为复杂。分述如下:其一,中断事由方面,《海商法》对权利人更为严苛。其第 267 条规定的中断事由包括"提起诉讼""提交仲裁""被请求人同意履行义务"和"申请扣船",而无"诉讼外请求"。这主要是基于海商法领域证据效力的特殊考量。[15] 可

---

〔12〕　参见本书第 192 条、第 193 条评注边码 5。

〔13〕　参见最高人民法院修改后民事诉讼法贯彻实施工作领导小组编著:《最高人民法院民事诉讼法司法解释理解与适用(上)》,人民法院出版社 2015 年版,第 572 页。

〔14〕　参见《立法法》第 92 条。

〔15〕　参见司玉琢主编:《海商法》(第 2 版),法律出版社 2007 年版,第 426—427 页。

能是为缓解该规定的严苛性,最高人民法院对该条适用范围作出了一定限制:
(1)正本提单持有人向承运人主张权利的,时效中断适用《海商法》第 267 条规定;
正本提单持有人向无正本提单提货人或者承运人以外的其他责任人主张权利的,
时效中断适用一般规定。[16] (2)国内水路货物运输赔偿请求权的时效中断适用一
般规定,不适用《海商法》第 267 条。[17] 由于《海商法》第 267 条未规定"诉讼外请
求"之中断事由对权利人甚为不利,学界对此多持批评意见。有学者认为,该规定
一方面借鉴了国际海事公约严苛的海事时效中断制度,但另一方面却没有借鉴允
许当事人延长时效的国际通行做法,明显不利于保护海事权利人的利益。[18] 该
条以"海损事故证据不易保存"为理由不具说服力,实质上是对船方利益的过度倾
斜。[19] 实务中有少数判决认为,"诉讼外请求"对海商法上某些请求权亦构成时
效中断事由。[20]

其二,撤诉效力和义务承认的认定方面,对权利人(原告)较为不利。《海商
法》第 267 条规定,请求人撤回起诉、撤回仲裁或者起诉被裁定驳回的,时效不中
断。实务上进一步解释为,海事请求人撤回诉前海事请求保全申请、海事强制令、
海事证据保全申请或者上述申请被海事法院裁定驳回的,不构成中断事由。[21]
对于义务承认,债务人仅同意与债权人协商赔偿事宜但未就具体赔偿达成协议
的,不构成中断事由。[22] 与民事领域中同类情形相比,上述规定及解释对权利人
(原告)更为不利。[23]

在解释论层面,虽然《海商法》第 267 条对权利人甚为不利,但因其系基于海
商法特殊规范意旨所作规定,因此该条及其解释在《民法典》施行后、《海商法》修
订前应继续适用。在立法论层面,《海商法》修订过程中对第 267 条的态度存在分

11

12

〔16〕　参见《第二次全国涉外商事海事审判工作会议纪要》(法发〔2005〕26 号)第 114 条。其后颁行
的《最高人民法院关于审理无正本提单交付货物案件适用法律若干问题的规定》(法释〔2009〕1 号)第 15
条继承了上述规定,并将《海商法》第 267 条的适用范围扩大至正本提单持有人作为受害人的侵权诉讼。

〔17〕　参见《最高人民法院关于国内水路货物运输纠纷案件法律问题的指导意见》(法发〔2012〕28
号)第 13 条。

〔18〕　参见向明华:《中国海事诉讼时效制度的国际接轨与本土化的冲突及其解决》,载《政治与法
律》2019 年第 9 期,第 112 页。

〔19〕　参见胡正良、孙思琪:《论〈民法总则〉对〈海商法〉修改之影响》,载《中国海商法研究》2018 年
第 1 期,第 10 页。

〔20〕　参见浙江省宁波海事法院(2009)甬海法温商初字第 21 号民事裁定书。

〔21〕　参见《全国海事法院院长座谈会纪要》(2001 年)第 5 条。

〔22〕　参见《全国海事法院院长座谈会纪要》(2001 年)第 5 条。

〔23〕　有学者认为,《诉讼时效规定》关于"提起诉讼"和"义务承认"的规定,也应适用于海商法时效
的中断,以强化对权利人的保护。参见张鹏飞等:《〈诉讼时效规定〉对海事诉讼时效中断的适用》,载《上
海海事大学学报》2013 年第 2 期,第 71 页。

歧。一种观点主张删除该条,直接将《民法典》时效中断规则适用于海商法领域。[24] 另一种观点则认为,应该在保留该条的前提下,以"与国际通行做法接轨和符合中国基本国情"为思路对其作适当修改。[25] 由于海商法领域存在与国际条约接轨的需要,且各类请求权涉及特殊规范意旨,故后一观点似更合理。

13　　《票据纠纷规定》(2020 年修正)第 19 条规定,票据权利时效中断的,仅对发生中断事由的当事人有效。该条系基于票据关系的抽象性和独立性所作规定,在票据法领域具有特殊规范意义,因此于《民法典》施行后应继续适用。由于《票据法》及其司法解释对中断事由、中断时点和重新计算时点均未作出规定,故《民法典》第 195 条相关规定仍适用于票据权利时效。对于票据权利时效中断是否以"提示票据"为要件,现行法未作规定。通说采否定说,即票据权利时效中断无须提示票据,但请求付款则仍须提示。[26]

14　　《破产法解释二》(2020 年修正)第 19 条对破产程序中的时效中断作出特殊规定。第 1 款规定:"债务人对外享有债权的诉讼时效,自人民法院受理破产申请之日起中断。"理由在于,由于管理人并未参与债务人原经营管理活动,而接管后客观上需要一定时间清理财产、查阅账簿等,以便催收债务人对外债权。为避免管理人接管过程中因时效届满导致债务人财产不当减损,故作此规定。[27] 第 2 款规定:"债务人无正当理由未对其到期债权及时行使权利,导致其对外债权在破产申请受理前一年内超过诉讼时效期间的,人民法院受理破产申请之日起重新计算上述债权的诉讼时效期间。"该款是针对《破产法》第 31 条第 5 项撤销债务人弃权行为作出的特例性规定。由于消极弃权行为(即无正当理由未对其到期债权及时行使权利)导致客观上缺少撤销的对象,为避免债务人实施此类行为减少责任财产,故作此规定。[28] 由于该条在破产法领域具有特殊规范意义,因此于《民法典》施行后应继续适用。

15　　《民通意见》第 175 条第 2 款规定,20 年最长时效期间不适用中断规则。因为20 年时效期间是权利保护的最长期间,且适用客观起算标准,故仅适用延长规则,

〔24〕 交通运输部 2018 年 9 月公布的《〈海商法〉修改建议稿》之"第十五章诉讼时效"即删除了《海商法》第 267 条的内容。类似学理意见参见吴胜顺:《〈民法总则〉对海商法诉讼时效制度的影响与协调》,载《中国海商法研究》2018 年第 1 期,第 18 页。

〔25〕 参见向明华:《中国海事诉讼时效"中断难"法律问题研究——兼析〈海商法(修订征求意见稿)〉相应修改方案》,载《法学杂志》2020 年第 8 期,第 74—75 页。

〔26〕 参见覃有土、吴京辉:《略论票据时效》,载《中南财经政法大学学报》2005 年第 2 期,第 110 页。

〔27〕 参见人民法院出版社法规编辑中心编:《企业破产法司法解释及司法观点全编》,人民法院出版社 2019 年版,第 28 页。

〔28〕 参见最高人民法院民事审判第二庭编著:《最高人民法院关于企业破产法司法解释理解与适用:破产法解释(一)·破产法解释(二)》,人民法院出版社 2017 年版,第 255—256 页。

而不适用中止、中断规则。[29]《民法典总则编解释》第 35 条继承了上述规定,因此《民法典》施行后仍采上述解释。

《民法典》第 198 条规定,仲裁时效优先适用特别法规定。(1)商事仲裁领域中,现行法对仲裁时效中断未作规定,故应适用《民法典》第 195 条(《仲裁法》第 74 条)。(2)劳动争议仲裁领域中,仲裁时效中断适用《劳动争议调解仲裁法》第 27 条第 2 款。但对于仲裁时效重新计算时间点,该款规定的"中断时"系对《民法通则》第 140 条的重复。因《民法典》已将其修改为"中断、有关程序终结时",故《民法典》施行后仲裁时效重新计算时间点应适用《民法典》第 195 条。(3)土地承包争议仲裁领域中,现行法对仲裁时效中断未作规定,故应适用《民法典》第 195 条,但中断事由与土地承包关系不兼容的除外。[30] 16

依据《民事诉讼法》(2021 年修正)第 246 条第 1 款,执行时效应当适用《民法典》第 195 条之时效中断规则。但应注意,申请执行时效适用第 195 条具有以下特殊性:(1)基于"一事不再理"原则,法律文书生效后,申请执行时效一般不能适用"提起诉讼或者申请仲裁"之中断事由。但如果当事人依法启动再审程序并获得有利裁判意见,该情形仍构成中断事由。(2)《民事诉讼法解释》(2022 年修正)第 466 条规定,"达成执行和解协议"构成中断事由。(3)当事人在执行程序之外"提出履行请求"和"同意履行义务"是否构成中断事由?立法机关释义书[31]和《执行程序解释》(2020 年修正)第 20 条对此均持肯定意见。 17

二、时效中断的适用条件

(一)存在时效中断的法定事由

1. 中断事由的特征和类型

在我国现行法框架下,中断事由具有以下特征:其一,表意性。该事由必须是当事人的某种表意行为,该行为表明当事人对权利行使或义务履行的态度。该行为可以是当事人直接向对方作出某种通知(请求履行、义务承认),也可以是通过诉诸第三方救济(起诉或申请仲裁)来实现该意思。因为该事由推翻了适用时效的基础(即权利行使或义务履行处于停滞状态),因此先前已经过时效期间归于无 18

---

〔29〕　参见梁书文主编:《民法通则贯彻意见诠释》,中国法制出版社 2001 年版,第 150 页。

〔30〕　参见杨巍:《仲裁时效与诉讼时效衔接研究》,社会科学文献出版社 2019 年版,第 241—243 页。

〔31〕　参见王胜明主编:《中华人民共和国民事诉讼法释义》(最新修正版),法律出版社 2012 年版,第 561 页。

效,待该事由消除后时效期间重新计算。[32] 其二,法定性。现行法对时效规则采取严格法定主义立场,故中断事由由法律规定,当事人约定无效。其三,即时性或持续性。与中止事由必然是某种持续状态不同,中断事由既可以是即刻结束的法律事实,也可以是持续存在的某种状态。前者如诉讼外请求和义务承认,此类行为生效时即导致中断事由发生完毕,且于此时重新计算时效期间;后者如提起诉讼或申请仲裁,在法院、仲裁机构收到起诉状、申请书至程序终结的时间段内,中断事由处于持续状态,故应于程序终结时重新计算时效期间。

19 中断事由最基本的分类是:权利行使型中断事由和义务承认型中断事由。前者包括诉讼外请求、起诉、申请仲裁等,后者指义务承认。该分类最重要的意义在于,这两类中断事由的理论依据不同并由此影响其适用和解释。权利行使型中断事由的正当性依权利行使说可得到解释,即此类事由结束了"权利行使的停滞状态",故应中断时效。因此,只要是以某种方式"行使权利",均有可能中断时效。这是我国实务上对此类中断事由作从宽解释的重要理论依据之一。[33] 义务承认型中断事由的依据是对权利人"信赖"的保护,即此类事由引发权利人合理地信赖义务人会作出履行,故不应继续计算原时效期间。[34] 因此,适用及解释此类事由时,应着重考察其是否足以引发权利人的合理信赖。

2."诉讼外请求"应否为中断事由?

20 对于该问题,并无立法通例可供遵循。[35] 我国法律将"诉讼外请求"规定为一般性的中断事由,该做法甚为少见,构成我国时效中断规则之最显著特点。在立法论角度上,我国学界对"诉讼外请求"的法律定位存在争议。[36] 笔者赞同现行法将"诉讼外请求"规定为绝对中断事由的做法,除学界既有理由外,尚有以下几点值得注意:其一,在诚信缺失的社会现实下,该中断事由对保护权利人具有现实意义;其二,该中断事由可在一定程度上弥补现行时效期间偏短所造成的负面效果;其三,我国历来重视运用调解等诉讼外机制解决民事纠纷,该中断事由有助

---

〔32〕 参见朱岩:《消灭时效制度中的基本问题》,载《中外法学》2005 年第 2 期,第 175 页。

〔33〕 也有学者对实务上从宽解释的做法提出批评,认为其"已经超越了权利行使说的边界"。参见冯洁语:《诉讼时效正当理由和中断事由的重构》,载《法律科学》2018 年第 4 期,第 134 页。

〔34〕 松久三四彦『時効制度の構造と解釈』(有斐閣、2011 年) 70 頁,参照。

〔35〕 域外法对此态度不一:(1)多数立法(法国、德国、瑞士等)采否定态度;(2)少数立法(日本、我国台湾地区)将"诉讼外请求"规定为相对中断事由,即权利人实施"诉讼外请求"后 6 个月内起诉的始生中断效力;(3)个别立法(荷兰)规定"诉讼外请求"为独立的中断事由。

〔36〕 绝对中断事由说参见葛承书:《民法时效——从实证的角度出发》,法律出版社 2007 年版,第 201—202 页。相对中断事由说参见汪渊智:《我国民法诉讼时效制度之构想》,载《法学研究》2003 年第 3 期,第 60—61 页。中断事由否定说参见朱晓喆:《诉讼时效制度的价值基础与规范表达:〈民法总则〉第九章评释》,载《中外法学》2017 年第 3 期,第 724—725 页。

于诉讼外机制与时效制度的对接;其四,该中断事由有助于减轻法院负担,且与厌讼的文化习惯相契合。[37]

3.“提起诉讼”应为中断事由抑或中止事由?

传统民法中“提起诉讼”为中断事由,但如前文所述,最新立法动向将其修改为中止事由对我国学界产生一定影响。在立法论层面,否定“提起诉讼”为中断事由的学理意见对该事由的定位并未形成共识。[38] 笔者认为,现行法框架下规定“提起诉讼”为中断事由是合理的。其一,虽然某些立法将“提起诉讼”规定为中止事由,但其适用范围狭窄,仅为解决程序问题而设,而非一般意义的中止事由。在“提起诉讼”为中止事由的法律框架下,司法程序对请求权作出实体裁判的,存在两种可能的后果:一是原告胜诉的,请求权因得到司法程序确认而统一适用更长的时效期间(例如德国法规定 30 年、日本法规定 10 年、DCFR 规定 10 年);二是原告败诉的,表明其权利不受保护而不存在时效问题。这两种情形下,“提起诉讼”并不构成中止事由。仅在司法程序(因程序性错误或因诉讼被撤回)没有对实体权利作出裁决时,才适用时效中止规则,允许债权人在剩余的时效期间内提起新的诉讼。[39] 在我国现行法框架下,因程序原因未作实体裁决的情形下重新计算一个完整时效期间,而非仅补足 6 个月时效期间,这对权利人更为有利。其二,否认“提起诉讼”为中断事由的各观点,多是基于对申请执行时效性质的误解所得出的结论。申请执行时效的适用对象不是申请执行权,而仍然是(被生效裁判确认的)实体法上的请求权,因此申请执行时效不过是诉讼时效在执行阶段的体现而已。2012 年修正后的《民事诉讼法》规定申请执行时效适用诉讼时效中止、中断规则,即体现了对其性质的界定。在此前提下,现行法规定“提起诉讼”为中断事由并无不妥。

(二)中断事由发生在时效期间之内

1.中断事由发生在时效期间之外的意义

中断事由必须发生在“时效期间进行中”(即起算至届满的时间段),才能产

21

22

---

〔37〕 参见杨巍:《民法时效制度的理论反思与案例研究》,北京大学出版社 2015 年版,第 420—421 页。

〔38〕 观点一认为“提起诉讼”应为中止事由,参见李永锋:《起诉对诉讼时效的影响》,载《环球法律评论》2007 年第 5 期,第 65—67 页。观点二认为“提起诉讼”构成时效终结事由,参见韩松、焦和平:《对我国〈民法通则〉关于起诉引起诉讼时效中断规定的反思与重构》,载《法学论坛》2006 年第 5 期,第 79 页。观点三认为,仅在“原告的诉讼因程序原因被驳回或撤诉”情形下,“提起诉讼”才构成中断事由,而在“权利人胜诉”“因实体原因被驳回诉请”等情形下,“提起诉讼”并不构成中断事由,参见朱晓喆:《诉讼时效制度的价值基础与规范表达:〈民法总则〉第九章评释》,载《中外法学》2017 年第 3 期,第 727 页。

〔39〕 参见[德]克里斯蒂安·冯·巴尔、[英]埃里克·克莱夫主编:《欧洲私法的原则、定义与示范规则:欧洲示范民法典草案(全译本):第 1 卷、第 2 卷、第 3 卷》,高圣平等译,法律出版社 2014 年版,第 1022 页。

生时效中断的效力。[40] 时效起算之前,发生权利行使型中断事由的,由于履行期限尚未届满而使义务人享有期限利益,不因权利人单方面提前行使权利而使时效提前起算或中断。起算前发生义务承认型中断事由的,分以下两种情形:其一,义务人承诺提前履行义务,依法定或约定条件构成履行期限变更的,导致时效提前起算,而非中断。其二,义务人提前部分履行,且权利人接受或者依法不得拒绝接受的(《民法典》第 530 条、第 531 条),已履行部分不再有时效问题,义务人对未履行部分仍享有期限利益,不导致时效提前起算或中断。

23　　　　时效届满之后,发生权利行使型中断事由的,不导致时效中断,也不影响义务人享有和行使时效抗辩权。[41] 但值得注意的是,时效届满后某些"义务承认"的后果与前述后果不同。由于"义务承认"之中断事由与时效届满后的"同意履行"和"自愿履行"在范围上有部分重合(边码64),因此如果该"义务承认"构成弃权行为的,可导致时效恢复计算(中断)。[42]

2.《民法总则》施行前后对适用该要件的影响

24　　　　情形 1:依据《民法总则诉讼时效解释》第 2 条规定,《民法总则》施行之日,《民法通则》之 2 年或者 1 年时效期间(以下简称原时效期间)尚未届满,且此前不存在中断事由的,其后发生中断事由,重新计算 3 年时效期间(以下简称新时效期间)。[43] 虽然该司法解释已被废止,但上述规定与《民法典时间效力规定》第 1 条第 3 款的精神相符,故《民法典》施行后仍应采此解释。

25　　　　情形 2:2017 年 10 月 1 日原时效期间因之前中断未届满的,正在进行的时效期间加长 1 年或 2 年;此后发生中断事由,重新计算新时效期间。换言之,《民法总则》施行前原时效期间因中断而重新计算的,在《民法总则》施行后应按新时效期间计算。该情形下,新时效期间的规定在"重新计算"上具有溯及力。[44] 有高级人民法院规范性文件依此精神作出规定,[45]可资赞同。《民法典》施行后仍做相同处理。

26　　　　情形 3:2017 年 10 月 1 日原时效期间已届满的,其后不再有中断问题。《民法总则诉讼时效解释》第 3 条规定,《民法总则》施行前,原时效期间已经届满,当事

---

[40]　参见最高人民法院民法典贯彻实施工作领导小组主编:《中华人民共和国民法典总则编理解与适用(下)》,人民法院出版社 2020 年版,第 984 页。

[41]　参见最高人民法院(2017)最高法民终 129 号民事判决书。

[42]　参见本书第 192 条、第 193 条评注边码48。

[43]　本文仅讨论普通诉讼时效期间的适用情形,特殊诉讼时效期间的适用原理相同。

[44]　参见茆荣华、张俊:《〈民法总则〉诉讼时效新规定的衔接适用探析》,载《法律适用》2018 年第 9 期,第 117 页。

[45]　参见《北京市高级人民法院民一庭关于〈民法总则〉施行后适用诉讼时效制度的参考意见》第 6 条。

人主张适用新时效期间的,人民法院不予支持。换言之,该情形下因《民法总则》施行前义务人已经获得时效抗辩权而确定享有时效利益,故《民法总则》施行后不能解释为重新计算新时效期间而致时效未届满。该情形下,新时效期间的规定在"重新计算"上不具有溯及力。该规定与《民法典时间效力规定》第 1 条第 2 款的精神相符,故《民法典》施行后仍应采此解释。

（三）时效中断须受 20 年最长时效期间的限制

《民法典》第 188 条第 2 款规定的 20 年时效期间是民事权利的最长保护期间,其目的在于防止"诉讼时效过分迟延地不能完成,影响制度的稳定性"[46] 时效中断受 20 年时效期间的限制体现为,中断事由、重新计算和时效届满的时点都必须发生于该 20 年之内,否则不能产生完整的中断效力。分以下几种情形讨论:其一,中断事由、重新计算和时效届满时点均发生在该 20 年之内的,产生完整的中断效力。其二,中断事由和重新计算时点发生在该 20 年之内,时效届满时点在该 20 年之外的,该 20 年期间届满时时效届满。其三,中断事由发生在该 20 年之内,重新计算时点发生在该 20 年之外的,该 20 年期间届满时时效届满。一般而言,该情形下时效虽可中断,但不能重新计算。例外情形是,权利人起诉或申请仲裁发生在该 20 年之内,胜诉裁决生效时点发生在该 20 年之外的,重新计算的申请执行时效不受 20 年期间限制。其四,中断事由发生在该 20 年之外的,因义务人已经获得时效抗辩权而不再有中断问题。

在 20 年时效期间内,时效中断的次数不受限制。《民通意见》第 173 条第 1 款曾规定,诉讼时效因诉讼外请求或义务承认中断后,重新计算的时效期间内再次发生这两类中断事由的,时效再次中断。换言之,时效可因多次出现中断事由而多次中断,不受次数的限制。[47] 虽然该条仅列举诉讼外请求和义务承认这两种中断事由,但这可能是基于当时对起诉中断事由和申请执行时效认识的局限性所致。《民法典总则编解释》第 38 条第 1 款将该规则的适用情形扩展至所有中断事由,因此《民法典》施行后任何中断事由均可导致时效反复中断。

在我国现行法框架下,申请执行时效不受 20 年最长时效期间的限制。换言之,该 20 年期间仅适用于未取得执行名义的请求权时效中断的场合。[48]

---

〔46〕　参见黄薇主编:《中华人民共和国民法典总则编释义》,法律出版社 2020 年版,第 504 页。

〔47〕　参见梁书文主编:《民法通则贯彻意见诠释》,中国法制出版社 2001 年版,第 149 页。

〔48〕　参见本书第 188 条第 2 款第 3 句评注边码 13。

三、权利人向义务人提出履行请求

（一）诉讼外请求的性质

30　　　《民法典》第 195 条第 1 项规定的"权利人向义务人提出履行请求"，系指"诉讼外请求"之中断事由。本项继承了《民法通则》第 140 条"当事人一方提出要求"之规定，但表述更为精准。诉讼外请求是权利人直接向义务人要求实现权利内容的意思通知，为准法律行为。例如债权人请求债务人交付货物、支付价金、移转权利等。诉讼外请求应包含实现权利的意思，但不必具有中断时效的意思。即使权利人不了解时效中断规则的意义，其实施诉讼外请求亦可依据法律规定产生中断效力。诉讼外请求构成中断事由的理由在于，权利人实施诉讼外请求，意味着其在积极行使权利，这导致继续计算时效期间的基础已经丧失，故应引起时效中断。[49]

31　　　诉讼外请求是表意行为、单方行为、不要式行为。诉讼外请求以主张权利之意思为通知内容，其类推适用法律行为的相关规定。诉讼外请求仅须权利人单方具有主张权利的意思，而无须债务人对此同意。诉讼外请求可采取口头或书面形式，亦可采推定行为形式，但不能采取单纯沉默形式。即使义务人所应履行义务是要式行为（如权利变更登记），诉讼外请求的形式也不必受其限制。[50] 基于对《民法典》第 197 条第 1 款目的性扩张解释，当事人约定诉讼外请求必须采取特定形式的，该约定无效。

32　　　诉讼外请求本为单方行为，无须义务人同意即可构成中断事由，但实务中亦有权利人采取与义务人订立协议的方式主张权利。此类协议亦可能构成诉讼外请求，具体情形包括：(1)房屋未依约办理过户登记的情形下，出卖人与买受人签订《退回购房款计划书》；[51]（2）出卖人（债权人）通过签订借款合同的方式向买受人（债务人）主张货款；[52]（3）债权人与债务人就欠款达成和解协议，约定新的还款方式；[53]（4）债权人与债务人达成以物抵债协议；[54] 等等。如果权利人向义务人作出订立此类协议的要约，但被义务人拒绝或者经磋商未能达成合意，该要约因具有主张权利的意思而仍可构成诉讼外请求。

---

〔49〕　参见黄薇主编：《中华人民共和国民法典总则编释义》，法律出版社 2020 年版，第 525 页。

〔50〕　参见施启扬：《民法总则》（修订第 8 版），中国法制出版社 2010 年版，第 340 页。

〔51〕　参见最高人民法院(2014)民提字第 106 号民事判决书。

〔52〕　参见最高人民法院(2013)民二终字第 122 号民事判决书。

〔53〕　参见最高人民法院(2010)民提字第 200 号民事判决书。

〔54〕　参见黑龙江省高级人民法院(2018)黑民终 547 号民事判决书。

（二）诉讼外请求的要件

1. 提出履行请求的主体须为权利人或者其他有资格的人

提出履行请求的主体应当是权利人本人或者其代理人、财产代管人等其他有资格的人。具体情形包括：(1)债权人的律师向债务人发出《律师函》；[55] (2)债权人下设机构（管理部）多次催收债权，债务人未提出异议；[56] (3)某银行分行（债权人）下属支行向债务人催收借款；[57] (4)雇主船东的保险办理人向保险公司申请索赔；[58] (5)债权人的委托诉讼代理人向债务人主张债权转让款；[59] 等等。　　　33

提出履行请求的权利人应否具有完全民事行为能力？通说认为，意思通知原则上类推适用法律行为关于行为能力的规定。[60] 因此，无民事行为能力人不具有独立提出履行请求的资格(《民法典》第20条)。限制民事行为能力人虽仅具部分行为能力，但因提出履行请求使其单方面受益而构成"纯获利益的行为"，故可以独立实施(《民法典》第22条)。法人和非法人组织原则上当然具有提出履行请求的资格，而不受其主体类型及经营范围影响，但法律有特殊规定的除外（如法人进入破产程序）。　　　34

2. 履行请求应当包含要求实现权利的意思

履行请求的内容应包含两项要素：一是应当指向特定债权，而非"抽象意义"地主张权利。即使权利人请求的数额与最终认定的数额存在偏差，亦不影响中断事由的构成。二是应当包含"主张权利"或"确认权利"的意思。"主张权利"即狭义的请求履行，是指权利人要求通过清偿、抵销等方式实现自身权利。权利人请求"确认权利"虽非严格意义的请求履行，但该请求系为进一步请求履行作准备或强化请求履行的正当性，故亦属广义上的"主张权利"。而且在现行法框架下，债权转让通知亦可引起时效中断[《诉讼时效规定》(2020 年修正)第 17 条第 1 款]，故该解释符合体系解释的要求。实务中请求"确认权利"被认为构成中断事由的情形包括：(1)债权人与债务人签署《资产调查表》《资产清点汇总表》；[61] (2)债权人委托银行与债务人对账确认欠款数额；[62] (3)投资人与煤矿签署《煤矿产量　　　35

---

〔55〕 参见最高人民法院(2014)民提字第 224 号民事判决书。

〔56〕 参见最高人民法院(2011)民二终字第 27 号民事判决书。

〔57〕 参见最高人民法院(2011)民二终字第 28 号民事判决书。

〔58〕 参见辽宁省高级人民法院(2019)辽民终 240 号民事判决书。

〔59〕 参见黑龙江省高级人民法院(2017)黑民终 402 号民事判决书。

〔60〕 参见朱庆育：《民法总论》(第 2 版)，北京大学出版社 2016 年版，第 87 页。

〔61〕 参见最高人民法院(2018)最高法民终 157 号民事判决书。

〔62〕 参见最高人民法院(2017)最高法民申 165 号民事裁定书。

情况表》,注明"本表产量数据经双方对账确认无异议";[63] (4)甲电力公司(债权人)向乙电力公司(债务人)送交《关于对功率因数电费进行确认的函》;[64] (5)买受人向出卖人请求确认货权归属;[65]等等。

36　　　　实务中,因欠缺上述要素而被认定为不构成中断事由的情形包括:(1)债权人发给债务人的文件采取公司(债权人)文件形式,且未体现索赔字样及内容;[66] (2)债权人在《索款通知》中未提及水损及财产被盗损失问题;[67] (3)债权人提交的律师函未加盖公章,未填写内容;[68] (4)当事人表示"我方保留追究对方赔偿损失的权利";[69]等等。

37　　　　一种较为特殊的情形是,合同当事人一方请求另一方履行义务,而另一方行使抗辩权(如同时履行抗辩权)予以拒绝,行使抗辩权的当事人虽非"主动地"请求履行,但其行使抗辩权的行为亦有可能构成中断事由。因为该行为虽然是"被动防御",但包含了运用自身权利的某种效力维护其利益的意思,因此对产生该抗辩权的基础权利之时效而言,该行为构成中断事由。例如债权人以债务人未支付延期付款滞纳金为由,拒绝与其签订土地出让合同并拒交土地,该拒绝行为对债权人的合同债权之时效构成中断事由。[70]

38　　　　债权人向债务人主张抵销的,如果债权因符合抵销条件而消灭,不再有时效问题。但在下列情形下,债权人的"抵销主张"可构成中断事由。其一,主动债权中仅部分债权被抵销,"抵销主张"对未消灭的剩余债权构成中断事由[《诉讼时效规定》(2020 年修正)第 9 条]。其二,不符合抵销条件的情形下(如两项债权标的物种类不同),[71]"抵销主张"可解释为债权人请求履行的变相方式。其三,债权人"以抗辩的方式"行使抵销权的(《九民纪要》第 43 条),基于相同理由(边码37),亦可构成中断事由。

3.履行请求的对象须为义务人或者与其有关联的主体

39　　　　因诉讼外请求是意思通知,故该请求原则上应向义务人作出,才能使该行为成立及生效。如果请求的对象是义务人的代理人、财产代管人或者遗产管理人等

〔63〕　参见最高人民法院(2016)最高法民终 306 号民事判决书。
〔64〕　参见重庆市高级人民法院(2019)渝民终 198 号民事判决书。
〔65〕　参见江苏省高级人民法院(2018)苏民终 170 号民事判决书。
〔66〕　参见最高人民法院(2018)最高法民终 1179 号民事判决书。
〔67〕　参见最高人民法院(2017)最高法民终 402 号民事判决书。
〔68〕　参见最高人民法院(2013)民申字第 1957 号民事裁定书。
〔69〕　参见最高人民法院(2018)最高法民终 186 号民事判决书。
〔70〕　参见最高人民法院(2017)最高法民终 888 号民事判决书。
〔71〕　关于不得抵销的具体情形,参见崔建远:《论中国民法典上的抵销》,载《国家检察官学院学报》2020 年第 4 期,第 22—25 页。

有关联的主体,基于其与义务人之间特定法律关系的性质,该请求亦可构成中断事由(《民法典总则编解释》第 38 条第 2 款)。具体情形包括:(1)债务人已被吊销营业执照,债权人向债务人的控股股东发送催款通知;[72](2)债权人不知或者不应知债务人的代理人已丧失代理权,仍向其主张权利;[73](3)债权人向债务人的原法定代表人发出催收通知,且符合表见代理特征;[74](4)债务人虽已注销,但未通知债权人,债权人多次刊登催收公告,要求债务人偿还贷款本息、保证人履行保证责任;[75](5)债权人向债务人的关联企业(二级法人企业)发送催款通知;[76](6)债权人向某银行县支行(债务人)的上级单位(某银行省分行)提出请求;[77]等等。

《民法典》第 536 条新增保存行为规则:债权人可以代位向债务人的相对人请求其向债务人履行,以中断债务人所享债权的时效。该规则主要针对债权人的债权到期前,为防止债务人的债权或与该债权有关的从权利时效届满,而允许债权人通过中断时效来保全债务人责任财产。[78]《民法典》施行后,债权人依此规定向债务人的相对人请求履行的,亦构成中断事由。 **40**

《民通意见》第 173 条第 2 款规定,权利人向"保证人等"主张权利的,构成主债权时效中断事由。该规定将"向保证人主张权利"界定为主债权时效中断事由,明显有悖于保证债务的从属性,且混淆了保证人与代理人、财产代管人的法律地位。[79] 因该司法解释已被废止且《民法典》及新司法解释未继承该规定,故《民法典》施行后"向保证人主张权利"不再构成主债权时效中断事由。 **41**

权利人向义务人的上级主管机关主张权利,是否构成中断事由? 虽然上级主管机关对义务人负有管理职责,但对义务人财产并无占有、处分等权利,且二者也非关联企业关系,因此该情形原则上不构成中断事由。如果上级主管机关将权利人主张权利的通知传达给义务人,可构成中断事由。[80] 如果上级主管机关属于 **42**

---

[72]　参见最高人民法院(2016)最高法民终 819 号民事判决书。

[73]　参见最高人民法院(2016)最高法民申 1018 号民事裁定书。

[74]　参见最高人民法院(2014)民提字第 67 号民事判决书。在最高人民法院主审的另一案件中,以"法定代表人变更已进行工商登记,对社会公示"为由,认为向原法定代表人主张权利不构成中断事由。参见最高人民法院(2017)最高法民再 63 号民事判决书。笔者赞同前者裁判意见,因为苛求权利人每次向债务人的法定代表人主张权利时必须查询工商登记,有悖于常理,因此不能仅以"已进行变更登记"为由认定权利人应当知道变更事实。

[75]　参见最高人民法院(2010)民提字第 136 号民事判决书。

[76]　参见最高人民法院(2004)民二终字第 88 号民事判决书。

[77]　参见最高人民法院(2000)经终字第 119 号民事判决书。

[78]　参见黄薇主编:《中华人民共和国民法典合同编释义》,法律出版社 2020 年版,第 170 页。

[79]　对该规定的批评意见,参见杨巍:《保证债务与主债务的诉讼时效关联》,载《法学》2020 年第 6 期,第 25—26 页。

[80]　参见吴庆宝:《诉讼时效中断的司法认定(上)》,载《人民法院报》2009 年 2 月 3 日,第 6 版。

《诉讼时效规定》(2020 年修正)第 12 条规定的"依法有权解决相关民事纠纷的国家机关、事业单位、社会团体等社会组织",可依据该条构成中断事由。最高人民法院答复"〔2005〕民二他字第 48 号"指出:负有管理职责的省计划委员会与债权人(银行)联合下发的贷款回收计划具有主张权利的内容,但其中 2 份文件的发放对象均非借款人,不构成中断事由;另 1 份文件的发放对象包括借款人,其是否构成中断事由视其是否到达债务人而定。

4. 履行请求之通知须已生效

43　　履行请求之通知生效,意味着该意思通知确定地发生法律认可的效果,故此时才构成中断事由。依据《民法典》关于意思表示生效的规定,以对话方式作出的履行请求,采取"了解主义"标准;以非对话方式作出的履行请求,采取"到达主义"标准;以公告方式作出的履行请求,采取"完成主义"标准。履行请求之通知生效之前,表意人可依法撤回该通知。有最高人民法院裁定认为,"债权人与债务人就借款清偿问题商谈时,曾向债务人的手机拨打电话,即使接电话的人并非债务人本人,也构成中断事由"。[81] 该认定仅限于有证据证明虽非债务人本人接听,但其应知该接听事实的情形。不能由此解释为,非债务人本人接听电话均可构成中断事由。

（三）诉讼外请求的常见类型[《诉讼时效规定》(2020 年修正) 第 8 条]

1. 当事人一方直接向对方当事人送交主张权利文书,对方当事人在文书上签名、盖章、按指印或者虽未签名、盖章、按指印但能够以其他方式证明该文书到达对方当事人的(第 1 款第 1 项)

44　　在商事交易场合下,当事人多采格式化文书实施诉讼外请求。本项规定的"主张权利文书"的常见形式包括:《律师函》[82]《贷款逾期催收通知书》[83]《督促履行保证责任通知书》[84]《企业询证函》[85]等。此类文书通常包含明确请求对方履行义务的意思,故构成诉讼外请求不存疑义。如前所述,权利人请求"确认权利"的文书亦可构成诉讼外请求(边码35)。应注意的是,如果文书中明确排除了主张权利的意思,则该文书不构成诉讼外请求。例如《询证函》中明确记载,发函原

---

〔81〕　参见最高人民法院(2021)最高法民申 2434 号民事裁定书。
〔82〕　参见最高人民法院(2019)最高法民终 809 号民事判决书。
〔83〕　参见最高人民法院(2012)民四终字第 8 号民事判决书。
〔84〕　参见最高人民法院(2012)民二终字第 130 号民事判决书。
〔85〕　参见河北省高级人民法院(2018)冀民终 1047 号民事判决书。

因为"进行财务报表审计",目的为"仅为复核往来账款,并非催款结算"。[86]

仅从文义角度而言,本项规定的"直接向对方当事人送交"似乎是指权利人当 45
面送交给义务人。但该规定应解释为既包括当面送交,也包括通过邮政、快递等
代理人送交方为合理。理由如下:其一,实践中虽然某些当事人采取当面直接送
交的方式,但通过邮政、快递方式送交此类文书已被普遍使用,且实务案例多属后
者情形。其二,本项规定的核心内容是当事人采取格式化文书实施诉讼外请求,
该文书是通过当面送交还是邮寄方式到达义务人,法律后果并无不同。其三,如
果将本项解释为仅适用于当面送交的情形,则意味着通过邮寄方式送交此类文书
只能类推适用本条第2项规定,这种割裂条文适用的做法似非妥当。

此类文书的适格签收人为何人?《诉讼时效规定》(2020年修正)第8条第2 46
款规定:其一,义务人是法人或非法人组织的,法定代表人、主要负责人、负责收发
信件的部门和其他被授权主体(如诉讼代理人、经办财务经理[87])具有签收人资
格。将文书送交上述适格签收人以外主体的(如公司普通员工),如果能够证明实
际接收人将文书转交给适格签收人,也可以认定文书到达义务人。其二,义务人
是自然人的,义务人本人、同住具有完全民事行为能力的亲属[88]和其他被授权主
体具有签收人资格。最高人民法院释义书认为,适格签收人的认定还可参照适用
《民事诉讼法》(2021年修正)和《最高人民法院关于以法院专递方式邮寄送达民
事诉讼文书的若干规定》等司法解释的规定和法理。[89]

应特别指出的是,适格签收人的真正意义是将文书送交给他们即被认定为该 47
文书到达义务人,而非以其在文书上签名、盖章、按指印为诉讼外请求的生效要
件,因为诉讼外请求生效并不需要义务人同意,签名、盖章、按指印仅是证明该请
求到达义务人的证据而已(且非唯一证据)。简言之,"适格签收人"是一个差强
人意的表述,其仅仅指明送交文书的合适对象。向其送交文书时,即使没有"签"
(未签名、盖章、按指印)或者没有"收"(拒收),只要能够证明文书确已送交该主
体,即构成到达。本项规定的"能够以其他方式证明该文书到达",即指此类情形。
例如以公证催收方式送达文书,[90]送达文书时有无利害关系人证明[91]等。

---

〔86〕 参见湖北省高级人民法院(2018)鄂民终1399号民事判决书。对此类《询证函》是否构成中断事
由的详细分析,参见梁展欣主编:《诉讼时效司法实务精义》,人民法院出版社2010年版,第114—115页。

〔87〕 参见最高人民法院(2016)最高法民再301号民事判决书。

〔88〕 参见四川省高级人民法院(2017)川民再66号民事判决书。

〔89〕 参见最高人民法院民事审判第二庭编著:《最高人民法院关于民事案件诉讼时效司法解释理
解与适用》,人民法院出版社2015年版,第175页。

〔90〕 参见信达公司石家庄办事处与中阿公司等借款担保合同纠纷案,最高人民法院(2005)民二终
字第200号民事判决书,载《最高人民法院公报》2006年第3期。

〔91〕 参见张雪楳:《"当事人一方提出要求"的理解与认定》,载《法律适用》2008年第11期,第21页。

48   本项规定的"到达"是仅指"实际到达",还是也包括"应当到达"？最高人民法院释义书采后者解释,理由在于:如果权利人主张权利的意思表示已依法定或约定形式发出,且依常理应当到达相对人,由于权利人对未实际到达无过错,该瑕疵不足以否定诉讼外请求的生效。[92] 而且,《诉讼时效规定》(2020 年修正)第 8 条第 1 款第 2 项规定,以发送信件主张权利的,"到达或者应当到达对方当事人"均构成中断事由。主张权利文书与信件皆为请求履行的书面形式,且均需借助邮政、快递等方式送达对方,因此二者适用相同的到达标准才符合体系解释的要求。实务中,认定为"应当到达"的情形包括:(1)义务人所留地址错误,导致邮件未实际到达;[93] (2)债权人邮寄的催收函地址是债务人所属金矿之一地址,该地址与债务人的工商登记住所地一致;[94] (3)债权人向债务人发出《催款函》,债务人认可该份函件确有发出;[95] (4)虽然因债务人歇业可能无人接收函件,但债权人向债务人工商登记地址邮寄债权催收函;[96] 等等。

2. 当事人一方以发送信件或者数据电文方式主张权利,信件或者数据电文到达或者应当到达对方当事人的(第 1 款第 2 项)

49   本项规定的是当事人采取非格式化书面形式实施诉讼外请求。如果信件或者数据电文中包含"主张权利"或"确认权利"的意思,可构成诉讼外请求。应当指出的是,本项规定的信件和数据电文方式不应被解释为书面形式的特定要求。如果当事人所采其他书面形式符合诉讼外请求的前述要件,亦可构成中断事由。

50   "发送信件"和前项"送交主张权利文书"均为当事人通过书面形式请求履行,区别仅在于是否采取格式化文书形式,因此二者在签收人、到达或者应当到达等方面采取相同标准。

51   "发送数据电文"是指当事人采取电子数据交换、电子邮件、电报、电传或传真等方式实施诉讼外请求。[97] 其中,向义务人发送催收债务的电子邮件最为常见。发送此类电子邮件的对象,可以是当事人约定的邮箱或者是义务人官网公示的企业电子邮箱。[98] 网络交易场合下,权利人依据平台管理者设置的规则,"通过向淘宝网发起投诉要求删除侵权商品及披露卖家信息的行为"也被认为构成此类诉

---

〔92〕 参见最高人民法院民事审判第二庭编著:《最高人民法院关于民事案件诉讼时效司法解释理解与适用》,人民法院出版社 2015 年版,第 172 页。

〔93〕 参见人民法院出版社编:《最高人民法院司法观点集成·民事卷③》(第 3 版),人民法院出版社 2017 年版,第 1517 页。

〔94〕 参见最高人民法院(2017)最高法民终 600 号民事判决书。

〔95〕 参见最高人民法院(2017)最高法民终 480 号民事判决书。

〔96〕 参见最高人民法院(2016)最高法民再 37 号民事判决书。

〔97〕 参见黄薇主编:《中华人民共和国民法典总则编释义》,法律出版社 2020 年版,第 364 页。

〔98〕 参见广东省高级人民法院(2019)粤民终 266 号民事判决书。

讼外请求。[99] 此类数据电文的生效标准,适用《民法典》第137条第2款的规定。实务中,短信催款亦被认为可构成中断事由。[100]《银行卡纠纷规定》第3条第2项规定,"发卡行以向持卡人预留的电话号码、通讯地址、电子邮箱发送手机短信、书面信件、电子邮件等方式催收债权"构成中断事由。

3.当事人一方为金融机构,依照法律规定或者当事人约定从对方当事人账户中扣收欠款本息的(第1款第3项)

本项规定的是金融机构采取从对方账户中扣收欠款本息的方式,即通过法定抵销或约定抵销方式实施诉讼外请求,其对未消灭的剩余债权构成中断事由。[101] 此前的《最高人民法院关于贷款人从借款人银行账户中扣息行为是否引起诉讼时效中断问题的请示和答复》(〔2001〕民二他字第2号)即指出,银行等金融机构从借款人账户中扣息行为,构成"主张权利"之中断事由。《银行卡纠纷规定》第3条第1项继承该精神,规定"发卡行按约定在持卡人账户中扣划透支款本息、违约金等"构成中断事由。实务中,银行下属某支行委托另一支行划扣欠款,也被认定为此类中断事由。[102]

由于金融机构扣款行为属于行使抵销权,故虽无须对方同意,但仍须通知对方才能使抵销行为生效。金融机构一般通过将会计凭证寄送债务人的方式进行通知,该通知到达债务人时时效中断。虽然抵销行为具有溯及效力,但该溯及力是指溯及自抵销条件成就之时双方互负的债务在同等数额内消灭(《九民纪要》第43条),时效中断时点仍为抵销通知到达债务人之时。

4.当事人一方下落不明,对方当事人在国家级或者下落不明的当事人一方住所地的省级有影响的媒体上刊登具有主张权利内容的公告的,但法律和司法解释另有特别规定的,适用其规定(第1款第4项)

《最高人民法院关于审理涉及金融资产管理公司收购、管理、处置国有银行不良贷款形成的资产的案件适用法律若干问题的规定》(法释〔2001〕第12号)规定,在国有银行不良贷款的有关案件中,"有催收债务内容的公告或通知"可以作为时效中断证据。《民法典》施行后该司法解释虽被废止,但《诉讼时效规定》(2020年修正)第8条第1款第4项继承了上述规定的精神,并将其适用范围扩展至一般类型的民商事案件。本项规定的公告形式之诉讼外请求,应具备以下适用条件:其一,义务人下落不明,权利人无法直接向其主张权利。所谓"下落不明",

52

53

54

〔99〕　参见湖南省高级人民法院(2018)湘民终911号民事判决书。

〔100〕　参见山东省高级人民法院(2018)鲁民终232号民事判决书。

〔101〕　参见最高人民法院民事审判第二庭编著:《最高人民法院关于民事案件诉讼时效司法解释理解与适用》,人民法院出版社2015年版,第181—182页。

〔102〕　参见最高人民法院(2015)民二终字第39号民事判决书。

一般是指自然人杳无音讯的状态,但本项亦适用于法人被注销等原因导致无法直接向义务人主张权利的情形。[103] 虽然义务人下落不明,但仍可向其代理人或财产代管人主张权利的,或者义务人分散且众多的情形下,[104] 不能采取公告形式实施诉讼外请求。其二,该公告必须具有主张权利的内容。其三,必须在国家级或者义务人住所地的省级有影响的媒体上刊登公告。国家级媒体如《金融时报》[105] 等,省级有影响的媒体如《××省日报》《××省法制报》[106] 等。与《最高人民法院关于审理涉及金融资产管理公司收购、管理、处置国有银行不良贷款形成的资产的案件适用法律若干问题的规定》将公告载体仅限于报纸不同,本项规定的媒体包括电视、报纸、网站等受众面广泛的载体形式。[107] 以下情形不符合本项要求:地级市晚报或地级市日报;[108] 权利人自己的网站、主页;[109] 等等。

55　　　　本项中"法律和司法解释另有特别规定"之但书,在《民法典》施行前主要是指《最高人民法院关于审理涉及金融资产管理公司收购、管理、处置国有银行不良贷款形成的资产的案件适用法律若干问题的规定》以及依据其所作复函、通知等,例如《最高人民法院对关于贯彻执行最高人民法院"十二条"司法解释有关问题的函的答复》(法函〔2002〕3 号)、《最高人民法院关于金融资产管理公司收购、处置银行不良资产有关问题的补充通知》(法发〔2005〕62 号)等。[110] 《民法典》施行后,《最高人民法院关于审理涉及金融资产管理公司收购、管理、处置国有银行不良贷款形成的资产的案件适用法律若干问题的规定》被废止导致相关复函、通知亦已失效,因此涉及公告催收国有银行不良贷款引起时效中断的案件亦统一适用《民法典》和《诉讼时效规定》(2020 年修正)相关规定。

(四)对部分债权主张权利[《诉讼时效规定》(2020 年修正)第 9 条]

56　　　　依本条规定,权利人对同一债权中的部分债权主张权利,时效中断的效力及

---

〔103〕 参见最高人民法院(2010)民提字第 136 号民事判决书。

〔104〕 《诉讼时效规定》颁布以前,有实务界人士主张该情形可以适用公告形式实施诉讼外请求。参见刘贵祥:《诉讼时效若干理论与实务问题研究》,载《法律适用》2004 年第 2 期,第 29 页。《诉讼时效规定》未采纳该观点。

〔105〕 参见北京市高级人民法院(2017)京民再47 号民事判决书。

〔106〕 参见最高人民法院(2015)民二终字第 244 号民事判决书。

〔107〕 参见张雪楳:《诉讼时效审判实务与疑难问题解析——以〈民法总则〉诉讼时效制度及司法解释为核心》,人民法院出版社 2019 年版,第 394 页。

〔108〕 参见最高人民法院(2016)最高法民申 741 号民事裁定书。

〔109〕 参见最高人民法院民事审判第二庭编著:《最高人民法院关于民事案件诉讼时效司法解释理解与适用》,人民法院出版社 2015 年版,第 188 页。

〔110〕 对此类特别规定的详细解读,参见人民法院出版社编:《最高人民法院司法观点集成·民事卷③》(第 3 版),人民法院出版社 2017 年版,第 1531—1533 页。

于剩余债权,但权利人明确表示放弃剩余债权的情形除外。理由在于,时效利益存疑时应做有利于权利人的解释;主张部分权利可作为主张全部债权的证据。[111]虽然本条系针对诉讼外请求所作规定,但基于相同原理,权利人起诉或申请仲裁主张部分权利的情形亦类推适用该规定。

是否构成本条之"同一债权",采"法律原因的同一性标准"予以判断(边码76)。"同一债权"并非仅指一项债权,亦包括同一合同项下的多个债权。具体情形包括:(1)债权人向债务人发出《律师函》主张40%的货款;[112](2)一份《民间借贷合同》项下包含三笔借款,债权人请求履行其中两笔借款;[113](3)债权人起诉请求债务人支付所欠工程款43万元中的6.5万元,并表示余款待其经济好转时再起诉追讨;[114](4)同一合同约定货款和违约金,权利人主张部分货款;[115](5)获奖人(权利人)初次主张科技成果转化奖部分数额;[116](6)欠款总额为195万元,催收通知表述为"100万元(余95万元)";[117](7)一个违约行为造成汇率损失、利息损失与货物损失,权利人就货物损失提起诉讼;[118](8)《承包协议书》与《补充协议》都约定结算款,权利人就《补充协议》结算款起诉;[119]等等。

实务中认定不构成"同一债权"的情形包括:(1)同一侵权行为产生的伤残赔偿金与医疗费等费用;[120](2)同一权利人的多张图片著作权受到侵害,产生多个独立侵权请求权;[121](3)证券营业部未经投资人(权利人)同意将其股票账户内多只股票卖出,每一只股票都具有独立债权;[122](4)42笔独立贷款合同的签订时间、贷款金额、期限、利息、时效起点均不相同,各为独立的单一之债;[123](5)物业管理费按月收取,每月产生的物业费都属于独立债务;[124]等等。

本金债权与利息债权是否适用本条规定?本金与利息构成原物与孳息的关系,二者较其他主从权利关系(如担保)更加紧密,故并不适用主从权利时效中断的

57

58

59

〔111〕 参见最高人民法院民事审判第二庭编著:《最高人民法院关于民事案件诉讼时效司法解释理解与适用》,人民法院出版社2015年版,第219页。

〔112〕 参见最高人民法院(2016)最高法民再320号民事判决书。

〔113〕 参见重庆市高级人民法院(2017)渝民终48号民事判决书。

〔114〕 参见广东省高级人民法院(2016)粤民申6470号民事裁定书。

〔115〕 参见海南省高级人民法院(2016)琼民申440号民事裁定书。

〔116〕 参见山东省高级人民法院(2015)鲁民三终字第301号民事判决书。

〔117〕 参见河北省高级人民法院(2013)冀民三终字第93号民事判决书。

〔118〕 参见福建省高级人民法院(2009)闽民终字第616号民事判决书。

〔119〕 参见湖南省长沙市中级人民法院(2019)湘01民终4826号民事判决书。

〔120〕 参见山西省高级人民法院(2018)晋民申46号民事裁定书。该裁判意见有误,因为其违反了"法律原因的同一性标准"。

〔121〕 参见福建省高级人民法院(2016)闽民终1484号民事判决书。

〔122〕 参见黑龙江省高级人民法院(2015)黑监民再字第48号民事判决书。

〔123〕 参见辽宁省高级人民法院(2009)辽民二终字第63号民事判决书。

〔124〕 参见辽宁省大连市中级人民法院(2020)辽02民终1331号民事判决书。

一般规则。利息债权分为两种:一是基本权利息债权,即尚未届清偿期的利息债权。其完全附着于本金债权,其时效计算与本金债权相同。二是支分权利息债权,即已届清偿期的利息债权。其已与本金债权分离而具有一定独立性,故独立计算时效。[125]　实务主流意见认为,这两种利息债权与本金债权虽非严格意义上的"同一债权",但基于二者的从属性和关联性,也应适用本条规定。权利人主张本金债权或利息债权之一的,中断效力及于另一债权。[126]　这与主从权利时效中断一般规则中的"单向性"差异明显(边码184)。实务中适用本条的情形包括:(1)债权人起诉主张垫付款本金,本金及利息的时效同时中断;[127](2)债权人就已到期利息债权起诉,中断效力及于起诉时未到期利息债权;[128](3)债权人对本金部分提起诉讼及申请强制执行,中断效力及于利息债权;[129](4)被保险人在原审中仅主张保险金债权,在发回重审期间主张利息债权;[130]等等。

四、义务人同意履行义务

(一)义务承认的性质

60　　　《民法典》第195条第2项规定的"义务人同意履行义务",系指"义务承认"之中断事由。本项继承了《民法通则》第140条"当事人一方同意履行义务"之规定,仅将主体表述修改为"义务人"。义务承认,是指义务人向权利人承认其义务存在并同意履行的意思通知,为准法律行为。例如债务人向债权人发函,称将尽快清偿欠款。义务承认不必包含中断时效的效果意思,其导致时效中断系基于法律规定而发生。义务承认构成中断事由的理由在于,该行为使当事人之间的权利状态得以明确,且导致权利人信赖义务人会继续履行,从而不急于行使权利,因此原时效期间不应继续计算。[131]

---

〔125〕　参见孙森焱:《民法债编总论(上册)》,法律出版社2006年版,第334—335页。

〔126〕　参见最高人民法院民事审判第二庭编著:《最高人民法院关于民事案件诉讼时效司法解释理解与适用》,人民法院出版社2015年版,第222页。

〔127〕　参见最高人民法院(2015)民申字第2793号民事裁定书。

〔128〕　参见最高人民法院(2014)民二终字第147号民事判决书。该裁判意见有误,因为未到期利息债权因时效尚未起算并不会发生中断。该裁判意见的实质意义可解释为,涉案两种利息时效均处于未届满状态。

〔129〕　参见最高人民法院(2012)民二终字第96号民事判决书。

〔130〕　参见辽宁省高级人民法院(2018)辽民终400号民事判决书。

〔131〕　立法机关释义书认为,义务承认构成中断事由的理由是:该承认是权利人积极行使权利的结果,表明权利人没有怠于行使权利。参见黄薇主编:《中华人民共和国民法典总则编释义》,法律出版社2020年版,第526页。该解释似非妥当,因为在义务人主动承认义务的情形下,其构成中断事由的合理性无法得到解释。

在绝大多数场合下，义务承认是诉讼外行为。在诉讼或执行程序中作出义务承认的，如果权利人胜诉或执行终结，该承认被此前"提起诉讼"或"申请强制执行"之中断事由所吸收，不单独构成中断事由；如果义务人胜诉（仅承认部分义务）或者基于程序原因执行异议得到支持〔《民事诉讼法》（2021 年修正）第 232 条〕，该承认仍构成中断事由，时效期间自程序终结时起重新计算。在诉讼中，义务人为达成调解协议或和解目的而作出义务承认，其后调解或和解未成功，该承认不能单独构成中断事由。[132] 因为义务人作出此类"承认"是与对方进行调解或和解行为的组成部分，在调解或和解未成功的情形下，不应将该"承认"单独视作引起时效中断的行为，而作出对义务人不利的解释。

61

比较法上通常规定"承认"为中断事由，而无须同意履行。仅从文义而言，本项规定要求更高，即要求"承认义务＋同意履行"。但学理及实务主流意见认为，应将本项规定扩张解释为"义务承认"，即义务人承认义务即可构成中断事由，而不必要求有同意履行的意思。[133] 笔者认为，从解释论角度而言，本项之中断事由可解释为：该中断事由的内容是"承认义务＋同意履行"，但如果义务人承认义务的，即推定其具有同意履行的意思，除非其表达了相反意思。理由如下：其一，义务本身依法定或约定当然具有拘束力，既然义务人承认义务存在，可推知其愿受该拘束力束缚，故一般情形下没有另行表达同意履行的必要。其二，如前文所述，权利人请求"确认权利"构成中断事由，故将本项解释为"确认义务"（即义务承认）构成中断事由符合体系解释的要求（边码67）。在当事人通过双方行为（如签署协议、情况说明）确认权利义务的场合下，该解释的合理性更为明显。其三，在绝大多数场合下，依常理义务人不会在没有履行意愿的前提下主动通知权利人"我对你负有义务"。通常情形下，此类通知是义务人为履行义务所作的准备行为。其四，在现行法框架下，部分履行、提供担保和债务承担通知均可构成中断事由〔《诉讼时效规定》（2020 年修正）第 14 条、第 17 条第 2 款〕。这些行为均为某种形式的"确认义务"，而并未明确表示"同意履行"。其五，本项之"义务人同意履行义务"与域外法之"承认"的差异，并非像文义上那么大。例如德国法中的"承认"，是指债务人对债权人的任何实际行为，从该行为中可以明确无误地认为债务人知道债务的存在，债权人由此可以合法地假定债务人的履行意愿继续存在，并且不受时间的影响。而且，这也并不需要特别作出

62

〔132〕 参见梁展欣主编：《诉讼时效司法实务精义》，人民法院出版社 2010 年版，第 120 页。
〔133〕 参见陈甦主编：《民法总则评注（下册）》，法律出版社 2017 年版，第 1408 页（周江洪执笔）；最高人民法院民事审判第二庭编著：《最高人民法院关于民事案件诉讼时效司法解释理解与适用》，人民法院出版社 2015 年版，第 275 页。

声明。[134] 日本主流意见认为，"承认"构成中断事由的核心理由是保护债权人的信赖，引起该信赖的原因是"承认"往往包含"偿还约定"之意思表示，所以该情形下时效继续计算或者债务人援用时效都是不恰当的。"承认"之中断事由应被视作根据诚信原则推导出的援用权限制的法律定型。[135] 换言之，域外法中的"承认"也包含了对"同意履行"不同程度的推定，只是没有将该推定表达于法条文义，而我国法律则直接在法条中予以表述。

63　　　义务承认是表意行为、单方行为、不要式行为。通说认为，义务承认是观念通知。[136] 但是，因义务承认包含有推定的"同意履行"的意思，似界定为意思通知更为妥当，其类推适用法律行为的相关规定。义务承认只须通知权利人，而无须其对此同意。如前文所述，在权利人采取与义务人订立协议的方式主张权利的情形下（边码32），从义务人角度而言，其签订此类协议亦构成义务承认。现行法对义务承认的形式未作限定，故采取明示（如口头、书面形式）或默示（推定行为）形式均可，但不能采取单纯沉默形式。即使义务人所应履行义务是要式行为，义务承认的形式也不必受其限制。义务承认不是负担行为，因为其承认的是既存权利，并非使义务人负担新义务；义务承认也非处分行为，其引起时效中断仅仅是维持完全债权的效力状态，而未直接引起权利变动。

64　　　本项规定与《民法典》第 192 条之时效届满后弃权规则均采"同意履行"之表述，但二者存在以下差异：其一，前者为准法律行为，发生于时效已起算至未届满阶段，意义在于中断时效；后者为法律行为（弃权），发生于时效届满后，其导致抗辩权消灭。其二，前者的认定依推定，即义务人承认义务存在且无相反表示即可；后者须有义务人单独作出的弃权意思表示。其三，前者发生于时效届满之前，其并非放弃已取得的时效利益，故认定标准较宽；后者是在时效届满后放弃已经确定的时效利益，因此认定标准更为严格。[137] 因此，本项规定的"同意履行"之认定标准，不能当然适用于《民法典》第 192 条之弃权行为。

（二）义务承认的要件

1. 作出义务承认的主体须为义务人或者其他有资格的人

65　　　作出义务承认的主体应当是义务人本人或者其代理人、财产代管人等其他有

---

〔134〕　Vgl. Helmut Grothe, Kommentar zum § 212, in: *Münchener Kommentar zum BGB*, 9. Aufl., München: C. H. Beck, 2021, Rn. 6.

〔135〕　松久三四彦『時効制度の構造と解釈』（有斐閣、2011 年）70 頁，参照。

〔136〕　参见黄立：《民法总则》，中国政法大学出版社 2002 年版，第 481 页。

〔137〕　参见詹森林：《中断时效之债务承认与时效消灭后之契约承认债务，兼论时效利益之抛弃、时效抗辩与权利之不法行使》，载詹森林：《民事法理与判决研究》，中国政法大学出版社 2002 年版，第 37 页以下。

资格的人。所谓"其他有资格的人",其认定标准参照诉讼外请求之要件 1(边码 33—34)。由于义务承认(准法律行为)类推适用法律行为关于行为能力的规定,且其并非使义务人纯获利益,因此实施义务承认的义务人应当具有完全民事行为能力。不具有资格的主体作出"义务承认",不构成中断事由。例如业主欠缴物业费的情形下,业主委员会承诺"协助物业公司催缴业主欠费"。[138]

2. 义务承认应当包含承认义务有效存在的内容

义务承认的内容应包含两项要素:其一,"承认"应指向特定义务。如果义务人否认义务有效存在(如主张合同无效、没有侵权),不构成"承认"。如果义务人只是承认自己做了错事而表达歉意,或者作出善意友好解决争端的提议,因均未指向特定义务,故也不构成"承认"。[139] 其二,应当包含"履行义务"或"确认义务"的意思,即义务人对自己受某项义务约束表示认可。"同意履行"虽可通过推定予以认定,但如果义务人明确表达了该意思,当然亦符合要求。实务中具体情形包括:(1)义务人与权利人签订《执行和解书》,表示同意履行该债务;[140](2)义务人向权利人寄送的信函中作出偿还借款的表示;[141](3)义务人在对账回执中对所欠工程款予以确认,并表示将于近期内支付;[142](4)债务人与债权人签订《借还款协议书》,认可借款事实、欠款事实、欠付利息事实,并承诺同意履行还款义务;[143](5)提单纠纷中,义务人向权利人发送邮件称"货物在海关监管仓库,收货人能否提到货,取决于权利人是否放单";[144](6)义务人通过《商品房权属确认书》的形式向权利人支付转让款;[145]等等。

义务人未提及履行,而仅仅是表示"确认义务",最高人民法院相关裁判意见亦认定构成义务承认。例如:(1)债务人签署《资产调查表》《资产清点汇总表》,以确认债务数额;[146](2)义务人对债务予以书面确认;[147](3)义务人向权利人发

66

67

---

〔138〕　参见广东省高级人民法院(2018)粤民再 278 号民事判决书。该判决书认为,业主委员会的该承诺既不是债权人(物业公司)向债务人(业主)提出履行请求,也不是债务人作出"同意履行义务"的意思表示。

〔139〕　Vgl. Helmut Grothe, Kommentar zum §212, in: *Münchener Kommentar zum BGB*, 9. Aufl. , München:C. H. Beck, 2021, Rn. 6.

〔140〕　参见最高人民法院(2016)最高法民再 355 号民事判决书。

〔141〕　参见最高人民法院(2012)民申字第 861 号民事裁定书。

〔142〕　参见上海市高级人民法院(2018)沪民终 528 号民事判决书。

〔143〕　参见吉林省高级人民法院(2018)吉民终 678 号民事判决书。

〔144〕　参见上海市高级人民法院(2017)沪民终 319 号民事判决书。

〔145〕　参见重庆市高级人民法院(2017)渝民初 170 号民事判决书。

〔146〕　参见最高人民法院(2018)最高法民终 157 号民事判决书。

〔147〕　参见最高人民法院(2018)最高法民终 888 号民事判决书。

出《商洽函》，承认尚有货款未付清的事实；[148] 等等。

3. 须不存在"同意履行"的相反意思表示

68 所谓"相反意思表示"，是指义务人虽然承认义务有效存在，但基于适当理由排除"同意履行"的意思。例如义务人未作出同意履行的意思表示，而是要求"通过一定程序解决纠纷"。[149] 应注意的是，义务人作出相反意思表示必须是基于适当理由。如果义务人表示"我是欠你钱，但现在没钱还你"或者"我是欠你，但有钱也不还你"，仍可构成义务承认，因为欠缺清偿能力和拒绝履行均非适当理由。此类情形下，义务人承认义务有效存在即客观上使其受义务强制力的拘束，其基于不适当理由作出的相反表示不能排除义务的法律拘束力。该情形使双方权利义务停滞状态消除，原时效期间继续计算的基础丧失，故亦应产生中断时效的效力。

69 义务人承认义务的存在，但主张义务已消灭（如已清偿、抵销）而无须再履行，若其后权利人举证证明该义务并未消灭，义务人的该"承认"是否构成中断事由？实务主流意见对此持肯定态度，理由在于：通过对义务人意思通知进行整体解释，义务人虽意在否定其仍负有义务，但应认定其承认义务有效存在并同意履行，否则其不会主张已通过清偿等原因消灭该义务。[150] 实际上，该情形属于"事后证明的"不适当理由。类似的情形还有，义务人承认义务的存在，但主张义务尚未到期、暂时不必履行（行使抗辩权），而其后证明并非如此。

4. 义务承认的相对人须为权利人或者与其有关联的主体

70 义务承认是意思通知，因此应向相对方作出，该行为才能成立及生效。所谓"与权利人有关联的主体"，是指代理人、财产代管人等，其认定标准参照诉讼外请求之要件 3（边码 39—42）。如果义务承认未以上述主体为对象，因权利人不知"承认"之意思通知而不发生时效中断。有域外法判例认为，银行仅在本行账簿中记录利息不构成义务承认；债务人设立第二顺序抵押权，不构成对第一顺序抵押权所担保债权的承认，因为后顺序抵押权设立之意思表示非对前顺序抵押权人为之，而是将该意思记载于登记簿而已。[151] 我国宜采相同解释。

71 值得注意的是，诉讼外请求因使对方（义务人）时效利益减损而不利，故仅在法定特殊场合下允许采公告方式。与之不同，义务承认使对方（权利人）时效利益

---

[148] 参见最高人民法院（2016）最高法民再 320 号民事判决书。

[149] 参见最高人民法院（2013）民提字第 5 号民事判决书。

[150] 参见最高人民法院民事审判第二庭编著：《最高人民法院关于民事案件诉讼时效司法解释理解与适用》，人民法院出版社 2015 年版，第 278 页。

[151] 鈴木銀治郎、滝口博一、椿原直『時効の法律相談』（青林書院、2018 年）60 頁，参照。

维持而有利,因此在更大范围允许采公告方式具有合理性。实务中,在权利人众多且义务内容具有同质性的场合下,采取公告方式实施义务承认被认可。例如物业公司在小区公告栏发布《温馨提示》,表示愿意对被逾期办证的业主作出相应补偿,构成义务承认。[152]

进一步产生的问题是,义务人在自己的公司年度报告等文件、账簿中记载某项债务,是否构成义务承认? 有学者认为,此类单纯之记载尚不构成义务承认,但如果义务人以公告或其他方式,发表其资产负债表或营业年度决算报告,系以股东或其他利害关系人为相对人,则构成义务承认。[153] 但实务上对此多倾向于保守的否定意见,有最高人民法院判例以"公司年度报告中披露的负债情况作为时效中断的意见,在实践和理论上未有共识"为由,认为债务人在公司年度报告中披露负债情况不构成中断事由。[154] 近期判例亦坚持该裁判意见。[155] 相较而言,前述学理意见更为合理。理由在于:其一,在公司年度报告被公告的情形下,足以使债权人信赖债务人会继续履行债务或对该债务作出适当处理,尤其在上市公司依法披露信息的场合下,由于《公司法》《证券法》对披露的内容、形式等有严格规定,因此该信赖的存在更为明显。其二,基于前述理由(边码71),该情形构成中断事由是合理的。　　72

5. 义务承认之通知须已生效

义务承认之通知的生效标准,类推适用《民法典》关于意思表示生效的规定,即区分对话方式、非对话方式和公告方式,分别适用"了解主义""到达主义"和"完成主义"。义务承认之通知生效之前,表意人可依法撤回该通知。　　73

(三)义务承认的常见类型[《诉讼时效规定》(2020 年修正)第 14 条]

关于本条适用,以下几点值得注意:其一,本条规定的义务承认类型,包括义务人作出"承诺"和"行为"两种情形。前者是指以口头、书面等形式向权利人承诺以某种方式履行义务(如出具还款计划),属于明示的义务承认;后者是指直接作出某种方式的履行行为(如偿还部分款项),属于默示的义务承认。[156] 其二,本条规定并非完全列举,本条之外符合义务承认前述要件的行为亦可构成中断事　　74

---

[152] 参见江苏省高级人民法院(2019)苏民再 148 号民事判决书。

[153] 参见史尚宽:《民法总论》,中国政法大学出版社 2000 年版,第 671 页。

[154] 参见最高人民法院(2003)民二终字第 175 号民事判决书。

[155] 参见湖南省岳阳市中级人民法院(2014)岳中民一初字第 16 号民事判决书。

[156] 有学者由此认为义务承认是诺成行为而非实践行为。参见张雪楳:《诉讼时效审判实务与疑难问题解析——以〈民法总则〉诉讼时效制度及司法解释为核心》,人民法院出版社 2019 年版,第 461 页。该观点似非妥当,因为"承诺"和"行为"都是义务承认的形式,而非该行为的成立要件。

由。其三,本条规定部分履行、提供担保等义务承认类型,亦可印证"同意履行"可予推定而无须明示的观点(边码62)。

1. 分期履行

75　　　分期履行似无必要作为单独类型,理由如下:义务人作出分期履行承诺的,属于"制订清偿债务计划"情形之一;义务人作出分期履行行为的,构成"部分履行"。

2. 部分履行

76　　　对于部分履行的认定,通说采"法律原因的同一性标准":在同一法律原因之下产生的履行,即使在事实上可分,在法律上也被认为具有整体性。基于同一合同而产生的履行具有整体性;因同一侵权行为而承担的赔偿债务,也具有整体性。违反该整体性所为的履行,即为部分履行。[157] 因此,部分履行包括两种类型:一是就某一项可分之债部分履行;二是同一合同或同一侵权行为产生的多个债务被部分履行。

77　　　因部分履行消灭的债务,不再有时效问题,其对未消灭的剩余债务构成中断事由。在多数场合下,部分履行是指就某一项可分之债部分履行。实务中具体情形包括:(1)债务人向自有账户存入部分款项,并向债权人交付转账支票;[158] (2)债务人向债权人支付部分股权转让款;[159] (3)债务人以房抵债清偿部分欠款;[160] (4)债务人通过第三人代为清偿部分欠款;[161] (5)双方订立商品房预售协议约定出售商品房总面积,其后出卖人与买受人一方在该面积内订立数份买卖合同;[162] (6)承租人在十余年间每年交纳部分租金;[163] (7)发包人多次支付部分工程款项;[164] 等等。

78　　　同一合同项下的多个义务之间,亦可构成部分履行。具体情形包括:其一,多个主给付义务。例如一份借款合同包含人民币、美元和日元三笔借款,债务人部分履行人民币债务,对美元和日元债务构成中断事由。[165] 其二,主给付义务与从给付义务。例如债务人向债权人交付增值税发票、到税务机关抵扣税款,对货款

---

〔157〕 参见薛军:《部分履行的法律问题研究——〈合同法〉第 72 条的法解释论》,载《中国法学》2007 年第 2 期,第 72 页。

〔158〕 参见最高人民法院(2019)最高法民终 697 号民事判决书。

〔159〕 参见最高人民法院(2018)最高法民终 199 号民事判决书。

〔160〕 参见最高人民法院(2018)最高法民终 527 号民事判决书。

〔161〕 参见最高人民法院(2016)最高法民再 31 号民事判决书。

〔162〕 参见最高人民法院(2013)民提字第 123 号民事判决书。

〔163〕 参见北京市高级人民法院(2017)京民再 6 号民事判决书。

〔164〕 参见重庆市高级人民法院(2016)渝民终 211 号民事判决书。

〔165〕 参见最高人民法院(2004)民二终字第 94 号民事判决书。

债务构成中断事由。[166] 其三,多个从给付义务。例如债务人向债权人陆续交付部分技术资料,对剩余技术资料的交付义务构成中断事由。[167] 其四,合同义务与违约责任。例如债务人承诺支付部分差价款,对违约损失请求权构成中断事由。[168] 其五,本金债务与利息债务。债务人承诺履行或实际履行其中之一的,对另一债务构成中断事由,[169] 这与诉讼外请求的处理相同(边码59)。

3. 提供担保

义务人提供担保虽非直接履行义务,但足可认为包含义务承认的意思,故构成默示义务承认。[170] 现行法对担保种类未作限定,故提供人保或物保均无不可,非典型担保亦被包含在内。具体情形包括:(1)债权人、债务人和保证人订立《补充协议》,保证人自愿为借款承担连带还款责任;[171] (2)债务人以物上保证人持有的股权为借款提供质押担保;[172] (3)债务人承诺在项目账户中按8%—10%的比例额外暂扣补偿款,并在双方有处理结果后再申请解冻该笔资金;[173] 等等。实务中认为,当事人约定尾款作为"质量保证金"的,仍属货款的一部分,不构成提供担保的方式。[174]

第三人受义务人委托或在其知情的情形下为其提供担保,构成中断事由,对此不存疑义。如果义务人对第三人为其提供担保不知情,是否构成中断事由?有实务意见认为,义务人对第三人行为予以追认的,构成义务承认;义务人事前不同意或事后不追认的,不构成义务承认。这主要是基于防止权利人与第三人串通,提供虚假担保,从而损害义务人利益。[175] 该意见可资赞同。

4. 请求延期履行

由于该请求是义务人在承认义务有效存在的前提下,单方面要求变更履行期限,故无论权利人是否同意延期,该请求均可构成中断事由。请求延期的期限可以是确定期限,也可以是不确定期限。具体情形包括:(1)义务人承诺租赁期限届满时给付转让款;[176] (2)债务人向债权人出具《确认与承诺》,确认欠款数额,并承

79

80

81

---

[166] 参见贵州省高级人民法院(2018)黔民终715号民事判决书。

[167] 参见四川省高级人民法院(2018)川民再675号民事判决书。

[168] 参见最高人民法院(2017)最高法民申2623号民事裁定书。

[169] 参见最高人民法院(2015)民提字第28号民事判决书。

[170] 参见施启扬:《民法总则》(修订第8版),中国法制出版社2010年版,第342页。

[171] 参见河南省高级人民法院(2018)豫民再1186号民事判决书。

[172] 参见新疆维吾尔自治区高级人民法院(2018)新民终154号民事判决书。

[173] 参见广东省高级人民法院(2016)粤民终944号民事判决书。

[174] 参见广东省高级人民法院(2017)粤民再499号民事判决书。

[175] 参见张雪楳:《诉讼时效审判实务与疑难问题解析——以〈民法总则〉诉讼时效制度及司法解释为核心》,人民法院出版社2019年版,第464页。

[176] 参见黑龙江省高级人民法院(2019)黑民终392号民事判决书。

诺尽快安排清偿;[177] (3) 债务人重新向债权人出具借条,承诺"保证在 2014 年 9 月 28 日前还清";[178] 等等。另依据《最高人民法院关于债务人在约定的期限届满后未履行债务而出具没有还款日期的欠款条诉讼时效期间应从何时开始计算问题的批复》(法复〔1994〕3 号)规定,当事人原约定供方交货后需方立即付款,但需方收货后因无款可付,经供方同意写了没有还款日期的欠款条。应认定时效中断,自供方收到需方所写欠款条之日起重新计算。

5. 制订清偿债务计划

82   该情形以义务人承认义务有效存在为前提,因此无论该计划已由双方达成合意,抑或由义务人单方制定而未获权利人同意,均可构成中断事由。具体情形包括:(1) 义务人向权利人发短信表示,愿意按照法定标准重新计算借款本息后偿还欠款;[179] (2) 义务人违约之后,由双方签署《补充协议》并约定"原协议继续生效,原条款不变(包括违约和逾期赔偿条款)";[180] (3) 债务人向债权人发函表明,企业目前情况已不能按原计划还款,申请以抵押商铺抵顶欠款本息;[181] (4) 经第三人协调,发包人同意待涉案工程结算后向施工人支付其垫付的款项;[182] (5) 债务人向债权人出具承诺书称,由第三人出具委托手续给债权人,委托其销售某写字楼,所得款项用于归还欠款;[183] 等等。

83   义务人请求延期履行或制订清偿债务计划,但同时对债务数额提出异议,不影响构成中断事由。因为义务承认仅须对特定债务予以认可,而不以债务数额确定为条件,债务数额的确定由法院通过实体审理解决。[184]

五、起诉[185]

(一)起诉的性质

84   《民法典》第 195 条第 3 项规定的"权利人提起诉讼",系指"起诉"之中断事

---

[177] 参见广东省高级人民法院(2018)粤民申 150 号民事裁定书。
[178] 参见江西省高级人民法院(2016)赣民终 110 号民事判决书。
[179] 参见最高人民法院(2019)最高法民申 1354 号民事裁定书。
[180] 参见最高人民法院(2016)最高法民终 791 号民事判决书。
[181] 参见辽宁省高级人民法院(2018)辽民终 79 号民事判决书。
[182] 参见天津市高级人民法院(2017)津民终 549 号民事判决书。
[183] 参见江西省高级人民法院(2017)赣民再 49 号民事判决书。
[184] 参见最高人民法院民事审判第二庭编著:《最高人民法院关于民事案件诉讼时效司法解释理解与适用》,人民法院出版社 2015 年版,第 277—278 页。
[185] 本文仅讨论"起诉"之中断事由,"申请仲裁"之中断事由参见本书第 198 条评注。

由。本项继承了《民法通则》第 140 条"提起诉讼"之规定,仅增加主体"权利人"。起诉是权利人在法院提起诉讼,借助司法程序主张权利的行为。本项之中断事由专指"起诉"这一特定行为,不包括诉讼过程中的行为,诉讼过程中的各项主张不单独构成中断事由。起诉构成中断事由的理由在于,起诉是权利人主张权利最有效、最强烈的方法,足以表明其积极行使权利。[186]

本项之起诉包括本诉和反诉。[187] 其主要是指提起民事诉讼,也包括刑事附带民事诉讼(《刑事诉讼法》第 101 条)和提起行政诉讼时申请一并解决相关民事争议(《行政诉讼法》第 61 条),以及权利人单独提起刑事自诉(边码 159)。权利人单独提起行政诉讼的,在以下情形可构成中断事由:其一,该诉讼系以民事法律关系为基础。例如基于房屋买卖纠纷,当事人提起行政诉讼要求撤销案涉房产证,该起诉对买卖合同请求权构成中断事由。[188] 其二,为进一步主张民事权利而先行提起行政诉讼。例如原告为主张人身损害赔偿请求权,以劳动能力鉴定委员会为被告提起行政诉讼,该起诉对人身损害赔偿请求权而言构成中断事由。[189] 其三,权利人为保护民事权利而提起行政诉讼,因对案件性质认识错误而不被受理,但主张的对象、事实理由均无错误。[190]

通说认为,提起给付之诉、确认之诉和形成之诉均构成中断事由。[191] 少数说认为,仅给付之诉构成中断事由,理由如下:确认之诉的原告并非基于请求权而起诉,其诉讼请求并非要求被告履行义务;形成之诉的被告不是义务人,法院不得判决被告履行义务。[192] 相较而言,通说更为合理。其一,给付之诉标的是被告给付行为,其构成中断事由不存疑义。其二,起诉构成中断事由的理由是,权利人选择起诉方式主张权利结束了行使权利的停滞状态,至于义务人是否为诉讼参加人则并非重要。少数说以确认之诉和形成之诉的被告不是义务人为由,否认这两类诉讼构成中断事由,不具说服力。其三,权利人提起确认之诉的直接目的虽然仅是确认权利,但这通常是为请求履行所作的准备,亦属主张权利的形式之一。如前文所述,权利人请求"确认权利"构成诉讼外请求,那么采取更具强制力的起诉方

85

86

〔186〕　参见黄薇主编:《中华人民共和国民法典总则编释义》,法律出版社 2020 年版,第 527 页。

〔187〕　参见梁慧欣主编:《诉讼时效司法实务精义》,人民法院出版社 2010 年版,第 105 页。实例参见最高人民法院(2018)最高法民再 152 号民事判决书。

〔188〕　参见河南省高级人民法院(2015)豫法民一终字第 278 号民事判决书。

〔189〕　参见湖北省高级人民法院(2019)鄂民再 43 号民事判决书。

〔190〕　参见宋晓明等:《〈最高人民法院关于审理民事案件适用诉讼时效制度若干问题的规定〉的理解与适用》,载《法律适用》2008 年第 11 期,第 5 页。

〔191〕　参见最高人民法院民事审判第二庭编著:《最高人民法院关于民事案件诉讼时效司法解释理解与适用》,人民法院出版社 2015 年版,第 230 页。

〔192〕　参见李宇:《民法总则要义:规范释论与判解集注》,法律出版社 2017 年版,第 932 页。

式"确认权利"亦应构成中断事由。[193] 其四,权利人提起撤销、解除等形成之诉且胜诉的,原合同债权消灭不再有时效问题,代之以不当得利、赔偿损失请求权时效的起算[《诉讼时效规定》(2020 年修正)第 6 条];权利人败诉的,该起诉构成中断事由,因为权利人提起此类诉讼亦属主张权利的某种方式。

(二)起诉的要件

87　　　作为中断事由之"起诉"要件与程序法之起诉要件并非等同。在程序法上,现行起诉要件[《民事诉讼法》(2021 年修正)第 122 条]总体上标准偏高。[194] 虽然"立案登记制"改革很大程度上降低了立案门槛[《民事诉讼法解释》(2022 年修正)第 208 条],但由于"立案登记制"的适用及解释仍然是以《民事诉讼法》(2021 年修正)的规定为依据,[195] 因此起诉要件标准偏高的事实并未完全消除。中断事由之"起诉"无须完全具备程序法之起诉要件,因为只要该"起诉"构成权利人诉诸法院寻求救济的行为,即导致原时效继续计算的基础丧失。因此,对于中断事由之"起诉"的认定,学理及实务多持宽松态度,即认为:如果起诉虽不符合全部法定要件,但其具备的要件足以认定权利人以提起诉讼的方式主张了争议权利的,该"起诉"仍可构成中断事由。[196] 据此,中断事由之"起诉"应具备以下要件:

1. 原告须为权利人或者其他有资格提起诉讼的人

88　　　所谓"原告与本案有直接利害关系"[《民事诉讼法》(2021 年修正)第 122 条第 1 项],是指原告自己的民事权益受到侵害或者与他人发生争议。[197] 如果原告既非权利人,也非其代理人、财产代管人等有资格起诉的主体,因其不具起诉资格而应裁定不予受理。在此情形下,真正权利人并未以起诉主张权利,不适格原告的起诉对真正权利人不构成中断事由。

---

〔193〕　参见最高人民法院(2014)民二终字第 147 号民事判决书。

〔194〕　有学者指出,现行法规定的起诉要件混淆了诉讼程序开始的要件与法院作出实体判决的要件,导致了起诉条件的"高阶化"和诉讼程序开始的"高阶化"。参见张卫平:《起诉条件与实体判决要件》,载《法学研究》2004 年第 6 期,第 59 页。相关讨论还可参见傅郁林:《中国民事诉讼立案程序的功能与结构》,载《法学家》2011 年第 1 期,第 106 页;段文波:《论民事一审之立案程序》,载《法学评论》2012 年第 5 期,第 141—143 页。

〔195〕　参见最高人民法院修改后民事诉讼法贯彻实施工作领导小组编著:《最高人民法院民事诉讼法司法解释理解与适用(上)》,人民法院出版社 2015 年版,第 555 页。

〔196〕　参见王利明:《民法总则研究》(第 3 版),中国人民大学出版社 2018 年版,第 789 页;宋晓明等:《〈最高人民法院关于审理民事案件适用诉讼时效制度若干问题的规定〉的理解与适用》,载《法律适用》2008 年第 11 期,第 5 页。

〔197〕　参见王胜明主编:《中华人民共和国民事诉讼法释义》(最新修正版),法律出版社 2012 年版,第 292 页。

2.须有符合法定要求的起诉状或者依法口头起诉

起诉为要式行为,通常情形下应提交符合法定要求的起诉状,仅在"书写确有困难"的情形下允许口头起诉[《民事诉讼法》(2021年修正)第123条]。所谓"书写确有困难"包括两种情形:一是原告本人因文化水平或法律知识欠缺造成自行书写起诉状确有困难;二是原告无诉讼行为能力时,其法定代理人因类似原因造成书写起诉状确有困难。[198]

起诉状内容不符合要求的,分两种情形处理:其一,原告提交的文书根本不属于法律意义上起诉状且无补正可能的,不构成中断事由。例如极端情形下未列明当事人、诉讼请求或者与请求相关的事实,由于缺乏主张权利的基本要素,该"起诉"既不符合程序法要求,也不能中断时效。其二,起诉状不完全符合形式要件和事实主张具体化要求的(如当事人信息不全、诉讼请求表述不准确),法官应要求原告补正。补正后符合要求的,可构成中断事由,时效自首次提交起诉状之日中断;不能补正、拒绝补正或补正仍不符合要求的,不构成中断事由。

义务人发生合并、分立、更名和变更住所等事实,权利人对此不知情且不应知情而仍以原义务人信息起诉的,是否构成中断事由? 实务主流意见持肯定态度,因为义务人发生此类情形而未依法履行通知、公告等义务的,权利人对该事实不知情没有过错,且权利人向义务人主张权利的意思表示真实,因此以原义务人信息起诉构成中断事由。[199] 此前《最高人民法院关于阜新液压件厂与盼盼集团有限公司购销合同纠纷案件诉讼时效请示问题的答复》(〔2002〕民二他字第30号)对"债务人已被吸收合并"情形的处理,与上述意见一致。

错列被告是否构成中断事由? 分两种情形讨论:(1)权利人基于事实认识错误而错列被告。例如A与B、C发生纠纷厮打,A受伤,以B为被告诉至法院。法院经审理查明,打人者实为C,遂驳回诉讼请求。A又以C为被告诉至法院,但C以已过时效予以抗辩。A错列B为被告的起诉,对真正义务人C是否构成中断事由?[200] 回答应为否定,因为A错列B为被告的起诉系基于A对侵权人的错误认识,此时因A不知真正义务人而尚未起算时效,故不存在中断问题。(2)权利人基

89

90

91

92

---

〔198〕 参见王胜明主编:《中华人民共和国民事诉讼法释义》(最新修正版),法律出版社2012年版,第294页。

〔199〕 参见人民法院出版社编:《最高人民法院司法观点集成·民事卷③》(第3版),人民法院出版社2017年版,第1561页。

〔200〕 本案主审法官认为构成中断事由,理由是"起诉虽错列被告,但仍属积极行使权利的表现"。参见魏少永:《错列被告起诉能否引起诉讼时效中断》,载《人民法院报》2008年11月18日,第6版。该裁判意见有误,理由见正文。

于法律认识错误而错列被告。[201] 例如 A 因 B 违约而以 B 的父母为被告诉至法院。在此情形下,法官应行使释明权要求原告变更当事人,将符合法定条件的人列为被告。[202] 变更被告后符合要求的,构成中断事由;拒绝变更或变更仍不符合要求的,不构成中断事由。但如果被错列的被告与真正义务人具有某种牵连关系,该起诉对真正义务人亦可构成中断事由。例如原告起诉省教育厅给付全省各中小学软件使用费,包含某学校的费用,虽然起诉主体错误,但对某学校债权时效构成中断事由。[203]

3. 须向人民法院起诉

93　　符合《民事诉讼法》(2021 年修正)第 122 条第 4 项之起诉构成中断事由不存疑义,但即使不符合该规定,亦有可能构成中断事由(边码 87)。所谓"属于人民法院受理民事诉讼的范围",是指该纠纷属于法院主管范围的民事纠纷。不符合该条件包括两种情形:其一,该纠纷不是民事纠纷,而属行政纠纷、刑事案件等。在此情形下,因当事人之间非属民事法律关系,故不存在时效问题,此类起诉亦不构成中断事由。其二,该纠纷虽是民事纠纷,但不属于法院主管范围。例如由于存在仲裁条款,该纠纷应通过仲裁而非诉讼解决。法院对此类起诉虽不应受理,但由于权利人请求司法机关保护其民事权利的意思真实存在,故此类起诉构成中断事由。[204]

94　　所谓"属于受诉人民法院管辖",是指受诉法院对该民事纠纷享有管辖权。如果原告违反级别管辖、专属管辖等规定,向无管辖权的法院起诉,是否构成中断事由存在一定争议。实务主流意见持肯定态度。理由在于,此类起诉具备其他要件的情形下,由于其向法院请求保护民事权利的意思表示明确,因此具有时效中断效力。[205] 在此情形下,无管辖权的受诉法院应当将案件移送有管辖权的法院[《民事诉讼法》(2021 年修正)第 37 条],时效中断时点仍为首次提交起诉状或者口头起诉之日。

4. 原告须完成起诉状的提交行为或者口头起诉行为

95　　一个重要的争议问题是,法院不予受理或者驳回起诉的,该起诉是否构成中断事由? 观点一认为,此类起诉不构成中断事由。最高人民法院释义书认为,《诉

[201]　有法院认为该情形构成《诉讼时效规定》第 13 条第 9 项之中断事由。参见福建省南平市中级人民法院(2015)南民终字第 917 号民事判决书。
[202]　参见吴庆宝:《诉讼时效中断的司法认定(上)》,载《人民法院报》2009 年 2 月 3 日,第 6 版。
[203]　参见吉林省高级人民法院(2019)吉民终 45 号民事判决书。
[204]　参见最高人民法院民事审判第二庭编著:《最高人民法院关于民事案件诉讼时效司法解释理解与适用》,人民法院出版社 2015 年版,第 228 页。
[205]　参见张雪楳:《诉讼时效审判实务与疑难问题解析——以〈民法总则〉诉讼时效制度及司法解释为核心》,人民法院出版社 2019 年版,第 435 页。

讼时效规定》第 12 条[《诉讼时效规定》(2020 年修正)第 10 条]"诉讼时效从提交起诉状或者口头起诉之日起中断"之规定,系以起诉符合《民事诉讼法》(2021 年修正)的起诉要件为前提,而非指任何起诉均可依据该条导致时效中断。[206] 该解释可以防止债权人为达到中断时效目的而不断起诉或者仓促起诉的投机行为。[207] 观点二认为,此类起诉并非绝对不构成中断事由,应依具体情形判断。因为不予受理或者驳回起诉的原因复杂多样,有的可归责于原告,有的不可归责于原告,有的则无法判断可否归责于原告。[208] 应视不符合哪一项起诉要件予以判断。[209] 观点二更为合理,理由如下:其一,中断事由之"起诉"要件与程序法之起诉要件非采同一标准(边码 87)。观点一的实质是将二者等同,其不恰当地提高了"起诉"之中断事由的门槛。其二,最高人民法院释义书一方面主张观点一,另一方面又认为"虽不完全具备起诉要件,但足以认定真正权利人向真正义务人以起诉方式主张权利"亦导致时效中断,[210] 似有自相矛盾之嫌。如前文所述,此类情形亦有可能导致不予受理或者驳回起诉(边码 93)。其三,在现行法承认诉讼外请求构成中断事由的背景下,观点一担心的"不断起诉的投机行为"似乎发生可能性较小。其四,最高人民法院有关文件倾向于观点二。例如《最高人民法院关于对全国证券回购机构间经统一清欠后尚余的债权债务诉讼时效问题的通知》(法〔2001〕9 号)规定,对于已编入全国证券回购机构间债务清欠链条,经全国证券回购债务清欠办公室统一组织清欠后尚余的债权债务,法院以该理由不予受理的,该起诉导致中断时效。

实务中,不予受理或者驳回起诉而被认定构成中断事由的情形包括:(1)第一次起诉以公司为原告,因主体资格被驳回,其后以公司股东为原告另行起诉,诉求、诉因及诉由均与第一次起诉完全一致;[211](2)虽因原告主体资格问题被驳回起诉,但其主张债权的行为仍具有时效中断效力;[212](3)原告向无管辖权的法院起诉被裁定予以驳回;[213] 等等。

---

〔206〕 参见最高人民法院民事审判第二庭编著:《最高人民法院关于民事案件诉讼时效司法解释理解与适用》,人民法院出版社 2015 年版,第 230 页。

〔207〕 参见葛承书:《民法时效——从实证的角度出发》,法律出版社 2007 年版,第 190 页。

〔208〕 参见李永锋:《起诉对诉讼时效的影响》,载《环球法律评论》2007 年第 5 期,第 61 页。

〔209〕 参见吴庆宝:《诉讼时效中断的司法认定(上)》,载《人民法院报》2009 年 2 月 3 日,第 6 版。

〔210〕 参见最高人民法院民事审判第二庭编著:《最高人民法院关于民事案件诉讼时效司法解释理解与适用》,人民法院出版社 2015 年版,第 230 页。

〔211〕 参见最高人民法院(2012)民提字第 17 号民事判决书。

〔212〕 参见中国银行股份有限公司汕头分行与广东发展银行股份有限公司韶关分行、第三人珠海经济特区安然实业(集团)公司代位权纠纷案,最高人民法院(2011)民提字第 7 号民事判决书,载《最高人民法院公报》2011 年第 11 期。

〔213〕 参见四川省高级人民法院(2018)川民终 356 号民事判决书。

97　　　　与"法院受理"之高标准相反的另一极端观点认为,凭借"法院在类似银行和医院取号排队过程中提供的凭证",当事人即可主张时效中断。[214] 该观点的不合理之处在于,依常识可知,取得叫号凭证后有放弃办理业务的可能,故取得叫号凭证与提交起诉状不能等同。

98　　　　对本要件的合理解释是:"完成起诉状的提交行为"是指原告将起诉状提交给法院立案庭并被接受的事实;"完成口头起诉行为"是指原告口述起诉内容,法院立案庭记入笔录的事实。以下两点值得注意:其一,本要件的判断标准是"提交 + 接受"。"提交"是指原告以起诉为目的将起诉状交给立案庭,要求其接受的行为。[215] 口头起诉的,原告口述内容应包含"提交"的意思。"接受"是指立案庭基于其法定职责接收原告提交的起诉状,或者将口头起诉内容记入笔录的行为。立案庭接受起诉状或者记录口头起诉后予以登记和出具给原告的收据(《最高人民法院关于人民法院登记立案若干问题的规定》第 2 条),仅具有证据意义。如果因特殊原因(如工作失误)未登记、未出具收据或者迟延登记、迟延出具收据,但有其他证据证明"接受"事实的,仍可认定具备本要件。其二,本要件与是否立案(受理)无必然关联。在立案登记制框架下,立案庭遵循的立案标准是诉的合法要件而非诉的成立要件,[216] 这导致立案标准明显高于中断事由之"起诉"标准。因此,已发生"提交 + 接受"事实但尚未立案的,或者其后不予受理、驳回起诉的,仍可满足本要件。例如因当场不能判定是否符合起诉条件而未立案[《民事诉讼法解释》(2022 年修正)第 208 条第 1 款]、因需要补充必要相关材料而未立案[《民事诉讼法解释》(2022 年修正)第 208 条第 2 款]等。

99　　　　是否送达起诉状副本不影响中断事由的认定,理由如下:其一,起诉是原告向法院寻求救济的行为,法院接受起诉状即表明因原告行使权利而使原时效期间继续计算的基础丧失,而被告对此是否知情则并无影响。其二,《诉讼时效规定》(2020 年修正)第 10 条规定起诉引起时效中断的时点是"提交起诉状或者口头起诉之日",表明送达起诉状副本与时效中断并无关联。

(三)起诉后撤诉

1. 申请撤诉

100　　　　原告起诉后申请撤诉的,该起诉是否构成中断事由? 学理及实务对此争议较大。中断说认为,起诉导致"有关程序"开始而引起时效中断,至于"有关程序终

---

〔214〕　参见曹志勋:《起诉中断诉讼时效规则的理论展开》,载《当代法学》2014 年第 6 期,第 116 页。

〔215〕　不具有起诉目的的情形如基于咨询目的交给立案庭工作人员修改、交给其保管等。

〔216〕　对我国立案标准的学理意见,参见段文波:《起诉程序的理论基础与制度前景》,载《中外法学》2015 年第 4 期,第 879 页以下。

结"系基于何种原因(如撤诉、判决)则无影响。[217] 有条件中断说认为,撤诉一般不导致时效中断,但如果起诉状副本送达被告,可解释为因"诉讼外请求"而导致时效中断。[218] 最高人民法院释义书及相关著述均采此观点。[219] 不中断说认为,撤诉导致起诉的中断效力归于消灭,因为起诉是"独立"中断事由,其不依附于"诉讼外请求"事由,故即使起诉状副本送达被告也不具有中断效力。[220] 撤诉表明权利人对主张权利之意思的撤回。[221] 笔者赞同中断说,理由如下:其一,基于起诉构成中断事由的理论依据,起诉(行使权利)完成即确定地发生中断效力,其后的处理结果(实体判决、撤诉等)不影响之前的中断效力,而仅影响重新计算的时点。现行法关于中断时点、重新计算时点的规定,均遵循该逻辑设置。其二,撤诉与撤回"诉讼外请求"效力不同。后者不构成中断事由的原因是,该意思通知生效前因"撤回"被阻止生效。撤诉并非阻止主张权利的意思表示生效,而是依法定条件让已经启动的法律程序终结。撤诉效力非仅凭原告"撤回"意思能实现,是否准许撤诉由法院裁定[《民事诉讼法》(2021 年修正)第 148 条]。其三,不中断说强调起诉是"独立"中断事由,混淆了中断事由之起诉要件与程序法之起诉要件,未虑及起诉构成中断事由的理论依据。其四,起诉完成即导致时效中断,至程序终结前发生的"请求""承认"均不能单独构成中断事由,因此有条件中断说认为"起诉状副本送达被告构成诉讼外请求"亦非妥当。而且依据该观点,重新计算时点为"起诉状副本送达被告时"而非"程序终结时",这不恰当地缩小了原告的时效利益。

实务中,虽有少数判例采取有条件中断说,[222] 但大多数判例采取中断说,而近年罕有采取不中断说的裁判意见。采取中断说的实例包括:(1)原告第一次起

101

---

〔217〕 参见李宇:《民法总则要义:规范释论与判解集注》,法律出版社 2017 年版,第 938 页。《最高人民法院关于四川高院请示长沙铁路天群实业公司贸易部与四川鑫达实业有限公司返还代收贷款一案如何适用法(民)复〔1990〕3 号批复中"诉讼时效期间"问题的复函》(〔1999〕民他字第 12 号)、《江苏省高级人民法院关于民商事审判适用诉讼时效制度若干问题的讨论纪要》(苏高法审委〔2005〕17 号)第 9 条采取该观点。

〔218〕 参见王利明:《民法总则研究》(第 3 版),中国人民大学出版社 2018 年版,第 789 页。《辽宁省高级人民法院关于当前商事审判中适用法律若干问题的指导意见》(辽高法〔2005〕29 号)第 29 条采取该观点。

〔219〕 参见最高人民法院民事审判第二庭编著:《最高人民法院关于民事案件诉讼时效司法解释理解与适用》,人民法院出版社 2015 年版,第 236—237 页;最高人民法院审判监督庭编:《审判监督指导》2012 年第 2 辑(总第 40 辑),人民法院出版社 2012 年版,第 246—247 页。

〔220〕 参见霍海红:《撤诉的诉讼时效后果》,载《法律科学》2014 年第 5 期,第 100 页。《最高人民法院关于民事诉讼当事人撤诉后再次起诉人民法院能否受理问题的批复》[法(民)复〔1990〕3 号]采取该观点。

〔221〕 参见冯恺:《诉讼时效制度研究》,山东人民出版社 2007 年版,第 185—186 页。

〔222〕 参见最高人民法院(2016)最高法民申 3020 号民事裁定书。

诉主张部分违约金,但在审理中撤回,该起诉对违约金请求权时效构成中断事由;[223] (2)该案经一审、二审、重审,重审法院准许原告撤诉,该次诉讼可以产生时效中断的法律效果;[224] (3)原告于 2011 年 6 月申请撤诉,同年 9 月另行提起诉讼,时间间隔未超过法定时效期间;[225] (4)先后依据最高人民法院函件中止诉讼、恢复审理,并按原审原告撤诉处理,构成中断事由;[226] (5)原告撤诉后,追加共同被告另行提起本案诉讼,时效因在先诉讼而中断;[227] (6)起诉后又撤诉及起诉状未送达对方当事人,不影响时效中断的认定;[228] 等等。

2. 按撤诉处理

102　　　　《民事诉讼法》(2021 年修正)第 146 条规定,原告经传票传唤,无正当理由拒不到庭或者未经法庭许可中途退庭的,可以按撤诉处理。该情形之起诉亦构成中断事由(边码 100)。而且,该情形属于实体审理开始后原告实施违反程序法的行为而使法院所作的处理,其对起诉已中断时效的事实不生影响。[229]

103　　　　依据《民事诉讼法解释》(2022 年修正)第 213 条和《诉讼费用交纳办法》第 22 条第 4 款规定,原告未依法律规定或法院通知预交案件受理费,或者申请减、缓、免未获批准而仍不预交的,裁定按撤诉处理。实务主流意见认为,该情形之起诉不构成中断事由,因为该情形下起诉状副本并未送达被告,原告既未通过诉讼方式,也未通过诉讼外请求方式向义务人主张权利。[230] 该结论正确,但理由系以有条件中断说为前提,故并不合理。依据最高人民法院释义书的解释,对该情形之所以规定"按撤诉处理"之后果,是法院对当事人意思的一种拟制。[231] 因此,该情形不构成中断事由的合理解释是,既然权利人选择起诉行使权利,那么法定形式(起诉状或口头起诉)及按规定缴费就成为行使权利意思的正确表达方式。原告未按规定缴费导致起诉行为未完成,或者说行使权利之意思未被依法表达(拟

---

　[223]　参见最高人民法院(2018)最高法民终 1115 号民事判决书。该案虽非原告申请撤诉,但撤回诉讼请求的原理相同。

　[224]　参见最高人民法院(2016)最高法民终 815 号民事判决书。

　[225]　参见最高人民法院(2014)民三终字第 8 号民事判决书。

　[226]　参见最高人民法院(2004)民二终字第 111 号民事判决书。

　[227]　参见浙江省高级人民法院(2018)浙民终 1095 号民事判决书。

　[228]　参见山东省高级人民法院(2018)鲁民终 763 号民事判决书。

　[229]　有条件中断说认为该情形构成中断事由的理由是,该情形下起诉状副本必然已送达被告。参见张雪楳:《诉讼时效审判实务与疑难问题解析——以〈民法总则〉诉讼时效制度及司法解释为核心》,人民法院出版社 2019 年版,第 435 页。该解释并非妥当。

　[230]　参见人民法院出版社编:《最高人民法院司法观点集成·民事卷③》(第 3 版),人民法院出版社 2017 年版,第 1546 页。

　[231]　参见最高人民法院修改后民事诉讼法贯彻实施工作领导小组编著:《最高人民法院民事诉讼法司法解释理解与适用(上)》,人民法院出版社 2015 年版,第 565 页。

制未表达）。[232] 但在实务中,亦有法院以"按撤诉处理不具有溯及力"[233] 为由或者未予说理而径行认定该情形构成中断事由[234],此类裁判意见不妥。

在立法论层面,有学者认为在原告申请诉讼救济的情况下,为保护弱势群体,应当例外地设置缴费宽限期。如果原告向法院申请减、缓、免交诉讼费用(《诉讼费用交纳办法》第 44 条第 1 款)却未被批准,应给予其一段时间准备预交的费用,以免在审查过程中发生时效届满的后果。[235] 该意见可资赞同。在尚无宽限期的现有框架下,此类原告只要在合理期限内缴纳了诉讼费用,就应解释为溯及至提交起诉状或者口头起诉时中断时效。

（四）诉讼结果对时效中断的影响

依域外通例,生效法律文书之前和之后请求权均适用《民法典》之诉讼时效(消灭时效)规则,且生效法律文书确定的请求权统一适用较长时效期间。[236] 我国现行法的特殊性在于:其一,《民法典》和《民事诉讼法》(2021 年修正)分别规定诉讼时效与执行时效,形成二者并立局面。其二,前者规定普通时效期间为 3 年,但后者对执行时效(2 年)尚未作修改,导致生效法律文书确定的请求权所受时效保护反不及未经裁判的请求权。

对于现行二元模式对中断规则的影响,存在两种意见。观点一认为,因起诉导致时效中断后,原则上不能从"有关程序终结时起"重新计算诉讼时效期间,而应适用执行时效,仅在少数场合下(如因程序原因未作实体判决)存在例外。[237] 该观点系以"两种时效分属性质不同的制度"为前提。观点二认为,执行时效的性质仍属诉讼时效,生效法律文书确定的请求权可以重新计算诉讼时效期间。[238] 笔者赞同观点二,理由如下:其一,申请执行时效的适用对象是实体法请求权,而

104

105

106

　　　〔232〕　该情形可类比权利人投寄函件以实施诉讼外请求,但函件未贴邮票或未贴足邮资而未到达相对人。

　　　〔233〕　参见云南省高级人民法院(2019)云民终 40 号民事判决书。

　　　〔234〕　参见江西省高级人民法院(2019)赣民终 147 号民事判决书。

　　　〔235〕　参见曹志勋:《起诉中断诉讼时效规则的理论展开》,载《当代法学》2014 年第 6 期,第 122 页。

　　　〔236〕　参见《德国民法典》第 197 条第 1 款第 4 项;《瑞士债务法》第 137 条第 2 款;《日本民法典》第 169 条。

　　　〔237〕　参见戴孟勇:《论因起诉及与起诉类似的事项导致诉讼时效中断的效力》,载《交大法学》2016 年第 4 期,第 63 页;李永锋:《起诉对诉讼时效的影响》,载《环球法律评论》2007 年第 5 期,第 61 页。

　　　〔238〕　参见王勤劳:《论起诉对诉讼时效的影响》,载《西南政法大学学报》2011 年第 6 期,第 35 页;唐超:《诉讼时效因起诉而中断如何可能?——〈民法通则〉第 140 条的适用及原〈民事诉讼法〉第 219 条的修改》,载《中国社会科学院研究生院学报》2009 年第 1 期,第 60 页。

非程序法权利。[239] 执行时效是裁判文书生效后重新计算的诉讼时效之表现形式，其届满效力亦为抗辩权发生而非执行请求权消灭。[240] 其二，现行二元时效模式是旧法对诉讼时效和执行时效误读的产物及遗存，将执行时效回归诉讼时效属性，不仅在学界已趋于共识，[241] 现行法也已作出相应调整。其三，执行时效不仅适用诉讼时效之中止、中断规则［《民事诉讼法》（2021 年修正）第 246 条］，亦适用职权禁用规则、抗辩权发生主义和自愿履行规则［《民事诉讼法解释》（2022 年修正）第 481 条］。除名称差异外，两种时效的规范内容几乎完全一致。因此，基于执行时效系诉讼时效在执行阶段表现形式之前提，以下就不同诉讼结果对时效中断的影响予以分析。

1. 未作出实体判决

107　　　原告起诉后，因程序瑕疵被不予受理或者驳回起诉的，如果该起诉符合中断事由前述要件，构成中断事由，反之则否（边码 95）。原告申请撤诉或者按撤诉处理的，该起诉是否构成中断事由依前文所述判断。

2. 作出实体判决

108　　　法院经实体审理后驳回原告诉讼请求的，区分不同原因判断该起诉是否构成中断事由：（1）原告权利不成立或无效。该情形表明不存在受法律保护的权利，故没有时效问题。值得注意的一种情形是，原审由于证据不足被驳回诉讼请求，后发现证据或出现新证据而重新起诉且被支持的，原审起诉构成中断事由。[242]（2）被告行使时效抗辩权。在此情形下，因起诉发生在时效届满后，故不构成中断事由。（3）被告主张其他抗辩事由。在此情形下，法院认可原告权利有效存在，但由于被告抗辩发生阻碍效力而在本诉中对原告权利不予支持。因此，该起诉构成中断事由。

109　　　法院经实体审理后支持原告诉讼请求的，"有关程序终结时起"重新计算时效期间。由于生效法律文书确认的请求权成为取得执行名义的请求权，该场合的诉讼时效体现为执行时效，故重新计算的是执行时效期间。

---

[239]　参见张卫平：《民法典与民事诉讼法的连接与统合——从民事诉讼法视角看民法典的编纂》，载《法学研究》2016 年第 1 期，第 29 页。

[240]　参见杨巍：《论援引诉讼时效抗辩权的三种场合》，载《法学评论》2018 年第 6 期，第 85 页。

[241]　参见霍海红：《执行时效性质的过去、现在和未来》，载《现代法学》2019 年第 2 期，第 164 页；金印：《执行时效的体系地位及其规制方式——民法典编撰背景下执行时效制度的未来》，载《法律科学》2017 年第 5 期，第 90 页。

[242]　参见人民法院出版社编：《最高人民法院司法观点集成·民事卷③》（第 3 版），人民法院出版社 2017 年版，第 1538—1540 页。

3. 申请再审

当事人在裁判生效后向法院申请再审[《民事诉讼法》(2021 年修正)第 206 条],是否构成中断事由？学理[243]及实务[244]上均存在较大争议。在现行法框架下,再审制度体现"有错必纠"之理念,但它是一种非常规的救济程序。[245] 申请再审权是程序异议权,而非一般意义上的诉权。[246] 因此较为合理的解释是:其一,无论申请再审是否得到支持,该申请均不构成中断事由。因为生效裁判导致权利由争议状态成为确定状态,权利人通过诉讼主张权利的正常程序已然结束。申请再审不是当事人通过诉讼主张权利的途径,也不具有暂停执行的效力[《民事诉讼法》(2021 年修正)第 206 条],其主要是针对程序事项启动重审程序的行为。其二,如果申请再审"成功"并作出新判决,再审程序终结时起重新计算时效期间。该"重新计算"具有溯及力:一是原审程序终结时起"重新计算"作废;二是原审起诉之日至再审程序终结之日时效处于中断状态,其间当事人不能援引时效抗辩权。

《民事诉讼法》(2021 年修正)第 212 条规定的"6 个月"属于申请再审的法定期间、不变期间,不适用中止、中断和延长规则[《审判监督程序解释》(2020 年修正)第 2 条],该期间届满导致申请再审权消灭。[247] 该期间计算及效力与当事人权利时效没有关联。

法院启动再审程序[《民事诉讼法》(2021 年修正)第 205 条]、检察院提出抗诉或者建议[《民事诉讼法》(2021 年修正)第 215 条]、当事人向检察院申请检察建议或者抗诉[《民事诉讼法》(2021 年修正)第 216 条]的,[248] 均不构成中断事由(边码110)。如果由此启动再审程序并作出新判决,再审程序终结时起重新计算。

110

111

112

---

[243] 肯定说参见李宇:《民法总则要义:规范释论与判解集注》,法律出版社 2017 年版,第 937 页;否定说参见戴孟勇:《论因起诉及与起诉类似的事项导致诉讼时效中断的效力》,载《交大法学》2016 年第 4 期,第 59 页;折中说参见张艳:《论当事人再审启动行为对执行时效计算的影响》,载《法学杂志》2019 年第 3 期,第 113 页。

[244] 采肯定说的裁判意见参见湖北省高级人民法院(2017)鄂执复 34 号执行裁定书;采否定说的裁判意见参见北京市海淀区人民法院(2014)海执异字第 131 号执行裁定书。

[245] 参见张卫平:《再审事由规范的再调整》,载《中国法学》2011 年第 3 期,第 63—64 页。

[246] 参见吴英姿:《"再审之诉"的理论悖论与实践困境——申请再审权性质重述》,载《法学家》2018 年第 3 期,第 149 页。

[247] 参见最高人民法院民事诉讼法修改研究小组编著:《〈中华人民共和国民事诉讼法〉修改条文理解与适用》,人民法院出版社 2012 年版,第 479 页。

[248] 有法院认为,该情形构成修正前的《诉讼时效规定》第 13 条第 9 项之中断事由。参见重庆市第五中级人民法院(2019)渝 05 民终 176 号民事判决书。该裁判意见有误。

六、与提起诉讼或者申请仲裁具有同等效力的其他情形

113　　　　《民法典》第 195 条第 4 项规定的"与提起诉讼或者申请仲裁具有同等效力的其他情形",系兜底条款。《民法通则》未设该兜底条款,新增本项的意义在于,对司法解释扩张解释中断事由第 11 条至第 13 条[《诉讼时效规定》(2020 年修正)]予以承认。此类情形构成中断事由的理由在于,权利人实施的各种行为表明在积极行使权利而非息于行使权利,故也应引起时效中断。[249]

(一)申请支付令[《诉讼时效规定》(2020 年修正)第 11 条第 1 项]

114　　　　由于督促程序适用于"案情十分清楚,当事人不否认所欠债务数额"的案件,以实现"快速解决纠纷、节约司法资源"之目的,[250]因此申请和受理条件较起诉条件之标准更高。基于类似理由(边码 87),该申请符合督促程序的适用范围且具备法定形式要件,即可构成中断事由,不予受理或者驳回申请无绝对影响。

115　　　　其一,申请被法院受理的,该申请构成中断事由,中断时点为提交申请书之日[类推适用《诉讼时效规定》(2020 年修正)第 10 条]。分为以下几种情形:(1)义务人收到支付令之日起 15 日内不提出异议又不履行义务的,该期间届满之日重新计算。权利人可以向法院申请执行[《民事诉讼法》(2021 年修正)第 223 条第 2款、第 3 款],申请执行导致时效再次中断。(2)义务人收到支付令后在法定期间内提出异议成立,支付令失效,[251]督促程序转入诉讼程序的,诉讼程序终结时起重新计算。该情形下,转入诉讼程序不导致时效再次中断,提交申请书至诉讼程序终结期间内时效停止计算。(3)义务人收到支付令后在法定期间内提出异议成立,但申请支付令的一方不同意提起诉讼的,"申请人(权利人)向法院表明不同意提起诉讼之日"重新计算。该场合下,申请人有权提出"不同意提起诉讼"的时间是"收到终结督促程序裁定之日起七日内"[《民事诉讼法解释》(2022 年修正)第438 条第 1 款],因此重新计算时点不是该裁定生效之日或收到该裁定之日,而是"申请人向法院表明不同意提起诉讼之日"[252]。(4)其他原因导致支付令失效的,分别予以判断。法院受理支付令申请后,债权人就同一债权债务关系又提起诉讼

---

〔249〕　参见黄薇主编:《中华人民共和国民法典总则编释义》,法律出版社 2020 年版,第 527—528 页。

〔250〕　参见王胜明主编:《中华人民共和国民事诉讼法释义》(最新修正版),法律出版社 2012 年版,第 511 页。

〔251〕　有法院认为,因债务人异议导致支付令失效的,该申请不构成中断事由。参见黑龙江省鹤岗市中级人民法院(2019)黑 04 民终 237 号民事判决书。该裁判意见有误。

〔252〕　参见戴孟勇:《论因起诉及与起诉类似的事项导致诉讼时效中断的效力》,载《交大法学》2016年第 4 期,第 60 页。

的[《民事诉讼法解释》(2022 年修正)第 430 条第 1 项],诉讼程序终结时起重新计算,另行提起诉讼不导致时效再次中断。法院发出支付令之日起 30 日内无法送达债务人的[《民事诉讼法解释》(2022 年修正)第 430 条第 2 项],督促程序终结时起重新计算。债务人收到支付令前债权人撤回申请的[《民事诉讼法解释》(2022 年修正)第 430 条第 3 项],该申请仍构成中断事由,督促程序终结时起重新计算(边码 100)。[253]

其二,申请被不予受理或者驳回的,该申请是否构成中断事由分为以下几种 116
情形:(1)申请书欠缺法定记载事项[《民事诉讼法》(2021 年修正)第 221 条]或者未依法缴纳申请费而被不予受理,不构成中断事由。(2)申请不符合督促程序适用范围而被不予受理或者驳回申请,不构成中断事由。督促程序适用范围是"债权人请求债务人给付金钱、有价证券,且已到期、数额确定"[《民事诉讼法》(2021 年修正)第 221 条]。不符合该适用范围的情形包括:请求给付非金钱债权[《民事诉讼法解释》(2022 年修正)第 427 条第 1 款第 1 项]、请求给付的金钱债权未到期[《民事诉讼法解释》(2022 年修正)第 427 条第 1 款第 2 项]等。(3)申请虽被不予受理或者驳回,但符合督促程序适用范围,权利人另行起诉后形成的生效裁判支持其诉讼请求的,该申请构成中断事由,督促程序终结时起重新计算。[254] 因为该申请存在可消除的瑕疵,且内容具有可执行性与可辨识性,故可构成中断事由。[255] 依据《民事诉讼法解释》(2022 年修正)第 427 条第 1 款第 3—7 项、第 428 条第 1 款第 1—3 项不予受理或者驳回申请的,属于此类情形。例如法院以"债权人有对待给付义务"为由不予受理,债权人另行起诉后生效判决认定该给付义务并不存在。

在督促程序电子化改革的框架下,当事人通过登录"网上法庭"填写、提交申 117
请书,法官对申请人提供的电子数据与纠纷事实之间的关联性进行审查,在系统中生成支付令,并通过电子通信(邮件、短信、微信等)形式向债务人发送支付令。[256] 该申请是否构成中断事由仍依前述标准判断,但特殊性在于,中断时点和重新计算时点适用电子送达规则[《民事诉讼法解释》(2022 年修正)第 135 条、第 136 条]。

---

[253] 参见西藏自治区林芝市中级人民法院(2016)藏 26 民终 53 号民事判决书。相反裁判意见参见河北省泊头市人民法院(2019)冀 0981 民初 639 号民事判决书。前者更为合理。

[254] 参见最高人民法院(2013)民申字第 2092 号民事裁定书。

[255] 参见周翠:《再论督促程序电子化改革的重点》,载《当代法学》2016 年第 6 期,第 107—108 页。

[256] 参见刘超、张润:《督促程序电子化改革的规则阐释、实践发展与完善路径》,载《重庆大学学报(社会科学版)》2020 年第 5 期,第 211 页。

（二）申请破产、申报破产债权[《诉讼时效规定》（2020 年修正）第 11 条第 2 项]

118　　　债权人申请债务人破产的，表明其欲通过破产程序实现权利，故该申请构成中断事由。债务人申请破产的，债权人须申报破产债权才能通过破产程序实现权利，故债务人之申请不构成中断事由，[257] 债权人之申报才构成中断事由。[258] 而且，本项之申报仅指未提出破产申请之债权人的申报行为。法院受理破产申请后，债权人于破产程序外行使权利不具效力，故其仅能通过申报破产债权中断时效。[259] 如果法院受理破产申请时债权人的债权已处于执行阶段，该申请对执行时效构成中断事由。[260] 本项之中断时点为提交破产申请书之日或者提交破产债权申报书之日[类推适用《诉讼时效规定》（2020 年修正）第 10 条]。[261] 由于破产程序涉及重整、和解、破产清算等三种可能，因此本项之中断事由应扩张解释为包括相关程序中的申请行为和申报行为。分述如下：

119　　　其一，破产重整。债权人或债务人直接申请重整的（《破产法》第 70 条第 1 款），债权人之申请构成中断事由；债务人之申请不构成中断事由，债权人之申报构成中断事由，债权人未申报之债权时效仍正常计算。[262] 债权人申请对债务人进行破产清算被法院受理后、宣告债务人破产前，债务人或其出资人申请重整的（《破产法》第 70 条第 2 款），该申请不导致时效再次中断。法院的处理分为两种情形：（1）依据《破产法》第 70 条第 1 款申请重整被法院裁定驳回的，裁定生效时起重新计算。依据《破产法》第 70 条第 2 款申请重整被法院裁定驳回的，时效处于停止计算状态，破产程序终结之日重新计算。（2）法院裁定债务人重整的，重整期间内时效停止计算。如果重整成功，重整程序终结之日时效期间重新计算。如果发生法定事由导致重整失败，法院裁定终止重整程序，并宣告债务人破产（《破产法》第 78 条），转入破产清算程序，破产程序终结之日时效期间重新计算。该情形下，转入破产清算程序不导致时效再次中断，重整程序终结至破产程序终结期

---

[257]　参见李国光主编：《新企业破产法理解与适用》，人民法院出版社 2006 年版，第 90 页。

[258]　参见最高人民法院民事审判第二庭编著：《最高人民法院关于民事案件诉讼时效司法解释理解与适用》，人民法院出版社 2015 年版，第 244—245 页。

[259]　有法院认为，破产程序外债权人向债务人发出律师函可导致时效中断。参见辽宁省抚顺市望花区人民法院（2019）辽 0404 民初 2788 号民事判决书。该裁判意见有误。

[260]　参见四川省高级人民法院（2019）川执复 114 号执行裁定书。

[261]　有法院认为，中断时点为"法院裁定立案受理破产申请之日"。参见浙江省金华市永康市人民法院（2013）金永商初字第 99 号民事判决书。该裁判意见有误。

[262]　参见王欣新：《破产程序与诉讼时效问题研究》，载《政治与法律》2015 年第 2 期，第 7 页。实例参见四川省高级人民法院（2018）川民终 371 号民事判决书。

间内时效停止计算。

其二,破产和解。债务人直接申请和解的,该申请不构成中断事由,债权人之申报构成中断事由;债务人在受理破产申请后、宣告债务人破产前申请和解的(《破产法》第 95 条第 1 款),该申请不导致时效再次中断。法院的处理分为两种情形:(1)债权人会议通过和解协议且由法院裁定认可的,和解程序终止(《破产法》第 98 条),和解程序终止之日时效期间重新计算。(2)债权人会议未通过和解协议草案,或者债权人会议通过的和解协议未获得法院认可的,法院应当裁定终止和解程序,并宣告债务人破产(《破产法》第 99 条)。债务人不能执行或不执行和解协议的,法院经和解债权人请求,应当裁定终止和解协议的执行,并宣告债务人破产(《破产法》第 104 条第 1 款)。这两种情形下,转入破产清算程序不导致时效再次中断,和解程序终止至破产程序终结期间内时效停止计算,破产程序终结时起重新计算。

其三,破产清算。经破产清算后法院裁定终结破产程序的(《破产法》第 43 条第 4 款、第 120 条),破产程序终结时起重新计算。[263] 唯应注意,不同场合下该"重新计算"具有不同意义。(1)破产程序终结后,管理人应依法办理破产人注销登记(《破产法》第 121 条)。因债务人和未清偿债务均归消灭,重新计算已无意义。破产程序终结后 2 年内发现债务人财产导致追加分配的(《破产法》第 123 条),该 2 年为除斥期间,[264] 并非重新计算之时效期间。(2)法院受理破产申请后,债务人与全体债权人就债权债务的处理自行达成协议被法院裁定认可并终结破产程序的(《破产法》第 105 条),破产程序终结时起重新计算。该情形下重新计算对债权人和债务人仍具意义。(3)对于债务人(破产人)的保证人、其他连带债务人而言,破产程序终结并不导致其所负债务消灭(《民法典担保制度解释》第 23 条第 3 款),故重新计算对其仍具意义。如果此前曾启动重整、和解程序的,由于债权人对债务人的保证人、其他连带债务人所享有的权利不受重整计划、和解协议的影响(《破产法》第 92 条第 3 款、第 101 条),故破产程序终结时起重新计算对保证人、其他连带债务人仍具意义。该规则系基于破产法理念,打破主从债务间依附关系的特殊规则。[265]

---

〔263〕　有最高人民法院判例认为,破产申请导致时效中断的,时效应当自中断之日重新计算。参见最高人民法院(2012)民提字第 138 号民事判决书。该裁判意见系以《民法通则》第 140 条为依据,《民法总则》施行后不应再采此认定。

〔264〕　参见李国光主编:《新企业破产法理解与适用》,人民法院出版社 2006 年版,第 546 页。

〔265〕　参见王欣新:《破产程序与诉讼时效问题研究》,载《政治与法律》2015 年第 2 期,第 4 页。

（三）为主张权利而申请宣告义务人失踪或死亡［《诉讼时效规定》（2020 年修正）第 11 条第 3 项］

122　　义务人下落不明后，如果没有代理人、财产代管人或遗产管理人，由于无法确定行使权利的对象而构成"不能行使请求权的障碍"，这时权利人通常主张时效中止而非中断。[266] 可能基于该原因，现有数据库中未查阅到依据本项认定时效中断的实例。适用本项具有意义的可能情形是：义务人虽下落不明但有代理人，由于此时不具备时效中止条件，本项之申请可构成中断事由。

（四）申请诉前措施［《诉讼时效规定》（2020 年修正）第 11 条第 4 项］

123　　本项的本意是指两种情形：一是诉前财产保全；二是适用于知识产权领域的诉前临时禁令。[267]《民事诉讼法》（2021 年修正）将诉前保全扩展为诉前财产保全和诉前行为保全，并规定诉前证据保全规则。据此，本项之中断事由应作相应扩张解释，具体包括：申请诉前财产保全、申请诉前行为保全、申请诉前证据保全。该申请符合法定适用范围且具备法定形式要件，即可构成中断事由，驳回申请无绝对影响（边码87）。[268] 由于诉前证据保全程序参照适用诉前财产保全和诉前行为保全的规定［《民事诉讼法》（2021 年修正）第 84 条第 3 款］，[269] 以下一并讨论。

124　　其一，法院接受申请后裁定采取保全措施的，该申请构成中断事由，中断时点为提交申请书之日［类推适用《诉讼时效规定》（2020 年修正）第 10 条］。分为以下几种情形：（1）申请人未在法定期间内起诉或申请仲裁导致解除保全的［《民事诉讼法》（2021 年修正）第 104 条第 3 款］，保全程序终结时起（解除保全裁定生效之日）重新计算。[270]（2）申请人在法定期间内起诉或申请仲裁但被不予受理或驳回的，如果该起诉或申请仲裁不具备中断事由要件，保全程序终结时起重新计算；如果该起诉或申请仲裁具备中断事由要件，不导致时效再次中断，重新计算时点是保全程序终结之日与诉讼或仲裁程序终结之日（不予受理或驳回起诉裁定生效之日）发生在后者。（3）申请人在法定期间内起诉或申请仲裁且被受理的，因时效处于停止计算状态，该起诉或申请仲裁不导致时效再次中断。由于诉讼或仲裁程

---

〔266〕　参见本书第 194 条评注边码71。

〔267〕　参见最高人民法院民事审判第二庭编著：《最高人民法院关于民事案件诉讼时效司法解释理解与适用》，人民法院出版社 2015 年版，第 245—246 页。

〔268〕　参见江苏省扬州市中级人民法院（2018）苏 10 民终 764 号民事判决书。

〔269〕　参见山东省德州市中级人民法院（2017）鲁 14 民终 1621 号民事判决书。

〔270〕　有观点认为，因本项情形导致时效中断，以申请人在采取保全措施后依法起诉或申请仲裁为条件。参见梁展欣主编：《诉讼时效司法实务精义》，人民法院出版社 2010 年版，第 111 页。该观点并不合理，因为其与第 195 条相悖。

序启动后保全程序并不自动终结,而两种程序终结时点通常并不一致,导致重新计算时点的界定成为难点。

一种较为简单的情形是,诉讼或仲裁程序终结前解除保全措施或者查封、扣押、冻结期限届满的[《民事诉讼法解释》(2022年修正)第485条],重新计算时点是诉讼或仲裁程序终结之日。该情形下的保全程序终结不导致重新计算,因为此时诉讼或仲裁程序仍在进行,时效处于停止计算状态。令人困扰的一种情形是,诉讼或仲裁程序终结时保全程序仍在继续,重新计算时点如何界定?最高人民法院释义书对此语焉不详,仅表述为"相关司法程序结束时"。[271] 学界对此存在争议。一种观点认为,此时应按起诉或申请仲裁导致时效中断的情形处理,即诉讼或仲裁程序终结时起重新计算。[272] 另一种观点认为,虽然诉讼或仲裁程序终结,但保全程序仍在继续,故时效仍处于中断状态,即重新计算时点应为保全程序终结之日。[273] 笔者基本赞同后一观点。保全制度与执行制度在目的、措施等方面具有一致性,[274] 现行法由此设计了两种制度的衔接规则,[275] 故申请保全可解读为权利人为申请强制执行所作准备。诉讼或仲裁程序终结后进入执行阶段,即使权利人尚未申请强制执行,此时保全措施已具有执行的意义。由于此时仍处于权利人通过公力救济行使权利的状态,故不应重新计算。

在情形(3)下,应注意与申请强制执行之中断事由的衔接。诉讼或仲裁程序终结时保全程序仍在继续的场合下,虽仍处于时效中断状态,但如果权利人申请强制执行,应以申请强制执行之事由引起时效中断,而非再以保全程序终结时起重新计算,因为权利人申请强制执行导致保全的"准备"意义丧失。

其二,申请被驳回的,该申请是否构成中断事由?分为以下几种情形:(1)申请书不符合法定适用范围、形式要件[《财产保全规定》(2020年修正)第1条]或者未依法缴纳申请费而被驳回,不构成中断事由。(2)申请人未提供担保导致被驳回申请,不构成中断事由。(3)申请虽被驳回,但符合诉前财产保全的法定适用范围且具备形式要件,该申请构成中断事由,保全程序终结时起重新计算。法院

---

[271] 参见最高人民法院民事审判第二庭编著:《最高人民法院关于民事案件诉讼时效司法解释理解与适用》,人民法院出版社2015年版,第246页。

[272] 参见戴孟勇:《论因起诉及与起诉类似的事项导致诉讼时效中断的效力》,载《交大法学》2016年第4期,第61页。

[273] 参见李宇:《民法总则要义:规范释论与判解集注》,法律出版社2017年版,第942页。

[274] 参见最高人民法院修改后民事诉讼法贯彻实施工作领导小组编著:《最高人民法院民事诉讼法司法解释理解与适用(上)》,人民法院出版社2015年版,第483页。

[275] 《民事诉讼法解释》(2022年修正)第168条规定:"保全裁定未经人民法院依法撤销或者解除,进入执行程序后,自动转为执行中的查封、扣押、冻结措施,期限连续计算,执行法院无需重新制作裁定书,但查封、扣押、冻结期限届满的除外。"

对申请保全的审查，一般采"四要素检验法"：①被申请人的行为是否构成侵权；②不采取措施是否会给申请人造成难以弥补的损害；③是否提供了担保；④保全措施是否会损害社会公共利益。[276]　法院依据①②④驳回申请的，属于此类情形。例如法院以"不采取措施不会给申请人造成难以弥补的损害"为由驳回申请，债权人起诉后生效判决作出相反认定。

（五）申请强制执行［《诉讼时效规定》（2020 年修正）第 11 条第 5 项］

128　　依《执行工作规定》（2020 年修正）第 2 条，本项之申请强制执行的对象包括：法院裁判文书；仲裁裁决和调解书；公证机关依法赋予强制执行效力的债权文书等。[277]　由此类法律文书确定的权利系获得执行名义的权利，该申请对其构成中断事由。但在执行阶段，并非仅有"申请强制执行"构成中断事由。依《执行程序解释》（2020 年修正）第 20 条，当事人双方达成和解协议、诉讼外请求和义务承认亦构成中断事由。[278]　依据被申请法院的不同处理，分以下两类情形讨论：

129　　其一，申请被法院受理并采取执行措施的，该申请构成中断事由，中断时点为提交申请书之日［类推适用《诉讼时效规定》（2020 年修正）第 10 条］。分为以下几种情形：

130　　（1）通过执行措施实现了权利，一般不再有时效问题。执行完毕后发生执行回转的，如果被撤销的法律文书否定了原申请人的实体权利，原申请因欠缺权利基础而不存在时效问题；被执行人申请执行回转的行为，对其要求相对人返还财产的权利，构成中断事由[279]。如果被撤销的法律文书并未否定原申请人的实体权利，执行回转裁定生效时起重新计算。

131　　（2）法院采取执行措施后债权人仍未受偿，债权人发现被执行人有其他财产的，可以随时请求法院执行［《民事诉讼法》（2021 年修正）第 261 条］。《民事诉讼法解释》（2022 年修正）第 515 条规定该情形下"请求法院继续执行不受执行时效的限制"，应解释为因执行程序尚未终结而使时效处于停止计算状态。

132　　（3）法院裁定终结本次执行程序后，申请人发现被执行人有可供执行财产并再次申请执行的，再次申请不受执行时效的限制［《民事诉讼法解释》（2022 年修

---

〔276〕　参见最高人民法院民事诉讼法修改研究小组编著：《〈中华人民共和国民事诉讼法〉修改条文理解与适用》，人民法院出版社 2012 年版，第 225 页。

〔277〕　有裁判意见认为，向公证处申请签发《执行证书》的行为亦构成本项之中断事由。参见辽宁省高级人民法院（2009）辽民二终字第 234 号民事判决书。该裁判意见有误。

〔278〕　诉讼外请求导致执行时效中断的实例参见最高人民法院（2015）执复字第 17 号执行裁定书。

〔279〕　参见最高人民法院（2018）最高法民终 662 号民事判决书。

正)第 517 条[280]。依此规定,终结本次执行程序导致未受偿债务之执行时效停止计算。[281]

（4）当事人达成执行和解协议的,该协议生效之日时效中断[《民事诉讼法解释》(2022 年修正)第 466 条]。依《执行和解规定》(2020 年修正)第 10 条第 2 款规定,被执行人不履行执行和解协议,权利人申请恢复执行原生效法律文书的,自执行和解协议约定履行期间届满时起重新计算。被执行人不履行执行和解协议,权利人就履行执行和解协议向执行法院起诉的,提交起诉状或者口头起诉之日时效中断,该诉讼程序终结时起重新计算。

（5）因权利人撤销申请而终结执行的,执行程序终结时起重新计算;权利人在时效期间内再次申请执行的,时效再次中断[《民事诉讼法解释》(2022 年修正)第 518 条]。依据最高人民法院释义书的解释,在《民事诉讼法》(2021 年修正)第 264 条第 2—6 项情形下,再次具备执行条件的,当事人亦可申请恢复执行程序,产生与前述相同后果。[282]

（6）法院依据《民事诉讼法》(2021 年修正)第 238 条裁定暂缓执行的,该裁定生效之日时效中断;暂缓执行期限届满时被执行人仍未履行义务的,暂缓执行期限届满时起重新计算;暂缓执行期限届满后权利人申请恢复执行的,时效再次中断。依《执行担保规定》(2020 年修正)第 11 条第 1 款规定,暂缓执行期间担保人有转移、隐藏、变卖、毁损担保财产等行为的,权利人可申请恢复执行。该情形下,提出该申请之日时效中断;法院作出执行担保财产或者保证人财产之裁定生效之日重新计算。执行担保期间是否届满对时效中断规则的适用不产生影响,执行担保权自身亦无时效问题,因为执行担保期间届满则执行担保权消灭[《执行担保规定》(2020 年修正)第 13 条]。[283]

（7）当事人、利害关系人依据《执行异议复议规定》(2020 年修正)第 7 条第 1 款就程序瑕疵提出执行行为异议的,无论法院裁定异议是否成立,该裁定生效均不导致重新计算。因为该异议的功能在于纠正违法执行行为、保障程序权益,结

133

134

135

136

---

[280]　该条系借鉴我国台湾地区"强制执行法"第 27 条"债权凭证制度"而设,旨在解决执行积案问题。参见最高人民法院修改后民事诉讼法贯彻实施工作领导小组编著:《最高人民法院民事诉讼法司法解释理解与适用(下)》,人民法院出版社 2015 年版,第 1370—1371 页。

[281]　对该规定的批评意见认为,该条与第 195 条存在冲突,终结本次执行程序的后果应是"执行时效重新计算"。参见霍海红:《执行时效期间的再改革》,载《中国法学》2020 年第 1 期,第 252—253 页。

[282]　参见最高人民法院修改后民事诉讼法贯彻实施工作领导小组编著:《最高人民法院民事诉讼法司法解释理解与适用(下)》,人民法院出版社 2015 年版,第 1378 页。

[283]　有学者认为,执行担保期间与民事担保期间(保证期间、抵押期间等)性质相同,因此也存在担保债务时效计算问题。参见刘璐:《执行担保的性质及其法律适用问题研究》,载《法律科学》2009 年第 5 期,第 166 页。但司法解释似未采纳该观点。

果是撤销或变更执行行为,而非导致执行程序终结。[284] 被执行人就实体事由提出排除执行异议的[《执行异议复议规定》(2020 年修正)第 7 条第 2 款、第 3 款],如果法院裁定终结执行程序,裁定生效之日重新计算;反之则否。

137　　　其二,不予受理、驳回申请、不予执行或者撤销案件的,该申请是否构成中断事由? 分为以下几种情形:

138　　　(1)未依法提交相关文件、证件[《执行工作规定》(2020 年修正)第 18 条][285]或者未依法缴纳申请费[《执行工作规定》(2020 年修正)第 21 条]而被不予受理,不构成中断事由。

139　　　(2)因被申请法院无管辖权、其他有管辖权法院已经立案(《执行程序解释》第 2 条)被不予受理或者撤销案件,或者当事人提出管辖权异议而致撤销案件(《执行程序解释》第 3 条)的,构成中断事由,裁定生效之日重新计算(边码 94)。

140　　　(3)法院就仲裁裁决裁定不予执行或驳回申请的,如果系基于实体原因[《民事诉讼法》(2021 年修正)第 244 条第 2 款第 4 项、第 5 项和第 3 款],不构成中断事由;如果系基于程序原因[《民事诉讼法》(2021 年修正)第 244 条第 2 款第 1—3项、第 6 项],构成中断事由,裁定生效之日重新计算。

141　　　(4)法院就公证债权文书裁定不予执行的,如果系基于实体原因[《民事诉讼法解释》(2022 年修正)第 478 条第 1 款第 1 项、第 3 项和第 2 款],不构成中断事由;如果系基于程序原因[《民事诉讼法解释》(2022 年修正)第 478 条第 1 款第 2项、第 4 项],构成中断事由,裁定生效之日重新计算。

142　　　代位执行场合下,申请执行人或被执行人向法院申请执行被执行人对案外第三人的到期债权[《执行工作规定》(2020 年修正)第 45—53 条、《民事诉讼法解释》(2022 年修正)第 499 条][286],该申请对申请执行人的权利构成中断事由。对于被执行人的权利,如果该申请由被执行人提出,或者由申请执行人提出而被执行人知晓该事实的,该申请构成中断事由。[287] 提出该申请之日时效中断,代位执行程序终结时起重新计算。

---

〔284〕 参见最高人民法院执行局编著:《最高人民法院关于人民法院办理执行异议和复议案件若干问题规定理解与适用》,人民法院出版社 2015 年版,第 212—213 页。

〔285〕 有法院认为,申请人未提供公证机关出具的执行证书而被法院不予审理,但不能否认申请人主张权利的意思表示,故该申请仍构成中断事由。参见广西壮族自治区玉林市中级人民法院(2016)桂09 民终 1094 号民事判决书。该裁判意见有误,因为其混淆了申请强制执行和诉讼外请求之中断事由的条件。

〔286〕 对该规定的批评意见认为,该债权是欠缺执行名义的权利,对其启动执行程序存在不可弥补的程序瑕疵。参见庄加园:《初探债权执行程序的理论基础——执行名义欠缺的质疑与收取诉讼的构造尝试》,载《现代法学》2017 年第 3 期,第 136—138 页。

〔287〕 参见最高人民法院民事审判第二庭编著:《最高人民法院关于民事案件诉讼时效司法解释理解与适用》,人民法院出版社 2015 年版,第 248 页。

权利人针对获得执行名义的权利申请强制执行,对未获得执行名义的权利是 **143**
否构成中断事由? 原则上应否定之,即使二者系基于同一事实产生,因为后者非
属既判力所及而不具以申请强制执行中断时效的资格。具体情形包括:(1)原告
起诉要求返还装载机并赔偿停工损失,后撤回停工损失之诉讼请求,其后申请强
制执行未涉及停工损失;[288](2)不当得利款(孳息和资金占用损失)并非生效法律
文书确定的内容,申请强制执行对其不具有中断效力[289]等。但基于前述理由(边
码59),对于未获得执行名义的利息(例如因迟延履行生效法律文书所生利息),申
请强制执行构成中断事由。[290]

(六)申请追加当事人或者被通知参加诉讼[《诉讼时效规定》(2020年
修正)第11条第6项]

本项之中断事由是指当事人申请将自己或他人追加为诉讼当事人,或者被法 **144**
院通知以诉讼当事人身份参加诉讼。此情形产生与起诉相同效力,故构成中断事
由。如果该申请未被法院认可但申请人实体权利真实存在,亦可构成中断事
由。[291] 当事人提出申请时或者通知生效之日时效中断,诉讼程序终结时起重新
计算。本项之中断事由不包括原告或被告被通知参加诉讼,[292]被通知以非诉讼
当事人身份参加诉讼[293]等情形。

在执行程序中申请追加被执行人或者法院变更被执行人的[《民事诉讼法解 **145**
释》(2022年修正)第470—473条],类推适用本项规定。

实务中,依本项导致时效中断的具体情形包括:(1)申请追加第三人;[294] **146**
(2)被通知参加仲裁程序;[295](3)被通知作为第三人参加诉讼;[296](4)申请追加共
同被告;[297](5)申请追加被执行人;[298](6)作为被告被通知参加诉讼;[299]等等。

---

〔288〕 参见云南省高级人民法院(2017)云民申126号民事裁定书。

〔289〕 参见浙江省高级人民法院(2015)浙民申字第746号民事裁定书。

〔290〕 参见山东省日照市中级人民法院(2019)鲁11民终272号民事判决书。

〔291〕 参见安徽省马鞍山市中级人民法院(2020)皖05民终832号民事判决书。

〔292〕 有法院认为该情形构成本项之中断事由。参见四川省高级人民法院(2019)川民申7106号民
事裁定书。该裁判意见有误,因为该情形构成"起诉"之中断事由。

〔293〕 参见四川省高级人民法院(2017)川民申2226号民事裁定书。

〔294〕 参见最高人民法院(2014)民申字第1375号民事裁定书。

〔295〕 参见海南省高级人民法院(2019)琼民申918号民事裁定书。

〔296〕 参见四川省高级人民法院(2017)川民终531号民事判决书。

〔297〕 参见四川省高级人民法院(2015)川民终字第1072号民事判决书。

〔298〕 参见湖北省高级人民法院(2014)鄂民二终字第00133号民事判决书。

〔299〕 参见湖南省邵阳市中级人民法院(2015)邵中民一终字第67号民事判决书。

（七）在诉讼中主张抵销[《诉讼时效规定》(2020 年修正) 第 11 条第 7 项]

147　　　本项之中断事由应解释为,被告在诉讼中提出抵销抗辩,该抗辩对被告债权（主动债权）构成中断事由。因为如果原告主张抵销,该起诉构成中断事由,抵销之诉讼请求不单独构成中断事由。[300] 被告在诉讼中提出抵销抗辩,表明其具有通过诉讼程序实现权利的意思,故即使其未就此提起反诉,亦可构成中断事由。而且只要被告债权真实存在,该抵销主张即可构成中断事由,其是否符合实体法之抵销要件则无影响。被告提出抵销主张之日时效中断,诉讼程序终结时起重新计算。

148　　　在执行程序中被执行人主张抵销的[《执行异议复议规定》(2020 年修正) 第 19 条],类推适用本项规定,即该抵销主张对被执行人债权构成中断事由。在破产程序中债权人主张抵销的,与申报债权性质类似,故亦构成中断事由。[301]

149　　　实务中,不以当事人明确使用"抵销"概念为必要,其言行具有使双方债权相互消灭的意思,即可构成本项之中断事由。具体情形包括:(1)债务人提出租借建筑设备应从借款中扣除;[302](2)被执行人对法院扣划款项提出执行异议,要求抵扣款项,法院未依职权扣除;[303](3)执行法院主持下,双方当事人主张过抵销,虽然没有达成一致意见,亦导致时效中断;[304](4)法院调解过程中,债务人多次提出双方债权债务相互抵销,双方均同意对账;[305](5)被告在庭审中表示,原告欠被告奖金已抵扣被告应付货款,所以未向原告主张;[306](6)建设工程承包人请求法院对垫付款项与工程款予以一并处理;[307](7)当事人在答辩及上诉过程中均以对方尚欠其本案项下的生活费为由提出抗辩;[308]等等。

（八）向有权解决相关民事纠纷的社会组织提出保护相应民事权利的请求[《诉讼时效规定》(2020 年修正) 第 12 条]

150　　　在我国诉讼外纠纷解决机制较为发达的背景下,本条之中断事由具有现实合

[300] 参见最高人民法院民事审判第二庭编著:《最高人民法院关于民事案件诉讼时效司法解释理解与适用》,人民法院出版社 2015 年版,第 250 页。

[301] 参见王欣新:《破产程序与诉讼时效问题研究》,载《政治与法律》2015 年第 2 期,第 3、7 页。

[302] 参见新疆维吾尔自治区高级人民法院(2019)新民终 460 号民事判决书。

[303] 参见广东省高级人民法院(2019)粤执监 4 号执行裁定书。

[304] 参见广东省高级人民法院(2018)粤执监 66 号执行裁定书。

[305] 参见河南省高级人民法院(2015)豫法民再字第 00005 号民事判决书。

[306] 参见上海市高级人民法院(2014)沪高民一(民)再提字第 23 号民事判决书。

[307] 参见江苏省盐城市阜宁县人民法院(2015)阜城民初字第 01126 号民事判决书。

[308] 参见广东省深圳市福田区人民法院(2014)深福法民二初字第 3235 号民事判决书。

理性。立法机关释义书认为,本条构成《民法典》第 195 条第 4 项规定的"其他情形"。[309] 亦有学者认为,本条属于"诉讼外请求"。[310] 前者解释更为合理,因为该中断事由是权利人寻求某种诉讼替代救济,而非直接向义务人主张权利。该中断事由应具备以下要件:

要件 1:权利人向社会组织提出请求。现行法对请求形式并无严格要求,这与起诉或申请仲裁差异甚大。例如《人民调解法》对申请调解的形式未作规定,当事人采取书面或口头形式均可(《关于贯彻实施〈中华人民共和国人民调解法〉的意见》第 11 条)。权利人向其他社会组织请求的,实践中多采口头反映情况、书面"情况说明"等形式。如果权利人未提出请求,即使社会组织或第三人的某些行为涉及权利人的权利,也不构成中断事由。例如:(1)政府有关部门向其上级部门或其他政府部门就权利人纠纷作出报告、请示,传阅流转范围仅限于政府内部;[311] (2)第三人向镇政府举报涉案林地不在征地范围;[312] 等等。

要件 2:请求应包含保护民事权利的内容。该请求目的是通过社会组织行使职权以助于直接或间接实现权利,而非获取内容清晰、具体的裁决(如起诉、仲裁),因此该要件之"保护民事权利"应从宽解释。即使该请求并非直接要求义务人履行义务,但其最终目的是实现民事权利,亦满足该要件。具体情形包括:(1)反映情况,主张权利;[313] (2)请求进行行政处理;[314] (3)提出工伤认定申请;[315] (4)要求进行医疗事故鉴定;[316] (5)要求协调处理;[317] (6)要求继续追查相关用人单位;[318] (7)要求协助处理与义务人的工程款问题;[319] 等等。如果当事人向有行政执法权的行政机关举报行政违法行为,或者仅提出意见或建议,而不具有保护民事权利的内容,不构成中断事由。[320]

要件 3:被请求的应为人民调解委员会以及其他依法有权解决相关民事纠纷的国家机关、事业单位、社会团体等社会组织。此类社会组织可分为两类:其一,

要件数字标注(右侧):151　152　153

---

〔309〕　参见黄薇主编:《中华人民共和国民法典总则编释义》,法律出版社 2020 年版,第 527 页。

〔310〕　参见陈甦主编:《民法总则评注(下册)》,法律出版社 2017 年版,第 1407 页(周江洪执笔)。

〔311〕　参见最高人民法院(2018)最高法民终 232 号民事判决书。

〔312〕　参见四川省高级人民法院(2019)川民再 148 号民事判决书。

〔313〕　参见最高人民法院(2016)最高法民终 149 号民事判决书。

〔314〕　参见最高人民法院(2009)民申字第 569 号民事裁定书。

〔315〕　参见湖北省高级人民法院(2019)鄂民申 4818 号民事裁定书。

〔316〕　参见湖南省高级人民法院(2017)湘民申 1330 号民事裁定书。

〔317〕　参见北京市高级人民法院(2016)京民再 42 号民事判决书。

〔318〕　参见江苏省高级人民法院(2014)苏审三民申字第 235 号民事裁定书。

〔319〕　参见广东省高级人民法院(2013)粤高法民申字第 695 号民事裁定书。

〔320〕　参见最高人民法院民事审判第二庭编著:《最高人民法院关于民事案件诉讼时效司法解释理解与适用》,人民法院出版社 2015 年版,第 256 页。

不受案型限制的社会组织,包括人民调解委员会、信访机构和各级人民政府。人民调解委员会的受案范围是"民间纠纷"(《人民调解法》第 2 条),信访的内容是"向各级人民政府、县级以上人民政府工作部门反映情况,提出建议、意见或者投诉请求"(《信访条例》第 2 条),二者文义均涵盖所有类型民事纠纷。实践中,人民调解委员会的运作形式较为灵活,既包括村委会、居委会和企业事业单位依法设立的人民调解委员会(《人民调解法》第 8 条第 1 款),也包括驻人民法庭的调解工作室[321]等形式,均可符合本要件。基于"有困难、找政府"观念,实务中当事人向各级政府请求保护民事权利亦属常见,该情形被普遍认定为构成中断事由。[322]有最高人民法院判例认为,"市政法委"亦构成本条之社会组织。[323]

154　　　　其二,受特定案型限制的社会组织,即仅仅针对特定类型纠纷有权依法处理的社会组织。具体情形包括:(1)矿管局、煤炭工业局(采矿权纠纷);[324](2)知识产权局(专利权纠纷);[325](3)人力资源和社会保障局(劳动争议纠纷);[326](4)公安消防支队(财产损害赔偿纠纷);[327](5)公安局交通警察大队(机动车保险纠纷、[328]交通事故责任纠纷[329]);(6)交通运输局(公路改建工程合同纠纷);[330](7)海关(侵害商标权纠纷);[331](8)国资委(国企合同纠纷);[332](9)证监局(期货经纪合同纠纷);[333]等等。

155　　　　实务中,因不具有解决相关民事纠纷的权限,而被认定不属于本条之社会组织的情形包括:(1)小区业主委员会(物业服务合同纠纷);[334](2)林场(金融借款

---

[321]　参见最高人民法院(2019)最高法民再 257 号民事判决书。

[322]　参见天津市高级人民法院(2019)津民终 363 号民事判决书。

[323]　参见最高人民法院(2016)最高法民申 585 号民事裁定书。

[324]　参见最高人民法院(2015)民提字第 75 号民事判决书。

[325]　参见最高人民法院(2009)民申字第 569 号民事裁定书。

[326]　参见湖北省高级人民法院(2019)鄂民申 4818 号民事裁定书。

[327]　参见吉林省高级人民法院(2017)吉民申 971 号民事裁定书。

[328]　参见广东省高级人民法院(2017)粤民申 9158 号民事裁定书。

[329]　参见江苏省高级人民法院(2016)苏民申 6301 号民事裁定书。

[330]　参见四川省高级人民法院(2016)川民终 151 号民事判决书。

[331]　参见天津市高级人民法院(2013)津高民三终字第 19 号民事判决书。在另一案情类似的案件中,法院认为"权利人向海关请求采取知识产权保护措施的行为"不属于本条之中断事由。参见福建省高级人民法院(2015)闽民终字第 2266 号民事判决书。前者裁判意见更为合理,因为海关依法扣留相关涉嫌侵权物品(《海关法》第 6 条第 3 项),具有保护民事权利和证据保全的作用。

[332]　参见北京市高级人民法院(2013)高民终字第 4387 号民事判决书。

[333]　参见上海市高级人民法院(2013)沪高民五(商)终字第 1 号民事判决书。

[334]　参见广东省高级人民法院(2018)粤民再 355 号民事判决书。

合同纠纷);[335](3)当地党委、政府、检察院、信访局、律师事务所等(劳动争议纠纷);[336]等等。

依本条情形导致时效中断的,中断时点是"提出请求之日",即提交书面请求或者口头请求之日[类推适用《诉讼时效规定》(2020年修正)第12条];重新计算时点是"有关程序终结之日"(《民法典》第195条前段)。值得注意的是,由于缺乏类似诉讼或仲裁程序终结之明确时点,且各类社会组织亦无统一适用的处理程序,因此"有关程序终结之日"应解释为社会组织作出正式书面或者口头处理意见之日。例如:作出不予受理通知书;[337]信访事项告知单;[338]处理意见函;[339]行政处罚决定书;[340]等等。最高人民法院释义书认为,区分纠纷是否被解决,重新计算时点分别是"调处决定或协议规定的履行期限届满之日"或者"权利人知道或应当知道纠纷未获解决之日"。[341] 该解释并不合理,因为其既缺乏法律依据,又由于"未获解决"纯属事后判断而难有一个清晰时点。

(九)刑事案件受害人(权利人)向司法机关报案或者控告[《诉讼时效规定》(2020年修正)第13条]

本条是民刑交叉案件的时效中断规则。虽然报案或者控告的直接目的是追究他人刑事责任而非主张民事权利,但因某些刑事案件与民事权利具有密切关联性,故权利人实施此类行为可推定其具有主张权利的意思,而构成中断事由。《经济犯罪规定》(2020年修正)第9条对此设有规定,《诉讼时效规定》(2020年修正)第13条对其作出修改,故前者不再适用。本条之中断事由应具备以下要件:

要件1:权利人以刑事案件为由进行报案或者控告。其一,原则上应由权利人主动报案或控告。司法机关主动查处刑事案件且权利人对此不知情的,无论时效是否已起算,均不构成中断事由。司法机关在主动查处刑事案件过程中将犯罪嫌疑情况通知权利人,[342]如果此前时效未起算,权利人收到通知之日时效起算且立刻中断;如果时效已起算,权利人收到通知之日时效中断。因为此时处于刑事侦

---

〔335〕　参见江西省高级人民法院(2018)赣民申1420号民事裁定书。

〔336〕　参见山东省高级人民法院(2017)鲁民申361号民事裁定书。该裁判意见似有误,因为其混淆了有权管辖劳动争议纠纷的机关(劳动争议仲裁委员会、法院等)与本条规定的社会组织。本案中,当事人向党委、政府、信访局请求保护民事权利,应构成中断事由。

〔337〕　参见四川省高级人民法院(2017)川民申4782号民事判决书。

〔338〕　参见江苏省高级人民法院(2016)苏民申5763号民事裁定书。

〔339〕　参见北京市高级人民法院(2013)高民终字第4387号民事判决书。

〔340〕　参见天津市高级人民法院(2013)津高民三终字第19号民事判决书。

〔341〕　参见最高人民法院民事审判第二庭编著:《最高人民法院关于民事案件诉讼时效司法解释理解与适用》,人民法院出版社2015年版,第260页。

〔342〕　此处仅讨论犯罪嫌疑情况具备时效起算要件的情形,否则时效未起算而无须考虑中断问题。

查阶段,权利人合理信赖司法机关通过法律程序保护其权利,故时效不应继续进行。[343] 其二,权利人应实施报案或控告行为,该行为目的是启动刑事案件法律程序。如果权利人向司法机关进行信访请求保护民事权利,不构成本条之中断事由,而是应适用《诉讼时效规定》第 14 条[《诉讼时效规定》(2020 年修正)第 12 条]。[344] 检察院在侦查过程中冻结有关人员财产,无论是否基于权利人申请,均不构成中断事由[不类推适用《诉讼时效规定》第 13 条第 6 项,即《诉讼时效规定》(2020 年修正)第 11 条第 5 项]。[345] 其三,第三人报案、控告或提供侦查线索的行为,原则上对权利人不构成中断事由。

159   要件 2:须向公安机关、检察院、法院报案或者控告。"向法院报案或者控告"应解释为权利人提起刑事自诉案件。权利人向公安机关、检察院报案或者控告,并由此提起公诉的,该报案或者控告构成中断事由,提起公诉不导致时效再次中断。《银行卡纠纷规定》第 3 条第 3 项规定,"发卡行以持卡人恶意透支存在犯罪嫌疑为由向公安机关报案"构成中断事由。司法机关在主动查处刑事案件过程中将犯罪嫌疑情况通知权利人导致时效中断的,权利人被通知参加刑事诉讼不导致时效再次中断。需注意的是,本条之"请求保护民事权利"采推定方法认定,即只要客观上该刑事案件与保护民事权利具有密切关联性,报案或控告即可推定为具有该意思,而无须于报案或控告时明确表达"请求保护民事权利"。常见情形包括:(1)因借款到期后无法联系债务人向公安机关报案;[346](2)以他人涉嫌挪用资金罪向检察院报案;[347](3)以合同诈骗为由向公安局报案;[348](4)向公安机关举报他人侵害其商业秘密;[349] 等等

160   要件 3:该刑事案件与保护民事权利具有密切关联性。司法机关查处或审理的刑事案件所涉事实与民事权利被侵害应属同一事实或者相互关联,才可构成中断事由。义务人被采取刑事强制措施导致权利人不能行使请求权的,可构成中止事由而非中断事由。

161   依本条情形导致时效中断的,中断时点是"报案或者控告之日":向公安机关、检察院报案或者控告的,为提交书面材料或者口头报案、控告之日;向法院提起刑

---

〔343〕 参见最高人民法院民事审判第二庭编著:《最高人民法院关于民事案件诉讼时效司法解释理解与适用》,人民法院出版社 2015 年版,第 268 页。实例参见上海市知识产权法院(2015)沪知民终字第 6 号民事判决书。

〔344〕 参见江苏省高级人民法院(2016)苏民申 5763 号民事裁定书。

〔345〕 参见最高人民法院(2005)民二终字第 100 号民事判决书。

〔346〕 参见最高人民法院(2019)最高法民申 2247 号民事裁定书。

〔347〕 参见最高人民法院(2016)最高法民终 265 号民事判决书。

〔348〕 参见江西省高级人民法院(2019)赣民终 255 号民事判决书。

〔349〕 参见黑龙江省高级人民法院(2018)黑民终 636 号民事判决书。

事自诉的,为提交起诉状或者口头起诉之日[类推适用《诉讼时效规定》(2020 年修正)第 10 条]。

关于重新计算时点,本条规定了两种情况。其一,决定不立案、撤销案件、不起诉的,又分为两种情形。(1)自始不立案。虽有民事权利受侵害的事实,但公安机关、检察院认为没有犯罪事实或犯罪事实显著轻微,不需要追究刑事责任而不予立案的,仍构成中断事由,权利人知道或者应当知道不立案之日重新计算。如果不存在民事权利受侵害的事实,因当事人认识错误报案或者控告的,不构成中断事由,亦无重新计算问题。提起刑事自诉被法院不予受理或驳回起诉的,参见边码 95。(2)立案后撤销案件、不起诉。该情形下,权利人知道或者应当知道撤销案件、不起诉之日重新计算。司法机关作出决定但未通知权利人的,时效期间不重新计算。[350]

其二,刑事案件进入审理阶段且作出刑事裁判文书的,刑事裁判文书生效之日重新计算。但应注意的是,民刑交叉案件中刑事裁判文书是否已处理追赃、退赔对于权利人能否另行提起民事诉讼具有直接影响,并由此影响重新计算的认定。

(1)被告人非法占有、处置被害人财产的,刑事判决应依法追缴、责令退赔。被害人提起附带民事诉讼或另行提起民事诉讼的,法院不予受理(《刑事诉讼法解释》第 176 条)。该情形下,权利人通过刑事诉讼请求保护民事权利,法院对此予以受理、处理,并采取追赃、退赔方式保护了民事权利。因此,重新计算时点为刑事裁判文书生效之日,[351]权利人另行提起民事诉讼被不予受理或驳回不导致时效再次中断。

(2)权利人可依法另行提起民事诉讼[《经济犯罪规定》(2020 年修正)第 8 条],且刑事裁判文书未处理追赃、退赔的,分为以下几种情形:一是刑事诉讼先于民事诉讼终结,民事诉讼程序终结时起重新计算。二是民事诉讼终结时刑事诉讼尚未终结,民事诉讼作出实体判决的,民事诉讼程序终结时起重新计算;未作出实体判决的,刑事裁判文书生效之日重新计算。三是民事诉讼程序终结后,如果权利人的权利仍然存在、时效期间仍需计算的,当事人进行刑事报案或提起刑事自诉构成中断事由,刑事裁判文书生效之日重新计算。[352]

162

163

164

165

[350]　参见江苏省高级人民法院(2017)苏民终 258 号民事判决书。

[351]　有观点认为,追赃、退赔过程中时效处于持续中断状态,即时效期间重新计算时点为追赃、退赔程序结束之日。参见张雪楳:《诉讼时效审判实务与疑难问题解析——以〈民法总则〉诉讼时效制度及司法解释为核心》,人民法院出版社 2019 年版,第 661 页。考虑该情形下权利人缺乏类似民事诉讼中申请强制执行的权利,亦无类似申请执行时效之法定期间,因此该观点具有相当合理性。

[352]　参见最高人民法院(2015)民抗字第 24 号民事判决书。

(十)其他[《诉讼时效规定》(2020 年修正)第 11 条第 8 项]

1. 申请先予执行

166 该申请发生在受理案件后终审判决作出前[《民事诉讼法解释》(2022 年修正)第 169 条],该阶段因起诉导致时效处于停止计算状态,因此该申请不单独构成中断事由。

2. 申请诉前调解

167 该申请发生在"法院收到起诉状或者口头起诉之后、正式立案之前"(《最高人民法院关于建立健全诉讼与非诉讼相衔接的矛盾纠纷解决机制的若干意见》第 14 条),此时已因法院收到起诉状或者口头起诉而致时效中断,因此该申请不单独构成中断事由。[353] 同理,法院依职权进行诉前调解亦不构成中断事由。

3. 申请确认调解协议的效力

168 该申请由双方当事人共同向法院提出[《民事诉讼法》(2021 年修正)第 201 条],其包含权利人通过法律程序确认权利的意思,故其构成中断事由。当事人提出该申请之日时效中断。法院经审查裁定调解协议有效的,调解协议所载履行期限届满之日重新计算;裁定驳回申请的,裁定生效时起重新计算。当事人变更调解协议、达成新的调解协议或者起诉的,时效再次中断。

4. 申请参与分配

169 执行程序开始后,被执行人的其他已经取得执行依据的债权人和对查封、扣押、冻结的财产有优先权、担保物权的债权人依法向法院申请参与分配的[《民事诉讼法解释》(2022 年修正)第 506 条],系债权人欲通过执行程序实现权利,故该申请构成中断事由。申请人提交申请书之日时效中断。法院准许申请人参与分配的,执行程序终结时起重新计算;法院驳回申请的,裁定生效时起重新计算。

5. 协助执行通知

170 被执行人未按执行通知履行法律文书确定的义务,法院向有关单位发出协助执行通知书的[《民事诉讼法》(2021 年修正)第 249 条],该通知不构成中断事由。[354] 理由在于:其一,协助执行是执行措施的一种方式,而非在申请强制执行

---

〔353〕 相反意见参见张雪楳:《诉讼时效审判实务与疑难问题解析——以〈民法总则〉诉讼时效制度及司法解释为核心》,人民法院出版社 2019 年版,第 492 页。
〔354〕 有法院认为协助执行通知构成中断事由。参见福建省南平市中级人民法院(2014)南民终字第 420 号民事判决书。该裁判意见有误。

之外另行主张权利。[355] 其二,有关单位的协助执行义务是法定义务、公法义务,其自身并无时效问题。

6.收取命令通知

法院执行被执行人对他人的到期债权,通知该他人向申请执行人履行的[《民事诉讼法解释》(2022 年修正)第 499 条],该通知对申请执行人的债权不单独构成中断事由,因为此前申请强制执行已导致时效处于中断状态且尚未结束。该通知对被执行人对他人的到期债权构成中断事由,因为收取命令虽属程序法规则,但具有行使代位权的类似效果,[356] 故可类推适用《诉讼时效规定》(2020 年修正)第 16 条之规定。该通知到达他人之日时效中断,执行程序终结时起重新计算。

171

7.申请实现担保物权

该申请包含债权人通过法律程序实现其主债权的意思,故其对主债权构成中断事由。由于现行法将实现担保物权程序定位为非讼程序,债权人不能直接申请强制执行担保财产,[357] 须由法院依有无实体争议作出不同处理,[358] 因此该申请构成本项之中断事由,而非同条第 5 项之中断事由。债权人提交申请书之日时效中断。法院经审查裁定拍卖、变卖担保财产的,裁定生效之日重新计算;债权人依据该裁定申请执行的,时效再次中断。法院经审查裁定驳回申请的,裁定生效之日重新计算;其后当事人向法院提起诉讼的[《民事诉讼法》(2021 年修正)第 204 条],时效再次中断。

172

当事人就实现担保物权方式达成协议的,该协议表明当事人双方欲以约定方式实现主债权,[359] 故可解释为构成诉讼外请求和义务承认之中断事由。该协议之要约生效之日时效中断。达成协议的,该协议所载履行期限届满时起重新计算;未达成协议的,要约失效或确定无法达成协议时起重新计算。

173

8.诉讼中的其他抗辩

诉讼中,被告主张(时效抗辩、抵销抗辩以外的)其他抗辩的,该行为包含以其基础性权利效力对抗原告请求权的意思。基于前述类似理由(边码147),该抗辩对

174

---

[355] 参见最高人民法院民事诉讼法修改研究小组编著:《〈中华人民共和国民事诉讼法〉修改条文理解与适用》,人民法院出版社 2012 年版,第 548—549 页。

[356] 参见最高人民法院修改后民事诉讼法贯彻实施工作领导小组编著:《最高人民法院民事诉讼法司法解释理解与适用(下)》,人民法院出版社 2015 年版,第 1327 页。

[357] 参见王胜明主编:《中华人民共和国民事诉讼法释义》(最新修正版),法律出版社 2012 年版,第 462 页。

[358] 对于法院在该程序中的审查性质和审查内容,学理及实务上素有争议。参见任重:《担保物权实现的程序标的:实践、识别与制度化》,载《法学研究》2016 年第 2 期,第 114—133 页。

[359] 参见程啸:《论抵押权的实现程序》,载《中外法学》2012 年第 6 期,第 1194 页。

被告权利构成中断事由。被告提出抗辩之日时效中断,诉讼程序终结时起重新计算。具体情形包括:(1)原告诉请被告支付股权转让款及违约金,被告抗辩称原告逾期交付印章手续构成根本违约;[360](2)民间借贷纠纷中,被告抗辩称该借款实际上为预付的货款;[361](3)原告诉请被告支付欠款,被告以原告所建砖窑不符合质量要求抗辩;[362]等等。

七、时效中断的效力

(一)中断时点和重新计算时点

1.中断时点

175　　　中断时点的意义是时效期间于此时停止计算。《民法典》第 195 条"有下列情形之一的,诉讼时效中断"应解释为中断时点是"中断事由发生完毕之时"。具体而言:(1)诉讼外请求和义务承认之中断时点是该意思通知生效之日;(2)起诉之中断时点是"提交起诉状或者口头起诉之日";(3)其他情形之中断时点详见第六部分。

176　　　《诉讼时效规定》(2020 年修正)第 17 条第 1 款规定,债权转让场合下,中断时点是"转让通知到达债务人之日"。虽然债权转让通知为观念通知,但由于该通知包含了债权人向债务人"确认权利"的意思,因此在时效中断场合下亦兼具意思通知的属性,而构成诉讼外请求之中断事由,中断时点为通知生效之日。该款应缩限解释为转让通知是书面形式的情形,且仅指清偿期后的通知,因为清偿期前时效尚未起算。[363] 该通知生效时点准用意思表示生效标准(《民法典》第 137 条、第 139 条),即应区分通知的形式分别认定:通知是对话方式的,采了解主义;通知是非对话方式的,采到达主义;通知是公告方式的,采完成主义。如果债权人未予通知,其对债务人进行催收仍构成中断事由。[364]

177　　　《诉讼时效规定》(2020 年修正)第 17 条第 2 款规定,债务承担场合下,构成原债务人对债务承认的,中断时点是"债务承担意思表示到达债权人之日"(应解释为"债务承担意思通知生效之日")。本款的适用条件包括:(1)债务承担之法

---

[360]　参见最高人民法院(2017)最高法民终 46 号民事判决书。

[361]　参见四川省成都市中级人民法院(2018)川 01 民终 11672 号民事判决书。

[362]　参见湖南省邵阳市中级人民法院(2017)湘 05 民终 601 号民事判决书。

[363]　参见徐涤宇:《〈合同法〉第 80 条(债权让与通知)评注》,载《法学家》2019 年第 1 期,段码 55—58。

[364]　参见最高人民法院(2014)民提字第 220 号民事判决书。

律关系成立。(2)当事人的言行可解释出原债务人对债务承认(确认义务)的意思。由于无论是否在债务承担场合下,原债务人向债权人作出确认义务通知均可构成义务承认之中断事由,因此本款对依据新债务人和债权人言行解释出原债务人对债务承认的意思更具意义。分以下几种情形讨论:

其一,免责债务承担的情形下,原债务人为取得债权人同意而通知其债务承担事实的,该通知直接构成原债务人"义务承认",故无论债权人是否同意,该通知均构成中断事由,中断时点为通知生效之日。新债务人与债权人达成债务承担协议的,如果原债务人知情且未作拒绝表示,该协议构成中断事由,中断时点为协议生效之日;如果原债务人不知情或者虽然知情但表示拒绝,该协议因不产生债务承担效果而不构成中断事由。[365] 178

其二,原债务人与新债务人约定加入债务的情形下,原债务人将该约定通知债权人的,该通知直接构成原债务人"义务承认",故无论债权人是否拒绝(《民法典》第552条前段),该通知均构成中断事由,中断时点为通知生效之日。新债务人将该约定通知债权人的,分以下两种情形:(1)债权人未明确拒绝的,该通知构成中断事由,中断时点为通知生效之日。由于原债务人与新债务人达成加入债务协议中包含有原债务人"义务承认"的意思,故该情形可解释为新债务人将原债务人"义务承认"的意思向债权人代为通知。(2)债权人明确拒绝的,该通知不构成中断事由。由于新债务人的代为通知系以加入债务为目的,因此在加入债务未成立的情形下,不应将该"代为通知"单独解释为原债务人"义务承认"。 179

在某民间借贷纠纷案中,债权人与原债务人、新债务人签订《债务代偿协议书》,约定:原债务人未偿还全部债务的,就未能偿还部分由新债务人偿还;债务加入行为不免除原债务人的还款责任。最高人民法院(再审)认为,债权人对新债务人(债务加入人)的请求权诉讼时效可从"原债务人未能偿还部分"的基本确定日(本案为作出终结本次执行程序裁定书之日)起算。[366] 该处"起算"似为"中断并重新计算"之误,理由如下:第一,债权人作为当事人参与订立债务加入协议,产生替代通知的效果,故无须另行通知。第二,由于本案中债务加入的标的是"原债务人未能偿还部分",在该部分债务尚未确定之前债权人对新债务人的请求权内容尚不确定,故以"原债务人未能偿还部分"确定之日为中断及重新计算时点是合理的。 180

其三,新债务人向债权人表示愿意加入债务并通知债权人的,分以下两种情 181

---

[365] 对于新债务人与债权人达成债务承担协议是否须以"原债务人同意"为生效要件,现行法未作规定,但依据《民法典》第522条第2款的精神和立法机关释义书的解释,应采肯定结论。参见黄薇主编:《中华人民共和国民法典合同编释义》,法律出版社2020年版,第201—202页。

[366] 参见最高人民法院(2021)最高法民再346号民事判决书。

形：（1）债权人未明确拒绝的，债务加入成立（《民法典》第 552 条后段），无论原债务人对此是否知情，该通知对原债务人时效均不构成中断事由。原债务人不知情的情形下，新债务人不能代替其放弃时效利益，故该通知对原债务人时效不应产生影响。[367] 即使原债务人知情，如果其未向债权人或新债务人作出义务承认的表示，仅凭其知情亦不应解释为"义务承认"。值得注意的是，由于该通知生效前原债务人与新债务人之间的连带债务关系尚未成立，因此该通知不能依据《诉讼时效规定》（2020 年修正）第 15 条第 2 款对原债务人产生时效中断效力。（2）债权人明确拒绝的，由于债务加入不成立，基于上述理由，该通知不构成中断事由更为明显。

2. 重新计算时点

182　　　重新计算时点的意义是于此时计算另一完整时效期间。《民法通则》第 140 条规定中断与重新计算适用同一时点，《民法典》第 195 条将其修改为重新计算时点是"中断、有关程序终结时"。具体而言：（1）诉讼外请求和义务承认之重新计算时点是"中断时"；（2）起诉和其他情形之重新计算时点是"有关程序终结时"，以防止法律程序尚未终结而时效已届满，从而有违中断制度目的。[368]

183　　　应注意两种特殊情形：一是双方以协议方式实施诉讼外请求或义务承认的（边码32），重新计算时点为该协议所载履行期限届满之日或催告宽限期届满之日。[369] 二是给付之诉中原告胜诉的，法律文书通常确定被告履行期限，重新计算时点为该履行期限届满之日［《民事诉讼法》（2021 年修正）第 246 条第 2 款］，[370] 因为该期限届满前被告尚享有期限利益，原告还不能行使权利（申请强制执行）；[371] 法律文书未确定被告履行期限的，重新计算时点为法律文书生效之日。确认之诉、形成之诉和给付之诉因程序原因被驳回等情形下，重新计算时点为法律文书生效之日。此外，其他情形之中断事由涉及诸多规则，其重新计算时点详见第六部分（边码113—174）。

3. 重新计算时效期间的种类

184　　　现行法对此未有明确规定，通说认为，时效中断后仍应重新计算原种类时效

---

〔367〕　参见最高人民法院民事审判第二庭编著：《最高人民法院关于民事案件诉讼时效司法解释理解与适用》，人民法院出版社 2015 年版，第 321 页。

〔368〕　参见黄薇主编：《中华人民共和国民法典总则编释义》，法律出版社 2020 年版，第 528 页。

〔369〕　参见四川省高级人民法院（2018）川民再 108 号民事判决书。

〔370〕　有法院认为，该情形下重新计算时点是"债务人签收法律文书之日"。参见青海省高级人民法院（2019）青民终 3 号民事判决书。该裁判意见有误。

〔371〕　参见葛承书：《民法时效——从实证的角度出发》，法律出版社 2007 年版，第 194 页。

期间。[372] 但如果因起诉及类似事由中断时效的,生效法律文书确定的权利应重新计算执行时效期间[《民事诉讼法》(2021 年修正)第 246 条第 1 款]。

（二）时效中断效力的相对性

由于时效中断效力对债务人而言十分不利,因此该效力范围应限于直接当事人、继承人、受让人之间,即中断效力原则上仅具相对性。[373] 有规定对此设有明文(我国台湾地区“民法”第 138 条)。现行法对此虽无规定,但亦应采此解释。例如:(1)原告胜诉后仅针对一被告申请强制执行,该中断效力不发生于其他被告;[374] (2)债权人向按份共同保证人之一请求履行,中断效力不及于其他保证人;[375] 等等。

（三）时效中断效力相对性的例外

1. 连带债权债务关系

对于连带债务关系中时效中断是否具有绝对效力,比较法上态度不一,[376] 我国学界亦存争议。[377] 《民法典》施行前,司法解释和最高人民法院判例均采绝对效力说。[378] 修正后的《诉讼时效规定》(2020 年修正)第 15 条仍保留了该规定。有疑问的是,《民法典》第 520 条中连带债务关系之绝对效力事项并无时效中断,司法解释该规定是否与其抵触而无效,抑或构成特殊规定而继续适用? 笔者认为,《诉讼时效规定》(2020 年修正)第 15 条构成诉讼时效领域的特殊规定,但其应缩限解释为:该条仅适用于知道或应当知道连带债务关系存在的当事人。理由如下:其一,《民法典》第 520 条的本意是参酌域外立法经验,列举出具有绝对效力的“典型事项”,[379] 以弥补此前的立法缺漏。该条仅正面列举若干绝对效力事项,但并未规定此外皆为相对效力事项,亦未另行列举相对效力事项,这与《德国民法典》第 422—425 条显著不同。其二,考虑现行时效期间(3 年)偏短及信用状况不

185

186

---

[372]　参见王利明:《民法总则研究》(第 3 版),中国人民大学出版社 2018 年版,第 793 页。

[373]　参见沈建兴:《民法总则逐条释义》,台湾地区元照出版有限公司 2018 年版,第 703 页。

[374]　参见最高人民法院(2019)最高法民申 3010 号民事裁定书。

[375]　参见山西省高级人民法院(2018)晋民终 547 号民事判决书。

[376]　绝对效力模式参见《法国民法典》第 2245 条;相对效力模式参见《德国民法典》第 425 条;旧《日本民法典》第 434 条仅就部分中断事由(请求)采绝对效力模式,但 2017 年修订后的《日本民法典》删除了该条。

[377]　相对效力说的观点,参见王利明:《债法总则研究》,中国人民大学出版社 2015 年版,第 233 页;绝对效力说的观点,参见梁展欣主编:《诉讼时效司法实务精义》,人民法院出版社 2010 年版,第 174 页。

[378]　参见最高人民法院(2017)最高法民申 1529 号民事裁定书。

[379]　参见黄薇主编:《中华人民共和国民法典合同编释义》,法律出版社 2020 年版,第 130 页。

佳的社会现实,《诉讼时效规定》(2020 年修正)第 15 条具有强化债权人时效利益保护的特殊规范意旨。其三,连带债务大多基于某种共同事业关系(如合伙)或共同生活关系(如婚姻)产生。无论对债权人或债务人而言,该共同关系均使其产生以下心理预期:时效中断对整个团体有效,而不必向各债务人一一请求或要求每个债务人均作出承认。因此对未被请求或未作出承认的债务人而言,时效中断对其有效是其加入该团体的默认结果。其四,某些连带债务(如数人侵权)并非基于共同关系产生,理由三对其难以成立,这也是日本法将"请求"由绝对效力改为相对效力的主要原因。[380] 考虑《诉讼时效规定》(2020 年修正)第 15 条明确规定绝对效力之前提,将其解释为"未被请求或未作出承认的债务人知道或应当知道连带债务关系,对其才产生中断效力"似较妥当。因为债务人"知情",才能产生债务共同性的心理预期。

187   依据《诉讼时效规定》(2020 年修正)第 15 条,连带债权关系中时效中断亦具有绝对效力。除上述理由外,由于某一债权人主张权利或被义务承认对于其他债权人(也应解释为对连带债权关系知情的债权人)亦属有利,故该规则的合理性更为明显。

2. 主债权与从债权

188   对于主债权时效中断效力是否及于保证债权,司法解释态度历经反复,[381]学界分歧较大。[382]《民法典》和新司法解释对此未作规定。基于保证债权从属性原理,应解释为主债权时效中断导致保证债权时效中断(无论基于何种中断事由),反之则否。[383] 例如债权人向主债务人催收债务,导致主债权时效和保证债权时效同时中断。[384]

189   对于本金债权与利息债权的关系,实务主流意见主张适用《诉讼时效规定》(2020 年修正)第 9 条"同一债权"之规定,即权利人主张本金债权或利息债权之一的,中断效力及于另一债权(边码 59)。

190   主债权时效中断是否导致违约责任(如违约金)请求权时效中断? 有域外法对此持肯定态度(《德国民法典》第 213 条),理由在于基于同一原因产生的履行请

---

〔380〕 潮见佳男『新債権総論 II』(信山社、2017 年)594 頁,参照。

〔381〕 参见《最高人民法院关于审理经济合同纠纷案件有关保证的若干问题的规定》第 29 条、《担保法解释》第 36 条。

〔382〕 参见张鹏:《我国保证债务诉讼时效问题研究》,载《中外法学》2011 年第 3 期,第 555—557 页;崔建远:《债法总论》,法律出版社 2013 年版,第 199 页。

〔383〕 参见杨巍:《保证债务与主债务的诉讼时效关联》,载《法学》2020 年第 6 期,第 23—26 页。

〔384〕 参见江西省高级人民法院(2018)赣民终 657 号民事判决书。

求权、违约金请求权、替代给付损害赔偿请求权等具有"选择性"。[385] 我国现行法对此虽无规定,但基于主流意见对《诉讼时效规定》(2020 年修正)第 9 条"同一债权"扩张解释的精神以及违约责任请求权时效的从属性(边码64),[386] 应采与德国法相同解释。简言之,主债权时效中断导致违约责任请求权时效中断。具体情形包括:(1)原告多次要求被告办理房屋产权登记手续,虽未同时主张违约金,亦导致违约金时效中断;[387](2)原告与被告达成的"协调会议纪要"涉及维修基金、契税退还及办理房产证事宜,能够引起逾期办证违约金时效中断;[388](3)义务人(出卖人)同意交房导致交房义务时效中断,亦导致违约金时效中断;[389] 等等。

3. 债权人行使代位权

《诉讼时效规定》(2020 年修正)第 16 条规定,债权人提起代位权诉讼的,对债权人的债权(前位债权)和债务人的债权(次债权)均发生时效中断效力。因为该诉讼被告虽不是债务人,但该起诉表明债权人就前位债权寻求司法救济,故引起前位债权时效中断;债务人以第三人身份参加该诉讼,足以知悉其权利是否受到侵害,故同样满足次债权时效中断条件。[390] 债权人虽非提起代位权诉讼,而是以代位权人身份申请保全次债权,亦可产生本条之中断效力。[391]

如果次债权额大于前位债权,该起诉对次债权额超出部分是否具有中断效力? 较为合理的解释是,如果债务人并无放弃超出部分债权的意思,该起诉对超出部分债权亦具有中断效力[类推适用《诉讼时效规定》(2020 年修正)第 9 条]。[392]

由于《民法典》第 535 条将代位权客体扩展至"与前位债权有关的从权利",故债权人起诉代位行使担保物权、形成权等,[393] 亦可产生《诉讼时效规定》(2020 年修正)第 16 条之中断效力。由于《民法典》第 536 条新增保存行为规则,《诉讼时效规定》(2020 年修正)第 16 条的适用范围应扩张解释为亦适用于保存行为。因

191

192

193

---

[385]　Vgl. Helmut Grothe, Kommentar zum § 213, in: *Münchener Kommentar zum BGB*, 9. Aufl. , München:C. H. Beck, 2021.

[386]　亦有学者认为,虽然违约请求权为性质独立之请求权,而非一般意义的从权利,但时效规则对其和合同债权仍应一体适用。参见姚明斌:《〈合同法〉第 114 条(约定违约金)评注》,载《法学家》2017 年第 5 期,段码48—52。

[387]　参见甘肃省平凉市中级人民法院(2019)甘 08 民终 503 号民事判决书。

[388]　参见贵州省黔东南苗族侗族自治州中级人民法院(2019)黔 26 民终 1825 号民事判决书。

[389]　参见福建省厦门市中级人民法院(2018)闽 02 民终 376 号民事判决书。

[390]　参见最高人民法院民事审判第二庭编著:《最高人民法院关于民事案件诉讼时效司法解释理解与适用》,人民法院出版社 2015 年版,第 306 页。

[391]　参见甘肃省高级人民法院(2018)甘民终 61 号民事判决书。

[392]　参见韩世远:《合同法总论》(第 4 版),法律出版社 2018 年版,第 448—449 页。

[393]　参见龙俊:《民法典中的债之保全体系》,载《比较法研究》2020 年第 4 期,第 121—124 页。

此《民法典》施行后,债权人于诉讼外向次债务人请求其向债务人履行、向破产管理人申报债权等保存行为,对前位债权和次债权均发生时效中断效力。

4. 被保险人与第三责任人事由

194　　《最高人民法院关于审理海上保险纠纷案件若干问题的规定》第 15 条规定,保险人取得保险代位权后,被保险人就第三人起诉、申请仲裁、申请扣船或者第三人同意履行义务导致时效中断的,效力及于保险人。[394] 该第三人是指对保险事故造成损害负有法律责任之人,其与保险人形成不真正连带之债。由于被保险人就保险金请求权和对第三人责任请求权可选择行使,[395] 而第三人是否履行会直接影响保险代位权的成立及行使,故时效中断效力具有牵连性。第三人向被保险人履行的,保险金应作相应扣减(《保险法》第 60 条第 2 款),被保险人请求保险人支付剩余部分保险金时,时效再次中断。前述规定虽系针对海上保险所作,依理亦应适用于陆上保险。

5. 证券市场虚假陈述

195　　《证券市场虚假陈述规定》第 32 条第 2 款规定,对于虚假陈述责任人中的一人发生的时效中断事由,对其他连带责任人也发生时效中断的效力。第 33 条第 1 款规定,在诉讼时效期间内,部分投资者向人民法院提起人数不确定的普通代表人诉讼的,该起诉行为对所有具有同类诉讼请求的权利人发生时效中断的效果。上述规定是证券法领域中"强化保护投资者权益"之立法目的在时效中断规则上的体现。

八、举证责任

(一)一般规则

196　　原告(权利人)应当承担时效中断的证明责任,因为基于通说"规范说"的证明责任分配规则:原告对权利产生规范的要件事实承担证明责任,被告对权利妨碍规范、权利消灭规范和权利排除规范的要件事实承担证明责任。[396] 原告主张权利时仅须证明权利有效存在,而无须主动证明时效未届满(时效中断),原告就时效中断举证系以被告援引时效抗辩权为前提。法官发现中断证据,不得主动依职权作出认定。具体而言:其一,被告提出时效抗辩之前,原告对时效中断不负举证责任。其二,被告援引时效抗辩权的,应就起算、届满等事实举证证明,但对不

---

[394]　该条系继承《第二次全国涉外商事海事审判工作会议纪要》(法发〔2005〕26 号)第 126 条之结果。

[395]　最高人民法院保险法司法解释起草小组:《〈中华人民共和国保险法〉保险合同章条文理解与适用》,中国法制出版社 2010 年版,第 391 页。

[396]　参见霍海红:《诉讼时效中断证明责任的中国表达》,载《中外法学》2021 年第 2 期,第 372 页。

存在中断情形不负举证责任。其三,原告以时效中断为由对被告援引时效抗辩权提出异议的,须对中断各要件举证以证明时效未届满。[397] 被告否认时效中断的,须对中断各要件予以反证。[398]

(二)常见争议

1.催收文书到达

权利人向义务人发送催收文书的情形下,对该文书到达的事实如何进行举证分配,实务中易生争议。最常见的争议是,权利人仅凭邮寄凭证是否足以证明该文书到达义务人,尤其是在义务人否认收到文书的情形下,如何进行举证分配?实务主流意见认为,权利人对催收文书的邮寄凭证完成举证的,基于对邮政企业服务正常化的合理信赖,可推定该邮件到达义务人,此系证据的推定证明力。义务人否认到达事实的,应予以举证推翻前述推定。而且根据举证责任分配规则中的近距离原则,由于推定义务人是邮件持有人,其应对邮件不具有催收内容负举证责任。[399] 最高人民法院有关复函[400]和相关裁判意见均采此观点,该观点亦与前文所述"到达"包括"实际到达"和"应当到达"的内容相一致(边码48)。实务中被认定具有推定证明力的邮寄凭证包括:寄送挂号信凭证、[401]国内特快专递邮件寄件凭证[402]等。

因存在某种瑕疵,实务中不被认定具有推定证明力的情形包括:(1)快递公司的寄件存根;[403](2)公证催收送达存在瑕疵;[404](3)权利人仅提供载明日期的文

---

[397] 参见最高人民法院(2013)民四终字第6号民事判决书。

[398] 有学者认为,权利人和义务人对时效中断和时效抗辩都无法举证的,应作出有利于权利人的认定。参见李国波:《诉讼时效中断之举证责任探讨》,载《黑龙江省政法管理干部学院学报》2010年第4期,第141页。该观点并不合理,因为其与举证责任之"不利后果说"相悖。

[399] 参见最高人民法院民事审判第二庭编著:《最高人民法院关于民事案件诉讼时效司法解释理解与适用》,人民法院出版社2015年版,第179页。

[400] 《最高人民法院关于债权人在保证期间以特快专递向保证人发出逾期贷款催收通知书但缺乏保证人对邮件签收或拒收的证据能否认定债权人向保证人主张权利的请示的复函》([2003]民二他字第6号)规定:"债权人通过邮局以特快专递方式向保证人发出逾期贷款通知书,在债权人能够提供特快专递邮件存根及内容的情况下,除非保证人有相反证据推翻债权人所提供的证据,应当认定债权人向保证人主张了权利。"

[401] 参见最高人民法院(2016)最高法民再355号民事判决书。

[402] 参见最高人民法院(2018)最高法民再109号民事判决书。

[403] 参见最高人民法院(2015)民申字第134号民事裁定书。在该案中最高人民法院认为,《最高人民法院关于债权人在保证期间以特快专递向保证人发出逾期贷款催收通知书但缺乏保证人对邮件签收或拒收的证据能否认定债权人向保证人主张权利的请示的复函》规定的邮寄方式是特定的,即通过邮局的特快专递。顺丰公司并非邮局,仅是一般快递公司,因此其寄件存根不具有证明邮件到达的推定效力。

[404] 参见最高人民法院(2013)民提字第57号民事判决书。

书,无其他证据证明送达义务人;[405](4)邮政挂号信查询单未能显示收件人信息和邮寄内容;[406](5)挂号信回执上无收件人信息,签收人信息显示为物业工作人员而非义务人;[407]等等。

2. 扣款凭证

199　　　金融机构仅凭转账传票底单和原始会计凭证,是否足以证明账户扣款行为? 由于此类证据均为金融机构单方制作,其证明力常被相对方质疑。实务主流意见认为,此类凭证具有推定证明力,可作为认定扣款行为的证据。理由在于:其一,该认定符合金融行业的操作惯例。金融机构从客户账户划扣资金,一般均采用一式三联的特种转账借方传票。要求银行提供其他证据证明扣款行为,脱离金融机构业务操作的实际。其二,金融机构定期向客户出具对账单,如果金融机构没有实际划扣款项,债务人可以提交对账单否认扣款行为。其三,金融管理部门和法律法规对金融机构会计制度有严格规定,一般情况下可以排除金融机构事后伪造会计凭证的可能性。[408]

3. 差旅凭证

200　　　权利人前往义务人所在地的差旅费凭证,是否足以证明主张权利的事实? 对此主要考虑两个因素:一是义务人是否举出反证;二是有无其他证据相结合形成证据链。实务中认定构成中断事由的情形包括:(1)权利人提交数次前往义务人所在地的差旅费凭证,且此前多次向义务人发函、对账,形成有效证据链,且义务人亦未提出有力反证;[409](2)权利人提供《领导干部外出报备审批单》和往返机票等证据,且有证人证言佐证;[410](3)权利人提供的过路费发票、派出所接出警工作登记表、证人证言相互印证;[411]等等。

附:案例索引

1. 安徽省马鞍山市中级人民法院(2020)皖 05 民终 832 号民事判决书:刘某林与夏某福生命权、健康权、身体权纠纷案【边码 144】

2. 北京市海淀区人民法院(2014)海执异字第 131 号执行裁定书:乔某航等与王某川婚姻家庭、继承纠纷案【边码 110】

---

[405]　参见最高人民法院(2018)最高法民终 32 号民事判决书。
[406]　参见浙江省高级人民法院(2018)浙民终 482 号民事判决书。
[407]　参见上海市高级人民法院(2018)沪民再 26 号民事判决书。
[408]　参见吴庆宝:《诉讼时效中断的司法认定(上)》,载《人民法院报》2009 年 2 月 3 日,第 6 版。
[409]　参见最高人民法院(2004)民二终字第 205 号民事判决书。
[410]　参见山东省高级人民法院(2019)鲁民终 159 号民事判决书。
[411]　参见江苏省苏州市中级人民法院(2017)苏 05 民终 2416 号民事判决书。

3. 北京市高级人民法院(2013)高民终字第4387号民事判决书:南宁市中润置业发展有限公司与中钢贸易有限公司等买卖合同纠纷案【边码154、156】

4. 北京市高级人民法院(2016)京民再42号民事判决书:北京怀城建筑工程有限公司与常某芳等建设工程合同纠纷案【边码152】

5. 北京市高级人民法院(2017)京民再47号民事判决书:浙江文华控股有限公司与北京信利源担保服务有限公司等借款合同纠纷案【边码54】

6. 北京市高级人民法院(2017)京民再6号民事判决书:北京市怀柔区红螺镇水库管理处与北京红螺旅游开发有限责任公司租赁合同纠纷案【边码77】

7. 重庆市第五中级人民法院(2019)渝05民终176号民事判决书:重庆宇界实业有限公司与重庆江都建设(集团)有限公司民间借贷纠纷案【边码112】

8. 重庆市高级人民法院(2016)渝民终211号民事判决书:重庆力帆奥体物业管理有限公司与保利建设集团有限公司等建设工程施工合同纠纷案【边码77】

9. 重庆市高级人民法院(2017)渝民初170号民事判决书:邓某刚等与贵州加益煤业集团有限公司等合同纠纷案【边码66】

10. 重庆市高级人民法院(2017)渝民终48号民事判决书:祁某宏与曾某惠民间借贷纠纷案【边码57】

11. 重庆市高级人民法院(2019)渝民终198号民事判决书:重庆乌江电力公司等与花垣县供电公司供用电合同纠纷案【边码35】

12. 福建省南平市中级人民法院(2014)南民终字第420号民事判决书:黄某灿与庄某星等房屋租赁合同纠纷案【边码170】

13. 福建省南平市中级人民法院(2015)南民终字第917号民事判决书:绍兴县川红纺织品有限公司与叶某群等买卖合同纠纷案【边码92】

14. 福建省厦门市中级人民法院(2018)闽02民终376号民事判决书:厦门仁文建设有限公司与廖某球商品房预售合同纠纷案【边码190】

15. 福建省高级人民法院(2009)闽民终字第616号民事判决书:东方海外货柜航运有限公司与福清朝辉水产食品贸易有限公司海上货物运输合同纠纷案【边码57】

16. 福建省高级人民法院(2015)闽民终字第2266号民事判决书:古乔古希股份公司与石家庄常山恒荣进出口贸易有限公司侵害商标权纠纷案【边码154】

17. 福建省高级人民法院(2016)闽民终1484号民事判决书:华盖创意(北京)图像技术有限公司与宝宝巴士(福建)网络科技有限公司侵害其他著作财产权纠纷案【边码58】

18. 甘肃省平凉市中级人民法院(2019)甘08民终503号民事判决书:李某与兰州浦马润地房地产开发有限公司房屋买卖合同纠纷案【边码190】

19. 甘肃省高级人民法院(2018)甘民终61号民事判决书:金昌瑞鑫盛商贸有限公司与四川元宇商贸有限公司等债权人代位权纠纷案【边码191】

20. 广东省深圳市福田区人民法院(2014)深福法民二初字第3235号民事判决书:韩某新与深圳市精盈人才服务有限公司委托合同纠纷案【边码149】

21. 广东省高级人民法院(2013)粤高法民申字第695号民事裁定书:中山市永益建筑有

限公司与梁北源建设工程施工合同纠纷案【边码 152】

22. 广东省高级人民法院（2016）粤民申 6470 号民事裁定书：吴某梅与湛江市建筑基础公司等建设工程施工合同纠纷案【边码 57】

23. 广东省高级人民法院（2016）粤民终 944 号民事判决书：广州市景某某房地产开发有限公司与广州市危房改造建设管理所建设用地使用权转让合同纠纷案【边码 79】

24. 广东省高级人民法院（2017）粤民申 9158 号民事裁定书：中国人民财产保险股份有限公司江门市新会支公司与王某佳财产保险合同纠纷案【边码 154】

25. 广东省高级人民法院（2017）粤民再 499 号民事判决书：张家港富瑞特种装备股份有限公司与潮州市中凯华丰能源连锁配送有限公司买卖合同纠纷案【边码 79】

26. 广东省高级人民法院（2018）粤民申 150 号民事裁定书：朱某筠与广州玉德堂陵园有限公司等返还欠款纠纷案【边码 81】

27. 广东省高级人民法院（2018）粤民再 278 号民事判决书：赖某芳与惠州市泰安居物业管理有限公司物业服务合同纠纷案【边码 65】

28. 广东省高级人民法院（2018）粤民再 355 号民事判决书：蔡某与惠州市泰安居物业管理有限公司物业服务合同纠纷案【边码 155】

29. 广东省高级人民法院（2018）粤执监 66 号执行裁定书：珠海宝辉生物科技有限公司与湛江市粤西建筑工程公司珠海公司建设工程施工合同纠纷案【边码 149】

30. 广东省高级人民法院（2019）粤民终 266 号民事判决书：三亚潜水技术培训中心与江龙船艇科技股份有限公司船舶建造合同纠纷案【边码 51】

31. 广东省高级人民法院（2019）粤执监 4 号执行裁定书：广州新城市实业发展有限公司与广东省电白县第三建筑工程公司建设工程合同纠纷案【边码 149】

32. 广西壮族自治区玉林市中级人民法院（2016）桂 09 民终 1094 号民事判决书：陈某生等与谭某义民间借贷纠纷案【边码 138】

33. 贵州省黔东南苗族侗族自治州中级人民法院（2019）黔 26 民终 1825 号民事判决书：杨某华与刘某薇商品房预售合同纠纷案【边码 190】

34. 贵州省高级人民法院（2018）黔民终 715 号民事判决书：黔西南州久丰矿业（集团）有限公司晴隆县大厂镇全力煤矿与贵州创力煤矿机械成套装备有限公司等买卖合同纠纷案【边码 78】

35. 海南省高级人民法院（2016）琼民申 440 号民事裁定书：海南楚湘建设工程有限公司等与海口云顺利贸易有限公司买卖合同纠纷案【边码 57】

36. 海南省高级人民法院（2019）琼民申 918 号民事裁定书：王某与海南琪鑫七仙岭温泉开发有限公司等商品房销售合同纠纷案【边码 146】

37. 河北省泊头市人民法院（2019）冀 0981 民初 639 号民事判决书：泊头市农村信用联社股份有限公司与曹某等金融借款合同纠纷案【边码 115】

38. 河北省高级人民法院（2013）冀三终字第 93 号民事判决书：DAC China SOS（Barbados）SRL 与某甲公司等借款合同纠纷案【边码 57】

39. 河北省高级人民法院（2018）冀民终 1047 号民事判决书：河北云驾岭矿业有限公司

与北京中锰工贸有限责任公司等技术服务合同纠纷案【边码44】

40. 河南省高级人民法院(2015)豫法民一终字第278号民事判决书:商丘市联圣房地产开发有限公司与范某芳房屋买卖合同纠纷案【边码85】

41. 河南省高级人民法院(2015)豫法民再字第00005号民事判决书:深圳市金源实业股份有限公司与舞阳钢铁有限责任公司债权纠纷案【边码149】

42. 河南省高级人民法院(2018)豫民再1186号民事判决书:花某祥与曹某琦等企业借贷纠纷案【边码79】

43. 黑龙江省鹤岗市中级人民法院(2019)黑04民终237号民事判决书:中国建设银行股份有限公司鹤岗分行与钟某新民间借贷纠纷案【边码115】

44. 黑龙江省高级人民法院(2015)黑监民再字第48号民事判决书:张某富与中国工行黑龙江分行股份有限公司股票侵权纠纷案【边码58】

45. 黑龙江省高级人民法院(2017)黑民终402号民事判决书:黑龙江省七建建筑工程有限责任公司与黑龙江省建设集团有限公司等债权转让合同纠纷案【边码33】

46. 黑龙江省高级人民法院(2018)黑民终547号民事判决书:齐齐哈尔市汽车制动器厂与吴某军等金融借款合同纠纷案【边码32】

47. 黑龙江省高级人民法院(2018)黑民终636号民事判决书:黑龙江林某机械设备有限公司与哈尔滨正德科技开发股份有限公司等侵害商业秘密纠纷案【边码159】

48. 黑龙江省高级人民法院(2019)黑民终392号民事判决书:王某宁与秦某智合同纠纷案【边码81】

49. 湖北省高级人民法院(2014)鄂民二终字第00133号民事判决书:深圳市五星企业有限公司等与武汉市人民政府国有资产监督管理委员会货款纠纷案【边码146】

50. 湖北省高级人民法院(2017)鄂执复34号执行裁定书:大冶特殊钢股份有限公司与江铃汽车公司买卖合同纠纷案【边码110】

51. 湖北省高级人民法院(2018)鄂民终1399号民事判决书:中船动力有限公司与临海市波澜船舶制造有限公司船舶物料与备品供应合同纠纷案【边码44】

52. 湖北省高级人民法院(2019)鄂民申4818号民事裁定书:湖北万峰石材有限公司与郑某宝劳动争议纠纷案【边码152、154】

53. 湖北省高级人民法院(2019)鄂民再43号民事判决书:李某杰与中国铁路武汉局集团有限公司生命权、健康权、身体权纠纷案【边码85】

54. 湖南省邵阳市中级人民法院(2015)邵中民一终字第67号民事判决书:中国平安财产保险股份有限公司湖南分公司与毛某祥等机动车交通事故责任纠纷案【边码146】

55. 湖南省邵阳市中级人民法院(2017)湘05民终601号民事判决书:邵阳县金旺环保砖厂与蒋某清加工合同纠纷案【边码174】

56. 湖南省岳阳市中级人民法院(2014)岳中民一初字第16号民事判决书:湖南国立投资(控股)有限公司与岳阳经济技术开发区锦华机械化施工有限公司等融资租赁合同纠纷案【边码72】

57. 湖南省长沙市中级人民法院(2019)湘01民终4826号民事判决书:邓某精与张某等

合同纠纷案【边码 57】

58. 湖南省高级人民法院(2017)湘民申 1330 号民事裁定书:刘某某与攸县人民医院医疗损害责任纠纷案【边码 152】

59. 湖南省高级人民法院(2018)湘民终 911 号民事判决书:凌某义与黄某炬侵害商标权纠纷案【边码 51】

60. 吉林省高级人民法院(2017)吉民申 971 号民事裁定书:白城市洮北区西郊街道办事处东兴村民委员会与张某明等财产损害赔偿纠纷案【边码 154】

61. 吉林省高级人民法院(2018)吉民终 678 号民事判决书:吉林省天鼎旅游产业发展股份有限公司等与于某华等民间借贷纠纷案【边码 66】

62. 吉林省高级人民法院(2019)吉民终 45 号民事判决书:梨树县十家堡镇中心校与长春市佳路软件有限公司计算机软件著作权许可使用合同纠纷案【边码 92】

63. 江苏省盐城市阜宁县人民法院(2015)阜城民初字第 01126 号民事判决书:江苏九建建设工程有限公司与周某杰等追偿权纠纷案【边码 149】

64. 江苏省苏州市中级人民法院(2017)苏 05 民终 2416 号民事判决书:苏州赫瑞特电子专用设备科技有限公司与张家港市中利机械有限公司承揽合同纠纷案【边码 200】

65. 江苏省扬州市中级人民法院(2018)苏 10 民终 764 号民事判决书:陶某清与高邮市万顺农村小额贷款有限公司等保证合同纠纷案【边码 123】

66. 江苏省高级人民法院(2014)苏审三民申字第 235 号民事裁定书:南京钢加工程机械实业有限公司与苏某斋等机动车交通事故责任纠纷案【边码 152】

67. 江苏省高级人民法院(2016)苏民申 5763 号民事裁定书:陈某发与南京润泰市场有限公司侵权责任纠纷案【边码 156、158】

68. 江苏省高级人民法院(2016)苏民申 6301 号民事裁定书:袁某与中国人寿财产保险股份有限公司连云港市中心支公司等机动车交通事故责任纠纷案【边码 154】

69 江苏省高级人民法院(2017)苏民终 258 号民事判决书:深圳市天宝罗投资顾问有限公司等与江苏邳州农村商业银行股份有限公司等民间借贷纠纷案【边码 162】

70. 江苏省高级人民法院(2018)苏民终 170 号民事判决书:国电光伏有限公司与国电南瑞科技股份有限公司等买卖合同纠纷案【边码 35】

71. 江苏省高级人民法院(2019)苏民再 148 号民事判决书:荣盛(徐州)房地产开发有限公司与周某等商品房销售合同纠纷案【边码 71】

72. 江西省高级人民法院(2016)赣民终 110 号民事判决书:婺源县万寿山陵园有限公司等与董某明等民间借贷纠纷案【边码 81】

73. 江西省高级人民法院(2017)赣民再 49 号民事判决书:魏某州与黄某等借款合同纠纷案【边码 82】

74. 江西省高级人民法院(2018)赣民申 1420 号民事裁定书:江西上高农村商业银行股份有限公司与吴某金融借款合同纠纷案【边码 155】

75. 江西省高级人民法院(2018)赣民终 657 号民事判决书:吉安市新庐陵投资发展有限公司与刘某华等企业借贷纠纷案【边码 188】

76. 江西省高级人民法院(2019)赣民终147号民事判决书:朱某文与谢某雄等民间借贷纠纷案【边码103】

77. 江西省高级人民法院(2019)赣民终255号民事判决书:滨州市绿洲置业有限公司与朱某生等民间借贷纠纷案【边码159】

78. 辽宁省抚顺市望花区人民法院(2019)辽0404民初2788号民事判决书:鞍山市百特自动化设备有限公司与抚顺特殊钢股份有限公司买卖合同纠纷案【边码118】

79. 辽宁省大连市中级人民法院(2020)辽02民终1331号民事判决书:大连津戎物业管理有限公司与张某物业服务合同纠纷案【边码58】

80. 辽宁省高级人民法院(2009)辽民二终字第234号民事判决书:营口庆丰实业(集团)有限公司与营口银行股份有限公司新华支行借款合同纠纷案【边码128】

81. 辽宁省高级人民法院(2009)辽民二终字第63号民事判决书:阜新市第四粮库与中国信达资产管理公司沈阳办事处等借款合同纠纷案【边码58】

82. 辽宁省高级人民法院(2018)辽民终400号民事判决书:中国人民财产保险股份有限公司大连市星海湾支公司等与大连旅顺滨海船舶修造有限公司海上保险合同纠纷案【边码59】

83. 辽宁省高级人民法院(2018)辽民终79号民事判决书:大连宏孚企业集团有限公司与大连银行股份有限公司等金融借款合同纠纷案【边码82】

84. 辽宁省高级人民法院(2019)辽民终240号民事判决书:平安养老保险股份有限公司辽宁分公司与陈某珍等海上、通海水域保险合同纠纷案【边码33】

85. 青海省高级人民法院(2019)青民终3号民事判决书:青海福海碳化硅有限公司与虞某刚等企业借贷纠纷案【边码183】

86. 山东省德州市中级人民法院(2017)鲁14民终1621号民事判决书:张某亮与刘某华等委托合同纠纷案【边码123】

87. 山东省日照市中级人民法院(2019)鲁11民终272号民事判决书:袁某与张某民间借贷纠纷案【边码143】

88. 山东省高级人民法院(2015)鲁民三终字第301号民事判决书:陈某俊与山东鲁泰控股集团有限公司技术合同纠纷案【边码57】

89. 山东省高级人民法院(2017)鲁民申361号民事裁定书:马某美与山东荣邦防腐工程有限公司劳动争议纠纷案【边码155】

90. 山东省高级人民法院(2018)鲁民终232号民事判决书:青岛丰日兴科电气工程有限公司等与青岛中元粂焜金融投资控股有限公司等借款合同纠纷案【边码51】

91. 山东省高级人民法院(2018)鲁民终763号民事判决书:烟台市牟平商业大厦有限公司与沈阳治图文化传媒有限公司著作权权属、侵权纠纷案【边码101】

92. 山东省高级人民法院(2019)鲁民终159号民事判决书:山东凯西新材料有限公司与临沂市兰山区半程镇人民政府民间借贷纠纷案【边码200】

93. 山西省高级人民法院(2018)晋民申46号民事裁定书:侯某怀与管某信等生命权、健康权、人身权纠纷案【边码58】

94. 山西省高级人民法院(2018)晋民终 547 号民事判决书:中国信达资产管理股份有限公司山西省分公司与山西天欣意矿业发展有限公司等借款合同纠纷案【边码 185】

95. 上海市知识产权法院(2015)沪知民终字第 6 号民事判决书:鲁某敏与勃贝雷有限公司等侵害商标权纠纷案【边码 158】

96. 上海市高级人民法院(2013)沪高民五(商)终字第 1 号民事判决书:邱某奎与鲁证期货股份有限公司期货经纪合同纠纷案【边码 154】

97. 上海市高级人民法院(2014)沪高民一(民)再提字第 23 号民事判决书:丁某某与绍兴市大越酒业有限公司追索劳动报酬纠纷案【边码 149】

98. 上海市高级人民法院(2017)沪民终 319 号民事判决书:上海畜产麒麟进出口有限公司与深圳市鹏城海物流有限公司海上货物运输合同纠纷案【边码 66】

99. 上海市高级人民法院(2018)沪民再 26 号民事判决书:上海新市北企业管理服务有限公司与上海舜举钢铁物资有限公司物业服务合同纠纷案【边码 198】

100. 上海市高级人民法院(2018)沪民终 528 号民事判决书:中交一航局第一工程有限公司与江苏鸿基水源科技股份有限公司船务、码头建造合同纠纷案【边码 66】

101. 四川省成都市中级人民法院(2018)川 01 民终 11672 号民事判决书:陈某与刘某全买卖合同纠纷案【边码 174】

102. 四川省高级人民法院(2015)川民终字第 1072 号民事判决书:成都库克医药有限公司等与北京双鹭药业股份有限公司药品经销合同纠纷案【边码 146】

103. 四川省高级人民法院(2016)川民终 151 号民事判决书:四川星星建设集团有限公司与蒋某华合同纠纷案【边码 154】

104. 四川省高级人民法院(2017)川民申 2226 号民事裁定书:达州市大众恒信融资担保有限公司与张某保证合同纠纷案【边码 144】

105. 四川省高级人民法院(2017)川民申 4782 号民事判决书:谢某鹏等与中江县农村信用合作联社借款合同纠纷案【边码 156】

106. 四川省高级人民法院(2017)川民再 66 号民事判决书:四川古蔺农村商业银行股份有限公司与××俊等借款纠纷案【边码 46】

107. 四川省高级人民法院(2017)川民终 531 号民事判决书:付某伟与余某旭股权转让纠纷案【边码 146】

108. 四川省高级人民法院(2018)川民再 108 号民事判决书:中铁八局集团有限公司与深圳市中地建设工程有限公司建设工程施工合同纠纷案【边码 183】

109. 四川省高级人民法院(2018)川民再 675 号民事判决书:江苏星瑞化工工程科技有限公司与四川瑞能硅材料有限公司买卖合同纠纷案【边码 78】

110. 四川省高级人民法院(2018)川民终 356 号民事判决书:程某与资阳鼎兴建材有限公司等买卖合同纠纷案【边码 96】

111. 四川省高级人民法院(2018)川民终 371 号民事判决书:丽江市博石矿业有限责任公司与菲德勒环境(攀枝花)有限公司破产债权确认纠纷案【边码 119】

112. 四川省高级人民法院(2019)川民申 7106 号民事裁定书:攀枝花市融合房地产开发

有限公司与泸州宏鑫建安集团有限公司建设工程施工合同纠纷案【边码 144】

113. 四川省高级人民法院(2019)川民再 148 号民事判决书:广元市利州区赤化镇司马村 4 组与罗某祥等承包地征收补偿费用分配纠纷案【边码 151】

114. 四川省高级人民法院(2019)川执复 114 号执行裁定书:杨某与恒丰银行股份有限公司成都分行金融借款合同纠纷案【边码 118】

115. 天津市高级人民法院(2013)津高民三终字第 19 号民事判决书:保定市天鹏进出口集团有限公司与阿迪达斯有限公司(adidas AG)侵害商标权纠纷案【边码 154、156】

116. 天津市高级人民法院(2017)津民终 549 号民事判决书:宣某芝与谢某庚等海洋、通海可航水域工程建设纠纷案【边码 82】

117. 天津市高级人民法院(2019)津民终 363 号民事判决书:中国石油集团东方地球物理勘探有限责任公司与赵某海上、通海水域养殖损害责任纠纷案【边码 153】

118. 西藏自治区林芝市中级人民法院(2016)藏 26 民终 53 号民事判决书:陕西建工第六建设集团有限公司与林芝县八一镇福林钢材销售部买卖合同纠纷案【边码 115】

119. 新疆维吾尔自治区高级人民法院(2018)新民终 154 号民事判决书:魏某会与张某等民间借贷纠纷案【边码 79】

120. 新疆维吾尔自治区高级人民法院(2019)新民终 460 号民事判决书:江苏广宇建设集团有限公司与新疆国大房地产开发有限公司等建筑设备租赁合同纠纷案【边码 149】

121. 云南省高级人民法院(2017)云民申 126 号民事裁定书:刘某与刘某星等财产损害赔偿纠纷案【边码 143】

122. 云南省高级人民法院(2019)云民终 40 号民事判决书:云南今玉房地产有限公司与严某旺等民间借贷纠纷案【边码 103】

123. 浙江省金华市永康市人民法院(2013)金永商初字第 99 号民事判决书:浙江为尔工贸有限公司与鄢某昌民间借贷纠纷案【边码 118】

124. 浙江省宁波海事法院(2009)甬海法温商初字第 21 号民事裁定书:浙江东港船舶有限公司与福州金帆船务有限公司等船舶建造合同纠纷案【边码 10】

125. 浙江省高级人民法院(2015)浙民申字第 746 号民事裁定书:杭州华欣包装制品有限公司与郑某华不当得利纠纷案【边码 143】

126. 浙江省高级人民法院(2018)浙民终 1095 号民事判决书:商丘市民权林场与中法合营王朝葡萄酿酒有限公司等商标权侵权纠纷案【边码 101】

127. 浙江省高级人民法院(2018)浙民终 482 号民事判决书:中交第一航务工程局有限公司与温州空港新区管理委员会航道、港口疏浚合同纠纷案【边码 198】

128. 最高人民法院(2000)经终字第 119 号民事判决书:中国建设银行山东省费县支行与山东华和国际租赁有限公司融资租赁合同担保纠纷案【边码 39】

129. 最高人民法院(2003)民二终字第 175 号民事判决书:中国银行海南省分行与海南华侨投资股份有限公司等借款担保纠纷案【边码 72】

130. 最高人民法院(2004)民二终字第 111 号民事判决书:中国人民解放军军事科学院等与兰州兆龙装饰设计工程有限公司侵权赔偿纠纷案【边码 101】

131. 最高人民法院(2004)民二终字第 205 号民事判决书:北京巴布科克·威尔科克斯有限公司与内蒙古电力集团有限责任公司、内蒙古蒙达发电有限责任公司等买卖合同纠纷案【边码 200】

132. 最高人民法院(2004)民二终字第 88 号民事判决书:中国信达资产管理公司郑州办事处与河南轮胎集团有限责任公司借款抵押担保合同纠纷案【边码 39】

133. 最高人民法院(2004)民二终字第 94 号民事判决书:辽宁省鞍山市发展计划委员会与中国光大银行沈阳分行等借款担保纠纷案【边码 78】

134. 最高人民法院(2005)民二终字第 100 号民事判决书:西藏西域食品开发有限公司等与中国农业银行拉萨市康昂东路支行借款合同纠纷案【边码 158】

135. 最高人民法院(2005)民二终字第 200 号民事判决书:信达公司石家庄办事处与中阿公司等借款担保合同纠纷案【边码 47】

136. 最高人民法院(2009)民申字第 569 号民事裁定书:海安县同庆电塑厂与陈某明侵犯外观设计专利权纠纷案【边码 152、154】

137. 最高人民法院(2010)民提字第 136 号民事判决书:中国农业银行股份有限公司溧阳市支行与江苏耀德资产管理有限公司等借款合同纠纷案【边码 39、54】

138. 最高人民法院(2010)民提字第 200 号民事判决书:中国人民保险公司武汉市分公司证券部武胜营业处与瓦房店市农村信用合作联合社等证券回购纠纷案【边码 32】

139. 最高人民法院(2011)民二终字第 27 号民事判决书:中色(宁夏)东方集团有限公司与中国信达资产管理股份有限公司陕西省分公司保证合同纠纷案【边码 33】

140. 最高人民法院(2011)民二终字第 28 号民事判决书:中国东方资产管理公司武汉办事处与平安信托投资有限责任公司等借款担保合同纠纷案【边码 33】

141. 最高人民法院(2011)民提字第 7 号民事判决书:中国银行股份有限公司汕头分行与广东发展银行股份有限公司韶关分行等公司代位权纠纷案【边码 96】

142. 最高人民法院(2012)民二终字第 130 号民事判决书:宁夏富荣化工有限公司与中国长城资产管理公司兰州办事处保证合同纠纷案【边码 44】

143. 最高人民法院(2012)民二终字第 96 号民事判决书:中国农业银行股份有限公司黑龙江省分行直属支行与黑龙江北方企业集团有限责任公司等金融借款合同纠纷案【边码 59】

144. 最高人民法院(2012)民申字第 861 号民事裁定书:江西富华工业瓷有限公司与董某债务纠纷案【边码 66】

145. 最高人民法院(2012)民四终字第 8 号民事判决书:锐信投资有限公司与山东省纺织品进出口公司等债权转让合同纠纷案【边码 44】

146. 最高人民法院(2012)民提字第 138 号民事判决书:成功控股集团有限公司与湖南湘泉集团有限公司股权转让纠纷案【边码 121】

147. 最高人民法院(2012)民提字第 17 号民事判决书:广发证券股份有限公司等与上海九龙山股份有限公司等财产损害赔偿纠纷案【边码 96】

148. 最高人民法院(2013)民二终字第 122 号民事判决书:克拉玛依市银祥棉麻有限责任公司与新疆西部银力棉业(集团)有限责任公司买卖合同纠纷案【边码 32】

149. 最高人民法院(2013)民申字第 1957 号民事裁定书:北京网尚文化传播有限公司与珠海市新理念网吧侵害作品信息网络传播权纠纷案【边码 36】

150. 最高人民法院(2013)民申字第 2092 号民事裁定书:青岛农冠农药有限责任公司与青岛创丰实业有限公司借款合同纠纷案【边码 116】

151. 最高人民法院(2013)民四终字第 6 号民事判决书:泰山贸易公司与明发集团(香港)有限公司合同纠纷案【边码 196】

152. 最高人民法院(2013)民提字第 123 号民事判决书:经纬置地有限公司与上海虹房置业有限公司房屋买卖合同纠纷案【边码 77】

153. 最高人民法院(2013)民提字第 57 号民事判决书:中国信达资产管理股份公司辽宁省分公司与沈阳(中国北方花城)有限公司不良债权追偿纠纷案【边码 198】

154. 最高人民法院(2013)民提字第 5 号民事判决书:港捷国际货运有限公司与山西杏花村国际贸易公司海上货物运输合同纠纷案【边码 68】

155. 最高人民法院(2014)民二终字第 147 号民事判决书:方大炭素新材料科技股份有限公司与中国农业银行股份有限公司陕县支行等金融借款合同纠纷案【边码 59、86】

156. 最高人民法院(2014)民三终字第 8 号民事判决书:本田技研工业株式会社与石家庄双环汽车股份有限公司等侵害外观设计专利权纠纷案【边码 101】

157. 最高人民法院(2014)民申字第 1375 号民事裁定书:南京中富捷物流有限公司与重庆海华国际货物运输代理有限公司等水路货物运输侵权纠纷案【边码 146】

158. 最高人民法院(2014)民提字第 106 号民事判决书:桂林市正文房地产开发有限责任公司与张某华等商品房买卖合同纠纷案【边码 32】

159. 最高人民法院(2014)民提字第 220 号民事判决书:河北辛集化工集团有限责任公司与浙江亚商投资管理有限公司保证合同纠纷案【边码 176】

160. 最高人民法院(2014)民提字第 224 号民事判决书:北京市中孚律师事务所与海南(海口)特殊教育学校委托代理合同纠纷案【边码 33】

161. 最高人民法院(2014)民提字第 67 号民事判决书:四川鼎鑫置业有限责任公司与成都制药一厂等买卖合同纠纷案【边码 39】

162. 最高人民法院(2015)民二终字第 244 号民事判决书:中国华融资产管理股份有限公司深圳市分公司与青海水泥厂等金融借款合同纠纷案【边码 54】

163. 最高人民法院(2015)民二终字第 39 号民事判决书:国网辽宁省电力有限公司鞍山供电公司与中国农业银行股份有限公司鞍山立山支行等财产返还纠纷案【边码 52】

164. 最高人民法院(2015)民抗字第 24 号民事判决书:张某伟与张某发等民间借贷纠纷案【边码 165】

165. 最高人民法院(2015)民申字第 134 号民事裁定书:中国农业银行股份有限公司丹阳市支行与丹阳珍品八宝酒有限公司借款合同纠纷案【边码 198】

166. 最高人民法院(2015)民申字第 2793 号民事裁定书:河北广立房地产开发集团股份有限公司与张家口中惠房地产开发有限公司委托合同纠纷案【边码 59】

167. 最高人民法院(2015)民提字第 28 号民事判决书:通化市山城房屋开发有限公司与

吉林银行股份有限公司通化分行等借款担保合同纠纷案【边码 78】

168. 最高人民法院(2015)民提字第 75 号民事判决书:府谷县万泰明煤炭有限公司与府谷县福利煤化厂等合伙协议纠纷案【边码 154】

169. 最高人民法院(2015)执复字第 17 号执行裁定书:青海碱业有限公司破产管理人与浙江新湖集团股份有限公司公司增资纠纷执行案【边码 128】

170. 最高人民法院(2016)最高法民申 1018 号民事裁定书:河南华安建设集团有限公司与陈某等租赁合同纠纷案【边码 39】

171. 最高人民法院(2016)最高法民申 3020 号民事裁定书:重庆港务物流集团实业有限公司与重庆冶金轧钢厂金融不良债权追偿纠纷案【边码 101】

172. 最高人民法院(2016)最高法民申 585 号民事裁定书:洛阳华厦房地产开发有限公司与中天建设集团浙江安装工程有限公司等装饰装修合同纠纷案【边码 153】

173. 最高人民法院(2016)最高法民申 741 号民事裁定书:胡某利等与平江县供销合作联社联合贸易公司债权转让合同纠纷案【边码 54】

174. 最高人民法院(2016)最高法民再 301 号民事判决书:绿能高科集团有限公司等与安徽投资控股股份有限公司等企业借贷纠纷案【边码 46】

175. 最高人民法院(2016)最高法民再 320 号民事判决书:重庆倍嘉实业有限公司与福建三元达通讯股份有限公司买卖合同纠纷案【边码 57、67】

176. 最高人民法院(2016)最高法民再 355 号民事判决书:南京华证投资管理有限公司与淮安市宏泰贸易有限公司等借款合同纠纷案【边码 66、197】

177. 最高人民法院(2016)最高法民再 37 号民事判决书:上海丰瑞投资咨询有限公司与上海汽车工业销售有限公司等借款合同纠纷案【边码 48】

178. 最高人民法院(2016)最高法民终 149 号民事判决书:吴某庆与哈尔滨现代房地产开发有限公司不当得利纠纷案【边码 152】

179. 最高人民法院(2016)最高法民终 265 号民事判决书:九州证券股份有限公司与贺某损害公司利益责任纠纷案【边码 159】

180. 最高人民法院(2016)最高法民终 306 号民事判决书:高某拼与山西柳林兴无煤矿有限责任公司合同纠纷案【边码 35】

181. 最高人民法院(2016)最高法民终 791 号民事判决书:广东骏田投资管理有限公司与贵州金鑫铝矿有限公司劳务承包合同纠纷案【边码 82】

182. 最高人民法院(2016)最高法民终 815 号民事判决书:梁某生与湖南佳惠置业有限责任公司合资、合作开发房地产纠纷案【边码 101】

183. 最高人民法院(2016)最高法民终 819 号民事判决书:北京宏宇祥贸易有限责任公司等与大同市杏儿沟煤业有限责任公司等债务纠纷案【边码 39】

184. 最高人民法院(2016)最高法民再 31 号民事判决书:蒲某等与余某平等建设工程分包合同纠纷案【边码 77】

185. 最高人民法院(2017)最高法民申 1529 号民事裁定书:山西出云物业有限公司等与太原市迎泽区郝庄镇东太堡社区居民委员会等租赁合同纠纷案【边码 186】

186. 最高人民法院(2017)最高法民申 165 号民事裁定书:山西省经济建设投资集团有限公司与首钢长治钢铁有限公司等借款合同纠纷案【边码 35】

187. 最高人民法院(2017)最高法民申 2623 号民事裁定书:青海力腾新能源投资有限公司与都江堰市实强建设有限责任公司建设工程施工合同纠纷案【边码 78】

188. 最高人民法院(2017)最高法民再 63 号民事判决书:成都熊猫万国商城有限公司与香港 DCA 戚某建筑师事务所建设工程设计合同纠纷案【边码 39】

189. 最高人民法院(2017)最高法民终 129 号民事判决书:甘肃省交通物资供应公司与内蒙古路桥有限责任公司买卖合同纠纷案【边码 23】

190. 最高人民法院(2017)最高法民终 402 号民事判决书:和记黄埔地产(成都)温江有限公司与中国建筑第五工程局有限公司建设工程施工合同纠纷案【边码 36】

191. 最高人民法院(2017)最高法民终 46 号民事判决书:张某树等与陈某寿等股权转让纠纷案【边码 174】

192. 最高人民法院(2017)最高法民终 480 号民事判决书:青岛赛瑞达电子科技有限公司与金保利(泉州)科技实业有限公司买卖合同纠纷案【边码 48】

193. 最高人民法院(2017)最高法民终 600 号民事判决书:山东天承矿业有限公司与中国黄金集团公司偿还黄金基金纠纷案【边码 48】

194. 最高人民法院(2017)最高法民终 888 号民事判决书:厦门福康经济发展有限公司与龙海市国土资源局建设用地使用权出让合同纠纷案【边码 37】

195. 最高人民法院(2018)最高法民再 109 号民事判决书:中国农业银行股份有限公司阆中市支行与四川天诚贸易有限责任公司等借款担保合同纠纷案【边码 197】

196. 最高人民法院(2018)最高法民再 152 号民事判决书:长春阔尔科技股份有限公司与河南天丰钢结构建设有限公司建设工程施工合同纠纷案【边码 85】

197. 最高人民法院(2018)最高法民终 1115 号民事判决书:青海璞润投资有限公司与江苏邳建集团有限公司建设工程施工合同纠纷案【边码 101】

198. 最高人民法院(2018)最高法民终 1179 号民事判决书:大连富泰房地产开发有限公司与大连市国土资源和房屋局等建设用地使用权出让合同纠纷案【边码 36】

199. 最高人民法院(2018)最高法民终 157 号民事判决书:黎某与张某等不当得利纠纷案【边码 35、67】

200. 最高人民法院(2018)最高法民终 186 号民事判决书:北京康尔森投资有限公司与北京市北方律师事务所财产损害赔偿纠纷案【边码 36】

201. 最高人民法院(2018)最高法民终 199 号民事判决书:大同中建伟业房地产开发有限公司与李某等股权转让纠纷案【边码 77】

202. 最高人民法院(2018)最高法民终 232 号民事判决书:沈阳星光建材集团有限公司与中国中材集团有限公司等合同纠纷案【边码 151】

203. 最高人民法院(2018)最高法民终 32 号民事判决书:天津开发区翔达房地产开发有限公司与天津市河西区建设管理委员会房屋拆迁安置补偿合同纠纷案【边码 198】

204. 最高人民法院(2018)最高法民终 527 号民事判决书:刘某辉等与苏某钳等民间借

贷纠纷案【边码 77】

205. 最高人民法院(2018)最高法民终 662 号民事判决书:青海省创业(集团)有限公司与深圳市通利来实业有限公司等财产损害赔偿纠纷案【边码 130】

206. 最高人民法院(2018)最高法民终 888 号民事判决书:中船重工(天津)物资贸易有限公司与陕西宇航科技工业有限公司合同纠纷案【边码 67】

207. 最高人民法院(2019)最高法民申 1354 号民事裁定书:甘肃省利康营养食品有限责任公司与甘肃月盛典当有限责任公司民间借贷纠纷案【边码 82】

208. 最高人民法院(2019)最高法民申 2247 号民事裁定书:陕西浦江置业发展有限公司与马某民间借贷纠纷案【边码 159】

209. 最高人民法院(2019)最高法民申 3010 号民事裁定书:河南国安建设集团有限公司与洛阳市宝来威房地产置业有限公司等侵权责任纠纷案【边码 185】

210. 最高人民法院(2019)最高法民再 257 号民事判决书:丽江市博石矿业有限责任公司与菲德勒环境(攀枝花)有限公司破产债权确认纠纷案【边码 153】

211. 最高人民法院(2019)最高法民终 697 号民事判决书:甘肃瑞鑫联邦投资有限公司等与光大兴陇信托有限责任公司等借款合同纠纷案【边码 77】

212. 最高人民法院(2019)最高法民终 809 号民事判决书:贵州省遵义金兰(集团)伟明铝业有限公司与贵州盘江电投发电有限公司供用电合同纠纷案【边码 44】

213. 最高人民法院(2021)最高法民申 2434 号民事裁定书:渭南市华州区鸿力房地产开发有限公司与潼关县鑫龙投资有限责任公司等民间借贷纠纷案【边码 43】

214. 最高人民法院(2021)最高法民再 346 号民事判决书:黄某安与广西旭日航空实业股份有限公司等民间借贷纠纷案【边码 180】

第196条

不适用诉讼时效的请求权

第196条　下列请求权不适用诉讼时效的规定:

(一)请求停止侵害、排除妨碍、消除危险;

(二)不动产物权和登记的动产物权的权利人请求返还财产;

(三)请求支付抚养费、赡养费或者扶养费;

(四)依法不适用诉讼时效的其他请求权。

简　目

263

一、规范意旨

(一)规范意义及正当化理由

1　　《民法典》第 196 条(以下简称第 196 条)是不适用诉讼时效的请求权之基础规范。本条含 4 项:第 1—3 项规定了三类具体类型的请求权;第 4 项为兜底条款。本条内容与《民法总则》第 196 条完全相同。本条未见于《民法通则》及旧司法解释,属《民法典》(《民法总则》)新设规定,其对既有零星规定及学理实务意见具有整合意义。

2　　所谓"不适用诉讼时效",是指该请求权的义务人不能以时效届满抗辩(《民法典》第 192 条),该请求权也不适用时效起算、中断、中止等规则。此类请求权虽具备适用诉讼时效的基本条件(《民法典》第 188 条第 1 款),但基于某种特殊立法目的被排除适用诉讼时效。第 196 条主要被权利人用于否认义务人的时效抗辩。

3　　依据立法机关的有关说明,第 196 条系"根据各方面意见并吸收司法实践经验,对诉讼时效制度所作的完善"[1] 其立法理由在于:其一,对学界及实务界通说予以成文法化;其二,对重要争点作出立法回应;其三,为该规则适用范围留出适当空间。[2] 有学者认为,虽然第 196 条对一些既有共识进行了确认,但各项的理由不尽一致。[3] 第 196 条是对有关学者建议稿整合、简化的结果。[4] 亦有学者认为,域外并无设置列举式条款集中规定不适用诉讼时效请求权之立法先例,第 196 条的立法创新是否妥切有待进一步观察;本条遗漏了某些请求权,应当运用目的性扩张解释等方法予以解决。[5] 还有学者将本条置于整个时效规则中予以观察,按照时效对请求权限制的程度排出序列:完全不适用时效—长期特别时效期间—普通时效期间—短期特别时效期间。该序列大体反映了各类请求权在诉讼时效制度中的重要性和受保护程度。[6]

4　　《民法典》施行前,不适用诉讼时效的请求权的主要法律依据是《诉讼时效规

---

〔1〕 参见李适时:《关于〈中华人民共和国民法总则(草案)〉的说明》(2016 年 6 月 27 日在第十二届全国人民代表大会常务委员会第二十一次会议)。

〔2〕 参见黄薇主编:《中华人民共和国民法典总则编释义》,法律出版社 2020 年版,第 529—532 页。

〔3〕 参见陈甦主编:《民法总则评注(下册)》,法律出版社 2017 年版,第 1416 页(周江洪执笔)。

〔4〕 参见姜海峰:《论〈民法总则〉中诉讼时效适用的例外》,载《上海政法学院学报(法治论丛)》2017 年第 3 期,第 29 页。

〔5〕 参见杨巍:《论不适用诉讼时效的请求权——我国〈民法总则〉第 196 条的问题与解决》,载《政治与法律》2018 年第 2 期,第 12 页。

〔6〕 参见朱晓喆:《诉讼时效制度的价值基础与规范表达:〈民法总则〉第九章评释》,载《中外法学》2017 年第 3 期,第 720 页。

定》第1条。《诉讼时效规定》(2020年修正)第1条仍然保留原内容,其中"不得提出诉讼时效抗辩的请求权"与第196条"不适用诉讼时效的请求权"意义相同。《诉讼时效规定》(2020年修正)第1条第1—3项规定的请求权虽未见于第196条之文义,但因第196条第4项兜底条款具有引致条款的作用,故《民法典》施行后《诉讼时效规定》(2020年修正)第1条仍然适用,相关既有学理阐释也仍具意义。

(二)第196条与第193条"职权禁用规则"的关系

第193条规定的人民法院不得主动适用"诉讼时效的规定"是否包含第196条之规定?换言之,如果当事人在诉讼中未予主张,法官可否主动审查争讼权利是否属于第196条之情形。应采肯定解释,理由如下:其一,第193条系在抗辩权发生主义框架下对法官所作要求,即时效届满后由义务人享有及行使抗辩权,法官不得主动以时效届满为由驳回权利人诉讼请求。[7] 不应仅凭文义将第193条之"诉讼时效的规定"解释为所有诉讼时效法律规范。其二,第196条所确立规则涉及基本法律秩序的维持,如社会公共利益、国有资产保护、各类权利的体系定位等,[8]故不能完全交由当事人决定是否适用,法官可依职权主动予以审查。例如在权利人主张登记请求权时效中断的情形下,法院可直接认定该请求权不适用诉讼时效。[9]

5

(三)适用范围

第196条规定不适用之诉讼时效包括:普通时效期间(3年)、特殊时效期间(1年、3年、4年等)和最长时效期间(20年)。换言之,某请求权如属本条情形,义务人不能以任何类型时效期间届满为由进行抗辩。

6

第196条为强制性规范,当事人约定扩大或缩小本条范围的,该约定无效。此类约定通常构成预先放弃诉讼时效利益(第197条第2款)。例如:(1)合同约定"代理费支付不受诉讼时效限制";[10](2)保险人承诺"凡是投保人在我司投保的车辆,发生交通事故理赔将不受保险理赔时效和时间限制,我司承诺将给予正常理赔";[11](3)借款凭证中载明"此借条还清之前永久有效"[12]等。

7

---

[7] 参见黄薇主编:《中华人民共和国民法典总则编释义》,法律出版社2020年版,第518页。

[8] 参见最高人民法院民法典贯彻实施工作领导小组主编:《中华人民共和国民法典总则编理解与适用(下)》,人民法院出版社2020年版,第988—989页。

[9] 参见贵州省高级人民法院(2020)黔民申3677号民事裁定书。

[10] 参见四川省高级人民法院(2015)川民提字第421号民事判决书。

[11] 参见江苏省连云港市中级人民法院(2014)连商终字第0138号民事判决书。

[12] 参见山东省德州市中级人民法院(2020)鲁14民终2563号民事判决书。

8   《民法典》第 198 条规定诉讼时效与仲裁时效构成一般规定与特殊规定关系,因此仲裁时效领域(民商事仲裁、劳动争议仲裁、土地承包争议仲裁)亦适用第196 条,但特别法另有规定的除外。

9   依据第 196 条不适用诉讼时效的请求权被生效法律文书确认后,在执行阶段亦不适用执行时效。因为执行时效适用对象仍是实体法请求权,故第 196 条的立法政策考量在执行阶段亦应被贯彻,否则将导致某请求权在诉讼阶段被认定不适用诉讼时效而在执行阶段却受时效限制的矛盾。[13] 因此,《民事诉讼法》(2021年修正)第 246 条应作缩限解释,即不适用诉讼时效的请求权也不受该条之执行时效限制。

10   《民事诉讼法解释》(2022 年修正)第 517 条第 2 款规定,终结本次执行程序(以下简称终本程序)后债权人发现被执行人有可供执行财产的,债权人可请求法院继续执行,该情形不受执行时效的限制。终本程序的适用场合是:采取各项执行措施后被执行人仍无法偿还债务。该情形下债务并不消灭,执行法律关系也未终结,因此符合条件时债权人可随时请求法院恢复执行。[14] 终本程序并非债务消灭意义上的终结执行,其法律效果相当于中止执行。[15] 因此,该条"不受执行时效的限制"并非指终本程序后"执行依据所载请求权"成为不适用执行时效的权利,而是指执行法律关系消灭前时效停止计算。有相反意见认为,从解释论角度而言,《民事诉讼法解释》(2022 年修正)第 517 条系将终本程序排除适用执行时效,但该规定存在诸多理论困境,导致申请执行既可以中断执行时效又可以排除执行时效的悖伦。[16] 该观点仅通过文义将"不受执行时效的限制"解释为不适用执行时效,而未准确揭示该条规范目的,故并不合理。

11   在执行领域,各地法院普遍运用"债权凭证"制度[17],其与终本程序密切相关。依据某些高级人民法院的规范性文件,法院发放债权凭证后,裁定终结本次执行程序;申请执行人受领债权凭证后,再次申请不受执行时效的限制。[18] 债权凭证具有证明功能、警示功能和救济功能,其客观真实地反映了依据原法律文书

---

  [13] 参见杨巍:《论援引诉讼时效抗辩权的三种场合》,载《法学评论》2018 年第 6 期,第 89 页。

  [14] 参见王胜明主编:《中华人民共和国民事诉讼法释义》(最新修正版),法律出版社 2012 年版,第 591 页。

  [15] 参见赵晋山主编:《最高人民法院民事诉讼程序司法观点集成》,法律出版社 2015 年版,第445—446 页。

  [16] 参见霍海红:《执行时效期间的再改革》,载《中国法学》2020 年第 1 期,第 253—254 页。

  [17] 据学者统计,从 2001 年起,债权凭证制度被全国各地法院普遍运用。参见肖建国:《债权凭证制度的构建与民事执行制度的完善》,载《金陵法律评论》2004 年秋季卷,第 96 页。

  [18] 参见《湖北省高级人民法院关于在执行程序中实施债权凭证制度的若干规定(试行)》(2002年 12 月 30 日)第 5 条、第 6 条;《云南省高级人民法院关于执行中实施债权凭证制度的规定(试行)》(2001 年 10 月 16 日)第 6 条、第 7 条。

所为之执行结果,以便利债权人行使执行请求权和法院及时行使执行权。[19] 基于边码 10 之相同理由,债权凭证所载权利"不受执行时效的限制"不应解释为不适用执行时效,而是指执行法律关系消灭前时效停止计算。

二、请求停止侵害、排除妨碍、消除危险(第 1 项)

(一)立法理由

《民法典》施行前,司法解释对此类请求权不适用诉讼时效有零星规定。2020 年修正前的《专利纠纷规定》第 23 条规定,在专利权有效期内,停止侵害请求权不适用诉讼时效。《专利纠纷规定》(2020 年修正)第 17 条保留了该规定。2020 年修正前的《商标纠纷规定》第 18 条与上述规定类似,《商标纠纷规定》(2020 年修正)第 18 条保留了该规定。《八民纪要》第 24 条规定,排除妨害、消除危险请求权不适用诉讼时效。《诉讼时效规定》(2020 年修正)虽未规定此类请求权,但依据最高人民法院释义书的解释,此类请求权是人格权、物权和知识产权受侵害产生的请求权,因关系民事主体的人格存续、生存利益以及伦理道德、支配权的完整性和圆满性,故不适用诉讼时效。[20] 学界通说认为,此类请求权不适用诉讼时效的理由在于:其一,维护支配权圆满状态的需要;其二,诉讼时效制度功能的要求;其三,适用起算规则的困难;其四,兼容性的欠缺等。[21] 立法机关释义书对《民法典》第 196 条第 1 项立法理由的解释与上述解释类似,并强调本项是采纳学界及实务界通说意见的结果。[22]

《民法典》施行前,对于起诉时仍处于侵权状态的情形,某些法院运用起算或中断规则保护权利人:侵权行为仍然存在,导致时效不起算;[23] 侵权行为持续进行,时效一直处于中断状态[24] 等。《民法典》施行后,不宜再采此认定,而应直接适用本项规定。

12

13

---

〔19〕 参见童兆洪、林翔荣:《再论债权凭证制度》,载《人民司法》2002 年第 6 期,第 58—59 页。

〔20〕 参见最高人民法院民事审判第二庭编著:《最高人民法院关于民事案件诉讼时效司法解释理解与适用》,人民法院出版社 2015 年版,第 46 页以下。

〔21〕 参见王轶:《民法总则之期间立法研究》,载《法学家》2016 年第 5 期,第 153 页;朱晓喆:《诉讼时效制度的价值基础与规范表达:〈民法总则〉第九章评释》,载《中外法学》2017 年第 3 期,第 714 页;杨巍:《民法时效制度的理论反思与案例研究》,北京大学出版社 2015 年版,第 171 页。

〔22〕 参见黄薇主编:《中华人民共和国民法典总则编释义》,法律出版社 2020 年版,第 529 页。

〔23〕 参见北京市第二中级人民法院(2002)二中民初字第 8042 号民事判决书。

〔24〕 参见安徽省淮南市中级人民法院(2006)淮民一终字第 411 号民事判决书。

（二）适用条件

14　　　　条件 1：行使请求权的主体是支配权受侵害的人。此类请求权系因侵害物权、人格权、知识产权等支配权而产生的救济权，权利人（受害人）依据法定要件可行使此类权利的，适用本项规定。相邻关系纠纷中行使此类请求权的，亦适用本项规定。[25]

15　　　　条件 2：本项之请求权包括侵权请求权和物权请求权。对于侵权请求权与物权请求权的关系，学理上素有争议，《民法典》采取并存模式："总则编"第 179 条规定的民事责任形式包括停止侵害、排除妨碍、消除危险；"物权编"第 236 条规定的物权请求权包括排除妨害、消除危险。权利人依据上述任何一条行使请求权，均不适用诉讼时效。有观点认为，本项之请求权系指绝对权请求权（物权请求权等）。[26] 但也有学者以本项所采表述（排除妨碍）与第 236 条（排除妨害）不同为由，认为本项不包括物权请求权。[27] 这两种观点皆有失偏颇，因为前述立法理由对这两类请求权均可成立。

16　　　　《民法典》第 995 条第 2 句规定，侵害人格权所生停止侵害、排除妨碍、消除危险、消除影响、恢复名誉、赔礼道歉请求权，不适用诉讼时效。结合该条第 1 句，这些请求权属民事责任请求权，其不适用诉讼时效的理由是"对于维护人格完整性至关重要""加强人格权的保护"等。[28] 第 196 条第 1 项和第 995 条第 2 句均规定了停止侵害、排除妨碍、消除危险，二者构成一般规定与特殊规定的关系，因此侵害人格权的情形下，应当优先适用后者。第 995 条第 2 句规定的消除影响、恢复名誉、赔礼道歉请求权，属人格权受侵害的特有责任形式，仅适用于侵害人格权的场合。

17　　　　条件 3：本项之三种请求权被单独行使或者一并行使，均无不可。对于本项之三种请求权，权利人单独行使一项、[29] 同时行使数项、[30] 行使此类请求权时同时主张（适用诉讼时效的）其他请求权，[31] 均不影响此类请求权排除适用诉讼时效。

---

〔25〕　参见重庆市高级人民法院(2019)渝民申 2320 号民事裁定书。

〔26〕　参见张鸣起：《〈中华人民共和国民法总则〉的制定》，载《中国法学》2017 年第 2 期，第 15 页。

〔27〕　参见姜海峰：《论〈民法总则〉中诉讼时效适用的例外》，载《上海政法学院学报（法治论丛）》2017 年第 3 期，第 30 页。

〔28〕　参见黄薇主编：《中华人民共和国民法典人格权编释义》，法律出版社 2020 年版，第 33 页。对该规定的批评意见参见陈甦、谢鸿飞主编：《民法典评注·人格权编》，中国法制出版社 2020 年版，第 47—48 页（张民安执笔）。

〔29〕　参见青海省高级人民法院(2019)青民申 227 号民事裁定书。

〔30〕　参见山西省高级人民法院(2019)晋民申 2367 号民事裁定书。

〔31〕　参见最高人民法院(2020)最高法知民终 1667 号民事判决书。

实务中,多有原告将恢复原状与停止侵害、排除妨碍等请求同时提出,有判决 18
认为这些请求权一并不适用诉讼时效。[32] 此类裁判意见并不合理。恢复原状请
求权应当适用诉讼时效,理由在于:恢复原状与赔偿损失具有相同意义,因为二者
都是填补损害的责任形式,区别仅在于前者以修复等行为填补,后者以金钱填
补。[33] 因此,这两种责任形式在适用诉讼时效问题上亦应一致,二者均适用诉讼
时效。

条件 4:同一侵权行为产生的损害赔偿请求权仍然适用诉讼时效。在侵权行 19
为导致请求权聚合的情形下,仅停止侵害、排除妨碍、消除危险请求权不适用诉讼
时效,而损害赔偿请求权等仍然适用诉讼时效。例如《民法典》第 191 条规定,未
成年人遭受性侵害的损害赔偿请求权适用诉讼时效,虽然由此所生停止侵害等请
求权不适用诉讼时效。《专利纠纷规定》(2020 年修正)第 17 条规定,针对持续侵
权行为,虽然停止侵害请求权不受诉讼时效限制,但持续造成的损害并非都可请
求赔偿,而仅能就时效未届满的部分损害请求赔偿。[34]

三、不动产物权和登记的动产物权的权利人请求返还财产(第 2 项)

(一) 立法理由

对于返还原物请求权是否适用诉讼时效,域外法并无通例。[35]《民法典》施 20
行前,我国法律对此未作规定,学界对此争议极大。肯定说理由:其一,该请求权
是独立请求权;其二,诉讼时效制度价值的要求;其三,并未动摇财产制度的根基
和利益关系等。[36] 否定说理由:其一,该请求权功能是保障对物支配所必须;其
二,该请求权是物权之强效力的表现;其三,诉讼时效制度目的之考量;其四,现行
法缺乏取得时效等配套规则;其五,与我国法律文化相悖等。[37] 折中说主张区分

---

〔32〕　参见福建省高级人民法院(2019)闽民申 5148 号民事裁定书。

〔33〕　参见崔建远:《绝对权请求权抑或侵权责任方式》,载《法学》2002 年第 11 期,第 40 页。

〔34〕　参见最高人民法院(2019)最高法知民终 208 号民事判决书。

〔35〕　一是"否定模式",例如《意大利民法典》第 948 条;二是"肯定模式",例如《德国民法典》第
197 条第 1 款第 2 项规定返还原物请求权适用 30 年时效期间;三是"搭桥模式",例如《荷兰民法典》第
3:105 条规定诉讼时效届满与取得时效相衔接。

〔36〕　参见程啸、陈林:《论诉讼时效客体》,载《法律科学》2000 年第 1 期,第 70 页;张弛、黄鑫:《物
上请求权与诉讼时效关系论》,载《法学》2006 年第 9 期,第 91—92 页;喻文莉:《诉讼时效应以请求权为
客体》,载《政治与法律》2006 年第 2 期,第 78 页。

〔37〕　参见冯恺:《诉讼时效制度研究》,山东人民出版社 2007 年版,第 94 页;马俊驹、余延满:《民法
原论》(第 4 版),法律出版社 2010 年版,第 253 页;王利明:《民法总则研究》(第 3 版),中国人民大学出
版社 2018 年版,第 767 页。

物权是否登记分别处理,未登记的适用诉讼时效,反之则否。理由是:其一,登记生效主义的要求;其二,保护第三人的合理信赖利益;其三,对前两说的质疑和反驳等。[38] 否定说为有力说。近年亦有少数学者主张我国采荷兰的"搭桥模式"。[39]

21　　《民法典》施行前,《诉讼时效规定》第 1 条将诉讼时效适用对象限定为债权请求权,理由与前述否定说类似,且特别强调国别差异、社会客观现实基础、物权法的完善等。[40] 当时实务主流意见认为,由于返还原物请求权属物权请求权,故不适用诉讼时效。[41]

22　　《八民纪要》第 24 条规定,"登记权利人请求无权占有人返还不动产或者动产"不适用诉讼时效。该规定似对第 196 条第 2 项的制定有直接影响。[42] 依据立法机关释义书解释,本项立法理由在于:其一,避免动摇不动产登记的权威性;其二,特殊动产采登记对抗主义,亦可产生一定公示公信效力;其三,普通动产价值低、流动大、易损耗,不宜排除适用诉讼时效。[43] 依据最高人民法院释义书的解释,本项是物权请求权不适用诉讼时效的具体化。[44]

(二)适用条件

23　　条件 1:行使请求权的主体是享有返还原物请求权的不动产物权人和登记的动产物权人。其一,不动产物权人。基于农村房屋尚未建立完备的登记制度、土地承包经营权适用登记对抗主义等原因,无论不动产物权是否登记,物权人请求返还不动产均不适用诉讼时效。实务中,常见情形包括:(1)原告(登记所有权人)请求返还房屋;[45](2)拆迁人请求被拆迁人返还多占有的安置房(尚未办理登记);[46](3)土地承包经营权人请求侵权人返还案涉承包土地;[47](4)采矿权出让

---

　　〔38〕　参见辜明安:《物权请求权制度研究》,法律出版社 2009 年版,第 196—197 页;朱虎:《返还原物请求权适用诉讼时效问题研究》,载《法商研究》2012 年第 6 期,第 124 页;王轶:《民法总则之期间立法研究》,载《法学家》2016 年第 5 期,第 153—154 页。

　　〔39〕　参见金印:《论所有权与时效制度的关系》,载《法学家》2017 年第 3 期,第 70—73 页。

　　〔40〕　参见最高人民法院民事审判第二庭编著:《最高人民法院关于民事案件诉讼时效司法解释理解与适用》,人民法院出版社 2015 年版,第 56 页。

　　〔41〕　参见最高人民法院(2015)民申字第 1078 号民事裁定书。

　　〔42〕　《民法总则(草案)》"一审稿"至"三审稿"中,该项均表述为"登记的物权人请求返还财产",正式通过稿改为现有表述。

　　〔43〕　参见黄薇主编:《中华人民共和国民法典总则编释义》,法律出版社 2020 年版,第 530—531 页。

　　〔44〕　参见最高人民法院民法典贯彻实施工作领导小组主编:《中华人民共和国民法典总则编理解与适用(下)》,人民法院出版社 2020 年版,第 989—990 页。

　　〔45〕　参见甘肃省高级人民法院(2020)甘民申 882 号民事裁定书。

　　〔46〕　参见北京市高级人民法院(2020)京民申 2508 号民事裁定书。

　　〔47〕　参见江苏省高级人民法院(2020)苏民申 7552 号民事裁定书。

人请求受让人返还未出让部分(房屋、煤坪、场地);[48](5)原告请求无权占有人返还临时房屋和违章搭建的房屋[49]等。

其二,登记的动产物权人。此类物权标的包括机动车、船舶、航空器等,实务 24 中最常见情形是机动车所有人请求返还车辆[50]。物权人与登记一致的,适用本项规定不存疑义。已依据交付取得物权但尚未变更登记的物权人行使返还原物请求权,也应适用本项规定。因为此类登记仅具对抗效力(《民法典》第225条),享有返还原物请求权的主体是已占有动产的物权人,而非登记所载名义权利人。本项之登记的动产物权人不包括虽享有动产物权但不享有返还请求权的人,如动产抵押权人。

其三,未登记的动产物权人。此类物权标的是不适用登记的普通动产。本项 25 可否解释为,未登记的动产物权返还原物请求权适用诉讼时效?学理上对此存在分歧。肯定说理由:(1)长期不行使该请求权,使第三人产生合理信赖;(2)此类物权欠缺公示,需适用诉讼时效解决举证困难的问题;(3)此类动产无论是否属于易耗品,一般不会形成物权归属与实际支配状态长久分离。[51] 否定说理由:(1)现行法欠缺配套规则(长期时效期间、取得时效);(2)某些"疑似条文"不能成为现行法已承认该请求权适用诉讼时效的依据;(3)不应误读《八民纪要》第24条的本意。[52] 笔者赞同否定说,本项解释应限于正面文义,不宜作反面解释。《诉讼时效规定》(2020年修正)第1条坚持了债权请求权的表述,亦可解释为否定说的立场。

对于未登记的动产物权返还原物请求权是否适用诉讼时效,《民法总则》施行 26 后实务意见存在分歧。肯定说将本项作反面解释,得出该请求权(如请求返还字画[53])适用诉讼时效的结论。否定说未将本项作反面解释,而是采其他解释路径。例如:(1)回避解释本项,笼统地引用第196条,认为请求返还租赁的架管等建筑器材是物权请求权,故不适用诉讼时效;[54](2)依据第196条第1项,认定请求返还撬装设备属于物权请求权,其包含排除妨碍的行为内容,故不适用诉讼时

〔48〕 参见重庆市高级人民法院(2020)渝民申191号民事裁定书。

〔49〕 参见北京市高级人民法院(2020)京民申570号民事裁定书。

〔50〕 参见山西省高级人民法院(2018)晋民申3096号民事裁定书。

〔51〕 参见陈甦主编:《民法总则评注(下册)》,法律出版社2017年版,第1418—1419页(周江洪执笔);李永军主编:《民法总论》,中国政法大学出版社2019年版,第402页(戴孟勇执笔)。

〔52〕 参见杨巍:《论不适用诉讼时效的请求权——我国〈民法总则〉第196条的问题与解决》,载《政治与法律》2018年第2期,第21—22页。

〔53〕 参见广东省高级人民法院(2019)粤民再32号民事判决书。

〔54〕 参见湖南省高级人民法院(2020)湘民申1542号民事裁定书。

效[55]等。

27　　条件 2:请求的内容须为返还原物。因本项规定的是物权请求权,故其中"返还财产"应解释为"返还原物"。不能返还原物或者没有必要返还的情形下,权利人请求折价补偿或者赔偿损失的(《民法典》第 157 条),此类请求权是否适用诉讼时效? 实务中,一种观点认为,定作人要求承揽人返还剩余原材料,系行使物权请求权,不适用诉讼时效;原材料灭失无法返还时,定作人对承揽人的赔偿损失请求权应适用诉讼时效。[56] 另一种观点认为,被告擅自将车辆出卖和报废,导致车辆无法返还,该赔偿损失请求权属于"动产物权人请求返还财产",不适用诉讼时效。[57]前者观点更为合理,因为适用本项的前提是返还原物请求权依法成立,因其不成立转而行使的折价补偿请求权或赔偿损失请求权属于债权请求权或民事责任请求权,应当适用诉讼时效。

28　　《诉讼时效规定》(2020 年修正)第 5 条第 2 款规定,合同撤销后,返还财产请求权适用诉讼时效。该款之"返还财产"与第 196 条第 2 项之"返还财产"不同。依据最高人民法院释义书解释,前者系指不能返还原物的情形下"折价补偿"请求权,包括:财产是有体物但已不存在(如已被消费)、不能返还(如已被第三人合法取得)或者没有必要返还(如双方同意不返还)等。这些情形均为不当得利返还请求权,因此适用诉讼时效。[58] 如果合同撤销后具备返还原物条件的,权利人请求返还财产的性质即为返还原物,不适用诉讼时效。[59]

29　　有判决认为,请求返还股权准用本项规定,不适用诉讼时效。[60] 还有判决走得更远,认为:股权对应的转让款系股权替代物,具有物的属性,原告请求返还股权转让款系行使物上请求权,不适用诉讼时效。[61] 基于边码 28 之理由,此类裁判意见并不合理。

---

〔55〕　参见云南省昭通市中级人民法院(2019)云 06 民终 2013 号民事判决书。

〔56〕　参见最高人民法院(2017)最高法民再 332 号民事判决书。该案详细分析参见武建华、马赫宁:《物权请求权转化为损害赔偿请求权的诉讼时效适用规则》,载《人民司法·案例》2018 年第 5 期,第 44—46 页。

〔57〕　参见山西省高级人民法院(2019)晋民再 260 号民事判决书。

〔58〕　参见最高人民法院民事审判第二庭编著:《最高人民法院关于民事案件诉讼时效司法解释理解与适用》,人民法院出版社 2015 年版,第 144 页。

〔59〕　参见辽宁省高级人民法院(2011)辽民三终字第 169 号民事判决书。

〔60〕　参见江西省高级人民法院(2019)赣民终 24 号民事判决书。

〔61〕　参见贵州省高级人民法院(2020)黔民终 55 号民事判决书。

四、请求支付抚养费、赡养费或者扶养费(第3项)

(一)立法理由

《民法典》施行前,本项内容未见于法律规定,学理[62]及实务[63]对此类请求权是否适用诉讼时效存在较大争议。依据官方释义书解释,本项之立法理由在于:其一,保障弱势群体的生存利益;其二,公序良俗原则的要求;其三,彰显保护人权原则等。[64] 还有学者认为,本项的依据之一是我国文化中"家"在组织社会秩序中的关键作用。[65]

30

(二)适用条件

条件1:行使请求权的主体须为权利人本人或者垫付人。在抚养、赡养或者扶养关系中,权利人本人向义务人行使此类请求权的,适用本项不存疑义。共同抚养人之一为其他共同抚养人垫付费用,就垫付费用追偿的,并未改变该费用的伦理属性,故亦应适用本项规定。例如:(1)生母独自抚养未成年子女多年,其后向生父追索子女抚养费;[66](2)外祖父母常年抚养未成年外孙,其后向外孙父母请求支付垫付的抚养费[67]等。无抚养义务人为抚养义务人垫付费用后进行追偿的,虽属无因管理之债,但亦应适用本项规定。因为此类垫付人受保护程度不应弱于权利人本人,否则更无人实施此类垫付行为。有裁定认为,离异配偶一方为另一方垫付社会保险费,不能用于抵扣未成年子女抚养费。[68] 因为该情形下垫付的对象不是抚养费,而属于另一法律关系。

31

《民法典》第1118条规定,因养子女成年后虐待、遗弃养父母而解除收养关系的,养父母可以要求养子女补偿收养期间支出的抚养费;生父母要求解除收养关系的,养父母可以要求生父母适当补偿收养期间支出的抚养费。该情形下的"抚养费补偿请求权"是否适用诉讼时效?有实务意见认为,该抚养费补偿请求权与

32

---

〔62〕　肯定说参见尹田:《论诉讼时效的适用范围》,载《法学杂志》2011年第3期,第31页;否定说参见郭明瑞:《关于民法总则中时效制度立法的思考》,载《法学论坛》2017年第1期,第10页。

〔63〕　肯定说参见浙江省高级人民法院(2013)浙民申字第194号民事裁定书;否定说参见贵州省高级人民法院(2017)黔民申107号民事裁定书。

〔64〕　参见黄薇主编:《中华人民共和国民法典总则编释义》,法律出版社2020年版,第531—532页;最高人民法院民法典贯彻实施工作领导小组主编:《中华人民共和国民法典总则编理解与适用(下)》,人民法院出版社2020年版,第990页。

〔65〕　参见王轶:《民法总则之期间立法研究》,载《法学家》2016年第5期,第155页。

〔66〕　参见河南省信阳市中级人民法院(2016)豫15民终2163号民事判决书。

〔67〕　参见重庆市第一中级人民法院(2015)渝一中法少民终字第00667号民事判决书。

〔68〕　参见广东省高级人民法院(2019)粤民申14003号民事裁定书。

普通债权无异,应当适用诉讼时效。[69] 笔者不同意该观点。虽然该抚养费补偿请求权的立法目的与本项不同,其意在使收养关系中的悖信当事人负有法定返还义务,但因其具有更为强烈的伦理性,因此也不应适用诉讼时效,否则将导致该抚养费补偿请求权与典型抚养费请求权保护程度的失衡。

33   有判决认为,交通事故中死者的未成年子女请求责任人和保险公司赔偿"被抚养人生活费",属于因侵权行为所生损害赔偿请求权,不属于《民法典》第 196 条第 3 项情形,应当适用诉讼时效。[70] 该裁判意见正确,因为原被告之间并不构成抚养关系,被告系基于侵权或保险合同负有给付义务,其不是抚养费义务人或垫付人。

34   条件 2:请求的内容须为抚养费、赡养费或者扶养费。权利人与义务人之间的其他请求权(如借贷、侵权),仍可适用诉讼时效。抚养费、赡养费或者扶养费的认定,依据法定标准进行。实务中常见情形包括:(1)医疗费属于赡养费;[71] (2)每年支付固定数额的"伙食费"属于赡养费;[72] (3)子女特长培训费不构成重大支出的,属于抚养费;[73] (4)抚养费包括子女生活费、教育费、医疗费等费用[74] 等。

35   条件 3:权利人行使请求权时抚养、赡养或者扶养关系是否结束,不影响本项适用。抚养关系存续期间义务人欠缴的抚养费,不因抚养关系终止转为适用诉讼时效,因为抚养关系终止未改变欠缴抚养费的伦理性,且承认这种"转化"增加的悖信风险反而会有害于该伦理性。《民法典》施行前曾有判决认为,子女成年后向父母请求其成年以前的抚养费,适用诉讼时效。[75] 《民法典》施行后,不宜再采此认定。

(三)基于身份关系产生的不具有财产内容的请求权准用本项规定

36   此类请求权是否适用诉讼时效,《民法典》施行前通说持否定意见。理由在于:其一,伦理关系的要求;其二,与身份关系相伴,持续时间较长;其三,公序良俗的要求等。[76] 《民法典》第 196 条第 3 项仅列举了基于身份关系产生的具有财产内容的请求权,而未规定不具有财产内容的请求权。有学者认为,基于举轻明重

---

〔69〕 参见梁展欣主编:《诉讼时效司法实务精义》,人民法院出版社 2010 年版,第 255 页。

〔70〕 参见福建省高级人民法院(2020)闽民再 238 号民事判决书。

〔71〕 参见北京市第三中级人民法院(2019)京 03 民终 348 号民事判决书。

〔72〕 参见福建省莆田市中级人民法院(2019)闽 03 民终 2543 号民事判决书。

〔73〕 参见江西省萍乡市中级人民法院(2016)赣 03 民终 627 号民事判决书。

〔74〕 参见福建省福州市中级人民法院(2015)榕民终字第 424 号民事判决书。

〔75〕 参见湖南省邵阳市中级人民法院(2012)邵中民一终字第 345 号民事判决书。

〔76〕 参见朱庆育:《民法总论》(第 2 版),北京大学出版社 2016 年版,第 540 页;冯恺:《诉讼时效制度研究》,山东人民出版社 2007 年版,第 78 页。

规则,后者亦应解释为不适用诉讼时效。[77] 笔者赞同该观点。此类请求权包括:夫妻同居请求权;亲子认领请求权等。

五、依法不适用诉讼时效的其他请求权(第4项)

本项之"依法",应采广义理解,包括依据法律、司法解释等。裁判文书应当先引用本项,后引用司法解释规定。[78]最高人民法院"会议纪要"、指导案例等虽不属于本项之"法"而不能直接引用,但可在说理部分予以阐述并影响裁判结果,故亦有讨论价值。

（一）支付存款本金及利息请求权[《诉讼时效规定》(2020年修正)第1条第1项]

《诉讼时效规定》(2020年修正)第1条第1项继承了既有规定。此类请求权不适用诉讼时效的理由在于:其一,随时兑付的金融业惯例;其二,定期存款到期后自动转存为活期存款;其三,存款关乎民众生存利益。[79] 本项适用条件为,一是义务人须为有资质办理存款业务的金融机构,二是双方成立储蓄合同。有裁判意见认为,被告(交通基金会)经营范围是吸收会员的闲散资金入股、融通会员之间内部互借资金,其业务是针对特定范围的特定人开展的,因其不涉及社会公共利益的保护,原告请求被告返还款项请求权不能适用本项规定。[80]

实务中,虽非典型意义储蓄合同,但类推适用本项的情形包括:(1)公司股金存放于被告(金融机构)处,原告(公司股东)请求被告返还股金款及相应红利(利息);[81](2)人寿保险合同约定固定年利率3.3%,保险到期后原告领取保险费本金及利息;[82](3)被告(银行)出具见票时无条件支付的本票后,因超过付款期限票据权利已丧失,原告(申请出票人)要求被告返还账户中的50万元[83]等。

37

38

39

---

〔77〕　参见朱晓喆:《诉讼时效制度的价值基础与规范表达:〈民法总则〉第九章评释》,载《中外法学》2017年第3期,第716页。

〔78〕　参见《最高人民法院关于裁判文书引用法律、法规等规范性法律文件的规定》(法释〔2009〕14号)第2条。

〔79〕　参见最高人民法院民事审判第二庭编著:《最高人民法院关于民事案件诉讼时效司法解释理解与适用》,人民法院出版社2015年版,第44页。

〔80〕　参见广东省茂名市中级人民法院(2018)粤09民终458号民事判决书。

〔81〕　参见山西省长治市中级人民法院(2018)晋04民终2696号民事判决书。

〔82〕　参见黑龙江省哈尔滨市香坊区人民法院(2018)黑0110民初4506号民事判决书。

〔83〕　参见天津市河西区人民法院(2018)津0103民初4082号民事判决书。该案并非表明票据关系中的利益返还请求权不适用诉讼时效,而是由于应返还款项存于银行账户,故账户权利人对银行请求权不受时效限制。由于实务中出票人大多为银行等金融机构,故该裁判意见较具典型意义。

（二）兑付国债、金融债券以及向不特定对象发行的企业债券本息请求权[《诉讼时效规定》(2020年修正)第1条第2项]

40　　　《诉讼时效规定》(2020年修正)第1条第2项继承了既有规定。此类请求权不适用诉讼时效的理由在于：其一，认购人基于对金融机构的信赖购买债券，具有类似储蓄的性质；其二，债券具有较强公示效力，关涉公共利益保护。[84] 本项之"债券"，是指证券法意义上的债权凭证，包括国债（国库券）、[85]金融债券、[86]企业债券[87]等。

41　　　本项之"不特定对象"，是指未将认购人限定于某个或某些特定主体之情形。如果企业债券仅限于特定主体认购（如金融机构之间以认购债券方式进行资金拆借），因不涉及公共利益，应当适用诉讼时效。[88]

42　　　实务中，债券承销商为债券发行人垫款兑付债券较为常见。该情形下，因承销商并非本项"不特定对象"，故其对发行人的求偿权应当适用诉讼时效。例如：(1)虽然原告（债券承销商）代被告（发行人）垫款向债券持有人兑付本息的债券后"成为债券持有人"，但其意义仅相当于取得向债券发行人请求兑付债券的权利，而未取得与最终认购人同等法律地位；[89](2)双方签订《代理发行企业债券协议书》约定，"本债券到期后，乙方（债券发行人、委托人）如不将债券本息划拨到甲方（受托人）账户，甲方视乙方负责直接向投资者兑付债券本息，甲方将有关凭证移交给乙方"。甲方不是"投资者"或"不特定对象"，其对乙方债权适用诉讼时效。[90]

（三）基于投资关系产生的缴付出资请求权[《诉讼时效规定》(2020年修正)第1条第3项]

43　　　《诉讼时效规定》(2020年修正)第1条第3项继承了既有规定。《公司法解释三》(2020年修正)第19条进一步细化为四种情形：(1)公司股东未履行或者未全面履行出资义务，公司或者其他股东请求其全面履行出资义务；(2)公司股东抽逃出资，公司或者其他股东请求其返还出资；(3)公司债权人请求未履行或者未全

---

〔84〕　参见最高人民法院民事审判第二庭编著：《最高人民法院关于民事案件诉讼时效司法解释理解与适用》，人民法院出版社2015年版，第45页。

〔85〕　参见广东省广州市中级人民法院(2013)穗中法金民终字第1122号民事判决书。

〔86〕　参见安徽省淮南市中级人民法院(2017)皖04民终329号民事判决书。

〔87〕　参见广东省广州市中级人民法院(2019)粤01民终6072号民事判决书。

〔88〕　参见张雪楳：《诉讼时效审判实务与疑难问题解析——以〈民法总则〉诉讼时效制度及司法解释为核心》，人民法院出版社2019年版，第124—125页。

〔89〕　参见最高人民法院(2015)民申字第1792号民事裁定书。

〔90〕　参见辽宁省营口市中级人民法院(2015)营民三终字第00810号民事判决书。

面履行出资义务的股东在未出资本息范围内对公司债务不能清偿的部分承担补充赔偿责任;(4)公司债权人请求抽逃出资的股东在抽逃出资本息范围内对公司债务不能清偿的部分承担补充赔偿责任。这些情形不适用诉讼时效的理由在于:其一,由于公司受股东控制,其他股东怠于行使权利由公司承担不利后果不符合诉讼时效制度价值;其二,避免法律关系复杂化;其三,资本维持原则、资本充实原则的要求。[91] 本项对企业形式未做限定,故除依据《公司法》设立的公司外,中外合资经营企业、[92]合伙企业等亦可适用本项规定。

实务中,适用本项的常见情形包括:(1)股东瑕疵出资;[93](2)对非货币财产价值存在分歧而请求缴付出资;[94](3)股东抽逃出资;[95](4)股东瑕疵减资;[96](5)补缴股东投资款;[97](6)增资场合下缴足其认缴出资[98]等。　44

会计师事务所出具虚假验资证明而对公司承担赔偿责任的,可否适用本项规定? 有最高人民法院判决持肯定意见,认为:"会计师事务所虽非负有出资义务的公司股东,但公司要求该会计师事务所对公司股东履行出资义务承担补充责任,实际是基于投资关系产生的缴付出资请求权,故应参照适用本项规定。"[99]　45

其他股东就补足出资承担连带责任后(《公司法》第30条、第93条),对未足额出资的股东享有追偿权。该追偿权适用诉讼时效,因为其属于普通债权请求权,而非本项之"缴付出资请求权"。[100]　46

(四)国有财产受侵害的侵权请求权

《民通意见》第170条曾规定,"未授权给公民、法人经营、管理的国家财产"(以下简称"未授权")受到侵害的,不适用诉讼时效。其理由是我国法律对国家财产所给予的特殊保护。[101] 该条内容未出现于《民法典》和《诉讼时效规定》(2020年修正)之中,《民法典总则编解释》亦未继承该条。这表明该条已被废止。　47

---

〔91〕 参见最高人民法院民事审判第二庭编著:《最高人民法院关于公司法解释(三)、清算纪要理解与适用》,人民法院出版社2014年版,第310—311页。

〔92〕 参见最高人民法院(2016)最高法民终745号民事判决书。

〔93〕 参见最高人民法院(2017)最高法民申1010号民事裁定书。

〔94〕 参见最高人民法院(2011)民申字第290号民事裁定书。

〔95〕 参见贵州省高级人民法院(2019)黔民终512号民事判决书。

〔96〕 参见上海市高级人民法院(2017)沪民申1732号民事裁定书。

〔97〕 参见黑龙江省高级人民法院(2016)黑民申2319号民事裁定书。

〔98〕 参见河南省郑州市中级人民法院(2017)豫01民终13592号民事判决书。

〔99〕 参见最高人民法院(2018)最高法民终390号民事判决书。

〔100〕 参见最高人民法院民事审判第二庭编著:《最高人民法院关于民事案件诉讼时效司法解释理解与适用》,人民法院出版社2015年版,第46页。

〔101〕 参见梁书文主编:《民法通则贯彻意见诠释》,中国法制出版社2001年版,第145页。

依据《民法典总则编解释》第 39 条第 2 款规定，《民法典》施行后的法律事实引起的民事案件，本解释施行后尚未终审的，适用本解释，不能适用《民通意见》第 170 条；本解释施行前已经终审，当事人申请再审或者按照审判监督程序决定再审的，不适用本解释，仍可适用《民通意见》第 170 条。因此，对于《民通意见》第 170 条的规范含义仍有必要予以解释。

48　　《民通意见》第 170 条之"受到侵害"包括侵权和违约，即"未授权"的相关侵权请求权和违约请求权均不适用诉讼时效。例如：（1）国有资本金根据政府文件以入股形式注入相关企业，但其后双方约定目的未能实现。法院以"该资金注入目的不是民事意义上的出资或入股，更不属于借款"为由，认定国投公司请求返还国有出资不适用诉讼时效。[102]　（2）义务人（借款人）向当地工业园管委会（出借人）借款 836 余万元，用于向国土局支付罚款，但未依约还款。法院以"涉案资金系区政府财政收入属于国家财产"为由，认定不适用诉讼时效。[103]

49　　最高人民法院答复"〔2006〕民二他字第 51 号"指出，在"财政部财建〔2003〕272 号"下发之日（2003 年 7 月 20 日）以前，两项基金（黄金生产开发基金和黄金地质勘探基金）尚未转为中国黄金集团公司的国家资本金，属于"未授权"情形，相关民事请求权不适用诉讼时效。两项基金自 2003 年 7 月 20 日转为中国黄金集团公司的国家资本金，成为法人所有的财产，相关民事责任请求权适用诉讼时效，起算点为该财产性质发生变化之日。[104]

50　　国土资源管理部门请求支付土地出让金是否适用诉讼时效？实务中对此分歧较大。肯定说认为，土地出让金及其违约金虽然属于国家财产，但不属于"未授权"情形，因此仍应适用诉讼时效。[105]否定说认为，欠付的土地出让金属于应上缴国家财政部门的国家财产，属于"未授权"情形，不应适用诉讼时效。[106]笔者赞同否定说，理由在于：其一，在现行法框架下，国土资源管理部门的职责是收取土地出让金并上缴财政，其对土地出让金并无经营、管理和处分权，故缺乏"授权"的前提。其二，实践中，国有土地使用权有偿使用的方式包括出让、租赁、作价出资、授权经营等。由于出让和授权经营为并列方式，可间接证明出让属于"未授权"情形。[107]其三，肯定说似有"债权不可能有'未授权'"之误解。土地出让金请求权虽属债权，但只要归属国家，仍应认定为"未授权"。

---

〔102〕　参见山西省高级人民法院（2020）晋民申 5 号民事裁定书。

〔103〕　参见内蒙古自治区高级人民法院（2020）内民申 3885 号民事裁定书。

〔104〕　适用该答复的实例，参见最高人民法院（2017）最高法民申 165 号民事裁定书；最高人民法院（2016）最高法民申 905 号民事裁定书。

〔105〕　参见湖北省高级人民法院（2015）鄂民一终字第 00204 号民事判决书。

〔106〕　参见黑龙江省高级人民法院（2018）黑民终 511 号民事判决书。

〔107〕　参见黄忠：《追缴土地出让金的"诉讼时效"问题》，载《中国土地》2018 年第 8 期，第 22 页。

(五)协助不动产登记请求权

不动产买卖等法律关系中,受让人请求转让人协助办理登记的,是否适用诉讼时效?《八民纪要》第24条规定,如果受让人行使该请求权时已经合法占有标的物,不适用诉讼时效;反之则适用。[108] 理由在于:其一,交付不动产与协助登记均为转让人主给付义务,二者履行出现分离时不适用诉讼时效有利于物尽其用的实现;其二,交付包含有移转所有权的意思;其三,因已具备取得物权的大部分要件,已合法占有不动产的受让人享有物权期待权。[109]《执行异议复议规定》(2020年修正)第28条规定"已合法占有不动产且非因自身原因未办理登记的买受人"有权就不动产提出执行异议,其理由系基于对"物权期待权"的保护。[110] 该规定与《八民纪要》第24条的精神一致,二者均反映了最高人民法院将物权请求权予以扩张解释的倾向。 **51**

转让特殊动产应类推适用《八民纪要》第24条,因为受让人基于交付已经取得所有权,协助登记的意义是使物权获得完整对世性,故上述理由更为明显。 **52**

实务裁判理由多强调该请求权具有物权属性,因此不适用诉讼时效。例如: **53** (1)过户登记请求权"具有物权请求权性质",是为了使物权状态得以圆满;[111] (2)办理权属证书请求权是一种"具有极强的物权性倾向"或"物权属性的请求权";[112] (3)过户登记请求权是为了实现对房屋的物权,"具有物权属性"[113] 等。此类裁判意见虽结论正确,但理由及表述并不准确,因为该请求权不属于现行法框架下的严格意义的物权或者物权请求权(《民法典》第235—237条)。有少数裁判意见认为,该情形属于《民法典》第196条第2项之不适用诉讼时效的情形。[114] 该意见显属不当,因为该请求权的内容不包括返还原物。

实务中,此类请求权不适用诉讼时效的常见情形包括:(1)单位请求离职员工 **54** 将已退"房改房"办理过户;[115] (2)借名买房人请求被借名人协助办理更名过户手

〔108〕 有质疑意见认为,该条规定的情形既非请求确认物权,也非请求返还财产,故应当适用诉讼时效。参见陈甦主编:《民法总则评注(下册)》,法律出版社2017年版,第1423页(周江洪执笔)。

〔109〕 参见杜万华主编:《〈第八次全国法院民事商事审判工作会议(民事部分)纪要〉理解与适用》,人民法院出版社2017年版,第400—401页。

〔110〕 参见最高人民法院执行局编著:《最高人民法院关于人民法院办理执行异议和复议案件若干问题规定理解与适用》,人民法院出版社2015年版,第424页。

〔111〕 参见最高人民法院(2020)最高法民再115号民事判决书。

〔112〕 参见广西壮族自治区高级人民法院(2020)桂民申2479号民事裁定书。

〔113〕 参见贵州省高级人民法院(2019)黔民申2595号民事裁定书。

〔114〕 参见陕西省高级人民法院(2020)陕民终45号民事判决书。

〔115〕 参见河北省高级人民法院(2020)冀民申3904号民事裁定书。

续;[116](3)购房人请求开发商办理产权初始登记并交付办理该商品房转移登记的有关文书;[117](4)当事人请求依据离婚协议书协助办理权属转移登记[118]等。

55　　　《八民纪要》第 18 条第 1 款规定,买受人请求出卖人支付逾期办证违约金的,适用诉讼时效。因为该违约金请求权属民事责任请求权,故应当适用诉讼时效。[119] 相反裁判意见认为,请求办理房屋产权证和支付逾期办证违约金,均属于物权请求权,不适用诉讼时效。[120] 后者观点显非妥当。

(六)公共维修金请求权

56　　　实务中,请求业主缴纳公共维修金的主体包括两种情形:一是业主大会;二是物业公司。最高人民法院指导案例 65 号"上海市虹口区久乐大厦小区业主大会诉上海环亚实业总公司业主共有权纠纷案"判决书认为,业主大会请求业主补缴专项维修资金不适用诉讼时效。主要理由为:其一,专项维修资金的公共性、公益性;其二,缴纳维修资金属于法定义务;其三,该法定义务具有时间上的持续性等。[121] 亦有学者认为,该请求权不适用诉讼时效的依据是该请求权属于排除妨害请求权,因为维修资金是区分建筑物业主共有持分权的客体,欠交维修资金构成对共有部分的现实妨害而非妨害危险。[122]

57　　　以物业公司为原告的案例中,实务意见亦认为不适用诉讼时效。其理由除"关涉全体业主的公共利益"外,通常还强调"缴纳公共维修金与物业服务质量之间没有关系"。[123] 有实务意见认为,由于物业公司缺乏利益驱动,物业合同又往往未约定其怠于履行职责的法律后果,法律也无明文规定,故该情形不适用诉讼时效符合诉讼时效制度的立法目的。[124]

58　　　有最高人民法院裁定认为,开发商未提供符合规定的物业管理用房所引发的建筑物区分所有权纠纷中,原告(业主委员会)请求折价赔偿的,"属不动产物权纠

---

[116] 参见吉林省高级人民法院(2020)吉民申 635 号民事裁定书。

[117] 参见贵州省高级人民法院(2020)黔民申 3677 号民事裁定书。

[118] 参见广东省深圳市中级人民法院(2014)深中法房终字第 1540 号民事判决书。

[119] 参见广西壮族自治区高级人民法院(2017)桂民再 369 号民事判决书。该案详细分析参见林金文:《开发商逾期办证违约责任的诉讼时效》,载《人民司法·案例》2018 年第 35 期,第 56—59 页。

[120] 参见黑龙江省高级人民法院(2020)黑民申 1377 号民事裁定书。

[121] 参见席建林、陆齐、李兵:《〈上海市虹口区久乐大厦小区业主大会诉上海环亚实业总公司业主共有权纠纷案〉的理解与参照》,载《人民司法·案例》2018 年第 2 期,第 25 页。

[122] 参见王焜:《解释论视野下追索专项维修资金请求权的规范构造》,载《江汉论坛》2020 年第 12 期,第 103 页。

[123] 参见福建省厦门市中级人民法院(2017)闽 02 民终 868 号民事判决书。

[124] 参见邱瑛:《房屋公共维修金诉求不适用诉讼时效——福建厦门中院判决厦门佰仕达物业公司诉王小华物业服务合同案》,载《人民法院报》2013 年 2 月 28 日,第 6 版。

纷,不适用诉讼时效".[125] 该案所依据理由与上述裁判理由类似。

(七)拆迁补偿款请求权

对于此类请求权,实务中普遍认为不适用诉讼时效。常见理由包括:其一,拆迁补偿款请求权的基础是物权请求权。有最高人民法院裁定认为,"主张拆迁补偿款是基于原告对案涉房屋所有权而产生,故请求权基础实质上是物权请求权"[126]。其二,原告提起确认之诉。有裁定认为,"各原告诉讼请求为确认其对《房屋征收补偿协议》中的拆迁补偿权益各享有 1/8 份额,系基于确认物权请求权"[127]。有学者认为,被拆迁人依据安置补偿协议享有的房屋优先取得权不适用诉讼时效,因为该权利具有"政策主导性""生存保障性"等特性,异于普通交易行为。[128] 由于对被拆迁人可以选择货币补偿,也可以选择房屋产权调换(《国有土地上房屋征收与补偿条例》第 21 条),故二者于排除诉讼时效问题上应作相同处理。

安置补偿协议约定以房屋产权调换方式补偿,其后因故无法履行且被拆迁房屋无法返还,被拆迁人解除合同并请求拆迁人赔偿损失的,该赔偿损失请求权是否适用诉讼时效? 有最高人民法院裁定持否定意见,因为"该赔偿损失请求权具有物权性质"[129]。换一角度而言,虽然被拆迁人选择房屋产权调换而未选择货币补偿,但在协议不能履行而解除的场合下,赔偿损失的性质及范围与货币补偿实则类似。

过渡费,一般指"因征收房屋造成的搬迁、临时安置"所需费用等(《国有土地上房屋征收与补偿条例》第 17 条)。此类请求权是否适用诉讼时效,实务中存在分歧。肯定说认为,"原告基于拆迁安置协议要求被告支付过渡费、补偿费系行使债权请求权,应受诉讼时效的限制"[130]。否定说认为,"过渡期安置补助费属于安置协议约定内容,与回迁房同属涉案协议标的,不适用诉讼时效"[131]。笔者赞同否定说,理由在于:其一,虽然形式上而言,过渡费不属于房屋价值,而是用于临时

59

60

61

〔125〕 参见最高人民法院(2019)最高法民申 3878 号民事裁定书。

〔126〕 参见最高人民法院(2019)最高法民申 1446 号民事裁定书。

〔127〕 参见天津市高级人民法院(2020)津民申 313 号民事裁定书。

〔128〕 参见杨巍、李宝军:《论拆迁补偿安置协议相关请求权是否适用诉讼时效——以最高法(2017)民申 691 号为例》,载《西安电子科技大学学报(社会科学版)》2021 年第 2 期,第 70—72 页。

〔129〕 参见最高人民法院(2017)最高法民申 691 号民事裁定书。

〔130〕 参见陕西省高级人民法院(2019)陕民申 1608 号民事裁定书。

〔131〕 参见安徽省淮北市中级人民法院(2019)皖 06 民终第 875 号民事判决书。

租赁费用，但该费用系丧失物的使用价值后对使用利益的补偿。[132] 前述"政策主导性""生存保障性"等理由对过渡费亦可成立。其二，在支付方式上，如果被拆迁人选择房屋产权调换，可"另行"请求支付过渡费等；如果选择货币补偿，包括过渡费在内的各项补偿通常一并计算及支付。在后者情形下，如果某些项目适用诉讼时效、另一些不适用，显然既不合理，也无法操作。

（八）离婚损害赔偿请求权

62　　　《民法典婚姻家庭编解释一》第 88 条第 1 项继承了《婚姻法解释一》第 30 条第 1 项规定，无过错方作为原告起诉离婚并主张离婚损害赔偿的，必须在离婚诉讼的同时提出。该项所涉时效问题的解释，颇费周章。其一，由于无过错方的离婚损害赔偿请求权必须在自己提起的离婚诉讼中行使，如果其未行使，诉讼终结后因不可能再具备行使条件而丧失该请求权，故其后不再有时效适用问题。其二，如果无过错方在离婚诉讼中主张离婚损害赔偿，此前婚姻关系存续导致时效起算存在法律上的障碍而被推迟[133]，义务人（过错方）不得以此前时效已届满为由主张抗辩。该情形并非离婚损害赔偿请求权不适用诉讼时效，因为该请求权被生效判决确定后仍有执行时效适用问题。

63　　　《婚姻法解释一》第 30 条第 2 项曾规定，无过错方作为被告的离婚诉讼案件，如果被告不同意离婚也不主张离婚损害赔偿请求的，可以在离婚后 1 年内就此单独提起诉讼。依据最高人民法院释义书的解释，此处"1 年"为除斥期间，而非特殊诉讼时效。[134] 但该规定将并非形成权性质的离婚损害赔偿请求权适用除斥期间，合理性存疑。[135]《民法典婚姻家庭编解释一》第 88 条第 2 项删除上述"1 年"之规定，改为"可以就此单独提起诉讼"。因此，《民法典》及新司法解释施行后，该情形下的离婚损害赔偿请求权应适用普通时效期间。

64　　　《婚姻法解释一》第 30 条第 3 项曾规定，无过错方作为被告的离婚诉讼案件，一审时被告未主张离婚损害赔偿请求，二审期间提出的，人民法院应当进行调解，调解不成的，告知当事人在离婚后 1 年内另行起诉。《民法典婚姻家庭编解释一》第 88 条第 3 项删除上述"1 年"之规定，改为"调解不成的，告知当事人另行起诉。双方当事人同意由第二审人民法院一并审理的，第二审人民法院可以一并裁判"。

---

〔132〕　参见武翠丹：《我国房屋征收补偿标准的法经济学分析》，载《学术探索》2014 年第 10 期，第 55—56 页。

〔133〕　类似域外法中的"时效开始停止"，参见《法国民法典》第 2236 条。

〔134〕　参见最高人民法院民事审判第一庭编著：《最高人民法院婚姻法司法解释（二）的理解与适用》，人民法院出版社 2004 年版，第 242 页。

〔135〕　参见余延满：《亲属法原论》，法律出版社 2007 年版，第 367 页。

依此规定,在当事人另行起诉的情形下,与边码 63 作相同处理;在二审一并审理裁判的情形下,与边码 62 中无过错方在诉讼中主张请求权的情形作相同处理。

《婚姻法解释二》第 27 条曾规定,当事人在登记离婚后主张离婚损害赔偿的,应在办理离婚登记手续 1 年内提出。该"1 年"亦为除斥期间。[136]《民法典婚姻家庭编解释一》第 89 条删除上述"1 年"之限制,故《民法典》及新司法解释施行后该情形下应采边码 63 相同处理。　　　　　　65

六、举证责任

原告(权利人)提起给付之诉的,无须举证证明该权利属于第 196 条之情形;被告(义务人)援引时效抗辩权拒绝原告请求,原告主张该权利属于第 196 条之情形的,应当举证证明各项之具体要件;法官可依职权主动审查涉诉权利是否属于第 196 条之情形(边码 5)。原告(权利人或义务人)提起确认之诉或者形成之诉虽然也不受诉讼时效限制,但不属于第 196 条涵射范围,原告和被告均无须举证证明该权利或法律关系属于第 196 条之情形。　　　　　　66

附:案例索引

1. 安徽省淮北市中级人民法院(2019)皖 06 民终第 875 号民事判决书:许某涛与淮北市春盛房地产开发有限公司房屋拆迁安置补偿合同纠纷案【边码 61】

2. 安徽省淮南市中级人民法院(2006)淮民一终字第 411 号民事判决书:李某轩、谭某焕与王某祭祀权纠纷案【边码 13】

3. 安徽省淮南市中级人民法院(2017)皖 04 民终 329 号民事判决书:王某兰与徽商银行股份有限公司淮南分行证券回购合同纠纷案【边码 40】

4. 北京市第二中级人民法院(2002)二中民初字第 8042 号民事判决书:范某海、李某飞与北京市京沪不锈钢制品厂著作权侵权纠纷案【边码 13】

5. 北京市第三中级人民法院(2019)京 03 民终 348 号民事判决书:刘某 1 与刘某 2、刘某 3 赡养纠纷案【边码 34】

6. 北京市高级人民法院(2020)京民申 2508 号民事裁定书:李某华与北京市门头沟区房屋征收事务中心返还原物纠纷案【边码 23】

7. 北京市高级人民法院(2020)京民申 570 号民事裁定书:徐某妮等与北京雪莲集团有限公司北京衬衫厂房屋租赁合同纠纷案【边码 23】

8. 重庆市第一中级人民法院(2015)渝一中法少民字第 00667 号民事判决书:唐某某、陈某某与张某甲、何某某抚养费纠纷案【边码 31】

9. 重庆市高级人民法院(2019)渝民申 2320 号民事裁定书:陈某明与陈某瑞相邻关系纠

---

[136] 参见吴晓芳:《登记离婚后的损害赔偿问题》,载《法律适用》2004 年第 6 期,第 55 页。

纷案【边码 14】

10. 重庆市高级人民法院(2020)渝民申 191 号民事裁定书:鲜某全与重庆市南川区南城街道金佛社区居民委员会合同纠纷案【边码 23】

11. 福建省福州市中级人民法院(2015)榕民终字第 424 号民事判决书:陈某甲与张某抚养费纠纷案【边码 34】

12. 福建省莆田市中级人民法院(2019)闽 03 民终 2543 号民事判决书:许某阳、黄某梅与许某文、潘某珠赡养纠纷案【边码 34】

13. 福建省厦门市中级人民法院(2017)闽 02 民终 868 号民事判决书:厦门商发物业管理有限公司与夏某泉物业服务合同纠纷案【边码 57】

14. 福建省高级人民法院(2019)闽民申 5148 号民事裁定书:吴某建与泉州鲤城延陵合源塑料工艺厂等物权保护纠纷案【边码 18】

15. 福建省高级人民法院(2020)闽民再 238 号民事判决书:王某与中国太平洋财产保险股份有限公司广州分公司等机动车交通事故责任纠纷案【边码 33】

16. 甘肃省高级人民法院(2020)甘民申 882 号民事裁定书:师某、吴某与马某 1、马某 2 侵权责任纠纷案【边码 23】

17. 广东省广州市中级人民法院(2013)穗中法金民终字第 1122 号民事判决书:武汉证券交易中心与华鑫证券有限责任公司、广州经济技术开发区国际信托投资公司证券兑付纠纷案【边码 40】

18. 广东省广州市中级人民法院(2019)粤 01 民终 6072 号民事判决书:广东瑞臻投资有限公司与广东惠阳房地产集团公司公司债券交易纠纷案【边码 40】

19. 广东省茂名市中级人民法院(2018)粤 09 民终 458 号民事判决书:珠海保安集团有限公司与电白县交通合作基金会、茂名市交通运输局电白分局合同纠纷案【边码 38】

20. 广东省深圳市中级人民法院(2014)深中法房终字第 1540 号民事判决书:王某喜与王某桐合同纠纷案【边码 54】

21. 广东省高级人民法院(2019)粤民申 14003 号民事裁定书:陈某 1 与陈某 2 抚养费纠纷案【边码 31】

22. 广东省高级人民法院(2019)粤民再 32 号民事判决书:夏某成、梁某财与钟某更动产质权纠纷案【边码 26】

23. 广西壮族自治区高级人民法院(2017)桂民再 369 号民事判决书:梁某与广西某房地产开发有限公司商品房销售合同纠纷案【边码 55】

24. 广西壮族自治区高级人民法院(2020)桂民申 2479 号民事裁定书:朱某丽、谭某山与梁某物权保护纠纷案【边码 53】

25. 贵州省高级人民法院(2017)黔民申 107 号民事裁定书:袁某凤与黄某 1 同居关系子女抚养纠纷案【边码 30】

26. 贵州省高级人民法院(2019)黔民申 2595 号民事裁定书:杨某元与刘某宏房屋买卖合同纠纷案【边码 53】

27. 贵州省高级人民法院(2019)黔民终 512 号民事判决书:邹某等与贵州铝城铝业原材

料研究发展有限公司股东出资纠纷案【边码 44】

28. 贵州省高级人民法院（2020）黔民申 3677 号民事裁定书：潘某军、张某枚与贵州嘉瑞房地产开发有限公司商品房预售合同纠纷案【边码 5、54】

29. 贵州省高级人民法院（2020）黔民终 55 号民事判决书：贵州德隆房地产开发有限公司与郭某栋股权转让纠纷案【边码 29】

30. 河北省高级人民法院（2020）冀民申 3904 号民事裁定书：薛某与中国工商银行股份有限公司河北省分行房屋买卖合同纠纷案【边码 54】

31. 河南省信阳市中级人民法院（2016）豫 15 民终 2163 号民事判决书：金某与李某乙抚养费纠纷案【边码 31】

32. 河南省郑州市中级人民法院（2017）豫 01 民终 13592 号民事判决书：郑州欧派门业有限公司与杨某股东出资纠纷案【边码 44】

33. 黑龙江省哈尔滨市香坊区人民法院（2018）黑 0110 民初 4506 号民事判决书：韩某与中国人寿保险股份有限公司哈尔滨市香坊支公司保险纠纷案【边码 39】

34. 黑龙江省高级人民法院（2016）黑民申 2319 号民事裁定书：牡丹江富添房地产开发有限公司与郭某强股东知情权纠纷案【边码 44】

35. 黑龙江省高级人民法院（2018）黑民终 511 号民事判决书：哈尔滨拖拉机厂与哈尔滨市国土资源局欠款合同纠纷案【边码 50】

36. 黑龙江省高级人民法院（2020）黑民申 1377 号民事裁定书：刘某忱与黑龙江华风房地产开发有限公司房屋买卖合同纠纷案【边码 55】

37. 湖北省高级人民法院（2015）鄂民一终字第 00204 号民事判决书：钟祥御成置业有限公司与钟祥市国土资源局建设用地使用权出让合同纠纷案【边码 50】

38. 湖南省邵阳市中级人民法院（2012）邵中民一终字第 345 号民事判决书：姚某军、姚某桃与彭某桥抚养费纠纷案【边码 35】

39. 湖南省高级人民法院（2020）湘民申 1542 号民事裁定书：长沙市天心区新金厦建筑器材租赁经营部与长沙市建筑工程有限责任公司、杨某国租赁合同纠纷案【边码 26】

40. 吉林省高级人民法院（2020）吉民申 635 号民事裁定书：刘某军与崔某荣合同纠纷案【边码 54】

41. 江苏省连云港市中级人民法院（2014）连商终字第 0138 号民事判决书：青岛新东方集装箱储运有限公司与中华联合财产保险股份有限公司连云港中心支公司财产保险合同纠纷案【边码 7】

42. 江苏省高级人民法院（2020）苏民申 7552 号民事裁定书：崔某平与施某安土地承包经营权纠纷案【边码 23】

43. 江西省萍乡市中级人民法院（2016）赣 03 民终 627 号民事判决书：肖某 1 与文某抚养费纠纷案【边码 34】

44. 江西省高级人民法院（2019）赣民终 24 号民事判决书：瑞纳投资有限公司与江西科能酒店管理有限公司等与公司有关的纠纷案【边码 29】

45. 辽宁省营口市中级人民法院（2015）营民三终字第 00810 号民事判决书：北京东方昊

华资产管理有限公司与营口市物资再生利用有限公司金融不良债权追偿权纠纷案【边码 42】

46. 辽宁省高级人民法院（2011）辽民三终字第 169 号民事判决书：李某茂与李某盛、李某君、娄某满占有物返还纠纷案【边码 28】

47. 内蒙古自治区高级人民法院（2020）内民申 3885 号民事裁定书：内蒙古金盘养殖有限责任公司与呼和浩特裕隆工业园管理委员会借款合同纠纷案【边码 48】

48. 青海省高级人民法院（2019）青民申 227 号民事裁定书：桑登某玛与仁某本用益物权纠纷案【边码 17】

49. 山东省德州市中级人民法院（2020）鲁 14 民终 2563 号民事判决书：郭某与许某强民间借贷纠纷案【边码 7】

50. 山西省长治市中级人民法院（2018）晋 04 民终 2696 号民事判决书：郑某梅与山西潞城农村商业银行股份有限公司股东出资纠纷案【边码 39】

51. 山西省高级人民法院（2018）晋民申 3096 号民事裁定书：河南富昌建设工程有限责任公司与山西保利合盛煤业有限公司等租赁合同纠纷案【边码 24】

52. 山西省高级人民法院（2019）晋民申 2367 号民事裁定书：秦某与长治市城区常青办事处邱村民村委会农村土地承包合同纠纷案【边码 17】

53. 山西省高级人民法院（2019）晋民再 260 号民事判决书：杨某平与闻喜县楷盛物流有限公司侵权责任纠纷案【边码 27】

54. 山西省高级人民法院（2020）晋民申 5 号民事裁定书：晋城市鸿生化工有限公司与晋城市国有资本投资运营有限公司借款合同纠纷案【边码 48】

55. 陕西省高级人民法院（2019）陕民申 1608 号民事裁定书：西安城苑房地产实业有限公司与西安万腾五金化工综合供应站房屋拆迁安置补偿合同纠纷案【边码 61】

56. 陕西省高级人民法院（2020）陕民终 45 号民事判决书：王某与鬲某宽合同纠纷案【边码 53】

57. 上海市第二中级人民法院（2011）沪二中民二民终字第 1908 号民事判决书：上海环亚实业总公司与上海市虹口区久乐大厦小区业主大会业主共有权纠纷案【边码 56】

58. 上海市高级人民法院（2017）沪民申 1732 号民事裁定书：上海晟翔实业有限公司与上海仪电（集团）有限公司等股东损害公司债权人利益责任纠纷案【边码 44】

59. 四川省高级人民法院（2015）川民提字第 421 号民事判决书：成都市青羊区新华法律服务所与成都市五金交电化工有限责任公司诉讼、仲裁、人民调解代理合同纠纷案【边码 7】

60. 天津市河西区人民法院（2018）津 0103 民初 4082 号民事判决书：天津浩天房地产开发有限公司与中国银行股份有限公司天津市分行、中国银行股份有限公司天津西青支行票据纠纷案【边码 39】

61. 天津市高级人民法院（2020）津民申 313 号民事裁定书：姜某惠与姜某文等房屋租赁合同纠纷案【边码 59】

62. 云南省昭通市中级人民法院（2019）云 06 民终 2013 号民事判决书：中国石油天然气股份有限公司云南昭通销售分公司与昭通市青创劳务服务有限公司等合同纠纷案【边码 26】

63. 浙江省高级人民法院（2013）浙民申字第 194 号民事裁定书：费某与王某离婚纠纷案

【边码 30】

64. 最高人民法院(2011)民申字第 290 号民事裁定书:天津市昂斯特时装公司清算组与锦骏投资有限公司中外合资经营企业合同纠纷案【边码 44】

65. 最高人民法院(2015)民申字第 1078 号民事裁定书:北京六建集团有限责任公司与商城县双余建筑安装有限公司等返还财产及财产损害赔偿纠纷案【边码 21】

66. 最高人民法院(2015)民申字第 1792 号民事裁定书:海南赛格国际信托投资公司管理人与海南机场股份有限公司、海口美兰国际机场有限责任公司证券包销合同纠纷案【边码 42】

67. 最高人民法院(2016)最高法民申 905 号民事裁定书:中国黄金集团辽宁有限公司与北票市宝国老金矿资金返还纠纷案【边码 49】

68. 最高人民法院(2016)最高法民终 745 号民事判决书:本溪北方煤化工有限公司与攀海国际有限公司股东出资纠纷案【边码 43】

69. 最高人民法院(2017)最高法民申 1010 号民事裁定书:银川高新区日昌自动包装机制造有限公司与温某虹、吕某昌公司解散纠纷案【边码 44】

70. 最高人民法院(2017)最高法民申 165 号民事裁定书:山西省经济建设投资集团有限公司与首钢长治钢铁有限公司等借款合同纠纷案【边码 49】

71. 最高人民法院(2017)最高法民申 691 号民事裁定书:成都国权锦城房地产开发有限公司与成都市青羊区房产管理局物权确认纠纷案【边码 60】

72. 最高人民法院(2017)最高法民再 332 号民事判决书:辽宁顺达交通工程养护有限公司与盘锦凯跃经贸有限公司承揽合同纠纷案【边码 27】

73. 最高人民法院(2018)最高法民终 390 号民事判决书:贾某富与旌德县新义莹石有限公司股东出资纠纷案【边码 45】

74. 最高人民法院(2019)最高法民申 1446 号民事裁定书:兰州皮毛产品有限责任公司与兰州市供销合作社联合社物权纠纷案【边码 59】

75. 最高人民法院(2019)最高法民申 3878 号民事裁定书:上海市浦东新区房地产(集团)有限公司与上海市浦东新区汇豪天下业主委员会建筑物区分所有权纠纷案【边码 58】

76. 最高人民法院(2019)最高法知民终 208 号民事判决书:MC 荷兰公司、宁波精成车业有限公司与北京燕润达科技发展有限公司侵害发明专利权纠纷案【边码 19】

77. 最高人民法院(2020)最高法民再 115 号民事判决书:中山市今泰体育用品有限公司与中山市工业企业资产经营有限公司等合同纠纷案【边码 53】

78. 最高人民法院(2020)最高法知民终 1667 号民事判决书:嘉兴市中华化工有限责任公司、上海欣晨新技术有限公司与宁波王龙科技股份有限公司等侵害技术秘密纠纷案【边码 17】

第197条

诉讼时效法定性

第197条　诉讼时效的期间、计算方法以及中止、中断的事由由法律规定,当事人约定无效。

当事人对诉讼时效利益的预先放弃无效。

简　目

一、规范意旨

(一)规范意义及正当化理由

1　　《民法典》第197条(以下简称第197条)是诉讼时效法定性(以下简称时效法定)的基础规范。本条含两款:第1款规定,诉讼时效规则(时效期间、计算方法、中止事由、中断事由)内容法定,当事人约定无效;第2款规定,当事人预先放弃时效利益无效。

时效法定的意义在于,其限制当事人意思对诉讼时效运行的介入,强化了诉讼时效适用效果的确定性。在不同法律框架下,时效法定的程度不尽相同,其体现了立法者对意思自治干涉诉讼时效制度的基本态度。我国现行法采取严格的时效法定主义,原则上不承认时效协议的效力,且不允许预先弃权。但即便如此,也非绝对否认当事人意思在诉讼时效适用中的意义。例如当事人可依其意思(请求、承认)中断时效、时效届满后当事人可订立还款协议(弃权)等。

《民法通则》对时效法定未作直接规定,但当时通说持此立场,认为诉讼时效规定属强行性规范,当事人无权就时效适用、时效期间及计算方法等予以约定[1]《诉讼时效规定》第2条首次对时效法定作出明文规定,对"约定延长或者缩短诉讼时效期间、预先放弃诉讼时效利益"的效力予以否定。第197条继承、修正了《诉讼时效规定》第2条的规范内容,使其内容及表述更为精准。其内容与《民法总则》第197条完全相同。

依据立法机关释义书的解释,第197条的立法理由在于:诉讼时效制度具有公益性,为交易关系提供安全保障,关乎社会公共利益及法律秩序统一。这要求时效期间及其计算方法明确且为公众知晓,故时效事项不属于当事人自行处分事宜[2] 最高人民法院释义书的解释与此类似。[3] 有学者以"有利于实现诉讼时效制度目的"[4]"避免弱势义务人被要求预先弃权"[5]"就处分行为而言,放弃未来权利不可能产生处分效力"[6]"避免优势地位的企业和经营者滥用时效协议"[7]"法官素质参差不齐、当事人整体法律意识匮乏"[8]等理由,论证时效法定的合理性。

值得注意的是,21世纪初以来域外法有反思"公益性"理由并由此弱化时效法定的趋势。民法典修订后的德国、[9]法国[10]以及DCFR[11]均放宽了对时效协

2

3

4

5

〔1〕 参见佟柔主编:《中国民法学·民法总则》,中国人民公安大学出版社1990年版,第314页。

〔2〕 参见黄薇主编:《中华人民共和国民法典总则编释义》,法律出版社2020年版,第532页。

〔3〕 参见最高人民法院民法典贯彻实施工作领导小组主编:《中华人民共和国民法典总则编理解与适用(下)》,人民法院出版社2020年版,第992—993页。

〔4〕 参见王利明主编:《中国民法典释评·总则编》,中国人民大学出版社2020年版,第513—514页(高圣平执笔)。

〔5〕 参见王利明:《民法总则研究》(第3版),中国人民大学出版社2018年版,第762页。

〔6〕 参见叶名怡:《论事前弃权的效力》,载《中外法学》2018年第2期,第345页。

〔7〕 参见梁慧星:《民法总论》(第5版),法律出版社2017年版,第252页。

〔8〕 参见张驰:《论诉讼时效的限制与缓冲——以诉讼时效法律规范的性质为主线》,载《政治与法律》2010年第10期,第81页。

〔9〕 参见《德国民法典》第202条。

〔10〕 参见《法国民法典》第2254条。

〔11〕 参见DCFR第Ⅲ—7:601条。

议的限制,以下做法似乎被更多立法所采纳:一是原则上允许当事人订立时效协议,法律仅对约定期间上下"封顶";二是对消费者等领域中的时效协议予以特殊规制。理由在于:诉讼时效制度目的是保护债务人,故债务人放弃时效保护时,意思自治优先适用;消费者等领域通过格式条款审查规则对时效协议严格限制,以防止弱势一方不公平地丧失时效利益。[12] 受这种立法趋势影响,近年来亦有我国学者主张解禁或部分解禁时效协议。[13] 上述立法动向及学理意见对现行法将产生何种影响,尚有待观察。

(二)规范性质

6　　　第 197 条属于效力性强制性规定。当事人就诉讼时效期间、计算方法、中止事由、中断事由等事项所作约定以及对时效利益的预先弃权行为,欠缺法律行为有效要件(《民法典》第 143 条第 3 项),均为无效法律行为(《民法典》第 153 条第 1 款)。

(三)适用范围

7　　　普通诉讼时效、特殊诉讼时效和最长时效期间均适用第 197 条,即当事人就任何类型时效期间、计算方法等作出约定均属无效,就任何类型时效利益的预先弃权行为亦为无效。

8　　　诉讼时效与仲裁时效构成一般规定与特殊规定关系(《民法典》第 198 条),故第 197 条亦适用于仲裁时效。由于仲裁是一种更加尊重当事人意思的纠纷解决机制,比较法上大多允许当事人就仲裁时效达成协议。[14] 我国现行法与之不同,在诉讼领域和仲裁领域均采严格的时效法定主义。

9　　　执行领域中,申请执行时效亦适用第 197 条。理由在于:其一,《民事诉讼法》(2021 年修正)第 246 条第 1 款规定执行时效中止、中断适用诉讼时效的规定。据此,执行时效不仅适用诉讼时效的中止事由、中断事由,后者的法定性要求(第 197 条)亦应适用。其二,执行领域属公权力对民事纠纷介入程度更深的领域,故适用时效法定性更具合理性。

---

〔12〕　参见[德]克里斯蒂安·冯·巴尔、[英]埃里克·克莱夫主编:《欧洲私法的原则、定义与示范规则:欧洲示范民法典草案(全译本):第 1 卷、第 2 卷、第 3 卷》,高圣平等译,法律出版社 2014 年版,第 1052—1054 页。

〔13〕　参见金印:《诉讼时效强制性之反思——兼论时效利益自由处分的边界》,载《法学》2016 年第 7 期,第 122—136 页;朱晓喆:《诉讼时效制度的立法评论》,载《东方法学》2016 年第 5 期,第 140—141 页;郑永宽:《诉讼时效强制性的反思》,载《厦门大学学报(哲学社会科学版)》2010 年第 4 期,第 49—50 页。

〔14〕　参见杨良宜等:《仲裁法:从 1996 年英国仲裁法到国际商务仲裁》,法律出版社 2006 年版,第 220 页。

二、诉讼时效规则内容法定（第 1 款）

（一）诉讼时效规则内容法定的要求

1. 不得约定诉讼时效期间

内容法定的基本要求是时效期间只能由法律规定，而不允许当事人约定加长 10
或缩短。如果允许约定加长时效期间，一是对义务人不利，危及财产秩序；二是有
害于第三人对义务人财产状况的合理信赖；三是不利于督促当事人行使权利。如
果允许约定缩短时效期间，对权利人保护不利，且有悖于诉讼时效的制度设
计。[15] 实务中，当事人约定时效期间包括以下情形：

其一，直接约定不同于法定标准的时效期间。例如人身保险合同约定"保险 11
金请求权诉讼时效期间为 2 年"[16]。实务中此类情形较多，甚至某些保险公司标
准条款含有此类内容。这可能与国内保险公司借鉴域外保险业管理经验有关，但
我国现行法不允许进行此类约定。

实务中，以下情形不构成约定时效期间：（1）合同约定"有效期限×年×月× 12
日至本合同执行完毕"不是对诉讼时效的约定，而属于履行期限约定不明；[17]
（2）合同约定"出卖人保留随时追究买受人违约责任的权利"，应解释为出卖人在
法定时效期间内随时有权追究买受人违约责任；[18]（3）施工合同约定"工程完工，
款清后合同自动终止"，系对合同效力的约定，而非诉讼时效的约定[19]等。

其二，约定"起诉期间"或"申请仲裁期间"，即要求当事人必须在该期间内起 13
诉或申请仲裁。该约定虽未直接变更时效期间，但限定了当事人行使诉权的时间
范围，故实际效果与变更时效期间类似。[20] 实务中，认定此类约定属于约定时效
期间的情形包括：（1）租赁合同约定，"承租人对除本协议以外的补偿费有争议的，
应当在×年×月×日前向人民法院提起诉讼主张权利"；[21]（2）建设工程施工合

---

〔15〕 参见黄薇主编：《中华人民共和国民法典总则编释义》，法律出版社 2020 年版，第 531—532 页。

〔16〕 参见山东省东营市中级人民法院（2018）鲁 05 民终 1437 号民事判决书。类似案例参见湖北
省十堰市中级人民法院（2017）鄂 03 民终 2414 号民事判决书；河南省新乡市中级人民法院（2019）豫 07
民终 3790 号民事判决书。

〔17〕 参见湖南省高级人民法院（2015）湘高法民申字第 767 号民事裁定书。

〔18〕 参见福建省龙岩市中级人民法院（2017）闽 08 民终 1431 号民事判决书。

〔19〕 参见浙江省宁波市中级人民法院（2016）浙 02 民终 2985 号民事判决书。

〔20〕 参见最高人民法院民事审判第二庭编著：《最高人民法院关于民事案件诉讼时效司法解释理
解与适用》，人民法院出版社 2015 年版，第 64 页。

〔21〕 参见广东省高级人民法院（2018）粤民申 808 号民事裁定书。

同约定,"如在×年×月×日之前不诉讼,将自动放弃×工程劳务的经济权利";[22](3)仲裁条款约定,"可在争议之日起 6 个月内向××仲裁委员会提起仲裁"[23]等。

14　　　当事人可否约定"不得在×年内起诉"? 实务中对此存在分歧。肯定说认为该约定有效,因为其"符合民事诉讼法上的处分原则"。[24] 否定说认为,"诉权系法定权利,以约定方式排除对方诉权违反法律强制性规定",故该约定无效。[25] 笔者赞同否定说,因为该约定虽不属于对时效期间所作约定,但于一定时间内限制作为当事人基本权利的诉权,构成违反法律强制性规定而属无效。

15　　　其三,约定"索赔期间",即要求当事人必须在该期间内主张权利(诉讼外),否则丧失权利。如果该约定产生规避法定时效期间的效果,则不被允许。从另一角度而言,权利人虽有同意该约定的真实意思,但构成预先放弃时效利益(第 197 条第 2 款),故亦应认定无效。实务中一种较为常见案型是,建设工程合同约定"权利人应在索赔事件首次发生的×天(一般为 20 天左右)之内将索赔意向书提交义务人,逾期即丧失索赔权利",法院普遍认定该约定属缩短时效期间而无效。[26] 又例如,租赁合同约定"守约方知道或者应当知道对方违约 30 天不向对方提出书面资料,视为放弃向违约方提出索赔要求",[27]亦属此类情形。

2. 不得约定计算方法

16　　　时效期间的计算方法客观上影响起算、重新计算和时效期间的实质长度等问题,故于法定计算方法之外对其另行约定亦违反时效法定。[28] 当事人约定时效期间计算方法包括以下情形:

17　　　其一,约定的计算方法违反"按日计算"标准。由于现行法对时效起算、中断、中止均采"按日计算"标准,故约定按小时计算、按月计算均属无效。

18　　　其二,约定不同于法定标准的起算点。虽然当事人可通过约定履行期限使时效起算点符合其意思,但如果在已有履行期限的前提下又另行约定起算点或起算方法,则不被允许。例如:(1)租赁合同已约定租期和租金结算时间,又约定时效

---

〔22〕　参见江苏省淮安市中级人民法院(2019)苏 08 民终 728 号民事判决书。

〔23〕　参见江西省南昌市中级人民法院(2018)赣 01 民特 95 号民事裁定书。

〔24〕　参见安徽省滁州市中级人民法院(2018)皖 11 民终 148 号民事判决书。

〔25〕　参见安徽省滁州市中级人民法院(2016)皖 11 民终 2651 号民事判决书。

〔26〕　参见河南省漯河市中级人民法院(2019)豫 11 民终 1764 号民事判决书;山东省青岛市中级人民法院(2018)鲁 02 民终 5071 号民事判决书;福建省福州市中级人民法院(2017)闽 01 民终 1448 号民事判决书。

〔27〕　参见陕西省西安市中级人民法院(2017)陕 01 民终 606 号民事判决书。

〔28〕　参见张雪楳:《诉讼时效审判实务与疑难问题解析——以〈民法总则〉诉讼时效制度及司法解释为核心》,人民法院出版社 2019 年版,第 79 页。

起算方法;[29] (2) 保险合同中,约定时效起算点早于法定时效起算点(保险事故发生之日)[30]等。

其三,约定的计算方法违反中止、中断计算规则。例如合同约定无中止、中断事由发生的前提下,"诉讼时效连续计算"。[31]　　　　　　　　　　　　　　　　19

3. 不得约定中止、中断规则

中止和中断规则决定了诉讼时效为可变期间,其规则内容体现了法律对时效　　20
期间"可变条件"和"可变程度"的态度,故不允许当事人另行约定。当事人约定中止、中断规则包括以下情形:

其一,约定不同于法定标准的中止、中断事由。该情形属于第 197 条第 1 款　　21
文义所指情形,具体包括:一是约定增加中止、中断事由。当事人创设法律没有规定的中止、中断事由,使时效规则被擅自变更而失去确定性,故不被允许。[32]　二是约定减少中止、中断事由,即排除适用全部或部分法定事由。排除适用全部中止、中断事由,将导致诉讼时效成为不变期间,动摇了该制度的基础。排除适用部分中止、中断事由,意味着在某些具备法定条件的情形下当事人也不能主张时效中止或中断,其构成预先放弃时效利益,故亦不被允许。

实务中,约定"诉讼时效自动续期"如何定性?有裁判意见认为,当事人约定　　22
"如果债务未履行,则每满两年自动延续诉讼时效"的,构成排除适用诉讼时效,故属无效。[33]　笔者认为,该结论正确,但理由有欠精准。第一,在该约定前提下,发生法定中断事由(如义务承认)的,仍可产生中断效力,故并未排除适用诉讼时效。第二,由于现行法规定意思通知(诉讼外请求、义务承认)为中断事由,约定"自动续期"实质上是将"时效期间届满而无须通知"约定为中断事由,故将该约定认定为增加中断事由更为准确。

其二,约定中止、中断的效力。虽然第 197 条第 1 款文义仅涉及中止、中断事　　23
由而未提及效力,但有学者认为,对该款应采目的性扩张解释,当事人也不得约定改变中止、中断的法律效力。[34]　该意见可资赞同。

4. 不得约定排除适用诉讼时效

虽然第 197 条第 1 款未提及"约定排除适用诉讼时效"之情形,但依据举轻明　　24

---

〔29〕　参见贵州省贵阳市中级人民法院(2019)黔 01 民终 1038 号民事判决书。

〔30〕　参见江苏省连云港市中级人民法院(2014)连商终字第 0179 号民事判决书。

〔31〕　参见辽宁省沈阳市中级人民法院(2016)辽 01 民终 12303 号民事判决书。

〔32〕　参见黄薇主编:《中华人民共和国民法典总则编释义》,法律出版社 2020 年版,第 533 页。

〔33〕　参见最高人民法院(2008)民申字第 593 号民事裁定书。

〔34〕　参见王利明:《民法总则研究》(第 3 版),中国人民大学出版社 2018 年版,第 764 页。

重原则,此类约定亦被禁止。[35] 从另一角度而言,该约定导致义务人事先丧失时效抗辩权,故构成预先放弃时效利益(第 197 条第 2 款)而属无效。实务中,此类约定包括以下情形:

25　　　其一,直接约定某权利不适用诉讼时效。例如:(1)委托合同约定,"代理费不受诉讼时效限制";[36](2)保险合同约定,"发生交通事故理赔将不受保险理赔时效和时间限制";[37](3)保证合同约定,"本承诺保证担保书不受时效限制"[38]等。此类约定明确排除适用诉讼时效,违反时效法定的程度最甚。此外,某些当事人虽未采"时效""诉讼时效"字样,但表达了某权利不受时间限制的意思,亦可认定为此类约定。例如:(1)借款合同约定,"债务人承诺按时还钱,否则不管什么时候债权人有权催要此款";[39](2)借款欠条约定,"此欠条经双方同意长期有效,直到还清欠钱结束为止"[40]等。

26　　　其二,约定时效期间具有永久性。该情形虽未直接排除适用诉讼时效,但约定时效期间具有永久性(长期性),事实上导致权利不受时间限制,故与边码 25 性质相同。例如:(1)约定"本欠款有无限追索时效";[41](2)约定"此款在未还以前法律时效长期有效"[42]等。

5. 不得约定第 196 条规定的请求权适用诉讼时效

27　　　基于边码 24 之相同理由,将法定不适用诉讼时效的请求权(第 196 条)约定为适用诉讼时效的,亦违反时效法定,且构成权利人预先放弃时效利益而属无效。

(二)违反诉讼时效规则内容法定的后果

1. 对诉讼时效规则内容所作约定原则上无效

28　　　当事人就诉讼时效规则内容作出前述约定的,原则上无效。具体而言:其一,该约定绝对无效。该约定系因违反法律强制性规定而致无效,故属绝对无效,即法院可依职权主动认定无效,而非限于特定当事人主张无效。其二,该约定为独立协议的,该协议无效;该约定形式为合同条款的,仅该条款无效(部分无效)。

---

〔35〕　参见陈甦主编:《民法总则评注(下册)》,法律出版社 2017 年版,第 1427 页(周江洪执笔)。
〔36〕　参见四川省高级人民法院(2015)川民提字第 421 号民事判决书。
〔37〕　参见江苏省连云港市中级人民法院(2014)连商终字第 0138 号民事判决书。
〔38〕　参见山西省晋中市中级人民法院(2018)晋 07 民终 2560 号民事判决书。
〔39〕　参见吉林省高级人民法院(2018)吉民申 179 号民事裁定书。
〔40〕　参见广东省珠海市中级人民法院(2017)粤 04 民终 2549 号民事判决书。
〔41〕　参见最高人民法院(2016)最高法民再 320 号民事判决书。
〔42〕　参见河南省焦作市中级人民法院(2018)豫 08 民终 336 号民事判决书。

2. 相关约定不无效的情形

须特别说明的是,如果某约定期间虽牵涉诉讼时效规则,但依据意思表示解释可构成现行法认可的某种期间,则不属于边码 15 之情形。该情形下,实则由现行法为某种约定期间设计有制度通道,故其应当依法定或约定发生效力。具体情形包括: 29

其一,约定期间适用于或然性债务。例如保证合同中约定保证期间为 5 年。[43] 债权人未在该期间内向保证人主张权利的后果是保证人免责,而非以该期间代替保证债务的法定时效期间。 30

其二,约定期间适用于确定责任范围。例如医疗责任保险条款约定以"期内索赔式"确定保险人责任范围。[44] 该约定是责任保险领域的通常做法,其意义是对作为保险标的的民事责任划定时间范围,故其未违反法律强制性规定,应属有效。 31

其三,约定期间构成债务履行期限。例如约定"某一特定事实发生后 1 年内权利人不得向义务人行使追偿权",该 1 年期间是受追偿义务履行期限的计算方法而非约定时效期间,即该 1 年到期时履行期限届至。[45] 须注意的是,该约定须发生于时效起算之前。如果该约定发生于时效起算之后,参见边码 37。 32

其四,约定期间构成异议期间。例如某合伙纠纷中,《备忘录》约定"合伙人对分红等事宜如有异议,应自《备忘录》签署之日起 6 个月内提出",该条款系对债权债务具体金额的异议期限所作约定,并未变更时效期间。[46] 该约定期间的性质类似于买卖合同中的检验期限(《民法典》第 621 条),其功能是使有异议的权利人负有及时通知义务,以尽快确立交易关系并确保对方的合法权益。 33

三、禁止预先放弃时效利益(第 2 款)

(一)禁止预先放弃时效利益的要求

1. 当事人

由于时效利益是义务人用以对抗权利人请求的手段之一,其由义务人享有,故第 197 条第 2 款之"当事人"应解释为义务人一方。具体包括:义务人及其继承 34

---

[43] 参见山东省青岛市中级人民法院(2014)青金终字第 239 号民事判决书。

[44] 参见四川省高级人民法院(2018)川民申 3190 号民事裁定书。

[45] 参见上海市第一中级人民法院(2018)沪 01 民终 8069 号民事判决书。

[46] 参见北京市西城区人民法院(2016)京 0102 民初 27779 号民事判决书。

人、保证人、取得抵押财产的第三人、受让遗产的第三人等。[47]

2. 预先

35　　　对于第 197 条第 2 款之"预先"的含义,存在两种理解。第一种观点认为,"预先"是指时效届满之前,即时效抗辩权成立之前。[48] 第二种观点认为,"预先"是指时效起算之前。[49] 二者区别在于,前者对当事人意思的限制程度甚于后者:后者承认"时效起算后——届满前"阶段内当事人的某些弃权行为;前者反之。笔者赞同第二种观点,理由如下:其一,第一种观点与时效中断规则相悖。在现行法规定义务承认为中断事由的前提下,时效起算后义务人可通过同意履行义务使时效中断,其实质就是依单方意思放弃时效利益。其二,第一种观点将"放弃时效利益"等同于"放弃时效抗辩权",该理解使第 197 条第 2 款丧失存在意义。因为第192 条第 2 款规定时效届满后义务人放弃时效抗辩权的后果,其已蕴含了禁止时效届满前放弃时效抗辩权的精神。实际上,时效利益除了包括时效抗辩权以外,尚有其他表现形式。其三,比较法上,禁止预先放弃时效利益通常针对尚未取得的时效利益(《法国民法典》第 2250 条)。时效起算后,已完成的期间属于已取得的时效利益,义务人可通过义务承认中断时效,法律仅禁止放弃未开始期间所对应的时效利益。[50] 我国亦应采此解释。

36　　　依据边码 35 之理由,"时效起算后——届满前"阶段内,当事人的以下行为不构成预先放弃时效利益:

37　　　其一,实务中一种常见案型是,时效起算后当事人约定变更债务履行期限。[51] 最高人民法院释义书认为,该约定属于意思自治范畴,不违反时效法定。其可构成中断事由,因为其包含"请求"和"承认"的意思。[52]

38　　　其二,依据意思表示解释该约定可构成中断事由。例如:(1)义务人出具《承诺书》作出认可债务的意思表示;[53](2)义务人出具证明"如余款未能按合同付清,可适用长期诉讼时效 20 年",可解释为义务人同意继续履行的意思表示[54]等。

---

〔47〕　参见秦伟、李功田:《论时效利益之归属与抛弃》,载《法学论坛》2000 年第 6 期,第 81 页。

〔48〕　参见李永军主编:《民法总论》,中国政法大学出版社 2019 年版,第 469—470 页(戴孟勇执笔)。

〔49〕　参见张雪楳:《诉讼时效审判实务与疑难问题解析——以〈民法总则〉诉讼时效制度及司法解释为核心》,人民法院出版社 2019 年版,第 81 页。

〔50〕　参见叶名怡:《论事前弃权的效力》,载《中外法学》2018 年第 2 期,第 329 页。

〔51〕　参见天津市高级人民法院(2018)津民申 2753 号民事裁定书。

〔52〕　参见最高人民法院民法典贯彻实施工作领导小组主编:《中华人民共和国民法典总则编理解与适用(下)》,人民法院出版社 2020 年版,第 995 页。

〔53〕　参见最高人民法院(2017)最高法民申 3558 号民事裁定书。

〔54〕　参见安徽省马鞍山市中级人民法院(2018)皖 05 民终 385 号民事判决书。

3. 放弃时效利益

虽然当事人约定时效期间、计算方法以及中止、中断事由性质上也是放弃时 [39]
效利益,但由于第 197 条第 1 款已作专门规定,故第 2 款中的放弃时效利益应解释
为上述约定以外的其他行为。放弃时效利益通常是单方行为,但实践中亦有双方
以协议方式使一方放弃时效利益者,亦无不可。放弃时效利益是不要式行为,以
口头或书面形式、明示或默示形式实施均无不可。[55] 实务中,预先放弃时效利益
的常见情形如下:

其一,义务人向权利人事先出具加盖公章的空白催收通知单[56]或空白还款 [40]
协议[57]。该行为在实务中较为常见。《最高人民法院关于借款到期后债务人在
多份空白催收通知单上加盖公章如何计算诉讼时效的请示的答复》(〔2004〕民二
他字第 28 号)认为,该行为属于"提前抛弃时效的行为",应认定为无效。该行为
的实质是义务人默许权利人在空白催收通知单或空白还款协议上自行填写日期,
以阻止时效期间届满,故该行为构成预先放弃时效利益。[58] 该行为与边码 22 中
的约定"诉讼时效自动续期"有相似之处,但前者的行为外观更具迷惑性。

其二,时效届满前放弃时效抗辩权。因时效届满前(无论时效是否已起算)时 [41]
效抗辩权尚未产生,故该行为构成预先放弃时效利益。例如:(1)保险公司表示
"不会提起任何与上述共同海损理算完成日期或船方自该理算完成之日起一年的
共同海损分摊请求权的诉讼时效有关的抗辩";[59](2)违约后订立《确认书》,约
定"截至×年×月×日若乙方仍未清偿债务,则所欠金额处 3‰罚款,乙方对其再
次违约行为放弃抗辩权并有责任协助甲方处理追偿手续";[60](3)抵押合同约定,
"抵押人承诺在主债权存续期间,如果债务人不履行还本付息义务或是下落不明,
致使抵押权人的债权难以实现落实,抵押权人可随时向抵押人主张权利,同时也
不以抵押权人没有向其主张权利,担保物权过期为由进行诉讼或抗辩"[61]等。

(二)违反禁止预先放弃时效利益的后果

1. 预先放弃时效利益的行为无效

第 197 条第 2 款规定的"无效"与第 1 款采相同解释。其一,预先放弃时效利 [42]

---

〔55〕 参见秦伟、李功田:《论时效利益之归属与抛弃》,载《法学论坛》2000 年第 6 期,第 81 页。

〔56〕 参见甘肃省高级人民法院(2014)甘民二终字第 107 号民事判决书。

〔57〕 参见天津市第一中级人民法院(2018)津 01 民终 4216 号民事判决书。

〔58〕 参见余冬爱:《诉讼时效法定性的法理解析与司法适用》,载《法律适用》2008 年第 11 期,第 25 页。

〔59〕 参见上海市高级人民法院(2018)沪民终 104 号民事判决书。

〔60〕 参见海南省高级人民法院(2015)琼民申字第 166 号民事裁定书。

〔61〕 参见内蒙古自治区呼伦贝尔市中级人民法院(2018)内 07 民终 1178 号民事判决书。

益的行为绝对无效,即法院可依职权主动认定无效,而非限于特定当事人主张无效。其二,预先放弃时效利益是独立行为的,该行为无效;预先放弃时效利益以合同条款约定的,仅该条款无效。

2. 义务人援引时效抗辩权不受放弃时效利益的行为影响

43   因预先放弃时效利益的行为绝对无效,故时效抗辩权的成立及援引仍然依据法定标准判断,而不受该预先弃权行为影响。

44   义务人预先放弃时效利益,权利人"信赖"其行为而未及时中断、中止时效,其后义务人援引时效抗辩权是否违反诚信原则?应采否定解释,因为该弃权行为违反法律强制性规定,故并不存在权利人"合理信赖"的基础。[62] 权利人因义务人援引时效抗辩权所受"损失",可依据一方或双方的过错确定责任(《民法典》第 157条)。该责任是法律行为无效的法律后果,而非因义务人援引行为违反诚信原则所致。

四、举证责任

45   依据第 197 条主张约定(第 1 款)或预先弃权行为(第 2 款)无效的,适用违法法律行为之举证规则。具体而言:其一,原告(权利人)起诉时,对此类约定或预先弃权行为的有效性不负举证责任。其二,被告(义务人)援引时效抗辩权的,应就此类约定或预先弃权行为构成第 197 条规范内容举证证明。[63] 法院发现此无效事由时,亦可依职权认定此类约定或预先弃权行为无效。其三,原告对被告援引时效抗辩权及举证提出异议的,须对此类约定或预先弃权行为的有效性举证证明。[64]

附:案例索引

1. 安徽省滁州市中级人民法院(2016)皖 11 民终 2651 号民事判决书:金玛瑙香水(明光)有限公司与淮南市能通工贸有限公司买卖合同纠纷案【边码 14】

2. 安徽省滁州市中级人民法院(2018)皖 11 民终 148 号民事判决书:刘某磊与刘某方买卖合同纠纷案【边码 14】

3. 安徽省马鞍山市中级人民法院(2018)皖 05 民终 385 号民事判决书:河南城建建设集团有限责任公司与陈某祥买卖合同纠纷案【边码 38】

4. 北京市西城区人民法院(2016)京 0102 民初 27779 号民事判决书:陈某毅与大连巨戎

---

〔62〕 关于义务人违反诚信原则援引时效抗辩权的条件和形态,参见本书第 192 条、第 193 条评注边码 42—45。

〔63〕 参见广东省高级人民法院(2013)粤高法民二提字第 20 号民事判决书。

〔64〕 参见最高人民法院(2014)民申字第 795 号民事裁定书。

远洋渔业有限公司合同纠纷案【边码 33】

5. 福建省福州市中级人民法院(2017)闽 01 民终 1448 号民事判决书:福州市公路局长乐分局与福建华鼎建设工程有限公司建设工程施工合同纠纷案【边码 15】

6. 福建省龙岩市中级人民法院(2017)闽 08 民终 1431 号民事判决书:福建省龙岩市金茂置业有限公司与钟某秀商品房预售合同纠纷案【边码 12】

7. 甘肃省高级人民法院(2014)甘民二终字第 107 号民事判决书:定西市银积山淀粉加工有限公司、定西市心连心蔬菜保鲜有限公司与定西市安定区农村信用合作联社借款合同纠纷案【边码 40】

8. 广东省珠海市中级人民法院(2017)粤 04 民终 2549 号民事判决书:林某文与黄某华民间借贷纠纷案【边码 25】

9. 广东省高级人民法院(2013)粤高法民二提字第 20 号民事判决书:林某伟与汕头市恒来贸易有限公司借款担保合同纠纷案【边码 45】

10. 广东省高级人民法院(2018)粤民申 808 号民事裁定书:肇庆市宏信物业发展有限公司与梁某权房屋租赁合同纠纷案【边码 13】

11. 贵州省贵阳市中级人民法院(2019)黔 01 民终 1038 号民事判决书:中铁隧道集团一处有限公司与贵阳高新喜洋洋建筑设备租赁站建筑设备租赁合同纠纷案【边码 18】

12. 海南省高级人民法院(2015)琼民申字第 166 号民事裁定书:海南省白沙黎族自治县热带水果加工厂与海南赛春雷酒厂借款合同纠纷案【边码 41】

13. 河南省焦作市中级人民法院(2018)豫 08 民终 336 号民事判决书:李某军、张某瑞与郭某明民间借贷纠纷案【边码 26】

14. 河南省漯河市中级人民法院(2019)豫 11 民终 1764 号民事判决书:中铁十五局集团第一工程有限公司、濮阳河源路桥工程有限公司与河南省中原水利水电工程集团有限公司建设工程施工合同纠纷案【边码 15】

15. 河南省新乡市中级人民法院(2019)豫 07 民终 3790 号民事判决书:中国太平洋人寿保险股份有限公司豫北分公司与郑州中铁大桥炬烽工程有限公司保险合同纠纷案【边码 11】

16. 湖北省十堰市中级人民法院(2017)鄂 03 民终 2414 号民事判决书:中国人寿财产保险股份有限公司襄阳市中心支公司与潘某人身保险合同纠纷案【边码 11】

17. 湖南省高级人民法院(2015)湘高法民申字第 767 号民事裁定书:海城市中兴高档镁质砖有限公司与郴州八达玻璃股份有限公司买卖合同纠纷案【边码 12】

18. 吉林省高级人民法院(2018)吉民申 179 号民事裁定书:李某日与周某英、丁某国租赁合同纠纷案【边码 25】

19. 江苏省淮安市中级人民法院(2019)苏 08 民终 728 号民事判决书:阚某峰与刘某平建设工程施工合同纠纷案【边码 13】

20. 江苏省连云港市中级人民法院(2014)连商终字第 0138 号民事判决书:青岛新东方集装箱储运有限公司与中华联合财产保险股份有限公司连云港中心支公司财产损失保险合同纠纷案【边码 25】

21. 江苏省连云港市中级人民法院(2014)连商终字第 0179 号民事判决书:青岛新东方

集装箱储运有限公司与中华联合财产保险股份有限公司连云港中心支公司财产保险合同纠纷案【边码 18】

22. 江西省南昌市中级人民法院(2018)赣 01 民特 95 号民事裁定书:江西源都实业有限公司与黄某苓申请撤销仲裁裁决案【边码 13】

23. 辽宁省沈阳市中级人民法院(2016)辽 01 民终 12303 号民事判决书:沈阳华强建设集团有限公司与沈阳市东陵区新兴运达建筑材料租赁站租赁合同纠纷案【边码 19】

24. 内蒙古自治区呼伦贝尔市中级人民法院(2018)内 07 民终 1178 号民事判决书:姜某辉等与鄂温克族自治旗农村信用合作联社金融借款合同纠纷案【边码 41】

25. 山东省东营市中级人民法院(2018)鲁 05 民终 1437 号民事判决书:袁某发与永安财产保险股份有限公司东营中心支公司意外伤害保险合同纠纷案【边码 11】

26. 山东省青岛市中级人民法院(2014)青金终字第 239 号民事判决书:肖某茂、潘某与杨某若等民间借贷纠纷案【边码 30】

27. 山东省青岛市中级人民法院(2018)鲁 02 民终 5071 号民事判决书:青岛泓鑫源建筑安装工程有限公司与青岛孚美昌服装辅料有限公司建设工程施工合同纠纷案【边码 15】

28. 山西省晋中市中级人民法院(2018)晋 07 民终 2560 号民事判决书:季某与乔某琪追偿权纠纷案【边码 25】

29. 陕西省西安市中级人民法院(2017)陕 01 民终 606 号民事判决书:咸阳蓝天建筑机械租赁有限公司与西安海坤实业有限公司租赁合同纠纷案【边码 15】

30. 上海市第一中级人民法院(2018)沪 01 民终 8069 号民事判决书:上海福城投资管理有限公司与上海茸发置业有限公司追偿权纠纷案【边码 32】

31. 上海市高级人民法院(2018)沪民终 104 号民事判决书:弗伦特萨加公司与中化石油有限公司、中国平安财产保险股份有限公司北京分公司共同海损纠纷案【边码 41】

32. 四川省高级人民法院(2015)川民提字第 421 号民事判决书:成都市青羊区新华法律服务所与成都市五金交电化工有限责任公司诉讼、仲裁、人民调解代理合同纠纷案【边码 25】

33. 四川省高级人民法院(2018)川民申 3190 号民事裁定书:宜宾县骨科医院与中国平安财产保险股份有限公司宜宾中心支公司责任保险合同纠纷案【边码 31】

34. 天津市第一中级人民法院(2018)津 01 民终 4216 号民事判决书:刘某强等与天津市辰丰典当有限公司民间借贷纠纷案【边码 40】

35. 天津市高级人民法院(2018)津民申 2753 号民事裁定书:天津市辰丰典当有限公司与刘某强等民间借贷纠纷案【边码 37】

36. 浙江省宁波市中级人民法院(2016)浙 02 民终 2985 号民事判决书:盐城甬恒软基工程有限公司与浙江梯梯建设有限公司、象山县大目湾新城投资开发有限公司建设工程分包合同纠纷案【边码 12】

37. 最高人民法院(2008)民申字第 593 号民事裁定书:重庆益嘉物业经营管理有限公司与重庆渝庆旧城改造有限公司欠款纠纷案【边码 22】

38. 最高人民法院(2014)民申字第 795 号民事裁定书:大连经济技术开发信托投资(股份有限)公司清算组与渤海造船厂集团有限公司借款合同纠纷案【边码 45】

39. 最高人民法院(2016)最高法民再 320 号民事判决书:重庆倍嘉实业有限公司与福建三元达通讯股份有限公司买卖合同纠纷案【边码 26】

40. 最高人民法院(2017)最高法民申 3558 号民事裁定书:广州市海珠区布布为盈服装厂与胡某伟、王某特许经营合同纠纷案【边码 38】

第198条

仲裁时效与诉讼时效的关系

第198条 法律对仲裁时效有规定的,依照其规定;没有规定的,适用诉讼时效的规定。

简 目

一、规范意旨

(一)规范意义及正当化理由

《民法典》第 198 条(以下简称第 198 条)是仲裁时效与诉讼时效关系的基础规范。本条内容与《民法总则》第 198 条完全相同。本条未见于《民法通则》及旧司法解释,属《民法典》(《民法总则》)新设规定。 **1**

仲裁时效,是指当事人向仲裁机构请求仲裁的法定期间。[1] 在现行法框架下,商事仲裁、劳动争议仲裁和土地承包经营纠纷仲裁等领域中对仲裁时效设有零星规定。《民法典》施行前,对于各仲裁领域中的仲裁时效与诉讼时效的关系,法律未作统一规定。第 198 条具有整合各类仲裁时效与诉讼时效的关系、明确仲裁时效与诉讼时效衔接适用的意义。依据第 198 条,各类仲裁时效与诉讼时效构成特殊规范与一般规范的关系。 **2**

依据立法机关释义书的解释,《民法典》新增第 198 条的立法理由在于:长期以来仲裁时效适用《民法通则》关于诉讼时效的规定,该做法通过实践检验是可行的;本条既为特别法规定仲裁时效预留空间,也为仲裁时效准用诉讼时效规定提供依据。[2] 最高人民法院释义书认为第 198 条的立法理由在于:一是仲裁作为多元化纠纷解决机制的作用越来越重要,而仲裁时效与诉讼时效的关系关乎仲裁程序与诉讼程序的衔接;二是在总结立法和实践经验的基础上,沿用《仲裁法》的做法。[3] **3**

立法论层面,亦有对第 198 条的质疑意见。有学者认为,仲裁仍为私权的救济途径,故也应适用诉讼时效,仅针对特殊类型纠纷需要单独规定仲裁时效。现行法将诉讼时效和仲裁时效并列规定,在大陆法系框架内"实属罕见"。[4] 还有学者认为,仲裁时效与诉讼时效性质有异,仅部分适用相同规则,但现行法对仲裁契约性本质属性的忽视模糊了二者的差异。启动仲裁程序时,仲裁意思表示与可仲裁性缺一不可,这与仲裁具有契约属性和司法属性相对应。现行法框架下的仲 **4**

---

〔1〕　参见江伟主编:《仲裁法》(第 2 版),中国人民大学出版社 2012 年版,第 201 页。

〔2〕　参见黄薇主编:《中华人民共和国民法典总则编释义》,法律出版社 2020 年版,第 535—536 页。

〔3〕　参见最高人民法院民法典贯彻实施工作领导小组主编:《中华人民共和国民法典总则编理解与适用(下)》,人民法院出版社 2020 年版,第 996 页。

〔4〕　参见王利明主编:《中国民法典释评·总则编》,中国人民大学出版社 2020 年版,第 515 页(高圣平执笔)。

裁时效更侧重司法属性,亟须回归契约属性。[5] 这些批评对立法及实务会产生何种影响,尚有待观察。

(二)规范性质

5　　第 198 条是不完全法条、引致法条。法院或仲裁机构不能单独引用第 198 条作为裁判依据,而应在引用第 198 条的同时,进一步引用"法律对仲裁时效有规定的"具体条文,或者在"没有规定的"情形下引用诉讼时效的具体条文。

6　　第 198 条是强制性规定。仲裁时效规则及其与诉讼时效的关系由法律规定,而不允许当事人予以约定。虽然比较法上大多允许当事人订立仲裁时效协议[6],但我国现行法在诉讼领域和仲裁领域均采严格的时效法定主义(《民法典》第 197 条)。

(三)适用范围

7　　《仲裁法》第 74 条规定:"法律对仲裁时效有规定的,适用该规定。法律对仲裁时效没有规定的,适用诉讼时效的规定。"虽然第 198 条与其内容如出一辙,但二者中的"仲裁时效"含义不同:前者系指商事仲裁时效;后者是指各仲裁领域中的仲裁时效,包括商事仲裁时效、劳动争议仲裁时效、土地承包经营纠纷仲裁时效等。《民法典》施行前,学理上通常将"仲裁"一词理解为"商事仲裁"。但是,第 198 条实则在各领域的仲裁制度之上创设了一个上位"仲裁"概念,并以此为前提界定仲裁时效与诉讼时效的关系。[7]

8　　须特别注意的是,虽然各领域中均采"仲裁"概念,并冠以该领域作为定语加以限定,但各"仲裁"制度的性质、运作规则、与诉讼的关系等方面存在巨大差异。商事仲裁与诉讼为替代关系,即适用"或裁或审、一裁终局";劳动争议仲裁适用"先裁后审",仲裁裁决并不当然具有终局效力;土地承包经营纠纷仲裁具有行政管理属性,适用"裁审并立"。这些差异直接影响着各领域中仲裁时效规则设计及解释适用。

9　　第 198 条之"法律对仲裁时效有规定的"情形包括:国际货物买卖合同和技术进出口合同争议的仲裁时效期间(《民法典》第 594 条);劳动争议仲裁时效期间、起算、中断、中止(《劳动争议调解仲裁法》第 27 条);土地承包经营纠纷仲裁时效期间、起算(《农村土地承包经营纠纷调解仲裁法》第 18 条)等。第 198 条中的"法律"应解释为狭义法律和司法解释,不包括行政法规和部门规章。因为仲裁时效

---

〔5〕 参见李龙、向东春:《回归契约本位——对仲裁时效的体系化构建》,载《学术交流》2020 年第 6 期,第 59—60 页。

〔6〕 参见杨良宜等:《仲裁法:从 1996 年英国仲裁法到国际商务仲裁》,法律出版社 2006 年版,第 220 页。

〔7〕 参见杨巍:《仲裁时效与诉讼时效衔接研究》,社会科学文献出版社 2019 年版,第 1 页。

和诉讼时效均属于民事基本制度且涉及诉讼和仲裁制度,故后者对其没有立法权限(《立法法》第 8 条)。

第 198 条中的"法律"不包括仲裁机构自行制定的仲裁规则,理由如下:一是仲裁机构不享有立法权;二是仲裁规则只能针对程序问题予以设计,而仲裁时效是实体问题。仲裁实践中,仲裁机构既可以适用自己制定的仲裁规则,也可以约定适用其他仲裁规则。[8] 无论哪种情况,均应采前述解释。事实上,某些仲裁规则虽然允许当事人约定适用其他仲裁规则或者变更本规则内容,但约定无法实施或与仲裁程序适用法强制性规定相抵触者除外。[9]

当事人申请执行仲裁裁决的,适用申请执行时效[《民事诉讼法》(2021 年修正)第 246 条],而不适用仲裁时效。由于仲裁机构不是司法机关,其对仲裁裁决没有强制执行的权力。一方当事人拒不履行仲裁裁决的,对方当事人可以向有管辖权的人民法院申请强制执行。[10] 无论由何种仲裁机构作出的仲裁裁决,法院对其强制执行时均应适用执行时效。

当事人依据"先予仲裁"的仲裁裁决或者调解书向法院申请执行,是否适用执行时效? 所谓先予仲裁,是指在金融监管政策禁止 P2P 网络借贷平台提供增信措施的情况下,该类平台通过引入仲裁作为网络借贷的信用背书方式。有些情形下,虽已发生违约行为,仲裁机构仅根据当事人预先签订的调解、和解协议,在未进行审理的情况下就作出仲裁裁决或者调解书。[11]《最高人民法院关于仲裁机构"先予仲裁"裁决或者调解书立案、执行等法律适用问题的批复》(法释〔2018〕10 号)规定:"网络借贷合同当事人申请执行仲裁机构在纠纷发生前作出的仲裁裁决或者调解书的,人民法院应当裁定不予受理;已经受理的,裁定驳回执行申请。"据此,该申请的法律后果是不予受理或驳回申请,故其不适用执行时效。

二、商事仲裁时效[12]

(一)商事仲裁时效期间

《仲裁法》对仲裁时效期间未作规定,故应当依据所涉请求权类型适用相应的

〔8〕 参见孙巍编著:《中国商事仲裁法律与实务》,北京大学出版社 2011 年版,第 81—83 页。

〔9〕 参见《中国国际经济贸易仲裁委员会仲裁规则(2015 版)》第 4 条第 3 项。

〔10〕 参见王胜明主编:《中华人民共和国民事诉讼法释义》(最新修正版),法律出版社 2012 年版,第 552 页。

〔11〕 参见本报评论员:《明确"先予仲裁"是与非 统一仲裁司法审查尺度》,载《人民法院报》2018 年 6 月 11 日,第 1 版。

〔12〕 为行文简洁,本部分中商事仲裁时效均简称"仲裁时效",仅标题采全称。第三、第四部分同之。

诉讼时效期间。例如普通合同违约纠纷仲裁适用 3 年时效期间;人寿保险金给付纠纷仲裁适用 5 年时效期间等。20 年最长时效期间(《民法典》第 188 条第 2 款)和单行法规定的特殊最长时效期间(如《产品质量法》第 45 条第 2 款)亦适用于商事仲裁。

14　　　法律对特定类型纠纷的商事仲裁时效有特殊规定的,依其规定。例如《民法典》第 594 条规定,国际货物买卖合同和技术进出口合同争议的仲裁时效期间为 4 年。

(二)商事仲裁时效的适用对象

1. 一般标准

15　　　仲裁时效适用对象是指商事仲裁所涉哪些请求权适用仲裁时效。其不同于商事仲裁的适用对象(《仲裁法》第 2 条),后者与诉讼时效适用对象的重合部分,才是仲裁时效适用对象。不具可仲裁性的纠纷(《仲裁法》第 3 条)虽也可能适用诉讼时效或者行政法上的起诉期限,但不适用仲裁时效。

16　　　具有可仲裁性的请求权,如果属于《民法典》第 196 条规定的情形,亦不适用仲裁时效。

2. 仲裁裁决撤销后是否适用商事仲裁时效

17　　　申请撤销仲裁裁决是法院对商事仲裁司法监督的方式之一。由于商事仲裁适用"一裁终局",为保障仲裁裁决的正确性和合法性,法律赋予当事人申请撤销仲裁裁决的权利。[13]《仲裁法》第 58 条规定的申请撤销仲裁裁决的事由可分为三类,法院依据不同的法定事由撤销仲裁裁决的,其后是否适用仲裁时效有所不同。分述如下:

18　　　其一,没有仲裁协议的(《仲裁法》第 58 条第 1 款第 1 项)。该事由包括没有达成仲裁协议、仲裁协议被认定无效或者被撤销(《仲裁法解释》第 18 条)。这些情形下,表明未有效形成以仲裁解决纠纷的合意。法院依据该事由撤销仲裁裁决后,当事人达成新的仲裁协议的,适用仲裁时效;当事人通过诉讼解决纠纷的,适用诉讼时效。

19　　　其二,裁决所根据的证据是伪造的、对方当事人隐瞒了足以影响公正裁决的证据的(《仲裁法》第 58 条第 1 款第 4 项、第 5 项)。《仲裁法解释》第 21 条规定,当事人依据该事由申请撤销仲裁裁决的,法院可依照《仲裁法》第 61 条通知仲裁庭在一定期限内重新仲裁。该情形下,仍是在仲裁程序范围内解决纠纷,故适用

---

〔13〕　参见最高人民法院研究室、最高人民法院民事审判第四庭编著:《最高人民法院仲裁法司法解释的理解与适用》,人民法院出版社 2015 年版,第 139 页。

仲裁时效。

"仲裁庭的组成或者仲裁的程序违反法定程序的""仲裁员在仲裁该案时有索 **20**
贿受贿,徇私舞弊,枉法裁决行为的"(《仲裁法》第 58 条第 1 款第 3 项、第 6 项)与
边码 19 均属于"有仲裁协议但未作出正确裁决",但《仲裁法解释》未将前者规定
为适用重新仲裁的情形。因为现行法规定重新仲裁的主体是原仲裁庭,而非重新
组成仲裁庭,因此前者适用重新仲裁难以保证仲裁的公正性。[14] 因此,前者情形
依据边码 18 处理。

其三,裁决的事项不属于仲裁协议的范围或者仲裁委员会无权仲裁的(《仲裁 **21**
法》第 58 条第 1 款第 2 项)。《仲裁法解释》第 19 条规定,当事人以仲裁裁决事项
超出仲裁协议范围为由申请撤销仲裁裁决,法院应当撤销仲裁裁决中的超裁部
分;超裁部分与其他裁决事项不可分的,应当撤销仲裁裁决。最高人民法院的一
贯立场是:区分仲裁裁决事项是否可分而对申请撤销仲裁裁决作不同处理。该规
定秉持了这一立场。[15] 该情形下,未超裁部分构成有效裁决,进入执行阶段适用
执行时效;被撤销的超裁部分以及因超裁部分与其他裁决事项不可分而撤销仲裁
裁决的,依据边码 18 处理。[16]

《仲裁法》第 59 条规定,当事人申请撤销裁决的,应当自收到裁决书之日起 6 **22**
个月内提出。该"6 个月"为法定期间、不变期间,而非仲裁时效。

3. 仲裁裁决不予执行后是否适用商事仲裁时效

现行法在仲裁裁决撤销制度之外,还规定了仲裁裁决不予执行制度[《民事诉 **23**
讼法》(2021 年修正)第 244 条]。虽然二者在法律效果、申请人范围、管辖法院等
方面存在一定差异,[17]但在适用仲裁时效问题上应采相同处理。理由在于:其
一,二者法定事由基本相同,仅文义表述有一定程度差异,故均可依据同一标准分
为三类作出处理(边码17)。其二,二者均为法院对商事仲裁司法监督的方式,具有
相同的功能和目的。其三,二者适用后果与当事人另行起诉具有相同构造,故适
用仲裁时效或诉讼时效应采相同标准。

4. 合资、合作企业的出资违约纠纷是否适用仲裁时效

对于该问题,仲裁实务界存在争议。肯定说理由:合同有效期限与仲裁时效 **24**

---

〔14〕 参见江伟主编:《仲裁法》(第 2 版),中国人民大学出版社 2012 年版,第 299 页。

〔15〕 参见最高人民法院研究室、最高人民法院民事审判第四庭编著:《最高人民法院仲裁法司法解
释的理解与适用》,人民法院出版社 2015 年版,第 159 页。

〔16〕 我国台湾地区对该问题的学理及实务意见,参见黄立:《撤销仲裁判断的争议》,载《裁判时
报》2020 年第 8 期,第 62—63 页。

〔17〕 参见王胜明主编:《中华人民共和国民事诉讼法释义》(最新修正版),法律出版社 2012 年版,第
554—555 页。

期间不同,此类纠纷的仲裁中,违约责任请求权的仲裁时效起算点是申请人知道或者应当知道权利受到侵害之时。[18] 否定说理由:其一,出资为合资、合作合同项下义务,在合同有效期内该义务持续存在;其二,出资是法定义务;其三,出资对公司偿债能力及公司债权人利益影响颇大。[19] 笔者赞同否定说,因为此类纠纷亦属于《诉讼时效规定》(2020 年修正)第 1 条第 3 项规定不适用诉讼时效之情形。

(三)商事仲裁时效的效力

1. 商事仲裁时效适用抗辩权发生主义

25　仲裁时效届满的效力,同样适用抗辩权发生主义(《民法典》第 192 条)。具体而言:其一,仲裁时效届满的,义务人于仲裁程序之中或仲裁程序之外均可提出不履行义务的抗辩。其二,仲裁时效届满后,义务人同意履行的,不得以仲裁时效届满为由抗辩;义务人已经自愿履行的,不得请求返还。

2. 商事仲裁时效适用职权禁用规则

26　仲裁时效同样适用职权禁用规则(《民法典》第 193 条),即仲裁机构不得主动适用仲裁时效的规定。由于商事仲裁是一种当事人意思介入程度更深的纠纷解决机制,故仲裁时效适用职权禁用规则的合理性更为明显。具体而言:其一,仲裁机构受理仲裁申请时,不应审查仲裁时效是否届满。仲裁机构制定的仲裁规则不得将仲裁时效列为受理审查事项。其二,仲裁程序中,仲裁机构不得在当事人未主张时效抗辩的情形下主动适用仲裁时效规则,亦不得对仲裁时效问题进行释明[《诉讼时效规定》(2020 年修正)第 2 条]。

(四)商事仲裁时效的计算规则

1. 商事仲裁时效一般适用诉讼时效计算规则

27　《仲裁法》对仲裁时效起算、中止、中断均未作规定,故通常情形下诉讼时效起算、中止、中断规则均适用于仲裁时效。[20]

2. 商事仲裁时效的特殊计算规则

28　其一,诉讼结果对诉讼时效中断的影响规则不适用于仲裁时效。在诉讼场合下,法院是否作出实体判决以及裁判生效后当事人申请再审的,对时效中断产生不

---

〔18〕 参见周成新:《外商投资合同争议仲裁若干问题初探》,载《法学评论》2000 年第 3 期,第 99—100 页。

〔19〕 参见彭学军、董纯钢:《仲裁时效若干问题研究》,载《北京仲裁》2006 年第 3 期,第 71 页。

〔20〕 参见王小莉:《仲裁时效若干问题探析——以一件商品房买卖合同纠纷案为例》,载广州仲裁委员会主办:《仲裁研究》第 16 辑,法律出版社 2008 年版,第 90 页。

同影响。[21] 由于商事仲裁不存在二审、再审程序,故上述规则不适用于仲裁时效。

其二,申请撤销仲裁裁决对时效中断的影响。申请撤销仲裁裁决是商事仲裁中的特有制度,区分是否撤销以及撤销原因对时效中断产生不同影响。[22] (1)依据"没有仲裁协议"等事由撤销仲裁裁决的(边码18),表明该纠纷不能适用仲裁程序解决,故撤销申请构成"与提起诉讼或者申请仲裁具有同等效力的其他情形"之诉讼时效中断事由。当事人提交撤销申请之日诉讼时效中断,撤销裁定书生效之日诉讼时效期间重新计算。(2)依据"裁决所根据的证据是伪造的"等事由撤销仲裁裁决的(边码19),由于适用重新仲裁规则,故撤销申请构成仲裁时效中断事由。当事人提交撤销申请之日至重新仲裁程序终结之日,仲裁时效处于中断状态。重新仲裁作出生效裁决的,裁决书生效之日起算执行时效。(3)依据"裁决的事项不属于仲裁协议的范围或者仲裁委员会无权仲裁"等事由撤销仲裁裁决中的超裁部分的(边码21),对于未超裁部分,撤销申请构成执行时效中断事由;对于超裁部分,依据前述(1)处理。(4)法院经审查驳回撤销申请的(《仲裁法》第60条),表明仲裁裁决是有效的,故撤销申请构成执行时效中断事由。当事人提交撤销申请之日执行时效中断,驳回撤销申请裁定书生效之日执行时效重新计算。

29

其三,仲裁时效不宜适用时效延长规则。虽然由于《仲裁法》对仲裁时效延长未作规定,理论上其可适用诉讼时效延长规则,但笔者对此持否定意见。理由在于:第一,时效延长规则与商事仲裁制度的效率性价值目标相悖,实践中亦罕有 20 年最长时效期间届满后才提出申请仲裁的实例。第二,时效延长规则主要适用于特定历史时期的案件(如涉台案件)和某些极端情形的案件(如"连环婴儿抱错案"),这些情形下罕有当事人订立仲裁协议的可能。[23]

30

其四,不同审级中援引诉讼时效抗辩权规则[《诉讼时效规定》(2020 年修正)第 3 条]不适用于仲裁时效。由于商事仲裁为一裁终局,故一审、二审、再审及重审等阶段援引诉讼时效抗辩权规则不能适用于仲裁时效。

31

三、劳动争议仲裁时效

(一)劳动争议仲裁时效期间

《劳动争议调解仲裁法》第 27 条第 1 款规定,劳动争议仲裁时效期间为 1 年。

32

---

〔21〕　参见本书第 195 条评注边码 107—112。

〔22〕　我国台湾地区对该问题的学理及实务意见,参见伍伟华:《仲裁与消灭时效》,载《仲裁季刊》第 110 期,第 39—51 页。

〔23〕　参见杨巍:《仲裁时效与诉讼时效衔接研究》,社会科学文献出版社 2019 年版,第 163—165 页。

虽然《劳动法》第 82 条规定仲裁时效期间为 60 日,但基于"新法优于旧法"原则,《劳动法》该规定已被废止。

33　　20 年最长时效期间(《民法典》第 188 条第 2 款)亦适用于劳动争议仲裁领域。实务中,此类实例较多。[24]

34　　现行法框架下,人事关系与劳动关系在性质及适用法律等方面存在差异。《人事争议处理规定》第 16 条曾规定人事争议仲裁时效期间为 60 日,但实务中人事争议仲裁时效的适用较为混乱。[25]《最高人民法院关于人事争议申请仲裁的时效期间如何计算的批复》(法释〔2013〕23 号)指出,人事争议仲裁时效适用《劳动争议调解仲裁法》规定的"1 年"时效期间。据此,事业单位与其工作人员、社团组织与其工作人员、军队聘用单位与其文职人员之间发生的人事争议,均应参照适用《劳动争议调解仲裁法》规定的仲裁时效规则。[26] 理由如下:其一,《人事争议处理规定》系由人力资源和社会保障部等部门制定,不属于《民法典》第 198 条中的"法律",不能作为仲裁时效的依据。其二,人事关系之聘用合同与劳动关系之劳动合同并无本质区别。其三,人事争议仲裁时效与诉讼时效亦构成特殊规范与一般规范的关系。[27]

(二)劳动争议仲裁时效的适用对象

1. 一般标准

35　　劳动争议仲裁领域中,仲裁时效适用对象应具备以下条件:其一,须为劳动争议。劳动争议是指用人单位和劳动者在执行劳动方面的法律法规和劳动合同、集体合同的过程中,就劳动的权利义务发生分歧而引起的争议。[28]《劳动争议调解仲裁法》第 2 条和《劳动争议解释(一)》第 1 条、第 2 条对劳动争议的认定标准作出了规定。有判决认为,劳动者为用人单位垫付但可凭票据报销的费用,属于劳动争议,适用仲裁时效的规定。[29]

36　　该条件意味着,并非存在劳动关系的当事人之间的所有纠纷均适用仲裁时

---

〔24〕 参见最高人民法院(2014)民申字第 1276 号民事裁定书。

〔25〕 参见张冬梅:《事业单位人事争议仲裁时效的确定》,载《人民司法·应用》2016 年第 4 期,第 85—86 页。

〔26〕 参见陈龙业:《〈关于人事争议申请仲裁的时效期间如何计算的批复〉的理解与适用》,载《人民司法·应用》2014 年第 1 期,第 45 页。

〔27〕 参见最高人民法院民法典贯彻实施工作领导小组主编:《中华人民共和国民法典总则编理解与适用(下)》,人民法院出版社 2020 年版,第 1000—1003 页。

〔28〕 参见全国人大常委会法制工作委员会行政法室编著:《〈中华人民共和国劳动争议调解仲裁法〉条文释义与案例精解》,中国民主法制出版社 2012 年版,第 14 页。

〔29〕 参见北京市第三中级人民法院(2019)京 03 民终 6269 号民事判决书。

效。这些纠纷中构成劳动争议的,才有可能适用仲裁时效。如果该纠纷属于合同、侵权、不当得利等法律关系,应当适用诉讼时效而非仲裁时效。例如用人单位未履行法定义务防止、制止性骚扰,员工主张侵权责任(《民法典》第 1010 条第 2款)等情形。

其二,须符合诉讼时效适用对象的一般属性。"构成劳动争议"是适用仲裁时效的必要条件,而非充分条件。因诉讼时效与仲裁时效的关系是一般规范与特殊规范,故二者适用对象的性质应具一致性。诉讼时效适用对象是平等主体之间的请求权,仲裁时效适用对象亦应符合该条件。 37

当事人请求确认劳动关系是否适用仲裁时效? 实务中存在肯定说[30]和否定说[31]两种意见,笔者赞同否定说。虽然请求确认劳动关系属于劳动争议(《劳动争议调解仲裁法》第 2 条第 1 项),但该"请求"系发生在民事主体与司法机关之间,故不属于平等主体之间的请求权关系。肯定说仅从文义理解,将所有劳动争议均适用仲裁时效,忽略了仲裁时效适用对象的基本条件,故并不合理。 38

2. 社会保险争议是否适用劳动争议仲裁时效

《劳动争议调解仲裁法》第 2 条第 4 项规定,社会保险争议属于劳动争议。但是,对于社会保险争议是否适用劳动争议仲裁时效,学界存在争议。肯定说认为,社会保险争议主要包括劳动者要求补办社会保险和劳动者要求补缴保险费两种情形,其均应适用仲裁时效,仅起算点不同。[32] 否定说认为,社会保险争议是否属于劳动争议存疑,其不应适用仲裁时效。虽然社会保险争议基于劳动关系产生,旧法也曾将二者作统一处理,但随着社会保险立法的完善,社会保险争议已形成一种独立于劳动争议之外的行政争议。[33] 现有救济模式混淆了社会保险权与劳动权,淡化了社会保险的强制性,不利于劳动者社会保险权的实现。[34] 39

笔者认为,社会保险争议类型多样,应依据具体纠纷性质判断其是否适用仲裁时效。虽然现行法规定社会保险争议属于劳动争议,但这仅满足仲裁时效适用对象的条件一(边码 35),其是否适用仲裁时效尚需考察条件二(边码 37)是否具备。区分为以下两种情形: 40

其一,社会保险争议不属于平等主体之间请求权关系的,不适用仲裁时效。例如:用人单位未依法办理社保关系,劳动者要求其补办;用人单位未按时足额缴 41

---

〔30〕 参见广东省广州市中级人民法院(2019)粤 01 民终 20758 号民事判决书。

〔31〕 参见北京市第一中级人民法院(2019)京 01 民终 4682 号民事判决书。

〔32〕 参见梁允让:《诉讼时效在劳动人事争议处理中的适用》,载《中国人力资源社会保障》2011 年第 5 期,第 45 页。

〔33〕 参见徐智华:《劳动争议处理几个疑难问题研究》,载《中国法学》2003 年第 3 期,第 130 页。

〔34〕 参见林嘉:《社会保险的权利救济》,载《社会科学战线》2012 年第 7 期,第 178—179 页。

纳保险费,劳动者要求其补缴等。此类情形下,用人单位的补办义务和补缴义务并非基于劳动者"请求"而产生,其履行义务的内容亦非向劳动者作出给付,[35] 故不具备适用仲裁时效的条件。实务中,有法院认为此类纠纷不属于劳动争议而不予受理,理由为"社会保险问题应由社会保险行政部门予以处理,补缴请求不属于劳动争议案件的受理范围"[36]。还有法院认为,"用人单位整体没有参加社会保险统筹的,该社会保险纠纷属于劳动争议,但根据目前社会保险管理体制,用人单位必须整体参加社会保险统筹,社保机构不允许劳动者个人开立账户,法院在判决中也无法确定社会保险费的缴纳数额,显也不宜受理"[37]。该情形下的"不予受理",并非劳动者丧失救济,而是意味着应由劳动行政部门责令用人单位履行法定义务,而用人单位对行政部门和劳动者均不能主张时效抗辩。

42 其二,社会保险争议属于平等主体之间请求权关系的,适用仲裁时效。虽然社会保险金的支付主体是社保机构,但实际操作中如果用人单位不履行协助义务亦无法达成给付效果。因用人单位不履行该协助义务而发生纠纷的,符合适用仲裁时效的条件,应当适用仲裁时效。[38] 值得注意的是,《劳动争议解释(一)》第 1条第 5 项新增规定:"劳动者以用人单位未为其办理社会保险手续,且社会保险经办机构不能补办导致其无法享受社会保险待遇为由,要求用人单位赔偿损失发生的纠纷"属于劳动争议。该情形是用人单位不履行公法义务转化形成的赔偿责任,该赔偿责任属于平等主体之间的请求权关系,故应适用仲裁时效。

(三)劳动争议仲裁时效的效力

1. 劳动争议仲裁时效是否适用抗辩权发生主义和职权禁用规则

43 对于该问题,理论及实务上经历了一个逐步演变的过程。《劳动争议调解仲裁法》第 27 条是仲裁时效的核心法条,由于该条位于"第二节申请和受理",似乎表明劳动争议仲裁机构应当主动审查仲裁时效以决定是否受理,而非由当事人在仲裁程序中抗辩。2009 年《劳动人事争议仲裁办案规则》第 30 条曾规定,"在申请仲裁的法定时效期间内"是受理仲裁申请的条件之一。实务中,多有劳动争议仲裁机构依据上述规定,主动审查仲裁时效后不予受理。[39] 学界对该问题存在争议。第一种观点认为,劳动争议仲裁机构和法院均应主动审查仲裁时效。理由

---

〔35〕 参见《劳动法》第 100 条。

〔36〕 参见北京市第二中级人民法院(2015)二中民终字第 07951 号民事判决书。

〔37〕 参见重庆市彭水县人民法院(2007)彭法民初字第 217 号民事裁定书。

〔38〕 参见云南省昆明市中级人民法院(2018)云 01 民终 6221 号民事判决书。

〔39〕 参见吉林省高级人民法院(2015)吉民提字第 55 号民事判决书;内蒙古自治区呼和浩特市中级人民法院(2016)内 01 民终 923 号民事判决书。

在于:其一,劳动争议仲裁时效系采"强效力"模式,其届满致实体上直接消灭诉权,因而在程序上赋予仲裁机构主动查明权。[40]其二,在诉讼程序之外增加劳动仲裁程序的初衷是更多地关注程序价值,因此在劳动仲裁程序中主动审查和释明时效有其合理性。[41] 第二种观点认为,劳动争议仲裁时效也适用抗辩权发生主义和职权禁用规则,不应主动审查。理由在于:其一,《劳动人事争议仲裁办案规则》不是法律,不能作为适用仲裁时效的依据。[42] 其二,申请人一般是弱势劳动者,如果主动审查及释明仲裁时效,会因无法立案造成劳动者权益得不到保障,偏离了《劳动争议调解仲裁法》保护当事人合法权益、促进劳动关系和谐稳定的立法本意。[43]

近年来,对于该问题,有关规范性文件及司法实务似已改采抗辩权发生主义和职权禁用规则。体现为:其一,《劳动争议解释一》(2001)第 3 条曾规定,劳动争议仲裁机构应主动审查仲裁时效,以决定是否受理。《民法典》施行后,2020 年《劳动争议解释(一)》未继承上述规定。其二,2017 年《劳动人事争议仲裁办案规则》对 2009 年规则作出修订,删除了旧规则第 30 条"在申请仲裁的法定时效期间内"之受理条件的规定。其三,《八民纪要》第 27 条规定了在仲裁、诉讼不同阶段中仲裁时效抗辩权的援引规则。该规定将仲裁时效定位为一种特别时效,参照适用《民法典》第 193 条之职权禁用规则。[44] 其四,依据最高人民法院释义书对第 198 条的解释,仲裁时效在制度本质、功能作用等方面与诉讼时效一致,也应适用抗辩权发生主义。[45]

44

笔者认为,仲裁时效应当适用抗辩权发生主义和职权禁用规则,上述司法实务新动向是合理的。除上述理由外,以下几方面尚值得注意:其一,仲裁时效与诉讼时效的适用对象均为实体法上请求权,而非程序法权利,故应通过实体审理(而非受理阶段)判断。其二,劳动争议仲裁机构主动审查仲裁时效会偏离公断机构的中立性,且与劳动法立法理念相悖。其三,劳动争议仲裁机构主动审查仲裁时

45

---

〔40〕 参见吴文芳:《劳动争议仲裁时效与民事诉讼时效冲突探析》,载《华东政法大学学报》2013 年第 6 期,第 122 页。

〔41〕 参见刘力、玄玉宝:《劳动仲裁时效的理解与适用》,载《人民司法·应用》2010 年第 17 期,第 83 页。

〔42〕 参见陈甦主编:《民法总则评注(下册)》,法律出版社 2017 年版,第 1432 页(周江洪执笔)。

〔43〕 参见于欣翠、栾居沪:《劳动仲裁机构是否可主动审查仲裁时效》,载《中国劳动》2014 年第 4 期,第 48 页。

〔44〕 参见杜万华主编:《〈第八次全国法院民事商事审判工作会议(民事部分)纪要〉理解与适用》,人民法院出版社 2017 年版,第 442 页。

〔45〕 参见最高人民法院民法典贯彻实施工作领导小组主编:《中华人民共和国民法典总则编理解与适用(下)》,人民法院出版社 2020 年版,第 997 页。

效违反意思自治原则和处分原则。[46]　实务中，近年亦不乏将仲裁时效适用抗辩权发生主义的实例。[47]

2. 劳动争议仲裁与诉讼的不同关系对仲裁时效效力的影响

46　　　基于实践需要、减少诉讼等原因，我国现行法对劳动争议仲裁与诉讼的关系采取了多元化模式。在"先裁后审"（一调一裁两审）的基本构架下，针对某些类型纠纷设置了"一裁终局"和"不裁而审"的程序。[48]　在劳动争议仲裁与诉讼的不同关系框架下，对仲裁时效的适用及效力产生不同影响。分述如下：

47　　　其一，先裁后审。劳动争议案件适用"仲裁前置"的基本程序，即先裁后审（《劳动法》第 79 条、《劳动争议调解仲裁法》第 5 条）。在此框架下，仲裁时效效力分为以下几种情形：（1）仲裁程序中基于仲裁时效届满驳回当事人请求的，不影响当事人起诉及法院受理，诉讼中法院仍须基于当事人请求及抗辩对仲裁时效（而非诉讼时效）是否届满进行实体审理。《劳动争议调解仲裁法》第 50 条规定的"15 日"是法定期间、不变期间，其性质及法律后果类似于上诉期。（2）仲裁程序中当事人未援引时效抗辩权的，构成弃权行为，虽不影响当事人起诉及法院受理，但诉讼阶段（一审、二审、再审）不得再实施援引行为或者作为申请再审的理由。《八民纪要》第 27 条规定的时效抗辩权援引规则，系参照《诉讼时效规定》（2020年修正）第 3 条而设。据此，仲裁程序中当事人未援引时效抗辩权构成弃权行为，故诉讼阶段不能主张时效抗辩或者以时效届满为由申请再审。[49]　（3）当事人收到仲裁裁决书后未于法定期间起诉的，裁决书发生法律效力，其后适用执行时效。

48　　　其二，一裁终局。"追索劳动报酬"等劳动争议适用一裁终局的特别程序，裁决书自作出之日起发生法律效力（《劳动争议调解仲裁法》第 47 条），其后适用执行时效。但在此框架下，法律仍为当事人在"一裁"之外设置了救济路径。（1）劳动者对该仲裁裁决不服的，可于法定期间起诉（《劳动争议调解仲裁法》第 48 条）。劳动者起诉对仲裁时效效力的影响，与边码 47 作相同处理。（2）在具备法定事由情形下，用人单位可以向法院申请撤销裁决（《劳动争议调解仲裁法》第 49 条）。值得注意的是，虽然劳动争议仲裁和商事仲裁均可适用申请撤销裁决规则，但二者性质、后果存在显著差异。申请撤销劳动争议仲裁裁决规则不是依据"有无仲裁协议"为标准设计，其后果亦无"重新仲裁"的可能。该规则是在一裁终局的框

---

〔46〕　参见杨巍：《仲裁时效与诉讼时效衔接研究》，社会科学文献出版社 2019 年版，第 184—185 页。

〔47〕　参见广东省广州市中级人民法院（2019）粤 01 民终 8836 号民事判决书。

〔48〕　参见全国人大常委会法制工作委员会行政法室编著：《〈中华人民共和国劳动争议调解仲裁法〉条文释义与案例精解》，中国民主法制出版社 2012 年版，第 26—27 页。

〔49〕　参见杜万华主编：《〈第八次全国法院民事商事审判工作会议（民事部分）纪要〉理解与适用》，人民法院出版社 2017 年版，第 442—443 页。

架下,为救济用人单位而设。但现行法对该规则与诉讼衔接的规定存在严重纰漏:仲裁裁决撤销后,表明劳动争议未能通过仲裁程序得到实体解决,依理应自撤销之日重新计算仲裁时效,以给予当事人足够时间起诉以解决该劳动争议。但《劳动争议调解仲裁法》第 49 条第 3 款规定,当事人可以自收到撤销裁决裁定书之日起 15 日内就该劳动争议事项起诉。该规定造成的"恶果"是,如果当事人未于 15 日(该期间太短)内起诉,则既无法通过诉讼解决该劳动争议,也无有效仲裁裁决可供执行。因此,对《劳动争议调解仲裁法》第 49 条第 3 款的合理解释是:该 15 日是当事人对撤销裁决裁定书不服的"上诉期";当事人未于该期间"上诉"的,该裁定书生效并重新计算仲裁时效,当事人可通过诉讼使该劳动争议得到实体解决。

　　其三,不裁而审。劳动争议仲裁机构不予受理或者逾期未作出决定、逾期未作出仲裁裁决等情形下,当事人可以就该劳动争议事项起诉(《劳动争议调解仲裁法》第 29 条、第 43 条)。在此框架下,当事人提交仲裁申请书之日仲裁时效中断;当事人收到不予受理等通知之日重新计算仲裁时效;当事人起诉的,仲裁时效再次中断。　　　　　　　　　　　　　　　　　　　　　　　　　49

(四)劳动争议仲裁时效的计算规则

1. 劳动争议仲裁时效起算的一般标准

　　对于仲裁时效起算的一般标准,法律既有规定并不一致。《劳动法》第 82 条　50
规定,起算点是"劳动争议发生之日";《劳动争议解释二》(2006)第 1 条对"劳动争议发生之日"作出细化解释;《劳动争议调解仲裁法》第 27 条第 1 款规定,起算点是"当事人知道或者应当知道其权利被侵害之日"。对于该问题,学界存在较大争议。第一种观点认为,"劳动争议发生之日"为起算点。对于文化程度不高的劳动者而言,将时效起算点规定得过于烦杂不利于其理解,而"劳动争议发生之日"即劳动者和用人单位发生争端之日,便于劳动者把握何时该时效期间开始计算。[50] 第二种观点认为,"一方当事人知道权利被侵害而向对方当事人明确表示异议之日"为起算点。当一方以明示方式向对方侵犯其权利的行为表示反对、不服、不接受、谴责、要求改正等意思的,视为争议发生。[51] 第三种观点认为,"权利能够行使之日"为起算点。该起算点是各国立法通例,应与其保持一致。[52] 第四种观点认为,应区分不同情况分别认定起算点:一般情况下是"当事人知道或者应

---

〔50〕　参见谢国伟、杨晓蓉主编:《劳动争议案件审判要旨》,人民法院出版社 2006 年版,第 54 页。
〔51〕　参见何菁:《完善劳动仲裁时效制度之我见》,载《中山大学学报论丛》2004 年第 5 期,第 174 页。
〔52〕　参见李洁:《从一则案例论劳动争议仲裁时效》,载《江苏警官学院学报》2012 年第 3 期,第 66 页。

当知道其权利被侵害之日";特殊情况下是"工伤伤情稳定之日、作出伤残鉴定之日、劳动者能够或敢于提起仲裁之日、连续侵权终止之日"。[53]

51　　　　笔者认为,仲裁时效起算的一般标准应当适用《民法典》第188条第2款对诉讼时效起算的规定。起算点为"权利人知道或者应当知道权利受到损害以及义务人之日",即行使权利的法律障碍消除且当事人对此知情的最早时点为起算点。理由如下:其一,"劳动争议发生之日"作为起算点,在理论及实践上均存在难以克服的困扰。"劳动争议发生"仅是时效起算的必要条件,但非充分条件,因为即使劳动争议已经发生,如果行使权利尚存在法律障碍,此时起算时效显然是不合理的(不构成怠于行使权利)。而且,"劳动争议发生"是一个动态发展过程,争议的形态、程度各异,故很难有一个统一的清晰时点。这是该起算标准在实践中易生争议的根本原因。前述各观点多是对"劳动争议发生之日"进行修正或补充,其出发点并不合理。其二,为应对实务争议,《劳动争议解释二》(2006)第1条对"劳动争议发生之日"作出进一步解释,但实际效果并不理想。因此,2020年《劳动争议解释(一)》未继承上述规定。其三,依据"新法优于旧法"原则,《劳动争议调解仲裁法》施行后,《劳动法》第82条规定的起算标准已被废止。《劳动争议调解仲裁法》第27条第1款规定的"当事人知道或者应当知道其权利被侵害之日起算"系对当时《民法通则》第137条之起算标准的重复。该条意义并非在劳动争议仲裁领域设置特殊起算标准,而是表明回归诉讼时效起算的一般标准,不再适用《劳动法》规定的起算标准。因此,在《民法典》第188条第2款对诉讼时效起算作出新规的前提下,仲裁时效起算亦应适用该规定。

52　　　　实务中,适用仲裁时效起算一般标准的情形包括:(1)工伤赔偿劳动争议中,劳动者收到劳动能力鉴定委员会劳动能力鉴定结论书之日;[54](2)用人单位解除劳动合同,劳动者收到通知之日;[55](3)劳动者因自身原因离开单位,下海经商,用人单位对其作出除名决定之日;[56](4)2008年12月解除劳动关系,2009年1月开始原告未享受养老待遇,从其未能正常享受养老待遇即领取养老金开始就应当知道其权益受到侵害[57]等。

2. 劳动争议仲裁时效起算的特殊标准

53　　　　《劳动争议调解仲裁法》第27条第4款规定,因拖欠劳动报酬发生争议的,仲裁时效适用特殊起算标准。分述如下:

---

〔53〕　参见索晓惠:《浅谈劳动争议的仲裁时效》,载《法学评论》2000年第4期,第153—154页。
〔54〕　参见贵州省黔西南布依族苗族自治州中级人民法院(2019)黔23民终2538号民事判决书。
〔55〕　参见云南省曲靖市中级人民法院(2018)云03民终883号民事判决书。
〔56〕　参见辽宁省本溪市中级人民法院(2018)辽05民终538号民事判决书。
〔57〕　参见海南省琼海市人民法院(2016)琼9002民初2124号民事判决书。

其一,劳动关系存续期间内,劳动报酬请求权仲裁时效不起算。应特别注意 54
的是,该款"劳动者申请仲裁不受本条第一款规定的仲裁时效期间的限制"之表
述,不应解释为"劳动报酬请求权不适用仲裁时效",而应解释为:因劳动关系存续
而暂不起算仲裁时效。该特殊起算规则的性质,类似于"时效开始停止"。[58] 该
解释可从立法机关释义书对该款立法理由的阐释得到印证:劳动者为了维持劳动
关系,在劳动关系存续期间对用人单位拖欠劳动报酬不敢主张权利,故作此规
定。[59] 实务中,认定为劳动报酬争议的情形包括:(1)尚欠工资;[60](2)任职期间
的业务提成;[61](3)加班费;[62](4)业务促销费[63]等。

其二,劳动关系终止的,劳动报酬请求权仲裁时效起算点是"劳动关系终止之 55
日"。因为劳动关系终止使得劳动者迫于用人单位压力而不敢主张权利的情形消
失,故仲裁时效可以起算。实务中,"劳动关系终止之日"的情形包括:(1)劳动者
不再为用人单位提供劳动,用人单位停止支付报酬的起始日;[64](2)劳动者开始
享受基本养老保险待遇之日;[65](3)用人单位被吊销营业执照之日;[66](4)劳动
者退休之日;[67](5)劳动合同期满之日,未续签劳动合同[68]等。

其三,双倍工资请求权仲裁时效起算点如何界定? 对于双倍工资请求权(《劳 56
动合同法》第 82 条)的性质,存在"劳动报酬说"[69]和"惩罚性赔偿说"[70]之争。
由此,对该请求权仲裁时效起算点亦存在相应的争议。第一种观点认为,区分劳
动者工作是否满 1 年,起算点分别是"违法行为结束次日"或"工作 1 年届满次
日"。[71] 第二种观点认为,逐月分别计算,即从未签订书面劳动合同的第二个月

〔58〕 参见本书第 194 条评注边码 2。

〔59〕 参见全国人大常委会法制工作委员会行政法室编著:《〈中华人民共和国劳动争议调解仲裁
法〉条文释义与案例精解》,中国民主法制出版社 2012 年版,第 98—99 页。

〔60〕 参见云南省楚雄彝族自治州中级人民法院(2020)云 23 民终 99 号民事判决书。

〔61〕 参见山东省威海市中级人民法院(2019)鲁 10 民终 3245 号民事判决书。

〔62〕 参见四川省德阳市中级人民法院(2019)川 06 民终 1258 号民事判决书。

〔63〕 参见内蒙古自治区呼和浩特市中级人民法院(2018)内 01 民终 1600 号民事判决书。

〔64〕 参见最高人民法院(2016)最高法民申第 703 号民事裁定书。

〔65〕 参见黑龙江省齐齐哈尔市中级人民法院(2019)黑 02 民终 219 号民事判决书。

〔66〕 参见山西省运城市中级人民法院(2018)晋 08 民终 1389 号民事判决书。该裁判意见似有误,
因为吊销营业执照虽导致停工,但用人单位主体资格和劳动关系并不当然消灭。

〔67〕 参见黑龙江省哈尔滨市中级人民法院(2018)黑 01 民终 8974 号民事判决书。

〔68〕 参见河北省唐山市中级人民法院(2018)冀 02 民终 2975 号民事判决书。

〔69〕 参见李鑫超:《谈劳动争议的仲裁时效》,载《中国劳动》2013 年第 10 期,第 61 页

〔70〕 参见王全兴、粟瑜:《用人单位违法不订立书面劳动合同的"二倍工资"条款分析》,载《法学》
2012 年第 2 期,第 68—69 页。

〔71〕 参见《江苏省高级人民法院、江苏省劳动人事争议仲裁委员会关于审理劳动人事争议案件的
指导意见(二)》(苏高法审委〔2011〕14 号)第 1 条。

起按月分别计算仲裁时效。[72] 第三种观点认为,从劳动者主张权利之日起往前倒推 1 年,按月计算,对超过 1 年的二倍工资差额不予支持。[73]第四种观点认为,起算点是"劳动关系终止之日"。[74] 笔者赞同第一种观点,理由如下:第一,基于立法目的、劳动报酬性质等理由,双倍工资请求权性质采取"惩罚性赔偿说"更为合理。[75] 该观点系以此说为前提。第二,该观点区分劳动者工作是否满 1 年分别适用两种起算点,其理论基础来源于持续性侵权的时效起算点是"侵权行为终止之日"。[76] 这与持续性侵权的诉讼时效起算标准相一致。第三,该观点区分劳动者工作是否满 1 年分别起算的思路,与《劳动合同法实施条例》第 6 条、第 7 条对双倍工资数额的计算标准相一致。

57　　　　其四,带薪年休假工资报酬请求权仲裁时效起算点如何界定? 学界及实务界对此存在争议。第一种观点认为,该请求权属于劳动报酬,应适用特殊起算标准,即"劳动关系终止之日"起算仲裁时效。[77] 第二种观点认为,该请求权是用人单位给予劳动者的福利性待遇,不属于劳动报酬,应适用一般起算标准。[78] 笔者赞同第二种观点,因为从带薪年休假的立法目的、职工福利费用的计算等角度来看,该请求权性质不是劳动报酬。[79] 在此前提下,由于年休假并非某个固定期间,而是可在 1 个年度内自由安排,甚至可跨年度安排,故该请求权仲裁时效起算点仍有必要进一步明确。有高级人民法院规范性文件认为,该起算点是"应获得年休假工资报酬的第二年的 12 月 31 日"。[80] 例如,未休 2016 年度的年休假,因存在2017 年安排的可能,故自 2018 年 1 月 1 日起,劳动者知道或者应当知道该权利受到侵害,此时仲裁时效起算。该标准可资赞同。

3. 劳动争议仲裁时效中断

58　　　　《劳动争议调解仲裁法》第 27 条第 2 款规定的中断事由中,"当事人一方向对方当事人主张权利"和"对方当事人同意履行义务"相当于《民法典》第 195 条第 1

---

〔72〕　参见《上海市高级人民法院关于审理劳动争议案件若干问题的解答》(2010 年 12 月)第 2 条。

〔73〕　参见《广东省高级人民法院、广东省劳动人事争议仲裁委员会关于审理劳动人事争议案件若干问题的座谈会纪要》(粤高法〔2012〕284 号)第 15 条。

〔74〕　参见河南省商丘市中级人民法院(2019)豫 14 民终 3057 号民事判决书。

〔75〕　参见杨巍:《仲裁时效与诉讼时效衔接研究》,社会科学文献出版社 2019 年版,第 178—179 页。

〔76〕　参见《劳动纠纷裁判思路与规范释解》(第 3 版),法律出版社 2016 年版,第 844 页。

〔77〕　参见宫秀美、钱静:《职工带薪年休假的仲裁时效从何算起》,载《中国劳动》2011 年第 8 期,第 52 页。实例参见海南省三亚市中级人民法院(2019)琼 02 民终 635 号民事判决书。

〔78〕　参见董保华主编:《中国劳动法案例精读》,商务印书馆 2016 年版,第 227 页。实例参见山东省泰安市中级人民法院(2019)鲁 09 民终 1148 号民事判决书。

〔79〕　参见杨巍:《仲裁时效与诉讼时效衔接研究》,社会科学文献出版社 2019 年版,第 181—182 页。

〔80〕　参见《北京市高级人民法院、北京市劳动人事争议仲裁委员会关于审理劳动争议案件法律适用问题的解答》(2017 年 4 月 24 日)第 19 条。

项、第 2 项规定的"权利人向义务人提出履行请求"和"义务人同意履行义务"之中断事由,故并不构成中断事由的特殊规定。《民法典》第 195 条之该两项中断事由的解释,同样适用于仲裁时效。

《劳动争议调解仲裁法》第 27 条第 2 款规定的"向有关部门请求权利救济"之中断事由应如何理解,学理及实务上存在争议。第一种观点(从严解释说)认为,该"有关部门"应当限制解释为有权处理劳动争议的部门,其仅包括劳动争议仲裁机构和法院。[81] 第二种观点(从宽解释说)认为,该"有关部门"不限于劳动争议仲裁机构和法院,还包括其他部门(如公安机关、政法委、信访局、地方政府等)。[82] 第三种观点(折中说)认为,如果劳动者向劳动争议仲裁机构和法院以外的部门提出权利救济主张,原则上不引起仲裁时效中断;但如果这些部门将当事人提交的主张权利的函件转交解决劳动争议的相关部门,后者收到函件的事实构成中断事由。[83] 笔者赞同从宽解释说,理由如下:其一,普通债权人寻求救济而中断时效的国家机关、社会团体范围较宽[《诉讼时效规定》(2020 年修正)第 12 条、第 13 条],并未受到特别限制。相较而言,劳动者比普通债权人应受更大程度保护,故"有关部门"从宽解释的合理性更为明显。其二,基于民众"有困难,找政府"的朴素观念,要求劳动者严格按照法定职能对不同国家机关作出区分,其中有的能引起时效中断,有的不能引起时效中断,似对普通劳动者过于严苛。

对于仲裁时效重新计算的时点,《劳动争议调解仲裁法》第 27 条第 2 款规定为"中断时"。该规定系对《民法通则》第 140 条的重复,故并不构成仲裁时效中断的特殊规定。在《民法典》第 195 条已对《民法通则》第 140 条作出修改的前提下,仲裁时效重新计算的时点亦应适用《民法典》的规定。因此,仲裁时效重新计算的时点是"中断时"或者"有关程序终结时"。

4. 劳动争议仲裁时效中止

《劳动争议调解仲裁法》第 27 条第 3 款规定,仲裁时效中止事由是不可抗力、其他正当理由。该规定仅将《民法通则》第 139 条中的"其他障碍"之中止事由改为"其他正当理由",系对《民法通则》第 139 条的变相重复,故并不构成仲裁时效中止的特殊规定。在《民法典》第 194 条已对《民法通则》第 139 条作出修改的前提下,仲裁时效中止事由应适用《民法典》的规定。

"劳动关系存续"是否构成仲裁时效中止事由? 比较法上,多将"雇佣关系存

---

〔81〕　参见梁展欣主编:《诉讼时效司法实务精义》,人民法院出版社 2010 年版,第 370 页。实例参见陕西省渭南市中级人民法院(2019)陕 05 民终 134 号民事判决书。

〔82〕　参见湖南省高级人民法院(2014)湘高法民再终字第 78 号民事判决书。

〔83〕　参见最高人民法院民事审判第一庭编著:《最高人民法院劳动争议司法解释的理解与适用》,人民法院出版社 2015 年版,第 277—279 页。

续"规定为时效中止事由,[84]因为该关系存续使受雇方行使权利存在显而易见的心理障碍。我国现行法仅针对劳动报酬争议设置了推迟起算的特殊规则,但对其他劳动争议中如何保护劳动者的此类时效利益则并不明确。笔者认为,在其他劳动争议中,"劳动关系存续"可解释为"权利人被义务人或者其他人控制"之中止事由(《民法典》第 194 条第 1 款第 4 项)。理由如下:其一,我国劳动力市场中用人单位强势和劳动者弱势的现状,导致用人单位对劳动者予以事实控制或心理控制的因素更加被放大,其构成该中止事由的社会现实基础。其二,将中止事由作从宽解释,有利于弥补因现行仲裁时效期间偏短(1 年)所造成的对劳动者保护不力的弊端。其三,在其他劳动争议中,"劳动关系存续"导致劳动者事实上不敢或不能行使权利的问题无法通过起算规则得到解决,通过中止规则救济劳动者是较为现实的选择。简言之,在劳动报酬争议中,劳动关系终止之日起算完整的时效期间;在其他劳动争议中,劳动关系终止后尚有不短于 6 个月期间供劳动者行使权利。

63　　　　对于仲裁时效中止的效力,《劳动争议调解仲裁法》第 27 条第 3 款规定,"从中止时效的原因消除之日起,仲裁时效期间继续计算"。该规定系对《民法通则》第 139 条的重复,故并不构成仲裁时效中止的特殊规定。在《民法典》第 194 条已对诉讼时效中止效力作出修改的前提下,仲裁时效中止的效力亦应适用《民法典》的规定。因此,自中止时效的原因消除之日起满六个月,仲裁时效期间届满。

四、土地承包经营纠纷仲裁时效

(一)土地承包经营纠纷仲裁时效期间

64　　　　《农村土地承包经营纠纷调解仲裁法》第 18 条规定,土地承包经营纠纷仲裁时效期间为 2 年。20 年最长时效期间(《民法典》第 188 条第 2 款)亦适用于土地承包经营纠纷仲裁领域。

(二)土地承包经营纠纷仲裁时效的适用对象

1. 一般标准

65　　　　土地承包经营纠纷仲裁领域中,仲裁时效适用对象应具备以下条件:其一,须为土地承包经营纠纷。土地承包经营纠纷,是指农村土地承包关系各阶段产生的

---

〔84〕　参见《瑞士债务法》第 134 条第 1 款;《葡萄牙民法典》第 318 条。

民事纠纷,这些纠纷可以通过土地承包经营纠纷调解和仲裁方式解决。[85]《农村土地承包经营纠纷调解仲裁法》第 2 条、《土地承包纠纷解释》(2020 年修正)第 1 条对土地承包经营纠纷的范围作出规定。

其二,须符合诉讼时效适用对象的一般属性。基于边码 37 之相同理由,"构成土地承包经营纠纷"是适用仲裁时效的必要条件,而非充分条件。[86] 诉讼时效适用对象是平等主体之间的请求权,仲裁时效适用对象亦应符合该条件。 66

符合上述条件的请求权主要包括:(1)与土地承包合同相关的违约请求权。例如未履行流转费所生违约请求权(《农村土地承包经营纠纷调解仲裁法》第 2 条第 2 款第 1 项)、违约收回承包地所生赔偿损失请求权(《农村土地承包经营纠纷调解仲裁法》第 2 条第 2 款第 3 项)等。(2)侵害土地承包经营权所生侵权请求权。例如侵占承包地所生赔偿损失请求权(《农村土地承包经营纠纷调解仲裁法》第 2 条第 2 款第 5 项)等。(3)与土地承包合同相关的缔约过失请求权。《农村土地承包经营纠纷调解仲裁法》第 2 条第 2 款第 1 项规定,因"订立……农村土地承包合同发生的纠纷"属于土地承包经营纠纷。依据最高人民法院的解释,此处的"订立合同纠纷"仅限于在订约过程中发生的缔约过失责任等纠纷,不能扩大解释为包括农户因未实际取得土地承包经营权而与集体经济组织之间发生的纠纷。[87] 67

2. 不适用土地承包经营纠纷仲裁时效的情形

土地承包经营纠纷中,属于《民法典》第 196 条规定情形的,亦不适用仲裁时效。例如因土地承包经营权受侵害而请求停止侵害、排除妨碍、消除危险。此外,下列土地承包经营纠纷因性质不适用仲裁时效: 68

其一,解除土地承包合同(《农村土地承包经营纠纷调解仲裁法》第 2 条第 2 款第 1 项)。解除权为形成权而非请求权,故适用除斥期间,而不适用仲裁时效。但需注意,合同解除所生恢复原状、赔偿损失请求权符合仲裁时效适用对象的条件,故适用仲裁时效。 69

其二,请求确认农村土地承包经营权(《农村土地承包经营纠纷调解仲裁法》第 2 条第 2 款第 4 项)。《八民纪要》第 24 条规定,利害关系人请求确认物权的归 70

---

〔85〕 参见王胜明、陈晓华主编:《中华人民共和国农村土地承包经营纠纷调解仲裁法释义》,法律出版社 2009 年版,第 7 页。

〔86〕 相反观点参见陈甦主编:《民法总则评注(下册)》,法律出版社 2017 年版,第 1431 页(周江洪执笔)。

〔87〕 参见最高人民法院民一庭:《如何理解农村土地承包经营纠纷调解仲裁法第二条规定的"订立"农村土地承包合同发生的纠纷》,载最高人民法院民事审判第一庭编:《民事审判指导与参考》2012 年第 4 辑(总第 52 辑),人民法院出版社 2013 年版,第 139—142 页。

属或内容,不适用诉讼时效。土地承包经营纠纷仲裁领域中,该规定亦适用于仲裁时效,因为该"请求"不是平等主体之间的请求权关系。同理,当事人请求确认土地承包合同效力的,亦不适用仲裁时效。

(三)土地承包经营纠纷仲裁时效的效力

1. 土地承包经营纠纷仲裁时效是否适用抗辩权发生主义和职权禁用规则

71　　现行法对该问题无明确规定,学理上多持肯定意见。[88] 实务中,采肯定说[89]和否定说[90]的裁判意见皆有其例。笔者赞同肯定说,即农村土地承包仲裁委员会和法院均不应主动适用仲裁时效,也不得以仲裁时效届满为由不予受理。理由如下:其一,《农村土地承包经营纠纷调解仲裁法》第 20 条规定的受理条件中并无时效事项,故受理仲裁申请时不应审查时效事项。其二,现行土地承包经营纠纷仲裁制度在各方面行政色彩浓厚,有偏离仲裁中立性、民间性的嫌疑,而多受学界批评。[91] 在现行制度未作调整的前提下,更应当为当事人自主行使时效抗辩权留出足够空间。其三,土地承包经营纠纷仲裁与劳动争议仲裁在立法目的、适用主体等方面有类似之处,即与诉讼均非替代关系、都适用于法律倾斜保护的某一类主体(农民、劳动者)。因此,前述边码 45 之理由,在土地承包经营纠纷仲裁领域亦可成立。

2. 土地承包经营纠纷仲裁与诉讼的不同关系对仲裁时效效力的影响

72　　现行法框架下,土地承包经营纠纷仲裁与诉讼的关系较为复杂,即采取"非协议仲裁、可裁可审、裁后可审"的制度。[92] 在土地承包经营纠纷仲裁与诉讼的不同关系框架下,对仲裁时效的适用及效力产生不同影响。分述如下:

73　　其一,当事人自愿达成书面仲裁协议[《土地承包纠纷解释》(2020 年修正)第 2 条第 1 款]。该情形应当参照《民事诉讼法解释》(2022 年修正)第 215 条、第 216 条处理,即适用商事仲裁之"或裁或审"原则。在此情形下,仲裁时效效力参照前述商事仲裁时效相关内容。

74　　其二,当事人未达成书面仲裁协议[《土地承包纠纷解释》(2020 年修正)第 2

---

〔88〕　参见王利明:《民法总则研究》(第 3 版),中国人民大学出版社 2018 年版,第 765 页。

〔89〕　参见湖北省秭归县人民法院(2017)鄂 0527 民初 1212 号民事判决书。

〔90〕　参见湖北省襄阳市中级人民法院(2017)鄂 06 民终 2593 号民事判决书。

〔91〕　参见黄茂醌:《诉源治理下农村土地仲裁制度程序理性的回归》,载《湖南农业大学学报(社会科学版)》2021 年第 5 期,第 56 页;张金明、陈利根:《农村土地承包纠纷解决机制的多元化构建——基于土地诉讼、仲裁和调解的定位与协调》,载《河北法学》2011 年第 6 期,第 42 页。

〔92〕　参见王胜明、陈晓华主编:《中华人民共和国农村土地承包经营纠纷调解仲裁法释义》,法律出版社 2009 年版,第 16 页。

条第 2 款]。分为以下几种情形:(1)一方起诉、另一方应诉的,法院作出生效判决后适用执行时效。(2)一方申请仲裁、另一方起诉的,法院应予受理,并书面通知仲裁机构。法院作出生效判决后适用执行时效。(3)一方申请仲裁、另一方接受仲裁管辖后又起诉的,法院不予受理。该情形下,另一方接受仲裁管辖的行为视为双方达成仲裁协议,[93]仲裁时效效力参照前述商事仲裁时效相关内容。

其三,当事人对仲裁裁决不服[《土地承包纠纷解释》(2020 年修正)第 2 条第 3 款]。分为以下两种情形处理:(1)当事人在收到裁决书之日起 30 日内起诉的,法院应予受理。该情形是指裁决书对当事人权利义务关系作出实体处理,且不涉及仲裁时效届满事项。《土地承包纠纷调解仲裁解释》(2020 年修正)第 1 条规定,农村土地承包仲裁委员会以超过仲裁时效为由驳回申请后,当事人就同一纠纷起诉的,法院应予受理。该情形下,起诉不受"30 日"的限制,诉讼中法院仍须对仲裁时效是否届满进行实体审理。上述情形下,仲裁裁决均不发生法律效力,法院作出生效判决后适用执行时效。(2)当事人在收到裁决书之日起 30 日内未起诉的,裁决书发生法律效力,其后适用执行时效。 **75**

(四)土地承包经营纠纷仲裁时效的计算规则

《农村土地承包经营纠纷调解仲裁法》第 18 条规定,仲裁时效起算点是"当事人知道或者应当知道其权利被侵害之日"。该规定系对《民法通则》第 137 条的重复,故并不构成仲裁时效起算的特殊规定。在《民法典》第 188 条已对诉讼时效起算作出修改的前提下,仲裁时效起算亦应适用《民法典》的规定。因此,仲裁时效起算点是"权利人知道或者应当知道权利受到损害以及义务人之日"。 **76**

《农村土地承包经营纠纷调解仲裁法》及其司法解释对仲裁时效中断、中止和延长均未作规定,故其适用诉讼时效中断、中止和延长规则。 **77**

五、举证责任

仲裁时效的适用对象,时效抗辩权的援引,仲裁时效的起算、中止、中断及延长的举证责任,原则上均参照适用诉讼时效规则之相应举证责任。 **78**

某些仲裁领域中法律对举证责任有特殊规定的,依照其规定。例如《劳动争议调解仲裁法》第 6 条和《农村土地承包经营纠纷调解仲裁法》第 37 条规定,相关证据由用人单位或发包方掌握管理的,其应当提供;用人单位或发包方不提供的, **79**

---

[93]　参见最高人民法院民事审判第一庭编著:《最高人民法院农村土地承包纠纷案件司法解释理解与适用》,人民法院出版社 2015 年版,第 58 页。

应当承担不利后果。依此规定,涉及仲裁时效的相关证据可适用举证责任倒置规则。

附:案例索引

1. 北京市第一中级人民法院(2019)京 01 民终 4682 号民事判决书:北京泉智建筑安装有限公司与林某英劳动争议纠纷案【边码 38】

2. 北京市第二中级人民法院(2015)二中民终字第 07951 号民事判决书:北京赤尾时装有限公司与加某梅劳动争议纠纷案【边码 41】

3. 北京市第三中级人民法院(2019)京 03 民终 6269 号民事判决书:李某与肽来生物科技(北京)有限公司劳动争议纠纷案【边码 35】

4. 重庆市彭水县人民法院(2007)彭法民初字第 217 号民事裁定书:张某和与彭水苗族土家族自治县普子镇人民政府等劳动合同纠纷案【边码 41】

5. 广东省广州市中级人民法院(2019)粤 01 民终 20758 号民事判决书:王某庆与广州市科腾智能装备股份有限公司劳动争议纠纷案【边码 38】

6. 广东省广州市中级人民法院(2019)粤 01 民终 8836 号民事判决书:谢某秀与广州新誉达纺织有限公司劳动争议纠纷案【边码 45】

7. 贵州省黔西南布依族苗族自治州中级人民法院(2019)黔 23 民终 2538 号民事判决书:郑某东与贵州融华集团投资有限责任公司兴仁县新龙场镇这都大发煤矿劳动争议纠纷案【边码 52】

8. 海南省琼海市人民法院(2016)琼 9002 民初 2124 号民事判决书:莫某泽与海南博鳌高尔夫有限公司劳动合同纠纷案【边码 52】

9. 海南省三亚市中级人民法院(2019)琼 02 民终 635 号民事判决书:叶某东与三亚南新投资有限公司劳动争议纠纷案【边码 57】

10. 河北省唐山市中级人民法院(2018)冀 02 民终 2975 号民事判决书:张某强与迁安市联旺化工厂劳动争议纠纷案【边码 55】

11. 河南省商丘市中级人民法院(2019)豫 14 民终 3057 号民事判决书:商丘交运集团虞城县公共交通有限公司与张某聚劳动争议纠纷案【边码 56】

12. 黑龙江省哈尔滨市中级人民法院(2018)黑 01 民终 8974 号民事判决书:吴某民与黑龙江丽源凭证印刷有限公司劳动合同纠纷案【边码 55】

13. 黑龙江省齐齐哈尔市中级人民法院(2019)黑 02 民终 219 号民事判决书:张某与齐齐哈尔市木材二营木材加工厂劳动争议纠纷案【边码 55】

14. 湖北省秭归县人民法院(2017)鄂 0527 民初 1212 号民事判决书:向某荣与颜某菊土地承包经营权确认纠纷案【边码 71】

15. 湖北省襄阳市中级人民法院(2017)鄂 06 民终 2593 号民事判决书:姜某平与枣阳市七方镇东汪营村村民委员会土地承包经营权纠纷案【边码 71】

16. 湖南省高级人民法院(2014)湘高法民再终字第 78 号民事判决书:肖某熙与西王食品股份有限公司劳动争议纠纷案【边码 59】

17. 吉林省高级人民法院(2015)吉民提字第 55 号民事判决书:孟某文与长春煤炭设计研究院劳动争议纠纷案【边码 43】

18. 辽宁省本溪市中级人民法院(2018)辽 05 民终 538 号民事判决书:丁某奇与本溪客运集团有限公司劳动争议纠纷案【边码 52】

19. 内蒙古自治区呼和浩特市中级人民法院(2016)内 01 民终 923 号民事判决书:董某军与内蒙古民族控股集团有限责任公司劳动合同纠纷案【边码 43】

20. 内蒙古自治区呼和浩特市中级人民法院(2018)内 01 民终 1600 号民事判决书:内蒙古呼铁旅游广告集团有限公司与鄂某利劳动争议纠纷案【边码 54】

21. 山东省泰安市中级人民法院(2019)鲁 09 民终 1148 号民事判决书:王某英与山东泰安交通运输集团有限公司劳动争议纠纷案【边码 57】

22. 山东省威海市中级人民法院(2019)鲁 10 民终 3245 号民事判决书:乔某强与荣成市中晟乳品有限公司劳动争议纠纷案【边码 54】

23. 山西省运城市中级人民法院(2018)晋 08 民终 1389 号民事判决书:雷某平与运城市正喜再生能源有限公司等劳动争议纠纷案【边码 55】

24. 陕西省渭南市中级人民法院(2019)陕 05 民终 134 号民事判决书:张某信与中国邮政集团公司陕西省白水县分公司等劳动争议纠纷案【边码 59】

25. 四川省德阳市中级人民法院(2019)川 06 民终 1258 号民事判决书:刘某兵与德阳东电物业服务有限公司劳动争议纠纷案【边码 54】

26. 云南省楚雄彝族自治州中级人民法院(2020)云 23 民终 99 号民事判决书:谢某与楚雄志善物业管理有限公司职工破产债权确认纠纷案【边码 54】

27. 云南省昆明市中级人民法院(2018)云 01 民终 6221 号民事判决书:张某与昆明泰伦商贸有限公司劳动争议纠纷案【边码 42】

28. 云南省曲靖市中级人民法院(2018)云 03 民终 883 号民事判决书:耿某与曲靖市独木水库管理局劳动争议纠纷案【边码 52】

29. 最高人民法院(2014)民申字第 1276 号民事裁定书:杨某与江西鹰潭泵业有限责任公司破产清算小组劳动争议纠纷案【边码 33】

30. 最高人民法院(2016)最高法民申第 703 号民事裁定书:张某江与石家庄市新华服装厂劳动争议纠纷案【边码 55】

第 199 条

除斥期间

第 199 条　法律规定或者当事人约定的撤销权、解除权等权利的存续期间，除法律另有规定外，自权利人知道或者应当知道权利产生之日起计算，不适用有关诉讼时效中止、中断和延长的规定。存续期间届满，撤销权、解除权等权利消灭。

简　目

一、规范意旨

（一）规范意义及正当化理由

1　　《民法典》第 199 条（以下简称第 199 条）是除斥期间的基础规范。本条含两句：第 1 句规定除斥期间的适用对象、起算及排除适用诉讼时效计算规则；第 2 句规定除斥期间届满的法律效力。本条内容与《民法总则》第 199 条完全相同。本条未见于《民法通则》及旧司法解释,属《民法典》(《民法总则》)新设规定。

通说认为,除斥期间是一种主要适用于形成权的时间规则。[1] 除斥期间是针对不确定状态的控制手段,其基于法律塑造力与权利确定之间的利益衡量,设计出相应规则。[2]除斥期间规则体现了复合利益保护,即一方面保护义务人利益,另一方面保护社会公共利益。[3]《民法典》施行前,除斥期间主要作为一个学理概念存在,《民法通则》既未采此概念,也未对其作一般性规定。在某种程度上,第 199 条是对学理意见的回应及确认。[4]

第 199 条虽采"权利的存续期间"之表述而未采"除斥期间"概念,但从《民法典》立法过程中相关草案的演进来看,[5]本条系对除斥期间的规定。《诉讼时效规定》第 7 条针对适用于撤销权的"一年",明确表述为"除斥期间"。《诉讼时效规定》(2020 年修正)第 5 条继承了该规定。第 199 条列举适用本条的权利为撤销权、解除权等形成权,亦可印证本条系对除斥期间所作规定。因此,不应仅凭"权利的存续期间"之文义,将第 199 条解释为所有类型的权利存续期间。

在《民法典》制定过程中,学界对于应否专设条文规定除斥期间存在分歧。肯定说认为,通过提取公因式可以形成具有裁判依据功能的民法规范。[6] 总则编对此作出一般性规定,可避免其他各编及单行法作出重复性规定。[7] 否定说认为,各种形成权的样态及其规范目的不尽一致,除斥期间应根据各形成权类型进行具体制度设计,没有必要抽象提炼作一般性规定。[8] 除斥期间过分依赖具体制度,因此它很难形成实质性的一般规则。[9]《民法典》最终采纳了肯定说。

除斥期间的性质并非诉讼时效,但《民法典》新增第 199 条并将其置于"诉讼时效"一章。依据立法机关释义书的解释,其立法理由在于:其一,除斥期间是民法中的重要制度,其目的在于促使法律关系早日确定,防止相对人因消极等待而

〔1〕 参见梁慧星:《民法总论》(第 5 版),法律出版社 2017 年版,第 250 页;魏振瀛主编:《民法》(第 8 版),北京大学出版社、高等教育出版社 2021 年版,第 219 页。

〔2〕 参见申海恩:《私法中的权力:形成权理论之新开展》,北京大学出版社 2011 年版,第 227 页。

〔3〕 参见耿林:《论除斥期间》,载《中外法学》2016 年第 3 期,第 631 页。

〔4〕 参见陈甦主编:《民法总则评注(下册)》,法律出版社 2017 年版,第 1434 页(周江洪执笔)。

〔5〕 "民法总则民法室室内稿"至《民法总则(草案)》(二审稿)中,均采"除斥期间"概念并单设一节。其后草案各版本开始采取第 199 条之表述,而不再采用"除斥期间"概念且不再单设一节。从草案各版本的实质性规范内容来看,先后各条文内容没有实质性变化。

〔6〕 参见崔建远:《关于制定〈民法总则〉的建议》,载《财经法学》2015 年第 4 期,第 17 页。

〔7〕 参见杨立新:《民法总则编的框架结构及应当规定的主要问题》,载《财经法学》2015 年第 4 期,第 39 页。

〔8〕 参见朱晓喆:《关于〈民法总则(草案)〉诉讼时效制度的批评意见》,载《交大法学》2016 年第 4 期,第 65 页。

〔9〕 参见麻锐:《我国民法典时效制度体例结构的安排》,载《社会科学战线》2016 年第 12 期,第 218—219 页。

受损害;其二,除斥期间概念学理性较强,民众不易理解,不宜单独设节。[10] 最高人民法院释义书的解释与其类似,并强调比较法上规定除斥期间的普遍性。[11]

(二)规范性质

6　　第 199 条是除斥期间的基础规范和一般性规定。本条与《民法典》各编对除斥期间所作具体规定(例如《民法典》第 152 条、第 564 条、第 1052 条、第 1053 条等)构成一般规范与特别规范的关系。第 199 条规定的除斥期间性质从以下几方面说明:

7　　其一,除斥期间是实体法上的期间。除斥期间系对民事权利所设时间限制,其计算及届满关涉实体法律关系变动,故属于实体法上的期间。第 199 条中的"权利消灭"系指撤销权、解除权等实体权利消灭。虽然程序法上的相关期间在某些方面与除斥期间类似(如均为不变期间、期间届满导致权利消灭),但其引起程序法效力,而无关实体法律关系变动,故不属于除斥期间。例如上诉期间[12][《民事诉讼法》(2021 年修正)第 171 条]、申请再审期间[13][《民事诉讼法》(2021 年修正)第 212 条]等。

8　　其二,除斥期间不是诉讼时效。虽然第 199 条位于"诉讼时效"一章,但这是将不同性质规范通过立法技术予以整合的结果,并非意味着除斥期间属于诉讼时效。[14] 除斥期间与诉讼时效的区别包括:一是适用对象不同;二是起算方法不同;三是能否由当事人约定不同;四是能否中止、中断、延长不同;五是届满效力不同;六是法院能否主动援引不同。[15] 此外,从法条表述角度来看,除斥期间所涉法条通常表述为"权利消灭"(如《民法典》第 152 条),而不直接采"除斥期间"概念;诉讼时效所涉法条多表述为"人民法院不予保护"(如《民法典》第 188 条)、"可以提出抗辩"[如《诉讼时效规定》(2020 年修正)第 1 条]或者直接表述为"诉讼时效"(如《保险法》第 26 条)。因此,"诉讼时效"一章第 188—198 条的规定不能当然适用于除斥期间。

---

〔10〕　参见黄薇主编:《中华人民共和国民法典总则编释义》,法律出版社 2020 年版,第 536—537 页。

〔11〕　参见最高人民法院民法典贯彻实施工作领导小组主编:《中华人民共和国民法典总则编理解与适用(下)》,人民法院出版社 2020 年版,第 1004—1005 页。

〔12〕　参见重庆市高级人民法院(2020)渝民终 1023 号民事判决书。

〔13〕　有判决认为申请再审期间是除斥期间。参见新疆维吾尔自治区高级人民法院(2020)新民终 129 号民事判决书。该裁判意见有误。

〔14〕　参见黄薇主编:《中华人民共和国民法典总则编释义》,法律出版社 2020 年版,第 537 页。

〔15〕　参见王利明:《民法总则研究》(第 3 版),中国人民大学出版社 2018 年版,第 818—821 页。关于除斥期间与诉讼时效区别的其他学理意见,参见张鹏:《诉讼时效与除斥期间区分标准之再探讨》,载《南昌高专学报》2006 年第 2 期,第 23—25 页。

其三,除斥期间是不变期间,但并非所有不变期间均为除斥期间。因除斥期间不适用中止、中断、延长规则,故为不变期间。有一种常见的误解是,不适用中止、中断、延长的不变期间均为除斥期间。该误解系以民事期间"二分法"为前提,即所有民事期间仅存在两种类型(除斥期间、诉讼时效),其谬甚明。[16]《民法典》施行前,保证期间等不变期间常被认定为除斥期间,[17]《民法典》施行后不宜再采此认定。

(三)适用范围

1. 除斥期间适用于形成权

第 199 条第 1 句和第 2 句均采"撤销权、解除权等权利"之表述,其中"等权利"应解释为与撤销权、解除权性质相同的权利,即形成权。[18] 除斥期间适用于形成权的主要理由在于:其一,稳定社会关系;其二,形成权属性的要求;其三,可以平衡法律强制性和当事人意思自治。[19] 还有学者从形成权功能造成法律利益的不确定状态[20]或者利益衡量[21]等角度解释除斥期间适用于形成权的必要性。

在现行法框架下,形成权的行使方式分为两种:一是可于诉讼外以意思通知行使,例如合同解除权(《民法典》第 565 条);二是必须以诉讼或者仲裁方式行使,例如因意思表示瑕疵所生撤销权(《民法典》第 147—151 条)。后者通常被称作"形成诉权",其性质在学理上多有争议(私法行为说、诉讼行为说、折中说)。但不论学理上采何种学说,以诉讼或者仲裁方式行使形成权均可构成对系争事件所采取的攻击或防御方法。[22] 第 199 条规定的除斥期间对这两种形成权均可适用。

《民事诉讼法》(2021 年修正)第 59 条第 3 款规定的提起第三人撤销之诉的"6 个月"期间,实务中常被认为是除斥期间。[23] 该裁判意见有误,理由如下:其一,第三人撤销之诉是为救济案外人设置的一种制度,其以生效裁判错误为实体

---

〔16〕　对该误解的批评意见,参见李宇:《民法总则要义:规范释论与判解集注》,法律出版社 2017 年版,第 963—965 页。

〔17〕　参见吉林省高级人民法院(2017)吉民申 1843 号民事裁定书。

〔18〕　参见最高人民法院民法典贯彻实施工作领导小组主编:《中华人民共和国民法典总则编理解与适用(下)》,人民法院出版社 2020 年版,第 1005 页。

〔19〕　参见杨巍:《民事权利时间限制研究》,武汉大学出版社 2011 年版,第 93—96 页。

〔20〕　参见史浩明:《论除斥期间》,载《法学杂志》2004 年第 4 期,第 85 页。

〔21〕　参见申海恩:《私法中的权力:形成权理论之新开展》,北京大学出版社 2011 年版,第 227 页。

〔22〕　参见林诚二:《论形成权》,载杨与龄主编:《民法总则争议问题研究》,清华大学出版社 2004 年版,第 70 页。

〔23〕　参见山东省高级人民法院(2019)鲁民终 2739 号民事裁定书;广西壮族自治区高级人民法院(2019)桂民终 968 号民事裁定书;吉林省高级人民法院(2017)吉民申 3555 号民事裁定书。

9

10

11

12

条件,与再审的条件一致。实质上而言,第三人撤销之诉是与再审并列的纠错程序[24] 该"6 个月"期间仅具程序法意义。其二,虽然第三人撤销之诉是形成之诉,但其不以实体法上的撤销权为基础。这与基于意思表示瑕疵所生撤销权提起形成之诉有本质区别。因此,应将该裁判意见的实质意义解释为"该 6 个月是不变期间"。

13　　　　比较法上,虽然除斥期间主要适用于形成权,但某些场合下请求权等其他权利亦可适用[25] 受此现象影响,对于我国应否将除斥期间适用对象仅限于形成权,学理上存在争议。广义客体说认为,除斥期间适用对象不应仅限于形成权。但对于将哪些权利纳入除斥期间适用对象,则观点各异。有学者认为,除具有无期限性的所有权不能适用除斥期间外,其他权利如某些债权请求权、知识产权、抗辩权等均有适用除斥期间的可能。[26] 还有学者认为,绝对权(如著作权)和请求权(如债权人对解散后独资企业投资人的连带求偿权)均有可能适用除斥期间。[27] 还有学者将程序法上的期间(如举证期间)也解释为除斥期间。[28] 单一客体说认为,"除斥期间客体为形成权"已成为我国稳妥的学说传统,没有必要予以改变。广义客体说所举事例尚存其他解释可能,故不能得出除斥期间适用于其他权利的唯一结论。[29] 笔者赞同单一客体说,理由如下:其一,除斥期间作为一个从域外法而来的移植概念,仅具有工具价值。应立足于现行法体系的兼容性以及与其他规则合理衔接等因素,妥当界定其适用对象,而并无与域外法保持绝对一致的必要。其二,第 199 条将除斥期间适用对象表述为"撤销权、解除权等权利",可解释为系采单一客体说。广义客体说多产生于《民法典》施行前,在当时法律未对除斥期间适用对象作出清晰界定的前提下,该说尚有讨论的余地。《民法典》施行后,不宜再采取广义客体说。

2. 不属于除斥期间的民事期间

14　　　　民法领域中除了除斥期间和诉讼时效以外,还存在诸多其他类型的民事期间。虽然某些民事期间的性质与除斥期间存在一定程度的相似性,但由于第 199 条将除斥期间适用对象限定于形成权,因此这些民事期间不应被认定为除斥期间。分述如下:

---

〔24〕　参见最高人民法院民事诉讼法修改研究小组编著:《〈中华人民共和国民事诉讼法〉修改条文理解与适用》,人民法院出版社 2012 年版,第 104 页。

〔25〕　参见《德国民法典》第 651g 条第 1 款、第 801 条第 1 款。

〔26〕　参见王利明:《民法总则研究》(第 3 版),中国人民大学出版社 2018 年版,第 817—818 页。

〔27〕　参见朱庆育:《民法总论》(第 2 版),北京大学出版社 2016 年版,第 548 页。

〔28〕　参见耿林:《论除斥期间》,载《中外法学》2016 年第 3 期,第 622 页。

〔29〕　参见李宇:《民法总则要义:规范释论与判解集注》,法律出版社 2017 年版,第 962 页。

其一,绝对权存续期间。例如土地承包期(《民法典》第 332 条)、居住权期限 15
(《民法典》第 370 条)、著作权保护期(《著作权法》第 23 条)等。虽然此类期间届
满后果也是实体权利消灭,但其适用对象是物权、知识产权等绝对权。而且,此类
期间内权利人是否行使该权利对权利存续不生影响,而"除斥期间届满 + 不行使
权利"才导致形成权消灭,故此类期间不属于除斥期间。[30] 虽然域外法上存在将
某些绝对权存续期间界定为除斥期间的实例,[31]但正如有学者指出的那样,这仅
仅是立法上的一种解释选择而已。[32]

其二,权利失效期间(失权期间)。该期间存在于德国、瑞士、日本等国法律及 16
实务中,是一项由诚实信用原则、禁止权利滥用原则衍生出来的制度。德国法中
的权利失效(Verwirkung),是指如果权利人长期地不主张或行使其权利,使相对方
合理地认为权利人不再行使权利时,该权利就可能失效。权利失效可适用于请求
权、形成权和抗辩权。法律并未对权利失效规定固定期间,而是由法官自由裁量
予以认定。[33]我国现行法对权利失效未作规定,学理上对应否规定权利失效存在
分歧。[34] 解释论层面,权利失效期间与除斥期间在立法目的、适用对象、期间确
定等方面存在显著差异,故第 199 条的规范内容并不包含权利失效期间。

其三,或有期间。近年有学者提出或有期间概念,意指决定当事人能否获得 17
特定类型请求权、形成权等权利的期间。例如保证期间、买受人的异议期间
等。[35] 持此观点的学者认为,当事人在或有期间内提出相应主张后,或有期间失
去作用,转而进入诉讼时效、除斥期间的视阈,故或有期间具有独立设置的必要
性。[36] 但学界不乏对或有期间概念的质疑。[37] 作为一个尚未被立法及学理普遍
接受的概念,而且其适用对象并非形成权,因此或有期间显然不属于第 199 条的
规范内容。

---

〔30〕 参见耿林:《论除斥期间》,载《中外法学》2016 年第 3 期,第 620 页。

〔31〕 参见《德国著作权法》第 64 条。

〔32〕 参见王利明主编:《中国民法典释评·总则编》,中国人民大学出版社 2020 年版,第 518 页(高
圣平执笔)。

〔33〕 参见[德]卡尔·拉伦茨:《德国民法通论(上册)》,王晓晔等译,法律出版社 2003 年版,第
309—310 页。

〔34〕 肯定说参见蒋言:《论权利失效的立法》,载《政治与法律》2018 年第 2 期,第 33—34 页;否定说参
见杨巍:《我国民法不应建立权利失效制度》,载《甘肃政法学院学报》2010 年第 1 期,第 139—140 页。

〔35〕 参见王轶:《民法总则之期间立法研究》,载《法学家》2016 年第 5 期,第 156 页。

〔36〕 参见包晓丽:《认真对待或有期间——民法价值判断问题的分析范例》,载《法治研究》2020 年
第 1 期,第 50—52 页。

〔37〕 参见冯珏:《或有期间概念之质疑》,载《法商研究》2017 年第 3 期,第 140—150 页。

二、除斥期间的确定

(一)法定除斥期间

18　　第 199 条没有规定"普通除斥期间",这与第 188 条第 1 款规定普通诉讼时效期间明显不同。这意味着,在法律没有针对某种形成权规定除斥期间的情形下,尚有通过约定、催告等方式确定除斥期间的可能。现行法框架下,法律规定除斥期间包括以下情形:

19　　其一,《民法典》其他条文的规定。例如意思表示瑕疵法律行为撤销权的除斥期间(第 152 条第 1 款);债权人撤销权的除斥期间(第 541 条第 1 句);合同解除权的除斥期间(第 564 条第 2 款);赠与合同撤销权的除斥期间(第 663 条第 2 款、第 664 条第 2 款);可撤销婚姻撤销权的除斥期间(第 1052 条第 2 款和第 3 款、第 1053 条第 2 款)等。

20　　其二,民商事单行法的规定。例如股东对股东会决议和董事会决议撤销权的除斥期间(《公司法》第 22 条第 2 款);保险人对保险合同解除权的除斥期间(《保险法》第 16 条第 3 款)等。

21　　其三,司法解释的规定。例如业主对业主大会或者业主委员会决定撤销权的除斥期间[《建筑物区分所有权解释》(2020 年修正)第 12 条];商品房买卖合同解除权的除斥期间[《商品房买卖合同解释》(2020 年修正)第 11 条第 2 款]等。

22　　其四,存在疑义的情形。有学者认为,现行法中优先购买权行使期间属于除斥期间。[38] 例如共有人优先购买权的行使期间(《民法典物权编解释一》第 11 条第 3 项、第 4 项);房屋承租人优先购买权的行使期间(《民法典》第 726 条第 2 款);股东对其他股东转让股权的优先购买权的行使期间[《公司法解释四》(2020 年修正)第 21 条第 1 款]等。对于优先购买权的性质,学理上素有争议,存在物权说、债权说、期待权说、附强制缔约义务的请求权说、形成权说等多种观点。[39] 依据最高人民法院释义书的解释,共有人优先购买权是一种"物权化的债权的期待权";[40] 对《民法典物权编解释一》第 11 条第 3 项、第 4 项规定的"15 日"和"6 个

---

〔38〕　参见李宇:《民法总则要义:规范释论与判解集注》,法律出版社 2017 年版,第 965 页。

〔39〕　对各观点的学理分析,参见戴孟勇:《约定优先购买权的理论构造和法律适用》,载《清华法学》2021 年第 6 期,第 106—108 页。

〔40〕　参见最高人民法院物权法研究小组编著:《〈中华人民共和国物权法〉条文理解与适用》,人民法院出版社 2007 年版,第 316 页。

月",以"优先购买权行使期间"(而非除斥期间)称之。[41]因此,该期间虽是不变期间,但不宜认定为除斥期间。

对于建设工程价款优先受偿权行使期间[《工程价款优先权批复》第4条、《建设工程施工合同解释一》第41条],《民法典》施行前的学理[42]及实务意见[43]普遍认为属于除斥期间。但《民法典》施行后,基于边码15之理由,该期间应认定为绝对权存续期间为妥,因为其适用对象是担保物权而非形成权。 **23**

(二)约定除斥期间

当事人约定除斥期间,仅限于两种情形:其一,依据法律明确规定,当事人可以约定除斥期间。具体包括:(1)法定除斥期间为任意性规范,仅在没有约定除斥期间时适用。例如依据《民法典》第564条第2款规定,合同解除权的约定除斥期间优先于法定除斥期间(1年)适用。(2)除斥期间只能由当事人约定。例如《民法典》第515条第2款仅规定选择之债当事人可就选择权约定除斥期间,[44]而并未设置法定除斥期间。 **24**

其二,法律虽未规定当事人可以约定除斥期间,但依据该除斥期间的性质可由当事人约定。具体包括:(1)选择权的除斥期间。虽然现行法仅规定对选择之债中的选择权可以约定除斥期间,但当事人就其他选择权约定除斥期间的,也应予以认可。理由如下:一方面,选择权不适宜长期存在以增加法律关系的不确定性;另一方面,当事人就其约定除斥期间并不违反强制性规定和公序良俗。现行法框架下,法律仅就选择权作出规定,但未规定当事人可以约定除斥期间也未设置法定除斥期间的情形包括:委托合同中委托人对第三人的选择权(《民法典》第926条第2款);可转换公司债券持有人对转换或不转换股票的选择权(《公司法》第162条)等。有最高人民法院判决书认为,某股权转让纠纷案中,原公司通过收购、重组成立新公司,当事人约定股东享有选择权(选择全部收购、投资参股或者放弃收购),并约定除斥期间是3个月,应予以认可。[45] (2)抵销权的除斥期间。 **25**

---

[41] 参见最高人民法院民事审判第一庭编著:《最高人民法院物权法司法解释(一)理解与适用》,人民法院出版社2016年版,第292页。

[42] 参见王建东:《评〈合同法〉第286条》,载《中国法学》2003年第2期,第67页;中国建设工程法律评论第四工作组编著:《建设工程优先受偿权》,法律出版社2017年版,第91—92页。

[43] 参见最高人民法院(2019)最高法民终1401号民事判决书;最高人民法院(2019)最高法民申2576号民事裁定书。

[44] 该款的特殊之处在于:其一,虽然当事人可就选择权约定除斥期间,但该期间届满并不直接导致选择权消灭,而还须适用催告规则。简言之,选择权的存续期间是"约定除斥期间+催告后的合理期间"。其二,选择权的存续期间届满仅导致原权利人丧失选择权(相对消灭),且选择权转移至对方。

[45] 参见最高人民法院(2012)民二终字第44号民事判决书。

《民法典》第 568 条第 1 款规定,当事人可约定放弃抵销权。依据"举重以明轻"原则,当事人就抵销权约定除斥期间导致抵销权的部分期限利益被放弃,故亦应被准许。

26　　　　对于约定除斥期间的长短有无限制,现行法未作规定。虽然该期间的长短设置应尊重当事人的意思,但如果约定过短期间(如 1 日),会导致权利人事实上来不及行使权利;如果约定过长期间(如 20 年),会产生该权利几乎不受时间限制的类似效果。笔者认为,对于约定除斥期间的下限,应由法院依据个案判断该期间是否构成明显的不合理期间。因为约定除斥期间包含了赋予权利人足够时间行使权利和尽量从速确定法律关系的双重意图,故不宜采取一成不变的固定下限期间。对于约定除斥期间的上限,可对《民法典》第 152 条第 2 款予以扩张解释,即约定除斥期间不得超过 5 年,因为该款体现了法律对形成权人提供救济的最大心理底线。

27　　　　需要注意的是,虽然第 199 条表述为"当事人约定的撤销权、解除权等权利的存续期间",但不能仅凭文义解释为撤销权、解除权等形成权皆可由当事人约定除斥期间。如果法律既未规定当事人可以约定除斥期间,依据该除斥期间的性质也不宜由当事人约定的,当事人不得就某种形成权约定除斥期间。当事人作此约定的,应认定无效。最典型的例子是,意思表示瑕疵法律行为撤销权的除斥期间(《民法典》第 152 条)不得由当事人约定。理由在于:其一,《民法典》第 152 条没有在法定除斥期间之外另采"约定行使期限"之表述,这与第 564 条第 2 款对合同解除权的规定明显不同。这意味着,第 152 条并未给当事人依其意思约定除斥期间留下空间。其二,第 152 条规定的除斥期间适用于当事人因意思表示瑕疵所生撤销权。当事人享有撤销权的原因,多为对方实施某种不当行为(欺诈、胁迫等)使其在违背真意的情形下实施了法律行为。如果该情形下允许当事人事先约定除斥期间,无异于不合理地限制受害人寻求救济的权利,故该除斥期间只能由法律规定,而依其性质不宜由当事人约定。

28　　　　基于边码 27 之类似理由,债权人撤销权的除斥期间(第 541 条第 1 句)[46],赠与合同撤销权的除斥期间(第 663 条第 2 款、第 664 条第 2 款),可撤销婚姻撤销权的除斥期间(第 1052 条第 2 款和第 3 款、第 1053 条第 2 款)也不宜由当事人约定。

(三)没有法定除斥期间和约定除斥期间的处理

29　　　　如果某种形成权既无法定除斥期间,也无约定除斥期间,[47]对形成权存续期

---

[46]　相反意见参见李宇:《民法总则要义:规范释论与判解集注》,法律出版社 2017 年版,第 968 页。
[47]　无约定除斥期间包括两种情形:一是在边码 25 情形下,依据该除斥期间的性质可由当事人约定,但当事人未约定;二是依据该除斥期间的性质不宜由当事人约定。

限如何认定,尚需斟酌。较为合理的做法是,应结合法律规定并基于该形成权的性质、目的等因素,分别适用催告规则、类推或者排除适用除斥期间等。分述如下:

1. 适用催告规则

法律规定形成权可适用催告规则的情形包括:(1)效力未定法律行为中的追认权。《民法典》第 145 条第 2 款和第 171 条第 2 款规定,相对人可以催告追认权人自收到通知之日起 30 日内予以追认。(2)选择之债中的选择权。《民法典》第 515 条第 2 款规定,没有约定除斥期间(该款也未设置法定除斥期间),且选择权人在履行期限内未行使选择权的,"经催告后在合理期限内仍未选择"导致选择权转移至对方。其他类型选择权(如《民法典》第 926 条第 2 款、《公司法》第 162 条等)依其性质亦可适用催告规则。(3)合同解除权。《民法典》第 564 条第 2 款规定,没有法定除斥期间和约定除斥期间的,可以"经对方催告后在合理期限内不行使"而致解除权消灭。催告规则优先于该款"1 年"期间适用。[48]《商品房买卖合同解释》(2020 年修正)第 11 条第 2 款与上述规定类似,且进一步将催告后的合理期限规定为 3 个月。

[30]

2. 类推适用其他法定除斥期间

没有法定除斥期间和约定除斥期间的形成权,可类推适用与其性质相近的形成权的法定除斥期间。实务中,对于受侵害的集体成员对农村集体经济组织、村民委员会或者其负责人作出的决定的撤销权(《民法典》第 265 条第 2 款),多类推适用《民法典》第 152 条之撤销权的除斥期间。[49]

[31]

3. 不适用除斥期间

对于共有物分割请求权(《民法典》第 303 条、第 1066 条、第 1132 条),现行法未设置法定除斥期间,也未规定可由当事人约定除斥期间。对此,应解释为共有物分割请求权依其性质不适用除斥期间。理由如下:其一,共有物分割请求权规则设计中不存在尽快分割以确定具体份额的立法目的。共有关系主要基于合伙、婚姻等法律关系产生,共有关系往往伴随合伙、婚姻等法律关系持续存在且构成维持该关系的财产基础,因此依常理当事人并无事先约定除斥期间的客观需求,法律

[32]

---

〔48〕　参见最高人民法院民法典贯彻实施工作领导小组主编:《中华人民共和国民法典合同编理解与适用(一)》,人民法院出版社 2020 年版,第 650 页。

〔49〕　参见广东省高级人民法院(2019)粤民申 1536 号民事裁定书;四川省绵阳市游仙区人民法院(2018)川 0704 民初 2472 号民事判决书。

也不宜设置法定除斥期间。其二,虽然共有物分割请求权的性质是形成权,[50]但通说认为该权利不受行使期间的限制。[51]《八民纪要》第 25 条规定,共有物分割请求权不适用诉讼时效。理由在于,行使共有物分割请求权所生判决是形成判决,直接引起物权变动。这与不适用诉讼时效的物权请求权(返还原物请求权、排除妨碍请求权、消除危险请求权)效力类似。[52] 该理由同样可用于解释共有物分割请求权不适用除斥期间的原因。

4. 诚信原则和禁止权利滥用原则的限制

33　　　　在承认权利失效制度的法律框架下,形成权的行使受到该制度限制。[53] 我国法律虽未规定权利失效制度,但包括形成权在内的任何权利的行使均应遵循诚信原则(《民法典》第 7 条)和禁止权利滥用原则(《民法典》第 132 条)。因此,即使没有法定除斥期间和约定除斥期间,且无法适用催告及类推规则,如果权利人长期不行使形成权(时间要素),且权利人的言行使相对人产生其不行使形成权的合理信赖(状况要素),权利人不得再行使形成权。[54] 边码 32 情形中的形成权亦同。

三、除斥期间的计算

(一)除斥期间的起算

1. 一般起算标准

34　　　　《民法典》施行前,对于除斥期间一般起算标准,学界存在客观主义[55]和主观主义[56]之争。《民法典》最终采取了主观起算标准。[57] 第 199 条规定,除斥期间

---

〔50〕　参见王利明:《民法总则研究》(第 3 版),中国人民大学出版社 2018 年版,第 435 页。其他观点参见房绍坤:《论共有物分割判决的形成效力》,载《法学》2016 年第 11 期,第 51 页。

〔51〕　参见王泽鉴:《民法总则》,北京大学出版社 2009 年版,第 411 页;林诚二:《论形成权》,载杨与龄主编:《民法总则争议问题研究》,清华大学出版社 2004 年版,第 68 页。

〔52〕　参见杜万华主编:《〈第八次全国法院民事商事审判工作会议(民事部分)纪要〉理解与适用》,人民法院出版社 2017 年版,第 422 页。

〔53〕　参见[德]汉斯·布洛克斯·沃尔夫·迪特里希·瓦尔克:《德国民法总论》(第 41 版),张艳译,中国人民大学出版社 2019 年版,第 303 页。

〔54〕　有学者认为,该情形下仅发生抗辩效果,而非形成权实体消灭。参见林诚二:《论形成权》,载杨与龄主编:《民法总则争议问题研究》,清华大学出版社 2004 年版,第 73 页。

〔55〕　参见佟柔主编:《中国民法学·民法总则》,中国人民公安大学出版社 1990 年版,第 309 页。

〔56〕　参见耿林:《论除斥期间》,载《中外法学》2016 年第 3 期,第 639 页。

〔57〕　对于现行法采取主观起算标准的评价意见,参见陈甦主编:《民法总则评注(下册)》,法律出版社 2017 年版,第 1439—1440 页(周江洪执笔)。

的一般起算点是"权利人知道或者应当知道权利产生之日"。

总体上,除斥期间一般起算标准应解释为行使权利的法律障碍消除且当事人 35
对此知情的最早时点为起算点。[58] 这与诉讼时效起算标准的精神基本一致。事
实障碍(如因工作繁忙无暇行使权利、因路途较远不便行使权利)原则上不影响除
斥期间起算。第 199 条规定的一般起算条件应遵循该精神予以解释,分述如下:

条件 1:权利产生。本条件要求形成权的各成立要件客观上均已具备,而在形 36
成权成立要件尚未全部具备之前,行使权利显然存在法律障碍。与第 188 条第 2
款规定的诉讼时效起算标准不同,第 199 条未将"权利受到损害"和"义务人确定"
规定为除斥期间起算条件。原因在于:其一,行使形成权的效果是引起法律关系
变动,而并不直接以请求给付为内容。即使形成权人对权利是否受到损害或损害
程度并不确知,亦不妨碍其行使形成权。行使形成权(如解除合同)后,形成权人
就损害可主张返还财产、赔偿损失得到救济,此类请求权适用诉讼时效而非除斥
期间。其二,形成权关系中,有相对人而无义务人。[59] 形成权成立要件中通常包
含有"相对人确定"的要求,例如选择权人如果尚不确定选择之债的相对人,选择
权显然不能成立。因此,并无必要将"相对人确定"单独列为起算条件之一。此
外,合同解除所生返还财产、赔偿损失请求权关系中,"义务人确定"与诉讼时效起
算有关,而与除斥期间起算无关。

条件 2:权利人知道或者应当知道。知道或者应当知道的对象是"权利产 37
生",即形成权成立要件已经具备。知道或者应当知道的认定标准,可参照诉讼时
效起算标准(《民法典》第 188 条第 2 款第 1 句)。例如,对于业主对业主大会或者
业主委员会决定撤销权的除斥期间,实务中多将"决议公示之日"认定为起算点,
因为此时权利人知道或者应当知道撤销权成立。[60]

条件 3:当事人约定除斥期间的,未就起算标准另做约定。现行法框架下,法 38
律针对某形成权规定除斥期间的,一般也同时规定起算点,而罕有仅规定期间而
不规定起算点者。当事人约定除斥期间且对起算点有约定的,依其约定;仅约定
除斥期间且对起算点未作约定的,适用第 199 条之一般起算标准。

须注意的是,第 199 条未设置一般适用的"最长除斥期间",这与第 188 条第 1 39
款第 3 句规定最长时效期间不同。现行法中仅个别条文规定了(适用客观起算标
准的)最长除斥期间,用以对(适用主观起算标准的)除斥期间起到"封顶"作用
(如《民法典》第 152 条第 2 款、《民法典》第 541 条第 2 句、《保险法》第 16 条第 3

---

〔58〕 参见黄薇主编:《中华人民共和国民法典总则编释义》,法律出版社 2020 年版,第 537 页。

〔59〕 参见申海恩:《私法中的权力:形成权理论之新开展》,北京大学出版社 2011 年版,第 8—9 页。

〔60〕 参见北京市高级人民法院(2021)京民申 1761 号民事裁定书;广东省高级人民法院(2019)粤
民申 12061 号民事裁定书;湖北省高级人民法院(2019)鄂民申 4775 号民事裁定书。

款第 2 句）。由于第 199 条规定的除斥期间一般起算标准系采主观标准,其他条文也多采主观起算标准,这意味着多年后权利人才知道或者应当知道权利产生的,仍可起算除斥期间以行使形成权。但是,如果形成权基础法律关系成立的客观时点与该主观起算时点间隔过长（如 10 年、20 年）,会造成相对人信赖利益受损、法律关系确定性被破坏等弊端。因此笔者认为,对缺乏“最长除斥期间”规定限制的除斥期间,可类推适用《民法典》第 152 条第 2 款之 5 年“最长除斥期间”,以消弭可能产生的弊端。

2. 特殊起算标准

40　　第 199 条第 1 句之“除法律另有规定外”,意指对除斥期间起算标准有特殊规定的,应优先适用特殊规定。该特殊规定与一般起算标准的规定构成特别规范与一般规范的关系。本句中的“法律”包括狭义法律和司法解释。除斥期间起算的特殊规定中,既有采主观起算标准者,也有采客观起算标准者。

41　　采主观起算标准的起算点包括:知道或者应当知道撤销事由之日（《民法典》第 152 条第 1 款第 1 项,[61]《民法典》第 541 条第 1 句、《民法典》663 条第 2 款、《民法典》第 664 条第 2 款、《民法典》第 1053 条第 2 款）;知道或者应当知道解除事由之日[《民法典》第 564 条第 2 款、《商品房买卖合同解释》（2020 年修正）第 11 条第 2 款第 2 句];知道有解除事由之日（《保险法》第 16 条第 3 款第 1 句）;知道或者应当知道业主大会或者业主委员会作出决定之日[《建筑物区分所有权解释》（2020 年修正）第 12 条]等。

42　　采客观起算标准的起算点包括:胁迫行为终止之日（《民法典》第 152 条第 1 款第 2 项、《民法典》第 1052 条第 2 款）;民事法律行为发生之日（《民法典》第 152 条第 2 款）;债务人的行为发生之日（《民法典》第 541 条第 2 句）;恢复人身自由之日（《民法典》第 1052 条第 3 款）;决议作出之日（《公司法》第 22 条第 2 款）;合同成立之日（《保险法》第 16 条第 3 款第 2 句）等。

（二）除斥期间不适用诉讼时效中止、中断和延长规则

1. 法律没有“除斥期间适用诉讼时效中止、中断和延长规则”的特殊规定

43　　第 199 条第 1 句中的“不适用有关诉讼时效中止、中断和延长的规定”之前的逗号,应解释为分号。亦即,本句“除法律另有规定外”系仅针对起算标准而言,而非就“不适用有关诉讼时效中止、中断和延长的规定”而言,因为现行法中并无针对后者的相反特殊规定。

---

〔61〕　对于此类除斥期间的立法论意见,参见薛军:《论意思表示错误的撤销权存续期间——以中国民法典编纂为背景的分析》,载《比较法研究》2016 年第 3 期,第 174—181 页。

2. 当事人不得约定"除斥期间适用诉讼时效中止、中断和延长规则"

当事人虽可就除斥期间之长短、起算标准作出约定,但不得约定"除斥期间适用诉讼时效中止、中断和延长规则"。理由在于:其一,官方、[62]学界[63]及实务[64]对"除斥期间是不变期间"已形成共识,故该约定有违除斥期间的基本性质。其二,虽然《民法典》197条第1款系针对诉讼时效禁止当事人约定中止、中断事由,但如果允许当事人就除斥期间作此类约定,似有规避该强制性规定之嫌。   **44**

比较法上,在某些特定情形下(如恶意欺诈)准许除斥期间适用中止规则。[65]   **45**
我国亦有学者认为,不应绝对禁止除斥期间适用中止规则,以下情形应例外地准许除斥期间适用中止规则:(1)行使权利存在行为能力障碍(如限制行为能力人受欺诈实施与其年龄智力相适应的法律行为,但其没有法定代理人);[66](2)相对人故意制造行使权利的障碍(如非法控制撤销权人);[67](3)其他法律程序形成的障碍(如通过仲裁程序行使撤销权,但其后仲裁裁决被法院撤销,除斥期间已届满)。[68] 由于现行法未给除斥期间适用中止规则预留任何空间,实务中罕有此类实例。上述案型中,某些案型(如案型1)尚可适用诚信原则或禁止权利滥用原则予以解决,但另一些案型(如案型2、3)在现行法框架内确实很难找到合理解决的依据。对于我国是否应在立法或实务上例外地准许除斥期间适用中止规则,尚有待观察。

四、除斥期间届满的效力

(一)人民法院可以主动适用除斥期间

与诉讼时效适用"职权禁用规则"(《民法典》第193条)不同,除斥期间采取   **46**
职权适用主义模式。除斥期间届满后,不必当事人主张,法院可以主动依职权审

〔62〕 参见黄薇主编:《中华人民共和国民法典总则编释义》,法律出版社2020年版,第538页;最高人民法院民法典贯彻实施工作领导小组主编:《中华人民共和国民法典总则编理解与适用(下)》,人民法院出版社2020年版,第1005页。

〔63〕 参见王利明:《民法总则研究》(第3版),中国人民大学出版社2018年版,第819—820页;崔建远等编著:《民法总论》(第3版),清华大学出版社2019年版,第293页(崔建远执笔)。

〔64〕 参见最高人民法院(2012)民二终字第44号民事判决书;湖北省高级人民法院(2019)鄂民申1657号民事裁定书。

〔65〕 参见《德国民法典》第124条第2款。

〔66〕 参见朱虎:《诉讼时效制度的现代更新——政治决断与规范技术》,载《中国高校社会科学》2017年第5期,第100页。

〔67〕 参见李宇:《民法总则要义:规范释论与判解集注》,法律出版社2017年版,第970页。

〔68〕 参见孙瑞玺:《除斥期间不等于不变期间》,载《中国律师》2010年第9期,第62—63页。

查该期间是否届满,从而认定该权利绝对、当然、确定的消灭。[69]

(二)形成权消灭

47　　　依据第 199 条第 2 句,法定除斥期间和约定除斥期间届满的,均导致形成权实体上消灭。当事人通过催告规则确定形成权行使期间的(边码30),该期间届满后果亦同(《民法典》第 564 条第 2 款)。基于诚信原则和禁止权利滥用原则的限制,当事人不能行使形成权的(边码33),也应采此解释。[70]

(三)当事人可否放弃"期限利益"

48　　　除斥期间届满后,权利人行使形成权且相对人未提出异议的,可否解释为相对人放弃期限利益,而承认行使形成权的有效性? 对此,应区分除斥期间的类型作不同处理:

49　　　其一,(不允许当事人另行约定的)法定除斥期间。此类除斥期间一旦届满,法定效果自动发生,故无法抛弃期限利益。此类除斥期间届满后,当事人可以重新设立一个与除斥期间消灭的权利内容相同的权利义务关系,但这是一个新的权利,而非已消灭权利的存续或复活。[71] 例如,受欺诈人行使撤销权时法定除斥期间已届满,但相对人未对该"撤销行为"提出异议,而是同意使合同关系终止。对此应解释为:(1)撤销权仍消灭;(2)当事人双方协议解除合同有效(《民法典》第562 条第 1 款)。在此情形下,法院虽可主动适用除斥期间认定撤销权消灭,但不得以此否认协议解除的效力。

50　　　其二,约定除斥期间和(允许当事人另行约定的)法定除斥期间。由于约定除斥期间本就体现当事人双方对期限利益的自主安排,因此此类除斥期间届满后当事人双方对行使形成权均不持异议的,可解释为协议变更除斥期间。法院不得仅依据原约定除斥期间,径行认定形成权消灭。(允许当事人另行约定的)法定除斥期间的情形下(如《民法典》第 564 条第 2 款规定的 1 年),当事人先前未就除斥期间另行约定,此类除斥期间届满后当事人双方对行使形成权均不持异议的,可解释为事后对除斥期间另行作出约定。因为此类法定除斥期间属于任意性规范,故当事人双方事先或事后另行作出约定均被允许。

---

〔69〕　参见最高人民法院民法典贯彻实施工作领导小组主编:《中华人民共和国民法典总则编理解与适用(下)》,人民法院出版社 2020 年版,第 1005 页。

〔70〕　也有学者认为,该情形下仅产生抗辩效果。参见林诚二:《论形成权》,载杨与龄主编:《民法总则争议问题研究》,清华大学出版社 2004 年版,第 73 页。

〔71〕　参见耿林:《论除斥期间》,载《中外法学》2016 年第 3 期,第 643 页。

五、举证责任

原告(形成权人)行使解除权、撤销权等形成权的,应举证证明"除斥期间未届满",因为"除斥期间未届满"是行使形成权的消极要件之一。被告(相对人)以"除斥期间届满"为由否认原告行使形成权的,应对此举证予以证明。当事人未就除斥期间是否届满予以举证的,法院可依职权予以认定。 51

附:案例索引

1. 北京市高级人民法院(2021)京民申 1761 号民事裁定书:王某与北京市昌平区北京湾小区业主委员会业主撤销权纠纷案【边码37】

2. 重庆市高级人民法院(2020)渝民终 1023 号民事判决书:重庆通耀铸锻有限公司与重庆建工工业有限公司建设工程施工合同纠纷案【边码7】

3. 广东省高级人民法院(2019)粤民申 12061 号民事裁定书:谢某丽等与中山市三乡镇富和名都花园业主委员会业主撤销权纠纷案【边码37】

4. 广东省高级人民法院(2019)粤民申 1536 号民事裁定书:陈某华与佛山市禅城区张槎街道大沙村民委员会、佛山市禅城区张槎街道大沙股份合作经济联合社侵害集体经济组织成员权益纠纷案【边码31】

5. 广西壮族自治区高级人民法院(2019)桂民终 968 号民事裁定书:桂林国际旅游商品批发城业主委员会与桂林泰源房地产开发有限公司等第三人撤销之诉案【边码12】

6. 湖北省高级人民法院(2019)鄂民申 1657 号民事裁定书:杨某与田某静所有权确认纠纷案【边码44】

7. 湖北省高级人民法院(2019)鄂民申 4775 号民事裁定书:陈某权与金广域梨园小区业主委员会业主撤销权纠纷案【边码37】

8. 吉林省高级人民法院(2017)吉民申 1843 号民事裁定书:冯某志与戴某明民间借贷纠纷案【边码9】

9. 吉林省高级人民法院(2017)吉民申 3555 号民事裁定书:中国信达资产管理股份有限公司吉林省分公司与吉林德佳生化有限公司等第三人撤销之诉案【边码12】

10. 山东省高级人民法院(2019)鲁民终 2739 号民事裁定书:吕某秩与孟某河、淄博市周村区房屋征收管理办公室第三人撤销之诉案【边码12】

11. 四川省绵阳市游仙区人民法院(2018)川 0704 民初 2472 号民事判决书:陈某秀与绵阳市游仙区新桥镇玉泉村第二村民小组侵害集体经济组织成员权益纠纷案【边码31】

12. 新疆维吾尔自治区高级人民法院(2020)新民终 129 号民事判决书:郑某与安某莲、路某兰民间借贷纠纷案【边码7】

13. 最高人民法院(2012)民二终字第 44 号民事判决书:北京康正恒信担保有限公司与河北天人化工股份有限公司等股权转让合同纠纷案【边码25、44】

14. 最高人民法院(2019)最高法民申 2576 号民事裁定书:汪某秧与钟某申请执行人执

行异议之诉案【边码23】

15. 最高人民法院(2019)最高法民终 1401 号民事判决书:北京中关村开发建设股份有限公司、湖南潭衡高速公路开发有限公司与湖南省高速公路管理局建设工程施工合同纠纷案【边码23】

第200条

期间计算单位、计算方法

第 200 条　民法所称的期间按照公历年、月、日、小时计算。

简　目

一、规范意旨

(一)规范意义及正当化理由

《民法典》第 200 条(以下简称第 200 条)是期间计算单位、计算方法[1]的基础规范。本条继承了《民法通则》第 154 条第 1 款对期间计算单位、计算方法的规定,文义亦无变化。本条与《民法总则》第 200 条完全相同。　1

学理上,期限包括期间和期日。期限是指民事法律关系发生、变更和消灭的时间。期间是指从某一特定时间点到另一特定时间点所经过的时间,即时间段(如 2005 年 5 月 5 日至 2006 年 5 月 5 日)。期日是指某一特定时间点(如 2006 年 5 月 5 日)。[2]《民法典》使用的概念较为混乱。"总则编"第十章标题为"期间计算",第 200—204 条均采"期间"概念,而未采"期限""期日"概念。但"按照日计　2

----

〔1〕　第 200 条之"计算方法"仅涉及历法计算法和自然计算法的选择,其外延小于第 204 条中的"计算方法"。

〔2〕　参见魏振瀛主编:《民法》(第 8 版),北京大学出版社、高等教育出版社 2021 年版,第 221 页。

算期间的",实为期日。因此,第 200—204 条中的"期间"概念与学理意义上的"期限"概念等同,包含学理意义上的"期间"和"期日"。本文遵循立法用语,采"期间"概念。

3　　　　期间在民法上的法律意义如下:其一,可能影响民事主体的资格(如宣告死亡须具备法定期间);其二,作为民事法律事实中的事件,直接引起民事法律关系变动(如附期限合同);其三,可以作为民事权利的存续期限(如著作权保护期);其四,可以作为特定权利、义务实际行使或履行的期限(如合同履行期限)。[3]

4　　　　第 200 条的基本含义包括:一是期间计算单位是年、月、日、小时;二是期间计算方法采公历计算法。第 200 条规定的是期间的计算单位、计算方法,而并不涉及如何确定某一期间以及某一期间届至、届满的法律效力。这与普通诉讼时效期间(《民法典》第 188 条第 1 款)、除斥期间(《民法典》第 199 条)等规定不同。第 200 条的规范目的在于,通过统一的期间计量标准,使法律规范的形式理性和技术理性程度提高,以减少因时间计算所引发的法律纠纷。[4]

5　　　　期间计算单位与期间计算方法密切相关。不同的计算方法虽可能采相同的计算单位,但计算结果可能不同。期间的计算方法分为历法计算法和自然计算法。《民法通则》采取公历计算法,《民法典》沿用了该做法。依据立法机关释义书的解释,第 200 条采取公历计算法的立法理由在于:符合我国的社会实际;符合国际通用规则;便于生产生活和国际交往。[5]

(二)规范性质

6　　　　第 200 条原则上属于任意性规范。由于第 204 条对"期间的计算方法"设置但书"法律另有规定或者当事人另有约定的除外",因此第 200 条仅适用于法律未作特别规定且当事人未作特别约定的情形。例如在法律没有禁止性规定的情况下,当事人可以依据交易习惯或者约定期间按照农历年计算。[6]

7　　　　第 200 条属于技术性规定,即运用何种单位及方法计算期间。单纯适用第 200 条,尚不足以认定法律关系变动,而须结合其他实质性规范才能认定期间届至(如《民法典》第 160 条)或届满(如《民法典》第 192 条)具体引起何种法律关系变动。

---

〔3〕　参见王利明主编:《中国民法典释评·总则编》,中国人民大学出版社 2020 年版,第 522—523 页(石冠彬执笔)。

〔4〕　参见陈甦主编:《民法总则评注(下册)》,法律出版社 2017 年版,第 1443 页(刘明执笔)。

〔5〕　参见黄薇主编:《中华人民共和国民法典总则编释义》,法律出版社 2020 年版,第 539 页。

〔6〕　参见最高人民法院民法典贯彻实施工作领导小组主编:《中华人民共和国民法典总则编理解与适用(下)》,人民法院出版社 2020 年版,第 1011 页。实例参见山东省临沂市中级人民法院(2014)临商终字第 277 号民事判决书。

（三）适用范围

第 200 条适用于民商事领域,即《民法典》各编规定的期间、单行法规定的期间和司法解释规定的期间均可适用第 200 条。　　8

程序法中的期间原则上不适用第 200 条,而适用程序法相关规定,例如《民事诉讼法》(2021 年修正)第 85 条、第 86 条。〔7〕民法中的期间计算方法与程序法中的期间计算方法的区别如下:其一,立法目的不同。前者关涉实体法律关系变动,故立法目的着眼于权利义务的公平效果;后者为实现公正、迅速的审理,以及避免因期间而生的不利益,故立法目的侧重考虑程序上的公平性、可行性(如送达)〔8〕。其二,种类不同。前者仍以意思自治为原则,分为法定计算方法和约定计算方法;后者没有适用意思自治的空间,不允许约定计算方法。其三,规则内容不同。基于不同的立法目的,二者规则内容虽有类似处,但亦存在显著差异。例如《民事诉讼法》(2021 年修正)第 85 条第 4 款规定:"期间不包括在途时间,诉讼文书在期满前交邮的,不算过期。"《民事诉讼法解释》(2022 年修正)第 129 条规定:"对申请再审案件,人民法院应当自受理之日起三个月内审查完毕,但公告期间、当事人和解期间等不计入审查期限。有特殊情况需要延长的,由本院院长批准。"民法中的期间不存在此类规则。　　9

二、期间计算单位、计算方法的适用条件

（一）民法所称的期间

基于边码 2 之分析,第 200 条中的"民法所称的期间"包含学理意义上的"期间"和"期日"。《民法典》各编中涉及"民法所称的期间"的条文未必均采"期间"概念,下列情形均可适用第 200 条〔9〕:(1)使用"期限"概念,例如附期限民事法律行为(第 160 条)、建设用地使用权期限(第 348 条第 2 款第 5 项)、承诺期限(第 481 条)、履行期限(第 511 条第 4 项)等。(2)使用"期间"概念,例如诉讼时效期间(第 188 条)、除斥期间(第 199 条)、保证期间(第 692 条)等。(3)使用"××日　　10

---

〔7〕　虽然《民事诉讼法》(2021 年修正)第 85 条第 2 款、第 3 款与《民法典》第 200—203 条规范内容类似,但对于程序法中的期间(如上诉期间)计算,应当引用《民事诉讼法》(2021 年修正)而非《民法典》的规定。有判决不引用前者,而引用后者(当时为《民法通则》规定),该做法有误。参见广东省佛山市中级人民法院(2014)佛中法民二终字第 516 号民事判决书。

〔8〕　参见[日]伊藤真:《民事诉讼法》(第 4 版补订版),曹云吉译,北京大学出版社 2019 年版,第 165 页。

〔9〕　民商事单行法及司法解释的类似规定,亦同。

期"概念,例如工程日期（第 803 条）、申请日期（第 845 条第 3 款）等。（4）使用"××期"概念,例如土地承包期（第 332 条）等。

（二）按照公历年、月、日、小时计算

11   由于公历中并无日、小时之计算单位,因此以日、小时计算的,只能采自然计算法,即 1 日为 24 小时、1 小时为 60 分钟。对此不存疑义。但以年、月计算的,采取不同计算方法的结果可能不同。自然计算法,是指按照实际时间计算期间的方法。例如 1 年为 365 日（不考虑闰年）;1 个月为 30 日（不考虑大小月、闰月）。历法计算法,是指按照历法（公历、农历等）所定年、月计算期间的方法。例如 1 年为当年 1 月 1 日至 12 月 31 日,如果当年为闰年,则并非 365 日;1 个月为当月首日至末日,考虑当月是大小月、闰月等因素,并非一定是 30 日。第 200 条采取历法计算法中的公历计算法。[10]

12   《民通意见》第 198 条第 1 款曾规定:"当事人约定的期间不是以月、年第一天起算的,一个月为三十日,一年为三百六十五日。"该规定系采自然计算法。《民法典》及新司法解释均未继承该规定,故《民法典》施行后该规定不再适用。

（三）没有法律另行规定或者当事人另行约定

13   依据《民法典》第 204 条,对"期间的计算方法"法律另有规定或者当事人另有约定的,依其规定或约定。因此,适用第 200 条应当具备本条件。虽然第 200 条规定的期间计算单位仅包括年、月、日、小时,但基于当事人意思自治和交易习惯,某些场合下当事人可以约定适用"星期""分""秒"等计算单位。[11] 当事人亦可对"年""月"约定不同于公历计算法的计算方法。例如有判决认为,当事人依据行业惯例在《股票质押式回购交易业务协议》中约定一年应以 360 日计算,该约定有效。[12]

14   实务中,对于"××年底"应解释为公历年底还是农历年底,应结合有无约定、有无交易习惯等因素予以认定。如果不存在这些因素,应当解释为公历年的最后一日。例如合同约定付款期限是"2012 年底",一方主张应指 2012 年农历年底（2013 年春节是 2 月 10 日）,但法院认为,双方对"2012 年底"未作明确约定且无交易惯例存在的情况下,应解释为 2012 年公历年底。[13] 但在另一案件中,法院依

---

〔10〕 否认自然计算法的实例参见河南省新乡市红旗区人民法院（2018）豫 0702 民初 625 号民事判决书。

〔11〕 参见黄薇主编:《中华人民共和国民法典总则编释义》,法律出版社 2020 年版,第 539—540 页。

〔12〕 参见河北省高级人民法院（2019）冀民初 21 号民事判决书。

〔13〕 参见江苏省高级人民法院（2020）苏民再 223 号民事判决书。

据合同其他条款表述、工资结算习惯等事实,运用体系解释、习惯解释等方法,将"2017 年底"解释为"2018 年春节"。[14]

有判决认为,《贷款合同》约定"日利率＝年利率/360",仅是关于日利率的计算方式,与授信期无关。该约定不构成对期间计算方法的特殊约定,借款期限 1 年仍适用公历计算方法。[15]

15

三、期间计算单位、计算方法的适用效力

第 200 条仅解决期间计算的技术标准问题,适用本条的直接效力是判断某一期间的实际长度,并由此认定其是否届至或者届满。对于某一期间届至、届满或者未届至、未届满具体引起何种法律关系变动,第 200 条并未提供规范依据。因此,适用第 200 条通常仅具有辅助意义,即必须将本条与其他实质性规范相结合适用,才能作为某法律关系变动的依据。[16] 例如某年为闰年,合同约定履行期限为"2 月 15 日起算 1 个月"。第 200 条解决是该"1 个月"到底包含多少日,而对该"1 个月"届至、届满或者未届至、未届满的具体后果,则须依据《民法典》第 530 条(提前履行)、第 563 条(法定解除)、第 578 条(预期违约)等予以认定。

16

四、举证责任

由于适用第 200 条仅具有辅助意义,因此本条并无单独适用的举证责任规则,而应一并采取与其相结合适用的实质性规范之举证责任规则。[17] 例如在被告(义务人)主张诉讼时效抗辩权的场合下,被告应就该请求权适用诉讼时效及适用何种诉讼时效期间(第 188 条第 1 款)予以举证证明,并结合第 200 条的计算标准证明诉讼时效期间已届满。原告(权利人)对期间计算提出异议的,须依据第 200 条规定的计算单位、计算方法针对该异议举证证明。

17

附:案例索引

1. 福建省高级人民法院(2017)闽民终 1207 号民事判决书:厦门源昌城建集团有限公司与平安银行股份有限公司泉州分行金融借款合同纠纷案【边码 15】

2. 广东省佛山市中级人民法院(2014)佛中法民二终字第 516 号民事判决书:黄某忠与

---

[14]　参见江苏省灌南县人民法院(2018)苏 0724 民初 3859 号民事判决书。

[15]　参见福建省高级人民法院(2017)闽民终 1207 号民事判决书。

[16]　第 201—204 条亦同。

[17]　第 201—204 条亦同。

中国太平洋财产保险股份有限公司南海支公司财产保险合同纠纷案【边码 9】

3. 河北省高级人民法院(2019)冀民初 21 号民事判决书:财达证券股份有限公司与徐某明、张某燕质押式证券回购合同纠纷案【边码 13】

4. 河南省新乡市红旗区人民法院(2018)豫 0702 民初 625 号民事判决书:新乡市天透光环保设备有限公司与郑州光大纺织印染有限公司合同纠纷案【边码 11】

5. 江苏省灌南县人民法院(2018)苏 0724 民初 3859 号民事判决书:王某宗与胡某、胡某彩劳务合同、债权债务纠纷案【边码 14】

6. 江苏省高级人民法院(2020)苏民再 223 号民事判决书:张某与江阴市新远见工程有限公司买卖合同纠纷案【边码 14】

7. 山东省临沂市中级人民法院(2014)临商终字第 277 号民事判决书:闫某年与李某儒买卖合同纠纷案【边码 6】

第201条

期间开始计算

第201条　按照年、月、日计算期间的,开始的当日不计入,自下一日开始计算。

按照小时计算期间的,自法律规定或者当事人约定的时间开始计算。

简　目

一、规范意旨

(一)规范意义及正当化理由

《民法典》第201条(以下简称第201条)是期间开始计算的基础规范。本条含两款:第1款规定按照年、月、日计算期间的开始计算规则;第2款规定按照小时计算期间的开始计算规则。第201条是继承和修正《民法通则》第154条第2款的结果。对于按照小时计算期间的开始计算规则,第201条将旧法的"从规定时开始计算"改为"自法律规定或者当事人约定的时间开始计算"。对于按照年、月、日计算期间的开始计算规则,第201条仅文字表述有所调整,但规范的实质内容无变化。本条与《民法总则》第201条完全相同。

1

2　　　　第 201 条之开始计算规则仅解决某期间起算点具体如何计算,而不涉及该起算点如何确定。这与诉讼时效起算(《民法典》第 188 条第 2 款)、除斥期间起算(《民法典》第 199 条)等规范性质不同。例如甲于 a 时点毁损了乙的财物,乙于 b 时点得知损害事实,于 c 时点得知侵权人是甲。诉讼时效起算规则(《民法典》第 188 条第 2 款)解决的问题是,a、b、c 哪一时点为诉讼时效起算点。第 201 条解决的问题是,在诉讼时效起算点被确定为 c 的前提下,该时点具体如何计算(当天是否计入? 以小时计算还是以分计算? 等)。

3　　　　第 201 条针对第 200 条规定的期间计算单位(年、月、日、小时)设置了两种起算标准。依据立法机关释义书的解释,第 201 条立法理由在于:遵循域外立法通例;在《民法通则》的基础上作出补充和完善。[1]

(二)规范性质

4　　　　第 201 条原则上属于任意性规范,因为第 204 条允许当事人对"期间的计算方法"另有约定,而第 201 条之开始计算规则属于计算方法的范畴。法律仅禁止对某些特定类型期间的开始计算规则由当事人作出约定,例如诉讼时效期间(《民法典》第 197 条第 1 款)。

5　　　　第 201 条属于技术性规定,即运用何种标准计算期间始点。单纯适用第 201 条,并不能界定期间始点。须结合其他实质性规范确定某一期间起算点后,适用第 201 条才有意义。对于某一期间开始计算具体引起何种法律关系变动,第 201 条亦未提供规范依据,仍须结合其他实质性规范予以认定。

6　　　　第 201 条第 2 款具有引致条款的性质。该款本身并未规定期间开始计算的具体标准,须将该款与法律其他规定或当事人约定内容相结合,才能确定期间开始计算的具体标准。

(三)适用范围

7　　　　第 201 条适用于民商事领域,即《民法典》各编规定的期间、单行法规定的期间和司法解释规定的期间均可适用第 201 条。

8　　　　程序法上的期间开始计算不适用第 201 条,而适用程序法相关规定,例如《民事诉讼法》(2021 年修正)第 85 条第 2 款以及《民事诉讼法解释》(2022 年修正)第 125 条、第 126 条、第 128 条等。

---

[1]　参见黄薇主编:《中华人民共和国民法典总则编释义》,法律出版社 2020 年版,第 540—541 页。

二、按照年、月、日计算期间的开始计算（第 1 款）

（一）开始的当日不计入，自下一日开始计算

依据第 201 条第 1 款，按照年、月、日计算期间的场合下，计算该期间的实际长度时不将首日计入。例如主债务履行期限为 2016 年 6 月 27 日至 2017 年 6 月 27 日，履行期限届满时债务人未履行债务的，保证期间起算点是 2017 年 6 月 27 日，但当日不计入保证期间，自次日（2017 年 6 月 28 日）开始计算 6 个月保证期间。[2] 当事人约定按照星期等计算单位计算期间的，亦可适用第 201 条第 1 款。[3] 不将首日计入期间的的理由在于，首日通常已经经过一段时间，如果以首日作为期间起算点，可能会使当事人的期限利益遭受损失。[4]

在现行法框架下，"期间起算日（首日）"不同于"期间开始计算日（始日）"。期间起算日，即第 201 条第 1 款所称"开始的当日"，是指因发生某种法律事实引起特定法律效果的当日，其不计入期间之内。期间开始计算日（始日），是指实际计入期间的第一日，其为计算期间的始点。例如当事人受胁迫订立合同，2018 年 9 月 6 日胁迫行为终止。依据《民法典》第 152 条第 1 款第 2 项，2018 年 9 月 6 日为"胁迫行为终止之日"，当日为除斥期间起算日。但依据第 201 条第 1 款，除斥期间开始计算日不是 2018 年 9 月 6 日，而是其次日，即 2018 年 9 月 7 日。实务中，这两个概念极易混淆。例如某借款合同纠纷案中，借款期限自 2010 年 7 月 25 日至 2011 年 7 月 24 日，约定保证期间为债务期限届满之日起两年。法院认为，保证期间为 2011 年 7 月 25 日至 2013 年 7 月 24 日。[5] 该裁判意见虽计算保证期间的长度无误，但适用法律错误。2011 年 7 月 24 日是债务履行期限届满之日，当日为保证期间起算日（《民法典》第 692 条第 2 款）但不计入保证期间之内（第 201 条第 1 款），其次日 2011 年 7 月 25 日开始计算保证期间。因此，保证期间应为 2011 年 7 月 24 日至 2013 年 7 月 24 日。

对于期间首日是否计入期间之内（或者说期间始点是期间首日还是期间首日的次日），比较法上主要有两种模式。（1）三元主义：其一，以某日"零时整"为期间起算点的，当日（首日）计入期间之内；其二，以某一事件或一日中的某一时点为起算点的，当日（首日）不计入期间之内；其三，在计算年龄时，出生当日计入年龄

9

10

11

---

〔2〕 参见最高人民法院(2021)最高法民申 5421 号民事裁定书。

〔3〕 参见重庆市第三中级人民法院(2018)渝 03 民终 1793 号民事判决书。

〔4〕 参见陈甦主编：《民法总则评注(下册)》，法律出版社 2017 年版，第 1447 页(刘明执笔)。

〔5〕 参见山东省莒南县人民法院(2015)莒道商初字第 74 号民事判决书。此类裁判意见较多。

之内。〔6〕 (2)二元主义:其一,首日原则上均不计入期间之内;其二,年龄计算适用特殊规则。〔7〕

12　　　我国《民法典》采取一元主义模式,较具特色。〔8〕 从第 201 条第 1 款文义来看,似乎民商事领域中的期间一律适用该规则。但是,该规则适用于诉讼时效期间、除斥期间、保证期间等故属合理,而适用于自然人年龄、租赁期限、保质期等期间则未必合理,甚至可能有违常识。有学者认为,适用第 201 条第 1 款应以不违反常识为前提,以合理地平衡当事人利益。〔9〕 该意见可资赞同。

13　　　实务中,适用第 201 条第 1 款的情形包括:(1)判决书记载"自 2017 年 9 月 19 日起至实际给付之日止"为利息的计付期间,首日 2017 年 9 月 19 日不计算利息;〔10〕(2)义务人拒绝履行义务的时间为 1996 年 12 月 18 日,当日具备时效起算条件而构成起算点,自次日(1996 年 12 月 19 日)开始计算 2 年诉讼时效期间;〔11〕(3)案涉工程于 2015 年 9 月 16 日竣工,当日为建设工程优先权行使期间起算点,次日开始计算 6 个月行使期间;〔12〕(4)当事人于 2012 年 11 月 27 日签订股权转让协议,约定付款时间为"5 个工作日内",27 日当日不计入在内;〔13〕(5)保险合同成立、支付保险费是在 2012 年 7 月 31 日,次日 2012 年 8 月 1 日开始计算保险责任期间〔14〕等。

　　　(二)法律另有规定或者当事人另有约定的除外

14　　　依据《民法典》第 204 条,对开始计算规则法律另有规定或者当事人另有约定的,依其规定或约定。例如针对合同条款中的履行期限"2 月 1 日至 2 月 5 日",当事人约定首日计入履行期限,该约定有效。

15　　　对于自然人年龄的计算,比较法上多单设计算规则,且将出生当日计算在内。〔15〕 我国《民法典》对此未作规定。《最高人民法院关于审理未成年人刑事案件具体应用法律若干问题的解释》第 2 条规定,刑法中的"周岁"按照公历标准计算,从周岁生日的第二天起算。依此规定,婴儿出生当日不计入年龄,出生当日的

---

〔6〕　参见《德国民法典》第 187 条。

〔7〕　参见我国台湾地区"民法"第 120 条、第 124 条

〔8〕　对我国所采一元模式的批评意见,参见龚子秋:《中外期间法律制度比较》,载《南京社会科学》2005 年第 7 期,第 98—100 页。

〔9〕　参见王利明主编:《中国民法典释评·总则编》,中国人民大学出版社 2020 年版,第 525 页(石冠彬执笔)。

〔10〕　参见最高人民法院(2020)最高法民终 63 号民事判决书。

〔11〕　参见最高人民法院(2000)民终字第 34 号民事判决书。

〔12〕　参见江西省高级人民法院(2019)赣民终 220 号民事判决书。

〔13〕　参见江苏省高级人民法院(2018)苏民终 869 号民事判决书。

〔14〕　参见上海市高级人民法院(2014)沪高民四(海)终字第 117 号民事判决书。

〔15〕　参见《德国民法典》第 187 条第 2 款。

次日是零周岁的始日;一岁生日的次日是一周岁的始日。该规定是刑法领域中的年龄计算规则,某些民事案件中亦被参照适用。[16]　相较而言,域外法的做法似乎更为合理。理由在于:其一,如果出生当日不计入年龄,会与民事权利能力制度抵牾。自然人出生时是具有民事权利能力的起点,该起点应与年龄始日相一致,否则会产生"自然人虽已出生但年龄尚未开始计算"的悖论。其二,自然人年龄计算的场合下,边码 9 之立法理由并不成立。相反,将出生当日计入年龄才有利于保护当事人权益。其三,出生当日计入年龄与社会常识相符(如过生日均在当日),也与相关管理规则契合(如填写相关表格)。

三、按照小时计算期间的开始计算(第 2 款)

(一)"自法律规定时间开始计算"的情形

此类规定多存在于商事领域之中。例如《海商法》第 97 条第 1 款、第 131 条第 2 款、第 133 条第 2 款;《民用航空法》第 167 条第 1 款第 1 项等。如果此类规定属于任意性规范,适用该规定应以当事人未另作约定为条件。　16

(二)"自当事人约定的时间开始计算"的情形

在没有法律规定或者法律规定为任意性规范的前提下,当事人可对开始计算规则作出约定。例如雇佣合同约定,钟点工须每天 8 点到雇主家工作 3 小时,迟到不超过 15 分钟的,自 8 点整开始计算;迟到超过 15 分钟的,以下一个整点开始计算。　17

(三)没有法律规定和当事人约定的情形

对于没有法律规定且无当事人约定的情形下适用何种开始计算规则,第 201 条未作规定。对此,应采如下处理:(1)有交易习惯的,适用交易习惯。例如酒店行业存在钟点房时间开始计算的交易习惯。(2)没有交易习惯的,以整点的起点开始计算。该做法符合普通民众的常识和一般理解。　18

四、期间开始计算的效力

适用第 201 条的直接效力是判断某一期间开始计算的时点,并由此配合本章　19

---

〔16〕　参见河南省商丘市中级人民法院(2017)豫 14 民终 2892 号民事判决书。

其他各条的适用(如第 202 条规定的期间届满)。必须将本条与其他实质性规范相结合适用,才能作为某法律关系变动的依据。例如合同约定"当事人收到对方违约通知之日起 6 个月内有权解除合同"。第 201 条解决的是该"6 个月"自哪一日开始计算(收到通知当日是否计入),而对该"6 个月"开始计算或未开始计算的具体后果,则须依据《民法典》第 199 条(除斥期间)、第 564 条(解除权除斥期间)等予以认定。

五、举证责任

20　　　第 201 条的举证责任规则与第 200 条的举证责任规则相同,即应一并采取与其相结合适用的实质性规范之举证责任规则。

附:案例索引

1. 重庆市第三中级人民法院(2018)渝 03 民终 1793 号民事判决书:张某良与廖某蕾买卖合同纠纷案【边码 9】

2. 河南省商丘市中级人民法院(2017)豫 14 民终 2892 号民事判决书:中国人民财产保险股份有限公司商丘市分公司与范某宁等机动车交通事故责任纠纷案【边码 15】

3. 江苏省高级人民法院(2018)苏民终 869 号民事判决书:正源集团股份有限公司与博富科技股份有限公司股权转让纠纷案【边码 13】

4. 江西省高级人民法院(2019)赣民终 220 号民事判决书:吉安市第四建筑工程有限公司与江西鸿昌置业有限公司建设工程施工合同纠纷案【边码 13】

5. 山东省莒南县人民法院(2015)莒道商初字第 74 号民事判决书:莒南县农村信用合作联社与陈某亮等金融借款合同纠纷案【边码 10】

6. 上海市高级人民法院(2014)沪高民四(海)终字第 117 号民事判决书:朱某甲与华安财产保险股份有限公司上海分公司海上保险合同纠纷案【边码 13】

7. 最高人民法院(2000)民终字第 34 号民事判决书:中国农业银行新疆分行营业部等与乌鲁木齐城市建设综合开发公司欠款纠纷案【边码 13】

8. 最高人民法院(2020)最高法民终 63 号民事判决书:天津龙威粮油工业有限公司与中国信达资产管理股份有限公司天津市分公司借款合同纠纷案【边码 13】

9. 最高人民法院(2021)最高法民申 5421 号民事裁定书:甘肃盛德嘉业生化科技有限公司与甘肃省文化产业融资担保有限公司追偿权纠纷案【边码 9】

第202条

期间届满

第202条　按照年、月计算期间的,到期月的对应日为期间的最后一日;没有对应日的,月末日为期间的最后一日。

简　目

一、规范意旨

(一)规范意义及正当化理由

《民法典》第202条(以下简称第202条)是期间届满的基础规范。本条未见于《民法通则》及旧司法解释,属新设规定。本条与《民法总则》第202条完全相同。　1

第202条之届满规则仅解决某期间届满时点如何计算,而不涉及该届满时点如何确定。这与诉讼时效届满(《民法典》第188条)、除斥期间届满(《民法典》第564条)等规范性质不同。例如解除权行使期限没有规定或约定的情形下,行使解除权的除斥期间是1年(自解除权人知道或者应当知道解除事由之日起算)。《民法典》第564条解决的问题是,届满时点a具体如何确定。第202条解决的问题是,届满时点已被确定为a的前提下,该时点具体如何计算(对应日?月末日?)。　2

第202条仅针对"按照年、月计算期间的"情形规定了届满规则,因为此类情　3

形下闰年、闰月、大小月等因素可能导致期间届满时点的认定出现纷扰。按照日、小时计算期间的,由于"1 日为 24 小时、1 小时为 60 分钟"不存在例外,故无必要专门规定届满规则。

4　　　依据立法机关释义书的解释,第 202 条是借鉴域外法经验并参考我国《票据法》第 107 条第 2 款等规定,对《民法通则》未设此规则的漏洞所作的修补。[1] 有学者认为,第 202 条是民法精细化、时代化的表现和要求,有助于满足对期间计算敏感度高的金融时代的需要。[2]

(二)规范性质

5　　　第 202 条原则上属于任意性规范,因为第 204 条允许当事人对"期间的计算方法"另有约定,而第 202 条之届满规则属于计算方法的范畴。法律仅禁止对某些特定类型期间的届满规则由当事人作出约定,例如诉讼时效期间(《民法典》第197 条第 1 款)。

6　　　第 202 条属于技术性规定,即运用何种标准计算期间届满时点。单纯适用第202 条,并不能界定期间届满时点。须结合其他规范确定某一期间长度和始点后,才有可能适用第 202 条。对于某一期间届满具体引起何种法律关系变动,第 202条亦未提供规范依据,仍须结合其他实质性规范予以认定。

(三)适用范围

7　　　第 202 条适用于民商事领域,即《民法典》各编规定的期间、单行法规定的期间和司法解释规定的期间均可适用第 202 条。

8　　　程序法上的期间届满不适用第 202 条,而适用程序法相关规定,例如《民事诉讼法》(2021 年修正)第 85 条第 3 款、第 4 款等。

二、期间届满的适用条件

(一)按照年、月计算期间

9　　　无论是由法律规定还是当事人约定按照年、月计算期间,均可适用第 202 条之届满规则。当事人约定按照"非整数"年、月计算期间的,应视能否换算成整数年、月,以确定能否适用第 202 条。例如约定借款期限是"半年",可解释为 6 个

---

〔1〕　参见黄薇主编:《中华人民共和国民法典总则编释义》,法律出版社 2020 年版,第 543 页。

〔2〕　参见王利明主编:《中国民法典释评·总则编》,中国人民大学出版社 2020 年版,第 526 页(石冠彬执笔)。

月,可以适用第 202 条。[3] 但如果约定借款期限是"半个月",只能依据自然计算法解释为 15 日,不能适用第 202 条。

期间的逆算可参照适用第 202 条。所谓期间的逆算,是指自一定起算日溯及往前进行的期间计算。[4] 例如为判断个别清偿是否在人民法院受理破产申请前 6 个月内,查明债务人于 2020 年 12 月 24 日进入重整程序,故 2020 年 12 月 24 日作为开始的当日不计入。期间开始当日 2020 年 12 月 24 日前 6 个月的对应日为 2020 年 6 月 24 日,即"申请前 6 个月"的最后一日为 2020 年 6 月 24 日。[5]

虽然第 202 条文义并未提及,但本条显然系针对计算连续期间所作规定。如果某一期间是非连续期间,则不应适用第 202 条,而只能适用自然计算法认定届满时点。[6] 所谓非连续期间,是指期间起算点至届满时点之间的日期不是连续计算,而将其中某些日期予以排除。[7] 例如雇佣合同约定雇员每年可累计休假 2 个月,该 2 个月应解释为 60 日。

按照日、小时计算期间的,不适用第 202 条。按照日计算期间的,届满时点是最后一日。按照小时计算期间的,届满时点是始点所对应分钟结束之时,例如棋牌室租赁期间是 3 小时,自 8 点 30 分起算,则届满时点是 11 点 30 分结束之时。

（二）区分有无"到期月的对应日"分别处理

期间届满与期间计算方法密切相关,因为不同的计算方法导致届满时点存在区别。第 202 条之期间届满规则与《民通意见》第 198 条第 1 款（已废止）不同。依据后者标准,届满时点是"30 日（按月计算）或者 365 日（按年计算）的最后一日",而未必是"对应日"。该区别体现了公历计算法和自然计算法的差异,即前者考虑历法中的闰年、闰月、大小月等因素,后者则否。第 202 条区分有无"到期月的对应日",分别设置了届满时点认定标准。

1. 到期月的对应日为期间的最后一日

该届满标准适用于有"到期月的对应日"之情形。所谓对应日,是指期间起算点当日所对应的以日为单位的时间,而非起算点当日的下一日的对应日。[8] 按照年、月计算期间的,均有最后一月,"到期月的对应日"即指最后一月的对应日。

10

11

12

13

14

---

〔3〕　参见重庆市第五中级人民法院(2019)渝 05 民终 3869 号民事判决书。

〔4〕　参见施启扬:《民法总则》(修订 8 版),中国法制出版社 2010 年版,第 324 页。

〔5〕　参见山东省东营市中级人民法院(2021)鲁 05 民初 139 号民事判决书。类似案例参见浙江省衢州市中级人民法院(2018)浙 08 民终 53 号民事判决书。

〔6〕　参见黄立:《民法总则》,中国政法大学出版社 2002 年版,第 444 页。

〔7〕　参见陈甦主编:《民法总则评注(下册)》,法律出版社 2017 年版,第 1450 页(刘明执笔)。

〔8〕　参见最高人民法院民法典贯彻实施工作领导小组主编:《中华人民共和国民法典总则编理解与适用(下)》,人民法院出版社 2020 年版,第 1016 页。

例如借款期限为 2 年,起算点是 2018 年 5 月 10 日的,届满时点是 2020 年 5 月 10 日;借款期限为 3 个月,起算点是 1 月 5 日的,届满时点是 4 月 5 日。

15　　　该届满标准与第 201 条第 1 款之开始计算规则相契合。例如履行期限为 1 个月,起算点是 1 月 5 日的情形下,自 1 月 6 日开始计算(第 201 条第 1 款)。依据第 202 条,届满时点是 2 月 5 日,期间长度正好是 1 个月(大月 31 天)。如果自 1 月 5 日开始计算(即不采第 201 条第 1 款),则会导致"1 个月期间为 32 天"之结果。

16　　　实务中,适用该届满标准的情形包括:(1)2017 年 4 月 8 日签订的协议约定,自该协议签订满 4 个月,若仍未有确定方案能满足过户前提,则双方在 1 个月内均可解除本次买卖交易,"4 个月"以 2017 年 8 月 8 日为期间的最后一日;[9](2)质量保修期(2 年)自 2012 年 10 月 26 日起算,届满日 2014 年 10 月 26 日;[10](3)原告于 2019 年 11 月 25 日入职,合同约定试用期为 1 个月,试用期到 12 月 25 日届满;[11](4)买受人最迟应于 2016 年 6 月 25 日接收房屋,2016 年 6 月 25 日是逾期交房违约金诉讼时效的起算时间,诉讼时效于 2019 年 6 月 25 日届满[12]等。

2. 没有对应日的,月末日为期间的最后一日

17　　　该届满标准适用于没有"到期月的对应日"之情形。具体包括两种情况:(1)由于闰年、闰月、大小月等因素导致没有对应日。例如债务履行期届满之日为 2015 年 8 月 30 日,6 个月保证期间此时起算,保证期间届满之日为 2016 年 2 月 29 日。[13](2)由于没有明确的起算点导致没有对应日。例如合同约定提车时间为 2018 年 5 月,但未明确具体日期,法院依据第 202 条认定最后交车时间为 2018 年 5 月 31 日。[14]

(三)没有法律另行规定或者当事人另行约定

18　　　依据《民法典》第 204 条,对期间届满规则法律另有规定或者当事人另有约定的,依其规定或约定。因此,适用第 202 条应具备本条件。

三、期间届满的效力

19　　　适用第 202 条的直接效力是判断某一期间的届满时点(最后一日)。必须将

---

〔9〕　参见天津市高级人民法院(2018)津民申 2389 号民事裁定书。
〔10〕　参见四川省高级人民法院(2015)川民初字第 95 号民事判决书。
〔11〕　参见山东省威海市中级人民法院(2021)鲁 10 民终 2511 号民事判决书。
〔12〕　参见青海省西宁市中级人民法院(2019)青 01 民终 929 号民事判决书。
〔13〕　参见江苏省扬州市中级人民法院(2017)苏 10 民终 87 号民事判决书。
〔14〕　参见吉林省长春市中级人民法院(2018)吉 01 民终 4692 号民事判决书。

本条与其他实质性规范相结合适用,才能作为某法律关系变动的依据。例如诉讼时效起算点是 2020 年(闰年)2 月 29 日的情形下,第 202 条解决是诉讼时效期间届满是哪一日,而对届满的具体后果,则须依据《民法典》第 192 条(时效抗辩权)、第 193 条(职权禁用规则)等予以认定。

四、举证责任

第 202 条的举证责任规则与第 200 条的举证责任规则相同,即应一并采取与其相结合适用的实质性规范之举证责任规则。 20

附:案例索引

1. 重庆市第五中级人民法院(2019)渝 05 民终 3869 号民事判决书:张某林与袁某民间借贷纠纷案【边码 9】

2. 吉林省长春市中级人民法院(2018)吉 01 民终 4692 号民事判决书:赵某琨与长春汇宝汽车销售服务有限公司买卖合同纠纷案【边码 17】

3. 江苏省扬州市中级人民法院(2017)苏 10 民终 87 号民事判决书:徐某荣与江苏菲利特照明电器有限公司保证合同纠纷案【边码 17】

4. 青海省西宁市中级人民法院(2019)青 01 民终 929 号民事判决书:荀某玮与青海海宏房地产有限责任公司商品房预售合同纠纷案【边码 16】

5. 山东省东营市中级人民法院(2021)鲁 05 民初 139 号民事判决书:胜利油田胜利动力机械集团有限公司管理人与山东蓝海股份有限公司破产撤销权纠纷案【边码 10】

6. 山东省威海市中级人民法院(2021)鲁 10 民终 2511 号民事判决书:赵某松与山东海利康医疗设备有限公司劳动争议纠纷案【边码 16】

7. 四川省高级人民法院(2015)川民初字第 95 号民事判决书:龙元建设集团股份有限公司与成都奥克斯财富广场投资有限公司建设工程施工合同纠纷案【边码 16】

8. 天津市高级人民法院(2018)津民申 2389 号民事裁定书:李某芳与王某等房屋买卖合同纠纷案【边码 16】

9. 浙江省衢州市中级人民法院(2018)浙 08 民终 53 号民事判决书:中国工商银行股份有限公司衢州南区支行与衢州市衢江石油有限公司管理人请求撤销个别清偿行为纠纷案【边码 10】

第203条

期间届满日的计算方法

第203条　期间的最后一日是法定休假日的,以法定休假日结束的次日为期间的最后一日。

期间的最后一日的截止时间为二十四时;有业务时间的,停止业务活动的时间为截止时间。

简　　目

一、规范意旨

(一)规范意义及正当化理由

1　　《民法典》第203条(以下简称第203条)是期间届满日计算方法的基础规范。本条含两款:第1款规定,期间的最后一日是法定休假日的情形下届满日的计算方法(届满日顺延规则);第2款规定,期间的最后一日有或无业务时间的情形下届满日的计算方法(截止时间规则)。本条继承了《民法通则》第154条第3款、第4款的规范内容,仅文字表述有所调整。本条与《民法总则》第203条完全相同。

2　　第203条与第202条共同构成了期间届满计算规则,第203条是对第202条规范内容的进一步细化。第202条仅解决了届满日(期间的最后一日)具体是"哪一日"的问题,但对于法定休假日以及业务时间对届满日计算产生何种影响,则并未给出答案。第203条则回答了这些问题。

依据第 203 条,期间的最后一日是法定休假日以及有无业务时间,对届满日计算均发生影响。依据立法机关释义书的解释,其立法理由在于:借鉴比较法经验;继承《民法通则》的成熟意见;符合社会生活实际情况等。[1]

（二）规范性质

第 203 条原则上属于任意性规范,因为第 204 条允许当事人对"期间的计算方法"另有约定,而第 203 条之届满日计算方法属于计算方法的范畴。

第 203 条属于技术性规定,即运用何种标准计算期间届满日。对于某一期间届满日被界定后具体引起何种法律关系变动,第 203 条亦未提供规范依据,仍须结合其他实质性规范予以认定。

（三）适用范围

虽然第 203 条文义并未提及,但本条显然仅适用于按照年、月、日计算期间的情形。当事人约定按照季度、旬、星期计算期间的,亦可适用第 203 条。按照小时、分、秒计算期间的,不适用第 203 条。而且,适用第 203 条还须具备以下条件:按照年、月计算期间的,已经依据第 202 条计算出了期间的最后一日;按照季度、旬、星期、日计算期间的,已经依据约定标准计算出了期间的最后一日。

有域外法规定,届满日计算方法规则仅适用于"应为意思表示或给付"的场合。[2] 我国也应采此解释,实务中常见情形包括:建设工程优先权行使期间、[3]汇票付款期限、[4]诉讼时效期间、[5]保证期间[6]等。因为该规则的立法目的是给予表意人或给付人合理时间完成意思表示或给付行为,因此"无须为意思表示或给付"的场合(如年龄的计算、宣告死亡期间等)不适用第 203 条。

第 203 条适用于民商事领域,即《民法典》各编规定的期间、单行法规定的期间和司法解释规定的期间均可适用第 203 条。

程序法上的期间届满不适用第 203 条,而适用程序法相关规定。《民事诉讼法》(2021 年修正)第 85 条第 3 款之法定休假日顺延规则与第 203 条第 1 款类似,但《民事诉讼法》(2021 年修正)第 85 条第 4 款之扣除在途时间规则和第 86 条之申请顺延规则则是程序法中的特有规则。

---

〔1〕　参见黄薇主编:《中华人民共和国民法典总则编释义》,法律出版社 2020 年版,第 544 页。
〔2〕　参见《德国民法典》第 193 条。
〔3〕　参见最高人民法院(2014)民申字第 2193 号民事裁定书。
〔4〕　参见江苏省高级人民法院(2020)苏民申 1815 号民事裁定书。
〔5〕　参见上海市高级人民法院(2019)沪民终 521 号民事判决书。
〔6〕　参见江苏省高级人民法院(2017)苏民申 377 号民事裁定书。

二、法定休假日对届满日计算的影响(第 1 款)

(一) 期间的最后一日是法定休假日

10 该情形适用届满日顺延规则,即以法定休假日结束的次日为期间的最后一日(届满日)。如果期间的最后一日是法定休假日,由于当事人停止业务活动,司法机关也不受理当事人提出的纠纷解决申请,因此法律设置届满日顺延规则保护当事人的期限利益。依据第 204 条,当事人亦可约定排除适用第 203 条,因为当事人可依其意思放弃期限利益。

11 依据第 203 条第 1 款,只能将届满日顺延一日。法定休假日不是最后一日的,不能从期间中扣除或者顺延多日。例如合同履行期限最后一日是 10 月 3 日(假设未调休),届满日是 10 月 4 日。虽然 10 月 1 日和 2 日也停止业务活动,但不能以此为由顺延 3 日,即主张届满日是 10 月 6 日。法定休假日结束的次日仍是法定休假日的,继续顺延,但也只能相对于最后一日的法定休假日顺延一日。例如诉讼时效期间最后一日是 2015 年 2 月 28 日(星期六),诉讼时效期间届满日顺延至 2015 年 3 月 2 日(星期一)。[7]

12 第 203 条第 1 款之届满日顺延规则不同于诉讼时效延长规则(《民法典》第 188 条第 2 款):前者适用效果是当然顺延,无须当事人申请,法院也不得拒绝顺延;后者要求当事人向法院申请延长,法院依职权作出同意或不同意延长的决定。

13 第 203 条第 1 款中的法定休假日主要包括两种:一是周休息日,即周六和周日(《国务院关于职工工作时间的规定》第 7 条)。二是全体公民放假的节假日,即新年、春节、清明节、劳动节、端午节、中秋节和国庆节(《全国年节及纪念日放假办法》第 2 条)。此外,少数民族聚居地区的地方人民政府依据《全国年节及纪念日放假办法》第 4 条,按照民族习惯规定的放假日期,在少数民族聚居地区范围内构成第 203 条第 1 款中的法定休假日。[8]

14 部分公民放假的节日及纪念日,如妇女节、青年节、儿童节、建军节等(《全国年节及纪念日放假办法》第 3 条),不构成第 203 条第 1 款中的法定休假日,因为此类节假日的适用对象不具普遍性,且对日常工作生产亦无实质性影响。[9]

15 调休、补休的情形下(《全国年节及纪念日放假办法》第 6 条)如何计算届满日?《民通意见》第 198 条第 2 款曾规定,该情形以实际休假日的次日为期间届满

---

〔7〕 参见最高人民法院(2017)最高法民再 396 号民事裁定书。

〔8〕 参见李永军主编:《民法总论》,中国政法大学出版社 2019 年版,第 489 页(戴孟勇执笔)。

〔9〕 参见陈甦主编:《民法总则评注(下册)》,法律出版社 2017 年版,第 1453 页(刘明执笔)。

日。虽然该规定未被《民法典》及新司法解释继承,但依据最高人民法院释义书的解释,该规定与现行法精神一致,应当继续适用。[10]

(二) 期间的最后一日不是法定休假日

依据第 203 条第 1 款的反面解释,如果期间的最后一日不是法定休假日,不能适用届满日顺延规则。该情形下,届满日就是依据第 202 条计算出的期间的最后一日或者依据约定标准计算出的期间的最后一日。　　16

三、业务时间对届满日计算的影响(第 2 款)

(一) 无业务时间

该情形下,期间的最后一日(届满日)的截止时间为二十四时。当事人无业务时间的场合下,按照自然计算法以届满日二十四时为截止时间。该认定标准符合普通民众的一般认知,也有利于保护当事人的期限利益。　　17

(二) 有业务时间

该情形下,停止业务活动的时间为截止时间。所谓业务时间,是指当事人自身适用的业务活动的常规时间,如营业时间、办公时间等。由于业务时间之外当事人并不从事营业、办公等业务活动,因此业务时间对期间计算才具实际意义,以停止业务活动的时间为截止时间有利于保护当事人的期限利益。例如债权人的业务时间是 8:30 至 17:30,债务人于履行期限最后一日 19:00 将货物运至债权人住所地的,构成迟延履行。　　18

在不同行业、地域内,不同当事人的业务时间通常也不相同。这与第 203 条第 1 款中的法定休假日适用全国统一标准差异明显。第 203 条第 2 款中的业务时间应当解释为具有公开性和固定性的业务时间,即该业务时间既能够被相对人合理知悉,也不存在任意修改或调整的情况。如果某一业务时间不具备公开性和固定性,则应当认定期间的最后一日的截止时间为二十四时,因为该业务时间不能使相对人产生合理预期。　　19

---

　[10]　参见最高人民法院民法典贯彻实施工作领导小组主编:《中华人民共和国民法典总则编理解与适用(下)》,人民法院出版社 2020 年版,第 1020 页。实例参见四川省高级人民法院(2019)川民再 444 号民事判决书。

四、期间届满日计算方法的效力

20   适用第 203 条的直接效力是判断届满日是否顺延以及届满日的截止时间。必须将本条与其他实质性规范相结合适用,才能作为某法律关系变动的依据。例如合同履行期限最后一日是 5 月 1 日,债权人和债务人住所地均实施调休方案,实际休假日是 5 月 1 日至 5 日,债务人将货物运至债权人住所地的时间是 5 月 6 日凌晨 1:00。第 203 条解决届满日是否因法定休假日顺延以及届满日的截止时间如何认定,而对届满日及截止时间的具体后果,则须依据《民法典》第 577 条(违约责任)、第 585 条(违约金)等予以认定。

五、举证责任

21   第 203 条的举证责任规则与第 200 条的举证责任规则相同,即应一并采取与其相结合适用的实质性规范之举证责任规则。

附:案例索引

1. 江苏省高级人民法院(2017)苏民申 377 号民事裁定书:江苏景仁建设工程有限公司与范某、秦某凤民间借贷纠纷案【边码 7】

2. 江苏省高级人民法院(2020)苏民申 1815 号民事裁定书:上海太平洋纺织机械成套设备有限公司与中核华誉工程有限责任公司承揽合同纠纷案【边码 7】

3. 上海市高级人民法院(2019)沪民终 521 号民事判决书:华海财产保险股份有限公司与上海中谷物流股份有限公司、青岛巴林达物流有限公司海上货物运输合同纠纷案【边码 7】

4. 四川省高级人民法院(2019)川民再 444 号民事判决书:何某与蒲某清民间借贷纠纷案【边码 15】

5. 最高人民法院(2014)民申字第 2193 号民事裁定书:福建省亿山农业科技发展有限公司与福建省恒大建设工程有限公司建设工程施工合同纠纷案【边码 7】

6. 最高人民法院(2017)最高法民再 396 号民事裁定书:曹某东与佛山电器照明股份有限公司证券虚假陈述责任纠纷案【边码 11】

第204条

期间计算方法的一般规范与特殊规范的关系

第204条　期间的计算方法依照本法的规定,但是法律另有规定或者当事人另有约定的除外。

简　目

一、规范意旨

(一)规范意义及正当化理由

《民法典》第204条(以下简称第204条)规定的是期间计算方法的一般规范与特殊规范的关系。第204条是继承和修正《民通意见》第199条的结果。《民通意见》第199条仅承认对期间计算方法当事人另有约定的效力,第204条新增"法律另有规定"的内容,且对文字表述有所调整。本条与《民法总则》第204条完全相同。

第204条中的"计算方法"是指期间的各类计算规则。"期间的计算方法依照本法的规定",是指本章第200—203条关于期间计算的规定属于一般规范。"法律另有规定的除外",是指期间计算方法的特殊规范优先于一般规范适用。"当事人另有约定的除外",是指本章第200—203条关于期间计算方法的一般规范原则上为任意性规范。因为期间计算方法通常仅涉及当事人自身的期限利益,故允许当事人自行约定。

依据立法机关释义书的解释,第204条的立法理由在于:通过避免误会、方便生活、促进交易实现稳定法律秩序;充分尊重当事人的意思自治等。[1]

---

〔1〕　参见黄薇主编:《中华人民共和国民法典总则编释义》,法律出版社2020年版,第545页。

（二）规范性质

4　　第 204 条具有引致条款的性质。该条中的"本法的规定"，系指第 200—203 条，且具有排除适用其他部门法规定的意义。该条本身并未明确"法律另有规定"和"当事人另有约定"的具体内容，须将该条与法律其他规定或当事人约定内容相结合，才能确定期间计算方法的具体内容。

（三）适用范围

5　　第 204 条中的"期间的计算方法"包括第 200—203 条的相关规则，即计算单位、计算方法、开始计算规则、届满计算规则等。第 201 条第 2 款规定，按照小时计算期间的开始计算方法依据法律规定或者当事人约定。该款规范内容被第 204 条所涵盖。

6　　第 204 条适用于民商事领域，即《民法典》各编规定的期间、单行法规定的期间和司法解释规定的期间均可适用第 204 条。

7　　程序法上的期间不适用第 204 条。程序法上仅存在法定期间和人民法院指定的期间[《民事诉讼法》（2021 年修正）第 85 条第 1 款]，不允许当事人对期间及其计算方法作出约定。

二、法律另有规定

8　　第 204 条中的"法律"应解释为狭义法律和司法解释。[2] 例如《海商法》第 133 条第 2 款规定，船舶不符合约定的适航状态或者其他状态而不能正常营运的期间，适用"连续满 24 小时"之计算方法。又例如《保险法解释二》（2020 年修正）第 15 条规定，核定期间的计算，应当扣除投保人、被保险人或者受益人补充提供有关证明和资料期间；扣除期间自保险人的通知到达投保人、被保险人或者受益人之日起，至投保人、被保险人或者受益人按照通知要求补充提供的有关证明和资料到达保险人之日止。

三、当事人另有约定

9　　对于第 200—203 条规定的计算单位、计算方法、开始计算规则、届满计算规则等，原则上当事人均可另行约定。对于"法律另有规定的"计算方法特殊规范，

---

〔2〕　相反意见参见陈甦主编：《民法总则评注（下册）》，法律出版社 2017 年版，第 1456 页（刘明执笔）。

当事人亦可另行约定。对于法律禁止约定的某些期间及其计算方法(如诉讼时效期间、某些法定除斥期间),当事人不能另行约定。

　　判断是否构成第204条中的"当事人另有约定",区分以下情形处理:(1)对期间计算方法无法律规定的,针对此类计算方法的约定构成"当事人另有约定"。对此不存疑义。例如约定分、秒的计算方法。[3] (2)对期间计算方法有法律规定的(任意性规范),该约定必须具有排除适用法定计算方法的意思,才构成"当事人另有约定"。实务中易生争议的一类常见案型是:约定期间的最后一日是法定休假日的情形下,可否认定"当事人另有约定",而不适用第203条之届满日顺延规则?持肯定说的判决认为:"双方约定截止日期为2020年12月20日,该约定是合同的一项重要内容,该日期为具体的日期,系由双方协商后确定,属于当事人意思自治范畴,即双方对期间最后一日另有约定,不属于依法应当顺延的情形。"[4]持否定说的判决认为:"合同约定被告在2017年1月15日前将全部房款返还给原告。但双方并没有明确约定付款期限的最后一日如遇到节假日时的处理方法。属约定不明,应按交易习惯、交易目的确定,因此应当适用顺延。"[5]笔者赞同否定说,理由在于:其一,依据文义解释,第204条中"当事人另有约定"的对象是计算方法,而非期间本身。其二,明确约定期间的起止日期,仅表明当事人对于期间长短的意思,而并无排除适用法定计算方法的意思。肯定说导致约定期间的情形下适用第204条失去意义。

四、期间计算方法的特殊规则的效力

　　适用第204条产生两方面效力:一是排除适用第200—203条之一般规范的效力;二是适用法律规定的计算方法特殊规则或者当事人约定的计算方法特殊规则的效力。适用特殊规则产生何种具体法律后果,依据法律规定或当事人约定的内容判断。

五、举证责任

　　第204条的举证责任规则与第200条的举证责任规则相同,即应一并采取与其相结合适用的实质性规范之举证责任规则。

---

[3]　参见山东省枣庄市中级人民法院(2019)鲁04民终2033号民事判决书。
[4]　参见广东省深圳市罗湖区人民法院(2021)粤0303民初12507号民事判决书。
[5]　参见海南省乐东黎族自治县人民法院(2018)琼9027民初82号民事判决书。

附：案例索引

1. 广东省深圳市罗湖区人民法院（2021）粤 0303 民初 12507 号民事判决书：宁某芳与刘某雪房屋买卖合同纠纷案【边码 10】

2. 海南省乐东黎族自治县人民法院（2018）琼 9027 民初 82 号民事判决书：曹某与海南海铭实业有限责任公司、乐东华信地产开发有限公司商品房销售合同纠纷案【边码 10】

3. 山东省枣庄市中级人民法院（2019）鲁 04 民终 2033 号民事判决书：颜某峰与浙江淘宝网络有限公司网络服务合同纠纷案【边码 10】

第594条

国际货物买卖合同和技术进出口合同的时效期间

第594条 因国际货物买卖合同和技术进出口合同争议提起诉讼或者申请仲裁的时效期间为四年。

简 目

一、规范意旨

（一）规范意义及正当化理由

《民法典》第594条（以下简称第594条）是国际货物买卖合同和技术进出口合同的诉讼时效期间和仲裁时效期间的规范。本条内容与《合同法》第129条第1句前段基本相同，仅将"期限"改为"时效期间"。本条删除了《合同法》第129条第1句后段和第2句的内容，即"自当事人知道或者应当知道其权利受到侵害之日起计算。因其他合同争议提起诉讼或者申请仲裁的期限，依照有关法律的规定"。 1

依据立法机关释义书的解释，第594条将时效期间设置为4年的立法理由在于：其一，国际货物买卖合同和技术进出口合同争议一般比较复杂、标的金额较大、主张权利更为困难。[1] 其二，借鉴《联合国国际货物买卖时效期限公约》的结 2

---

〔1〕 参见黄薇主编：《中华人民共和国民法典合同编释义》，法律出版社2020年版，第310页。

369

果。[2] 学界解释与上述解释基本类似。[3]

(二)规范性质

3　　第 594 条规定的"4 年"诉讼时效期间属于特殊诉讼时效期间,即《民法典》第 188 条第 1 款第 2 句"法律另有规定的,依照其规定"之情形。第 594 条规定的"4 年"仲裁时效期间具有排除适用诉讼时效期间的效力,即属于《民法典》第 199 条"法律对仲裁时效有规定的,依照其规定"之情形。

4　　第 594 条是仅针对国际货物买卖合同和技术进出口合同时效期间的规定,而不涉及时效计算等其他规则。这与《合同法》第 129 条存在差异。《民法典》总则编第九章"诉讼时效"中除普通诉讼时效期间(第 188 条第 1 款)外,其他规则(第 188 条第 2 款至第 197 条)仍适用于国际货物买卖合同和技术进出口合同。

5　　《涉外民事关系法律适用法》第 7 条规定:"诉讼时效,适用相关涉外民事关系应当适用的法律。"第 594 条属于该条所指情形。

(三)适用范围

6　　第 594 条仅列举两种类型涉外合同,即国际货物买卖合同和技术进出口合同。由此产生的疑问是,其他类型涉外合同可否类推适用第 594 条?《合同法》第 129 条第 2 句曾规定:"因其他合同争议提起诉讼或者申请仲裁的期限,依照有关法律的规定。"立法机关释义书认为,虽然第 594 条删除了《合同法》第 129 条第 2 句内容,但仍应采此解释,即其他类型涉外合同适用 3 年普通时效期间,但法律另有规定的除外。[4]

7　　《涉外民事关系法律适用法》第 41 条规定,当事人可以协议选择合同适用的法律。国际货物买卖合同或者技术进出口合同当事人据此约定适用外国法的,诉讼时效或仲裁时效问题适用外国法规定,即排除适用第 594 条。

8　　实务中,当事人约定适用《联合国国际货物销售合同公约》[5]的,法院通常以

---

〔2〕　参见最高人民法院民法典贯彻实施工作领导小组主编:《中华人民共和国民法典合同编理解与适用(二)》,人民法院出版社 2020 年版,第 848 页。

〔3〕　参见王利明主编:《中国民法典释评·合同编通则》,中国人民大学出版社 2020 年版,第 640 页(武腾执笔)。

〔4〕　参见黄薇主编:《中华人民共和国民法典合同编释义》,法律出版社 2020 年版,第 310 页。相反观点认为,标的物是动产的其他涉外有偿合同引起的争议应参照适用第 594 条;涉外服务合同、劳动合同引起的争议不应参照适用第 594 条。参见朱广新、谢鸿飞主编:《民法典评注·合同编·通则 2》,中国法制出版社 2020 年版,第 502 页(郝丽燕执笔)。

〔5〕　中国于 1986 年成为该公约缔约国。

该公约未规定时效规则为由,认为应当适用第 594 条。[6]

其他涉外民事关系(如物权、侵权、婚姻)引起的争议不适用第 594 条,而应作 **9**
如下处理:(1)法律对涉外民事关系法律适用另有特别规定的,依照其规定(《涉
外民事关系法律适用法》第 2 条第 1 款第 2 句)。例如船舶碰撞的损害赔偿案件
的诉讼时效,适用《海商法》第 261 条、第 273 条等。(2)法律对涉外民事关系法律
适用没有规定的,适用与该涉外民事关系有最密切联系的法律(《涉外民事关系法
律适用法》第 2 条第 2 款)。该情形下,依据最密切联系原则确定适用的法律。
(3)当事人依照法律规定可以明示选择涉外民事关系适用的法律(《涉外民事关
系法律适用法》第 3 条)。该情形下,依据当事人选择的法律,适用其中的诉讼时
效规定。

《涉外民事关系法律适用法解释一》(2020 年修正)第 17 条规定:"涉及香港 **10**
特别行政区、澳门特别行政区的民事关系的法律适用问题,参照适用本规定。"对
于涉港货物买卖合同,大多数法院依据上述规定适用第 594 条。[7] 少数裁判意见
以"香港是中国领土的一部分"为由,认为此类合同不属于国际货物买卖合同、不
应适用第 594 条。[8] 后者裁判意见似乎混淆了政治意义上的"涉外"与法律意义
上的"涉外"标准,故并不合理。

《最高人民法院关于审理涉台民商事案件法律适用问题的规定》第 1 条第 1 **11**
款规定:"人民法院审理涉台民商事案件,应当适用法律和司法解释的有关规定。"
依此规定,涉台货物买卖合同亦可适用第 594 条。[9]

因国际货物买卖合同和技术进出口合同争议作出生效裁判文书需要执行的, **12**
执行时效的适用分为以下几种情形:(1)被执行人或者其财产在中华人民共和国
领域内,当事人请求执行的,适用《民事诉讼法》(2021 年修正)第 246 条关于执行
时效的规定。(2)人民法院作出的生效裁判文书,如果被执行人或者其财产不在
中华人民共和国领域内,当事人请求执行的,可以由当事人直接向有管辖权的外
国法院申请承认和执行,也可以由人民法院依照中华人民共和国缔结或者参加的
国际条约的规定,或者按照互惠原则,请求外国法院承认和执行[《民事诉讼法》
(2021 年修正)第 287 条第 1 款]。该情形下,适用外国法关于执行时效(消灭时
效)的规定。(3)中国涉外仲裁机构作出的生效仲裁裁决,当事人请求执行的,如

---

〔6〕 参见浙江省高级人民法院(2017)浙民终 128 号民事判决书;天津市高级人民法院(2015)津
民四终字第 2 号民事判决书。

〔7〕 参见重庆市高级人民法院(2016)渝民终 56 号民事判决书;浙江省高级人民法院(2015)浙商
外终字第 50 号民事判决书;天津市高级人民法院(2014)津高民四终字第 32 号民事判决书。

〔8〕 参见广东省高级人民法院(2016)粤民终 1552 号民事判决书。

〔9〕 参见陕西省高级人民法院(2016)陕民终 205 号民事判决书。

果被执行人或者其财产不在中华人民共和国领域内,应当由当事人直接向有管辖权的外国法院申请承认和执行[《民事诉讼法》(2021 年修正)第 287 条第 2 款]。该情形下,适用外国法关于执行时效(消灭时效)的规定。

二、第 594 条的适用条件

(一)国际货物买卖合同和技术进出口合同

1. 国际货物买卖合同

13　　《联合国国际货物买卖时效期限公约》与《联合国国际货物销售合同公约》构成"姊妹条约",即二者适用范围一致,且前者系对后者时效规则的补充。[10] 由于第 594 条在相当程度上是借鉴《联合国国际货物买卖时效期限公约》第 8 条的结果,故对于国际货物买卖合同的认定标准可参照适用《联合国国际货物销售合同公约》的相关规定。

14　　《联合国国际货物销售合同公约》第 1 条规定,本公约适用于营业地在不同国家的当事人之间所订立的货物销售合同。依此规定,适用该公约的合同应包含两方面的条件,即积极条件和消极条件。

15　　其一,积极条件,即应当具备的条件。(1)货物。作为标的物的货物仅指动产,且须受该公约第 2 条、第 3 条的限制。(2)国际性。双方当事人缔约时的营业地必须处于不同的国家。(3)与公约缔约国的关联性。当事人的营业地所在国必须是公约缔约国,且某一缔约国的法律应当适用于合同。(4)显示性。"当事人营业地在不同国家"之事实必须在缔约时显示出来,且被双方所认知。[11]

16　　其二,消极条件,即审查合同是否适用公约时无须考虑的因素。(1)国籍因素。因为国籍在国际贸易中并不重要,重要的是货物必须从一国售往另一国。(2)当事人或合同的民事或商事性质。这主要是基于民商合一和民商分立等不同立法模式的考虑。[12]

17　　上述条件未对合同形式作出要求,故国际货物买卖合同是不要式合同。实务

---

〔10〕　参见[日]潮见佳男等主编:《〈联合国国际货物销售合同公约〉精解》,[日]小林正弘、韩世远译,人民法院出版社 2021 年版,第 22 页。

〔11〕　参见高旭军:《〈联合国国际货物销售合同公约〉适用评释》,中国人民大学出版社 2017 年版,第 4—8 页。

〔12〕　参见高旭军:《〈联合国国际货物销售合同公约〉适用评释》,中国人民大学出版社 2017 年版,第 8—9 页。

中,当事人采口头形式,[13]其他形式[14]订立的国际货物买卖合同,亦被法院认可。

2. 技术进出口合同

技术进出口合同的认定标准适用《技术进出口管理条例》第2条。依据该条 **18**
规定,技术进出口是指从中华人民共和国境外向中华人民共和国境内,或者从中
华人民共和国境内向中华人民共和国境外,通过贸易、投资或者经济技术合作的
方式转移技术的行为。前款规定的行为包括专利权转让、专利申请权转让、专利
实施许可、技术秘密转让、技术服务和其他方式的技术转移。

(二)争议

第594条中的"争议",应解释为因国际货物买卖合同和技术进出口合同请求 **19**
权的行使产生的争议,且该请求权依法或依性质应当适用诉讼时效或仲裁时效,
例如违约金请求权、损害赔偿请求权等。实务中,具体情形包括:(1)买方重复支
付货款,请求返还;[15](2)卖方拒绝依约供货,买方请求赔偿利润损失;[16](3)为
履行买卖合同而交付的提单纠纷;[17](4)解除合同后请求返还财产、赔偿损
失;[18](5)卖方请求买方支付逾期违约金[19]等。

诉讼请求并非直接主张国际货物买卖合同请求权,但当事人基于国际货物买 **20**
卖合同纠纷另行订立协议的,该协议可否适用第594条?有判决持肯定意见。例
如"铁岭弘亿糠醛有限责任公司等与佩恩特种化学品公司等国际货物买卖合同纠
纷案"中,法院认为,涉案《还款协议》系基于当事人未履行国际货物买卖合同的合
同义务,各方当事人为解决国际货物买卖合同各方权利义务而形成,基于国际货
物买卖这一法律关系所产生,故适用第594条(当时为《合同法》第129条)。[20]

当事人以"合同联立"方式订立涉外合同,其中包含有国际货物买卖合同,该 **21**
"合同联立"是否整体适用第594条?有判决持肯定意见。例如"格兰特推广服务
有限公司与湖北威克贸易有限公司国际货物买卖合同纠纷案"中,法院认为,本案
涉及两个法律关系:一为国际货物买卖合同关系;二为承揽合同关系。双方当事
人在《供应合同》中对此两个法律关系所涉价款加以区分,但在货物交付、货款支

---

〔13〕　参见河北省高级人民法院(2016)冀民终494号民事判决书。
〔14〕　参见浙江省高级人民法院(2013)浙商外终字第167号民事判决书。
〔15〕　参见河南省高级人民法院(2017)豫民终1119号民事判决书。
〔16〕　参见江苏省镇江市中级人民法院(2016)苏11民初50号民事判决书。
〔17〕　参见天津市第一中级人民法院(2016)津01民初39号民事判决书。
〔18〕　参见浙江省慈溪市人民法院(2015)甬慈商外初字第37号民事判决书。
〔19〕　参见浙江省宁波市北仑区人民法院(2014)甬仑商外再字第1号民事判决书。
〔20〕　参见吉林省高级人民法院(2016)吉民终293号民事判决书。类似案例参见浙江省温州市中
级人民法院(2019)浙03民终3409号民事判决书。

付上未明确区分两个环节,且买卖标的物与承揽定作物已形成一个整体,不可分离,故本案案由仍确定为国际货物买卖合同纠纷,适用第 594 条(当时为《合同法》第 129 条)。[21]

(三)提起诉讼或者申请仲裁

22   第 594 条中的"提起诉讼或者申请仲裁",不应局限于文义解释为仅与诉讼程序或仲裁程序有关,而应解释为系针对诉讼时效和仲裁时效作出的特别规定。第 594 条的规范性质是特殊时效期间的规定,该特殊时效期间在诉讼程序或仲裁程序之外亦具法律意义。例如:当事人于诉讼程序或仲裁程序外亦可依据本条主张时效抗辩权;权利人实施的诉讼外请求或义务承认亦可导致时效中断,并依据本条重新计算时效期间[22]。

23   国际货物买卖合同纠纷中,当事人提起反诉的,亦适用第 594 条。[23]

三、第 594 条的适用效力

24   第 594 条是时效期间的特别规定,关于时效届满效力、时效起算、时效中止、时效中断等,在法律无其他特殊规定的情况下,适用诉讼时效的一般规定。[24] 具体而言,第 594 条之"4 年"期间届满效力亦适用抗辩权发生主义(《民法典》第 192 条)和职权禁用规则(《民法典》第 193 条);时效起算、时效中止、时效中断适用诉讼时效的一般规定(《民法典》第 188 条第 2 款、第 194 条、第 195 条);法律有特殊规定的,适用特殊规定(如《民法典》第 189 条)。

四、举证责任

25   第 594 条规定的特殊时效期间适用诉讼时效期间的一般举证责任规则。其一,被告(义务人)提出时效抗辩之前,原告(权利人)对某请求权适用第 594 条不负举证责任。其二,被告援引时效抗辩权的,应就第 594 条规定的各要件事实予以举证证明。其三,原告对适用第 594 条提出异议并由此否认被告时效抗辩的,须针对有异议的要件举证以证明时效未届满。

---

〔21〕 参见湖北省武汉市中级人民法院(2017)鄂 01 民初 2171 号民事判决书。
〔22〕 参见上海市青浦区人民法院(2018)沪 0118 民初 20354 号民事判决书。
〔23〕 参见浙江省高级人民法院(2010)浙商外终字第 87 号民事判决书。
〔24〕 参见黄薇主编:《中华人民共和国民法典合同编释义》,法律出版社 2020 年版,第 310—311 页。

附:案例索引

限公司与 DLS 有限公司、陈某达国际货物买卖合同纠纷案【边码 10】

19. 浙江省高级人民法院(2017)浙民终 128 号民事判决书:宁波市工艺品进出口有限公司与意大利采埃孚帕多瓦有限公司船舶物料备品供应合同纠纷案【边码 8】

本辑规范性文件简称[1]

《八民纪要》=《最高人民法院关于印发〈第八次全国法院民事商事审判工作会议(民事部分)纪要〉的通知》(法〔2016〕399 号,2016 年颁布)

《保险法》=《中华人民共和国保险法》(1995 年颁布;2015 年修正)

《保险法解释二》(2020 年修正)=《最高人民法院关于适用〈中华人民共和国保险法〉若干问题的解释(二)》(法释〔2013〕14 号,2013 年颁布;2020 年修正,2021 年施行)

《保险法解释四》(2020 年修正)=《最高人民法院关于适用〈中华人民共和国保险法〉若干问题的解释(四)》(法释〔2018〕13 号,2018 年颁布;2020 年修正,2021 年施行)

《保证规定》=《最高人民法院印发〈关于审理经济合同纠纷案件有关保证的若干问题的规定〉的通知》(法发〔1994〕8 号,1994 年颁布;2021 年废止)

《财产保全规定》(2020 年修正)=《最高人民法院关于人民法院办理财产保全案件若干问题的规定》(法释〔2016〕22 号,2016 年颁布;2020 年修正,2021 年施行)

《查封、扣押、冻结财产规定》(2020 年修正)=《最高人民法院关于人民法院民事执行中查封、扣押、冻结财产的规定》(法释〔2004〕15 号,2004 年颁布,2005 年施行;2020 年修正,2021 年施行)

《产品质量法》=《中华人民共和国产品质量法》(1993 年颁布;2018 年修正)

《船舶登记条例》=《中华人民共和国船舶登记条例》(1994 年颁布,1995 年施行;2014 年修订)

《担保法》=《中华人民共和国担保法》(1995 年颁布;2021 年废止)

《担保法解释》=《最高人民法院关于适用〈中华人民共和国担保法〉若干问题的解释》(法释〔2000〕44 号,2000 年颁布;2021 年废止)

《独立保函规定》(2020 年修正)=《最高人民法院关于审理独立保函纠纷案件若干问题的规定》(法释〔2016〕24 号,2016 年颁布;2020 年修正,2021 年施行)

《房屋租赁合同解释》(2020 年修正)=《最高人民法院关于审理城镇房屋租

---

〔1〕 本辑规范性文件的颁布与施行年份,修正或修订与施行年份不一致的,另列施行年份;多次修正或修订的,只列最后一次修正或修订的年份。

赁合同纠纷案件具体应用法律若干问题的解释》(法释〔2009〕11 号,2009 年颁布;2020 年修正,2021 年施行)

《个人独资企业法》=《中华人民共和国个人独资企业法》(1999 年颁布,2000 年施行)

《工程价款优先权批复》=《最高人民法院关于建设工程价款优先受偿权问题的批复》(法释〔2002〕16 号,2002 年颁布;2021 年废止)

《公司法》=《中华人民共和国公司法》(1993 年颁布,1994 年施行;2018 年修正)

《公司法解释二》(2020 年修正)=《最高人民法院关于适用〈中华人民共和国公司法〉若干问题的规定(二)》(法释〔2008〕6 号,2008 年颁布;2020 年修正,2021 年施行)

《公司法解释三》(2020 年修正)=《最高人民法院关于适用〈中华人民共和国公司法〉若干问题的规定(三)》(法释〔2011〕3 号,2011 年颁布;2020 年修正,2021 年施行)

《公司法解释四》(2020 年修正)=《最高人民法院关于适用〈中华人民共和国公司法〉若干问题的规定(四)》(法释〔2017〕16 号,2017 年颁布;2020 年修正,2021 年施行)

《股票质押办法》=《证券公司股票质押贷款管理办法》(银发〔2004〕256 号,2004 年颁布)

《关于依法惩治性侵害未成年人犯罪的意见》=《最高人民法院、最高人民检察院、公安部、司法部关于依法惩治性侵害未成年人犯罪的意见》(法发〔2013〕12 号,2013 年颁布)

《国家赔偿法》=《中华人民共和国国家赔偿法》(1994 年颁布,1995 年施行;2012 年修正,2013 年施行)

《海关法》=《中华人民共和国海关法》(1987 年颁布;2021 年修正)

《海商法》=《中华人民共和国海商法》(1992 年颁布,1993 年施行)

《合同法》=《中华人民共和国合同法》(1999 年颁布;2021 年废止)

《合同法解释二》=《最高人民法院关于适用〈中华人民共和国合同法〉若干问题的解释(二)》(法释〔2009〕5 号,2009 年颁布;2021 年废止)

《合同法解释一》=《最高人民法院关于适用〈中华人民共和国合同法〉若干问题的解释(一)》(法释〔1999〕19 号,1999 年颁布;2021 年废止)

《环境保护法》=《中华人民共和国环境保护法》(1989 年颁布;2014 年修订,2015 年施行)

《婚姻法解释二》=《最高人民法院关于适用〈中华人民共和国婚姻法〉若干问题的解释(二)》(法释〔2003〕19 号,2003 年颁布,2004 年施行;2017 年修正;2021 年废止)

《婚姻法解释一》=《最高人民法院关于适用〈中华人民共和国婚姻法〉若干问题的解释(一)》(法释〔2001〕30 号,2001 年颁布;2021 年废止)

《继承法意见》=《最高人民法院关于贯彻执行〈中华人民共和国继承法〉若干问题的意见》〔法(民)发〔1985〕22 号,1985 年颁布;2021 年废止〕

《技术进出口管理条例》=《中华人民共和国技术进出口管理条例》(国务院令第 331 号,2001 年颁布,2002 年施行;2020 年修订)

《建设工程施工合同解释一》=《最高人民法院关于审理建设工程施工合同纠纷案件适用法律问题的解释(一)》(法释〔2020〕25 号,2020 年颁布,2021 年施行)

《建筑物区分所有权解释》(2020 年修正)=《最高人民法院关于审理建筑物区分所有权纠纷案件具体应用法律若干问题的解释》(法释〔2009〕7 号,2009 年颁布;2020 年修正,2021 年施行)

《精神损害赔偿解释》(2020 年修正)=《最高人民法院关于确定民事侵权精神损害赔偿责任若干问题的解释》(法释〔2001〕7 号,2001 年颁布;2020 年修正,2021 年施行)

《禁毒法》=《中华人民共和国禁毒法》(2007 年颁布,2008 年施行)

《经济犯罪规定》=《最高人民法院关于在审理经济纠纷案件中涉及经济犯罪嫌疑若干问题的规定》(法释〔1998〕7 号,1998 年颁布;2020 年修正,2021 年施行)

《九民纪要》=《最高人民法院关于印发〈全国法院民商事审判工作会议纪要〉的通知》(法〔2019〕254 号,2019 年颁布)

《劳动法》=《中华人民共和国劳动法》(1994 年颁布,1995 年施行;2018 年修正)

《劳动合同法》=《中华人民共和国劳动合同法》(2007 年颁布,2008 年施行;2012 年修正,2013 年施行)

《劳动合同法实施条例》=《中华人民共和国劳动合同法实施条例》(国务院令第 535 号,2008 年颁布)

《劳动争议解释(一)》=《最高人民法院关于审理劳动争议案件适用法律问题的解释(一)》(法释〔2020〕26 号,2020 年颁布,2021 年施行)

《劳动争议解释二》(2006)=《最高人民法院关于审理劳动争议案件适用法律若干问题的解释(二)》(法释〔2006〕6 号,2006 年颁布;2021 年废止)

《劳动争议解释一》(2001)=《最高人民法院关于审理劳动争议案件适用法律若干问题的解释》(法释〔2001〕14 号,2001 年颁布;2021 年废止)

《劳动争议调解仲裁法》=《中华人民共和国劳动争议调解仲裁法》(2007 年颁布,2008 年施行)

《立法法》=《中华人民共和国立法法》(2000 年颁布;2015 年修正)

《买卖合同解释》(2020 年修正)=《最高人民法院关于审理买卖合同纠纷案件适用法律问题的解释》(法释〔2012〕8 号,2012 年颁布;2020 年修正,2021 年施行)

《民法典》=《中华人民共和国民法典》(2020 年颁布,2021 年施行)

《民法典担保制度解释》=《最高人民法院关于适用〈中华人民共和国民法典〉有关担保制度的解释》(法释〔2020〕28 号,2020 年颁布,2021 年施行)

《民法典婚姻家庭编解释一》=《最高人民法院关于适用〈中华人民共和国民法典〉婚姻家庭编的解释(一)》(法释〔2020〕22 号,2020 年颁布,2021 年施行)

《民法典纪要》=《最高人民法院关于印发〈全国法院贯彻实施民法典工作会议纪要〉的通知》(法〔2021〕94 号,2021 年颁布)

《民法典时间效力规定》=《最高人民法院关于适用〈中华人民共和国民法典〉时间效力的若干规定》(法释〔2020〕15 号,2020 年颁布,2021 年施行)

《民法典物权编解释一》=《最高人民法院关于适用〈中华人民共和国民法典〉物权编的解释(一)》(法释〔2020〕24 号,2020 年颁布,2021 年施行)

《民法典总则编解释》=《最高人民法院关于适用〈中华人民共和国民法典〉总则编若干问题的解释》(法释〔2022〕6 号,2022 年颁布)

《民法通则》=《中华人民共和国民法通则》(1986 年颁布,1987 年施行;2009 年修正;2021 年废止)

《民法总则》=《中华人民共和国民法总则》(2017 年颁布;2021 年废止)

《民法总则诉讼时效解释》=《最高人民法院关于适用〈中华人民共和国民法总则〉诉讼时效制度若干问题的解释》(法释〔2018〕12 号,2018 年颁布;2021 年废止)

《民间借贷规定》(2020 年第二次修正)=《最高人民法院关于审理民间借贷案件适用法律若干问题的规定》(法释〔2015〕18 号,2015 年颁布;2020 年第二次修正,2021 年施行)

《民事诉讼法》(2021 年修正)=《中华人民共和国民事诉讼法》(1991 年颁布;2021 年修正,2022 年施行)

《民事诉讼法解释》(2015)=《最高人民法院关于适用〈中华人民共和国民事诉讼法〉的解释》(法释〔2015〕5 号,2015 年颁布)

《民事诉讼法解释》(2022 年修正)=《最高人民法院关于适用〈中华人民共和国民事诉讼法〉的解释》(法释〔2015〕5 号,2015 年颁布;2022 年修正)

《民诉法意见》=《最高人民法院印发〈关于适用《中华人民共和国民事诉讼法》若干问题的意见〉的通知》(法发〔1992〕22 号,1992 年颁布;2008 年修正;2015 年废止)

《民事诉讼证据规定》(2019 年修正)=《最高人民法院关于民事诉讼证据的若干规定》(法释〔2001〕33 号,2001 年颁布,2002 年施行;2019 年修正,2020 年施行)

《民通意见》=《最高人民法院印发〈关于贯彻执行《中华人民共和国民法通则》若干问题的意见(试行)〉的通知》〔法(办)发〔1988〕6 号,1988 年颁布;2021 年废止〕

《民用航空法》=《中华人民共和国民用航空法》（1995 年颁布，1996 年施行；2021 年修正）

《民用航空器权利登记条例》=《中华人民共和国民用航空器权利登记条例》（国务院令第 233 号，1997 年颁布）

《农村土地承包经营纠纷调解仲裁法》=《中华人民共和国农村土地承包经营纠纷调解仲裁法》（2009 年颁布，2010 年施行）

《拍卖法》=《中华人民共和国拍卖法》（1996 年颁布，1997 年施行；2015 年修正）

《票据法》=《中华人民共和国票据法》（1995 年颁布，1996 年施行；2004 年修正）

《票据纠纷规定》（2020 年修正）=《最高人民法院关于审理票据纠纷案件若干问题的规定》（法释〔2000〕32 号，2000 年颁布；2020 年修正，2021 年施行）

《破产法规定二》（2020 年修正）=《最高人民法院关于适用〈中华人民共和国企业破产法〉若干问题的规定（二）》（法释〔2013〕22 号，2013 年颁布；2020 年修正，2021 年施行）

《破产法规定一》=《最高人民法院关于适用〈中华人民共和国企业破产法〉若干问题的规定（一）》（法释〔2011〕22 号，2011 年颁布）

《企业破产法》=《中华人民共和国企业破产法》（2006 年颁布，2007 年施行）

《侵权责任法》=《中华人民共和国侵权责任法》（2009 年颁布，2010 年施行；2021 年废止）

《人身损害赔偿解释》（2022 年修正）=《最高人民法院关于审理人身损害赔偿案件适用法律若干问题的解释》（法释〔2003〕20 号，2003 年颁布，2004 年施行；2022 年修正）

《商标纠纷规定》（2020 年修正）=《最高人民法院关于审理商标民事纠纷案件适用法律若干问题的解释》（法释〔2002〕32 号，2002 年颁布；2020 年修正，2021 年施行）

《商品房买卖合同解释》（2020 年修正）=《最高人民法院关于审理商品房买卖合同纠纷案件适用法律若干问题的解释》（法释〔2003〕7 号，2003 年颁布；2020 年修正，2021 年施行）

《涉外民事关系法律适用法》=《中华人民共和国涉外民事关系法律适用法》（2010 年颁布，2011 年施行）

《涉外民事关系法律适用法解释一》（2020 年修正）=《最高人民法院关于适用〈中华人民共和国涉外民事关系法律适用法〉若干问题的解释（一）》（法释〔2012〕24 号，2012 年颁布，2013 年施行；2020 年修正，2021 年施行）

《审判监督程序解释》（2020 年修正）=《最高人民法院关于适用〈中华人民共和国民事诉讼法〉审判监督程序若干问题的解释》（法释〔2008〕14 号，2008 年颁布；2020 年修正，2021 年施行）

《税收征收管理法》=《中华人民共和国税收征收管理法》(1992年颁布,1993年施行;2015年修正)

《诉讼时效规定》(2020年修正)=《最高人民法院关于审理民事案件适用诉讼时效制度若干问题的规定》(法释〔2008〕11号,2008年颁布;2020年修正,2021年施行)

《诉讼时效规定》=《最高人民法院关于审理民事案件适用诉讼时效制度若干问题的规定》(法释〔2008〕11号,2008年颁布)

《土地承包纠纷解释》(2020年修正)=《最高人民法院关于审理涉及农村土地承包纠纷案件适用法律问题的解释》(法释〔2005〕6号,2005年颁布;2020年修正,2021年施行)

《土地承包纠纷调解仲裁解释》(2020年修正)=《最高人民法院关于审理涉及农村土地承包经营纠纷调解仲裁案件适用法律若干问题的解释》(法释〔2014〕1号,2014年颁布;2020年修正,2021年施行)

《突发事件应对法》=《中华人民共和国突发事件应对法》(2007年颁布)

《未成年人保护法》=《中华人民共和国未成年人保护法》(1991年颁布,1992年施行;2020年修订,2021年施行)

《物权法》=《中华人民共和国物权法》(2007年颁布;2021年废止)

《新冠肺炎疫情执行案件意见》=《最高人民法院关于依法妥善办理涉新冠肺炎疫情执行案件若干问题的指导意见》(法发〔2020〕16号,2020年颁布)

《行政诉讼法》=《中华人民共和国行政诉讼法》(1989年颁布,1990年施行;2017年修正)

《刑法》=《中华人民共和国刑法》(1979年颁布,1980年施行;2020年修正,2021年施行)

《刑事诉讼法解释》(2012)=《最高人民法院关于适用〈中华人民共和国刑事诉讼法〉的解释》(法释〔2012〕21号,2012年颁布,2013年施行;2021年废止)

《刑事诉讼法解释》=《最高人民法院关于适用〈中华人民共和国刑事诉讼法〉的解释》(法释〔2021〕1号,2021年颁布)

《银行卡纠纷规定》=《最高人民法院关于审理银行卡民事纠纷案件若干问题的规定》(法释〔2021〕10号,2021年颁布)

《证券市场虚假陈述规定》=《最高人民法院关于审理证券市场虚假陈述侵权民事赔偿案件的若干规定》(法释〔2022〕2号,2022年颁布)

《执行程序解释》(2020年修正)=《最高人民法院关于适用〈中华人民共和国民事诉讼法〉执行程序若干问题的解释》(法释〔2008〕13号,2008年颁布,2009年施行;2020年修正,2021年施行)

《执行工作规定》(2020年修正)=《最高人民法院关于人民法院执行工作若干

问题的规定(试行)》(法释〔1998〕15 号,1998 年颁布;2020 年修正,2021 年施行)

《执行担保规定》(2020 年修正)=《最高人民法院关于执行担保若干问题的规定》(法释〔2018〕4 号,2018 年颁布;2020 年修正,2021 年施行)

《执行和解规定》(2020 年修正)=《最高人民法院关于执行和解若干问题的规定》(法释〔2018〕3 号,2018 年颁布;2020 年修正,2021 年施行)

《执行异议复议规定》(2020 年修正)=《最高人民法院关于人民法院办理执行异议和复议案件若干问题的规定》(法释〔2015〕10 号,2015 年颁布;2020 年修正,2021 年施行)

《仲裁法》=《中华人民共和国仲裁法》(1994 年颁布,1995 年施行;2017 年修正,2018 年施行)

《仲裁法解释》=《最高人民法院关于适用〈中华人民共和国仲裁法〉若干问题的解释》(法释〔2006〕7 号,2006 年颁布;2008 年修正)

《著作权法》=《中华人民共和国著作权法》(1990 年颁布,1991 年施行;2020 年修正,2021 年施行)

《专利法》=《中华人民共和国专利法》(1984 年颁布,1985 年施行;2020 年修正,2021 年施行)

《专利纠纷规定》(2020 年修正)=《最高人民法院关于审理专利纠纷案件适用法律问题的若干规定》(法释〔2001〕21 号,2001 年颁布;2020 年修正,2021 年施行)

《专利权质押办法》=《专利权质押登记办法》(国家知识产权局公告 2021 年第 461 号,2021 年颁布)

附录二

《中国民法典评注》写作指南
（第2版）

执笔：朱庆育

说明：从 2016 年第一篇评注开始，经过数年探索，评注写作已积累相当程度的经验教训。2019 年 7 月 20 日，南京大学法典评注研究中心"天同法典评注工作坊"开坊第一期，以"法典评注是什么？"为主题，讨论评注的缘起、功能、写法等基础问题，达成初步共识。2020 年《民法典》颁布，评注写作亦随之进入第二阶段。为此，评注编委会决定编写评注写作指南，以增进评注写作的规范性与稳定性。指南由朱庆育执笔，经编委会讨论于 2020 年 6 月 17 日修改定稿，并于 2020 年 8 月 25 日在微信公众号"天同诉讼圈"的"法典评注"专栏推送，是为第 1 版。本次纸质出版，在公众号推送版的基础上略作修订，是为第 2 版。

1.【功能定位】

评注以法律适用为中心，旨在追求理性而正当的司法裁判，在此目标下兼及学术讨论并为立法提供可能的参考。为此，评注应致力于：

1.1 解释。评注应对法条作出以适用为导向的正当解释。

1.2 整理。评注应秉持客观立场，整理所涉法条的立法、司法与学术文献，在此基础上揭示通说或推动通说之形成。

1.3 评论。评注应秉持理性态度，对所整理的立法、司法与学术文献作出分析评论。评论应围绕所涉法条的适用展开，并给出作者的明确立场。

1.4 详备。评注应尽可能覆盖所涉法条各种现实及可能适用情形，力求全面回应司法裁判之所需。

1.5 引领。评注应对未来司法适用、学术讨论与立法具有引领意义。

2.【评注对象】

《民法典》条文系直接评注对象，相应司法解释视为条文重要成分。必要时，条文所涉行政法规亦纳入评注内容。

3.【评注方式】

3.1 逐条解释。原则上,评注应逐条作出解释。例外情况下,如果相关法条联系过于紧密,甚至据其本质原本应属同一法条却因为立法技术被不当分割,非合并解释难以清晰展示法条适用状况,则可合并解释。

3.2 不真正法条。缺乏可适用性的不真正法条,若存在与之直接相关的真正法条,可纳入该真正法条合并解释;若无与之直接相关的真正法条,但不真正法条本身有助于理解规范体系,可作单纯论理解释;若不具备任何意义上的法律特质,可作出必要说明简略处理。

3.3 前置导言。原则上,法典各编条文评注展开之前,应前置导言,就本编基本概念、规范内容及体系作简要概述。必要时,章节之前亦可前置导言。

4.【内容结构】

完全法条的评注结构一般分成规范意旨、构成要件、法律效果与举证责任四个部分。不完全法条则视情况参照完全法条作相应取舍。

4.1 规范意旨。规范意旨部分可包括立法原意、法条功能、规范史略、适用范围及体系关联等内容。若属于请求权基础规范范畴,应一并指明属于主要规范、辅助规范抑或防御规范,以明了该规范在法律适用之网中所处坐标位置。

4.2 构成要件。构成要件应直接从法条中提取,不宜简单套用某种理论框架,亦不宜简单套用比较法对应规范或理论。构成要件之提取,应以对适用具有独立意义的最小元素为单元。

4.3 法律效果。法律效果之分析应具体至能够体现为裁判结论的程度,避免止步于"有效""无效""应负赔偿责任"等笼统宽泛的表述。

4.4 举证责任。举证责任分配可结合诉讼法举证责任分配条款一并作出分析。一般情况下,举证责任应置于评注最后一部分,但如果法条涉及较为复杂的适用情形,为行文的整体考虑,亦可在每种适用情形的讨论中分别分析举证责任分配问题。

5.【形式编排】

5.1 每条评注文前设置目录以及每一级目录内容所对应的段码。目录设至三级,依次以"一、""(一)""1."标示。

5.2 评注正文一般设至四级标题,依次为:"一、""(一)""1.""(1)"。特殊情况下需要设置第五级标题时,用"①"标示。尽量避免设置第六级标题。第一级标题全文连续计数,第二级以下各级标题则在上级标题之下重新计数。

5.3 根据意义单元编制段码。

5.3.1 作为段码编制依据的意义单元,其基本功能,一是提示作者行文须言之有物,尽量去除无实质意义的空泛之言,二是便于读者精准查询与援引。为此,单元划分以所讨论问题的相对独立性为标准。每一个意义单元对应一个独立问题,每一个意义单元均具有独立援引价值。

5.3.2 段码以阿拉伯数字从 1 开始全文连续计数,为与第三级标题相区分,用全角中括号括起。示例:[1]。

5.3.3 一般以一个意义单元为一个自然段。若意义单元内容少于 3 行,可以数个意义单元为一个自然段,但一个自然段一般不超过 10 行。若意义单元内容超过 10 行,可分成数个自然段。

5.3.4 无实质意义、仅作起承转合的自然段,不单独编制段码,视情况编入相邻上下单元。

5.3.5 修订时,若有新增意义单元,接上一意义单元段码序号从 a 开始加英文字母。例如,如果段码[3]之后新增 3 个意义单元,则依次标示为"[3a]""[3b]""[3c]"。若有删减意义单元,段码编序保留,内容则注明"删",用小括号括起。例如,如果段码[7]所对应的内容删去,则标示为"[7](删)"。如果新增意义单元正好接续删减意义单元,标示方式为"[7](删)""[7a]"。

5.3.6 评注作品结集出版时,将段码改为边码。边码直接以阿拉伯数字计序,不加中括号。

5.4 评注作品发表于期刊时,形式编排另须遵从期刊要求。

6.【解释方法】

法条解释,应综合运用文义、目的、历史、体系等解释方法,以达到清晰、正当、融贯之解释结果。常规解释路径是:始于文义,终于文义。

6.1 文义是解释的事实始点,而不是具有规范拘束力的应然始点。

6.1.1 探究文义从平义解释开始,以语词通常用法为出发点。

6.1.2 将平义解释的初步结论与规范语境相印证,初步探知语词规范含义。

6.1.3 如果存在数种可能的规范含义,结合规范目的、规范体系与规范历史作进一步解释,选择其中最能融贯各项因素的一种含义。

6.1.4 通常情况下,最终确定的语词含义须在其用法射程之内。但如果既有用法射程无法恰当体现规范目的,亦无法与规范体系相协调,可突破语词通常用法。

6.1.5 语词文义确定,即意味着解释结束。

6.2 规范目的指向规范实质功能,系确定概念与规范含义的实质标准,语词则是规范目的的语言载体。

6.2.1 探寻规范目的时,应关注立法原意与规范客观意旨,但无论立法原意(主观解释)抑或规范客观意旨(客观解释),皆非唯一或决定性标准。解释时,应结合二者作综合考量。

6.2.2 在数个可能的规范目的之间,应选择较具衡平效果的解释。

6.2.3 在数个可能的规范目的之间,应选择较合乎私法自治理念、较少管制的解释。

6.2.4 在数个可能的规范目的之间,应选择与规范体系较融贯协调的解释。

6.2.5 在数个可能的规范目的之间,应选择较顺应规范史变迁的解释。

6.2.6 法条文义所显示的规范目的过宽或过窄时,应作目的论限缩或扩张,俾使法条规范目的得到恰当界定。

6.2.7 法条文义无法指示所欲实现的规范目的时,应比照蕴含相似规范目的之法条作类推解释。

6.2.8 规范目的之确定,应体现于语词文义。

6.3 概念与规范意义应在历史变迁中寻求理解。

6.3.1 对于理解语词概念与规范具有意义的立法、司法与学术变迁均应纳入历史观察视域。

6.3.2 历史视角的解释,应避免泛化。以有助于直接理解现行规范的文义、目的与体系为限,对于规范理解不具有直接意义之历史过往,不必涉及。

6.4 概念与规范意义,应作"通过部分理解整体,通过整体理解部分"之体系解释。

6.4.1 文义、目的与历史相互调适的过程中,应随时检验体系融贯程度,适时作出必要的校准。

6.4.2 体系融贯之检验,不仅应关注技术性外在体系,亦应关注功能性内在体系。若外在体系无法兼顾,应选择对体系冲击最小的解释;若内在体系无法兼顾,应选择更有利于私法自治的解释。外在体系与内在体系无法兼容时,应优先考虑维护私法自治之规范功能。

6.4.3 作体系解释时,应依循波纹原则,以目标法条为中心,从功能最相近法条开始逐步往外验证,直至融贯为止。

6.4.4 经文义、目的、历史、体系综合考量之解释结论,应最终体现于文义。

6.5 原则上,合宪性、比较法解释以及经济学、社会学等社会科学解释不构成独立解释步骤,需要考量时,应视情况分别化入文义、目的、历史与体系解释过程。

6.6 理解法条时,应穷尽所有解释手段以维持法条之意义。非不得已不宜置实证规范于不顾而直接诉诸公平正义等抽象理念,亦不宜简单主张另立新法。

6.7 必要时,可在评注分析的基础上,就如何合理设置或表述相应规范给出作者见解,以便为将来可能的修法提供参考。

7.【行文风格】

7.1 评注须对法律适用作理性分析,不宜仅仅给出简单的结论,更须展示支撑结论的理由,但应避免过于理论化。一般情况下,论证应局限在教义法学范畴内,理论性、哲学性前提不予展开讨论。

7.2 实质性论证与信息应尽可能显示于正文。一般情况下，脚注仅用于显示援引资料信息，不展开实质论证。

7.3 行文应言简意赅，清晰明确，不宜迂回含糊，不作空泛之谈。

8.【文献使用】

文献使用顺序为：立法文献，司法文献，学术文献，比较法文献。

8.1 立法文献可提供规范变迁、立法原意、规范目的等信息，是确定规范含义的重要参考。立法文献包括历次法律草案、立法说明、全国人大常委会法工委编辑的立法资料与法律释义等文献。

8.2 司法文献可反映所涉法条的司法适用状况。

8.2.1 司法文献包括各类非属司法解释的司法政策文件、司法案例、最高人民法院编著的"理解与适用"系列释义书等。

8.2.2 最高人民法院发布的"指导意见""会议纪要"等司法政策文件非属司法解释，但鉴于其对司法裁判具有权威的指导意义，系司法解释的补充，得到各级法院事实上的遵行，可由此推知统一的司法立场，因此评注应予以关注。司法政策文件若以条文形式表现，解释时比照法条解释方法，但因其不能用作裁判依据，故应将解释结果体现于相应《民法典》条文或司法解释条文；若以叙述文字形式表述，可用以理解、佐证司法解释及《民法典》相关条文。

8.2.3 司法案例的使用顺序为：指导性案例，《最高人民法院公报》案例，最高人民法院裁判案例，高级人民法院裁判案例，《民事审判指导与参考》《人民司法·案例》《人民法院案例选》等最高人民法院机关刊物刊载案例，高级人民法院的公报类机关刊物刊载案例。中级人民法院及基层人民法院案例，纵未入选上述案例系统，但如果(1)所涉法条案例总量较少，或(2)所涉法条适用的法院层级较低，或(3)对于法条适用具有典型或特别意义，亦应纳入搜集与使用范围。

8.2.4 司法案例的整理，应尽可能反映司法适用概貌。为此，评注应在标题注释中说明案例搜集概况。概况应包括案例搜集方法、案例来源、案例构成、案例数量、案例选择依据等内容。

8.2.5《民法典》颁行之前的司法案例不因《民法典》颁行而失去意义。一般情况下，案例搜集回溯至1995年为止，尤其关注近10年案例。经典案例不受时间限制。

8.2.6 对于司法案例，可视需要作类型化整理。所涉法条构成要件缺乏或不明确时，尤应通过类型化案型总结法条适用情形。

8.2.7 使用案例时，同类案型不必全面列举案例，选取代表性案例即可。选取标准除依循8.2.3所示顺序外，裁判理由质量亦系重要考量因素。

8.2.8 下级法院与上级法院裁判冲突时,除非作者认同下级法院裁判并给出理由,否则应仅以上级法院裁判为分析对象。同级法院裁判冲突时,原则上均应列出并分析。

8.2.9 对于司法案例,应重视裁判理由甚于结论。若所涉法条之司法裁判普遍缺乏具有实质意义的裁判理由,应在评注中说明此司法现状,并在必要时根据裁判结论分析可能的裁判理由。

8.2.10 无论是否认同司法裁判,均应显示明确态度及理由。不认同时,应进一步给出作者主张。

8.2.11 最高人民法院编著的"理解与适用"等释义书可用作探知与理解司法立场。

8.3 学术文献反映学者对于所涉条文的理解状况,是司法适用的学理来源。

8.3.1 学术文献使用顺序为:本评注相关内容,其他可使用的评注或类评注作品,教科书,学术论文,专著。

8.3.2 学术观点不必全面列举。若可判断通说,一般援引通说;若存在对通说构成有力挑战的学说,亦应予反映;若难以判断通说,可列举具有代表性的学说。作者可在既有学说之外表达自己的主张,但应附充分且简洁的理由。

8.3.3 评注不承担体系化理论建构之责,且应考虑与其他作者研究进路的协调,因此,不宜在评注中阐述个性过于强烈的理论主张,亦不宜将论述重心置于理论建构而忽略法律适用的现实性。

8.4 作为法律规则与法律知识继受国,比较法文献有助于理解规范来源及其意义。

8.4.1 现阶段下,比较法文献不可避免,但应节制,以必要为原则。尤其是,外文比较法文献不宜单纯用于炫技,亦不宜借此回避我国司法与学术现状。

8.4.2 概念、原理等法律知识即使来自比较法,但若已为中国大陆学术吸收内化,亦应援引中国大陆学者文献,除非为了纠正中国大陆文献存在的错误。

8.4.3 援引内容为外国法或比较法时,文献使用顺序为:汉译外国文献、外文文献、中国大陆学者文献。若汉译外国文献翻译失真或版本较旧,可以外文文献相对照或直接使用外文文献,但须作说明。有关台湾地区法律状况,优先援引台湾地区文献。

8.4.4 解释法条时,如6.5所示,比较法不作为独立解释步骤,因此,原则上不单列"比较法"标题,亦不集中列举立法例等比较法资料。需要使用比较法文献时,应以论证理由的形式用作理解法条文义、目的、历史或体系的辅助因素。

8.4.5 若确有必要整理列举比较法案例、学说及立法资料供参考或对照,一般应置于脚注,以免占用正文篇幅及节外生枝。

8.4.6 使用比较法资源时,应避免主客易位,将比较法当成先在框架套用于我国实证法分析,或将我国实证法处理成印证比较法"定式"的材料。

9.【引注方式】

引注兼采脚注与文内夹注两种方式。

9.1 常规注释采脚注方式。

9.1.1 发表时,注释体例从期刊要求;出版时,并结合出版社特别要求。

9.1.2 如 7.2 所示,脚注一般不作实质性论证,仅显示文献信息以及 8.4.5 提及的比较法资料。

9.2 同一篇评注前后内容相互援引时,采文内夹注方式。

9.2.1 文内夹注直接在需要援引的正文用小括号标示所援引段码,不使用"参见"或类似提示语词。示例:(段码[3])。

9.2.2 原则上,评注前后文内容具有呼应或者参照关系时,应使用文内夹注,以提示评注的体系关联。

10.【知识基础】

评注系集体作品,观点无法强求一致,但若相去太远,又难以形成具有最低限度协调性的体系。为此,评注作者在若干基础问题上应秉持相似立场。例如,应以私法自治作为基石与出发点,解释理论既非固守纯粹的主观解释亦非坚持绝对的客观解释,应根据法律效果区分负担行为与处分行为,等等。

后　记

在《民法典》时代，评注写作似已成为民法学人不能回避的一项工作。评注作品常被称为"法教义学的巅峰形式"，其具有以下功能：第一，解释现行法。评注的核心意义是"解释"而非立法建议，故文献及案例的梳理、提炼均围绕特定法条的解释适用展开。即使少数内容涉及立法论视角，也是为了强化、印证既有解释的合理性，或者为探索某种更具合理性解释的可能性。第二，梳理可能的争点。以"穷尽问题而非穷尽资料"为标准，为可能的争点提供解决方案，以发挥备查功能。对既有学理意见的梳理和本书观点的论证，尽量做到简洁、扼要。第三，反映实务现状。通过梳理典型案例和各种形态的实务意见，客观反映对某些争点的实际处理状况，以发挥检索功能。重视案例的梳理、提炼，是评注区别于其他体裁文献的突出特点。第四，适当的引导。作为学理解释的一种形式，评注不仅应客观反映实务现状，也应发挥适当的引导功能，以纠正实务中的某些不合理做法，并给出替代方案。

本书是对《民法典》"总则编"第九章"诉讼时效"、第十章"期间计算"全部条文以及第594条（国际货物买卖合同和技术进出口合同的诉讼时效期间）进行的评注，共计19篇。其中13篇为首次发表，另外6篇已在《法学家》《南京大学学报（哲学·人文科学·社会科学）》《南大法学》等期刊发表，收入本书时有不同程度地修改。修改主要涉及：一是新法内容的更新，例如《民法典总则编解释》（2022年施行）、《民事诉讼法》（2021年修正）等；二是补充少量最新案例；三是增加了发表时因篇幅所限而不得不割舍的一些内容，例如第195条评注增加约2万字。

评注写作类似于围棋中的"发掘局部最佳手段"，颇有螺蛳壳里做道场之感。借用2022年高考作文题材（围棋的本手、妙手、俗手）为视角，评注所提供的解释应当是在大多数场合下妥当、本分的方案（本手），而不应以极端追求理论上的合理性为优先标准（妙手），而对于实际效果和理论视角均乏善可陈的做法（俗手、恶手）自应杜绝。因此，评注的写作可总结为：发现"本手"，偶有"妙手"，防范"俗手",摒弃"恶手"。

感谢北京市天同律师事务所和辛正郁律师、南京大学法学院和叶金强院长对评注工程的大力支持;感谢朱庆育教授的全局谋划和多方协调;感谢高圣平教授、解亘教授和周亦杨编审对评注论文发表的无私支持;感谢评注工作坊的各位同道提出宝贵意见;感谢武汉大学法学院研究生邓思瑜(2020 级)、张丽燕(2020 级)、董文华(2021 级)、王晔(2021 级)、赵雨欣(2021 级)整理案例、校对文字;感谢北京麦读文化有限责任公司曾健总编辑和孙振宇编辑以及中国民主法制出版社的同志们在本书出版过程中付出的辛勤劳动。

杨 巍

2022 年 5 月 5 日于珞珈山·枫园

图书在版编目(CIP)数据

中国民法典评注·规范集注. 第1辑,诉讼时效·期间计算／杨巍著. —北京：中国民主法制出版社,2022.8

ISBN 978 – 7 –5162 – 2897 – 5

Ⅰ. ①中… Ⅱ. ①杨… Ⅲ. ①民法 – 法典 – 研究 – 中国 Ⅳ. ①D923.04

中国版本图书馆 CIP 数据核字(2022)第 147350 号

图书出品人:刘海涛

图 书 策 划:麦　读

责 任 编 辑:陈　曦　庞贺鑫　孙振宇

书名/中国民法典评注·规范集注(第1辑):诉讼时效·期间计算

作者/杨　巍　著

出版·发行/中国民主法制出版社

地址/北京市丰台区右安门外玉林里7号(100069)

电话/(010)63055259(总编室)　63058068　63057714(营销中心)

传真/(010)63055259

http:∥www.npcpub.com

E-mail:mzfz@npcpub.com

经销/新华书店

开本/16 开　730 毫米×1030 毫米

印张/25.25　**字数**/483 千字

版本/2022 年 9 月第 1 版　2022 年 9 月第 1 次印刷

印刷/北京天宇万达印刷有限公司

书号/ISBN 978 – 7 – 5162 – 2897 – 5

定价/99.00 元